Wat is de Wat

Dave Eggers

Wat is de Wat

DE AUTOBIOGRAFIE VAN VALENTINO ACHAK DENG

Vertaald uit het Engels
door Wim Scherpenisse en Gerda Baardman

Lebowski Publishers, Amsterdam 2011

De Wát?

UITGEVER: De Nederlandse titel wordt Wat is de Wat.
EERSTE VERTALER: Wát?
UITGEVER: Wat is de Wat.
TWEEDE VERTALER: Wat is de Wat?
UITGEVER: Dat zeg ik: Wat is de Wat.
EERSTE VERTALER: Maar dat kan toch niet?
UITGEVER: Wát kan niet?
EERSTE VERTALER: '*De* Wat'. Dat kan niet. Het is hét Wat.
TWEEDE VERTALER: Kijk maar. *(pakt de Grote Van Dale)* 'Wat (4). Het, geen meervoud.'
UITGEVER: Maar kijk eens wat eronder staat: 'Hij is lector in de hydromechanica — In de wat?'
EERSTE VERTALER: In de tekst staat het voor *het* onbekende, dat wat de Dinka niet hebben gekozen. We hebben het overal vertaald met '*het* Wat'.
UITGEVER: Dat bekt toch niet! Dat krijg je je mond niet uit. En je hebt toch ook *de* idee versus *het* idee? Het kan dus allebei!
VERTALERS: *(zuchten)*
(Doek)

Eerste druk, februari 2007
Twintigste druk, juli 2011

Oorspronkelijke titel: *What is the What*
Oorspronkelijk uitgegeven door: McSweeney's Books, 2006
© Dave Eggers, 2006
© Vertaling uit het Engels: Wim Scherpenisse en Gerda Baardman
© Nederlandse uitgave: Lebowski, 2009
Omslagontwerp: Dog and Pony, Amsterdam
Typografie: Michiel Niesen, Haarlem

ISBN 97890 488 0271 5 | NUR 302

www.lebowskipublishers.nl
www.daveeggers.nl
www.mcsweeneys.net
www.valentinoachakdeng.org

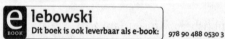

WOORD VOORAF

Dit boek is het verslag van mijn veelbewogen leven vanaf het moment dat ik in Marial Bai van mijn familie werd gescheiden, waarna ik dertien jaar in Ethiopische en Keniaanse vluchtelingenkampen doorbracht en ten slotte kennismaakte met het vitale westerse cultuurgoed in Atlanta en elders.

Tijdens het lezen van dit boek zul je het verhaal vernemen van de tweeënhalf miljoen mensen die in de burgeroorlog in Soedan zijn omgekomen. Ik was nog maar een kind toen die oorlog begon. Als hulpeloze jongen overleefde ik een trektocht door talloze grimmige landschappen die werden gebombardeerd door de Soedanese luchtmacht, een tocht waarop ik op mijn hoede moest zijn voor landmijnen, wilde beesten en moordenaars. Ik voedde me met onbekende vruchten, groenten, bladeren en karkassen van dieren en had soms dagenlang niets te eten. Soms waren de ontberingen ondraaglijk zwaar. Ik haatte mezelf en probeerde me van het leven te beroven. Veel vrienden en duizenden landgenoten van me gingen ten onder in deze strijd.

Dit boek is ontstaan vanuit het verlangen bij mijzelf en de schrijver om anderen de helpende hand te bieden bij het begrijpen van de wreedheden die vele opeenvolgende Soedanese regeringen voor en tijdens de burgeroorlog hebben begaan. Daartoe heb ik mijn verhaal vele jaren lang mondeling aan de schrijver verteld. Daaruit heeft hij deze roman samengesteld, mijn stem zo getrouw mogelijk nabootsend en met de basisfeiten van mijn leven als uitgangspunt. Aangezien veel passages fictief zijn, heet het resultaat een roman. Het boek dient niet te worden beschouwd als de definitieve geschiedschrijving van de burgeroorlog in Soedan, noch van het Soedanese volk, en zelfs niet van mijn broeders, de zogeheten Lost Boys. Het is niets meer of minder dan het subjectief vertelde verhaal van één man.

En hoewel dat gefictionaliseerd is, moet je bedenken dat de wereld die ik heb gekend niet zoveel verschilt van de wereld die in dit boek wordt geschilderd. We leven in een tijd waarin zelfs de gruwelijkste gebeurtenissen in dit verhaal kunnen gebeuren, en in veel gevallen zijn ze ook gebeurd.

Zelfs op mijn duisterste momenten bleef ik geloven dat ik mijn ervaringen ooit met lezers zou kunnen delen om te voorkomen dat dezelfde gruwelen zich zullen herhalen. Dit boek is een soort gevecht, en vechten houdt mijn geest scherp. Vechten staat gelijk met het versterken van mijn hoop en mijn geloof in God en de mensheid. Dank je dat je dit boek wilt lezen; ik wens je een gezegende dag toe.

VALENTINO ACHAK DENG, ATLANTA, 2006

Boek 1

I

Ik heb geen reden om de deur niet open te doen, dus doe ik de deur open. Ik heb geen rond spionnetje om te kijken wie er voor de deur staat, dus ik doe de deur open, en voor mij staat een lange, stevig gebouwde zwarte vrouw, een paar jaar ouder dan ik, in een rood nylon trainingspak. Ze spreekt me op luide toon toe.
'Hebt u een telefoon, meneer?'
Ze komt me bekend voor. Ik weet bijna zeker dat ik haar een uur geleden, toen ik terugkwam van de avondwinkel, op het parkeerterrein heb gezien. Ik zag haar bij de trap staan en lachte haar toe. Ik zeg dat ik inderdaad een telefoon heb.
'Ik heb pech met mijn auto,' zegt ze. Achter haar is het bijna donker. Ik heb het grootste deel van de middag zitten studeren. 'Mag ik bij u even de politie bellen?' vraagt ze.
Ik weet niet waarom ze de politie wil bellen voor autopech, maar ik stem toe. Ze komt binnen. Ik maak aanstalten om de deur dicht te doen, maar zij houdt hem open. 'Ik ben zo weer weg,' zegt ze. Ik vind het niet logisch om dan de deur open te laten, maar ik laat het maar zo omdat zij het graag wil. Dit is haar land en nog niet het mijne.
'Waar is de telefoon?' vraagt ze.
Ik zeg dat mijn mobieltje in mijn slaapkamer ligt. Voordat ik de zin helemaal heb uitgesproken, is ze al haastig langs me de gang in gelopen, een kolos van zoevend nylon. De deur van mijn kamer gaat dicht en klikt. Ze heeft zichzelf in mijn slaapkamer opgesloten. Ik loop achter haar aan, maar dan hoor ik een stem achter me.
'Hier blijven, Afrika.'
Ik draai me om en zie een zwarte man in een enorm kobaltblauw honkbaljack en een spijkerbroek. Zijn gezicht is niet te onderscheiden onder zijn honkbalpet, maar hij heeft zijn

hand op iets in de buurt van zijn taille, alsof hij zijn broek moet ophouden.

'Hoort u bij die vrouw?' vraag ik. Ik begrijp er nog niets van en ik ben kwaad.

'Ga zitten, Afrika,' zegt hij met een knik naar mijn bank.

Ik blijf staan. 'Wat doet zij in mijn slaapkamer?'

'Zitten, godverdomme,' zegt hij, venijnig nu.

Ik ga zitten en hij laat me het pistool zien. Hij had het al die tijd in zijn hand en ik had dat moeten weten. Maar ik weet niets, ik weet nooit wat ik geacht word te weten. Wel weet ik nu dat dit een beroving is en dat ik liever ergens anders zou zijn.

Het is raar, dat besef ik, maar op dit moment bedenk ik bij mezelf dat ik weer in Kakuma zou willen zijn. In Kakuma had je geen regen, het waaide er negen maanden per jaar, en tachtigduizend vluchtelingen uit Soedan en andere landen leefden er van één maaltijd per dag. Maar op dit moment, nu die vrouw in mijn slaapkamer is en de man me met zijn pistool bewaakt, wil ik in Kakuma zijn, waar ik in een hut van plastic en zandzakken woonde en één broek bezat. Ik geloof niet dat dit soort onheil je in het vluchtelingenkamp Kakuma kon treffen en ik wil ernaar terug. Of zelfs naar Pinyudo, het Ethiopische kamp waar ik voor Kakuma woonde; er was daar niets, alleen één of twee maaltijden per dag, maar het kende zo zijn kleine genoegens; ik was een kind en kon vergeten dat ik een ondervoede vluchteling was, meer dan duizend kilometer van huis. Hoe dan ook, als dit de straf is voor mijn overmoed om uit Afrika weg te willen, om te dromen van een hogere opleiding en genoeg geld in Amerika, dan ben ik nu gelouterd, en ik verontschuldig me. Ik zal met gebogen hoofd terugkeren. Waarom heb ik die vrouw toegelachen? Ik lach mensen onwillekeurig toe, dat is een gewoonte die ik moet afleren. Daarmee roep je straf over jezelf af. Ik ben sinds mijn aankomst hier zo dikwijls vernederd dat ik begin te geloven dat iemand me met alle macht iets duidelijk probeert te maken, en wel dat ik hier weg moet.

Zodra ik die houding van spijt en terugtrekking heb aangenomen, wordt die verdrongen door protest. Die nieuwe stand van zaken maakt dat ik opsta en tegen de man in het kobaltblauwe jack zeg: 'Ik wil dat jullie hier weggaan.'

De kobaltman ontsteekt onmiddellijk in razernij. Ik heb alles uit balans gebracht, een obstakel in de vorm van mijn stem opgeworpen voor wat zij van plan zijn.

'Wou jij mij de wet voorschrijven, klootzak?'

Ik kijk in zijn kleine ogen.

'Nou, zeg op, Afrika: wou jij mij de wet voorschrijven?'

De vrouw hoort onze stemmen en roept vanuit de slaapkamer: 'Zorg dat die vent zijn bek houdt, ja?' Ze is boos op haar partner, en hij op mij.

Kobalt bekijkt me vanuit de hoogte en trekt zijn wenkbrauwen op. Hij doet een stap in mijn richting en maakt opnieuw een gebaar naar het pistool aan zijn riem. Hij lijkt op het punt te staan het te trekken, maar ineens zakken zijn schouders in en laat hij zijn hoofd hangen. Hij staart naar zijn schoenen en ademt traag, hervindt zijn zelfbeheersing. Als hij zijn ogen opslaat, is hij weer kalm.

'Jij komt uit Afrika, hè?'

Ik knik.

'Oké. Dan zijn we broeders.'

Ik weiger dat te beamen.

'En omdat we dus broeders zijn, zal ik je wat leren. Weet je niet dat je nooit de deur voor een onbekende moet opendoen?'

De vraag doet een huivering door me heen gaan. Een simpele beroving was in zekere zin nog te verdragen geweest. Ik heb berovingen gezien, ben zelf beroofd, maar op veel kleinere schaal dan nu. Totdat ik in de Verenigde Staten kwam, was mijn kostbaarste bezit de matras waarop ik sliep, en dus waren de diefstallen veel kleiner: een wegwerpcamera, een paar sandalen, een pak wit schrijfmachinepapier. Kostbare dingen, zeker, maar nu bezit ik een tv, een videorecorder, een magnetron, een wekker en vele andere apparaten, allemaal verstrekt door de methodistische kerk aan Peachtree Road hier in Atlanta. Sommige dingen waren tweedehands, maar de meeste nieuw, en allemaal waren het anonieme giften. Als ik ernaar keek en ze gebruikte, ging er telkens een rilling door me heen – een merkwaardige, maar oprechte lichamelijke uiting van dankbaarheid. En nu moet ik aannemen dat al die giften me de komende paar minuten worden afgepakt. Ik sta tegenover Kobalt en zoek in mijn herinnering naar de laatste keer dat ik me zo verraden voelde, dat ik oog in oog stond met zoveel onverschillige verdorvenheid.

Terwijl zijn ene hand nog steeds de handgreep van het pistool omklemt, legt hij zijn andere tegen mijn borst. 'Ga nou maar gewoon zitten en kijk hoe we het doen, oké?'

Ik doe twee stappen naar achteren en ga op de bank zitten – ook een gift van de kerk. Een vrouw met appelwangen en een gebatikt shirt kwam hem brengen op de dag dat Achor Achor en ik hier onze intrek namen. Ze verontschuldigde zich dat hij niet van tevoren was gebracht. De mensen van de kerk verontschuldigden zich vaak.

Ik staar vanaf de bank naar Kobalt en weet aan wie hij me doet denken. Aan de vrouwelijke soldaat, een Ethiopische, die twee van mijn kameraden doodschoot en mij ook bijna. Zij had dezelfde wilde schittering in haar ogen; ze wierp zich aanvankelijk op als onze reddende engel. We ontvluchtten Ethiopië, opgejaagd door honderden Ethiopische soldaten die op ons schoten, het water van de Gilo zag rood van ons bloed, en zij dook op tussen het hoge gras. *Kom hier, kinderen! Ik ben jullie moeder! Kom hier!* Ze was niet meer dan een gezicht tussen het grijze gras. Ze hield haar handen uitgestrekt en ik aarzelde. Twee jongens met wie ik op de vlucht was, jongens die ik op de oever van de bloedige rivier had gevonden, gingen naar haar toe. En toen ze dicht genoeg bij haar waren, hief ze een automatisch geweer en doorzeefde de borst en buik van de jongens met kogels. Ze vielen voor me op de grond en ik draaide me om en rende weg. *Kom hier!* riep ze weer. *Kom bij je moeder!*

Die dag was ik door het hoge gras gevlucht tot ik Achor Achor vond, en samen met Achor Achor vond ik de Stille Baby, en we redden de Stille Baby en beschouwden onszelf een tijdlang als artsen. Dat is al vele jaren geleden. Ik was tien, misschien elf. Het valt niet meer na te gaan. De man die nu voor me staat, Kobalt, heeft geen weet van zulke dingen. Ze interesseren hem ook niet. Doordat ik aan die dag denk dat we vanuit Ethiopië werden teruggedreven naar Soedan, en aan de duizenden doden in de rivier, voel ik me weer opgewassen tegen die man in mijn flat, en ik sta opnieuw op.

De man kijkt me nu aan als een vader die op het punt staat iets te doen waar hij spijt van krijgt maar waar zijn kind hem toe heeft gedwongen. Hij is zo dicht bij me dat ik een chemisch luchtje ruik dat hij bij zich heeft, het doet denken aan bleekmiddel.

'Ben jij...? Ben jij...?' Zijn gezicht verstrakt en hij zwijgt. Hij pakt het pistool uit zijn riem en heft het achter zich omhoog. Ik zie een zwart waas, mijn tanden vermorzelen elkaar en ik zie hoe het plafond zich op me stort.

Ik ben in mijn leven op vele verschillende manieren geslagen, maar nog nooit met de loop van een pistool. Ik heb het geluk gehad dat ik meer heb zien lijden dan ikzelf heb geleden, maar ik ben wel uitgehongerd geweest, ik ben met stokken geslagen, met takken, met bezems, stenen en speren. Ik heb acht kilometer afgelegd in een laadbak vol lijken. Ik heb te veel jonge jongens zien sterven in de woestijn, sommigen alsof ze gingen zitten om te gaan slapen, anderen die al dagenlang krankzinnig waren. Ik heb drie keer gezien hoe een jongen door een leeuw werd besprongen en ter plekke opgegeten. Die jongens werden van de grond getild, tussen de kaken van het beest weggesleept en in het hoge gras verslonden, zo dichtbij dat ik het natte, zompige geluid van het losscheurende vlees hoorde. Een goede vriend stierf naast me in een omgevallen vrachtwagen; hij keek me aan terwijl het leven uit hem weglekte door een gat dat ik niet kon zien. En toch merk ik op dit moment, neergevallen op de bank, mijn hand nat van het bloed, dat ik alles van Afrika mis. Ik mis Soedan, ik mis de intens grijze woestijn van Noordwest-Kenia. Ik mis het gele niets van Ethiopië.

Het zicht op mijn aanvaller beperkt zich nu tot zijn middel en zijn handen. Hij heeft het pistool ergens weggestopt, zijn handen hebben mijn shirt en mijn nek beetgepakt en hij smijt me van de bank op de grond. Mijn achterhoofd slaat op weg naar beneden tegen het bijzettafeltje en twee glazen en een wekkerradio storten eveneens ter aarde. Als ik op de vloerbedekking lig met mijn wang in een plas van mijn eigen bloed, is er een kort moment van welbehagen omdat ik ervan uitga dat hij waarschijnlijk klaar is. Ik ben nu al heel moe. Ik heb het gevoel dat ik mijn ogen zou kunnen dichtdoen en dat alles dan voorbij is.

'En nou je kop houden, verdomme,' zegt hij.

De woorden klinken niet overtuigend en dat schenkt me troost. Er zit geen woede in hem, besef ik. Hij is niet van plan me te doden; misschien is hij wel beïnvloed door die vrouw, die op dit moment de laden en kasten in mijn slaapkamer doorzoekt. Zij lijkt de leiding te hebben. Zij concentreert zich op wat er in mijn kamer is, en het is de taak van haar partner om mij buiten gevecht te stellen. Het lijkt simpel, en hij is blijkbaar niet van zins me verder iets aan te doen. Dus rust ik uit. Ik doe mijn ogen dicht en rust uit.

Ik ben dit land moe. Ik ben er dankbaar voor, o zeker, in de drie jaar dat ik hier nu ben heb ik vele aspecten ervan gekoesterd, maar ik ben moe van de beloften. Ik ben hiernaartoe gekomen, en vierduizend anderen met mij, in het vooruitzicht en de verwachting van rust. Vrede, een goede opleiding en veiligheid. We verwachtten een land zonder oorlog, en ik denk ook een land zonder ellende. We waren opgewonden en ongeduldig. We wilden onmiddellijk alles – een huis, een gezin, een opleiding, de mogelijkheid om geld naar huis te sturen, chique diploma's en uiteindelijk ook invloed. Maar voor de meesten heeft de traagheid van de verandering – na vijf jaar heb ik nog altijd niet voldoende studiepunten om me te kunnen inschrijven voor een vierjarige universitaire opleiding – tot chaos geleid. In Kakuma hebben we al tien jaar moeten wachten, en we voelden er weinig voor hier nog eens van voren af aan te beginnen. We wilden de volgende stap, en wel zo snel mogelijk. Maar zo is het niet gegaan, in de meeste gevallen niet, en in de tussentijd hebben we andere manieren gevonden om de tijd door te komen. Ik heb al te veel nederige baantjes gehad, en op dit moment werk ik achter de balie van een fitnessclub, in de allervroegste dienst; ik controleer de pasjes van leden en leg de voordelen van het lidmaatschap aan aspirantleden uit. Veel status heeft het werk niet, maar het biedt meer stabiliteit dan sommige anderen kennen. Er zijn er te veel die het niet hebben gered, die vinden dat ze hebben gefaald. De druk, de beloften aan onszelf die we niet kunnen waarmaken – daardoor veranderen te velen van ons in monsters. En de enige van wie ik het gevoel had dat ze me kon helpen de teleurstelling en de banaliteit te overwinnen, Tabitha Duany Aker, een voorbeeldige Soedanese, is er niet meer.

Ze zijn nu in de keuken. En nu in de kamer van Achor Achor. Hier op de grond begin ik te inventariseren wat ze me kunnen ontstelen. Met enige voldoening besef ik dat mijn computer in mijn auto ligt, dat ze die niet zullen krijgen. Maar Achor Achors nieuwe laptop zullen ze meenemen. Dat is mijn schuld. Achor Achor is een van de leiders van de jonge vluchtelingen hier in Atlanta, en ik vrees dat hij totaal onthand zal zijn als zijn computer weg is. De verslagen van alle vergaderingen, de financiële administratie, duizenden e-mails – foetsie. Ik mag niet toestaan dat dat allemaal wordt gestolen. Achor Achor is al sinds Ethiopië bij me en ik breng hem alleen maar ongeluk.

In Ethiopië heb ik een leeuw in de ogen gekeken. Ik was hoogstens tien, ze hadden me het bos in gestuurd om hout te halen en het beest stapte langzaam van achter een boom tevoorschijn. Ik bleef even staan, een lang moment, lang genoeg om me die kop met die dode ogen in te prenten voordat ik vluchtte. Hij brulde achter me maar kwam me niet achterna; ik verbeeld me graag dat hij me een te geduchte tegenstander vond. Dus ik heb in de ogen van die leeuw gekeken, en ook tientallen keren in de geweren van gewapende Arabische milities te paard; de witte gewaden van de mannen glansden in de zon. En daarom kan ik dit doen, daarom kan ik deze lachwekkende diefstal voorkomen. Opnieuw verhef ik me op mijn knieën.

'Blijf godverdomme liggen, klootzak!'

En mijn gezicht hernieuwt de kennismaking met de grond. Nu begint het schoppen. Hij trapt in mijn maag, en tegen mijn schouder. Het doet het meeste pijn wanneer mijn botten tegen elkaar slaan.

'Stomme Nigeriaanse klootzak!'

Hij lijkt er nu plezier in te krijgen en dat baart me zorgen. Als je ergens plezier in hebt, word je vaak overmoedig en ga je fouten maken. Zeven trappen in mijn ribben, één tegen mijn heup, en dan rust hij uit. Ik haal diep adem en neem de schade op. Die valt mee. Ik krul mezelf om de hoek van de bank en neem me vast voor stil te blijven liggen. Ik ben nooit een vechter geweest, geef ik eindelijk voor mezelf toe. Ik heb vele vernederingen overleefd, maar nooit een gevecht van man tot man geleverd.

'Kut-Nigeriaan! Stomme ezel!'

Hij staat voorovergebogen te hijgen met zijn handen op zijn knieën.

'Geen wonder dat jullie daar nog in het stenen tijdperk leven. Stelletje imbecielen!'

Hij geeft me nog één trap, minder hard dan de andere, maar ditmaal vol tegen mijn slaap, en mijn linkeroog verandert in een explosie van wit licht.

Amerikanen hebben me al vaker voor een Nigeriaan aangezien – kennelijk is Nigeria het bekendste Afrikaanse land – maar ik ben nog nooit getrapt. Maar ook dit heb ik weleens zien gebeuren. Ik neem aan dat er op het gebied van geweld weinig is wat ik in Soedan en Kenia niet heb gezien. Ik heb jarenlang in een vluchtelingenkamp in Ethiopië gezeten, en daar heb ik eens gezien hoe twee jongens van een jaar of twaalf zo verbitterd om rantsoenen vochten dat de ene de andere doodtrapte. Natuurlijk was het niet zijn opzet om zijn tegenstander te doden, maar we waren jong en heel zwak. Je kunt niet vechten als je wekenlang niks fatsoenlijks hebt gegeten. Het lichaam van de dode jongen was niet op aanvallen berekend, zijn huid stond strak om zijn broze ribben, die niet meer opgewassen waren tegen de taak zijn hart te beschermen. Hij was al dood voor hij de grond raakte. Het was vlak voor het middageten, en toen de jongen was weggedragen om in de stenige grond te worden begraven, kregen we een bonenschotel met maïs.

Nu zal ik niets meer zeggen, maar gewoon wachten tot Kobalt en zijn vriendin weggaan. Het kan niet lang meer duren; weldra zullen ze alles hebben gepakt wat ze willen hebben. Ik zie de berg die ze op onze keukentafel maken van de spullen die ze zo meteen willen meenemen. Ik zie de tv, Achor Achors laptop, de videorecorder, de draadloze telefoons, mijn mobieltje en de magnetron.

De hemel verduistert, mijn gasten zijn nu een minuut of twintig in onze flat en het zal nog uren duren voor Achor Achor thuiskomt, áls hij komt. Zo'n baantje als hij nu heeft, heb ik ook eens gehad – in het magazijn van een meubelshowroom, waar hij het vervoer van demonstratiemodellen naar binnenhuisarchitecten moet regelen. Ook als hij niet werkt, is hij zelden thuis. Na het jaren zonder vrouwelijk gezelschap te hebben gesteld heeft Achor Achor een vriendin gevonden: Michelle, een zwarte vrouw. Een leuke meid. Ze hebben elkaar leren kennen op de volksuniversiteit, bij een quiltcursus waarvoor Achor Achor zich per ongeluk had ingeschreven. Hij liep het lokaal in, kreeg de plaats naast Michelle en heeft die nooit meer afgestaan. Ze ruikt naar citrusparfum, een bloem achtige citrusgeur, en ik zie Achor Achor steeds minder. Er is een tijd geweest dat ik op die manier aan Tabitha dacht. Ik stelde me voor hoe we onze bruiloft planden en een hele rits kinderen kregen die Engels spraken zoals alle Amerikanen, maar Tabitha woonde in Seattle en die toekomst was nog ver weg. Misschien romantiseer ik het achteraf. Dat was nog in Kakuma; ik heb daar iemand verloren die me heel na stond, en toen het gebeurd was meende ik dat ik hem had kunnen redden als ik me een betere vriend had betoond. Maar iedereen verdwijnt, of er nu iemand van hem houdt of niet.

Nu begint het afvoeren van onze bezittingen. Kobalt heeft een mandje van zijn armen gemaakt en zijn handlangster stapelt onze bezittingen daarop – eerst de magnetron, dan de laptop, dan de stereo. Als de stapel tot zijn kin reikt, loopt de vrouw naar de voordeur en doet die open.

'Kut!' zegt ze, en ze doet hem snel weer dicht.

Ze zegt tegen Kobalt dat er een politieauto op ons parkeerterrein staat. En dat is niet alles – hij blokkeert de doorgang voor hun eigen auto.

'Kut, kut, kut!' briest ze.

Enige tijd heerst er paniek, en dan gaan ze aan weerszijden van het raam dat op de binnenplaats uitkijkt achter de gordijnen staan. Uit wat ze zeggen maak ik op dat de politie met een latino staat te praten, maar dat uit de lichaamstaal van de agent blijkt dat het geen dringende kwestie betreft. De vrouw en Kobalt worden weer zelfverzekerder, opgelucht als ze zijn dat de politie er niet voor hen is. Maar waarom gaat hij dan niet weg? vragen ze zich af. 'Waarom gaat die klootzak niet doen waar hij voor betaald wordt?' zegt de vrouw.

Ze wachten berustend af. Het bloeden van mijn voorhoofd lijkt te zijn gestopt. Met mijn tong onderzoek ik de schade aan mijn mond. Een van de voortanden aan de onderkant is afgebroken en er is een kies verbrijzeld; hij voelt puntig aan, als een ruwe bergketen. Maar over tandheelkundige zaken kan ik me nu niet druk maken. Wij Soedanezen staan niet bekend om onze volmaakte gebitten.

Als ik opkijk, zie ik dat de vrouw en Kobalt mijn rugzak hebben gepakt, waar alleen mijn huiswerk van het Georgia Perimeter College in zit. Als ik bedenk hoeveel tijd het me zal kosten om die aantekeningen te reconstrueren terwijl ik binnenkort een heleboel tentamens heb, krabbel ik bijna weer overeind. Ik staar naar mijn bezoekers met alle haat die ik kan mobiliseren, die mijn God me toestaat.

Ik ben een idioot. Waarom heb ik de deur opengedaan? Ik heb een zwarte kennis hier in Atlanta, Mary, en die zal me uitlachen. Nog geen week geleden zat ze hier in deze kamer op mijn bank met Achor Achor en mij naar *The Exorcist* te kijken. Achor Achor en ik wilden die film al een hele tijd zien. We zijn geïnteresseerd in het kwaad, laat ik het maar toegeven, en het idee van het exorcisme intrigeerde ons. Hoewel we vonden dat ons geloof sterk was en we een gedegen katholieke opvoeding hadden genoten, hadden we nog nooit van priesters gehoord die aan duiveluitbanning deden. Dus keken we naar de film, en hij benauwde ons allebei hevig. Achor Achor haakte na de eerste twintig minuten af. Hij ging naar zijn kamer, deed de deur dicht, zette zijn stereo aan en ging zijn algebrahuiswerk doen. In een bepaalde scène in de film wordt er op de deur geklopt, wat onheil voorspelt, en er kwam een vraag bij me op. Ik zette de film stil en Mary zuchtte berustend; ze is eraan gewend dat ik onder het lopen of rijden stilhoud om een vraag te stellen – *Waarom staan er bedelaars op de middenberm van de snelweg? Zijn alle kantoren in die gebouwen in gebruik?* – en op dat moment vroeg ik Mary wie in Amerika de deur opendoet als er geklopt wordt.

'Hoe bedoel je?' vroeg ze.

'De man of de vrouw?' vroeg ik.

Ze grijnsde. 'De man,' zei ze. 'De man. De man beschermt zijn vrouw, toch? Natuurlijk de man. Hoezo?'

'In Soedan is het nooit de man,' zei ik. 'Daar doet de vrouw altijd de deur open als er geklopt wordt, want als er geklopt wordt, betekent dat altijd dat er bezoek voor de man is.'

Ah, nog een afgebroken tand. Mijn vrienden staan nog steeds bij de gordijnen, doen ze af en toe uit elkaar, zien dan dat de politieauto er nog steeds staat, staan even te vloeken en hervatten dan met hangende schouders hun wake.

Er is een uur verstreken, en ik ben nu wel nieuwsgierig wat die politieman op ons parkeerterrein doet. Ik begin de hoop te koesteren dat de agent wel degelijk van de beroving op de hoogte is en rustig blijft wachten tot mijn vrienden naar buiten komen, zodat ze hem niet kunnen ontsnappen. Maar waarom is hij dan zo duidelijk zichtbaar aanwezig? Is die agent misschien hier om een onderzoek in te stellen naar de drugsdealers van C4? Maar de mannen van nummer C4 zijn blank, en voor zover ik kan nagaan is de man met wie de agent staat te praten Edgardo, die op C13 woont, acht deuren verderop. Edgardo is monteur en een vriend van me; volgens zijn eigen schatting heeft hij me in de twee jaar dat we buren zijn ongeveer 2200 dollar aan autoreparaties bespaard. In ruil daarvoor heb ik hem weleens naar de kerk, zijn werk en het winkelcentrum in North De-Kalb gebracht. Hij heeft zelf wel een auto, maar daar rijdt hij liever niet in. Er zitten al minstens een halfjaar geen banden meer op. Hij sleutelt dolgraag aan zijn auto en vindt het geen probleem om ook aan de mijne, een Corolla uit 2001, te sleutelen. Als hij mijn auto onder handen heeft, zegt Edgardo altijd dat ik hem moet vermaken. 'Vertel me een verhaal,' zegt hij, want hij houdt niet van de muziek die ze op de radio draaien. 'Overal draaien ze Mexicaanse muziek op de radio, behalve in Atlanta. Wat doe ik hier eigenlijk? Dit is geen stad voor muziekliefhebbers. Vertel me wat, Valentino. Vooruit, praat tegen me. Ik wil verhalen horen.'

De eerste keer dat hij het vroeg begon ik hem mijn eigen verhaal te vertellen, vanaf het moment dat de rebellen, die zich uiteindelijk bij het Soedanese Volksbevrijdingsleger SPLA zouden aansluiten, voor het eerst mijn vaders winkel in Marial Bai beroofden. Ik was zes en het aantal rebellen in ons dorp leek elke maand toe te nemen. De meeste mensen duldden ze, maar enkelen spraken hun afkeuring over hen uit. Mijn vader was naar plaatselijke maatstaven een rijk man, eigenaar van een minisupermarkt in onze eigen plaats en nog een winkel op een paar dagmarsen afstand. Hij was jaren geleden zelf rebel geweest, maar nu was hij zakenman en wilde hij geen problemen. Hij wilde geen revolutie, hij had het niet aan de stok met de islamisten in Khartoum. Ze stoorden hem niet, zei hij, ze waren een halve wereldreis van hem vandaan. Hij wilde alleen maar graan, maïs, suiker, potten, stoffen en snoep verkopen.

Op een keer zat ik in zijn winkel op de grond te spelen. Boven mijn hoofd ontstond consternatie. Drie mannen, van wie er twee geweren droegen, eisten alles te mogen meenemen wat ze wilden hebben. Ze zeiden dat het voor de rebellen was, die zouden zorgen dat er een nieuw Soedan kwam.

'Nee, nee,' zei Edgardo. 'Geen verhalen over vechten. Die wil ik niet horen. Ik lees elke dag al drie kranten.' Hij wees naar de kranten die onder de auto waren uitgespreid en nu bruin waren van de smeerolie. 'Dat hoef ik niet meer. Ik weet alles van die oorlog van jullie. Vertel me een ander verhaal. Vertel me hoe je aan die naam komt, Valentino. Een rare naam voor iemand uit Afrika, vind je niet?'

En dus vertelde ik hem het verhaal van mijn doop. Die vond plaats in mijn geboortedorp. Ik was een jaar of zes. Die doop was een idee van mijn oom Jok; mijn ouders, die tegen het christelijke gedachtegoed waren, waren er niet bij. Zij geloofden in de traditionele religieuze waarden van mijn stam, en de experimenten met het christendom beperkten zich tot jongeren zoals Jok en degenen die ze wisten te verlokken, zoals ik. Bekering was voor iedere man een opoffering, aangezien pater Dominic Matong, een Soedanees die door Italiaanse missionarissen tot priester was gewijd, polygamie had verboden. Mijn vader, die vele vrouwen had, verwierp de nieuwe godsdienst om die reden, en ook omdat christenen volgens hem geobsedeerd waren door het geschreven woord. Mijn ouders konden niet lezen; niet veel mensen van hun leeftijd konden dat. – Ga jij maar naar die boekenkerk van je, zei hij. – Je komt wel terug als je weer bij je volle verstand bent.

Ik droeg een wit gewaad en stond tussen Jok en zijn vrouw Adeng in toen pater Matong zijn vragen stelde. Hij was helemaal uit Aweil, op twee dagmarsen afstand, gekomen om mij en drie andere jongens te dopen; ik was de eerste. Ik was nog nooit zo zenuwachtig geweest. De andere jongens die ik kende zeiden dat het niks voorstelde in vergelijking met een pak rammel van hun vader, maar dat soort dingen kende ik niet; mijn vader hief zijn hand nooit tegen me op.

Pater Matong keek Jok en Adeng aan, hield zijn bijbel in de ene hand en stak zijn andere hand in de lucht. – Houdt gij, met heel uw hart en geloof, uw kind ten doop, zodat het een getrouw lid van de familie Gods kan worden?

– Ja! zeiden ze.

Ik schrok op toen ze dat zeiden. Het was veel luider dan ik had verwacht.

– Hebt gij daartoe Satan, met al zijn macht, misleiding en trouweloosheid, verworpen?

– Ja!

– Gelooft gij in Jezus, de Zoon van God, geboren uit de Maagd Maria, in Hem die leed, werd gekruisigd en op de derde dag uit de doden herrees om ons van onze zonden te verlossen?

– Ja!

En toen werd er koud, schoon water over mijn hoofd gegoten. Pater Matong had dat helemaal uit Aweil meegenomen.

Met mijn doop kreeg ik mijn doopnaam, Valentino, die pater Matong voor mij had gekozen. Veel jongens werden bij hun doopnaam genoemd, maar in mijn geval werd hij zelden gebruikt omdat niemand hem kon uitspreken, ikzelf ook niet. We zeiden Valdino, Baldero of Benedino. Pas in een vluchtelingenkamp in Ethiopië werd de naam voor het eerst correct gebruikt door iemand die me kende. In dat kamp zag ik, hoe onwaarschijnlijk het ook klinkt, na jaren oorlog pater Matong terug. Hij herinnerde me aan mijn doopnaam, vertelde me waar die vandaan kwam en deed voor hoe hij uitgesproken moest worden.

Edgardo vond het een prachtig verhaal. Tot dat moment had hij niet geweten dat ik katholiek was, net als hij. We spraken af een keer samen naar de mis te gaan, maar dat hebben we nog niet gedaan.

II

'Moet je hem nou zien. Zijn hoofd bloedt en hij kijkt heel boos!'
Kobalt heeft het over mij. Hij staat nog steeds voor het raam, maar zijn handlangster is al een hele tijd in de badkamer. Nu dat is gebeurd, nu ze op mijn wc heeft gezeten, weet ik zeker dat ik zal moeten verhuizen. Hun ontwijding van mijn flat is nu compleet. Ik zou de boel het liefst in brand steken zodra ze hun hielen hebben gelicht.

'Hé, Tonya, kom eens kijken naar onze Nigeriaanse prins. Wat is er toch? Ben je nog nooit eerder beroofd?'

Nu staart zij me ook aan. Ze heet Tonya.

'Wen er maar aan, Afrika,' zegt ze.

Ik besef dat de kans op ontdekking steeds groter wordt naarmate die politieauto langer op het parkeerterrein blijft staan. Zolang die agent daar staat, blijft de kans aanwezig dat Achor Achor terugkomt of Edgardo op mijn deur klopt. Hij heeft nog maar een paar keer op mijn deur geklopt – hij belt liever op – maar het is niet uitgesloten. Als hij op de deur klopte, zouden ze niet kunnen verbloemen wat ze hier aan het doen zijn.

Mijn mobieltje gaat. Tonya en Kobalt nemen niet op. Een paar minuten later gaat het weer. Het zal wel vijf uur zijn.

'Moet je die pooier zien,' zegt Kobalt. 'Zijn telefoon gaat om de paar minuten. Ben je soms pooier, prins?'

Als ik geen regels had ingesteld, zou de telefoon de hele dag gaan. Er is een kring van een stuk of driehonderd Soedanezen in de Verenigde Staten die contact met elkaar houden, ik met hen, maar meestal zij met mij, en we doen dat op een manier die je overdreven zou kunnen noemen. Ze geloven allemaal dat ik een soort direct lijntje heb naar de rebellen, de SPLA. Ze bellen me om geruchten bevestigd te krijgen, mijn mening over ontwikkelingen te vragen. Voordat ik de regel instelde dat ik alleen tussen vijf en negen gebeld mocht worden, kreeg ik gemiddeld zeventig telefoontjes per dag. Ik ben niet iemand die graag overdrijft. De telefoon gaat aan één stuk door. Elk gesprek van vijf minuten wordt acht of negen keer onderbroken door andere oproepen. Bol belt vanuit Phoenix, en tijdens ons gesprek over een visum voor zijn broer, die Caïro heeft weten te bereiken, belt James uit San José omdat hij geld nodig heeft. We wisselen informatie uit over werk, leningen voor auto's, verzekeringen, bruiloften, gebeurtenissen in Zuid-Soedan. Toen John Garang, de leider van de SPLA, die de burgeroorlog min of meer is begonnen, afgelopen juli bij een helikoptercrash om het leven kwam, hielden de telefoontjes zich niet meer aan vaste tijden of andere beperkingen. Ik zat vier dagen ononderbroken aan de telefoon. En toch wist ik evenveel als iedereen.

In veel gevallen kunnen de Lost Boys van Soedan bij niemand anders terecht. De Lost Boys is een bijnaam waar de meesten niet dol op zijn, maar toepasselijk is hij wel. We ontvluchtten ons huis of werden er weggestuurd, in veel gevallen als wees, en zwierven eindeloos, jarenlang leek het wel, met duizenden door woestijnen en bossen. We zijn in vele opzichten alleen, en in veel gevallen hebben we geen flauw idee wat precies ons voorland is. In Kakuma, een van de grootste en meest afgelegen vluchtelingenkampen ter wereld, vonden we een nieuwe familie, althans velen. Ik woonde bij een leraar uit mijn geboortedorp, en toen hij na twee jaar zijn kinderen naar het kamp liet komen, hadden we iets wat op een gezin leek. Er waren vijf jongens en drie meisjes. Ik noemde ze zusjes. We liepen samen naar school, we haalden samen water. Maar sinds we naar de Verenigde Staten zijn overgebracht, zijn we weer met mannen onder elkaar. Er zijn maar heel weinig Soedanese vrouwen in de VS, en heel weinig ouderen, dus we zijn voor praktisch alles op elkaar aangewezen. Dat heeft zo zijn nadelen, want heel vaak vertellen we elkaar onbevestigde geruchten en zijn we hopeloos paranoïde.

Toen we hier net waren, zaten we weken achter elkaar in

onze flat en waagden ons alleen naar buiten als het echt niet anders kon. Een van onze vrienden, die al langer in Amerika was dan wij, was net op weg naar huis overvallen. Tot mijn spijt moet ik zeggen dat het ook toen jonge zwarte mannen waren, zodat we ons gingen afvragen hoe men ons zag. We voelden ons bespied, opgejaagd. Wij Soedanezen zijn herkenbaar, we lijken op niemand anders op aarde. We lijken zelfs op niemand anders uit Oost-Afrika. Door de geïsoleerde ligging van veel delen van Zuid-Soedan heeft onze stam zich nauwelijks met andere vermengd. We bleven weken binnen, niet alleen bang voor roofzuchtige jongemannen, maar ook voor de ambtenaren van de Amerikaanse immigratiedienst, die misschien wel van gedachten zouden veranderen over ons. Het is achteraf vermakelijk te bedenken hoe naïef we waren, hoe vertekend ons beeld was. Alles leek mogelijk. Als we te veel aandacht trokken of iemand van ons zich in de nesten werkte, leek het ons zeer waarschijnlijk dat we allemaal onmiddellijk naar Afrika zouden worden teruggestuurd. Of misschien gewoon gevangengezet. Achor Achor dacht dat we geëxecuteerd zouden worden als ze erachter kwamen dat we vroeger banden met de SPLA hadden gehad. In Kakuma hadden velen het aanvraagformulier niet naar waarheid ingevuld en gelogen tegen de ambtenaren. We wisten dat we Atlanta, Dakota of Detroit konden vergeten als we onze band met de SPLA erkenden. Dan zouden we in Kakuma moeten blijven. Dus logen degenen die dat noodzakelijk achtten. De SPLA was van jongs af aan deel van ons leven geweest, en meer dan de helft van de mannen die zich Lost Boys noemen zijn in meerdere of mindere mate kindsoldaat geweest. Maar we hebben geleerd niet over dat deel van onze voorgeschiedenis te praten.

We bleven dus binnen. We keken het grootste deel van de tijd tv, slechts onderbroken door dutjes en af en toe een potje schaak. Een van de mannen die destijds bij ons woonden, had nog nooit een tv gezien, behalve een paar keer uit de verte in Kakuma. Ik had zowel in Kakuma als in Nairobi tv gekeken, maar iets als de

120 kanalen die we in die eerste flat hadden, had ik nog nooit gezien. Het was veel te veel om in één dag te verwerken – of twee, of drie. We keken een week lang bijna ononderbroken, en na afloop waren we uitgelaten, mismoedig, volkomen de kluts kwijt. Tegen de avond waagde iemand zich naar buiten om eten en andere levensbehoeften te kopen, voortdurend bang het volgende slachtoffer van een overval door jonge zwarte mannen te worden.

De ouderen uit Soedan hadden ons wel gewaarschuwd voor de misdaad in de Verenigde Staten, maar bij de officiële voorlichting werden dit soort dingen niet verteld. Toen we na tien jaar eindelijk te horen kregen dat we het kamp uit mochten, kregen we een cursus van twee dagen over wat we in de Verenigde Staten zouden zien en horen. Een Amerikaan, Sasha, lichtte ons voor over het Amerikaanse geld, beroepsopleidingen, auto's, huurwoningen, airconditioning, openbaar vervoer en sneeuw. Velen gingen naar plekken als Fargo en Seattle, en ter illustratie liet Sasha een blok ijs rondgaan. Veel van de mensen in de groep hadden nog nooit ijs in handen gehad. Ik wel, maar alleen omdat ik jeugdleider in het kamp was en in de VN-compound van alles had gezien, onder andere de voorraadkamers met voedsel, door Japan en Zweden geschonken sportspullen en films van Bruce Willis. Maar hoewel Sasha ons vertelde dat in Amerika zelfs de succesvolste mannen slechts één vrouw tegelijk kunnen hebben – mijn vader had er zes – en het over roltrappen, modern sanitair en de verschillende wetten van het land had, waarschuwde hij ons niet voor Amerikaanse tieners die zeiden dat je terug moest naar Afrika. De eerste keer dat me dat overkwam, zat ik in een bus.

Een paar maanden na onze aankomst begonnen we ons buiten de flat te wagen, voor een deel omdat we maar net genoeg geld hadden gekregen om drie maanden van te leven en nu dus werk moesten zoeken. Dat was in januari 2002, en ik ging bij Best Buy in het magazijn werken. Ik was 's avonds om acht uur op

weg naar huis na al driemaal te zijn overgestapt op een andere
bus (ik zou het niet lang volhouden in die baan, want het kostte
me anderhalf uur om dertig kilometer te reizen). Maar die dag
was ik heel tevreden. Ik verdiende 8,50 dollar per uur en er
werkten nog twee andere Soedanezen bij die Best Buy, allemaal
in het magazijn, rondzeulend met plasma-tv's en vaatwassers. Ik
was doodmoe, verlangde naar huis en was benieuwd naar een
videoband die al enige tijd circuleerde onder de Lost Boys in
Atlanta; iemand had onlangs in Kansas City opnamen gemaakt
van de bruiloft tussen een bekende Soedanees en een Soedanese
vrouw die ik nog uit Kakuma kende. Ik stond op het punt uit te
stappen toen twee zwarte tieners me aanspraken.

'Yo,' zei een van de jongens. 'Yo, flikker, waar kom jij vandaan?'
Ik draaide me om en zei dat ik uit Soedan kwam. Daar was hij
even stil van. Soedan is niet zo bekend, was dat althans niet
totdat de oorlog die de islamisten twintig jaar geleden in ons land
begonnen, met zijn marionettenlegers en losgeslagen milities, in
2003 Darfur bereikte.

'Hé,' zei de tiener, en hij hield zijn hoofd scheef en taxeerde
me met zijn blik, 'jij hoort bij de Afrikanen die ons hebben
verkocht.' In die trant ging hij nog een tijdje door, en ik begreep
dat hij mij verantwoordelijk hield voor de slavernij van zijn
voorouders. Om die reden achtervolgden hij en zijn vriend me
tot de volgende zijstraat en praatten de hele tijd tegen mijn rug,
waarbij ze herhaaldelijk zeiden dat ik terug moest naar Afrika.
Ook Achor Achor heeft die suggestie gekregen, en nu hebben
mijn twee gasten het gezegd. Zo-even keek Kobalt met enig
mededogen naar me en vroeg: 'Hé, waarom bén jij hier eigenlijk?
Ben je hiernaartoe gekomen om in pakken rond te lopen en
de professor uit te hangen? Wist je niet dat je hier gepakt zou
worden?'

Hoewel ik geen hoge dunk heb van de tieners die me
lastigvielen, sta ik toleranter tegenover dit soort gedrag dan
sommigen van mijn landgenoten. Het is verschrikkelijk wat voor

indruk Afrikanen van de zwarten in Amerika krijgen. We kijken naar Amerikaanse films, en als we dan naar dit land komen, gaan we ervan uit dat alle zwarten hier drugsdealers en bankrovers zijn. De Soedanese ouderen in Kakuma drukten ons op het hart ons altijd verre te houden van zwarten, vooral van de vrouwen. Wat zouden ze verbaasd zijn geweest te horen dat de eerste en belangrijkste persoon die ons in Atlanta te hulp kwam een zwarte vrouw was die niets anders wilde dan ons in contact brengen met nog meer mensen die ons konden helpen. Ik moet wel zeggen dat die hulp ons in verwarring bracht; in zekere zin vonden we dat we er recht op hadden, al hadden we twijfels over anderen die bijstand nodig hadden. Als we in Atlanta werklozen zagen, daklozen of jongemannen die op straathoeken of in auto's alcohol dronken, zeiden we: 'Ga aan het werk! Je hebt toch handen? Gebruik ze dan!' Maar dat was voordat we zelf werk gingen zoeken, en láng voordat we beseften dat we met ons baantje bij Best Buy onze dromen van een hogere opleiding en een goede baan nooit zouden verwezenlijken.

Toen we op John F. Kennedy Airport landden, werd ons genoeg geld beloofd om drie maanden lang huur en eten van te betalen. Ik werd op het vliegtuig naar Atlanta gezet, waar ik een tijdelijke werkvergunning en een zorgpas kreeg en via het International Rescue Committee precies genoeg geld ontving om drie maanden huur te betalen. Mijn uurloon van 8,50 dollar bij Best Buy was niet genoeg. Ik nam er die eerste herfst een tweede baantje bij, in een winkel die gespecialiseerd was in kerstartikelen en van november tot begin januari open was. Ik rangschikte aardewerken Kerstmannen op schappen, spoot synthetische rijp op miniatuurkerstkransen en veegde zeven keer per dag de vloer. Toch verdiende ik met die twee baantjes samen, die geen van beide fulltime waren, netto minder dan 200 dollar per week. Ik kende mannen in Kakuma die relatief gezien meer verdienden met de verkoop van gymschoenen van touw en rubberbanden.

Maar een poos later verscheen er een krantenartikel over de

Soedanezen in Atlanta, dat leidde tot een heleboel nieuwe door goedbedoelende burgers aangeboden baantjes, en ik nam er een bij een meubelshowroom, het soort zaak waar ontwerpers heen gaan, in een complex in een buitenwijk met nog veel meer vergelijkbare showrooms. Mijn werkplek was achter in de zaak, tussen de stalen van bekledingsstoffen. Dat is niet iets om me voor te schamen, maar ik voel toch een soort schaamte: het was mijn taak de stalen tevoorschijn te halen voor de ontwerpers en ze weer op te bergen als ze werden teruggebracht. Ik heb dat werk bijna twee jaar gedaan. De gedachte aan al die verspilde tijd, alle uren dat ik op die houten kruk zat, catalogiseerde, glimlachte, bedankte, opborg – terwijl ik al die tijd had willen studeren – doet mijn adem stokken als ik eraan denk. Mijn huidige uren bij gezondheids- en fitnessclub Century zijn oppervlakkig bezien aangenaam – de clubleden lachen me toe en ik hen – maar mijn geduld begint op te raken.

Kobalt en Tonya hebben al een tijdje ruzie. Ze maken zich steeds meer zorgen over de aanwezigheid van de politieauto op het parkeerterrein. Tonya verwijt Kobalt dat hij hun auto daar heeft geparkeerd; zij wilde hem op straat zetten om hun aftocht te vergemakkelijken. Kobalt werpt tegen dat Tonya hem juist expliciet heeft opgedragen de auto op de parkeerplaats te zetten, omdat ze dan sneller weg konden. Het twistgesprek duurt nu al een minuut of twintig, snelle, verhitte woordenwisselingen gevolgd door lange stiltes. Ze gedragen zich als broer en zus, en ik begin te geloven dat ze familie zijn. Ze praten zonder respect of terughoudendheid met elkaar, en zo gaan broers en zussen in Amerika met elkaar om.

Ik had op dit moment eigenlijk in Ponte Vedra Beach, Florida moeten zijn, bij Phil Mays en zijn gezin. Phil is mijn gastheer, de Amerikaanse sponsor en mentor die zich destijds bereid heeft verklaard me te helpen om me aan het leven hier aan te passen. Hij werkt als advocaat in onroerendgoedzaken en heeft kleren voor me gekocht, mijn flat voor me gehuurd, mijn Toyota Corolla gefinancierd, me een schemerlamp, een keukeninventaris en een mobiele telefoon gegeven en is met me naar de dokter gegaan toen mijn hoofdpijn maar niet overging. Phil woont nu in Ponte Vedra Beach en heeft me twee weken geleden uitgenodigd om een weekend te komen logeren en me te laten rondleiden op de universiteit van Florida. Ik heb de uitnodiging afgeslagen omdat ik vond dat het weekend te dicht voor mijn tentamens van het Georgia Perimeter College viel. Ik heb er morgen twee.

Maar ik overweeg al een tijd om uit Atlanta weg te gaan.

Ik hoef niet per se naar Florida, maar hier kan ik niet blijven. Ik heb hier nog wel meer vrienden en bondgenoten – Mary Williams en een familie Newton – maar er is hier niet genoeg om me aan Georgia te binden. Het is in de Soedanese gemeenschap hier heel moeilijk; er is veel achterdocht. Telkens wanneer iemand een van ons probeert te helpen, roepen de andere Soedanezen dat dat niet eerlijk is, dat zij ook hun aandeel willen. Zijn we niet allemaal samen door de woestijn getrokken? zeggen ze. Hebben we niet met z'n allen hyena- en geitenhuiden gegeten om onze buik vol te krijgen? Hebben we niet allemaal onze eigen urine gedronken? Dat laatste is uiteraard apocrief, voor het merendeel van ons beslist niet waar, maar het maakt indruk. Tijdens onze trektocht van Zuid-Soedan naar Ethiopië was er een stel jongens dat hun eigen urine dronk, en ook een paar die modder aten om hun keel vochtig te houden, maar onze ervaringen zijn zeer verschillend, afhankelijk van het moment waarop we door Soedan trokken. De latere groepen hadden meer voordelen, meer steun van de SPLA. Er is één groep, die vlak na de mijne door de woestijn trok, die de reis boven op een tankauto met water maakte. Ze beschikten over soldaten, wapens, vrachtwagens! En over die tankauto, die voor ons alles symboliseerde wat wij nooit zouden hebben, plus het feit dat er altijd verschillende sociale klassen zullen zijn, dat je zelfs binnen groepen door de woestijn trekkende jongens hiërarchieën hebt. Desondanks zijn de verhalen van de

Lost Boys in de loop der jaren opvallend gelijkluidend geworden. In alle verslagen komen aanvallen door leeuwen, hyena's en krokodillen voor. Iedereen is getuige geweest van aanvallen van de murahaleen – door de regering gesteunde milities te paard – van bombardementen door Antonovs en van het roven van slaven. Maar we hebben niet allemaal hetzelfde gezien. Op het hoogtepunt van de trek van Zuid-Soedan naar Ethiopië waren we misschien wel met z'n twintigduizenden, en de routes waren zeer verschillend. Sommigen reisden met hun ouders. Anderen met soldaten van het rebellenleger. Enkele duizenden reisden alleen. Maar tegenwoordig verwachten sponsors en journalisten dat de verhalen bepaalde elementen bevatten, en de Lost Boys voldoen eensgezind aan die verwachting. De overlevenden vertellen de verhalen die de sympathisanten willen horen, wat inhoudt dat ze ze zo schokkend mogelijk maken. Mijn eigen verhaal bevat zoveel kleine verfraaiingen dat ik geen kritiek kan hebben op de verslagen van anderen.

Ik vraag me af of het mijn vrienden Tonya en Kobalt wat zou kunnen schelen als ze het wisten. Ze weten niets van me, en ik vraag me af of ze hun opstelling jegens mij zouden veranderen als ze het verhaal van mijn reis hiernaartoe kenden. Ik verwacht van niet.

Ze staan weer bij het raam en schelden allebei op de agent. Volgens mij zijn ze hier al met al nog geen anderhalf uur, maar het blijft merkwaardig. Ik heb nog nooit een agent op het parkeerterrein van dit flatgebouw gezien die langer dan een paar minuten bleef. Er is hier één keer eerder ingebroken, maar er was toen niemand thuis en na een paar dagen was iedereen het vergeten. Deze nog altijd niet voltooide inbraak, en die agent die maar niet weggaat – het komt me onlogisch voor.

Tonya geeft een gil.

'Wegwezen, lul! Donder op!'

Kobalt staat op de keukenstoel en duwt met zijn vingers de jaloezieën van elkaar.

'Ja, gas geven jij! Opzouten, klootzak!'

Ik voel dat de moed me in de schoenen zinkt, maar als de politie inderdaad weggaat, betekent dat mogelijk dat mijn twee gasten binnenkort vertrekken. Nu lachen ze.

'Jezus, ik dacht dat-ie...'

'Ja! Hij bleef wel...'

Ze kunnen niet meer ophouden met lachen. Tonya slaakt een vreugdekreet.

Dan krijgen ze ineens haast. Tonya stapelt de stereo, de videorecorder en de magnetron weer op Kobalts armen en hij loopt opnieuw naar de deur. Ze houdt hem open, en even ben ik bang dat de agent toch een of andere val heeft uitgezet en maar heeft gedaan alsof hij wegging. Misschien staat hij wel vlak om de hoek. Dat kan leiden tot de arrestatie van deze twee, maar ook tot een nog langer verblijf hier, een gijzelaar, nog meer wapens. Ik merk dat ik de ongerijmde hoop koester dat de agent ver weg is en dat die twee gauw zullen verdwijnen.

En tien minuten lang heeft het daar ook alle schijn van. Nu ze door de duisternis worden gedekt, zijn ze overmoedig geworden – ze komen allebei twee keer terug om alle waardevolle spullen uit de flat naar de auto te brengen. En nu staan ze op me neer te kijken.

'Nou, Afrika, ik hoop dat je je lesje hebt geleerd,' zegt Tonya.

'Bedankt voor je gastvrijheid, broeder,' vult Kobalt aan.

Ze zijn uitgelaten omdat ze verwachten zo dadelijk ongehinderd weg te kunnen komen. Kobalt zit nu op zijn knieën en ontkoppelt de tv.

'Lukt het?' vraagt Tonya.

'Yep,' antwoordt hij, en hij hijgt als hij het toestel van de plank tilt. Het is een grote tv, een ouder model, bolvormig als een aambeeld, met een beeldbuis van 48 cm. Tonya houdt de deur voor hem open en Kobalt loopt achteruit naar buiten. Ze zeggen niets meer tegen me. Ze zijn weg en de deur is dicht.

Ik blijf nog even op de grond liggen, geloof het nog niet. Er hangt nu een onnatuurlijke sfeer in de flat. Heel even is het vreemder dat ze weg zijn dan toen ze er nog waren.

Ik kom overeind. Ik sta langzaam op, en de pijn in mijn hoofd schiet hete witte schichten langs mijn ruggengraat omlaag. Ik wankel naar mijn slaapkamer om de schade te bekijken. De kamer ziet er niet veel anders uit dan ik hem had achtergelaten, al ontbreken mijn camera, telefoon, wekker en gymschoenen. In Achor Achors kamer zijn ze minder zachtzinnig te werk gegaan: al zijn laden staan open en zijn leeggegooid; zijn archiefkast, die hij maniakaal goed op orde houdt, staat op z'n kop en de inhoud – alle documenten waar hij sinds zijn elfde zijn naam op heeft gezet – ligt over de grond verspreid.

Ik loop terug naar de woonkamer en blijf staan. Ze zijn er weer. Tonya en Kobalt zijn terug in mijn flat, en nu ben ik bang. Ze willen geen getuige. Daar had ik tot nu toe nog niet aan gedacht, maar nu komt het me logisch voor. Maar hoe willen ze me doodschieten zonder de aandacht van de vier envijftig andere bewoners van het flatgebouw te trekken?

Misschien doden ze me op een andere manier.

Ik sta in de deuropening naar ze te kijken. Ze maken geen aanstalten om naar me toe te komen. Als ze dat alsnog doen, heb ik nog even de tijd om me in mijn slaapkamer op te sluiten. Misschien heb ik dan genoeg tijd om door het raam te ontsnappen. Ik loop langzaam achteruit.

'Hier blijven, Afrika. Als ik jou was zou ik verdómd stil blijven staan.'

Kobalt heeft zijn hand aan zijn pistool. De tv staat op de grond tussen hen in.

'We kunnen de kofferbak opnieuw inpakken,' zegt Tonya.

'Niks opnieuw inpakken. We moeten hier als de bliksem weg.'

'Je wilt toch niet zeggen dat je dit ding hier wilt laten staan?'

'Wat stel jij dan voor?'

'Laat me even nadenken.'

Ik ben een idioot, zoals ik al zei. Aangezien ik een idioot ben en te veel wijze lessen van deugdzame mannen en vrouwen met strikte morele principes heb gehad, verzamel ik nieuwe kracht door mezelf voor te houden wat goed is. Daar heb ik zelden iets aan gehad in dit soort situaties. Terwijl ik toekijk hoe ze kibbelen, krijg ik een idee, en ik doe opnieuw mijn mond open.

'Het wordt tijd dat jullie weggaan. Het is voorbij. Ik heb de politie al gebeld, en die is in aantocht.' Ik zeg dit op kalme toon, maar terwijl ik de laatste twee woorden uitspreek, komt Kobalt op me af, zegt heel snel: 'Jij hebt helemaal niemand gebeld, watje,' en haalt dan naar me uit. Denkend dat hij me tegen mijn hoofd wil slaan bescherm ik dat met mijn armen, waardoor mijn bovenlichaam onbeschermd blijft. En voor het eerst van mijn leven krijg ik een klap die zo hard is dat ik bang ben dat ik eraan dood zal gaan. Een stomp in je maag van iemand die zo sterk is als Kobalt is nauwelijks te verdragen, en al helemaal niet voor iemand die zo iel gebouwd is als ik – 1 meter 90 en maar 65 kilo. Het voelt alsof hij mijn longen uit mijn lijf heeft geslagen. Ik kokhals. Ik spuug. Ten slotte hel ik opzij en val om, en terwijl ik ter aarde stort raakt mijn hoofd iets hards en onbreekbaars, en dan is het voorlopig even einde verhaal voor Valentino Achak Deng.

III

Ik doe mijn ogen open. Het decor is veranderd. Mijn spullen zijn grotendeels verdwenen – maar de tv is er nog. Hij staat nu op de keukentafel. Iemand heeft hem aangezet. Iemand heeft hem weer aangesloten en er zit een kleine jongen naar te kijken. Hij is hoogstens tien en zit met bungelende benen op een van mijn keukenstoelen. Er ligt een mobieltje op zijn schoot en hij neemt geen notie van me.

Misschien is dit wel een hallucinatie, een droom of nog iets anders. Het lijkt uitgesloten dat er aan mijn keukentafel een kleine jongen zoet tv zit te kijken. Maar ik verlies hem niet uit het oog en wacht tot hij in het niets oplost. Dat doet hij niet. Er zit een jongen van tien in mijn keuken naar mijn tv te kijken, die niet staat waar hij eerst stond. Iemand heeft het toestel van de woonkamer naar de keuken verplaatst en de moeite genomen de kabel weer aan te sluiten. Mijn hoofd bonst van een pijn die ver uitstijgt boven alle hoofdpijn die ik heb gehad sinds ik vijf jaar geleden op JFK landde.

Ik lig op de vloerbedekking en vraag me af of ik een nieuwe poging moet doen om me te bewegen. Ik heb geen idee wie die jongen is; misschien zit hij wel in hetzelfde schuitje als ik. Ik probeer mijn armen te vinden en ontdek dat die achter mijn rug zijn vastgebonden, waarschijnlijk met het telefoonsnoer.

Ook dat is een nieuwe ervaring voor me. Ik ben nog nooit zo in mijn bewegingsvrijheid beperkt geweest, al heb ik wel mannen met vastgebonden handen gezien, die even later voor mijn ogen werden geëxecuteerd. Ik was elf toen in mijn bijzijn zeven mannen werden doodgeschoten, met tienduizend Ethiopische jongens als publiek. Het was bedoeld om ons een lesje te leren.

Mijn mond is met tape dichtgeplakt. Het is van die brede tape die Achor Achor en ik altijd gebruikten voor het eten dat we invroren. Kobalt en Tonya hebben mijn mond er blijkbaar mee dichtgeplakt, want de rol ligt nog bij mijn schouder. Mijn stem en mijn bewegingen worden beperkt door mijn eigen bezittingen.

Ik weet niet wat ze met me van plan zijn. Ik heb begrepen dat schietpartijen meestal niet van tevoren gepland zijn, maar vaak voortkomen uit een gevecht. Aangezien ik het gevecht heb opgegeven, en aangezien er een jongen van tien aan mijn keukentafel zit, geloof ik niet dat ze van plan zijn me te doden. Maar ik besef dat ik een willoze prooi ben van deze reeks gebeurtenissen. Ik weet niet waar mijn aanvallers zijn en of ze nog terugkomen. Wie ben jij, tv-jongen? Ik vermoed dat ze jou hier hebben achtergelaten om mij en de tv te bewaken en dat ze gauw zullen terugkeren. Toen ik zelf een jongen was, is mij meer dan eens gevraagd de AK-47 van een soldaat van het Soedanese Volksbevrijdingsleger SPLA te bewaken. Bijna gedurende de hele oorlog werd er gezegd dat een opstandeling die zijn geweer kwijtraakte door de SPLA zou worden geëxecuteerd, dus als een soldaat even wat te doen had riep hij vaak de hulp van een jongen in, en wij hielpen maar wat graag. Ik bewaakte een keer een geweer terwijl een soldaat zich vermaakte met een Anyuakvrouw. Het was de tweede keer dat ik een dergelijk wapen in mijn handen voelde, en ik herinner me tot op de dag van vandaag hoe warm het aanvoelde.

Maar nadenken, ophalen van welke herinnering dan ook, veroorzaakt zo'n verzengende pijn aan de achterkant van mijn schedel dat ik mijn ogen dichtdoe en weldra weer het bewustzijn verlies. Ik word drie- of viermaal wakker zonder te weten hoe laat het is, hoe lang ik al vastgebonden op mijn eigen vloer lig. Er zijn geen klokken meer in de kamer en de nacht is nog even donker als toen ik voor het eerst op de grond viel. Elke keer dat ik wakker word, zit de jongen nog aan de keukentafel en heeft hij zich nauwelijks verroerd. De afstand tussen zijn gezicht en het scherm is hoogstens twintig centimeter en hij knippert niet met zijn ogen.

Terwijl ik hier zo lig, wordt mijn hoofd wat helderder en begin ik me steeds meer over die jongen te verbazen. Hij heeft nog niet één keer mijn kant op gekeken. Ik kan het scherm niet zien, maar ik hoor het gelach dat uit het toestel davert en dat is het droevigste geluid dat ik heb gehoord sinds ik in dit land ben. Als ik gelijk heb en die jongen me inderdaad bewaakt, neem ik me stellig voor uit Atlanta weg te gaan. Misschien ga ik wel naar een heel ander land, bijvoorbeeld Canada. Ik ken een heleboel Soedanezen die zich in Toronto, Vancouver of Montreal hebben gevestigd. Ze zeggen dat ik ook moet komen, er is daar minder criminaliteit en er zijn meer banen. Je bent daar standaard tegen ziektekosten verzekerd, om maar iets te noemen, en ik bedenk nu dat ik dat hier niet ben. Ik ben een jaar lang verzekerd geweest, maar die termijn is onlangs verlopen en ik heb dat laten gebeuren. Vier maanden geleden ben ik gestopt met mijn baantje in de meubelshowroom om fulltime te gaan studeren, en een ziektekostenverzekering leek me een overbodige uitgave. Ik probeer vast te stellen wat voor verwondingen ik heb, maar op dit moment kan ik daar alleen maar naar gissen. Op grond van het feit dat ik nog kan denken, vermoed ik dat ik aan een ernstige hoofdwond ontsnapt ben of al dood ben.

De Soedanezen die geen koers zetten naar Canada, gaan naar de prairies, naar Nebraska en Kansas, staten waar vee vlees wordt. De vleesverwerkende industrie betaalt goed, beweren ze, en het leven is in die delen van het land relatief goedkoop. In Omaha wonen nu duizenden Soedanezen, Lost Boys en anderen, van wie de meesten hun geld verdienen met het in stukken verdelen en fijnsnijden van dezelfde dieren die in grote delen van ons geboorteland Soedan alleen op religieuze hoogtijdagen – bij bruiloften, begrafenissen, de geboorte van kinderen – als offer mochten worden geslacht. De Soedanezen in Amerika zijn slager geworden; het is het populairste beroep onder de mannen die ik ken. Ik weet niet of dit nu een enorme sprong voorwaarts is in vergelijking met ons leven in Kakuma. Ik neem aan van wel;

de slagers kunnen hun kinderen, als ze die hebben, een beter bestaan bieden. Jonge Soedanese kinderen, afstammelingen van immigranten, die als Amerikanen praten! Zover zijn we nu, in 2006. Ik blijf me erover verbazen.

Ik kijk omhoog naar de bank en denk aan Tabitha. Nog maar kortgeleden zat ze met mij op die bank, met haar benen over de mijne heen. We waren zo nauw met elkaar verstrengeld dat ik nauwelijks durfde ademhalen uit angst dat ze zich zou bewegen. Ach, tv-jongen, ik mis haar – de warmte die ik voel als ik aan haar denk verrast me en overweldigt me. Kortgeleden was ze hier een heel weekend met mij samen, waarin we de flat nauwelijks uit zijn geweest; het was decadent en volstrekt in tegenspraak met de manier waarop we allebei zijn opgevoed. Ook zij was vanuit het vluchtelingenkamp Kakuma naar de Verenigde Staten gekomen, naar Seattle, en nu zaten wij, twee kinderen die in dat kamp waren opgegroeid, jaren later hier in Amerika, op deze bank in deze kamer, ons hoofd te schudden over de weg die we hadden afgelegd om hier te komen en alles wat ons nog te wachten stond. Ze giechelde om mijn dunne armen en liet zien dat ze haar duim met haar wijsvinger kon aanraken als ze haar hand om mijn biceps legde. Maar niets wat zij deed of zei kon mij beledigen of me ervan afbrengen van haar te houden. Ze was naar Atlanta gekomen om mij op te zoeken en dat feit zei meer dan alle woorden. Ze zat op mijn bank, in mijn flat, in een lekker zacht roze T-shirt dat ik de vorige dag in het winkelcentrum in DeKalb voor haar gekocht had. SHOPPING IS MY THERAPY! stond er in zilveren glitterletters op die van linksonder naar rechtsboven liepen, met in plaats van een punt een spetterende ster onder het uitroepteken. Zij in dat T-shirt en ik ernaast – het was bedwelmend, en ik hield zo van Tabitha dat ik me ineens volwassen voelde, alsof ik eindelijk een man was geworden. Ik had het gevoel dat ik met haar aan mijn jeugd kon ontsnappen, aan alle ontberingen en rampen die ik had meegemaakt.

De jongen kijkt nu in de ijskast. Hij zal er niets vinden wat hij lust. Achor Achor en ik koken op z'n Soedanees, en ik moet de eerste Amerikaan nog tegenkomen die onze brouwsels lekker vindt. Ik moet toegeven dat we geen goede koks zijn. De eerste weken dat we hier waren, wisten we niet welke etenswaren in de vriezer moesten, welke in de ijskast en welke in de kasten en laden. Voor de zekerheid zetten we alles, ook de melk en de pindakaas, in de vriezer, maar dat bleek geen goed idee te zijn.

De jongen heeft iets gevonden wat hem aanstaat en loopt terug naar zijn stoel. Ik weet vrijwel zeker dat deze jongen, die nu weer bij de tv zit met een Fanta in zijn hand, geen weet heeft van wat ik in Afrika heb gezien. Ik verwacht dat ook niet van hem en neem het hem niet kwalijk. Ik was veel ouder dan hij toen het tot me doordrong dat er een wereld buiten Zuid-Soedan was, dat er oceanen bestonden. Maar ik was niet zoveel ouder dan hij toen ik mijn verhaal begon te vertellen over wat ik had gezien. In de jaren sinds de reis van onze dorpen naar Ethiopië en de oversteek over de rivier van bloed naar Kenia heeft het mij en anderen geholpen om ons verhaal te vertellen. Toen we onze zaak bepleitten voor de VN-medewerkers in Kakuma vertelden we de meest ijzingwekkende verhalen, en nu doen we dat weer om te proberen de wereld te doordringen van de noodsituatie in Soedan. Tijdens mijn verblijf in de Verenigde Staten heb ik verkorte versies van mijn verhaal aan kerkgangers, middelbareschoolklassen en journalisten verteld – en aan Phil Mays, mijn sponsor. Ik moet de hoofdlijnen inmiddels een keer of honderd hebben geschetst. Maar Phil wilde alle details weten, en aan hem heb ik de uitgebreidste versie verteld. Zijn vrouw kon alleen de hoofdlijnen verdragen en wilde de rest niet horen. Elke dinsdagavond beklommen Phil en ik na de maaltijd met zijn vrouw en hun jonge tweeling de wenteltrap en liepen over de overloop naar de roze kinderkamer, waar ik hem in stukken van twee uur mijn verhaal vertelde. Als ik weet dat iemand luistert en alles wil horen wat ik me kan herinneren, kan ik het allemaal oproepen. Wie ooit een dromendagboek heeft bijgehouden, weet dat alleen de handeling van het opschrijven al meer details in je bewustzijn terugroept. Terugwerkend vanuit het deel dat je je het best herinnert kun je al je nachtelijke avonturen, wensen en verschrikkingen reconstrueren vanaf het moment dat je je hoofd ter ruste hebt gelegd.

Toen ik pas in dit land was, vertelde ik stilzwijgend. Ik praatte geluidloos tegen mensen die me onrechtvaardig behandelden. Als iemand voordrong in een rij, me negeerde, tegen me op botste of me een duw gaf, keek ik zo iemand woedend aan en siste hem in gedachten een verhaal toe. *U begrijpt me niet*, zei ik dan. *U zou me dit niet aandoen als u wist wat ik allemaal heb gezien.* En totdat de betreffende persoon weer uit het zicht verdween, vertelde ik van Deng, die stierf na het eten van bijna rauw olifantsvlees, of van Ahok en Awach Ugieth, twee tweelingzusjes die door Arabische ruiters werden ontvoerd en, als ze nog in leven zijn, inmiddels kinderen hebben gebaard, van die mannen of van een man aan wie ze zijn verkocht. *Wist u dat zoiets bestond?* Die onschuldige meisjes herinneren zich mij waarschijnlijk niet, noch ons dorp of wie hun ouders waren. *Kunt u zich dat voorstellen?* Als ik niet meer tegen die vreemde praatte, vervolgde ik mijn verhaal tegen de lucht, de hemel, alle mensen op de hele wereld en wie er in de hemel naar me mocht luisteren. Het klopt trouwens niet dat ik dat alleen vroeger deed. Ik doe het nog steeds, en niet alleen tegen mensen door wie ik me onrechtvaardig behandeld voel. Er komt een voortdurende stroom verhalen uit mij als ik wakker ben en ademhaal, en ik wil dat iedereen ze hoort. Het geschreven woord is zeldzaam in dorpen als het mijne en het is mijn recht en plicht om mijn verhalen de wereld in te sturen, zelfs als ik dat stilzwijgend doe, zelfs als ik volkomen machteloos ben.

Ik zie het hoofd van de jongen alleen van opzij, en hij is niet veel anders dan ik op die leeftijd was. Ik wil niet geringschattend doen over wat er in zijn leven gebeurt of gebeurd is. Zijn leven is vast niet idyllisch geweest; hij is op dit moment medeplichtig aan een gewapende beroving en blijft een groot deel van de nacht op om het slachtoffer te bewaken. Ik zal niet gaan speculeren over wat hij thuis of op school al of niet leert. In tegenstelling tot veel andere Afrikanen neem ik geen aanstoot aan het feit dat veel jonge mensen in de Verenigde Staten weinig van het leven van Afrikanen in deze tijd weten. Maar voor iedere jongere die slecht geïnformeerd is over dit soort dingen zijn er vele anderen die juist veel weten en ontzag hebben voor wat wij in dat werelddeel allemaal meemaken. En wat wist ík nou helemaal van de wereld voordat ik in Kakuma naar de middelbare school ging? Niets. Voor ik zelf voet zette in Kenia, wist ik niet dat dat land bestond.

Je zou jezelf eens moeten zien, tv-jongen, zoals je je in die keukenstoel installeert alsof het een bed is.

Hij gebruikt drie handdoeken uit onze kast als deken; alleen zijn kleine roze tenen steken eronderuit. Ik probeer zijn leven niet met het mijne te vergelijken, maar zijn ineengedoken houding doet me te veel denken aan de manier waarop wij op weg naar Ethiopië sliepen. Als je van de Lost Boys uit Soedan hebt gehoord, heb je zeker ook van de leeuwen gehoord. Lange tijd hebben de verhalen over onze ontmoetingen met leeuwen ons geholpen bij het verwerven van steun van sponsors en van ons nieuwe vaderland in het algemeen. De leeuwen kruidden de krantenartikelen en hebben er ongetwijfeld toe bijgedragen dat er in de Verenigde Staten interesse voor ons ontstond. Maar ondanks groeiende twijfels bij de wat cynischer ingestelde toehoorders is het vreemdste aan die verhalen dat ze in de meeste gevallen waar waren. Van de honderden jongens met wie ik door Soedan trok, zijn er vijf door een leeuw gegrepen.

Het eerste incident gebeurde twee weken na het begin van onze tocht. We werden langzaamaan gek van de nachtelijke geluiden in het bos. Sommigen konden 's nachts niet meer lopen – te veel geluiden, die stuk voor stuk het einde van je leven konden betekenen. We liepen over smalle paden door de rimboe en voelden ons opgejaagd. Toen we allemaal nog een huis en familie hadden liepen we 's nachts nooit door het bos, want kleine mensen worden zonder omhaal door beesten verslonden. Maar nu trokken we weg van huis en familie. We liepen in een lange rij achter elkaar, honderden jongens, allemaal weerloos en velen naakt. In het bos waren we voedsel voor beesten. We liepen door bossen en grasland, door woestijnen en door de groenere streken van Zuid-Soedan, waar de aarde vaak nat was onder onze voeten.

Ik herinner me de eerste jongen die gegrepen werd. We liepen zoals altijd in ganzenmars en Deng hield zoals altijd mijn shirt van achteren vast. Hij en ik liepen midden in de rij, omdat we hadden besloten dat dat het veiligst was. Het was een heldere nacht, de halve maan stond hoog boven ons. Deng en ik hadden haar zien opkomen, eerst rood, toen oranje en geel, daarna wit en ten slotte schitterend als zilver op het hoogste punt van de hemelkoepel. Het gras aan weerszijden van ons was hoog en de nacht stiller dan anders. Eerst hoorden we een geschuifel. Het klonk luid. Er liep een beest of mens door het gras vlak naast ons, en we liepen door, want dat deden we altijd. Als er 's nachts iemand gilde, wees de oudste – Dut Majok, onze leider tegen wil en dank, hoogstens achttien of twintig jaar oud – hem snel en hardvochtig terecht. 's Nachts gillen was verboden, want daarmee trok je ongewenste aandacht. Soms werd er weleens een boodschap – er was een jongen gewond geraakt of in elkaar gezakt – langs de rij gestuurd, fluisterend van de een naar de ander overgebracht tot hij Dut bereikte. Maar die nacht gingen Deng en ik ervan uit dat iedereen van het geschuifel in het gras afwist en hadden we besloten dat het iets gewoons en niet iets bedreigends was.

De geluiden in het gras werden weldra luider. Er braken takken. Het gras kraakte en viel weer stil, al naar gelang het wezen, dat heen en weer rende langs de rij jongens, zijn pas versnelde of vertraagde. De geluiden trokken een tijdje met de groep mee. De maan stond nog hoog toen de bewegingen in het gras begonnen en was al bezig te dalen en te verbleken toen het geschuifel eindelijk ophield.

De leeuw was niet meer dan een zwart silhouet: brede schouders, de dikke poten gestrekt, de bek open. Hij sprong uit het gras naar voren en gooide een jongen tegen de grond. Ik kon dat zelf niet zien, want mijn zicht werd belemmerd door de rij jongens voor me. Ik hoorde alleen gejammer. Toen zag ik de leeuw weer duidelijk; hij liep kalm naar de andere kant van het pad met de jongen stevig tussen zijn kaken. Het beest en zijn prooi verdwenen tussen het hoge gras en even later hield het gejammer op. Die eerste jongen heette Ariath.

– Iedereen zitten! riep Dut.

We gingen zitten alsof we een voor een, van de ene kant van de rij naar de andere, door de wind omver werden geblazen. Eén jongen vluchtte; als ik me goed herinner heette hij Angelo. Hij meende dat het beter was voor de leeuw te vluchten dan te gaan zitten, en daarom rende hij weg tussen het hoge gras. Toen zag ik de leeuw weer. Het beest stak het pad opnieuw over en had Angelo al na een paar sprongen te pakken. Even later liep de leeuw met de tweede jongen in zijn bek, zijn tanden in Angelo's keel en sleutelbeen. Hij bracht hem naar dezelfde plek waar hij Ariath had neergelegd.

We hoorden opnieuw een zacht gejammer, maar al gauw was alles weer stil tussen het gras.

Dut Majok bleef een poosje staan. Hij kon niet besluiten of we moesten doorlopen of blijven zitten. Een lange jongen, Kur Garang Kur, de op één na oudste, kroop langs de rij naar Dut en fluisterde iets in zijn oor. Dut knikte. Er werd besloten dat we zouden doorlopen, en zo gebeurde. Vanaf dat moment was Kur Dut Majoks voornaamste raadsman, en de leider van de groep als Dut een paar dagen verdween. Ik dank God voor Kur – zonder hem zouden we nog veel meer jongens zijn kwijtgeraakt aan leeuwen, bommen en dorst.

Na de leeuwen wilden we die nacht niet meer stil blijven

staan. We waren niet moe, beweerden we, en konden wel tot de dageraad doorlopen. Maar Dut zei dat we slaap nodig hadden. Hij had het vermoeden dat er soldaten van het regeringsleger in de buurt waren; we moesten gaan slapen en de volgende morgen proberen erachter te komen waar ze zaten. We geloofden geen woord van wat Dut zei, want velen vonden dat hij schuldig was aan de dood van Angelo en Ariath. Hij negeerde onze protesten, verzamelde de groep op een open plek en zei dat we moesten gaan slapen. Maar nog geruime tijd deed niemand van ons een oog dicht, hoewel we vanaf zonsopgang hadden gelopen. Deng en ik zaten rechtop naar het gras te staren, alert op bewegingen, luisterend naar ritselende of brekende takken.

Niemand ging met zijn rug naar het hoge gras liggen. We zaten twee aan twee met de ruggen tegen elkaar, zodat we elkaar konden waarschuwen voor roofdieren. Al gauw zaten we in een kring, en degenen die sliepen zorgden dat hun lichaam vanuit het midden naar buiten wees. Ik vond een plekje midden in de kring en maakte het mezelf zo gemakkelijk mogelijk. Ondertussen probeerden de jongens aan de buitenkant van de kring naar het midden te schuiven. Niemand wilde aan de rand zitten.

Ik werd 's nachts wakker en merkte dat ik niet meer in de kring lag. Ik had het koud en was helemaal alleen. Ik keek om me heen en ontdekte dat de kring zich had verplaatst. Terwijl ik sliep, waren de jongens aan de buitenkant naar binnen gekropen, en al doende was de hele kring een meter of zes naar links opgeschoven, zodat ik er nu helemaal buiten lag. Ik liep weer naar het midden en trapte daarbij per ongeluk op Dengs hand. Deng gaf me een klap tegen mijn enkel, wierp me een misprijzende blik toe en sliep verder. Ik nestelde me tussen de jongens en deed mijn ogen dicht, vastbesloten me nooit meer te laten buitensluiten door de slaapkring.

Elke nacht opnieuw was slapen een probleem, tv-jongen. Altijd wanneer ik tijdens de duistere uren wakker werd, zag ik anderen met hun ogen open en hoorde ik gebeden fluisteren. Ik probeerde die geluiden en gezichten te vergeten, deed mijn ogen dicht en dacht aan thuis. Ik moest mijn leukste herinneringen opdiepen en de mooiste dagen bijeenbrengen. Het was een truc die Dut me had geleerd, want hij wist dat we beter liepen, minder klaagden en minder toezicht vereisten als we goed hadden geslapen. *Denk aan de mooiste ochtend van je leven!* schreeuwde hij ons toe. Hij was altijd aan het bulderen, barstte altijd van energie. *De lekkerste maaltijd! De mooiste middag! De leukste voetbalwedstrijd, je lievelingsavond, het meisje van wie je het meest houdt!* Hij zei dit tegen onze hoofden terwijl we op de grond zaten; hij liep heen en weer langs onze rij. *Maak nu van al die dingen de mooist denkbare dag, prent je alle details in en stel die dag centraal in je hoofd. Als je weer eens doodsbang bent, roep die dag dan op en plaats jezelf ermiddenin. Neem de dag in gedachten helemaal door, en ik verzeker je: voordat je met je droomontbijt klaar bent, slaap je al.* Hoe onwaarschijnlijk het ook klinkt, tv-jongen, de truc werkt, echt waar. Je ademhaling wordt trager en je concentreert je. Ik herinner me mijn eigen uit talloze stukjes samengestelde mooiste dag nog goed. Ik zal je erover vertellen op een manier die jij kunt begrijpen. Het is mijn dag, niet de jouwe. Die dag heb ik in mijn geheugen geprent, en hij staat me nog steeds levendiger voor de geest dan welke dag hier in Atlanta ook.

IV

Ik ben zes jaar en moet elke dag een paar uur naar de kleuterklas in het enige lokaal van de school in Marial Bai. Ik zit er met andere jongens van mijn eigen leeftijdsgroep, van een paar jaar jonger tot een paar jaar ouder dan ik, en we leren het alfabet in het Engels en het Arabisch. De school is te verdragen, nog niet saai, maar ik zou toch liever buiten zijn, en daarom begint mijn droomdag als ik op school kom en de lessen niet doorgaan. *Jullie zijn veel te knap!* zegt de juf, en ze stuurt ons naar huis. We mogen spelen en met de dag doen wat we zelf willen.

Ik ga naar huis, naar mijn moeder, van wie ik nog maar twintig minuten geleden afscheid heb genomen. Ik voel dat ze me mist. Mijn moeder is de eerste vrouw van mijn vader en woont samen met zijn vijf andere vrouwen in de familiecompound; ze gaan als goede vriendinnen of zelfs zussen met elkaar om. Ze zijn allemaal mijn moeders, tv-jongen, hoe raar dat ook mag klinken. In Zuid-Soedan vormen alle moeders en kinderen binnen een familie zo'n eenheid dat heel jonge kinderen vaak niet precies weten wie hun echte moeder is. In mijn familie spelen de kinderen van alle zes vrouwen met elkaar en ze worden zonder voorbehoud of onderscheid als gezinsleden beschouwd. Mijn moeder is een van de vroedvrouwen van het dorp en heeft geassisteerd bij de geboorte van al mijn broers en zusjes, op één na. Mijn broers en zusjes variëren in leeftijd van zestien jaar tot zes maanden en de compound is vervuld van babygeluiden, gekrijs en gelach. Als iemand het vraagt help ik met de kleintjes, ik pak ze op als ze blèren en droog hun natte kleren bij het vuur.

Ik hol van school naar huis en ga naast mijn moeder zitten, die een mand repareert waaraan een van onze geiten heeft zitten knagen. Ik neem haar op en laat haar schoonheid tot me doordringen. Ze is langer dan de meeste vrouwen, minstens 1 meter 80, en hoewel ze even mager is als alle andere vrouwen in het dorp is ze zo sterk als een man. Ze kleedt zich opvallend, altijd in de meest schitterende geel-, rood- en groentinten, maar haar lievelingskleur is geel, het geel van een bepaalde jurk, verzadigd geel als van de ondergaande zon. Ik herken haar zelfs als er een hele akker tussen ons ligt, desnoods dwars door alle struiken heen, vanaf de grootste afstand die mijn ogen kunnen overbruggen. Ik hoef die ruisende gele zuil maar te zien die dwars over het veld op me af komt om te weten dat mijn moeder in aantocht is. Ik heb vaak gedacht dat ik het liefst eeuwig onder haar jurk zou willen wonen, me vastklampend aan haar gladde benen en met haar lange zachte vingers rustend in mijn nek.

– Heb ik iets van je aan, Achak? vraagt ze, en ze lacht me toe. Ze gebruikt mijn echte voornaam, de naam die ik gebruikte tot hij in Ethiopië en Kakuma door bijnamen, heel veel bijnamen, werd verdrongen.

Ik word vaak betrapt terwijl ik naar mijn moeder kijk, en ook nu overkomt het me weer. Ze jaagt me weg om met mijn vriendjes te gaan spelen, en ik hol naar de enorme acacia en tref daar William K en Moses. Ze zitten onder de kromme acacia in de buurt van het vliegveldje, waar de struisvogels met hun gekrijs de honden wegjagen.

Moses was sterk, tv-jongen, groter dan ik, groter dan jij, met de geprononceerde spieren van een man en een litteken op zijn wang, een donkerroze halve cirkel op de plek waar hij zijn huid had opengehaald toen hij dwars door een doornstruik rende. William K was kleiner, magerder, en had een enorme mond die de lucht aan één stuk door deed trillen van alles wat hij maar kon verzinnen. Elke dag, vanaf het moment dat hij wakker werd, stouwde hij de hemel vol met zijn gedachten, opvattingen en vooral leugens, want William K loog graag en veel. Hij verzon verhalen over mensen, de dingen die hij bezat of graag wilde bezitten en alles wat hij had gezien en gehoord en wat zijn oom, die in het parlement zat, op zijn reizen had gehoord. Zijn oom had mensen gezien die krokodillenpoten hadden, en vrouwen die over gebouwen heen konden springen. Het favoriete onderwerp van zijn verzinsels was William A, de andere William in onze leeftijdsgroep en daarom de eeuwige aartsvijand van William K. William K vond het niet leuk dat hij dezelfde naam had als iemand anders, en volgens mij dacht hij dat die andere William wel afstand zou doen van zijn naam, of uit het dorp weg zou gaan, als hij hem maar genoeg pestte.

Op deze dag, de dag die ik tevoorschijn tover als dat nodig is, is William K midden in een verhaal als ik bij de acacia kom.

- Hij drinkt zijn melk zo uit de uier. Wist je dat? Daar kun je ziek van worden. Zo krijg je ringworm. Over ringworm gesproken – de vader van William A is half hond. Wist je dat?

Moses en ik schenken niet veel aandacht aan William K in de hoop dat hij het praten moe wordt. Dat gebeurt vandaag niet; het gebeurt nooit. Stilte is voor William K alleen maar een teken dat er behoefte is aan nog meer woorden en klanken uit zijn duistere, onmetelijke mondholte.

- Het is natuurlijk vervelend als iemand dezelfde naam heeft als jij, maar ik hoef er niet over in te zitten, want hij zit volgend jaar niet in mijn klas. Heb je trouwens gehoord dat hij achterlijk is? Nou, dat is dus zo. Hij heeft de hersens van een kat. Hij zit volgend jaar niet meer bij ons op school. Hij moet bij zijn zusjes thuisblijven. Dat komt ervan als je melk uit de uier drinkt.

Over een paar jaar, als ze besneden zijn en de leeftijd ervoor hebben, gaan Moses en William K met de oudere jongens mee naar de veekampen om te leren hoe je het vee verzorgt, eerst de geiten en daarna de grotere beesten. Mijn oudere broers Arou, Garang en Adim zijn op deze droomdag in het veekamp. Het is een plek die een grote aantrekkingskracht op jongens uitoefent: in het veekamp zijn de jongens op zichzelf, en zolang ze goed voor het vee zorgen, mogen ze slapen waar ze willen en doen wat hun goeddunkt. Maar ik werd voorbereid op een leven als zakenman, ik zou mijn vaders beroep leren en uiteindelijk de leiding van de winkels in Marial Bai en Aweil op me nemen.

Moses maakt een koe van klei en William K en ik kijken toe. Veel jongens en een paar jongemannen hadden kleien als hobby, maar die bezigheid intrigeert mij noch William K. Mijn belangstelling ervoor is passief, maar William K begrijpt niet eens waar het allemaal goed voor is. Hij snapt niet wat eraan is om koeien te maken of ze in de holle wilgenboom te bewaren, waar Moses er al tientallen heeft opgeborgen sinds hij een paar jaar geleden met kleien begon.

– Waarom doe je al die moeite? vraagt William K. – Ze gaan zo makkelijk kapot.

– Niet waar. Niet altijd, zegt Moses zacht, nog helemaal verdiept in het vormgeven van de hoorns van zijn koe: lang en gekromd. – Die daar heb ik al maanden. Hij knikt in de richting van een groepje kleibeesten dat op ongeveer een meter afstand schots en scheef in het zand staat.

– Maar ze kúnnen kapot, zegt William K.

– Niet echt, zegt Moses.

– Tuurlijk wel. Kijk maar.

En met die woorden zet William K zijn voet op een van de koeien en stampt die tot stof.

– Zie je nou?

Hij is nog maar nauwelijks uitgesproken of Moses is bij William K, stompt hem tegen zijn hoofd en ranselt hem met zijn dikke armen af. William K giechelt eerst nog, maar zijn gezicht betrekt als Moses hem een harde stomp op zijn oog geeft. William K schreeuwt het uit van pijn en woede, en onmiddellijk veranderen de toon en intentie van het gevecht. Hevig geagiteerd springt hij op Moses af en geeft hem snel drie klappen tegen zijn armen – die hij kruiselings voor zijn gezicht houdt – voordat ik hem wegtrek.

Op deze droomdag wordt ons gebakkelei onderbroken doordat we iets zien wat zo fel schittert dat we onze ogen tot spleetjes moeten knijpen. We staan langzaam op uit het zand en lopen naar de markt. Er schieten felle lichtstralen uit een boomstam op de markt, vlak bij Boks restaurant, en we lopen er verdwaasd naartoe, met wijdopen mond van verbazing. Pas als we vlak bij de lichtbron zijn, zien we dat het geen tweede zon is maar een fiets, een gloednieuwe, glanzend gepoetste, prachtige fiets.

Waar komt die vandaan? Van wie is hij? Het is verreweg het opvallendste in heel Marial Bai. De pedalen zijn zilverkleurig als sterren, het stuur is prachtig van vorm. Zo'n kleur als die van het frame hebben we hier in het dorp nimmer aanschouwd: een mengeling van blauw, groen en wit die in een werveling samenkomt als in het diepste deel van een rivier.

Jok ziet dat wij de fiets staan te bewonderen en komt zich warmen aan de gloed.

– Mooie fiets, hè? zegt hij.

Jok Nyibek Arou, de eigenaar van de kleermakerszaak van het dorp, heeft de fiets gekocht van een Arabische koopman aan de andere kant van de rivier; de fiets stond in een vrachtwagen vol gloednieuwe en imposante dingen, in de meeste gevallen ingewikkeld van constructie – klokken, stalen bedframes, een theepot met een deksel dat vanzelf openspringt als het water kookt.

– Hij heeft me een lieve duit gekost, jongens.

Daar twijfelen we geen moment aan.

– Willen jullie me er eens op zien rijden? vraagt hij.

We knikken ernstig.

Dan stapt Jok op de fiets, zo behoedzaam alsof hij een glazen muilezel bestijgt, en begint zo voorzichtig te trappen dat hij zichzelf maar nauwelijks overeind kan houden. De andere mannen op de markt, die Jok zijn fiets gunnen maar ook jaloers op hem zijn en hem dolgraag een beetje op de hak nemen, reageren met een reeks beledigingen en retorische vragen op zijn uiterst trage voortgang. Jok geeft overal heel kalm antwoord op.

– Kun je niet harder, Jok?

– De fiets is nog nieuw, Joseph. Ik ben er voorzichtig mee.

- Pas maar op dat-ie niet kapotgaat, Jok! Hij is heel teer!
- Ik moet er nog aan wennen, Gorial.

Gorial, die geen werk heeft, bijna altijd drinkt en geld leent dat hij nooit terug kan betalen – niemand mag hem, maar vandaag slooft hij zich uit om Jok te laten zien hoe traag hij vooruitkomt op zijn flitsende fiets. Als Jok passeert, loopt Gorial op het pad naast hem en laat merken dat hij makkelijk sneller kan lopen dan Jok fietst.

- Mijn benen zijn sneller dan die hele mooie fiets van jou, Jok.
- Dat kan me niet schelen. Ooit rij ik er misschien sneller op. Maar nu nog niet.
- Volgens mij worden de banden vies, Jok! Pas maar op!

Jok lacht Gorial toe, lacht onbewogen naar al zijn toeschouwers, omdat hij het allermooiste van heel Marial Bai bezit en zij niet.

Als Jok de fiets weer tegen de boom heeft gezet en hem met Moses, William K en mij staat te bewonderen, wordt het gesprek serieus. Er ontbrandt een discussie over het plastic. De fiets is helemaal met plastic omhuld, dat als een heleboel doorzichtige sokken om alle metalen buizen van de fiets heen zit. Jok inspecteert de fiets met zijn armen over elkaar.

- Het is een schande dat ze er niet bij vertellen of dat omhulsel nodig is, zegt hij.

Uit angst dat Jok ons weg zal sturen durven we niets over dat plastic te zeggen.

Joks broer John, de langste man van Marial Bai, met een hoekig gezicht en dicht bij elkaar staande ogen, komt aanlopen. – Natuurlijk moet je dat plastic eraf halen, Jok. Je haalt toch altijd overal het plastic af. Dat is alleen voor het vervoer. Kom, ik zal je helpen...
- Nee!

Jok houdt zijn broer tegen. – Laat me er nog even over nadenken.

Op dat moment komt Kenyang Luol, de jongere broer van het dorpshoofd, bij ons staan. Hij wrijft over zijn kin en geeft na een poosje zijn mening.

- Als je dat plastic eraf haalt, gaat het ijzer roesten zodra het nat wordt. De verf gaat afbladderen en verbleekt in de zon.

Hierdoor gesterkt besluit Jok niets te doen. Hij stelt vast dat hij meer meningen wil horen alvorens iets te ondernemen. In de loop van de dag volgen William, Moses en ik de gesprekken van de mannen op de markt, waar na langdurig overleg blijkt dat de stemmen precies staken: de ene helft houdt het erop dat het plastic alleen voor het vervoer is en dient te worden verwijderd, de anderen dringen erop aan dat het om de buizen blijft zitten om die tegen allerlei potentiële beschadigingen te beschermen.

We melden deze uitkomst aan Jok, die nog steeds naar de fiets staat te staren.

- Waarom zou ik het er eigenlijk af halen? peinst Jok hardop.

Dat lijkt de verstandigste beslissing, en Jok is voor alles een verstandig man, die alles zorgvuldig afweegt; zo heeft hij tenslotte ook genoeg geld weten te sparen om die fiets überhaupt te kunnen kopen.

Halverwege de middag dingen William K, Moses en ik naar de gunst de fiets te mogen bewaken om te voorkomen dat de mensen hem stelen, beschadigen, aanraken of er zelfs maar te lang naar kijken, en die gunst wordt ons inderdaad verleend. Jok vraagt ons niet met zoveel woorden de fiets te bewaken, maar als we aanbieden ernaast te gaan zitten om te voorkomen dat hij wordt beschadigd of te onbeschaamd wordt bekeken, stemt hij daarmee in.

- Maar ik kan jullie er niet voor betalen, voegt hij er meteen aan toe. - Ik kan hem ook heel makkelijk binnen zetten, dan is hij veel veiliger.

We malen niet om een beloning. We willen gewoon voor Joks hut zitten en ons aan dat ding vergapen terwijl de zon steeds verder zakt. En zo zitten we bij de fiets, met de zon in onze rug om de fiets, die naast Joks huis op zijn standaard staat, beter te kunnen zien. We bewaken de fiets het grootste deel van de middag, en hoewel Jok en zijn vrouw binnen zijn, komen we nauwelijks van onze plek. Aanvankelijk patrouilleren we om beurten, we lopen rondjes om de compound met een stok op onze schouder om een soort wapen te suggereren, maar ten slotte besluiten we dat we net zo goed allemaal bij de fiets kunnen gaan zitten om hem te bestuderen.

Zo gezegd, zo gedaan. We nemen elk aspect van het vervoermiddel onder de loep. Het zit veel ingewikkelder in elkaar dan de andere fietsen in het dorp; er lijken veel meer versnellingen, draden en hendels op te zitten. We bespreken de vraag of de fiets door al die snufjes sneller kan rijden of dat hij door het gewicht ervan juist vertraagd wordt.

Nu denk je vast dat wij ongelooflijke primitievelingen zijn, tv-jongen – dat een dorp waar de mensen niet eens weten of je het plastic van een fiets moet halen wel kwetsbaar zal zijn voor aanvallen, hongersnoden en andere calamiteiten. En daar zit ook wel iets in. In sommige gevallen hebben we ons niet snel genoeg aangepast. En ja, we leefden in een geïsoleerde wereld. Je had daar geen tv, kan ik je vertellen, en ik denk dat je je zonder moeite zult kunnen voorstellen wat dat met je hersens doet, die immers voortdurend geprikkeld moeten worden.

Terwijl de middag van mijn droomdag verstrijkt, leun ik tegen mijn zus Amel aan, die koren aan het malen is. Dat deed ik vaak, omdat het leunen en de verwachte uitwerking ervan me grote vreugde schonken. Zij hurkt en ik leun tegen haar aan, met mijn rug tegen de hare. – Zo kan ik niet werken, kleine aap, zegt ze.

– Ik kan niet meer staan, zeg ik. – Ik slaap.

Ze rook heerlijk. Misschien weet jij niet hoe het is om een lekker ruikende zus te hebben, maar het is subliem. Ik lig dus tegen haar aan en doe alsof ik slaap, snurk zelfs, maar dan duwt ze haar lichaam ineens met een ruk naar achteren, zodat ik door de lucht vlieg.

– Ga maar naar Amath, bromt ze.

Wat een goed idee! Ik koester bepaalde gevoelens voor Amath.

Amath is ongeveer zo oud als mijn zus, veel te oud voor mij, maar het lijkt me een heel goed voorstel om naar haar toe te gaan, en een paar minuten later heb ik haar gevonden in de compound van haar familie. Ze zit in haar eentje sorghum te wannen. Zo te zien is ze uitgeput, niet alleen van het werk maar ook omdat ze het alleen moet doen.

Als ik haar zie, stokt de adem in mijn keel. De andere meisjes van de leeftijd van mijn zus kan het niet schelen wat ik zeg of doe. Voor hen ben ik een jongetje, een kindje, een eekhoorntje. Maar Amath is anders. Ze luistert naar me alsof ik een man van gewicht ben, alsof mijn woorden misschien wel van belang zijn. En ze is een opvallend mooi meisje, met een hoog voorhoofd en kleine, glinsterende ogen. Als ze glimlacht, laat ze haar tanden niet zien; ze is het enige meisje dat ik ken dat zo glimlacht – en dan hoe ze loopt! Ze heeft een eigenaardig huppeltje, ze laat haar voeten langer op de bal rusten dan de meeste anderen, zodat ze met kwieke pas voortstapt – ik heb weleens geprobeerd het na te doen. Als ik loop zoals zij word ik ook vrolijker, hoewel mijn kuiten er pijn van gaan doen. Amath draagt meestal een knalrode jurk met een plaatje van een melkwitte vogel erop, met Engelse letters eromheen gestrooid als bloemen in een rivier. Ik weet dat we nooit kunnen trouwen, Amath en ik, want een meisje met zoveel begeerlijks zal allang aan een man beloofd zijn tegen de tijd dat ik zover ben. Ze heeft al bijna de goede leeftijd en zal waarschijnlijk binnen een jaar getrouwd zijn. Maar tot die tijd kan ze van mij zijn. Hoewel ik altijd te verlegen ben geweest om veel tegen haar te zeggen, is er één keer geweest dat ik overmoediger of luchthartiger was dan anders en zomaar op haar afstapte, en die keer maakt uiteraard deel uit van mijn beste dag.

– Achak! Hoe gaat het, jongeman? zegt ze, en haar gezicht klaart op.

Ze noemde me vaak jongeman, en als ze dat deed wist ik onmiddellijk, in alle opzichten, wat het betekende om een man te zijn. Ik wist heel zeker dat ik het begreep.

– Goed, mevrouw Amath, zeg ik, zo vormelijk mogelijk sprekend omdat ik uit ervaring weet dat dat indruk maakt op Amath. – Kan ik u helpen? Ik heb tijd om u te helpen als u me nodig hebt. Als ik u op welke manier dan ook behulpzaam kan zijn...

Ik weet dat ik raaskal, maar ik kan niet meer stoppen. Ik stamp snel met mijn ene voet en zou mijn tong wel willen afbijten. Nu moet ik alleen mijn zin nog even afmaken en haar dan met rust laten.

– ...dan zegt u het maar! zeg ik.

– Je bent een echte heer, zegt ze; zoals altijd neemt ze me uiterst serieus. – Je kunt inderdaad wat voor me doen. Zou je wat water willen halen? Ik moet zo meteen koken.

– Ik ga wel even naar de rivier! zeg ik, mijn voeten al onrustig, klaar om weg te hollen.

Amath lacht, maar verbergt nog steeds haar tanden. Hield ik meer van haar dan van enig ander? Is het mogelijk dat ik meer van haar hield dan van wie dan ook van mijn eigen familie? Ik wist vaak zeker dat ik haar boven alle anderen zou verkiezen, zelfs boven mijn moeder. Ze bracht me in de war, tv-jongen.

– Nee, nee, zegt ze. – Dat hoeft niet. Je kunt gewoon...

Maar ik ben al weg. Ik vlieg. Onder het hollen ga ik steeds breder grijnzen als ik bedenk hoe opgetogen ze zal zijn over mijn snelheid, de onvoorstelbare snelheid waarmee ik aan haar verzoek zal voldoen, en mijn grijns smelt pas weg als ik halverwege besef dat ik niets bij me heb om het water in te doen.

Ik verander van richting, zet koers naar de markt, duik de menigte kooplui en kopers in en laveer zo snel tussen tientallen mensen door dat ze alleen maar een korte windvlaag voelen. Ik vlieg langs de kleinere winkeltjes, langs de mannen die wijn drinken op de banken, langs de oude mannen die domino spelen, langs de restaurants en de Arabieren die kleren, tapijten en schoenen verkopen, langs de tweeling van mijn leeftijd, Ahok en Awach Ugieth, twee ontzettend aardige en hardwerkende meisjes die bossen aanmaakhout op hun hoofd dragen – Hallo, hallo, zeggen we – en stap ten slotte volledig buiten adem de duisternis van mijn vaders winkel binnen.

– Wat kom jij doen? vraagt hij. Hij heeft de zonnebril op die hij elke dag draagt, overdag en meestal ook 's avonds. Hij heeft die bril geruild tegen een jong geitje en behandelt hem daarom met evenveel zorg en eerbied als zijn beste koe.

– Ik moet een kom hebben, weet ik hijgend uit te brengen. – Een grote kom. Ik laat mijn blik door de winkel gaan, op zoek naar de juiste maat. Het is voor deze streek een grote winkel, groot genoeg voor zes of zeven mensen, met twee bakstenen muren en een dak van golfplaat. Er is keus uit tientallen artikelen, en mijn ogen vliegen over de planken als een per ongeluk in de winkel opgesloten mus. Ten slotte gris ik een maatbeker achter de toonbank weg.

– Met jouw snelheid heb je daar niks aan, zegt mijn vader met twinkelende ogen. – Je hebt de helft gemorst als je bij haar terug bent.

Hoe wist hij dat?

– Denk je soms dat ik blind ben? zegt mijn vader lachend. Mijn vaders gevoel voor humor is bekend, hij vindt bij elke kleine ramp wel een lichtpuntje. En dan zijn lach! Een dreunende buiklach die zijn schouders en maag doet schudden en waarvan hij tranen in zijn ooghoeken krijgt. Deng Arou ziet zelfs de humor van een overstroming in, zeggen de mensen, en dat bedoelen ze als een groot compliment. Zijn kalme en afgewogen kijk op alles is naar men algemeen aanneemt een van de redenen van zijn succes. Hij bezit niet voor niets vijfhonderd stuks vee en drie winkels.

Hij reikt naar zijn hoogste plank en geeft me een kleine plastic jerrycan met een schroefdop. – Daar kan wel genoeg in, denk ik. Amath zal wel in haar nopjes zijn. En vergeet niet...

Ik hoor al niets meer. Ik hol weer over de markt, langs de geiten op het omheinde veldje naast de marktstraat, langs de oude vrouwen en hun kippen en verder, naar de rivier. Ik vlieg langs de voetballende jongens, langs de compound van mijn tante Akol – ik neem niet eens de tijd haar kant op te kijken om te zien of ze buiten is – en sprint over het holle pad, het pad van aangestampt zand tussen hoge muren van gras.

Ik bereik de rivier sneller dan ooit, en eenmaal op de lage oever slalom ik langs de vissende jongens en de vrouwen die de was doen en spring in het diepste gedeelte van de smalle stroom.

De vrouwen en de jongens kijken allemaal naar me alsof ik gek ben geworden. Ben ik dat? Ik glimlach hen druipend toe en dompel mijn jerrycan onder in het melkachtig bruine water. Ik vul hem helemaal, maar ben ontevreden over de hoeveelheid bezinksel. Ik moet het water filteren, maar daar heb ik een tweede jerrycan of bak voor nodig.

– Mag ik alstublieft uw kom even lenen, alstublieft? vraag ik aan een van de wassende vrouwen. Ik sta versteld van mijn eigen moed. Ik heb nog nooit met deze vrouw gepraat, die ik weldra herken als de vrouw van de directeur van de hogere school, een man die Dut Majok heet en die ik alleen ken uit verhalen. Ik heb gehoord dat Dut Majoks vrouw net als hijzelf hoog opgeleid is en rad van tong; ze zou me best lik op stuk kunnen geven. Ze glimlacht, haalt de shirts die ze aan het wassen is uit de kom en geeft hem aan mij. Ze lijkt bovenal nieuwsgierig om te zien wat ik – zo'n klein jongetje, veel kleiner dan jij, tv-jongen – met die kom wil, met mijn vertwijfelde blik en mijn jerrycan vol bruin rivierwater.

Ik weet wat me te doen staat en ga doelgericht aan het werk. Ik giet de inhoud van de jerrycan door mijn shirt in de kom en giet het water daarna voorzichtig terug in de jerrycan. Nadat het me één keer feilloos is gelukt, kan ik niet besluiten hoe schoon ik het water zal maken; wat is belangrijker, vraag ik me af: haar het water snel brengen of het zo zuiver mogelijk afleveren? Uiteindelijk filter ik het driemaal, schroef de dop weer op de jerrycan, breng de vrouw de kom terug en fluister tussen mijn gehijg door woorden van dank terwijl ik de oever beklim.

Boven aangekomen, tussen het ruige gras, zet ik de vaart er

weer in. Ik merk dat ik moe ben en om de vele kuilen in het pad heen hol in plaats van erover te springen. Ik begin hard en amechtig te hijgen en vervloek het lawaai dat ik maak. Ik wil het water niet op een sukkeldrafje of helemaal ademloos bij Amath komen afleveren. Ik moet even snel en behendig komen aanhollen als toen ik op weg ging. Ik verbied mijn adem door mijn mond te gaan maar stuur hem door mijn neusgaten, en ik ben weer op snelheid als ik het midden van het dorp nader.

Deze keer ziet mijn tante me als ik langs haar huis kom.

– Is dat Achak? zingt ze.

– Ja, ja! zeg ik, maar dan merk ik dat ik niet genoeg adem heb om uit te leggen waarom ik zo hard hol en geen tijd heb om even te blijven staan. Misschien snapt ze het zelf wel, net als mijn vader. Ik schaamde me even toen mijn vader zomaar raadde dat ik iets voor Amath wilde doen, maar al gauw kon het me niks meer schelen wie het allemaal wisten, want Amath was zo bijzonder en alom gewaardeerd dat ik er trots op was haar vriend en loopjongen te zijn, die prachtige mevrouw die mij een jongeman en een heer noemt en het beste meisje van Marial Bai is, met haar lach met gesloten mond en haar vrolijke huppelpas.

Ik passeer de school en daarna kan ik Amath al zien, die nog steeds op dezelfde plek zit. Ah! Zij kijkt ook naar mij! Haar lach is zelfs van deze afstand te zien en ze blijft me toelachen terwijl ik snel dichterbij kom, waarbij alleen mijn tenen het zand raken. Ze vindt het fantastisch dat ik het water bij me heb, en waarschijnlijk kan ze al zien dat het heel schoon water is, heel goed gefilterd en te gebruiken voor alles wat ze maar kan verzinnen. Moet je haar zien! Haar ogen staan heel wijd open terwijl ze kijkt hoe ik kom aanhollen. Zij is beslist degene die me het best begrijpt. Ze is niet te oud voor me, besluit ik. Helemaal niet.

Maar opeens is mijn gezicht bedekt met zand. De grond is omhooggekomen en heeft mij omlaag getrokken. Mijn kin bloedt. Ik ben gevallen, gestruikeld over een knoestige boomwortel, en de jerrycan vliegt door de lucht.

Ik durf niet op te kijken. Ik wil niet zien hoe ze me uitlacht. Ik ben een idioot; ik weet zeker dat ik haar respect en bewondering heb verspeeld. Ze zal me nu niet meer als een bekwame en snelle jongeman zien die in staat is voor haar te zorgen en in haar behoeften te voorzien, maar als een belachelijk, stom jongetje dat niet eens een stuk kan rennen zonder tegen de grond te slaan.
Het water! Ik kijk snel. De jerrycan heeft niet gelekt.
Maar als ik mijn hoofd verder ophef, zie ik dat ze naar me toe komt. Haar gezicht staat helemaal niet vrolijk, maar juist heel ernstig, zoals altijd wanneer ze naar me kijkt. Ik spring snel overeind om te laten zien dat ik volkomen ongedeerd ben. Ik ga staan en voel de hevige pijn in mijn kin, maar ontken die. Als ze dichterbij komt, wordt mijn keel schor en heb ik ineens geen lucht meer – wat ben ik toch een idioot, denk ik, en: het is niet eerlijk dat de wereld mij zo vernedert. Maar ik onderdruk alle gedachten en ga zo rechtop staan als ik kan.
– Ik rende te hard, zeg ik.
– Ja, je rende zéker hard, zegt ze bewonderend.
Dan staat ze voor me en haar handen raken me aan, vegen het zand van mijn shirt en broek en kloppen ertegen, wat een *tsk-tsk-*geluid maakt. Ik hou van haar. Ze ziet hoe hard ik kan rennen, tv-jongen! Ze ziet alle dingen waar ik heel goed in ben en die niemand anders ziet. – Je bent een echte heer, zegt ze terwijl ze mijn gezicht tussen haar handen houdt, – dat je zo hard voor me rent.
Ik slik, haal diep adem en kan tot mijn opluchting weer duidelijk en als een man praten. – Het genoegen was geheel mijnerzijds, mevrouw Amath.
– Is alles echt goed met je, Achak?
– Ja.
Ja, alles is goed. En terwijl ik me omdraai om naar huis te gaan – ik ben van plan voor het avondeten nog tweemaal op mijn zus te leunen – kan ik alleen nog maar aan bruiloften denken.
Over een paar dagen is er een huwelijk tussen een man die ik

niet erg goed ken, Francis Akol, en Abital Tong Deng, een meisje dat ik van de kerk ken. Er zal weer een kalf worden geofferd, en ik zal proberen zo dichtbij te komen dat ik net als vorige keer kan zien hoe ook dit kalf het tijdelijke met het eeuwige verwisselt. Ik zag het oog van het kalf, keek toe hoe zijn poten doelloos trapten. Het oog keek recht omhoog naar de witte lucht; het leek niet naar degenen te willen kijken die het slachtten. Ik meende dat dat het slachten makkelijker maakte. Het kalf leek de mannen niet te verwijten dat ze een einde aan zijn leven maakten. Het droeg zijn vroege dood met moed en berusting. Bij de volgende bruiloft ga ik weer zo staan dat ik de kop van het stervende kalf kan zien.

Ik vind bruiloften leuk, maar de laatste paar maanden zijn er te veel geweest. Er werd te veel gedronken en gesprongen, en ik was vaak bang voor bepaalde mannen als ze te veel wijn op hadden. Ik vraag me af of ik me de volgende keer, bij de bruiloft van Francis en Abital, niet kan verstoppen tijdens het feest, of ik niet binnen kan blijven, weggekropen onder mijn bed, zodat ik mijn mooie kleren niet aan hoef te trekken en niet met de volwassenen hoef te praten.

Maar misschien is Amath er wel, en misschien heeft ze wel een nieuwe jurk aan. Ik kende al haar kleren, alle vier de jurken die ze bezat, maar de bruiloft betekende een kans op iets nieuws. Amaths vader was een belangrijk man, die driehonderd stuks vee bezat en bij veel geschillen in onze streek als rechter optrad, en zodoende hadden Amath en haar zusjes vaak nieuwe kleren aan en bezaten ze zelfs een spiegel. Ze bewaarden de spiegel in hun hut en gingen er vaak een hele tijd voor staan om te lachen en aan hun haar te zitten. Dat wist ik omdat ik vanuit de boom die boven hun compound uitrees de spiegel had gezien en hen vaak had horen lachen; in die boom had ik een zeer geheim plekje, dat ideaal was om te zien wat er in hun hut gebeurde. Ik kon vanaf mijn tak niets ongepasts zien, maar ik kon hen horen praten en af en toe een flits opvangen als de zon door hun pannendak wist te dringen, op hun oorbellen of armbanden viel en vandaar op de spiegel, die het licht terugkaatste op het meedogenloze zand van het dorp.

V

Wat een leven was er in die dorpen, tv-jongen! Wat een leven ís er! Mijn dorp was een nederzetting van ongeveer vijftienduizend zielen, al zou het er voor jou niet zo uitzien. Als je foto's van het dorp zag, genomen vanuit een vliegtuig dat erover vloog, zou je je verbazen over het ogenschijnlijke gebrek aan bedrijvigheid, aan menselijke bewoning. Een groot deel van het land is dor, maar Zuid-Soedan is toch niet één eindeloze woestijn. Het is een land van bossen en wildernis, van rivieren en moerassen, van honderden stammen, duizenden families, miljoenen mensen.

Terwijl ik hier lig, dringt het tot me door dat de tape over mijn mond losser is gaan zitten. Door het speeksel uit mijn mond en het zweet op mijn gezicht plakt hij minder goed vast. Ik begin het proces te versnellen, beweeg mijn lippen en verspreid flink wat speeksel. De tape laat op steeds meer plekken los van mijn huid. Jij ziet daar niets van, tv-jongen. Je lijkt je er niet van bewust dat er een man met vastgebonden handen en een stuk tape over zijn mond op de grond ligt en dat jij televisie zit te kijken in het huis van die man. Maar iedereen past zich uiteindelijk zelfs aan de aller absurdste situatie aan.

Ik weet alles wat er te weten valt over het verkwanselen van de jeugd, over manieren om misbruik van jongens te maken. Van de jongens met wie ik mijn tocht maakte, is ongeveer de helft uiteindelijk soldaat geworden. Wilden ze dat allemaal? Maar een paar wilden het. Ze waren een jaar of twaalf, dertien toen ze werden ingelijfd, niet veel ouder. Er is altijd al misbruik van ons gemaakt, op verschillende manieren. Voor de oorlog, voor het binnenhalen van voedsel en om het medelijden van de hulporganisaties te wekken. Zelfs toen we nog naar school gingen, werd er misbruik van ons gemaakt. Het is vaker vertoond, ook in Oeganda, in Sierra Leone. Rebellen gebruiken vluchtelingen om hulp los te krijgen, om de schijn te wekken dat de situatie heel simpel is: twintigduizend verloren zielen zijn op zoek naar voedsel en onderdak terwijl er in hun woongebied een oorlog woedt. Maar op een paar kilometer van ons burgerkamp had de SPLA zijn eigen basis, waar militairen werden getraind en plannen werden gemaakt, en er was een voortdurend verkeer van voorraden en rekruten tussen de twee kampen. 'Levend aas' werden we wel genoemd. Twintigduizend jongens, midden in de woestijn, op zichzelf aangewezen: dat sprak de VN, Save the Children en de Lutherse Wereldfederatie natuurlijk enorm aan. Maar terwijl de humanitaire organisaties ons te eten gaven, hielden de rebellen van het Soedanese Volksbevrijdingsleger, die voor de Dinka vochten, ons scherp in de gaten en wachtten ze tot we rijp waren. Ze rekruteerden degenen die oud genoeg waren, en sterk en fit en boos genoeg. Die jongens trokken de heuvel over, naar Bonga, het trainingskamp, en we zagen ze nooit meer.

Ik kan het zelf haast niet geloven, maar op dit moment denk ik na over manieren waarop ik jou zou kunnen redden, tv-jongen. Ik stel me voor hoe ik eerst mezelf bevrijd en daarna jou. Ik zou me uit mijn touwen kunnen loswurmen en jou er vervolgens van overtuigen dat je het bij mij beter zult hebben dan bij Tonya en Kobalt. Ik zou met jou kunnen vluchten en we zouden samen uit Atlanta weg kunnen gaan, allebei op zoek naar een nieuwe plek. Ik heb zo'n idee dat het in Salt Lake City wel leuk zou zijn, of in San José. Of misschien moeten we die steden, álle steden, juist mijden. Ik geloof dat ik het wel even gehad heb met steden, tv-jongen, maar waar we ook heen gaan, ik geloof dat ik wel voor je zou kunnen zorgen. Nog niet zo lang geleden was ik net zo als jij.

Maar eerst moeten we uit Atlanta weg. Jij moet ver weg van de mensen die jou in deze situatie hebben gebracht, en ik moet weg omdat ik het klimaat hier niet meer verdraag.

Alles is hier te gespannen, te politiek. Er zijn achthonderd Soedanezen in Atlanta, maar er is geen harmonie. Er zijn zeven Soedanese kerken en die worden voortdurend en steeds rancuneuzer tegen elkaar uitgespeeld. De Soedanezen hier zijn teruggevallen op een stammencultuur, op dezelfde etnische scheidslijnen die we lang geleden hebben opgegeven. In Ethiopië waren er geen Nuer, geen Dinka, geen Fur of Nubiërs. We waren in veel gevallen te jong om te weten wat die benamingen inhielden, maar zelfs als we ons er wel van bewust waren, hadden we geleerd ons over onze vermeende verschillen heen te zetten en stonden we daar ook achter. We waren in Ethiopië allemaal alleen en hadden honderden van onze eigen mensen zien sterven op weg naar een plek waar het maar nauwelijks beter was dan thuis.

Bijna vanaf het moment dat we hier kwamen, konden we onmogelijk meer terug naar het leven in Soedan. Ik ben nooit in Khartoum geweest, dus over de levensstijl daar kan ik me niet uitspreken. Er schijnt een soort uiterlijke moderniteit te zijn. Maar in Zuid-Soedan lopen we naar schatting een paar honderd jaar achter op de geïndustrialiseerde wereld. Sommige sociologen, de progressieve, zullen misschien vraagtekens plaatsen bij het idee dat de ene samenleving op de andere achterloopt, dat er een eerste en een derde wereld bestaan. Maar Zuid-Soedan behoort tot geen enkele wereld. Soedan is een verhaal apart, ik kan niets bedenken waarmee ik het zou kunnen vergelijken. Er zijn bijna geen auto's in Zuid-Soedan. Je kunt honderden kilometers reizen zonder één enkel vervoermiddel te zien, van welke aard dan ook. Het aantal verharde wegen is op de vingers van één hand te tellen; toen ik er woonde, heb ik er nooit een gezien. Je kunt het hele land van oost naar west overvliegen zonder een woning te passeren die van iets anders is gemaakt dan stro en leem. Het is een primitief land, en ik zeg dat zonder enig schaamtegevoel. Als de vrede standhoudt, vermoed ik dat de regio de komende tien jaar genoeg vooruitgang zal boeken om dezelfde levensstandaard te bereiken als andere Oost-Afrikaanse landen. Ik ken niemand die wil dat Zuid-Soedan blijft zoals het nu is. Ieders blik is op de toekomst gericht. Door Juba, de hoofdstad van het Zuiden, rijden triomfantelijk SPLA-tanks rond. Men is daar nu trots.

Ik merk dat mijn mond helemaal nat is en dat de tape niet meer goed vastzit. Ik blaas, en tot mijn verrassing laat de linkerhelft van de tape los. Ik kan praten als ik dat wil.

'Hallo,' zeg ik. Mijn stem is zacht, veel te zacht. Niets wijst erop dat hij me hoort. 'Jongeman,' zeg ik, nu op normale sterkte. Ik wil hem niet aan het schrikken maken.

Geen reactie.

'Jongeman,' zeg ik iets luider.

Hij kijkt even ongelovig mijn kant op, alsof hij de bank heeft horen praten. Dan wendt hij zich weer tot de televisie.

'Jongeman, kan ik even met je praten?' zeg ik nog luider, vastberadener.

Hij jammert zacht en staat op, doodsbang. Ik kan alleen maar vermoeden dat ze hem hebben verteld dat ik uit Afrika kom en dat hij niet had gedacht dat iemand die daarvandaan komt tot spreken in staat is, laat staan in het Engels. Hij loopt twee stappen in mijn richting en blijft in de deuropening van de woonkamer staan. Hij gelooft nog steeds niet helemaal dat ik echt kan praten.

'Jongeman, ik wil even met je praten. Ik kan je helpen.'

Bij het horen van die woorden gaat hij terug naar de keuken; hij pakt de mobiele telefoon, drukt op een toets en brengt de telefoon naar zijn oor. Hij luistert, maar krijgt de gewenste persoon niet aan de lijn. Ik neem aan dat hij instructies heeft om zijn handlangers te bellen als ik wakker word of als er iets aan de hand is, en nu het zover is krijgt hij geen gehoor. Hij overdenkt dit probleem een poosje en bedenkt dan een oplossing: hij gaat weer zitten en draait het geluid van de televisie harder.

'Alsjeblieft!' roep ik.

Hij schiet van schrik omhoog.

'Jongen! Luister naar me!'

Nu zoekt hij naar een andere oplossing. Hij begint laden open te trekken. Ik hoor gerammel van bestek en begin bang te worden dat hij iets onbesuisds gaat doen. Hij kijkt in een stuk of vijf, zes laden en kasten. Ten slotte komt hij met een telefoonboek in zijn hand uit de keuken tevoorschijn. Hij loopt ermee naar me toe en houdt het boven mijn hoofd.

'Jongeman! Wat doe je?'

Hij laat het boek los. Het is de eerste keer van mijn leven dat ik iets op me af zie komen en niet in staat ben op de juiste manier te reageren. Ik probeer mijn hoofd te draaien, maar het boek komt desondanks midden op mijn gezicht terecht. De pijn wordt verhevigd door de hoofdpijn die er al was en de klap waarmee mijn kin tegen de grond stuitert. Het telefoonboek glijdt omlaag naar mijn voorhoofd en blijft tegen mijn slaap liggen. De jongen vindt kennelijk dat hij zijn doel heeft bereikt, want hij loopt weer naar de keuken en draait het geluid nog harder. Deze jongen denkt dat ik niet tot zijn soort behoor, dat ik een ander soort wezen ben, een beest dat onder het gewicht van een telefoonboek kan worden verpletterd.

De pijn valt mee, maar de symboliek is onaangenaam.

VI

Ik doe mijn ogen open. Ik moet een paar minuten of een paar uur in slaap gesukkeld zijn. De jongen ligt op de bank boven mijn hoofd te slapen. Hij heeft zijn dekenhanddoeken meegenomen en zich aan het uiteinde van de bank geïnstalleerd met zijn voeten in de kussens genesteld. En nu ligt hij te jammeren. Hij heeft een nachtmerrie, zijn gezicht is verkrampt als dat van een zuigeling, zijn kregelig gefronste voorhoofd maakt hem jaren jonger. Maar ik voel niet meer zo met hem mee.

Ik kan geen klokken zien, maar het voelt alsof het midden in de nacht is. Geen geluiden van verkeer buiten. Het zou middernacht of later kunnen zijn.

Achor Achor, ik wil niet op je schelden, maar het zou er hier allemaal heel anders uitzien als jij je eens verwaardigde om thuis te komen. Ik vind Michelle aardig en bewonder haar, en ik ben trots op jou dat je een Amerikaanse vrouw hebt gevonden die van je houdt, maar op dit moment vind ik je gedrag onverantwoordelijk. Tegelijkertijd vraag ik me af hoe de inbrekers wisten dat je er niet zou zijn, dat ze hun zoontje of broertje met een gerust hart hier konden laten. Het valt moeilijk te begrijpen. Ze zijn ofwel briljant, ofwel gewoon roekeloos.

Ik vraag me af door welke beelden je gekweld wordt, tv-jongen. Ik twijfel hevig: ik zou weer tegen je kunnen praten en je daarmee van je problemen verlossen, of ik kan er een poosje van genieten dat de jongen die denkt dat hij een Afrikaan onder een telefoonboek kan verpletteren nu aan nachtmerries lijdt. Zo gemeen is het nu ook weer niet om je een poosje op de bank te laten jammeren, tv-jongen. Als ik weer tegen je praat, moet ik tenslotte maar afwachten wat je dan weer op me zult gooien. Ik heb een dik woordenboek in mijn kamer en ik twijfel er niet aan dat je daarnaar zou grijpen.

Er gaat een telefoon, maar niet de mijne. Mijn telefoon is weg. De ringtone is die van een bekend liedje dat ik niet kan plaatsen. Mijn kennis van de Amerikaanse populaire muziek is na vijf jaar nog steeds gering, denk ik, terwijl de meeste mensen die ik ken zich er enthousiast op hebben gestort.

Sta op, tv-jongen, en neem je telefoon op!

De ringtone blijft klinken. Misschien wil de beller je wel opdragen me vrij te laten; of misschien is het de politie. Kom op, jongen, kom 'ns van je gat!

Na drie oproepsignalen wijst niets er nog op dat hij wakker zal worden. Ik moet ingrijpen. Op gevaar af dat ik nog meer dingen op mijn hoofd krijg, maak ik zoveel lawaai als ik kan. Door mijn wanhoop slaat mijn stem een hoger register aan; er komt een luide gil uit mijn mond, zodat de jongen bijna de lucht in vliegt van schrik. De telefoon gaat weer over, en nu neemt hij op.

'Ja?' zegt hij. 'Met Michael.'

De stem aan de andere kant van de lijn is een mannenstem, sonoor en traag.

'Ze is er niet.'

Een vraag.

'Dat weet ik niet. Ze zei dat ze om deze tijd wel terug zou zijn.'

De jongen knikt.

'Oké.'

'Oké.'

'Doei.'

Michael dus. Ik ben blij dat ik weet hoe je heet, Michael. Die naam klinkt minder dreigend dan 'tv-jongen', en ik ben er nu nog meer van overtuigd dat je het slachtoffer bent van degenen die tot taak hebben jou te beschermen. Michael is de naam van een heilige. Michael is de naam van een jongen die een jongen wil zijn. Michael was de naam van de man die de oorlog naar Marial Bai bracht. Het is logisch te denken dat een oorlog zoals de onze op een dag kwam opzetten, eerst een donderslag en daarna de oorlog die als regen op ons neerstriemde. Maar eerst verduisterde de lucht, Michael.

Misschien is je humeur er wel niet op vooruitgegaan. Je bent al veel te lang in deze flat, en wat eerst een avontuur leek, is nu saai en zelfs beangstigend. Ik ben niet zo ongevaarlijk als je eerst dacht en ik weet zeker dat je het moment vreest dat ik weer ga praten. Voorlopig heb ik niets te zeggen, niet hardop, maar ik zal je vertellen van de Michael die ons dorp in 1983 de eerste voortekenen van de oorlog bracht.

William K wekte me, fluisterend aan de andere kant van de wand van de hut. – Opstaan, opstaan, opstaan! siste hij. – Opstaan, kom kijken!

Ik was niet van plan met William K mee te gaan, want hij had me al zo vaak gevraagd zo gauw mogelijk hierheen of daarheen te komen of in een boom te klimmen, alleen maar om me een gat te laten zien dat een hond had gegraven of een noot die op het gezicht van Williams vader leek. In de ogen van William K waren het altijd grote bezienswaardigheden, maar ze waren zelden de moeite waard. Maar nu hoorde ik door het gefluister van William K aan de andere kant van de deur heen de luide stemmen van een heleboel opgewonden mensen.

– Kom nou! zei William K dringend. – Er is echt wat aan de hand, ik zweer het!

Ik stond op, kleedde me aan en holde met William K naar de moskee, waar een nieuwsgierige mensenmassa was samengestroomd. We kropen tussen de benen van de volwassenen door die rond de deur van de moskee stonden, gingen op onze knieën zitten en zagen de man. Hij zat op een stoel, zo'n degelijk ding van hout en touw zoals Gorial Bol maakte en op de markt en aan de overkant van de rivier verkocht. De man op de stoel was jong, ongeveer van de leeftijd van mijn broer Garang, net oud genoeg om getrouwd te zijn en zijn eigen huis en vee te hebben. De man had rituele littekens op zijn voorhoofd, wat betekende dat hij niet uit ons dorp kwam. In andere streken en andere dorpen worden er bij alle jongens van een jaar of dertien littekens op het voorhoofd aangebracht om het begin van hun leven als volwassen man te markeren.

Maar deze man, die Michael Luol bleek te heten, miste een hand. Waar zijn rechterhand had moeten zitten, eindigde zijn pols in een stomp. De mensen die om hem heen stonden, merendeels mannen, inspecteerden zijn verminking, en er werden vele meningen uitgesproken over wie er schuld aan had. William en ik bleven op onze knieën zitten, dicht in de buurt van de stomp, en wachtten tot we te horen zouden krijgen hoe het gebeurd was.

– Maar ze hebben het recht niet om dat te doen! bulderde een man.

Drie mannen speelden een hoofdrol in het debat: het dorpshoofd van Marial Bai, een beer van een vent met ver uit elkaar staande ogen, zijn magere, kortaangebonden plaatsvervanger en een bolronde man wiens buik uit zijn overhemd puilde en telkens tegen mijn rug kwam wanneer hij iets te berde bracht.

– Hij is betrapt op stelen. Dit is zijn straf.

– Het is een schandaal! Zo werkt de Soedanese rechtspraak niet.

De man met één hand zat erbij en zei niets.

– Nu wel. Dat is het 'm nou juist. Zo werkt de sharia.

– Wij kunnen niet onder de sharia leven!

– Wij leven ook niet onder de sharia. Dit was in Khartoum. Als je naar Khartoum gaat, moet je je aan de wet daar houden. Wat had je in Khartoum te zoeken, Michael?

De mannen legden al snel alle schuld bij de man met één hand, want als die in zijn eigen dorp was gebleven en niet uit stelen was gegaan, zou hij zijn rechterhand nog hebben en misschien ook wel een vrouw kunnen krijgen – want iedereen was het erover eens dat hij nu nooit meer een vrouw zou krijgen, hoe groot de bruidsschat ook was die hij te bieden had, en dat je geen enkele vrouw kon verplichten een man met één hand tot echtgenoot te nemen. Michael Luol kreeg die dag weinig medeleven.

We liepen weg en ik vroeg William K wat die man precies had gedaan. Ik had het woord 'sharia' gehoord, en een aantal geringschattende opmerkingen over de Arabieren en de islam, maar niemand had duidelijk verteld welke gebeurtenissen tot het afhakken van Michael Luols hand hadden geleid. Terwijl we naar de grote acacia liepen om te kijken of Moses daar was, vertelde William K me het verhaal.

– Hij is twee jaar geleden naar Khartoum gegaan. Hij zou er gaan studeren, maar zijn geld raakte op. Daarna werkte hij als metselaar. Hij werkte voor een Arabier, een heel rijke man. Hij deelde een woning met elf andere Dinka-mannen. Ze woonden in een flat in een arme wijk. Daar woonden alle Dinka, volgens Michael Luol.

Het kwam me vreemd voor dat de Dinka op een plek zouden wonen die als armoedig bekendstond terwijl de Arabieren in weelde leefden. Je moet weten, Michael van de tv, dat de monyjang, de mannen onder de mannen, een heel sterke trots hadden. Ik heb stukken van antropologen gelezen die zich erover verbaasden hoe hoog de Dinka hun eigen stam achtten.

– Michael Luol raakte zijn baan kwijt, vervolgde William K. – Of misschien was er gewoon geen werk meer. Hij werd werkloos. Hij zei dat hij geen werk meer had. Daardoor kon hij de huur niet meer betalen. De andere mannen gooiden hem uit de flat en daarna woonde hij in een tent aan de rand van de stad. Volgens hem woonden daar duizenden Dinka. Heel arme mensen. Ze wonen in hutten van plastic en stokken, het is er heel warm en ze hebben geen water of eten.

Ik herinner me dat ik die man met één hand op dat moment niet sympathiek vond. Ik vond het zijn verdiende loon dat zijn hand was afgehakt. Zo arm zijn dat je in een hut van plastic woont! Bedelen om eten! Geen water hebben! Zo miezerig leven vlak bij Arabieren die het goed hadden. Ik schaamde me. Ik walgde van de mannen die overdag op de markt van Marial Bai zaten te drinken en ik walgde van deze man, die in een hut van plastic woonde. Ik weet dat het me niet siert dat ik de armen verachtte, maar ik was te jong om medelijden te voelen.

– Michael Luol ging altijd tussen het afval op zoek naar eten, vervolgde William. – Hij ging met andere mannen naar de vuilstort, waar al het afval van de hele stad lag. Hij ging er 's ochtends naar toe, en er waren dan al honderden mensen bezig het afval te doorzoeken. Maar omdat Michael Luol sterk was, redde hij zich goed. Hij vond potten, dozen en kippenbotjes. Hij at op wat eetbaar was en wist veel andere dingen die hij vond te verkopen. Hij vond een keer een kapotte radio en verkocht hem aan een man die die dingen repareerde. Toen hij het geld kreeg, kocht hij een nieuwe woning. Hij had iets groters nodig, omdat hij een vrouw had.

– Had hij zijn vrouw meegenomen naar Khartoum? vroeg ik.

– Nee, hij had haar daar ontmoet. Nadat hij zijn baan was kwijtgeraakt.

William K leek over dit deel van het verhaal te twijfelen. We vonden het allebei raar om te trouwen als je geen geld en geen huis had.

– Ze woonden in de nieuwe woning, een bouwsel van stokken en plastic. Toen hij zo ver was gekomen met zijn verhaal, werd de man heel bedroefd. Zijn vrouw ging dood. Ze had dysenterie gekregen doordat het water dat ze dronken, en dat ze uit een sloot aan de rand van de stad haalden, niet goed was. Ze kreeg malaria en het was onmogelijk om haar in een ziekenhuis te krijgen. Dus ging ze dood. Toen ze stierf, puilden haar ogen uit haar hoofd.

Ik kende William K goed genoeg om te weten dat hij dat laatste erbij had verzonnen. Als William K maar even de kans zag, liet hij in zijn verhalen ogen uit hoofden puilen.

– Hij had die woning dus nog, en die verkocht hij. Hij had hem niet meer nodig. Van het geld ging hij wat drinken. En toen werd hij door de politie gearresteerd; ze brachten hem naar een ziekenhuis en hakten zijn hand eraf.

– Wacht eens even – waarom? vroeg ik.

– Hij had iets gestolen, denk ik. Iets wat van iemand was. Misschien van de man voor wie hij werkte toen hij nog metselaar was. Hij is teruggegaan en heeft iets gestolen. Volgens mij een baksteen. Nee, wacht. Het was een baksteen, maar hij had hem al eerder gestolen. Hij had hem gestolen toen zijn vrouw nog leefde, omdat de wind het plastic van zijn hut steeds wegblies. Hij had die steen dus gejat, en toen vonden ze hem. Hij werd gearresteerd, die vrouw ging dood en hij kwam terug naar hier.
– Maar wie heeft die hand nou afgehakt? vroeg ik.
– De politie.
– In het ziekenhuis?
– Hij zei dat er twee agenten bij waren, en een verpleegster en een dokter.

Het verhaal werd de weken daarna uitgebreid en verfraaid, door de man met één hand en anderen, maar bleef in hoofdlijnen zoals William K het me had verteld. De islamitische wet, de sharia, was van kracht geworden in Khartoum en in grote delen van Soedan ten noorden van de rivieren Lol en Kiir, en de angst groeide dat het niet lang zou duren of de sharia kwam ook bij ons.

Hierna wordt het ingewikkeld, althans ingewikkelder dan tot nu toe, tv-jongen. Volgens de vereenvoudigde versie van de geschiedenis van de burgeroorlog in Soedan, een verhaal dat wij, de Lost Boys, vanwege de dramatiek en uit eigenbelang hadden vastgelegd, zaten we de ene dag nog in onze dorpen, baadden in de rivier en maalden koren, en kwamen de volgende dag de Arabieren moordend en plunderend binnenvallen en maakten ons tot slaven. En hoewel al die misdaden werkelijk hebben plaatsgevonden, zijn er meningsverschillen over de aanleiding. Jazeker, de sharia was van kracht verklaard, een reeks ingrijpende wetten, de zogeheten septemberwetten. Maar de nieuwe orde had ons dorp niet bereikt, en het was de vraag of dat ooit zou gebeuren. Beslissender was het nietig verklaren door de regering van het Verdrag van Addis Abeba uit 1972, waardoor het Zuiden een zekere mate van zelfbestuur had gekregen. In plaats daarvan werd het Zuiden nu in drie regio's verdeeld, zodat die in feite tegen elkaar werden opgehitst en geen van drieën nog enige bestuurlijke macht van betekenis bezat.

Je slaapt alweer, Michael, en daar ben ik blij om, maar je jammert en trapt nog steeds in je slaap. Misschien ben jij ook een oorlogskind. In zekere zin wel, neem ik aan. Oorlogen zijn er in soorten en maten, maar ze grijpen altijd om zich heen. Ik ben ervan overtuigd dat het in stappen gaat en dat bepaalde gebeurtenissen, eenmaal in gang gezet, vrijwel onmogelijk terug te draaien zijn. Er zijn nog meer stappen gezet in de struikelende gang van ons land naar de oorlog, en ik herinner me die tijd nu duidelijk. Maar destijds herkende ik de gebeurtenissen niet als stappen in een proces – het waren dagen als alle andere.

Ik holde dwars door de drukte van de zaterdagse markt naar mijn vaders winkel. 's Zaterdags kwamen de vrachtwagens van de overkant van de rivier, waardoor het aantal kooplui en de drukte verdubbelden. De mensen stroomden uit de wijde omgeving toe; de markt van Marial Bai was een van de grootste binnen een straal van honderdvijftig kilometer en trok daarom veel volk. Toen ik de winkel van mijn vader bereikte, zoals gewoonlijk op topsnelheid, botste ik bijna tegen het grote, smetteloos witte gewaad van Sadiq Aziz.

– Waar heb jij uitgehangen? vroeg mijn vader. – Zeg Sadiq eens gedag.

Sadiq liet zijn hand op mijn kruin neerdalen, waar hij bleef liggen. Sadiq behoorde tot de Baggara, een Arabische stam die aan de andere kant van de Ghazal woonde. We zagen de Arabieren op marktdagen en in de droge tijd, wanneer ze in onze buurt kwamen om hun vee te weiden. Er waren al eeuwenlang spanningen tussen de Dinka en de Baggara, vooral over graasgebieden. De Baggara hadden de vruchtbaardere grond in het zuiden nodig om hun vee te weiden als de aarde in het noorden barstte van de droogte. Over het algemeen kwamen de dorpshoofden tot overeenstemming, en traditioneel werd de samenwerking altijd bekrachtigd met verdragen en betalingen in vee en andere goederen. Er was evenwicht. In het graasseizoen en op marktdagen wemelde het in Marial Bai van de Baggara en andere Arabieren. Ze bewogen zich onbevangen tussen de Dinka, spraken een verhaspeld mengtaaltje van Dinka en Arabisch en logeerden vaak bij Dinka thuis. De verstandhouding tussen het merendeel van hun volk en het onze was heel goed. Er waren op veel plaatsen gemengde huwelijken, er was samenwerking en wederzijds respect.

Mijn vader was geliefd bij de Baggara en andere Arabische zakenlieden; hij stond erom bekend dat hij zich, soms op het komische af, uitsloofde om het de Arabische kooplui helemaal naar de zin te maken. Hij besefte dat hij zijn eigen succes voor een groot deel dankte aan het feit dat hij toegang had tot de koopwaar waarin de noorderlingen gespecialiseerd waren, en daarom was hij erop gebrand de Arabieren te laten merken dat ze in zijn winkels en huizen welkom waren. Sadiq Aziz, een lange man met grote ogen en armen waarin je de botten en de pezige spieren zag, was mijn vaders favoriete handelspartner. Sadiq had oog voor ongewone dingen en wist de meest bijzondere spullen te vinden: mechanisch landbouwgereedschap, naaimachines, visnetten, in China gefabriceerde sportschoenen. En, nog belangrijker: Sadiq bracht meestal iets voor mij mee.

– Dag oom, zei ik. Het is gebruikelijk een oudere man als teken van vertrouwdheid en respect 'oom' te noemen. Is de man ouder dan je eigen vader, dan zeg je 'vader'.

Sadiq trok samenzweerderig zijn wenkbrauwen op en diepte iets op uit zijn tas. Hij gooide het met een boog naar mij toe en ik ving het voordat ik wist wat het was. Ik vouwde mijn handen open en zag een soort edelsteen. Het ding leek van glas, maar binnenin zaten strepen die vanuit het midden naar buiten liepen, geel en zwart als het oog van een kat. Het was heel mooi. Ik kreeg tranen in mijn ogen terwijl ik er star naar stond te kijken. Ik durfde zelfs niet met mijn ogen te knipperen.

– Het is zo gemaakt dat het op een edelsteen lijkt, lichtte Sadiq toe, – maar het is glas.
Hij gaf mijn vader een knipoog.
– Het lijkt wel een ster! zei ik.
– Zeg dat eens in het Arabisch, zei Sadiq.
Sadiq wist dat ik op school wat Arabisch leerde en stelde me vaak op de proef. Ik probeerde te antwoorden. – Biga ze gamar, hakkelde ik.
– Heel goed! zei Sadiq stralend. – Jij bent de slimste zoon van Deng! Dat kan ik rustig zeggen, want de rest is er toch niet bij. Zeg nu eens 'Allah Akhbar'.
Mijn vader lachte. – Sadiq, hou op.
– Jij gelooft toch ook dat God groot is, Deng?
– Natuurlijk, zei mijn vader. – Maar laat nou maar.
Sadiq keek mijn vader even strak aan en begon toen te grijnzen.
– Sorry. Ik maakte maar een grapje.
Hij nam mijn vaders hand losjes in de zijne.
– Goed, zei hij. – Mag ik Achak nu op het paard zetten?
De twee mannen keken op me neer.
– Natuurlijk, zei mijn vader. – Lijkt je dat leuk, Achak?
Mijn moeder zei dat Sadiq intuïtief wist wat een jongen wil en leuk vindt, want bij elk bezoek bracht hij cadeautjes voor me mee, en als mijn moeder te ver uit de buurt was om aanmerkingen te maken – want zij was het er niet mee eens – tilde hij me op het hoge zadel van zijn paard, dat voor de winkel was vastgebonden.
– Daar zit je dan, kleine ruiter.
Ik keek op de mannen neer.
– Het ziet er heel natuurlijk uit, Deng.
– Volgens mij ziet hij er vooral heel bang uit, Sadiq.
De twee mannen lachten, maar ik hoorde hen nauwelijks.
Daarboven in het zadel was mijn eerste gedachte aan macht. Ik was groter dan mijn vader, groter dan Sadiq en zeker groter dan alle jongens van mijn leeftijd. Op het paard voelde ik me volwassen, en ik probeerde eruit te zien als een heerser. Ik kon

over de omheining van onze buren kijken, helemaal tot aan de school, en ik zag op ooghoogte een hagedis over ons dak wegschieten. Ik was enorm groot, ik was de combinatie van mijzelf en het dier dat ik in mijn macht had. Mijn verheven gedachten werden onderbroken door de tanden van het paard, die mijn been hadden gevonden.

– Sadiq! riep mijn vader. Hij schoot toe, greep me vast en tilde me uit het zadel. – Wat hééft dat beest, verdorie?

Sadiq stamelde. – Dat doet ze anders nooit, zei hij, zo te zien oprecht verbaasd. – Het spijt me heel erg. Is alles goed met je, Achak?

Ik keek op, verborg mijn trillende handen en knikte. Sadiq nam me op.

– Je bent ook zo'n fiere strijder! zei Sadiq, en hij legde zijn hand weer op mijn hoofd.

– Ik vond het al geen goed idee, zei mijn vader. – De Dinka zijn geen ruiters.

Ik staarde het paard aan. Ik haatte dat vervloekte beest.

– O, maar heel veel Dinka hebben paardgereden, Deng. Zou het geen goed idee zijn als Achak het ook leerde? Het zou hem alleen maar aantrekkelijker maken in de ogen van de meisjes. Ja toch, Achak?

Daar moest mijn vader om lachen en de spanning was gebroken. – Ik geloof niet dat hij op dat gebied hulp nodig heeft, zei mijn vader.

Ze bulderden nu allebei van het lachen en keken op me neer. Ik bleef het paard aanstaren en ontdekte tot mijn lichte verbazing dat mijn woede alweer weg was.

Die avond at ik met de mannen in mijn vaders compound, een stuk of tien kooplui, in een kring bij het vuur. Een paar van de mannen kende ik uit de winkels, maar de meesten waren nieuw voor me. Er waren nog meer Baggara onder de gasten, maar ik bleef in de buurt van Sadiq, met mijn voet op zijn leren sandaal. Het gesprek ging over de prijs van maïs en gevallen van veeroof door bepaalde groepen Baggara ten noorden van Marial Bai. Iedereen was het erover eens dat de plaatselijke rechtbanken, waarin vertegenwoordigers van de Baggara, de Dinka en de regering in Khartoum zaten, de kwestie wel zouden afhandelen. Een poosje aten en dronken de mannen zwijgend, en toen nam een Dinka-man tegenover mijn vader, een grote, breed grijnzende man die jonger was dan de anderen, het woord.

– Deng, maak jij je geen zorgen over dat gedoe met die opstand?

Hij zei het met een stralende glimlach; dat was blijkbaar zijn gewone gezichtsuitdrukking.

– Nee, nee, zei mijn vader. – Deze keer niet. Ik heb meegedaan aan de vorige opstand, zoals sommigen van jullie weten. Maar deze – ik weet het niet, hoor.

Goedkeurend gemompel van de andere mannen, die verlangend leken om op een ander onderwerp over te gaan. Maar de grijnzende man hield aan.

– Maar ze zitten nu in Ethiopië, Deng. Er lijkt iets te broeien.

Weer glimlachte hij.

– Nee, nee, zei mijn vader. Hij wuifde naar de jongeman, maar het gebaar leek eerder theatraal dan overtuigend.

– Ze hebben de steun van de Ethiopiërs, vulde de grijnzende man aan.

Dat leek mijn vader te verrassen. Ik maakte niet vaak mee dat mijn vader in mijn bijzijn iets nieuws hoorde. Sadiq gooide iets van zijn bord naar een van de geiten langs de omtrek van de compound en richtte vervolgens het woord tot de jongeman.

– Je denkt toch niet dat, hoeveel zullen het er zijn, twintig deserteurs uit het Soedanese leger het land zullen binnenvallen om in Soedan een communistische staat te stichten? Dat is waanzin. De regering van Soedan zou Ethiopië met de grond gelijkmaken. En ze slaan elke kleine opstand neer.

– Ik bestrijd niet dat die deserteurs zouden verliezen, zei de jongeman. – Maar ik zie ook niet veel warme gevoelens voor Khartoum in Dinkaland. Ze zouden best steun kunnen krijgen.

- Nooit van z'n leven, zei Sadiq.
- Deze keer niet, vulde mijn vader aan. - We weten nu wat ons dat kost. Een burgeroorlog. Als we dat nog een keer doen, komen we er nooit meer bovenop. Dan is het afgelopen.

De mannen leken het met deze vaststelling eens te zijn en het werd weer stil, met alleen de geluiden van eten en drinken en de dieren die het bos weer in bezit nemen als de nacht valt.

- Wat zou je denken van een verhaal, vader Arou? vroeg Sadiq.
- Vertel ons het verhaal over het begin van de tijd. Dat vind ik altijd heel onderhoudend.
- Alleen maar omdat je weet dat het waar is, Sadiq.
- Ja. Precies. Ik gooi de Koran weg en geloof alleen nog in jouw verhaal.

De mannen lachten en moedigden hem aan het verhaal te vertellen. Mijn vader stond op en begon, op dezelfde manier waarop hij het verhaal altijd vertelde.

- Toen God de aarde schiep, maakte hij allereerst ons, de monyjang. Ja, als eerste maakte hij de monyjang, de eerste mens, en hij maakte hem de grootste en sterkste van alle volkeren onder de hemel...

Ik kende het verhaal goed, maar had het mijn vader nog nooit horen vertellen in aanwezigheid van mannen die geen Dinka waren. Ik keek ongerust naar de gezichten van de Arabieren en hoopte dat ze niet gekwetst zouden zijn. Ze glimlachten allemaal, alsof ze een fabeltje hoorden in plaats van het ware scheppingsverhaal.

- Ja, God maakte de monyjang groot en sterk, en hij maakte hun vrouwen mooi, mooier dan enig ander schepsel in het land.

Er klonk een kort goedkeurend gemompel, ditmaal met meer keelklanken, waarin ook de Arabische mannen instemden. Het werd gevolgd door een luid lachsalvo van het hele gezelschap. Sadiq gaf me een por en grijnsde tegen me, en ik lachte ook, al wist ik niet precies waarom.

- Ja, vervolgde mijn vader, - en toen God klaar was en de

monyjang op de aarde stonden en op instructies wachtten, zei God: 'Nu zijn jullie hier, op het meest geheiligde en vruchtbare land dat ik heb. Ik kan jullie nog één ding geven. Ik kan jullie dit dier geven, dat de koe genoemd wordt...'

Mijn vader draaide zijn hoofd abrupt om, waarbij hij wat koffie uit zijn kop in het vuur morste; het siste en er steeg een rookwolkje op. Hij keek de andere kant op en vond daar wat hij zocht: hij wees naar een koe in de verte, een van de beesten die de volgende dag op de markt verkocht zouden worden.

– Ja, vervolgde hij, – God liet de mens zien wat vee was, en het was heel mooi vee. Het was in alle opzichten precies wat de monyjang zich konden wensen. De man en de vrouw dankten God voor het fraaie geschenk, want ze wisten dat het vee hun melk, vlees en allerlei soorten rijkdom zou brengen. Maar God was nog niet klaar.

– Dat is Hij nooit, zei Sadiq, en weer klonk er gelach.

– God zei: 'Jullie mogen kiezen: ofwel je mag dit vee hebben, bij wijze van geschenk van mij, of je mag de Wat hebben.' Mijn vader wachtte op de gewenste reacties.

– Maar... zei Sadiq, hem te hulp schietend. – Wat is de Wat? vroeg hij met theatrale overdrijving.

– Ja, ja. Dat was de vraag. Dus de eerste mens keek op naar God en vroeg wat dat was, de Wat. 'Wat is de Wat?' vroeg de eerste mens. En God antwoordde: 'Dat kan ik niet zeggen. Maar toch moeten jullie kiezen. Jullie moeten kiezen tussen het vee en de Wat.' Nou, goed. De man en de vrouw zagen het vee – het stond voor hun neus – en ze wisten dat ze met dat vee een goed leven en genoeg te eten zouden hebben. Ze zagen dat de koeien Gods meest volmaakte schepping waren en dat ze iets goddelijks in zich droegen. Ze wisten dat ze met deze dieren in vrede zouden leven en dat de dieren, als ze ze eten en drinken gaven, hun melk zouden geven en zich elk jaar zouden vermeerderen en de monyjang gelukkig en gezond zouden maken. En dus besloten de eerste man en de eerste vrouw dat ze wel gek zouden zijn om het vee op te geven voor die onbekende Wat. De keus viel dus op het vee. En God heeft laten zien dat dat de juiste beslissing was. God heeft de mens op de proef gesteld. Hij wilde kijken of de mens tevreden zou zijn met wat hij had gekregen, of hij genoegen kon scheppen in de rijkdom die hij voor zich zag in plaats van die te verruilen voor het onbekende. En omdat de eerste mens inzag wat de beste keus was, heeft God ons toegestaan te gedijen. De Dinka leven en groeien, net zoals hun vee leeft en groeit.

De grijnzende man hield zijn hoofd scheef.

– Ja, maar oom Deng, mag ik iets vragen?

Mijn vader, die zag wat een goede manieren de man had, ging zitten en knikte.

– Eén ding hebt u niet verteld. Wat is de Wat?

Mijn vader haalde zijn schouders op. – Dat weten we niet. Dat weet niemand.

Na een poosje was de maaltijd afgelopen en was ook het drinken daarna voorbij. De gasten gingen slapen in de vele hutten op de compound van mijn vader. Ik lag in zijn hut en deed alsof ik sliep, maar in werkelijkheid hield ik Sadiq in het oog terwijl ik diens glazen edelsteen stevig in mijn vuist geklemd hield.

Ik had het verhaal over het vee en de Wat al vaak gehoord, maar het einde was altijd anders geweest. In de versie die mijn vader mij altijd vertelde, had God de Wat aan de Arabieren gegeven, en dat was de reden dat de Arabieren minder waren dan wij. De Dinka kregen het vee en de Arabieren hadden geprobeerd het te stelen. God had de Dinka veel beter land gegeven, vruchtbaar en rijk, en ook nog dat vee, en dat was natuurlijk oneerlijk, maar zo had God het bedoeld en daar viel niet aan te tornen. De Arabieren leefden in de woestijn, zonder water of bebouwbaar land, en als zij iets van Gods overvloed wilden hebben, moesten ze het vee wel stelen en dat in Dinka-land laten grazen. Het waren heel slechte herders, de Arabieren, en omdat ze niet begrepen hoe waardevol de dieren waren, slachtten ze ze alleen maar. Het waren verwarde mensen, had mijn vader vaak gezegd, ze tobden maar wat rond.

Maar die avond had mijn vader al die dingen niet gezegd en daar was ik blij om. Ik was trots op mijn vader dat hij het verhaal had veranderd om Sadiq en de andere kooplui niet te kwetsen. Hij was ervan overtuigd dat de Arabieren wel wisten dat ze minder waren dan de Dinka, maar hij vond het niet beleefd hun dat tijdens een maaltijd onder de neus te wrijven.

De volgende ochtend zag ik Sadiq Aziz voor het laatst. Het was een kerkdag, en tegen de tijd dat mijn familie opstond, was Sadiq al buiten zijn paard aan het zadelen. Ik kroop uit de hut om te kijken hoe hij wegreed en ik zag dat mijn vader ook buiten was.
– Weet je zeker dat je niet mee wilt? vroeg mijn vader.
Sadiq glimlachte. – Volgende keer misschien, zei hij. Hij sprong soepel in het zadel en reed weg in de richting van de rivier.
Het was ook de laatste dag dat ik de soldaten zou zien die in het dorp gestationeerd waren. Er waren al sinds jaar en dag regeringssoldaten in Marial Bai, een stuk of tien tegelijk, die tot taak hadden de vrede te bewaren. Na de mis, die tot na twaalven duurde, liep ik naar de anglicaanse kerk en bleef buiten op William K en Moses wachten. Hoe ik ook gruwde van de lengte van onze katholieke missen, ik was toch blij dat ik niet tot de gemeente van dominee Paul Akoon behoorde, wiens preken soms tot het vallen van de duisternis duurden. Toen William K en Moses klaar waren en Moses een ander shirt had aangetrokken, liepen we naar het voetbalveld, waar de soldaten en de mannen van het dorp zich al aan het inspelen waren met twee voetballen uit de legerkazerne. De soldaten voetbalden en volleybalden een groot deel van de dag, rookten de rest van de tijd en dronken vanaf het middaguur wijn. Niemand zei daar ooit iets van; het dorp was blij dat de soldaten er waren om de markt en het vee in de omgeving te beschermen tegen overvallen van de murahaleen en anderen. De soldaten die in Marial Bai waren gestationeerd, vormden een dwarsdoorsnede van alle volksstammen en religies: Dinka-christenen, moslims uit Darfur, Arabische moslims. Ze

leefden samen in de kazerne en hadden het naar omstandigheden goed. Ze brachten hun dagen door met kleine patrouilles in en om het dorp en verder in mijn vaders winkel, waar ze onder het afdakje areki, een plaatselijke wijn, dronken en over het bestaan praatten dat ze wilden opbouwen als hun dienstplicht erop zat.

Toen de wedstrijd begon, stelden William K, Moses en ik ons achter een van de doelen op in de hoop de bal te kunnen terughalen als die ernaast ging. Overal langs de zijlijnen stonden jongens die te jong waren om mee te spelen te azen op kansen om de bal weer in het veld terug te gooien of te trappen. Toen de zon onderging en overal in het dorp de vuren werden aangestoken voor het avondeten, was het me gelukt de bal tweemaal terug te halen, en beide keren had ik de bal precies naar de juiste plek op het veld getrapt. Het was een dag om voldaan op terug te kijken. De wedstrijd eindigde, de spelers schudden elkaar de hand en verdwenen naar alle kanten.

– Hé! Rooie jongen! riep een soldaat.

Ik draaide me om. Ik keek naar mijn eigen shirt; dat was rood.

– Kom hier, dan krijg je iets lekkers.

Ik holde naar de soldaat, een kleine man met een breed gezicht en diepe Nuer-littekens op zijn voorhoofd. Hij hield me een zakje gele snoepjes voor. Ik staarde ernaar maar verroerde me niet.

– Pak er maar een paar, jongen. Ik trakteer.

Ik pakte een snoepje en stak het snel in mijn mond. Onmiddellijk had ik er spijt van dat ik zo gulzig was geweest. Ik had het snoepje in mijn zak moeten stoppen om het voor een bijzondere gelegenheid te bewaren. Maar nu was het te laat. Het zat al in mijn mond en het smaakte verrukkelijk – naar citroen, maar niet zo zuur. Meer als een klont suiker in de vorm van een citroen.

– Dank u, oom, zei ik.

– Neem er nog maar een, jongen, zei de soldaat. – Als je iets krijgt aangeboden, moet je je slag slaan. Behalve als je rijk bent, natuurlijk. Ben jij dat, jongen? Ben jij rijk genoeg om kieskeurig te zijn?

Dat wist ik eigenlijk niet. Ik wist dat mijn vader welvarend was, een belangrijk man, maar ik vond niet dat ik daardoor kieskeurig was geworden. Ik stond te bedenken wat ik zou antwoorden, maar de soldaat draaide zich alweer om en liep weg.

De oorlog begon een paar weken daarna. Feitelijk was hij in sommige delen van het land al begonnen. Er gingen geruchten over Arabieren die door rebellen waren gedood. Er waren dorpen die waren gezuiverd van Arabieren, massaslachtingen van Arabische kooplui en brandstichtingen in Arabische winkels. Overal in het Zuiden waren rebellengroepen gevormd, hoofdzakelijk bestaand uit Dinka, en die hadden Khartoum duidelijk te verstaan gegeven dat ze de invoering van de sharia in Dinka-land niet accepteerden. De rebellen hadden zich nog niet onder de vlag van het Soedanese Volksbevrijdingsleger georganiseerd en opereerden in kleine groepen verspreid over het hele Zuiden. De oorlog had Marial Bai nog niet bereikt, maar dat zou weldra gebeuren. Ons dorp zou het zwaar te verduren krijgen, eerst van de rebellen en later van de milities die door de regering werden uitgestuurd om de rebellen – en degenen die hen steunden, actief of anderszins – te straffen.

Ik zat in mijn vaders winkel op de grond te spelen; ik had een hamer en deed of het de kop en de nek van een giraffe was. Ik bewoog het ding met de trage sierlijkheid van een giraffe, liet de nek zich buigen om te drinken en omhoog reiken om van de hoogste takken van een boom te eten.

Ik liet de hamergiraffe langzaam en geluidloos door het zand op de vloer van de winkel lopen en om zich heen kijken. Hij had een geluid gehoord. Wat was dat? Het was niets. Ik besloot dat de giraffe een vriendje moest hebben. Ik pakte een tweede hamer van een lage plank en de tweede giraffe voegde zich bij de eerste. De twee giraffes liepen sierlijk over de savanne en bewogen hun nek bij elke stap om beurten naar voren, eerst de ene en dan de andere.

Ik stelde me voor hoe ik als zakenman de belangen van mijn vader behartigde, de winkel beheerde, met de klanten onderhandelde, nieuwe goederen bestelde aan de andere kant van de rivier, de prijzen bij de fluctuaties van de markt aanpaste, af en toe naar de winkel in Aweil ging, honderden kooplui van naam kende, me in elk dorp op mijn gemak voelde, door iedereen gekend en gerespecteerd werd. Ik zou een belangrijk man worden, net als mijn vader, met een heleboel vrouwen. Ik zou op het succes van mijn vader voortbouwen, zou nog een winkel openen, nog een hele rits winkels, en misschien een nog grotere kudde hebben – zeshonderd of duizend stuks vee. En zodra ik het kon betalen zou ik ook een fiets kopen, met het plastic er nog strak omheen. Ik zou goed opletten dat het plastic nergens scheurde.

Er viel een schaduw over mijn giraffenland.

– Hallo! zei mijn vader hoog vanuit de hemel.

De wedergroet was niet hartelijk. Ik keek op en zag drie mannen, van wie er één een geweer droeg dat aan een witte band om zijn schouder hing. Ik herkende die man. Het was de grijnzende man die die avond bij het vuur had gezeten. De jongeman die mijn vader had gevraagd wat die Wat nou was.

– We moeten suiker hebben, zei de kleinste man. Hij was ongewapend, maar het was duidelijk dat hij de leider van het drietal was. Hij deed het woord.

– Dat kan, zei mijn vader. – Hoeveel?

– Alles, oom. Alle suiker die je hebt.

– Dat gaat je een lieve duit kosten, vriend.

– Is dit alles wat je hebt?

De kleine man tilde de sisal zak van tien kilo op die in de hoek stond.

– Dat is alles.

– Goed, dat nemen we mee.

De kleine man draaide zich om en wilde weggaan. Zijn kameraden waren al buiten.

– Moment, zei mijn vader. – Begrijp ik goed dat je niet van plan bent te betalen?

De kleine man stond bij de deur en kneep zijn ogen dicht tegen de zon, die midden op de ochtend fel was. – We moeten eten hebben voor de beweging. Je zou blij moeten zijn dat je wat kunt bijdragen.

– Je had het mis, Deng, zei de grijnzende man.

Mijn vader kwam achter de toonbank vandaan en liep naar de man bij de deur.

– Natuurlijk zal ik jullie suiker geven. Dat spreekt vanzelf. Ik heb zelf meegevochten. Ik weet dat er eten nodig is voor de strijders. Maar ik kan jullie niet de hele zak meegeven. Dan is mijn zaak geruïneerd, dat weten jullie ook wel. Iedereen moet zijn steentje bijdragen, dat vind ik ook, maar laten we de redelijkheid niet uit het oog verliezen. Ik geef jullie zoveel als ik kan missen.

Mijn vader pakte een kleinere zak.

– Nee! Nee, stommeling! schreeuwde de kleine man. Ik schrok zo dat ik overeind schoot. – We nemen deze zak mee. Je mag blij zijn dat we niet méér pakken!

De grijnzende man en de derde, de man met het geweer met de witte schouderband, waren teruggekomen en stonden achter de kleine man. Ze keken mijn vader recht aan. Hij staarde de mannen op zijn beurt een voor een aan.

– Alsjeblieft. Waar moeten wij van leven als jullie ons bestelen?

De grijnzende man sprong op hem af, waarbij hij bijna op mij trapte.

– Bestelen? Noem jij ons dieven?

– Hoe moet ik jullie dan noemen? Als jullie op deze manier...

De grijnzende man haalde uit en gaf mijn vader een harde stomp, en mijn vader zakte in elkaar en belandde naast mij op de grond.

– Breng hem naar buiten, zei de man. – Ik wil dat iedereen dit ziet.

De mannen sleurden mijn vader de winkel uit en het felle

zonlicht in. Er had zich al een groep mensen op het marktplein verzameld.

– Wat is hier aan de hand? vroeg Tong Tong, die de winkel naast de onze had.

– Let maar goed op, dan kun je wat leren, zei de grijnzende man.

De drie mannen rolden mijn vader op zijn buik en bonden zijn handen en voeten met touw uit zijn eigen winkel. Mijn moeder kwam naar buiten.

– Hou op! schreeuwde ze. – Stelletje gekken!

De man met het geweer richtte op mijn moeder. De kleine man wendde zich met een gezicht vol diepe minachting tot haar.

– Wacht maar, jij bent zo aan de beurt.

Ik draaide me om en rende de schemerige winkel in. Ik wist zeker dat ze mijn vader zouden doden, en mijn moeder misschien ook wel. Ik verstopte me onder de zakken graan in de hoek en stelde me een leven zonder mijn moeder voor. Zou ik dan bij mijn oma moeten gaan wonen? Ik besloot dat ik dan de moeder van mijn vader, Madit, zou kiezen. Maar dat was twee dagen lopen vanaf het dorp – dan zou ik William K en Moses nooit meer zien. Ik stond op en loerde om de hoek om te zien wat er op de markt gebeurde. Mijn moeder stond tussen mijn vader en de drie mannen in.

– Maak hem alsjeblieft niet dood, jammerde mijn moeder. – Daar schieten jullie toch niks mee op.

Ze was een kop groter dan de kleine man, maar de man met het geweer hield mijn moeder onder schot en ik durfde geen adem te halen. Mijn oren tuitten en ik moest met mijn ogen knipperen om ze open te houden.

– Dan zul je mij ook moeten doden, zei ze.

De kleine man matigde plotseling zijn toon. Ik keek om de hoek en zag dat de andere man zijn geweer had laten zakken. En vervolgens trapte hij, zonder enige zichtbare emotie, in mijn vaders gezicht. Het gaf een dof geluid als van een klap van een hand op een koeienhuid. Hij trapte nog een keer en ditmaal was het geluid anders. Een krakend geluid als van een tak die je over je knie breekt.

Op dat moment knapte er iets in mij. Ik voelde het, geen twijfel mogelijk. Het was alsof er een bundel strakgespannen touwen binnen in mij zat die me bijeenhield – mijn hersens, mijn hart en mijn benen – en op dat moment knapte een van die dunne en breekbare touwen.

Die dag manifesteerden de rebellen zich en werd Marial Bai een dorp in oorlog met zichzelf, een dorp dat de rebellen en de regering elkaar betwistten. Voetbalwedstrijden waren er niet meer. De rebellen kwamen 's nachts om te roven wat ze te pakken konden krijgen, en overdag patrouilleerden er regeringssoldaten in het dorp, vooral op de markt, die een walm van dreiging verspreidden. Ze spanden hun geweer en lieten het weer zakken. Ze vonden iedereen verdacht die ze niet kenden en zaten jongemannen op de huid zoveel ze konden. Wie ben jij? Ben je bij de rebellen? Het vertrouwen in het leger was verdampt. De afzijdigen moesten partij kiezen.

Ik mocht niet meer op de markt spelen. De school was voor onbepaalde tijd gesloten. De meester was weg en zou volgens de verhalen in een trainingskamp van de rebellen bij Juba zitten, in de zuidoosthoek van het land. De mannen van Marial Bai waren voortdurend in verhitte discussies gewikkeld – na kerktijd, tijdens het eten en op de paden. Mijn vader zei dat ik thuis moest blijven en mijn moeder probeerde me binnen te houden, maar ik ging er toch opuit, en soms zagen Moses, William K en ik dingen. Wij waren degenen die Kolong Gar zagen vluchten.

Het was donker, na etenstijd. We waren naar de boom gegaan vanwaaruit we Amath en haar zusjes konden horen praten. Dat was mijn geheime plekje geweest totdat William K me er een keer had gezien, en hij had gedreigd mijn schuilplaats bekend te maken tenzij hij daar ook mocht zitten. Sindsdien gingen we er bijna elke avond spioneren, al leverde dat bar weinig op. Als er ook maar enige wind van betekenis was, bewogen en ruisten de blaadjes van de acacia en overstemden ze elk geluid uit de hut. Ook de avond dat we Kolong Gar zagen was het bewolkt en woei er een stormachtige wind. We hoorden geen woord van wat Amath en haar zusjes zeiden en waren het gespioneer zat. We begonnen al omlaag te klauteren toen Moses, die op de hoogste tak zat, iets zag.

– Wacht! fluisterde hij.

William en ik wachtten. Moses wees naar de kazerne, en toen zagen wij het ook. Lichtjes, vijf lichtjes die over het voetbalveld dansten.

– Soldaten, zei Moses.

De zaklampen bewogen zich traag over het veld en verspreidden zich toen. Twee verdwenen er in de school, waar ze grillige lichtflitsen door het lokaal wierpen. Toen werd de school weer donker en begonnen de lichtjes te rennen.

Op dat moment rende Kolong Gar pal onder onze boom langs. Kolong Gar was soldaat bij het regeringsleger, maar hij was ook een Dinka, uit Aweil, en nu was hij op de vlucht, in een korte witte broek – hij droeg geen schoenen en geen shirt. Toen hij onder onze bungelende benen door stoof, zagen we heel even zijn spieren en het oplichtende wit van zijn ogen. We keken hem na. Hij rende langs Amaths compound en verdween over het hoofdpad in zuidelijke richting uit Marial Bai.

Een paar minuten later passeerden er twee zaklampen. Ze bleven vlak bij de boom staan waar wij in zaten, maar na een poosje draaiden ze zich om en liepen terug naar de kazerne. Ze hadden, althans voor vannacht, het zoeken opgegeven.

Dat was de desertie van Kolong Gar. Wekenlang vertelden wij het verhaal, en iedereen vond het spannend en bijzonder, maar langzamerhand werd dat soort verhalen gemeengoed. Alle Dinka-mannen die in het regeringsleger zaten, deserteerden om zich bij de rebellen aan te sluiten. De in Marial Bai gestationeerde soldaten waren met z'n twaalven geweest, maar al gauw waren er nog maar tien, en vervolgens negen. De soldaten die bleven, waren Arabieren uit plaatsjes in het Noorden en twee Fursoldaten uit Darfur. De publieke opinie was hun niet gunstig gezind. Marial Bai sympathiseerde al snel in meerderheid met de rebellen – die onder andere een betere vertegenwoordiging van Zuid-Soedan in Khartoum wilden – en dat bleef niet onopgemerkt bij de soldaten.

Op een dag waren ze allemaal weg. Toen Marial Bai op een goede dag ontwaakte, waren de soldaten die tot taak hadden het dorp tegen rovers te beschermen en de vrede te bewaren, verdwenen. Hun bezittingen, hun trucks, alles was weg – ze hadden geen enkel spoor achtergelaten. Ze trokken vanuit Zuid-Soedan naar het noorden, en in hun kielzog volgden veel welvarende families uit Marial Bai. De mannen die in welke hoedanigheid dan ook voor de regering werkten – als rechter, ambtenaar of belastingontvanger – gingen met hun hele familie naar Khartoum. Alle families die geld hadden, vertrokken naar dorpen in het noorden, oosten of zuiden die ze als veiliger beschouwden. In Marial Bai en het grootste deel van de regio Bahr al-Ghazal was het niet veilig meer.

Op de dag dat de troepen waren verdwenen, gingen Moses en ik naar de kazerne en kropen onder de bedden op zoek naar geld, souvenirs of wat ze in hun haast verder waren vergeten. Moses vond een kapot zakmes en hield het. Ik vond een riem zonder gesp. Het rook in het gebouw nog naar mannen, naar tabak en zweet.

De paar Arabieren die nog naar de markt kwamen, pakten al snel hun spullen en vertrokken. Een week later werd de moskee gesloten en drie dagen later brandde hij tot de grond toe af. Er werd geen onderzoek ingesteld. Nu de soldaten weg waren, nam het aantal rebellen in Marial Bai gestaag toe, en al gauw hadden de rebellen een nieuwe naam voor zichzelf bedacht: het Soedanese Volksbevrijdingsleger, de SPLA.

Maar na een paar weken waren de rebellen weer weg. Ze waren niet in Marial Bai om iemand te beschermen of te patrouilleren. Ze waren op doorreis, om mannen te rekruteren, om uit mijn vaders winkel te pakken wat ze nodig hadden. De rebellen waren er niet meer toen de mensen in Marial Bai de storm oogstten die zij hadden gezaaid.

VII

Michaels telefoon gaat weer.
De jongen komt traag overeind en sjokt naar de keuken om op te nemen. Ik kan niet veel van het gesprek verstaan, maar ik hoor hem zeggen: 'Nee, tien, hadden jullie gezegd,' gevolgd door een reeks vergelijkbare protesten.
Het telefoontje duurt nog geen minuut, en nu moet ik de jongen opnieuw tot rede zien te brengen. Misschien voelt hij zich beter op zijn gemak nu ik me niet verroer, en zal hij niet schrikken van mijn stem. En het is duidelijk dat hij boos is op zijn handlangers. Misschien kan ik een verbond met hem sluiten, want ik heb nog steeds hoop dat hij inziet dat hij meer op mij lijkt dan op degenen die hem hier hebben achtergelaten.
'Zeg, jongeman,' zeg ik.
Hij staat op de grens van keuken en woonkamer; hij stond net te dubben of hij op de bank zou gaan liggen om verder te slapen of de tv weer aan zou zetten. Even heb ik zijn aandacht. Hij kijkt naar me en wendt zijn blik dan snel af.
'Ik wil je niet bang maken. Ik weet dat deze hele toestand niet jouw idee is.'
Hij kijkt naar het telefoonboek, maar omdat dat tegen mijn slaap rust, zou hij te dicht bij me moeten komen om het op te rapen. Hij loopt langs me heen en verdwijnt in de gang naar de slaapkamers. Ik krijg een droge keel van het vooruitzicht dat hij uiteindelijk toch met het dikke woordenboek terugkomt.
'Jongeman!' roep ik in de richting van de gang. 'Gooi alsjeblieft niks meer op me! Ik zal wel stil zijn als je dat liever wilt.'
Hij staat nu weer boven me en kijkt me voor het eerst in de ogen. Hij heeft mijn leerboek meetkunde in de ene hand en een handdoek in de andere. Ik weet niet onmiddellijk welk van de twee de grootste dreiging vormt. Die handdoek – wil hij me soms verstikken?

'Wil je dat ik stil ben? Ik zal niks meer zeggen als je geen dingen meer op me gooit.'

Hij knikt tegen me, tilt dan zijn voet op, zet hem zachtjes op mijn mond en duwt de tape weer vast. Die jongen die mijn mond dichtduwt met zijn voet – dat is niet te verdragen.

Hij verdwijnt uit het zicht maar is nog niet klaar. Als hij terugkomt, begint hij mijn huiskamer te verbouwen.

Eerst duwt hij de koffietafel dichter naar de geluidsinstallatie toe, waarmee hij de afstand tussen de drie objecten – mij, de tafel en de planken – verkleint. Dan sleept hij een stoel van de keuken naar de kamer. Die zet hij vlak bij mijn hoofd. Hij pakt een van de drie grote rechtopstaande kussens van de bank. Hij zet het kussen rechtop tegen de zitting van de stoel. Hij haalt nog een stoel uit de keuken en zet die, weldra ook met een kussen van de bank ertegen, bij mijn voeten. Nu heeft hij zijn doel bereikt: hij kan mij niet meer zien. Mijn zicht is nu beperkt tot het plafond boven mijn hoofd en het weinige dat ik tussen de ramen door van de koffietafel kan zien. Ik lig me te verbazen over zijn architectonische vindingrijkheid, totdat hij me verrast met de deken. De sprei uit de slaapkamer wordt zorgvuldig over de bankkussens heen gedrapeerd, totdat ik in een tent lig, en nu wordt het me te veel. Michael, mijn geduld met jou is bijna op. Ik heb het helemaal gehad met jou, en ik wou dat jij had kunnen zien wat ik heb gezien. Wees dankbaar, tv-jongen. Heb respect. Heb jij het begin van een oorlog gezien? Stel je je buurt voor en zie hoe de vrouwen gillen, de baby's in putten worden gegooid. Kijk hoe je broers ontploffen. Kom, ik wil dat je met me meegaat.

Ik zat bij mijn moeder en hielp haar met water koken. Ik had brandhout gezocht en was een vuur aan het stoken, en zij keek goedkeurend toe. Het was ongewoon dat een jongen, van welke leeftijd dan ook, zo hulpvaardig is. Er bestaat een bepaalde intimiteit tussen moeder en zoon als je zes of zeven bent. Op die leeftijd kan een jongen nog kind zijn, kan hij zwak zijn en in zijn moeders armen kruipen. Maar voor mij is dit de laatste keer, want morgen zal ik geen kind meer zijn. Ik zal iets anders zijn – een wanhopig dier dat alleen nog probeert te overleven. Ik weet dat ik niet terug kan en daarom geniet ik van deze dagen, de momenten dat ik nog klein kan zijn, mijn moeder pleziertjes kan doen – aan haar voeten rondkruipen en op het vuur blazen. Ik verbeeld me graag dat ik zwolg in het laatste ogenblik van mijn kindertijd toen het geluid kwam.

Het leek op het geluid van de vliegtuigen die soms overvlogen, maar dit was harder, onwelluidender. Het geluid leek zichzelf telkens opnieuw in tweeën te hakken. *Tsjaka-tsjakka. Tsjaka-tsjakka.* Ik hief mijn hoofd op en luisterde. Wat was dat? *Tsjaka-tsjakka.* Het leek op het geluid van een oude vrachtwagen, maar het kwam van boven en verspreidde zich naar alle kanten.

Mijn moeder zat doodstil te luisteren. Ik liep naar de deur van de hut.

– Achak, kom bij me zitten, zei ze.

Door de deuropening zag ik een soort vliegtuig laag over het dorp komen. Het was een opmerkelijk soort vliegtuig, helemaal zwart en dof, niet spiegelend. De vliegtuigen die ik eerder had gezien, leken op primitieve vogels met een neus, vleugels en een buik, maar dit toestel leek meer op een sprinkhaan. Ik keek hoe het over het dorp vloog. Het geluid was diep en zwart, harder dan ik ooit had gehoord; het deed mijn ribben trillen en scheurde me uit elkaar.

– Achak, kom hier!

Ik hoorde wat mijn moeder zei, maar haar stem klonk als een herinnering. Wat er op dit moment gebeurde, was volkomen nieuw. Er waren inmiddels minstens vijf van die nieuwe toestellen, overal grote zwarte sprinkhanen. Ik liep de hut uit, naar het midden van de compound, helemaal in trance. Ik zag andere jongens in het dorp die ook omhoog keken; sommigen sprongen op en neer, lachten en wezen naar de sprinkhanen die die hakkende geluiden maakten.

Maar het was vreemd. Volwassenen vluchtten voor de toestellen, struikelden, gilden. Ik keek naar de rennende mensen, al was ik zelf te verdwaasd om me te verroeren. Ik was verlamd door het lawaai van de toestellen. Ik voelde een nog onbekende vermoeidheid terwijl ik toekeek hoe moeders hun zoontjes pakten en weer naar binnen brachten. Ik keek hoe mannen zich in het hoge gras omdraaiden en zich op de grond wierpen. Ik keek toe hoe een van de sprinkhanen over het voetbalveld vloog, lager dan de andere toestellen, en hoe de twintig jongemannen die op het veld aan het spelen waren schreeuwend naar het schoolgebouw renden. Toen daverde er een nieuw geluid door de lucht. Het leek op het hakkende geluid van het toestel, maar het was iets anders.

De mannen die naar de school renden, begonnen te vallen. Ze vielen met hun gezicht naar mij toe, alsof ze op weg waren naar mijn huis, naar mij. Tien mannen binnen een paar seconden, hun armen opgeheven naar de hemel. Het toestel dat hen had beschoten kwam nu mijn kant uit, en ik keek naar de sprinkhaan die steeds groter en oorverdovender werd. Ik zag de geweren zwenken, zag de twee mannen die in het toestel zaten, allebei met een helm en net zo'n zonnebril als mijn vader. Ik was niet in staat me te verroeren terwijl het toestel dichterbij kwam en het geluid mijn hoofd vulde.

– Achak!

Ik voelde mijn moeders handen om mijn middel en werd met grote kracht de duisternis in getrokken. Opeens was ik weer met haar in de hut. Het geluid trok brullend over, dreunde, daverde, hakte zichzelf in tweeën.

– Idioot! Ze vermoorden je!

– Wie? Wie zijn 'ze'?

– Het leger. De helikopters. O, Achak, ik ben bang. Bid alsjeblieft voor ons.

Ik bad. Ik ging plat onder haar bed liggen en bad. Mijn moeder bleef rechtop zitten, verstijfd, trillend. De toestellen vlogen over, verdwenen en kwamen terug, het geluid trok zich terug en vulde mijn hoofd opnieuw.

Ik lag naast mijn moeder en vroeg me af hoe het met iedereen was – met mijn broers, mijn zus, mijn halfzusjes, mijn vader en mijn vrienden. Ik wist dat het leven in ons dorp onherroepelijk zou zijn veranderd als de helikopters weg waren. Maar zou het voorbij zijn? Zouden de sprinkhanen weggaan? Ik wist het niet. Mijn moeder wist het evenmin. Het was het begin van het einde van de zekerheid dat het leven zou doorgaan. Weet jij zeker dat je morgen wakker zult worden, Michael? Dat je morgen te eten zult hebben? Dat de wereld morgen niet zal vergaan?

Na een uur was het voorbij. De helikopters waren weg. De mannen en vrouwen van Marial Bai kwamen langzaam uit hun huizen en liepen weer in de middagzon. Ze verzorgden de gewonden en telden de doden.

Er waren dertig mensen omgekomen. Twintig mannen, grotendeels degenen die hadden gevoetbald. Acht vrouwen en twee kinderen, jonger dan ik.

– Ga naar binnen, zei mijn moeder. – Jij hoeft dit niet te zien.

De volgende ochtend kwamen de legertrucks terug. De trucks die een paar weken geleden samen met de regeringssoldaten waren verdwenen, keerden nu terug en brachten nieuwe soldaten. Ze hadden drie tanks en tien landrovers bij zich, die het dorp vroeg in de ochtend omsingelden. Zodra er genoeg licht was om efficiënt te kunnen werken, sprongen de soldaten uit de trucks en begonnen het dorp Marial Bai systematisch plat te branden. Ze maakten midden op de markt een groot vuur, en daaruit pakten ze brandende houtblokken en fakkels en gooiden die op de daken van de meeste huizen binnen een straal van anderhalve kilometer. De paar mannen die zich verzetten, werden doodgeschoten. Dit betekende in de praktijk het voorlopige einde van alle leven in Marial Bai. En ook nu waren de rebellen voor wie deze vergeldingsactie bedoeld was nergens te bekennen.

VIII

Een paar dagen later vertrokken we uit Marial Bai, Michael. Zowel de regering als de rebellen hadden het op mijn vader en zijn winkel voorzien en daarom gingen we weg. Hij sloot de winkel in Marial Bai, verdeelde zijn familie in tweeën en maakte zich op om zijn zakelijke belangen te verplaatsen naar Aweil, ongeveer honderdvijftig kilometer noordelijker. Hij nam twee vrouwen en zeven kinderen mee; ik werd uitgekozen om mee te gaan, maar mijn moeder niet. Zij en de andere vrouwen en hun kinderen moesten in Marial Bai blijven, in ons huis dat half in puin lag. Ze zouden nu veilig zijn in het dorp, verzekerde hij iedereen; hij had ons op een zondag na kerktijd in de compound bij elkaar geroepen om zijn plannen uiteen te zetten. Het ergste was voorbij, zei hij. Khartoum had een duidelijk signaal gegeven, degenen die met de rebellen samenspanden waren gestraft, en nu ging het erom neutraal te blijven en duidelijk te maken dat er van samenwerking met de SPLA geen sprake was, dat die zelfs niet mogelijk was. Als mijn vader geen winkel in Marial Bai had, kon hij de SPLA ook niet vrijwillig of op welke manier dan ook steunen, en zodoende zouden er geen vergeldingsacties van de regering, de rebellen of de murahaleen tegen hem of ons meer komen.

Mijn moeder was woedend dat ze werd achtergelaten. Maar ze zei niets.

– Lief zijn voor je stiefmoeders, hoor, zei ze.

Dat beloofde ik.

– En luister naar ze. Gebruik je verstand en help zoveel je kunt.

Ook dat beloofde ik.

Ik reisde wel vaker met mijn vader. Ik mocht vaak mee op zijn zakenreizen naar Aweil of Wau, want ik was degene die van jongs af aan werd klaargestoomd om de winkels te leiden als hij daar te oud voor zou zijn. Nu verplaatste mijn vader zijn handelsactiviteiten naar deze grotere plaats aan de spoorlijn tussen het Noorden en het Zuiden. Aweil lag in Zuid-Soedan en werd hoofdzakelijk bewoond door Dinka, maar het was in handen van de regering en fungeerde als uitvalsbasis voor het leger van Khartoum. Mijn vader beschouwde het als een veilige plek om zijn winkel te drijven en buiten het escalerende conflict te blijven. Hij was er nog steeds vast van overtuigd dat de opstand, of wat het ook was, spoedig als een nachtkaars zou uitgaan.

Onze vrachtauto kwam 's avonds aan en ik werd half slapend naar een bed in de compound gedragen dat mijn vader had geregeld. Ik werd 's nachts wakker van ruziënde mannen, brekende flessen. Een gil. Een schot dat de lucht in tweeën spleet. De geluiden van het bos waren grotendeels verdwenen en vervangen door passerende groepjes mannen, zingende vrouwen in de nacht, het gegil van hyena's en het kraaien van duizend hanen.

De volgende ochtend ging ik op onderzoek uit op de markt terwijl mijn vader met zijn vrienden uit Aweil praatte. Ik was voor het eerst zonder Moses en William K, en Aweil was groot en veel dichter bevolkt dan Marial Bai. In Marial Bai waren maar een paar bakstenen gebouwen, maar hier waren er tientallen, en veel meer bouwwerken met daken van golfplaat dan ik ooit bij elkaar had gezien. Aweil leek veel welvarender en stedelijker dan Marial Bai en voor mij was er weinig aan. Ik zag die eerste dag veel nieuwe en hoofdzakelijk onaangename dingen, onder andere opnieuw een man met maar één hand. Het was een oudere man in een tot op de draad versleten blauw-met-gouden dashiki, en ik liep achter hem aan over de markt en keek hoe de arm zonder hand heen en weer zwaaide onder zijn manchet. Ik ben nooit te weten gekomen hoe hij die hand was kwijtgeraakt, maar ik ging ervan uit dat er hier meer mensen waren die ledematen misten. Aweil was een regeringsstad.

Ik zag een aap op de rug van een man. Een zwart aapje dat

van de ene naar de andere schouder vloog, krijste en zijn baas bij de schouders greep. Ik zag legertrucks, auto's, vrachtwagens. Meer voertuigen op één plek bijeen dan ik voor mogelijk had gehouden. In Marial Bai waren er op marktdagen weleens twee vrachtwagens, een enkele keer drie. Maar in Aweil reden de personen- en vrachtauto's in hoog tempo af en aan, tientallen tegelijk, met stofwolken achter zich aan. Overal waren soldaten, en ze waren nerveus en bekeken alle nieuwkomers met achterdocht, vooral de jongemannen.

Elke dag waren er bedreigingen, ondervragingen. Er werden zo vaak mannen naar de kazerne gebracht dat de verwachting was dat alle jonge Dinka-mannen in Aweil vroeg of laat wel aan een ondervraging zouden worden onderworpen. Ze brachten ze naar de kazerne, waar ze hard of iets minder hard werden afgeransel, moesten zweren dat ze de SPLA haatten en de namen van mensen moesten noemen die met de SPLA sympathiseerden. 's Middags werden ze weer vrijgelaten, en vervolgens werden degenen opgespoord en ondervraagd die ze hadden verklikt. Als je de markt meed was je gevrijwaard van dat soort bedreigingen, maar aangezien de SPLA in de luwte, in het verborgene opereerde, werden degenen die buiten de stad woonden als SPLA-aanhangers beschouwd, die de rebellen steunden en vanuit de boerderijen en bossen samenspanden tegen Aweil.

Hoewel mijn vader voorzichtig te werk was gegaan en beleefd tegen de soldaten was geweest, duurde het niet lang of ook hij werd ervan verdacht met de rebellen te sympathiseren.

– Deng Arou.

– Ja.

Er stonden twee soldaten in de deuropening van mijn vaders winkel.

– Ben jij Deng Arou uit Marial Bai?

– Ja. Dat weten jullie heel goed.

– We moeten deze winkel confisqueren.

– Daar komt niets van in.

– Sluit je zaak voor vandaag. Je mag hem weer openen als we gepraat hebben.
– Waarover?
– Wat doe je hier, Deng Arou? Waarom ben je uit Marial Bai weggegaan?
– Ik heb hier al tien jaar een winkel. Ik heb het volste recht...
– Je hebt de SPLA gratis goederen gegeven.
– Ik wil even met Bol Dut praten.
– Bol Dut? Ken jij Bol Dut?

De balans van het gesprek was doorgeslagen. Zijn beste vriend, in Marial Bai of waar dan ook, was Bol Dut, een man met een langwerpig gezicht en een grijs sikje, een bekend geldschieter. Hij had mijn vader destijds geholpen toen hij zijn winkel in Aweil opende en hij zat ook in het nationale parlement. Hij was, kortom, een van de bekendste Dinka-leiders in Bahr al-Ghazal, en hij was erin geslaagd acht jaar parlementslid te zijn zonder de Dinka uit zijn eigen streek van zich te vervreemden. Dat was een prestatie op zich.

– Maar Bol Dut is een rebel, zei de soldaat.
– Bol Dut? Let op je woorden. Je hebt het over een parlementslid.
– Maar dan een parlementslid dat contacten heeft gehad met Ethiopië. Hij zit bij de rebellen en als jij zijn vriend bent, ben jij ook een rebel.

Ik keek toe hoe mijn vader werd meegenomen voor ondervraging. Hij was groter dan de piepjonge soldaten, maar toch leek hij heel fragiel en vrouwelijk toen hij naast hen liep. Hij droeg een lang roze shirt en zijn versleten sandalen, en zij dikke canvas uniformen en stevige laarzen met zware zwarte hakken. Die dag schaamde ik me voor mijn vader en was ik boos. Hij zei niet waar hij heen ging. Hij zei niet of hij gevangengezet of vermoord zou worden of binnen een uur terug zou zijn.

Hij kwam de volgende ochtend terug. Ik zag hem in zichzelf mompelend buiten lopen. Mijn halfzusje Akol holde hem tegemoet.

– Waar zat u toch? vroeg ze.

Hij liep langs haar heen en ging zijn hut in. Een paar minuten later kwam hij weer tevoorschijn.

– Achak, kom!

Ik holde naar hem toe en we liepen terug naar de markt; hij had zijn winkel onbeheerd achtergelaten toen hij was meegenomen. Onder het lopen keek ik of zijn gezicht en handen verwondingen of tekenen van mishandeling vertoonden. Ik keek ook naar zijn mouwen om te zien of hij allebei zijn handen nog had.

– Het is geen goeie tijd om een man te zijn in dit land, zei hij.

Toen we bij de winkel kwamen, bleek die ongeschonden. Hij lag midden tussen zaken van Arabieren, en we namen aan dat zij een oogje in het zeil hadden gehouden. Desondanks leek het uitgesloten dat we in Aweil zouden blijven.

– Gaan we hier weg? vroeg ik.

Mijn vader leunde tegen de achterste muur en deed zijn ogen dicht.

– Ja, ik denk dat we uit Aweil weg moeten.

Bol Dut kwam 's avonds eten. Ik zag hem aankomen. Zijn manier van lopen was algemeen bekend: een majestueus schrijden, waarbij hij zijn voeten om beurten naar voren wierp alsof hij water uit zijn schoenen schudde. Zijn borstkas was breed en rond en hij toonde of veinsde altijd grote belangstelling voor alles.

Hij duwde de deur van onze compound open en pakte mijn vaders handen.

– Het spijt me van dat akkefietje met die soldaten, zei hij.

Mijn vader wuifde zijn excuses weg.

– Normaliter zou ik er werk van maken.

Mijn vader glimlachte en schudde zijn hoofd. – Uiteraard, uiteraard.

– En normaliter zou ik dat ook kúnnen, vervolgde Bol.

– Weet ik, weet ik.

– Maar nu heb ik meer problemen dan jij, Deng Arou.

Hij werd in de gaten gehouden, vertelde hij. Hij had met de verkeerde mensen gepraat. Het feit dat hij vaak buiten Aweil reisde, had grote bezorgdheid gewekt. Hij had een uitnodiging van de minister van Defensie om naar Khartoum te komen afgeslagen. Zijn woorden schoten alle kanten op en hij keek als een opgejaagd dier achterom naar de markt.

– Kom binnen, Bol, zei mijn vader, en hij pakte Bol bij zijn arm.

De mannen bukten zich en gingen mijn vaders hut binnen. Ik kroop snel in bed en deed alsof ik sliep.

– Achak, wegwezen.

Ik gaf geen kik. Mijn vader zuchtte en liet me met rust.

– Bol, zei mijn vader, – kom met ons mee naar Marial Bai. Daar zijn geen soldaten. Je bent er veilig. Je zult er vrienden hebben. Het is geen regeringsstad.

– Nee, nee. Ik zal wel iets moeten doen, neem ik aan. Maar...

Bol Duts stem stokte in zijn keel.

– Bol. Alsjeblieft.

Bol boog zijn hoofd. Mijn vader legde zijn handen op Bols schouders. Het was een intiem gebaar. Ik wendde mijn blik af.

– Nee, zei Bol, die zich zo te horen had vermand. Hij keek weer op. – Ik kan het beter gewoon uitzitten. Ik zou het erger maken als ik wegging. Dat zou er veel verdachter uitzien. Ik moet hier blijven, anders...

– Ga dan naar Oeganda, pleitte mijn vader. – Of naar Kenia. Alsjeblieft.

De mannen zwegen een poosje. Bol leunde achterover en stak zijn pijp aan. De scherpe rook vulde de hut. Bol keek naar de muur alsof daar een raam was waardoor hij de oplossing voor zijn netelige situatie kon zien.

– Goed, zei hij na een poos. – Ik doe het.

Mijn vader grijnsde en legde zijn hand op die van Bol. – Wat doe je?

– Marial Bai. We gaan. Ik ga mee.

Bol Dut leek zeker van zijn zaak. Hij knikte resoluut.

– Mooi zo! zei mijn vader. – Daar ben ik heel blij om, Bol. Mooi.

Bol Dut knikte nog steeds, als om zichzelf te overtuigen. Mijn vader zat naast hem en glimlachte weinig overtuigend. Zo zaten de twee mannen zwijgend bijeen terwijl de dieren de nacht in bezit namen en de lichten van Aweil grillige schaduwen over de stad wierpen.

De volgende ochtend was het iedereen duidelijk wat er met Bol Dut was gebeurd en wie het had gedaan. Een paar vrouwen die brandhout zochten, hadden hem gevonden. Mijn vader was radeloos, maar begon toen systematisch voorbereidingen te treffen voor zijn terugkeer naar Marial Bai. Er werd besloten dat we de volgende dag zouden vertrekken. We zouden onmiddellijk beginnen onze spullen te pakken en er zou een vrachtwagen komen.

Ik wilde Bol Dut zien en overreedde een meisje uit Aweil met wie ik vriendschap had gesloten om mee te gaan.

– Laten we gaan kijken, zei ik.

– Ik wil hem niet zien, zei ze.

– Hij is daar niet, loog ik. – Ze hebben hem al begraven. We gaan alleen naar de sporen van de tank kijken.

We volgden het spoor van de rupsbanden dat door het zand en de modder het bos in liep. Daar werden de afdrukken dieper, en af en toe verdwenen ze waar de tank struikgewas of boomwortels was tegengekomen.

– Heb je er weleens een zien rijden? vroeg ze.

– Ja, zei ik.

– Zijn ze snel of langzaam?

Dat kon ik me niet herinneren. Als ik aan de tank dacht, zag ik de helikopters voor me. – Heel snel, zei ik.

– Ik wil terug, zei ze.

Zij zag de man als eerste; hij zat met zijn benen over elkaar op een stoel op de plek waar het spoor ophield. Hij zat daar in zijn eentje met zijn handen op zijn knieën, doodstil en met kaarsrechte rug, alsof hij op wacht stond. Naast zijn stoel in de modder lag een deken, zo te zien van een wollen stof. Hij had de grijze kleur van een rivier in de schemering en was in de sporen van de tank gepropt. Ik zei tegen het meisje dat het niets was, hoewel ik wist dat het Bol Dut was.

Ze draaide zich om en begon naar huis te lopen. Ik volgde.

De volgende ochtend vroeg, de dag dat mijn familie vertrok, werd de golfplaten omheining van onze compound doorzeefd met kogels. Het was een boodschap voor mijn vader.

– De regering wil dat we weggaan, zei mijn vader. Hij gooide onze laatste tas op de vrachtwagen en klom er daarna zelf als laatste in. – Op dat punt ben ik het met de regering eens, zei hij, en hij lachte als een boer met kiespijn. Mijn stiefmoeders vonden het niet grappig.

We waren drie maanden weg geweest. Toen we terugkwamen, troffen we alleen nog een reeks ronde verschroeide plekken aan. Ik weet niet of er nog een huis overeind stond. Ik neem aan dat er nog een paar intact waren en dat de families die in Marial Bai waren gebleven daarin opeengepakt zaten. Mijn vaders huizen waren er niet meer. Toen we vertrokken, stonden er op onze compound nog drie hutten en een bakstenen huis, al waren ze wel beschadigd. Nu was er niets meer, alleen maar puin en as. Ik sprong uit de vrachtwagen en ging te midden van de resten van het bakstenen huis staan waar mijn vader had geslapen. Er was nog één muur, en de schoorsteen stond overeind.

Ik trof mijn zus Amel, die net van de waterput terugkeerde.

– De murahaleen zijn net geweest, zei ze. – Wat doe jij hier?

Haar emmer was leeg. Het water in de put was vervuild. Ze hadden er dode geiten en een half verkoold lijk in gegooid.

– Het is hier niet veilig, zei ze. Waarom zijn jullie niet in Aweil gebleven?

– Vader zei dat het hier veilig was. Veiliger dan in Aweil.

– Het is hier niet veilig, Achak. Absoluut niet.
– Maar de rebellen zijn hier. Die hebben wapens.

Ik had gehoord dat de militie van Manyok Bol, een rebellengroep die haar basis in Bahr al-Ghazal had, weleens in Marial Bai was gezien.

– Zie jij ergens rebellen? vroeg ze met stemverheffing. – Waar zijn die rebellen en die wapens van jou dan, aap? Daar komt moeder.

Haar gele jurk was een snel naderende vlek boven het land. Ze was bij me voor ik in snikken kon uitbarsten. Ze greep me vast en omhelsde me, en ik stikte bijna en rook haar buik en liet toe dat ze mijn gezicht met water en de zoom van haar zonjurk waste. Ze drong er bij mij en mijn vader op aan dat we uit Marial zouden weggaan; het was hier de alleronveiligste plek, het leger had het speciaal op dit dorp voorzien. De boodschap uit Khartoum was duidelijk: als de rebellen doorgingen, zouden hun mannelijke familieleden worden gedood, hun vrouwen verkracht, hun kinderen tot slaaf gemaakt, hun vee gestolen, hun putten vergiftigd, hun huizen geplunderd, hun aarde verschroeid.

Ik holde naar de hut van William K. Hij zat te spelen in de schaduw van zijn huis, dat wel in brand was gestoken maar verder in betere staat verkeerde dan alle andere hutten in het dorp.

– William!

Hij keek op en kneep zijn ogen tot spleetjes.

– Achak! Ben jij het echt?
– Ik ben het echt. Ik ben terug!

Ik holde naar hem toe en gaf hem een stomp.

– Ik had al gehoord dat je terugkwam. Ben je nou een stadsjongen?

– Ja, zei ik, en ik probeerde te lopen als een jongen uit de grote stad.

– Volgens mij ben je nog steeds een stomkop. Kun je lezen?

Ik kon niet lezen en William K evenmin, en dat zei ik ook tegen hem.
- Ik kan wel lezen. Ik lees alles wat ik te pakken kan krijgen, zei hij.

Ik wilde met hem praten, het dorp verkennen, Moses gaan zoeken.
- Dat kan niet, zei hij. - Ik mag niet weg van mijn moeder. Kijk.

William K wees op een rij in de grond gestoken takken die helemaal om de compound van zijn familie heen liep. - Ik mag daar niet buiten komen zonder haar. Ze hebben mijn broer Joseph vermoord.

Daar wist ik niets van. Ik herinnerde me nog dat Joseph, die veel ouder was dan wij, op de bruiloft van mijn oom had gedanst. Hij was heel mager en klein en werd als zwak beschouwd.
- Wie hebben hem vermoord?
- De ruiters, de murahaleen. Ze hebben hem en nog vier andere mannen gedood. En de oude man, die man met één oog, van de markt. Die hebben ze gedood omdat hij te veel praatte. Hij sprak Arabisch en vervloekte de overvallers. Toen hebben ze hem eerst doodgeschoten en toen doodgestoken.

Het leek me een hele stomme manier om te sterven. Alleen een heel slechte krijger liet zich door de murahaleen, door Baggara-rovers, afmaken. Dat had mijn vader vaak genoeg gezegd. De murahaleen waren heel slecht in vechten, had hij gezegd.
- Wat erg voor je dat je broer dood is, zei ik.
- Misschien is hij niet dood. Ik weet het niet. Ze hebben hem weggesleept. Ze schoten op hem en daarna bonden ze hem aan een paard en sleepten hem weg. Hier.

William bracht me naar een kleine boom naast het pad bij zijn huis.
- Hier hebben ze hem neergeschoten. Hij stond daar.

Hij wees naar de boom.
- Die man zat op zijn paard. Hij schreeuwde tegen Joseph: 'Niet vluchten! Als je vlucht, schiet ik!' Dus Joseph bleef staan en

draaide zich om naar de man op het paard. En toen schoot die op hem. Zo.
 Hij duwde zijn vinger hard in het kuiltje van mijn keel.
 – Hij viel en ze bonden hem aan het paard. Zo. William K ging op de grond liggen. – Til mijn voeten 'ns op.
 Ik deed wat hij vroeg.
 – Oké, en nu trekken.
 Ik trok William K over het pad totdat hij wild begon te trappen.
 – Hou op! Dat doet pijn, verdomme.
 Ik liet zijn voeten los, en op hetzelfde moment wist ik dat William K overeind zou springen en me een stomp zou geven, en dat deed hij inderdaad. Ik liet het toe omdat Joseph dood was en omdat ik geen idee meer had wat er allemaal gebeurde.

Mijn moeder maakte mijn bed voor me op en ik rolde heen en weer om me te warmen onder de deken van kalfshuid.
 – Denk maar niet aan Joseph, zei ze.
 Ik had sinds het avondeten niet meer aan Joseph gedacht, maar nu dacht ik weer aan hem. Mijn keel deed zeer op de plek waar William K er met zijn vinger op had geduwd.
 – Wat had hij gedaan? Waarom hebben ze hem doodgeschoten?
 – Hij had niets gedaan, Achak.
 – Hij zal toch wel iets gedaan hebben.
 – Hij wilde vluchten.
 – Volgens William K is hij blijven staan.
 Mijn moeder zuchtte en ging naast me zitten.
 – Dan weet ik het ook niet, Achak.
 – Komen ze terug?
 – Dat denk ik niet.
 – Komen ze hier? In ons deel van het dorp?
 Ik koesterde de vage hoop dat de Baggara alleen de randen van Marial Bai zouden aanvallen, dat ze het huis van een belangrijk man als mijn vader ongemoeid zouden laten. Maar ze hadden mijn vaders huis al aangevallen.

Mijn moeder begon op mijn rug te tekenen, driehoeken binnen cirkels. Dat deed ze al zo lang ik me kon herinneren om me te kalmeren als ik niet kon slapen. Ze neuriede zachtjes en wreef in trage cirkels over mijn rug. Om de andere cirkel maakte ze met haar wijsvinger een driehoek tussen mijn middel en mijn schouders.
– Zit er maar niet over in, zei ze. – De SPLA zal wel gauw hier zijn.
Cirkel, cirkel, driehoek.
– Met wapens?
– Ja. Ze zijn gewapend, net als die ruiters.
Cirkel, cirkel, driehoek.
– Zijn wij met evenveel als de Baggara?
– Wij hebben precies evenveel soldaten. Misschien zelfs wel meer.
Ik lachte en ging overeind zitten.
– We maken ze af! We maken ze allemaal af! Als de Dinka wapens hebben, slachten we alle Baggara af als beesten!
O, wat wilde ik dat graag zien. Dat was mijn vurigste wens.
– Ze zijn geen partij voor ons! zei ik lachend. – Na een paar seconden is het met ze gebeurd.
– Ja, Achak. Ga nu maar slapen. Doe je ogen dicht.
Ik wilde zien hoe de rebellen de mannen doodschoten die Joseph Kol hadden gedood, de broer van William K die niets had gedaan. Ik deed mijn ogen dicht en stelde me voor hoe de Arabieren van hun paarden vielen en het bloed alle kanten op spatte. Als ik in de buurt was, zou ik me over hen heen buigen en ze met stenen bewerken. In mijn visioen waren ze met een heleboel, minstens honderd Arabieren te paard, en ze waren allemaal dood. Ze waren door de rebellen gedood, en nu vertrapten William K en ik hun gezichten. Het was schitterend.

De volgende ochtend vond ik Moses. Hij woonde met zijn moeder en zijn oom in de half verbrande hut van de oom. Moses wist niet waar zijn vader was. Hij verwachtte dat hij elk moment kon terugkomen, hoewel zijn oom evenmin leek te weten waar hij zou kunnen zijn. Moses dacht dat zijn vader nu soldaat was.

– In welk leger? Van de regering of van de rebellen? vroeg ik.

Dat wist Moses niet.

Moses en ik zwierven door de koele duisternis van het schoolgebouw. Het was leeg en de muren zaten vol kogelgaten. We staken onze vingers in één gat, twee gaten, drie – zoveel dat we de tel kwijtraakten. Moses stak zijn vingers, die langer waren dan de mijne, in vijf gaten tegelijk. Het schoolgebouw was verlaten. Nergens in Marial Bai was enige activiteit te zien. De markt bestond nog maar uit een paar winkels; voor de grotere dingen moest je naar Aweil. Die reis kon alleen door oudere vrouwen worden gemaakt. Iedere man die naar Aweil reisde, werd aangehouden, gevangengezet, geliquideerd.

De meeste mannen van Marial Bai waren weg. De mannen die er nog waren, waren heel oud of heel jong. Er was niemand tussen de veertien en de veertig.

We keken hoe twee struisvogels elkaar pikkend en klauwend achternazaten. Moses gooide een steen naar ze en ze hielden op en richtten hun aandacht op ons. De struisvogels waren bekend in het dorp en werden als tam beschouwd, maar we waren gewaarschuwd dat ze een kleine jongen in een ommezien konden doden – bij iemand zo groot als wij hadden ze de ingewanden er in een paar seconden uit. We doken weg achter een half verbrande boom met een zwartgeblakerde stam.

– Rotbeesten, zei Moses, en toen schoot hem iets te binnen.

– Heb je gehoord dat ze Joseph hebben doodgeschoten?

Ik knikte.

– De kogel ging hier door hem heen, zei Moses, en hij duwde zijn vinger diep in het kuiltje van mijn keel, precies zoals William K had gedaan.

IX

Wil je weten wanneer ik daar voorgoed ben weggegaan, Michael?

Het was een mooie dag, de zon scheen en de hemelkoepel welfde zich hoog boven het dorp. Mijn vader was voor zaken naar Wau. Het was nog maar een week nadat we naar Marial Bai waren teruggekeerd. Ik zat het vuur weer aan de gang te houden toen mijn moeder ineens opkeek. Ze was water aan het koken en ook die dag had ik brandhout verzameld. Ik zag dat ze naar iets achter me keek.

Waar is jouw moeder, Michael? Heb jij haar ooit doodsbang gezien? Dat zou geen enkel kind moeten meemaken. Je bent op slag volwassen als je je moeders wit weggetrokken gezicht ziet, en die dode blik in haar ogen. Als ze voor je ogen wordt verpletterd door de dreiging die ze ziet naderen. Als ze niet gelooft dat ze jou nog kan redden.

– O mijn god, zei ze. Ze liet haar schouders hangen. Ze morste heet water op mijn hand. Ik gilde even van de pijn, maar toen hoorde ik het doffe gerommel.

– Wat is er? vroeg ik.

– Kom! fluisterde ze. Haar blik schoot schichtig alle kanten op. – Waar zijn je zusjes?

Ik had niet gezien wat mijn moeder had gezien. Maar dat geluid was er. Een trilling onder onze voeten. Ik keek rond of ik mijn zusjes zag, maar ik wist dat ze bij de rivier waren. Mijn broers waren het vee aan het weiden. Waar ze ook waren, ze waren ofwel veilig voor het gerommel, ofwel er al door verrast.

– Kom! zei ze weer, en ze trok me mee. We vluchtten. Ik hield haar hand vast, maar ik raakte achter. Ze ging langzamer lopen en trok me aan mijn arm omhoog. Ze rende voort, trok voortdurend aan mijn arm en legde me ten slotte over haar schouder. Ik hield mijn adem in en hoopte dat ze zou blijven staan. Toen zag ik, over haar schouder, wat zij had gezien.

Het leek op de schaduw van een laaghangende wolk. De schaduw trok snel over het land. Het doffe gerommel was afkomstig van paarden. Nu zag ik ze ook, de mannen op de paarden die het land in duisternis hulden. We vertraagden onze pas en mijn moeder begon te praten.

– Waar verstoppen jullie je? hijgde ze.

– Kom mee naar het bos, zei een vrouwenstem.

Ik werd op de grond gezet.

– Verstop je in het gras, zei de vrouw tegen ons. – Later kunnen we naar Palang vluchten.

We gingen op onze hurken tussen het gras zitten naast de vrouw, die heel oud was en naar vlees rook. Ik besefte dat we vlak bij het huis van mijn tante waren, langs het pad naar de rivier. We zaten goed verstopt, in de schaduw en tussen dicht struikgewas. Vanuit onze schuilplaats keken we toe hoe de storm zich op het dorp stortte. Het was één grote stofwolk. Op sommige paarden zaten twee mannen. Anderen reden op kamelen en trokken boerenkarren achter zich aan. Ik hoorde ratelend geweervuur achter ons. Paarden braken links en rechts van ons door het gras. Ze kwamen van alle kanten en gingen allemaal naar het midden van het dorp. Zo namen de murahaleen alle dorpen in, Michael. Ze omsingelden ze en verpletterden vervolgens alles en iedereen.

– Vorige keer waren het er maar twintig, zei de vrouw.

Nu waren het er met gemak tweehonderd, driehonderd of meer.

– Het is afgelopen met ons, zei mijn moeder. – Ze maken ons allemaal af. Het spijt me zo, Achak, maar we zullen het eind van deze dag niet meemaken.

– Nee, nee, voer de vrouw uit. – Ze willen het vee. Het vee en het eten. Daarna gaan ze weg. Wij blijven hier.

Op dat moment begon het schieten. De geweren leken op die van het regeringsleger, enorm groot en zwart. De lucht werd versplinterd door het geweervuur. Het *rat-tat-tat* klonk uit alle hoeken en gaten van het dorp.

– O god. O god.

Nu huilde de vrouw.

– Sjj! zei mijn moeder, en ze tastte naar de hand van de vrouw en vond hem na een poosje. Met nog zachtere stem kalmeerde ze de vrouw. – Sjjjj.

Er galoppeerde een paard met twee mannen voorbij. De tweede man zat achterstevoren en schoot naar links en naar rechts. – Allah Akhbar! bulderde hij.

Een stuk of tien stemmen antwoordden hem. – Allah Akhbar!

Een man stak een fakkel aan en gooide hem op het dak van het ziekenhuis. Een andere man, die op een groot zwart paard reed, bracht een klein rond wapen in gereedheid en gooide het in de anglicaanse kerk. Een explosie deed de muren versplinteren en blies het dak eraf.

Ik moest ineens aan Amath denken en zag dat de ruiters haar hut omsingelden. Vier paarden met zes mannen erop. Ze bewaakten de hut van alle kanten en gooiden er vervolgens een fakkel op. Het dak begon te smeulen en werd zwart. Na een tijdje vatte het vlam; het vuur laaide eerst op en kroop toen naar beneden. Er stegen bruine rookwolken op. Er kwam iemand naar buiten, een jongeman met zijn handen in de lucht. Er klonken geweerschoten en de borst van de man barstte in rood uiteen. Hij viel op de grond, en daarna kwam er niemand meer naar buiten. Korte tijd later begon het gegil.

– Achak.

Mijn moeder zat achter me. Haar mond was heel dicht bij mijn oor.

– Achak, draai je om naar mij.

Ik keek in haar ogen. Dat was heel moeilijk, Michael. Ze had geen hoop meer. Ze geloofde dat we die dag zouden sterven. Het licht in haar ogen was gedoofd.

– Ik kan je niet snel genoeg dragen. Begrijp je wat ik bedoel?

Ik knikte.

– Daarom moet je zelf vluchten. Goed? Ik weet dat je heel snel bent.

Ik knikte. Ik geloofde dat we het konden overleven. Dat ík het kon overleven.

– Maar als je samen met je moeder vlucht, zien ze je. Mee eens? Je moeder is heel groot en de ruiters zullen haar zien. Snap je?

– Ja.

– We proberen bij het huis van je tante te komen, maar misschien vraag ik je om vooruit te rennen, goed? Dan maak je waarschijnlijk meer kans.

Ik zei dat het goed was en we renden verder door het gras, naar de rivier, naar de compound van mijn tante, ver van het dorp, ver van het veekamp en ver van alles wat de ruiters misschien nog meer wilden hebben. Ik draafde achter mijn moeder aan en keek hoe haar blote voeten op de grond kletsten. Ik had mijn moeder nog nooit zo hard zien rennen en ik was bang. Ze kon niet zo hard en ze was te groot. Ze zou in de gaten lopen met haar gele jurk en haar trage tempo en ik wilde haar snel verstoppen.

Er klonk hoefgetrappel en we stonden tegenover één man, met geheven geweer, die op ons neerkeek en zijn paard inhield.

– Blijf staan, Dinka! snauwde hij in het Arabisch.

Mijn moeder bleef stokstijf staan. Ik verstopte me achter haar benen. Het geweer van de man was nog steeds geheven, omhoog gericht. Ik besloot te vluchten als hij het omlaag richtte. De ruiter schreeuwde iets in de richting waaruit hij was gekomen en wees naar mij en mijn moeder. Een tweede ruiter kwam aangegaloppeerd, vertraagde en begon af te stijgen. Maar toen kwam iets ons te hulp. Zijn voet kwam klem te zitten, en bij zijn worsteling om hem weer los te krijgen ging zijn geweer af en het schot trof zijn paard in het voorbeen. Het dier brulde het uit, kronkelde en stortte voorover. De man werd als een pop over het paard heen geworpen, nog steeds verstrikt in de teugels en de schouderband van zijn geweer. De eerste ruiter steeg af om hem te helpen, en zodra hij ons zijn rug toekeerde, gingen mijn moeder en ik ervandoor.

Weldra bereikten we het huis van mijn tante Marayin. Het was er stil. De geluiden van de aanval waren ver weg, omfloerst. Marayin was er niet.

We haastten ons de ladder van de graanhut op en gingen in de korrels zitten, begroeven elkaar, doken onder in de vloed, zonken steeds dieper. Mijn moeders blik schoot heen en weer.

– Ik weet niet of dit wel verstandig is, Achak.

De stilte werd verscheurd door een gil. Het was onmiskenbaar Marayin.

– O god. O god, fluisterde mijn moeder.

Ze begroef haar hoofd in haar handen. Even later had ze zich alweer vermand.

– Goed. Jij blijft hier. Ik wil even kijken wat er met haar is. Ik ga niet ver weg, goed? Als ik niets kan zien, kom ik meteen terug. Jij blijft zitten. Hou je muisstil, ja?

Ik knikte.

– Beloof je me dat je zo weinig mogelijk zult ademen? Ik knikte. Hield mijn adem al in.

– Grote jongen, zei ze. Ze hield even een hand tegen mijn gezicht en gleed daarna achteruit door de deur. Ik hoorde haar voeten op de ladder en voelde de hut schudden terwijl ze hem afdaalde. Toen niets meer. Eén schot, vlakbij ditmaal. Weer een gil van Marayin. En stilte. Tijdens het wachten begroef ik mezelf in het graan tot ik er tot mijn schouders onder zat. Ik luisterde, klaar om in actie te komen.

Rondscharrelende voetstappen op de compound. Er was iemand heel dichtbij. Maar heel stilletjes, heel behoedzaam. Er groeide hoop in mij: het was mijn moeder. Ik duwde mezelf zachtjes omhoog uit het graan en schoof naar de ingang om haar hand te pakken als ze die naar me uitstak. Ik gluurde door de opening en kon een paar centimeter naar buiten kijken. Ik zag geen beweging maar hoorde de stappen nog steeds. Toen rook ik iets. Het leek op de lucht in de kazerne, moeilijk thuis te brengen en zoetig. Ik kroop zachtjes terug in het graan, en, Michael, ik weet echt niet waarom ik me zo stil hield. Waarom ik geen waarneembaar geluid voortbracht. Waarom die man me niet hoorde. God besliste dat de bewegingen van Achak Deng op dat moment geen geluid mochten maken.

Toen de man weg was, vluchtte ik naar de kerk, Michael. Ik had geleerd dat het in de kerk altijd veilig was. De muren van de kerk waren stevig en daarom vluchtte ik daarnaartoe. Eenmaal binnen ontdekte ik dat het inderdaad een veilige plek was, althans voorlopig. Ik verstopte me onder een gat in de muur, in de koele schaduw onder een kapotte tafel, en bleef daar urenlang zitten wachten. Ik kon het dorp zien door een gaatje ter grootte van een muis, en ik keek als ik het kon verdragen.

In het dorp leerden de belegerden snel. Wie vluchtte, werd neergeschoten. De vrouwen en kinderen die bleven staan, werden als vee naar het voetbalveld gedreven. Een volwassen man beging de vergissing zich bij deze kudde aan te sluiten en werd neergeschoten. De belegerden hadden weer iets geleerd: volwassen mannen moesten vluchten of zich dood vechten. De ruiters konden de volwassen mannen niet gebruiken. Ze wilden de vrouwen, de jongens en de meisjes, en die verzamelden ze op het voetbalveld, in bedwang gehouden door een stuk of twintig ruiters. Elders zat er een zeker systeem in wat de ruiters deden. Er waren er die kennelijk belast waren met het platbranden van alle woningen, terwijl anderen willekeurig rondreden, hun geweren afschoten, in het Arabisch brulden en aan elke gril of opwelling toegaven.

De volwassen man die had geprobeerd zich bij de vrouwen en kinderen op het voetbalveld aan te sluiten, was nu dood. Hij werd aan zijn voeten vastgebonden en achter twee paarden aan gesleept. Veel Baggara vonden dat prachtig, en ik kon me nu voorstellen wat ze met Joseph hadden gedaan.

Een man met een ander soort geweer, smaller en met een langere loop, sprong van zijn paard en ging op één knie zitten. Hij richtte op een ver verwijderd doelwit en schoot. Hij was tevreden met het resultaat, nam een andere positie in en schoot opnieuw. Ditmaal waren er vier schoten nodig voordat hij grijnsde.

Een ruiter die groter was dan de anderen en een wit gewaad droeg, had een zwaard dat even lang was als ik. Ik keek toe hoe hij een vrouw inhaalde die naar het bos vluchtte en zijn zwaard hoog ophief. Ik wendde mijn blik af. Ik begroef mijn hoofd in de aarde en telde tot tien, en toen ik weer keek zag ik alleen nog haar lichtblauwe jurk plat in het zand liggen.

Op het voetbalveld had zich een groep ruiters verzameld. Tien mannen waren afgestegen en bonden een groep meisjes vast. Op hetzelfde moment dat ik bedacht dat ik moest kijken waar Amath was, zag ik haar al. Ze stond onbewogen voor zich uit te kijken met haar handen vastgebonden achter haar rug en een niet al te strak touw om haar benen. Vijf meter verderop stond een jonge vrouw te schreeuwen tegen de militieleden; ik hoorde een Arabische vloek die ik kende. Ze droeg een fleurige jurk met een rood-wit patroon. Ik had nog nooit een vrouw tegen een man horen zeggen dat hij een seksuele relatie met een geit had gehad, maar dat was wat die vrouw naar de overvallers riep. En dus trok een van de mannen zonder veel zichtbaar genoegen zijn zwaard en doorstak haar ermee. Ze viel en de witte stukken van haar jurk werden rood.

De andere meisjes werden een voor een door twee mannen opgetild en op de paarden vastgesjord. Ze gooiden de meisjes op een zadel en bonden ze vervolgens met touw vast zoals je met een tapijt of een bos brandhout zou doen. Ik keek toe hoe ze de tweeling die ik kende, Ahok en Awach Ugieth, wegvoerden en op verschillende paarden vastbonden. De meisjes jammerden en staken hun armen naar elkaar uit, en toen de paarden zich in beweging zetten, waren Ahok en Awach nog heel even zo dicht bij elkaar dat ze elkaars hand konden vasthouden.

Na een uur was het goeddeels voorbij. De Dinka die konden vechten, hadden dat gedaan en waren dood. De anderen werden vastgebonden en zouden worden meegenomen naar het Noorden. De overval was bijna volbracht en was voor de murahaleen succesvol verlopen. Niet één van hen was gewond. Ik keek rond naar Moses of William K, maar zag ze nergens. Wel zag ik Moses' hut, waar zo te zien iemand in de ingang lag.

Maar toen klonk er een schot uit een boom, en een ruiter die een donkerder huid had dan de meeste murahaleen, sloeg voorover op zijn paard en gleed langzaam omlaag; zijn hoofd kwam met een klap tegen de grond terwijl zijn voet nog in de stijgbeugel zat. In een ommezien hadden tien ruiters schuimbekkend van woede de boom omsingeld. Een salvo van Arabische uitroepen. Ze richtten hun geweer en schoten, een stuk of twintig schoten binnen een paar seconden, en er tuimelde een levenloze gedaante uit de boom, die hard op zijn schouder neerkwam. Hij droeg het oranje uniform van Manyok Bols militie. Ik keek wat beter. Het was Manyok Bol zelf. Hij was die dag de enige rebel, Michael. Later zou ik horen dat hij in zes stukken werd gehakt en in mijn vaders put gegooid.

– Sta op!

Ik hoorde een bekende stem. Ik draaide me om en zag een jongen die over een lichaam bij de hut van zijn oom gebogen stond – het was een vrouw, haar vuisten gebald langs haar zij.

– Sta op!

Het was Moses. Hij stond over de vrouw, die zijn moeder was, heen gebogen. Zijn moeder was in haar hut verbrand. Ze had naar buiten weten te komen maar ze bewoog niet meer en Moses was kwaad. Hij porde haar op met zijn voet. Hij was niet meer bij zinnen. Ik zag zelfs van een afstand dat ze dood was.

– Kom op! schreeuwde hij.

Ik wilde naar Moses toe rennen, hem meetrekken naar de kerk zodat hij zich ook kon verstoppen, maar ik was te bang om mijn schuilplaats te verlaten. Er waren te veel ruiters, en als ik me naar buiten waagde zouden we zeker allebei worden gepakt. Maar hij stond daar maar, alsof hij graag gevonden wilde worden, en ik wist dat hij zich niet meer bewust was van de gevaren om hem heen. Ik moest naar hem toe en besloot het erop te wagen, wat de gevolgen ook mochten zijn; we zouden samen vluchten. Maar op dat moment zag ik dat hij zich omdraaide, en ik zag wat hij zag: een ruiter die op hem afkwam. Een man, hoog op de rug van een woest zwart beest, kwam recht op Moses af gereden, die in de schaduw van dat paard een peuter leek. Moses rende weg, met een haastige slinger om de as van zijn huis heen, en de ruiter wendde zijn paard, zijn zwaard nu hoog boven zijn hoofd geheven. Moses vluchtte maar stuitte op een omheining zonder uitgang. De ruiter stormde op hem af en ik wendde mijn hoofd af. Ik ging zitten en probeerde mezelf in te graven in de aarde onder de kerk. Moses was er niet meer.

Toen het donker begon te worden verlieten de meeste overvallers het dorp, sommigen met gevangenen, anderen met wat ze in de huizen en op de markt hadden buitgemaakt. Maar er waren er ook nog een paar honderd in het dorp, die aten en uitrustten terwijl de laatste huizen nog nasmeulden. Ik zag niemand van mijn eigen volk meer; ze waren allemaal gevlucht of dood.

Toen de nacht viel, begon ik mijn ontsnapping te beramen. Het moest zo donker zijn dat ik ongezien kon wegkomen, maar er moest nog genoeg lawaai zijn om de geluiden die ik maakte te overstemmen. Toen de dieren het bos in bezit namen, wist ik dat niemand me zou horen. Ik zag het dorpshuis van Marial Bai een meter of vijftig verderop – verder hoefde ik niet te komen. Toen ik het bereikte, wierp ik me op de grond in de schaduw van het dak, dat uit zijn voegen hing. Ik wachtte met ingehouden adem totdat ik zeker wist dat niemand me had gezien of gehoord. En toen vluchtte ik het bos in.

Dat was de laatste keer dat ik het dorp zag, Michael. Ik was met één sprong in het bos en bleef een uur doorrennen; toen vond ik een holle boomstam waar ik me in liet glijden, achterstevoren, mijn benen eerst. Daar bleef ik een paar uur liggen luisteren, hoorde hoe de nacht in bezit werd genomen door dieren, branden in de verte, af en toe geratel van automatische wapens. Ik had geen plan. Ik kon blijven vluchten, maar ik had geen idee waar ik was of waar ik naartoe moest. Zonder mijn vader was ik nooit verder geweest dan de rivier, en nu was ik alleen en ver van alle paden. Ik had kunnen doorlopen, maar ik kon zelfs niet besluiten in welke richting. Het was heel goed mogelijk dat ik een pad zou kiezen dat me rechtstreeks naar de murahaleen zou brengen. Maar ik was niet alleen bang voor hen. Het bos was niet meer van de mens; de leeuw en de hyena waren er nu heer en meester.

Een luid gekraak in het gras deed me uit mijn holle stam opspringen en wegrennen. Maar ik maakte te veel lawaai. Als ik door het gras rende, was het of ik de wereld smeekte me op te merken, me te verslinden. Ik probeerde mijn voeten lichter te maken, maar ik kon niet zien waar ik ze neerzette. Het was pikdonker, er was geen maan die nacht, en ik moest met mijn armen voor me uit gestrekt rennen.

Michael, je weet niet wat donker is totdat je de duisternis van Zuid-Soedan hebt gezien. Geen steden in de verte, geen straatverlichting, geen wegen. Als er geen maanlicht is, hou je jezelf voor de gek. Je ziet dingen die er niet zijn. Je wilt geloven dat je wat ziet, maar je ziet niets.

Na urenlang ploeteren door het kreupelhout zag ik iets oranjes in de verte: een vuur. Ik kroop en glibberde ernaartoe. Ik was kapot. Ik bloedde overal en had besloten dat ik me gewoon zou laten gevangennemen als dit een vuur van de Baggara was. Ik zou worden vastgebonden en meegenomen naar het Noorden, maar het kon me niets meer schelen. Het kreupelhout onder mijn voeten hield op en weldra liep ik op een pad. Ik nam weer een menselijke houding aan en rende naar de oranje vlammen. Ik kokhalsde, mijn ribben deden zeer en mijn voeten vlijmden van de pijn van doorns en van mijn botten die onzacht op het harde pad neerkwamen. Ik rende geruisloos, dankbaar voor de stille harde aarde onder mijn voeten, en het vuur kwam dichterbij. Ik had sinds die ochtend niets meer te drinken gehad, maar ik wist dat ik om water kon vragen als ik bij het vuur was. Ik ging langzamer lopen, maar mijn gehijg was nog altijd zo hard dat ik de geluiden van zwepen, leren riemen en mannen niet hoorde. Ik was zo dichtbij dat ik de muffe lucht van hun kamelen kon ruiken. Deze mannen zaten dicht bij het vuur, maar een eindje verwijderd van degenen die het vuur bewaakten.

Ik ging op mijn hurken zitten en hoorde hun stemmen, hun Arabische woorden. Ik liet me op mijn knieën vallen en schoof verder over het pad, hopend dat ik het vuur zou vinden voordat de stemmen mij vonden. Maar al gauw wist ik dat de stemmen de bewakers van het vuur waren. De stemmen waren zo dicht bij het vuur dat het wel een vuur van de murahaleen moest zijn.

– Wie is daar? vroeg een stem. Hij was zo dichtbij dat ik hevig schrok.

Vrijwel onmiddellijk was er beweging boven me en nu zag ik ze ook: twee mannen op kamelen. De dieren waren enorm groot en verduisterden het licht van de sterren. De mannen waren in het wit, en op de rug van een van de twee zag ik het hoekige silhouet van een geweer afgetekend. Ik hield mijn adem in, veranderde mezelf in een slang en trok me terug, weg van het pad.

– Is dat een Dinka-jongen? vroeg een stem.

Ik luisterde, en de mannen ook.

– Een Dinka-jongen of een konijn? vroeg dezelfde stem.

Ik glibberde verder achteruit, centimeter voor centimeter, tastend met mijn voeten totdat die met veel misbaar tegen een hoop takken stootten.

– Wacht! siste de ene man.

Ik bleef doodstil liggen en de mannen luisterden. Ik lag roerloos op mijn buik en ademde in de aarde. De mannen bleken ook heel

stil te kunnen zijn. Ze stonden te luisteren, en hun kamelen ook. Het was dagen- en nachtenlang stil.
— Dinka-jongen! siste de man.
Hij sprak nu Dinka.
— Dinka-jongen, kom tevoorschijn, dan krijg je water. Ik hield mijn adem in.
— Is het soms een Dinka-meísje? vroeg de andere.
— Kom, dan krijg je water, zei de eerste.

Ik bleef daar nog een poos liggen, hele dagen en nachten leken het, zonder me te verroeren. Ik lag naar het silhouet van de mannen en hun kamelen te kijken. Een van de kamelen deed zijn behoefte op het pad en daarop begonnen de mannen weer te praten, nu in het Arabisch. Korte tijd later kwamen ze in beweging. Ze verdwenen langzaam over het pad en ik bleef stil liggen. Na een paar stappen bleven de mannen staan. Ze hadden verwacht dat ik iets zou doen als zij weggingen, maar ik bleef op mijn buik liggen, hield mijn adem in en begroef mijn gezicht in de grond.

Na een tijdje reden ze weg.

Maar aan de nacht zou geen einde komen.

Ik wist dat ik weg moest van het pad, dat nu een Baggara-pad was geworden. Ik rende weg, en daarna tuimelden de uren van de nacht vormloos en ordeloos over elkaar heen. Mijn ogen zagen wat ze zagen en mijn oren hoorden mijn eigen gehijg en geluiden die harder waren dan het gehijg. Onder het rennen kwamen er snelle gedachteflitsen bij me op, en in de ruimten daartussen vulde ik mijn hoofd met gebeden. *Bescherm me, God. Bescherm me, God van mijn voorouders.* Stil. Wat is dat voor licht? Is dat een dorp? Nee. Wacht even. Er is helemaal geen licht. Vervloekte ogen! Vervloekt gehijg! Stil. Stil. *O, God die ons volk beschermt, ik smeek U, stuur de murahaleen weg.* Stil. Ga even zitten. Haal zachtjes adem. Haal zachtjes adem. *Bescherm me, God, en bescherm mijn familie op de vlucht.* Heb water nodig. Moet wachten op de dauw morgenochtend. Lik water van bladeren. Moet slapen. *O, God van de hemel, zorg dat ik vannacht veilig ben.* Goed verborgen en heel stil. Ren verder. Nee. Nee. Jawel, rennen! Moet naar mensen toe. Rennen, mensen vinden, uitrusten. Ren zo hard je kunt. *O, God van de regen, laat me water vinden. Laat me niet omkomen van dorst.* Stil. Stil. *O, God van de ziel, waarom doet U me dit aan? Ik heb niets gedaan waarvoor ik dit verdien. Ik ben een jongen. Een kind. Zou U een lammetje hetzelfde aandoen? Dat mag niet.* Spring over boomstam heen. Au! Pijn. Wat was dat? Blijf staan. Nee, nee. Rennen, altijd blijven rennen. Is dat de maan? Wat is dat voor licht? *O, voorouders! Nguet, Ariath Makuei, Jokluel, hoor mij. Arou Aguet, hoor mij. Jokmathiang, hoor mij. Hoor mij en heb meelij met deze jongen. Hoor Achak Deng en haal hem hieruit.* Is dat de maan? Waar is het licht?

Mijn gehijg was te hard, elke ademtocht een windvlaag, een vallende boom. Ik was me ervan bewust hoe luid mijn ademhaling klonk als ik rende en als ik in het gras zat te wachten en om me heen te spieden. Ik hield mijn adem in om het geluid te laten ophouden, maar als ik mijn mond dan weer opendeed, klonk het nog harder. Het vulde mijn oren en de lucht om me heen en ik wist zeker dat het afgelopen was met me. Toen mijn ademhaling rustiger werd en ik weer andere geluiden kon horen, hoorde ik al gauw een stem, een Dinka-stem die een Dinka-liedje zong.

Ik rende naar het zingen toe.

De zanger was een oude man met een zachte, hese stem. Ik minderde geen vaart toen ik naar hem toe rende, zodat ik als een dier uit het bos opdook en hem bijna omverliep.

Hij gilde. Ik gilde. Hij zag dat ik maar een jongen was en legde zijn hand op zijn hart.

– O, wat heb jij me laten schrikken!
De man hijgde nu. Ik bood mijn excuses aan.
– Ik hoorde het gras kraken en dacht: een hyena. O, kind!
– Het spijt me heel erg, vader, zei ik.
– Ik ben een oude man. Ik kan dit soort dingen niet hebben.
– Het spijt me, zei ik nog eens. – Heel erg.

- Als er een dier uit dat bos komt, hoeft het maar te blazen of ik ben al onderweg naar de andere wereld. O, mijn zoon!

Ik vertelde hem waar ik vandaan kwam en wat ik had gezien. De man zei dat ik met hem mee naar huis mocht, waar ik veilig zou zijn tot het dag werd. Dan zouden we overleggen wat ons verder te doen stond.

We gingen op weg, en ik verwachtte dat ik eten en water aangeboden zou krijgen. Ik had het allebei nodig – ik had sinds die ochtend niets gegeten of gedronken – maar ik had geleerd dat je er niet om mocht zeuren. Dus wachtte ik af, erop rekenend dat de oude man me een maaltijd zou aanbieden, want het was midden in de nacht en ik was een jongen alleen. Maar de man liep traag over het pad en zong zachtjes voor zich uit. Na een hele tijd nam hij het woord.

- Het is alweer een tijd geleden dat de leeuwmensen hier geweest zijn. Ik was nog heel jong toen ik dat voor het laatst zag. Zaten ze op paarden?

Ik knikte.

- Juist. Het zijn Arabieren die tot het peil van beesten zijn afgezakt. Ze zijn net leeuwen die hongeren naar rauw vlees. Het zijn geen mensen. Die leeuwwezens zijn dol op oorlog en bloed. Ze maken mensen tot slaaf, wat tegen de wetten van God is. Ze zijn in beesten veranderd.

De man liep een poosje zwijgend verder.

- Volgens mij stuurt God ons een boodschap via die leeuwmensen. Dat is duidelijk. We worden door God gestraft. We hoeven dus alleen maar te achterhalen waar God boos om is. Dat is het raadsel.

Ik wist niet waar de oude man me heen bracht, maar na een tijdje zag ik een klein vuur in de verte. We bereikten het en werden vriendelijk verwelkomd door de mensen die eromheen zaten. Ze kenden de oude man, en mij vroegen ze waar ik vandaan kwam en wat ik had gezien. Ik vertelde het, en zij zeiden dat ze ook gevlucht waren. Ze gaven me water, en ik keek naar hun rode Dinka-gezichten in het vuur en geloofde dat die nacht het eind van de wereld was en dat er geen ochtend meer zou komen. Die rode gezichten in het vuur waren geesten en ik was dood, iedereen was dood, de nacht was eeuwig. Ik was te moe om er nog iets om te geven. Ik viel tussen hen in slaap, te midden van hun warmte en gemompel.

Ik werd wakker in het paarse licht van de vroege ochtend en zag vier mannen, op één na allemaal oud, en twee vrouwen van wie er één een baby zoogde. Het vuur was koud en ik voelde me alleen. – Je bent wakker, zei een van de oude mannen. – Mooi zo. We moeten gauw verder. Ik ben Jok.

Jok was vel over been en droeg een tot op de draad versleten blauw gewaad. Hij zat met zijn knieën bij zijn oren en zijn handen hingen slap over zijn knieën. Een van de vrouwen vroeg waar ik vandaan kwam. Ze praatte tegen het gezichtje van het drinkende kindje. Ik zei dat ik uit Marial Bai was gekomen.

– Marial Bai! Dat is een heel eind hiervandaan. Wie is je vader?

Ik vertelde dat mijn vader Deng Nyibek Arou heette. Nu was Joks belangstelling gewekt.

– Die zakenman? Is dat jouw vader? vroeg hij. Dat beaamde ik.

– En welke zoon ben jij? vroeg hij.

Ik gaf mijn volledige naam: Achak Nyibek Arou Deng, derde zoon van mijn vaders eerste vrouw.

– Het spijt me, Achak Deng, zei hij, – maar er is iemand uit je familie dood. Een man.

Jok en de twee mannen zeiden alle drie dat ze iets hadden gehoord over de familie van de zakenman Deng Nyibek Arou.

– Je vader of je oom, zei een jongere man met een bril. – Eén van tweeën is dood.

– Volgens mij was het je vader, zei de zogende vrouw, haar blik nog steeds op haar baby gericht. – De rijke man.

– Nee, zei de jongeman, – ik weet bijna zeker dat het zijn broer was.

– Je komt er gauw genoeg achter als je naar huis gaat, zei de moeder. – Ach, huil nou niet. Ik vind het zo erg.

Ze reikte met één arm over het vuur van de vorige avond om me aan te raken, maar ze was te ver weg. Ik besloot haar niet te geloven, want zij wist immers niks van mijn vader. Ik veegde mijn neus af aan mijn handrug en vroeg of ze wisten hoe ik weer in Marial Bai kwam.

– Het is een halve dag lopen die kant uit, zei Jok. – Maar je kunt niet terug. De ruiters zijn er nog. Ze zitten overal. Blijf bij ons, of ga met Dut Majok mee als je dat liever wilt. Hij wil zich dichter in de buurt wagen om te kijken wat er allemaal gebeurt.

De jongeman met de bril bleek Dut Majok te heten. Ik herkende hem als de leraar uit Marial Bai, de leraar van de oudere jongens, de echtgenoot van de vrouw met wie ik bij de rivier had gepraat. Hij was zelf nog bijna een jongen.

Toen de dag was aangebroken, besloot ik met Dut Majok mee te gaan. We gingen op weg na eerst nog wat noten en okra te hebben gegeten. Dut was een man van hoogstens een jaar of twintig, kleiner dan gemiddeld en met een beginnend buikje. Hij had een smal gezicht en zijn hoofd leek direct op zijn schouders te rusten. Hij plukte bladeren van de bomen waar we langs liepen, scheurde ze in stukjes en liet die in het gras vallen. Hij had iets van een professor, en dat kwam niet alleen door zijn bril. Hij leek meer geïnteresseerd in alles – mij, mijn familie, de sporen die we soms onderweg tegenkwamen – dan alle andere mensen die ik me kon herinneren.

– Was jij in het veekamp? vroeg hij.

– Nee.

– Nee, daar lijk je me ook te jong voor. Waar was je toen ze kwamen?

– Thuis. Binnen.

– Je vader was een pientere man. Ik mocht hem graag. Hij was grappig en gewiekst. Ik vind het heel erg voor je. Heb je iets van je moeder gehoord?

Ik schudde mijn hoofd.

– Deze keer hebben ze het hele dorp platgebrand. Een heleboel vrouwen zijn in hun huis verbrand. Zo doen die murahaleen dat tegenwoordig. Het is iets nieuws. De huizen in jouw streek, waar de rijkere mensen woonden, de grote huizen – die steken de ruiters graag in brand. Jullie huis was de vorige keer waarschijnlijk ook al aangestoken, hè? Is ze gevlucht?

– Ja, zei ik.

– Dan is ze misschien wel ontsnapt. Vast wel. Is ze snel? Ik zei niets.

– Nou ja. Kom maar met mij mee. We zullen wel zien.

De zon steeg terwijl we verder liepen en stond hoog en heel ver weg toen Dut in een boom klom en mij er ook in hees. Vandaar konden we in de verte de open plek van Marial Bai zien. Eromheen zagen we alleen maar stofwolken.

– Goed. Ze zijn er dus nog, zei hij. – Dat zijn hun paarden en het vee dat ze hebben gestolen. Als je stofwolken ziet, Achak, dan zijn het de murahaleen. We gaan voorlopig niet naar het dorp terug. Morgen gaan we weer kijken. Kom.

Ik klom uit de boom en liep met Dut mee terug naar het vuur waar we hadden geslapen. Toen we een uur hadden gelopen, bleef Dut staan, keek vorsend naar alle kanten en maakte toen rechtsomkeert. De rest van de middag bleef hij nog vaker staan en leek dan in zijn hoofd en met zijn handen berekeningen te maken. Na zo'n berekening was hij altijd heel zelfverzekerd en dan gingen we weer op weg, vol vertrouwen dat we nu de juiste richting te pakken hadden; ik liep achter hem aan. Als we dan weer een poos in het afnemende daglicht hadden gelopen, begon alles van voren af aan. Hij bleef staan, keek naar de zon en om zich heen, maakte handberekeningen en sloeg een nieuwe richting in.

De zon was al onder toen we het kamp weer bereikten.

– Waar hebben jullie zo lang gezeten? vroeg de zogende moeder.
– Jullie zijn vanochtend vroeg al vertrokken! zei Jok lachend.
Dit negeerde Dut. – De Baggara zijn er nog steeds, zei hij. – We gaan morgen weer kijken.
– Je bent verdwaald, zei de vrouw. – Je bent een gestudeerd man, maar richtinggevoel heb je niet!
Hij wuifde haar opmerking boos weg. – Waar is het eten, Maria? Hoe lang moeten we nog wachten? Geef ons eten en water. We hebben de hele dag gelopen.

Die nacht sliep ik met de mannen en de vrouwen onder een afdak dat ze hadden gebouwd. Midden in de nacht hoorde ik dezelfde geluiden als in het huis van mijn stiefmoeder als mijn vader daar de nacht doorbracht. Ik hield mijn ogen dicht en zorgde dat ik dicht bij het vuur bleef. Kort daarna – zo leek het althans – werd ik wakker en was er een zwak licht aan de hemel. Ik deed mijn ogen open en zag het gezicht van een van de oudere mannen in de groep. Hij had tot dan toe nog niets gezegd.
– We moeten opstaan, jongen. Hoe heet je ook alweer? Je bent de zoon van wijlen Deng Nyibek Arou, God hebbe zijn ziel.
De stem van de man was vederlicht en trilde.
– Achak, zei ik.
– Het spijt me, Achak, ik had je naam moeten onthouden. Luister, we hebben een plan. Jij gaat met ons mee. We sluiten ons bij een andere groep aan die hier in de buurt heeft overnacht. Kom maar mee.
– Waar is Dut?
– Die is op pad gegaan. Dat doet hij soms. Kom.
De trillende man bracht me naar een open plek waar zich een groep van zo'n honderd mensen had verzameld, vrouwen, kinderen en oude mannen die tussen geiten, kippen en andere dieren stonden, meer dan veertig stuks.
– We gaan naar Khartoum, zei hij.

Ik was nog heel jong, Michael, maar zelfs toen wist ik al dat dat een krankzinnig plan was.
– Gaat Dut ook mee? vroeg ik.
– Dut is nu weg. Hij zou niet ingenomen zijn met dit idee, maar Dut kan de weg uit zijn eigen hut niet eens vinden. Bij ons ben je veiliger.
– In Khartoum?
Ik dacht aan de man met één hand.
– Daar zijn we veilig, zei de zogende vrouw. – Kom met ons mee. Je mag mijn zoon zijn.
Ik wilde haar zoon niet zijn.
– Maar waarom Khartoum? vroeg ik. – Waar de Arabieren wonen? Hoe dan?
– Er zijn al eerder mensen naar Khartoum gegaan, zei de oude man met zijn vederlichte stem. – Het is een bekende route. We zijn veilig voor de murahaleen. We krijgen eten in de kampen. Ze hebben er toevluchtsoorden voor mensen zoals wij, mensen die niet geïnteresseerd zijn in vechten. We blijven daar tot dit allemaal voorbij is.

Ik had geen keus, ik moest wel met hen mee. Ik was niet gerust op hun plan, maar mijn benen deden nog zeer van het rennen van twee nachten geleden en ik was blij dat ik in gezelschap van zoveel mensen was in plaats van alleen. De muffe lucht van de dieren verwarmde me en ik legde onder het lopen mijn hand op hun flanken. We trokken tot de middag verder, fluisterden als dat nodig was en probeerden met het vee de streek ongemerkt uit te komen. Jok, de leider van de groep, geloofde dat we veilig zouden zijn als we maar eenmaal de rivier over en in het Noorden waren. Het was een heel vreemde strategie.
Al na korte tijd kwamen we een man tegen die het oranje uniform van Manyok Bols militie droeg. Hij keek ongelovig naar ons.
– Wie zijn jullie? Waar gaan jullie naartoe?

– Naar Khartoum, zei de oude man.

De man in het oranje ging voor ons staan en versperde de weg.

– Zijn jullie gek geworden? Hoe wil je Khartoum ooit bereiken met veertig stuks vee? Wie is er op dat idiote idee gekomen? Dat overleven jullie niet. Er zitten hier vlakbij murahaleen. Jullie lopen recht in hun armen.

De oude man schudde traag zijn hoofd.

– Jij bent degene die zich zorgen moet maken, zei hij. – Jij hebt een geweer. Wij zijn ongewapend. Ze zullen ons niets doen. We hebben niets met jou te maken.

– Moge God jullie bijstaan, zei de man in het oranje.

– Ik vertrouw op Hem, zei de oude man.

De man in het oranje verdween in zichzelf mompelend in de richting waaruit wij waren gekomen. De groep zette zich weer in beweging, maar achter ons klonk de stem van de soldaat weer over het pad. – Je ziet ze over honderd meter. Op honderd meter afstand van waar jullie nu zijn, zullen jullie allemaal sterven.

Op deze woorden bleef de groep stilstaan, en de ouderen gingen in discussie. Sommigen waren van mening dat de murahaleen ons ongemoeid zouden laten als we in vrede langstrokken, dat de enige reden voor de problemen in Marial Bai was dat het dorp banden had gehad met de SPLA. Als wij onze afkeuring over de rebellen uitspraken en ons voornemen kenbaar maakten om naar Khartoum te trekken, zouden ze ons wel doorlaten. Anderen vonden dat onzinnig en meenden dat de murahaleen niet voor de regering of tegen de SPLA waren, maar alleen het vee en de kinderen wilden hebben. Een poosje bleef de groep zo op het pad staan terwijl de ouderen redetwistten en het vee graasde, maar toen werd het pleit beslecht door hoefgetrappel en een snel naderende stofwolk.

Binnen enkele ogenblikken waren de murahaleen bij ons.

De groep vluchtte alle kanten op. Ik ging achter de man aan die me het snelst leek; hij dook het gras in, kroop onder een dichte struik door en ging achter een hoop stammen en takken liggen.

De man naast me was ouder dan mijn vader en heel mager; de aderen tekenden zich scherp af op zijn armen. Hij droeg een grote slappe hoed die zijn ogen aan het zicht onttrok.

– Het is het leger, zei de man met de hoed met een knik naar de ruiters. Ze waren met z'n zevenen, vier in traditionele Baggara-kledij en drie in het uniform van het Soedanese leger. – Dat snap ik niet, zei hij.

Vrij veel mensen uit de groep waren niet gevlucht maar op het pad blijven staan. Ze werden nu bewaakt door twee van de soldaten in uniform. Ze stonden zwijgend bij elkaar. Eén ogenblik lang leek het of er helemaal niets zou gebeuren. Of misschien wachtte iedereen juist tot er wel wat zou gebeuren. En er gebeurde ook iets. Een van de oude mannen vluchtte plotseling het bos in, onbeholpen en veel te langzaam. Twee soldaten sprongen van hun paarden en zetten lachend de achtervolging in. Er klonken schoten en de mannen keerden zonder de oude man terug.

Een van de regeringssoldaten draaide zich om en leek naar mij en de man met de hoed te kijken. Mijn gehijg was weer te luid en mijn ogen te groot. We doken allebei weg.

– Ze zien ons. Wegwezen, fluisterde ik.

Van het ene moment op het andere stond de man met de hoed op en stak zijn armen in de lucht.

– Kom hier, abeed! zei de soldaat (hij gebruikte het Arabische woord voor 'slaaf'). De man met de hoed liep naar de soldaten toe. Ik keek naar de rug van de man en zag de kinderen, de vrouwen en het vee, ingesloten tussen de paarden. Ik dacht aan Amath, aan hoe ze daar onbewogen had gestaan, en ik werd ineens vreselijk kwaad. Ik had op dat moment stil moeten blijven zitten, maar mijn woede was sterker. *Vervloekt zijn jullie*, dacht ik, en ik rende weg. Ik draaide me om en rende weg, en ze schreeuwden me na. – Abeed! Abeed! *Vervloekt zijn jullie*, dacht ik onder het rennen. *Ik roep de vloek van God en mijn familie over jullie af.* Ik verwachtte elk moment te worden neergeschoten, maar ik bleef rennen. *Vervloekt zijn jullie, allemaal.* Ik zou sterven terwijl ik hen vervloekte, en God zou dat begrijpen en die mannen zouden tot in alle eeuwigheid mijn vloek horen.

Ze schoten tweemaal op me, maar ik ontkwam en bleef door het kreupelhout rennen. Ze achtervolgden me niet. Ik rende in het afnemende roze namiddaglicht door tot het avond werd. Ik rende door het struikgewas, op zoek naar mensen van mijn stam of een begaanbare weg, maar ik vond niets of niemand en toen de duisternis viel, gaf ik de hoop op dat ik nog een weg of pad zou zien.

Maar uiteindelijk vond ik toch een pad. Ik ging achter een boom in de buurt van het pad zitten om uit te rusten. Ik hield het pad in de gaten en luisterde of ik stemmen hoorde, want ik wilde zeker weten dat de kust veilig was. Na een poosje hoorde ik het gehijg van een man. Aan zijn ademhaling hoorde ik al dat hij groot was en het zwaar te verduren had. Van achter mijn boom zag ik hem, een grote Dinka-man die een vast doel voor ogen leek te hebben. Zijn rug was recht en hij leek me jong. Hij droeg alleen een korte witte broek. Ik meende dat deze man me wel zou redden.

– Oom! riep ik, en ik holde naar hem toe. – Wacht even!

Hij draaide zich om. Zijn gezicht was van zijn schedel gescheurd. Zijn huid was gesmolten, vochtig en roze. Het wit van zijn ogen sprong naar voren en hij knipperde niet. Hij had geen oogleden meer.

Hij bracht zijn gezicht vlak bij het mijne; rode aderen liepen kriskras door de rauwe huid.

– Hè? Wat is er? Gaap me niet zo aan.

Ik draaide me om en wilde wegvluchten, maar de man greep mijn arm vast.

– Kom mee, jongen. Draag dit voor me.

Hij gaf me zijn plunjezak. Die woog evenveel als ik. Ik probeerde hem te torsen, maar hij viel op de grond. De man gaf met zijn handrug een klap tegen mijn oor.

– Vooruit, dragen!
– Kan ik niet. Wil ik niet, zei ik.
Ik zei dat ik alleen maar terug wilde naar Marial Bai.
– Waarom? Om te worden vermoord? Waar denk je dat ik dit heb opgelopen? Waar denk je dat ik mijn gezicht ben kwijtgeraakt, stomkop?
Nu herkende ik de man. Het was Kolong Gar, de soldaat die vóór de eerste aanval was gedeserteerd. Vanuit de boom bij Amaths hut hadden we hem voorbij zien rennen, achtervolgd door zaklampen.
– Ik heb je gezien, zei ik.
– Jij hebt niks gezien.
– Jawel, ik heb je zien vluchten. We zaten in een boom.
Dat interesseerde hem niet.
– Ik wil dat je me heel goed bekijkt, jongen. Het is belangrijk. Zie je dit gezicht? Dit was het gezicht van een man die iemand vertrouwde. Zie je wat er met zo iemand gebeurt? Nou?
– Ja. Zijn gezicht wordt afgepakt.
– Juist! Zo is het! Mijn gezicht is me afgepakt. Dat is goed gezegd. Het is mijn verdiende loon. Ik zei dat ik de vriend van de Arabieren was, maar de Arabieren herinnerden me eraan dat we geen vrienden zijn en dat ook nooit zullen worden. Ik diende naast Arabieren in het leger, maar toen de rebellen in opstand kwamen, kenden de Arabieren me ineens niet meer. Ze beraamden plannen om me mee te voeren naar het Noorden en me te doden. Dat weet ik. En toen ik uit het leger vluchtte, spoorden ze me op en gooiden me met mijn gezicht in het vuur. Dit gezicht is een les voor alle Dinka die denken dat we met die mensen kunnen samenleven...

Ik liet de zak vallen en rende weer weg. Ik wist dat het niet beleefd was om de man zonder gezicht in de steek te laten, maar ten slotte dacht ik: *vervloekt is alles en iedereen.* Ik had nog nooit van mijn leven hardop of in stilte gevloekt, maar nu deed ik het, telkens opnieuw. De man riep me na en vervloekte me, en terwijl ik wegrende vervloekte ik hem en alles wat ik maar kon verzinnen. *Vervloekt is de man zonder gezicht, vervloekt zijn de murahaleen, vervloekt is de regering, vervloekt het land en de Dinka met hun machteloze speren.* Ik rende door het gras, dwars door een groepje bomen en vervolgens over een droge rivierbedding, en in het volgende groepje bomen vond ik een grote acacia, net zo een als waar ik altijd met William K en Moses onder zat; tussen de wortels was een gat, en ik kroop erin en bleef naar mijn eigen gehijg liggen luisteren. Ik was inmiddels een expert in het vinden van slaapplekken. *Vervloekt is het zand, vervloekt zijn de wormen en vervloekt de torren en muggen.* Ik had onder het rennen niet achteromgekeken, dus pas toen ik in het gat onder de boom zat, wist ik zeker dat niemand me had achtervolgd. Ik keek rond vanuit het donkere gat maar zag of hoorde niets, en weldra sloeg de nacht haar zwarte vleugels uit over de aarde en zat ik in het donker, alleen in die boom met mijn ogen en mijn ademhaling. De nachtlucht was vervuld van dierengeluiden en ik stopte steentjes in mijn oren om alle geluid buiten te sluiten. *Vervloekt ben je, bos, en vervloekt zijn jullie, dieren, stuk voor stuk.*

Ik werd 's ochtends wakker, schudde de steentjes uit mijn oren en stond op. Ik liep en rende verder, en als ik iets hoorde of in de verte iemand zag, ging ik kruipen. Een week lang bleef ik rennen, kruipen en lopen. Ik trof mensen van mijn stam en vroeg hun de weg naar Marial Bai; soms wisten ze die, maar vaak wisten ze niets. *Vervloekt ben je, richtingloze, hulpeloze stam.* Sommige mensen die ik trof kwamen uit deze streek, anderen uit het noorden en een enkeling uit het zuiden. Iedereen was op drift. Als ik op een dorp of nederzetting stuitte, ging ik ernaartoe en vroeg om water, en dan zeiden de mensen: 'Je bent hier veilig, jongen. Hier is het veilig', en dan bleef ik daar slapen, wetende dat het niet veilig was. De paarden, de geweren en de helikopters kwamen overal. Ik kon niet weg uit die ring, die omsingeling die ons gevangenhield, en niemand wist wanneer het afgelopen zou zijn. Ik bezocht een oude vrouw, de oudste vrouw die ik ooit heb gekend; ze zat te koken met haar kleindochter, een meisje van mijn leeftijd, en de oude vrouw zei dat alles voorbij was, dat het einde nabij was en dat ik dat gewoon samen met hen rustig moest afwachten. Het zou het einde van de Dinka zijn, zei ze met hese en flinterdunne stem, maar als dat de wil van de goden en de aarde was, dan zij dat zo. Ik knikte de grootmoeder toe en sliep in haar armen, maar de volgende morgen ging ik weg en vluchtte verder. Ik kwam langs dorpen die er niet meer waren, die hadden opgehouden te bestaan, langs bussen die van binnenuit verbrand waren, handen en gezichten tegen het glas gedrukt. *Vervloekt zijn jullie, allemaal. Vervloekt zijn de levenden en vervloekt de doden.*

Bij het eerste ochtendlicht passeerde ik een klein vliegveld, en daar zag ik een wit vliegtuigje, een gezin en een man die als bemiddelaar optrad. Hij was vreemd uitgedost – later zou ik leren dat zoiets een pak heette – en had een kleine zwarte aktetas bij zich. Het gezin bevond zich een meter achter hem: een man, een vrouw en een meisje van vijf, allemaal heel chic gekleed; de vrouw en het meisje zaten op een grote koffer. De man in het pak, de bemiddelaar, praatte geagiteerd met de piloot van het vliegtuigje, die heel klein was en wiens huidskleur veel lichter was dan de onze, zag ik.

– Dit zijn belangrijke mensen! zei de bemiddelaar.

De piloot was niet onder de indruk.

– Deze man is parlementslid! zei de bemiddelaar.

De piloot klauterde in de cockpit.

– Je móét ze meenemen! jammerde de bemiddelaar.

Maar de piloot nam ze niet mee. Hij vloog weg, in het licht van de opkomende zon, en het gezin en de bemiddelaar bleven op het vliegveldje achter. Niemand was belangrijk genoeg om van de oorlog te kunnen wegvliegen; in die tijd niet.

Ik rende verder.

X

Michael is wakker en loopt door de flat. Hij meent dat hij me buiten gevecht heeft gesteld en voelt zich nu genoeg op zijn gemak om alles te doorzoeken. Hij is op weg naar de badkamer langs me heen gelopen, en toen hij daar klaar was, hoorde ik het gepiep van Achor Achors slaapkamerdeur. Ik weet niet wat Michael precies zoekt, maar veel is er niet te zien in de kamer waar Achor Achor slaapt. Er hangen maar twee dingen aan de muur: een poster van Jezus die hij op zijn Bijbelstudiecursus heeft gekregen en een grote maar korrelige foto van zijn zus, die in Caïro woont en restaurants schoonmaakt.

Nu loopt Michael door de gang naar mijn kamer. Mijn deur maakt geen geluid, afgezien van het zachte gezoef waarmee hij over de vloerbedekking glijdt. Ik hoor dat Michael mijn kast openmaakt, en even later laat hij de jaloezieën neer. Ik weet dat hij de twee boeken heeft opgepakt die naast mijn bed liggen – *Doelgericht leven* van Rick Warren en *Bidden met moeder Teresa en broeder Roger* – want ik hoor ze op de grond vallen, eerst het ene en dan het andere. Ik hoor de bedspiralen zuchten en daarna tot rust komen. Hij trekt de laden van mijn kast open en doet ze weer dicht.

Michael is nieuwsgierig, en zijn zoeken maakt hem voor mij menselijker. Mijn genegenheid voor hem groeit weer en de vergevingsgezindheid glipt opnieuw mijn hart binnen.

'Michael!' roep ik spontaan.

Ik had niet verwacht dat ik zijn naam zou uitspreken, maar het is al gebeurd. Nu moet ik hem nog een keer uitspreken en besluiten waarom ik hem uitspreek.

'Michael, ik heb een voorstel.'

Hij is nog steeds in mijn kamer. Ik hoor hem niet bewegen.

'Het is een aantrekkelijk voorstel, Michael, dat beloof ik.'

Hij zegt niets. Hij komt niet tevoorschijn uit mijn slaapkamer. Ik hoor dat de la van mijn nachtkastje wordt opengetrokken. Mijn maag trekt samen als het tot me doordringt dat hij de foto's van Tabitha zal zien. Hij heeft het recht niet ernaar te kijken. Hoe kan ik ooit vergeten dat die ellendige jongen aan die foto's heeft gezeten? Die foto's zijn veel te belangrijk voor mijn eigen gevoel van evenwicht. Ik weet dat ik er te vaak naar kijk; ik weet dat dat op zelfkastijding lijkt. Achor Achor heeft me ervoor op m'n donder gegeven. Maar ze schenken me troost, ze bezorgen me geen smart.

Het zijn er een stuk of tien, grotendeels genomen met de camera die Michaels handlangers hebben gestolen. Op een ervan staat Tabitha met haar broers op een markt in Seattle; ze houden met z'n vieren een gigantische vis vast. Zij staat in het midden en het is zonneklaar dat ze dol op haar zijn. Op een andere staat ze met haar beste vriendin Veronica, ook een Soedanese vluchtelinge, en Veronica's zoontje Matthew. Voor het kind – dat in de Verenigde Staten is geboren – staat een vormloze bruine massa, Tabitha's eerste poging tot een echte Amerikaanse verjaarstaart. Het gezicht van het kind zit onder de chocola, en Tabitha en Veronica grijnzen allebei en hebben elk een hand op een wang van het jongetje. Ze weten nog niet dat de suiker van dit eetfestijn Matthew de eerstvolgende tweeëntwintig uur wakker zal houden. De mooiste foto is die waarvan zij dacht dat ik hem op haar dringende verzoek had vernietigd. Ze is in mijn slaapkamer en heeft haar bril op en dat maakt hem heel zeldzaam, uniek. Toen ik de foto nam, op een avond voor we gingen slapen, was ze des duivels en zei ze tot de volgende middag niets meer tegen me. 'Gooi hem weg!' schreeuwde ze, en toen verbeterde ze zichzelf: 'Verbrand hem!' Ik deed wat ze vroeg, in de gootsteen, maar een paar dagen later, toen ze terug was gegaan naar Seattle, maakte ik een nieuwe afdruk vanuit mijn digitale camera. Bijna niemand wist dat Tabitha contactlenzen droeg en vrijwel niemand had haar ooit met haar bril op gezien, die enorm groot en plomp was, met glazen zo dik als autoruiten. Ze hield hem altijd bij de hand als ze sliep voor het geval ze naar de wc moest. Maar ik vond het heerlijk als ze hem op had en wilde dat ze hem vaker opzette. Ze was minder betoverend achter dat enorme montuur, het leek waarschijnlijker dat ze echt de mijne was.

We leerden elkaar in Kakuma kennen tijdens een huishoudkundeles. Ze was drie jaar jonger dan ik en heel slim, en daarom kwamen we in dezelfde groep terecht. Huishoudkunde was in het kamp verplicht voor alle jongeren, mannen en vrouwen, wat veel ontsteltenis wekte bij de Soedanese ouderen. Mannen die op kookles gingen? Dat vonden ze absurd. Maar de meeste jongeren vonden het niet erg. Ik vond de les erg leuk, ook al had ik geen enkel talent voor koken of enige andere vaardigheid die daar werd onderwezen. Maar Tabitha toonde geen enkele belangstelling voor huishoudkunde of het halen van het diploma. Ze kwam meestal niet, en als ze er wel was, lachte ze luidkeels als de docente, een Soedanese vrouw die we mevrouw Spatel noemden, ons ervan probeerde te doordringen hoeveel profijt we van de huishoudkundelessen zouden hebben. Mevrouw Spatel had geen enkel begrip voor Tabitha's spottende gelach, haar minachtende zuchten of de keren dat Tabitha in een pocket zat te lezen terwijl mevrouw Spatel voordeed op welke manieren je een ei kon koken. Mevrouw Spatel had geen goed woord voor Tabitha Duany Aker over.

Maar de jongens en jongemannen bewonderden haar. Het was onmogelijk om haar niet te bewonderen.

Er zaten in Kakuma wel meer meisjes op school, meer dan in Pinyudo, maar ze waren nog altijd in de minderheid, in het gunstigste geval één op de tien. En ze bleven nooit lang. Elk jaar werden er meisjes van school gehaald om in het huishouden te helpen en zich voor te bereiden op hun huwelijk. Elk meisje van veertien dat niet mismaakt was, was aan een man beloofd en werd teruggestuurd naar Zuid-Soedan om de vrouw te worden van een SPLA-officier die de gevraagde bruidsschat kon betalen. En in veel gevallen vertrokken ze maar wat graag, want meisjes hadden in Kakuma geen goed leven. Ze werden afgebeuld, en verkracht als ze zich buiten het kamp begaven om brandhout te zoeken. Ze hadden in Kakuma geen macht, geen toekomst.

Maar niemand zei dat tegen Tabitha. Of het was haar wel verteld, maar ze had zich er niet door laten afschrikken.

Ze woonde samen met drie broers en haar moeder, een goed opgeleide vrouw die vastbesloten was Tabitha het beste leven te geven dat onder de gegeven omstandigheden mogelijk was. Tabitha's vader was vlak na het begin van de oorlog gedood, maar haar moeder had geweigerd bij de familie van haar man in te trekken. In Soedan neemt de broer van een overleden man in veel gevallen diens vrouw en kinderen over, maar daar wilde Tabitha's moeder niets van weten. Ze ging weg uit haar dorp, Yirol, en zette koers naar Kakuma, in de wetenschap dat haar kinderen in Kenia, zelfs in een vluchtelingenkamp, meer kans hadden kennis te maken met verlichte opvattingen.

Ik was haar moeder dankbaar voor haar moed en wijsheid. Elke keer dat Tabitha besloot de huishoudkundeles bij te wonen, elke keer dat ze haar blik ten hemel sloeg en elke keer dat ze grijnsde was ik weer dankbaar. Ze was de fascinerendste jonge vrouw van heel Kakuma.

Uiteindelijk kregen we verkering, kwamen althans zo dicht bij die toestand als voor tieners in Kakuma mogelijk was, en ik heb heel wat keren tegen haar gezegd dat ik van haar hield. Die woorden betekenden toen nog niet wat ze veel later in Amerika gingen betekenen, toen ik besefte dat ik van haar hield zoals een man van een vrouw houdt. In Kakuma waren we heel jong; we waren voorzichtig en kuis. Het is voor jonge mensen ongepast, zelfs in zo'n kamp, om openlijk blijk te geven van hun genegenheid voor elkaar. We gingen samen wandelen na kerktijd, we knepen ertussen uit als we de kans zagen. We gingen samen naar evenementen in het kamp, we aten met vrienden, we praatten terwijl we in de rij stonden voor ons rantsoen. Ik staarde naar haar hartvormige gezicht, haar glinsterende ogen en haar ronde wangen, en die dingen betekenden toen alles voor mij. Maar wat stelde het voor? Misschien wel niets.

Ze ging eerder uit Kakuma weg dan ik. Dat was bijzonder, want er werden maar heel weinig Soedanese meisjes overgeplaatst naar de Verenigde Staten, en vrijwel geen een die ouders in het kamp had. Tabitha beweert dat ze geluk heeft gehad, maar volgens mij heeft haar moeder het geluk af en toe een handje geholpen. Toen de geruchten over overplaatsing werkelijkheid werden, betoonde haar moeder zich briljant; ze wist dat de Verenigde Staten geïnteresseerd waren in de alleenstaande minderjarigen. Iedereen die ouders in Kakuma had, zou veel minder kans hebben om in aanmerking te komen. Ze gaf haar kinderen toestemming om te liegen en ging zelf ijlings in een ander deel van het kamp wonen. Tabitha en haar drie broers werden als wees ingeschreven, en omdat ze jong waren, jonger dan de meeste anderen, werden ze geselecteerd; ze hoorden bij de eersten die toestemming kregen om te vertrekken en mochten in Amerika zelfs bij elkaar blijven.

Terwijl hun moeder nog in Kakuma zat, trokken Tabitha en haar broers in een flat met twee slaapkamers in Burien, een voorstad van Seattle, en ze gingen allemaal naar dezelfde middelbare school. Tabitha was gelukkig en werd snel een echte Amerikaanse. Haar Engels was Amerikaans Engels, niet het Keniaanse Engels dat ik had geleerd. Toen ze eindexamen had gedaan, kreeg ze van de Bill en Melinda Gates Foundation een beurs om aan de universiteit van West-Washington te gaan studeren.

Toen ik in de Verenigde Staten kwam, bijna twee jaar later, was zij mij vergeten en ik haar. Niet helemaal natuurlijk, maar we hadden ons aangewend niet te veel aan oude banden te hechten. De Soedanezen uit Kakuma kwamen in alle delen van de wereld terecht, en we wisten dat ons lot niet in onze eigen handen lag.

Toen ik in Atlanta kwam te wonen, dacht ik nauwelijks nog aan Tabitha.

Op een dag had ik een van de driehonderd Lost Boys aan de telefoon die me regelmatig bellen; deze woonde in Seattle. Er was een staakt-het-vuren afgekondigd in Zuid-Soedan en hij wilde graag mijn mening horen, aangezien hij ervan uitging dat ik nauwe banden met de SPLA had. Ik was hem net aan het uitleggen dat hij zich vergiste, dat ik evenveel wist als hij of nog minder, toen hij ineens zei: 'Weet je wie hier is?' Ik antwoordde dat ik dat niet wist. 'Iemand die je kent, geloof ik,' zei hij. Hij gaf de telefoon aan iemand anders en ik verwachtte een andere mannenstem, maar het was een vrouw. 'Hallo, met wie spreek ik?' zei ze. 'Hallo? Heb ik een muis aan de lijn?' Wat een stem! Tabitha was een vrouw geworden! Haar stem was lager, er leek levenservaring uit te spreken, en zelfvertrouwen. Dat soort achteloze zelfverzekerdheid bij een vrouw overweldigt me altijd. Maar ik wist dat zij het was.

'Ben jij dat, Tabitha?'

'Natuurlijk, schatje,' zei ze in het Engels. Haar accent was bijna volmaakt Amerikaans. Ze had heel wat opgestoken in twee jaar middelbare school. We praatten een paar minuten in het wilde weg, en toen flapte ik de grootste vraag eruit die me bezighield.

'Heb je een vriendje?'

Ik moest het weten.

'Natuurlijk, liefje,' zei ze. 'Ik heb je drie jaar niet gezien.'

Waar had ze die woorden geleerd, 'schatje' en 'liefje'? Bedwelmende woorden. We praatten die dag een uur, en die week nog vele uren. Ik was teleurgesteld dat ze iemand had, maar het verbaasde me niet. Tabitha was een opvallende Soedanese schoonheid, en er zijn maar heel weinig alleenstaande Soedanese vrouwen in de Verenigde Staten, een stuk of tweehonderd of nog minder. Bij de duizenden Soedanezen die onder auspiciën van de luchtbrug voor de Lost Boys naar Amerika werden overgebracht, waren maar achtennegentig vrouwen.

Velen van hen zijn al getrouwd, en de daaruit voortvloeiende vrouwenschaarste maakt veel mannen zoals ik het leven zuur. En als we buiten de Soedanese gemeenschap kijken, wat hebben we dan te bieden? Met ons geldgebrek, onze kleren van de kerk en de flatjes die we met twee of drie andere vluchtelingen delen zijn we niet de meest begerenswaardige mannen, nóg niet in ieder geval. Er zijn natuurlijk talloze voorbeelden van mannen die de liefde wel hebben gevonden, bij zwarte of blanke Amerikaanse of Europese vrouwen. Maar over het algemeen zijn Soedanese mannen in Amerika op zoek naar Soedanese vrouwen, en voor velen betekent dat dat ze terug moeten naar Kakuma of zelfs naar Zuid-Soedan.

Maar Tabitha, die hier in Amerika door zovelen werd begeerd, koos uiteindelijk mij.

'Michael, alsjeblieft,' zeg ik.

Ik wil dat hij uit mijn kamer komt en weer in de keuken gaat zitten, dan kan ik hem zien en weet ik zeker dat hij niet alleen is met die foto's.

'Ik moet met je praten. Ik denk dat je wel interessant zult vinden wat ik je te zeggen heb.'

Ik lijk wel gek dat ik denk dat die jongen me zal begrijpen. Maar jonge mensen zijn in zekere zin mijn specialiteit. In Kakuma was ik jeugdleider; ik hield toezicht op de buitenschoolse activiteiten van zesduizend minderjarige vluchtelingen. Ik werkte voor het kantoor van de UNHCR, waar ik hielp bij het bedenken van spellen, sportcompetities en theaterprojecten. Sinds ik in Amerika ben heb ik een aantal vrienden gemaakt, maar waarschijnlijk is geen van hen zo belangrijk voor me als Allison, het enige kind van Anne en Gerald Newton.

De Newtons waren het eerste Amerikaanse gezin dat belangstelling voor me toonde, nog voor Phil Mays. Ik was nog maar een paar weken in het land toen me werd gevraagd in een anglicaanse kerk te spreken, en daar ontmoette ik Anne, een zwarte vrouw met tranende ogen en heel kleine, koude handen. Ze vroeg of ze wat voor me kon doen. Daar wist ik niet zo gauw antwoord op, maar ze zei dat we het wel bij haar thuis konden bespreken, en dus ging ik bij Anne, Gerald en Allison eten. Ze hadden het goed en woonden in een groot, luxueus huis, dat ze voor me openstelden; ze beloofden me dat ik gebruik mocht maken van alles wat van hen was. Allison was toen twaalf en ik drieëntwintig, maar we leken in veel opzichten gelijken te zijn. We basketbalden op hun oprit en fietsten samen als kinderen, en zij nam me in vertrouwen over een jongen van haar school, Alessandro. Allison had een voorliefde voor jongens met Italiaanse voorouders.

'Moet ik hem een lange brief schrijven?' vroeg ze een keer. 'Vinden jongens het leuk om brieven te krijgen of schrikken ze van zoveel informatie, zoveel enthousiasme?'

Ik zei dat een brief me een heel goed idee leek, als hij maar niet te lang was.

'Maar dan nog, een brief is zo definitief. Ik kan hem nooit meer terugnemen. Het risico is zo enorm groot, vind je ook niet, Valentino?'

Allison was de intelligentste jongere die ik ooit had ontmoet, en dat is ze nog steeds. Ze is nu zeventien, maar zelfs op haar twaalfde was ze al zo welbespraakt dat het soms beangstigend was. De woorden kwamen, en komen, in volmaakte zinnen uit haar mond, alsof ze van tevoren zijn uitgeschreven, en worden met zachte stem uitgesproken, waarbij haar lippen nauwelijks bewegen. Ik ben al heel lang nieuwsgierig naar hoe ze met haar leeftijdgenoten op school omgaat, omdat ze anders is dan alle andere tieners die ik ooit heb gekend. Ze lijkt op haar dertiende te hebben besloten dat ze volwassen was en voortaan ook zo behandeld wilde worden. Zelfs op haar twaalfde en dertiende droeg ze al traditionele kleren en brillen, en met haar haar strak in een knotje leek ze wel dertig. Toch was ze niet immuun voor pubergeintjes. Allison was degene die me leerde hoe ik verjaardagen in mijn mobieltje kon programmeren, en vervolgens vroeg ik iedereen op welke dag hij jarig was; sommigen vonden dat vreemd, maar ik beleefde er veel plezier aan, een plezier dat voortkwam uit een gevoel van ordening. Anne merkte ten slotte op dat ik mezelf in bepaalde opzichten nog steeds een puber vond omdat ik, zoals zij het uitdrukte, van mijn jeugd beroofd was. Maar ik betwijfel of dat de reden is dat ik me zo verwant voel met Allison, of zoveel genegenheid kan opbrengen voor Michael.

Er zijn twee soorten mensen: degenen die nog steeds in staat zijn met de ogen van een kind te kijken en degenen die dat niet meer kunnen. Hoewel het me vaak pijn doet, kost het me geen enkele moeite mezelf in de plaats van vrijwel iedere jongen te denken, en ik kan mijn eigen jeugd met een bijna griezelig gemak oproepen.

'Michael,' zeg ik nog eens, en ik ben zelf verbaasd hoe vermoeid ik klink.

De deur van mijn kamer gaat dicht. Ik ben hier en hij is daar – punt uit.

De ochtend nadat ik langs het vliegveldje was gekomen, werd ik wakker na een paar uur tussen de takken van een boom te hebben geslapen, en toen zag ik ze. Een grote groep jongens, op nog geen honderd meter afstand. Ik wachtte tot mijn ogen aan het licht gewend waren en keek toen nog een keer. Ze waren ongeveer met z'n dertigen en zaten in een kring op de grond. In het midden stond een man wild te gebaren. Ik wist dat de jongens Dinka waren en niet op de vlucht, dus ik klauterde uit de boom en liep naar de groep toe. Het was moeilijk te geloven dat zo'n bijeenkomst mogelijk was. Toen ik dichterbij kwam, zag ik dat de man Dut Majok was, de leraar van de oudere jongens uit Marial Bai. Hij leek niet verbaasd me te zien.

– Achak! Mooi! Ik ben heel blij je in levenden lijve te zien. Nu ben je veilig. Er zijn hier nog meer jongens uit jouw dorp, kijk maar.

Ik staarde de man aan die mijn naam uitsprak. Was het mogelijk dat het echt Dut Majok was? Hij haalde een vel zeegroen papier uit zijn zak en schreef er met een oranje potloodje iets op. Daarna vouwde hij het vel op en stak het weer in zijn zak.

– Hoe zijn jullie hier gekomen? vroeg ik.

– Ik ben niet gek, Achak. Ik wist donders goed dat het waanzin was om naar Khartoum te lopen.

Het was werkelijk Dut Majok, en hij was goed gekleed en frisgewassen. Hij zag eruit als een student, of als iemand die op het punt staat op een belangrijke zakenreis te gaan. Hij droeg een schone grijze katoenen broek en een wit overhemd, leren sandalen en een slappe crèmekleurige canvas hoed.

Ik liet mijn blik snel over de groep gaan – allemaal jongens van ongeveer mijn leeftijd, sommigen wat ouder, anderen wat jonger, maar allemaal ongeveer even groot. Ze zagen er hongerig en vermoeid uit en leken niet blij me te zien. Een paar hadden een plunjezak bij zich, maar de meesten hadden net als ik niets, alsof ze halsoverkop midden in de nacht waren gevlucht. Ik zag geen bekenden.

– We gaan naar Bilpam, zei Dut. – Weet je waar dat ligt? We trekken naar het oosten tot Bilpam, daar zijn jullie veilig voor al dit geweld. We lopen nu eerst nog een poosje en dan krijgen jullie eten. Deze jongens zijn net als jij. Ze zijn hun huis en hun familie kwijtgeraakt. Ze gaan asiel zoeken. Ken je dat woord? Een veilige plaats, een toevluchtsoord. Dus daar gaan we heen: Bilpam. Toch, jongens?

De jongens keken Dut stuurs aan.

– En als dit allemaal voorbij is, gaan jullie allemaal terug naar je familie, naar je dorp. Wat ervan over is. Meer kunnen we op dit moment niet doen.

De jongens zwegen.

– Is iedereen zover? Zoek je spullen bij elkaar, dan gaan we. Op naar het oosten.

Ik ging met ze mee. Ik had geen keus. Ik wilde niet meer

's nachts in mijn eentje onderweg zijn en besloot één dag en één nacht bij hen te blijven en dan verder te zien. En zo gingen we op weg, naar de opkomende zon toe. We liepen twee aan twee of alleen, de meesten in ganzenmars, en die eerste ochtend – dat zou daarna nooit meer zo zijn – stapten we energiek en doelbewust voort. We gingen ervan uit dat er op een gegeven moment een eind aan de tocht zou komen. We wisten niets van Bilpam, de oorlog of de wereld. Onder het lopen hoorde ik van de jongens in mijn buurt dat Dut in Khartoum op school had gezeten en in Caïro economie had gestudeerd. Dut was de enige in de groep die ouder was dan zestien. De andere jongens leken een onwrikbaar vertrouwen in hem te hebben. Maar hoe langer we liepen, hoe zekerder ik wist dat ik niet in deze groep thuishoorde. De jongens leken er niet aan te twijfelen dat hun hele familie was vermoord, terwijl ik, ondanks de verhalen van de oude man en de zogende vrouw bij het vuur, tot de overtuiging was gekomen dat de mijne nog leefde. Toen de middag zich ten einde spoedde, liep ik naar voren, naar Dut.

– Dut?
– Ja, Achak? Heb je honger?
– Nee. Nee, dat is het niet.
– Mooi zo. Want we hebben geen eten.

Hij glimlachte. Hij vond zichzelf vaak geestig.

– Wat is er dan, Achak? Wil je graag met mij vooraan lopen?
– Nee hoor. Ik loop prima achterin.
– Goed zo. Want je moet weten dat alleen degenen die ik aanwijs voor in de rij mogen lopen. En jou ken ik nog niet zo goed.
– Nee.
– Wat is er dan? Wat kan ik voor je doen?

Ik wachtte nog even om er zeker van te zijn dat ik zijn aandacht had.

– Ik wil terug naar Marial Bai. Ik wil niet naar Bilpam.
– Marial Bai? Maar je hebt Marial Bai vanuit die boom gezien!

Weet je dat niet meer? In Marial Bai wonen nu Baggara. Er is niets meer. Geen huizen, geen Dinka. Alleen zand, paarden en bloed. Je hebt het zelf gezien. Niemand kan daar meer wonen... Achak, niet doen. Achak.

Hij had iets aan mijn gezicht gezien. Ik was totaal uitgeput, en ik denk dat het toen pas in zijn volle omvang tot me doordrong. De mogelijkheid, sterker nog: de waarschijnlijkheid, dat het lot van de doden in Marial Bai, en van de familie van al die stuurse jongens, ook dat van mijn eigen familie was. Ik zag ze allemaal voor me: in stukken gescheurd, doorstoken, verkoold. Ik zag mijn vader uit een boom vallen, al dood voordat hij op de grond neerkwam. Ik hoorde mijn moeder in ons brandende huis schreeuwen als een rat in de val.

– Achak. Achak. Niet doen. Kijk niet zo. Hou op.

Dut pakte me bij mijn schouders. Zijn ogen waren klein en gingen schuil onder een reeks elkaar overlappende plooien, alsof hij had geleerd het licht maar in minieme hoeveelheden binnen te laten.

– In deze groep wordt niet gehuild, Achak. Zie jij iemand huilen? Niemand huilt hier. Je familie is misschien nog wel in leven. Veel mensen overleven de aanvallen. Dat weet je toch? Je hebt het zelf overleefd. De andere jongens ook. Je ouders zijn waarschijnlijk op de vlucht. Misschien komen we ze wel tegen. Je weet dat dat mogelijk is. Iedereen is op de vlucht. Waarnaartoe? Duizend verschillende kanten op. Iedereen gaat naar de plaats waar de zon opkomt. Wij gaan naar Bilpam. We gaan naar Bilpam omdat ik heb gehoord dat het in Bilpam veilig is voor een groep jongens. En daarom zijn we hier, jij, ik en de andere jongens. Maar er is geen Marial Bai meer. Misschien vind je je ouders terug, maar zeker niet in Marial Bai. Begrijp je dat?

Ik begreep het maar al te goed.

– Mooi. Je kunt goed luisteren, Achak. Je luistert en je bent voor rede vatbaar. Dat is belangrijk. Als ik met een verstandig iemand wil praten, ga ik voortaan naar jou. Goed. Nu moeten we weg. We hebben nog een lange mars voor de boeg voor het weer donker wordt.

Ik liep vol zelfvertrouwen verder. Ik klampte me vast aan de overtuiging dat ik mijn familie in een andere groep zou terugvinden of zelf zou worden gevonden. Ik liep ergens achter in de rij van ongeveer vijfendertig jongens, allemaal rond mijn leeftijd en een enkeling al zo oud dat hij okselhaar had. Ik vond het een prettig idee dat ik bij hen was met Dut als kundige leider. Ik voelde me veilig bij al die jongens, van wie sommigen al bijna mannen waren, omdat we nu iets konden doen als de Arabieren kwamen. Met zovelen zouden we vast iets kunnen doen. Zeker als we wapens hadden! Dat laatste zei ik tegen Dut: dat we wapens moesten hebben.

– Ja, dat zou mooi zijn, zei hij. – Ik heb vroeger een geweer gehad.

– Heb je ermee geschoten?

– O ja, heel vaak.

– Kunnen wij er ook een krijgen?

– Dat weet ik niet, Achak. Er is niet makkelijk aan te komen. We zullen zien. Ik denk dat we wel mannen met wapens kunnen vinden die ons willen helpen. Maar voorlopig zijn we veilig omdat we met zoveel zijn. Dat is ons wapen.

Ik was ervan overtuigd dat het bestaan van onze groep, al die jongens die in een lange rij voorttrokken, bekend zou worden en dat mijn ouders me zouden komen halen. Dat leek me niet meer dan logisch, en daarom sprak ik de gedachte uit tegen Deng, de jongen die voor me liep. Deng was heel klein voor zijn leeftijd en had een hoofd dat veel te groot was voor zijn tengere lijf, waarin zijn dunne ribben zichtbaar waren als de botten in de vleugel van een vogel. Ik zei tegen Deng dat we straks weer veiliger zouden zijn en dat we onze familie wel terug zouden vinden als we bij Dut bleven. Deng lachte.

– Waren de Arabieren bang voor de jongens in jouw dorp? vroeg hij.

– Nee.
– Schoten ze ze dood?
– Ja.
– Waarom denk je dan dat de Arabieren wel bang zullen zijn voor onze groep? Denk 'ns na, man. Ze zijn niet bang voor onze vaders en broers. Als ze ons vinden, worden we gevangengenomen of doodgeschoten. We zijn hier niet veiliger, Achak, integendeel. We zijn nergens veilig. Geen makkelijker doelwit dan jongens zoals wij.

Zoals ik al zei, Michael, jouw verhaal is vast ook niet vrolijk. Daar wil ik niets op afdingen. Ik geloof niet dat de man en de vrouw die je hier hebben achtergelaten je ouders zijn. Waar zijn je ouders dan wel? Dat is vast een droevig verhaal. Maar je hebt kleren en je krijgt goed te eten, je bent gezond, je hebt al je tanden nog en je slaapt in een bed.

Deze jongens hadden het minder goed getroffen. Ik heb niet veel van hun verhalen gehoord, omdat we ervan uitgingen dat we allemaal ongeveer hetzelfde hadden meegemaakt. We waren niet geïnteresseerd in nog meer verhalen over geweld en verlies. Ik zal volstaan met Dengs verhaal, of het Deng zelf laten vertellen zoals hij het mij vertelde terwijl we in de vroege avond door een streek liepen die tropischer was dan Marial Bai om die tijd van het jaar. We waren al heel ver van huis.

Dengs dorp leek erg op het mijne. Hij was in het veekamp geweest toen de murahaleen kwamen, een paar kilometer buiten het dorp. Het schieten begon, oudere jongens vielen ter plekke dood neer en weldra was het veekamp ingenomen.

– Ik ging ervandoor, zei Deng. – Ik rende terug naar het dorp, want dat leek me het beste, maar daar gingen de ruiters ook naartoe. Het was stom om daarheen te gaan. Ik rende naar mijn huis, maar dat stond al in brand. De Arabieren zijn dol op het platbranden van huizen. Heb jij dat ook gezien?

Dat soort dingen vroeg Deng me altijd.

– Ik rende naar de school, vervolgde hij. – Het was een eenvoudig gebouw, van beton met een dak van golfplaat, maar het leek me daar veiliger en ik wist dat het niet in brand zou staan, want onze meester zei altijd dat het zo gebouwd was dat dat niet kon. Ik vluchtte dus de school in en verstopte me; ik bleef er de hele dag zitten. Ik zat in elkaar gedoken in de kast waar ze alle schoolspullen bewaren.

Een school leek me geen slimme plek om je te verstoppen, aangezien bekend was dat de ruiters altijd kinderen roofden. Maar dat zei ik niet tegen Deng. Ik vroeg alleen of de Arabieren de school waren komen doorzoeken.

– Ja! Natuurlijk. Maar ik zat in de kast, zo'n hoog metalen geval. Ik zat onderin en had een sisal zak om me heen getrokken. Ik zat onder de onderste plank, onder die zak, en ze zagen me niet, hoewel iemand die kast wel opendeed. Ik bleef daar twee dagen zitten terwijl zij het dorp platbrandden.

Ik vroeg hoe hij zo lang in zo'n kleine ruimte had kunnen zitten.

– Nou, ik moet tot mijn schande bekennen dat ik het in mijn broek had gedaan. Ik had geplast en gepoept, dus ik snap niet dat die man me niet rook! Ik schaam me nog steeds dat ik in mijn broek heb gepoept. En ik heb nog dagenlang in die broek rondgelopen, Achak. Diezelfde broek. Ik bleef twee dagen in die kast zitten. Ik ben er niet één keer uit gekomen. Ik zag het dag en nacht worden door het sleutelgat. Het werd twee keer dag en twee keer nacht. Al die tijd hoorde ik paarden en Arabieren. Er sliepen mannen in de school, ik kon ze horen.

– Keken ze na die ene keer niet meer in de kast?

– Jawel! Ze hebben hem nog heel vaak opengedaan, Achak. Maar nu was mijn poep niet mijn vijand, maar mijn vriend! Telkens wanneer ze de deur opendeden, kokhalsden ze van de stank. Daar was ik heel blij om. Ik strafte die klootzakken van Arabieren met mijn poep en daar was ik trots op. Ze deden die kast wel tien keer open, en elke keer kokhalsden ze en smeten

ze de deur weer dicht, en dan was ik weer veilig. Ze schopten telkens tegen die deur. Vervloekte honden. Ze dachten dat er een dood beest in lag.
 Ik stond versteld dat Deng zo bleek te kunnen vloeken.
 - Ten slotte gingen de Arabieren weer weg. Toen ik ze niet meer hoorde, deed ik de deur voorzichtig open. Ik voelde me vreselijk beroerd omdat ik zo opgevouwen had gezeten en omdat ik niks had gegeten en gedronken. Toen ik tevoorschijn kwam was er niemand meer in de school, maar er waren wel mannen buiten. De meesten waren weg, maar er waren er een paar gebleven. Mannen op kamelen en een paar soldaten. Ik weet niet waarom ze waren gebleven, maar ze woonden in onze huizen, de paar die ze niet hadden platgebrand. Twee woonden er in het huis van mijn oma. Ik werd misselijk toen ik zag dat ze daar in en uit liepen alsof het hun eigen huis was. Ik hield me schuil tot het donker werd en ging er toen vandoor. Dat was niet moeilijk. Ik was maar in mijn eentje en het was een heel donkere nacht. Ik liet mijn dorp achter me en rende een hele tijd door, totdat ik me veilig genoeg voelde. Ik liep tot de volgende ochtend door en vond een dorp, waar twee Dinka-mannen voor me zorgden en me te eten gaven. Ze schrokken toen ze me hoorden aankomen. Ik kwam uit het gras en een van tweeën richtte een pistool op me. Een klein pistool, dat in zijn hand paste. Zo.
 Deng richtte een kleine, knokige vinger op me.
 - De mannen waren bang, maar toen zagen ze dat ik maar een kleine jongen was. En ze roken dat ik stonk. Ze foeterden me een hele tijd uit vanwege die stank. Ik bood mijn excuses aan. Ze brachten me naar de rivier en duwden en schopten me erin. Ze zeiden dat ik in het water moest blijven tot ik schoon was. Ik trok mijn kleren uit, schrobde ze en keek hoe mijn poep door de stroom werd meegenomen.
 Het gekke is, Michael, dat Deng nog steeds stonk - ook nog toen hij dat verhaal over zijn stank vertelde. Hij rook werkelijk afschuwelijk en de stank viel niet uit zijn kleren te spoelen. Maar

ik moet erbij zeggen dat we allemaal stonken; het was vrijwel onmogelijk de ene stank van de andere te onderscheiden.
— Ik bleef een poosje bij die mannen, vervolgde Deng. — Ik wist niet waar we heen gingen, maar ik voelde me beter op mijn gemak bij twee volwassen mannen. Maar we verstopten ons voortdurend. De mannen schrokken van elk geluid en ontliepen alle mensen. Ik vroeg waarom, en ze zeiden dat ze bang waren voor Arabieren en soldaten. Maar ze vluchtten ook voor andere Dinka. We liepen 's nachts, en als we bij een dorp kwamen waar mensen waren, zeiden ze dat ik het dorp in moest sluipen om eten te stelen. Dan kroop ik naar een hut en pikte wat noten, vlees of wat ik maar kon vinden. Eén keer heb ik een geit gestolen. Ik lokte hem het bos in met een mango. Dat was een idee van de mannen. Ze zeiden: steel die geit, lok hem met de mango. Die mango had ik de vorige nacht gestolen. En de truc werkte. De geit kwam naar ons toe, zij slachtten het beest met een steen en we aten een deel van het vlees meteen op en bewaarden de rest. De mannen waren goed in dat soort ideeën. Ze hadden veel goede invallen en kenden heel veel trucs. Het samenwerken met die mannen ging goed totdat we bij een dorp kwamen dat door de SPLA was ingenomen. Mijn vrienden keerden meteen om en wilden terugsluipen, de struiken in, maar toen kwamen we een soldaat van de rebellen tegen die kennelijk langs de rand van het dorp patrouilleerde. Hij zag er net zo uit als de mannen. Hij begon hun vragen te stellen. Wat doen jullie hier? Waarom zijn jullie niet in Kapoeta? Wie is die jongen? Zulke dingen. Volgens mij kende de soldaat de twee mannen. De soldaat zei dat de mannen daar moesten wachten terwijl hij meer hulp ging halen. De soldaat draaide zich om om terug te keren naar het kamp, en op dat moment stak een van de mannen een mes in zijn rug. Hij stak het er zomaar in, daar.

Deng duwde zijn vinger tegen het middelste deel van mijn rug.
— Het ging er heel makkelijk in. Ik was verbaasd. En de SPLA-man viel zonder geluid te maken voorover en was dood. Daarna

vluchtten we verder. 's Nachts verstopten we ons ergens, en in de loop van die nacht kwam ik erachter dat de mannen eigenlijk bij de SPLA hoorden. Ze waren bij de rebellen geweest maar gedeserteerd, en deserteren is verboden. Als je deserteert, mag iedereen je doodmaken. Wist je dat?

Dat wist ik nog niet.

- Toen ik dat hoorde, besloot ik dat ik bij die mannen weg moest. Maar het probleem was dat ik zeker wist dat ik in hetzelfde schuitje zat. Zij waren bang dat ze door de SPLA zouden worden doodgeschoten omdat ze deserteurs waren, en ik was bang dat zij mij dood zouden maken als ik bij hen wegging. Daar leken ze me erg goed in. Het was zo vreemd, Achak. Ik ben zo in de war. Ben jij niet in de war?

Ik beaamde dat ik ook in de war was.

- We trokken verder en ik wachtte op een kans om ervandoor te gaan. Op de achtste dag dat we samen waren, liepen we over een weg en zag ik een truck. De mannen holden het bos in en wachtten tot hij voorbij zou zijn. Toen de truck dichterbij kwam, zag ik dat er rebellen in zaten, en ik kreeg een idee. Ik sprong tevoorschijn en rende naar de truck. Ik wist dat de deserteurs niet op me zouden schieten, want dan zouden de rebellen ze vinden. Ik rende dus naar die truck toe en riep dat ze moesten stoppen. Ze stopten en tilden me erin. Daar zat ik dan, in een truck vol rebellen. Eerst vond ik het heel eng omdat ze allemaal wapens hadden. Ze waren heel moe en ze zagen er gemeen uit, alsof ze me niet moesten. Maar ik hield me koest en dat vonden ze wel fijn. Ik liftte mee naar een ander dorp en mocht bij hen blijven. Nu was ik ook een rebel, Achak! Ik woonde wekenlang in het kamp en sliep bij een man die Malek Kuach Malek heette. Hij was SPLA-commandant. Een heel belangrijke man. Hij had een groot litteken, hier.

Dengs vinger trok een streep van mijn slaap naar mijn oor.

- Hij zei dat dat door een bom kwam. Hij werd mijn vader. Hij zei dat ik gauw soldaat zou zijn, dat hij me ging trainen. Ik werd zijn hulpje. Ik haalde water voor hem, poetste zijn zonnebril en zette zijn radio aan en uit. Hij vond het leuk om hem door mij aan te laten zetten in plaats van dat zelf te doen. Dan luisterden we samen naar de rebellenzender, en soms naar BBC World. Hij was een goede vader voor me en ik mocht hetzelfde eten wat hij als commandant at. Ik dacht dat ik nu voortaan zijn zoon zou zijn, Achak. Ik was blij dat ik bij hem mocht wonen en wilde zo lang mogelijk blijven.

Het idee om heel lang op één plek te blijven kwam me die dag erg aanlokkelijk voor.

– Toen kwam op een dag het regeringsleger. Malek was niet thuis toen ik de tank hoorde aankomen. Alle rebellen verspreidden zich en namen gevechtsposities in, en een ogenblik later brak de tank al door de bomen. Alles ontplofte en ik vluchtte weg. Ik bleef een hele tijd doorrennen, totdat ik bij een uitgebrande truck kwam. Verder niets, alleen maar die ene uitgebrande truck. Ik verstopte me in de truck totdat ik geen schieten meer hoorde. 's Ochtends was er niemand meer. Malek was weg, de rebellen waren weg en de regeringssoldaten ook. Ik begon te lopen in de richting waarin de rebellen volgens mij waren verdwenen. Na een hele poos vond ik een dorp dat niet was aangevallen, en daar kwam ik een vrouw tegen die heel aardig was en op weg was naar Wau. Dus ik stapte met haar in een bus, want ik was van plan ook naar Wau te gaan en bij die vrouw te gaan wonen. Ze zei dat het daar veilig was en dat ik wel haar zoon mocht zijn. We stapten in de bus en begonnen aan onze reis, en ik viel in slaap. Ik werd wakker van geschreeuw. De bus stond stil. Ik keek uit het raam en zag rebellen. Ze waren met z'n tienen, met wapens in de aanslag, en stonden tegen de chauffeur te schreeuwen. Iedereen moest uitstappen en zeggen waar hij naartoe ging. Toen namen ze...

– Hoe kom je aan dat overhemd?

Dut was afgezakt naar het eind van de rij, waar zijn aandacht werd getrokken door Deng. Hij vond Dengs overhemd grappig.

– Van mijn vader, zei Deng. – In Wau gekocht.
– Weet je wanneer zo'n overhemd wordt gedragen?
– Nee, zei Deng.
Deng wist dat Dut hem om zijn overhemd uitlachte.
– Volgens mijn vader was het van heel goede kwaliteit.
Dut glimlachte en legde een arm om Dengs schouders.
– Zo'n overhemd hoort bij een smoking. Dat dragen mensen als ze trouwen. Je draagt het overhemd van een bruidegom.
Dut proestte van het lachen. – Maar in het roze heb ik ze nog nooit gezien, zei hij, en hij schaterde het uit.
Deng lachte niet. Het was gemeen van Dut om dat te zeggen, en toen hij dat zelf besefte, probeerde hij de stemming weer op te vijzelen. – Wat een geweldige groep zijn jullie toch! riep hij tegen iedereen. – Jullie lopen echt ontzettend goed. Hou de pas erin. We moeten tot het donker doorlopen. Bij het vallen van de nacht komen we bij een dorp, en daar kunnen we eten krijgen.

Ik was intussen vergeten dat Deng me zijn verhaal aan het vertellen was en heb hem nooit gevraagd het af te maken. Alle jongens hadden zo'n verhaal, vol plekken waar ze hadden gemeend te kunnen blijven, vol mensen die hen hadden geholpen maar spoorloos waren verdwenen, vol branden, vechten en verraad. Maar ik heb het eind van Dengs verhaal nooit te horen gekregen en ik vraag me nog steeds af hoe het afloopt.

Het was een vreemde streek waar we doorheen trokken. We zagen verschroeide velden, geiten met opengereten buik en zonder kop. We zagen sporen van paarden en trucks en overal lagen mooie patroonhulzen. Ik had nog nooit op één dag zo'n eind gelopen. We hadden sinds de ochtend niet gerust en niets gegeten. Het weinige water dat we hadden mogen meenemen, zat in één jerrycan die van Dut was en die we om beurten droegen.

Na een lange dag lopen bereikten we een levendig dorp dat ik nog nooit eerder had gezien. Het was een prachtig dorp. Overal liepen mensen rond, net als wij vroeger in Marial Bai. De vrouwen droegen brandhout en water op hun hoofd, de mannen zaten op de kleine markt domino te spelen en wijn te drinken. Alle conflicten leken aan het dorp voorbij te zijn gegaan. Ik liep achter de anderen aan het dorp binnen.

– Ga allemaal zitten, zei Dut, en we gehoorzaamden. – Blijf hier. Sta niet op. Val geen mensen lastig. Blijf waar je bent.

Dut ging het dorp in. Er kwamen een paar vrouwen voorbij, die hun pas even vertraagden en daarna weer doorliepen. Ze werden gevolgd door een hond, die snuffelend naar de plek liep waar wij zaten. Hij had een korte gevlekte vacht met vreemde kleuren, die op sommige plekken haast blauw was.

– Hé, blauwe hond! zei Deng, en de hond kwam naar hem toe, likte zijn gezicht en duwde zijn neus daarna krachtig tussen Dengs benen. – De blauwe hond vindt ons aardig, Achak. Moet je die blauwe hond met zijn rare vlekken zien.

Deng krabbelde de hond, die werkelijk blauw leek te zijn, achter zijn oren, en het duurde niet lang of Blauwe Hond lag op zijn rug en Deng wreef stevig over zijn buik. De poten van de hond schokten alle kanten op. Vreemd om halt te houden en uit te rusten in een dorp waar ik nog nooit was geweest en een vrolijke blauwe hond te aaien.

Er kwam een groep oudere jongens naar ons toe. De grootste joeg dadelijk de hond weg en kwam bij Deng en mij staan, zo dichtbij dat ik recht omhoog moest kijken om de onderkant van zijn brede gezicht te zien. Hij droeg smetteloos witte schoenen. Het leken wel wolken die nooit met de aarde in aanraking waren geweest.

– Waar gaan jullie naartoe? vroeg hij streng.

– Naar Bilpam, zei ik.

– Bilpam? Wat is dat?

Ik besefte dat ik dat niet wist. – Een grote stad op vele dagreizen van hier, gokte ik. Ik had geen idee hoe groot Bilpam was of hoe ver het nog was, maar ik wilde de indruk wekken dat onze reis duidelijk afgebakend en belangrijk was.

– Waarom? vroeg de jongen met de wolkenschoenen.
– Onze eigen dorpen zijn platgebrand, zei Deng.
Ik wilde die jongen niet vertellen wat er in Marial Bai was gebeurd. In dit dorp, dat niet was aangetast door gevechten, schaamde ik me opnieuw dat we ons niet dapperder tegen de Arabieren hadden verzet, dat wij onze huizen hadden laten platbranden terwijl zijn dorp nog overeind stond. De wereld was helemaal niet vergaan. Misschien hadden de Arabieren wel alleen de dorpen verwoest waar de mannen het zwakst waren, dacht ik.
– Platgebrand? Door wie dan? vroeg de jongen. Hij geloofde het maar half.
– Door de Baggara, antwoordde Deng.
– De Bággara? Waarom hebben jullie je dan niet verzet?
– Ze hadden nieuwe wapens, zei Deng. – Hele snelle. Ze konden binnen een paar seconden tien man doden.
De jongen lachte.
– Jullie kunnen hier niet blijven, zei een andere jongen.
– Dat zijn we ook niet van plan, zei ik.
– Mooi zo. Jullie moeten gauw weer verder. Stelletje rondtrekkende jongens. Zo te zien zijn jullie nog ziek ook. Hebben jullie malaria?
Op dat moment had ik genoeg van die jongens. Ik wilde geen woord meer van ze horen. Ik keerde hun mijn rug toe. Meteen daarna voelde ik een trap tegen mijn rug. Het was de jongen met de wolkenwitte schoenen.
– We moeten hier geen bedelaars. Begrepen? Hebben jullie geen familie?
Ik reageerde niet, maar Deng was opgestaan. Zijn hoofd bevond zich ter hoogte van de borstkas van de jongen met de wolkenschoenen. Naast die weldoorvoede oudere jongen leek Deng wel een insect.
– Jongens!
Dat was de bulderende stem van Dut. De jongens die ons

lastigvielen verspreidden zich en Dut kwam aangelopen met een grote oudere man in een bloedkleurig gewaad. De man had een staf in zijn hand en stapte met snelle, vergenoegde pas voort. Toen hij bij de kring jongens was, bleef hij geschrokken staan. Hij slaakte een lange, beduusde zucht.

– Ik zei toch dat we met een heleboel zijn, zei Dut.
– Ik weet het, ik weet het. Dus zover is het nu al gekomen? Jongens die te voet onderweg zijn naar Bilpam?
– Dat is onze hoop, oom.

Het dorpshoofd zuchtte opnieuw en liet zijn blik glimlachend en hoofdschuddend over onze groep gaan. Na een poosje pakte hij zijn staf met beide handen vast, tikte er een paar maal stevig mee op de grond en liep toen terug naar het dorp.

– Dat is mooi, jongens. Het dorpshoofd heeft ermee ingestemd dat we eten krijgen. Blijf rustig zitten waar je zit en vraag niets aan de mensen hier. Het dorpshoofd laat een paar vrouwen maniok voor ons maken.

Er was inderdaad al spoedig sprake van grote bedrijvigheid in de hutten in de buurt van onze groep. Vrouwen en meisjes begonnen ijverig eten klaar te maken, en na enige tijd kregen we allemaal een portie, die direct in onze handen werd geschept; er waren niet genoeg borden voor al die tientallen jongens en Dut had gezegd dat die ook niet nodig waren. Toen we hadden gegeten en het dorpshoofd Dut twee zakken noten en twee jerrycans met water had gegeven, gingen we weer op pad, want we mochten niet blijven slapen.

Ik had me de hele dag zwak en doodmoe gevoeld, maar nu was ik weer gesterkt en redelijk opgewekt. Ik was benieuwd wat er verder zou gebeuren. Ik maakte me wel zorgen over mijn familie, maar ik hield mezelf voor dat die veilig was zolang ik het was en dat ik een soort avontuur beleefde totdat we herenigd werden. Er waren dingen die ik graag wilde zien. Ik had gehoord van rivieren die zo breed waren dat vogels niet naar de overkant konden vliegen; ze zouden halverwege neerstorten en worden verzwolgen door het eindeloze water. Ik had gehoord van land dat zo steil oprees dat het was alsof de aarde op haar kant stond; land dat de vorm had van iemand die sliep. Ik wilde die dingen zien en daarna naar mijn ouders terugkeren om hun van mijn reis te vertellen. Toen ik me dat voorstelde, voelde ik de touwen binnen in me weer straktrekken, en ik moest diep ademhalen om ze te ontspannen.

We liepen door de schemering en kwamen mannen en vrouwen tegen op het pad, maar toen de nacht viel, waren we alleen en was het pad uitgewist.

– Gewoon rechtuit lopen, zei Dut. – Het pad is erg nieuw.

Ik had al vaak in het donker gelopen. Bij maneschijn of in een pikdonkere nacht. Maar zo ver van huis en zonder pad was het vreselijk vermoeiend. Ik moest mijn blik strak op de rug van de jongen voor me gericht houden en steeds even snel blijven lopen. Als ik ook maar eventjes treuzelde, was ik de groep kwijt. Het gebeurde in de loop van de nacht een paar keer: een jongen bleef achter of stapte even uit de rij om te plassen en moest dan roepen om de groep terug te vinden. Wie dat deed, werd bespot en soms gestompt of geschopt. Lawaai kon de aandacht trekken en dat was ongewenst nu de nacht weer in bezit was genomen door de dieren.

Deng liep achter me en wilde per se mijn shirt vasthouden. Dat was die nacht en in de nachten die erop volgden iets wat de jongste jongens allemaal deden: het shirt van de jongen voor hen vasthouden. Deng en ik behoorden beslist tot de kleinste jongens in de groep. De welwillendste jongens haalden één arm uit de mouw, zodat degene achter hen die mouw als leiband kon gebruiken. Veel jongens deden dat voor hun jongere broers. Er waren veel jongens die een broer hadden, en 's ochtends, wanneer de namen werden afgeroepen, benijdde ik hen altijd hevig. Ik wist niets van mijn broers: of ze dood of levend waren of op de bodem van een put lagen.

Die nacht hielden we halt op een open plek, en er werden jongens uitgestuurd om hout te zoeken. Maar de jongens die

Dut aanwees, wilden niet. Het bos was vol geluiden, kreten en bewegend gras.
— Ik ga niet, zei een jongen die er sterk uitzag.
— Wát? brulde Dut.
Het was duidelijk dat hij zelf moe en hongerig was en weinig geduld had.
— Wil je geen vuur? vroeg Dut.
— Nee, zei de jongen.
— Nee?
— Nee. Dat stomme rotvuur kan me niks schelen.

Dat was de eerste keer dat Dut iemand sloeg. Hij gaf hem een klap in zijn gezicht met zijn vuist en de jongen viel jammerend op de grond.
— Jij, jij! stamelde Dut. Hij leek even geschrokken als de jongen zelf dat hij hem had neergeslagen. Maar hij krabbelde niet terug.
— Vooruit nu. Zoeken!

Dut wees snel nog drie jongens aan, er werd vuur gemaakt, en toen het goed brandde gingen we eromheen zitten. De meesten vielen snel in slaap, maar Deng en ik bleven wakker en staarden naar de vlammen.
— Ik wilde die jongen niet slaan, zei Dut.

Het drong tot Deng en mij door dat hij het tegen ons had. We waren de enigen die nog wakker waren. We zeiden niets, want ik kon geen passend antwoord op zo'n mededeling verzinnen. Ik vroeg Dut toen maar naar wat die oude man tegen me had gezegd: dat de ruiters waren afgezakt tot het peil van beesten. Niemand had me nog uitgelegd waarom Marial Bai eigenlijk was aangevallen. Ik vertelde Dut wat die man had gezegd: dat de Baggara waren afgezakt tot het peil van beesten, dat ze door geesten bezeten waren en leeuwmensen waren geworden.

Dut staarde me aan, knipperde met zijn ogen en dwong zich tot een glimlach.
— Zei hij dat echt? Ik knikte.
— En jij geloofde hem?

Ik haalde mijn schouders op.
- Achak, zei hij, waarna hij een poos in het vuur staarde.
- Ik wil niet respectloos zijn tegenover die man. Maar het zijn geen leeuwmensen. Het zijn gewone Arabieren. Ik zal jullie vertellen hoe het allemaal zo is gekomen, al zullen jullie niet alles begrijpen. Wil je het horen?

Deng en ik knikten.
- Ik ben leraar, en daarom denk ik als een leraar. Ik zie dat jullie zitten te luisteren en dan wil ik iets vertellen. Weet je zeker dat je het wilt horen?

Deng en ik beaamden nog eens dat we dat wilden.
- Goed dan. Waar zal ik beginnen? Ja. Er is een man die Suwar al-Dahab heet. Hij is minister van Defensie in de regering in Khartoum.

Deng onderbrak hem. - Wat is Khartoum?

Dut zuchtte. - Weten jullie dat echt niet? Daar zetelt de regering, Deng. De centrale regering van ons land. Van heel Soedan. Weet je dat niet?

Deng gaf zich nog niet gewonnen. - Het dorpshoofd staat toch aan het hoofd van het land?

- Hij staat aan het hoofd van jouw dórp, Deng. Ik weet niet of jullie dit wel zullen begrijpen.

Ik drong erop aan dat hij het toch probeerde, en dus legde Dut ons uit hoe de regering in elkaar zat, vertelde van stammen, dorpshoofden en het voormalige parlement, en van de Arabieren die het in Khartoum voor het zeggen hadden.

- Jullie kennen de Anyanya toch, hè? Het Slangengif. Dat was de rebellenbeweging voordat de SPLA er was. Jullie vaders waren er waarschijnlijk bij. Alle mannen waren lid.

Deng en ik knikten. Ik wist dat mijn vader officier was geweest bij de Anyanya.

- Goed. Tegenwoordig hebben we de SPLA. Sommige doelstellingen zijn hetzelfde. Andere zijn nieuw. Herinneren jullie je de eerste aanvallen met helikopters nog?

Ja.

– Nou, die helikopters waren van de regering. Ze waren een reactie op acties van iemand die Kerubino Bol heette. Hij zat in het Soedanese leger. Weten jullie nog dat er Dinka-soldaten en Arabieren in het leger zaten? Achak, dat weet jij nog wel. Er zaten er een heleboel in Marial Bai.

Ik zei dat ik dat inderdaad nog wist.

– Kerubino was majoor en voerde het bevel over het 105e bataljon, dat gestationeerd was in een grote stad die Bor heette. Bor ligt in Zuid-Soedan, in het gebied dat de Boven-Nijl wordt genoemd. De mensen daar zijn net als jullie, maar anders. We zijn allemaal Dinka, maar de gebruiken variëren. Bij veel stammen wordt er een litteken aangebracht bij mannen die de volwassen leeftijd bereiken. Daar hebben jullie vast weleens van gehoord. Er is ook een dorp waar alle mannen pijproken. Allemaal verschillende gebruiken, maar allemaal Dinka. Snap je? Ons land is heel uitgestrekt, jongens, groter dan je je ooit kunt voorstellen en dan nóg tweemaal zo groot.

Deng en ik knikten.

– Goed. Die Kerubino en zijn mannen waren al een hele tijd in Bor en hadden het er naar hun zin. Als onderdeel van het vredesverdrag met de Anyanya hadden de Zuid-Soedanezen de macht gekregen in hun eigen gebied. In Bor zaten Kerubino en zijn mannen tussen hun eigen volk, de meesten hadden hun familie naar de stad laten overkomen en waren er gelukkig. Ze hoefden niet al te hard te werken. Je hebt die soldaten zelf gezien. Ze zijn liever lui dan moe. Toen hoorden ze op een keer geruchten dat ze naar het Noorden zouden worden overgeplaatst, en ze vonden het helemaal niet leuk dat ze dan zo ver van hun familie zouden zitten. Tot overmaat van ramp betaalde Khartoum hun niet het beloofde loon. De zaak liep uit de hand, en uiteindelijk vielen soldaten die trouw waren aan Khartoum en wisten dat Kerubino een opstand voorbereidde, het 105e bataljon aan. Kerubino vluchtte met het hele bataljon naar Ethiopië. En daar gaan wij nu ook naartoe, jongens. Bilpam ligt in Ethiopië. Wisten jullie dat? We onderbraken het verhaal weer. Deng en ik hadden het woord 'Ethiopië' nog nooit gehoord. We wisten niet wat een Ethiopië voor iets was.

– Het is een land, net als Soedan, zei Dut.

– Als het net zo is als wij, waarom ligt het dan ergens anders? vroeg Deng.

Dut was een geduldig man.

– In Ethiopië, vervolgde hij, – sloot een zekere John Garang, een kolonel uit het Soedanese leger, zich bij Kerubino aan. Hij was ook gevlucht. En vervolgens vluchtte het 104e bataljon, gestationeerd in Ayod, eveneens naar Ethiopië. Inmiddels was het een beweging. Er waren daar honderden goed getrainde soldaten, hoofdzakelijk Dinka, en die vormden een nieuw rebellenleger. Dat was de SPLA. En zo begon de nieuwe fase in de burgeroorlog. Is tot zover alles duidelijk?

We knikten.

– Toen John Garang de rebellenbeweging begon, was generaal Dahab heel kwaad, en de hele regering in Khartoum ook. Ze wilden de rebellen verpletteren. Maar er waren een heleboel rebellen. Ze waren goed bewapend en ze hadden iets om voor te vechten. Zodoende waren ze erg gevaarlijk. En Ethiopië steunde hen, waardoor ze een nog grotere bedreiging vormden.

– De rebellen hebben dus wapens? vroeg ik.

– Wapens! Natuurlijk. We hebben handwapens, artillerie en raketlanceerinrichtingen, Achak.

Deng lachte alsof het hem duizelde en ik grijnsde en was trots. Ik hield mezelf voor dat de mannen die mijn vader hadden geslagen anders waren dan die rebellen. Of misschien hadden de rebellen intussen betere manieren geleerd.

– De regering was erg boos over die nieuwe rebellenbeweging, vervolgde Dut. – Dus toen kwamen die helikopters. De regering brandde de dorpen plat om ze te straffen voor hun steun aan de rebellen. Het is erg makkelijk om een dorp uit te moorden, nietwaar? Een heel leger wordt een stuk moeilijker. Steeds meer mannen gingen naar Ethiopië om zich te laten trainen, de SPLA groeide meer en meer en won zelfs veldslagen. Er werden stukken land bezet. Het zag er slecht uit voor de regering. Die had een probleem. Er waren meer soldaten en meer wapens nodig. Maar een leger op de been brengen is duur. Een regering moet een leger betalen, het te eten geven en het van wapens voorzien. Daarom gebruikte generaal Dahab een strategie die veel regeringen in het verleden al hadden gevolgd: hij bewapende anderen, zodat die het werk van het leger konden doen. In dit geval voorzag hij tienduizenden Arabische mannen, onder wie de Baggara, van automatische wapens. Velen kwamen van de andere kant van de Bahr al-Ghazal. Duizenden uit Darfur. Je hebt die mannen met hun wapens gezien. Daarmee kun je honderd kogels afschieten in de tijd dat je tweemaal met een gewoon geweer kunt schieten. Tegen die wapens kunnen we ons niet verdedigen.

– Waarom hoefde de regering die mannen niet te betalen? vroeg ik.

– Tja, dat is een goeie vraag. Die Baggara strijden al sinds mensenheugenis met de Dinka om graasgebieden en andere kwesties. Dat weet je waarschijnlijk wel. Jarenlang heeft er een relatieve vrede geheerst tussen de zuidelijke stammen en de Arabieren, maar generaal Dahab heeft die vrede welbewust doorbroken en haat gezaaid bij de Baggara. Toen hij de Baggara die wapens gaf, wisten die dat ze sterk in het voordeel waren tegenover de Dinka. Zij hadden AK-47's en wij speren, knuppels en leren schilden. Daardoor werd het evenwicht verstoord waarin we vele jaren hebben geleefd. Maar hoe kon de regering al die mannen nu betalen? Heel simpel. Ze zei tegen de ruiters dat ze in ruil voor hun diensten alles mochten plunderen wat ze onderweg tegenkwamen. Generaal Dahab zei dat ze bij alle Dinka-dorpen aan de spoorlijnen langs moesten gaan en overal mochten pakken wat ze wilden hebben – vee, voedsel, producten van de

markten en zelfs mensen. Dat was het begin van de herinvoering van de slavernij. Dat was in 1983.
We hadden geen voorstelling van jaren.
– Een paar seizoenen geleden, zei Dut. – Weet je nog wanneer dit begon?
We knikten.
– Ze namen een dorp op de korrel en omsingelden het 's nachts. Als het dorp wakker werd, reden ze van alle kanten binnen, moordend en plunderend waar ze maar wilden. Ze namen al het vee mee, en dieren die ze niet stalen schoten ze dood. Elke weerstand werd beantwoord met represailles. Mannen werden ter plekke doodgeschoten. Vrouwen werden verkracht, huizen platgebrand, putten vergiftigd en kinderen ontvoerd. Dat hebben jullie ongetwijfeld allemaal met eigen ogen gezien.
Ja.
– Dat alles is heel goed uitgepakt voor de Baggara, want hun eigen boerderijen hadden onder droogte te lijden. Ze waren veel vee kwijtgeraakt en de oogst was heel mager. Nu stelen ze ons vee en verkopen het in Darfur, en dan wordt het in Khartoum nog een keer verkocht. De winsten zijn gigantisch. De hoeveelheid vee in het Noorden is explosief toegenomen, er is zelfs een overschot en de prijs van rundvlees is gedaald. Het is allemaal Dinka-vee, het zijn onze bruidsschatten en erfenissen, het is alles wat de status van onze mannen bepaalt. Het stelen van dieren en voedsel uit onze dorpen heeft een groot deel van de problemen van de Baggara opgelost, net als het tot slaaf maken van ons volk. Weten jullie waarom, jongens?
We wisten het niet.
– Wie past er op hun vee terwijl zij ver van huis het onze stelen? Aha. Dat is een van de redenen dat ze onze vrouwen en jongens stelen. Wij passen op hun kuddes zodat zij nog meer van onze dorpen kunnen overvallen. Kun je het je voorstellen? Het is afschuwelijk. Maar de Baggara zijn van nature niet slecht, hoor. De meesten lijken veel op ons: het zijn veeboeren.

Baggara is gewoon het Arabische woord voor veehoeder, en wij gebruiken het ook voor andere volkeren: de Rezeigat uit Darfur, de Misseriya uit Kordofan. Allemaal moslims, soennieten. Jullie kenden toch wel moslims?

Ik dacht aan Sadiq Aziz. Ik had niet meer aan Sadiq gedacht sinds ik hem voor het laatst had gezien.

– De moskee in ons dorp is in brand gestoken, zei ik.

– De milities bestonden grotendeels uit jongemannen die gewend zijn door het land te trekken en het vee te weiden. In hun eigen taal betekent *murahaleen* 'reiziger', en dat waren ze ook: mannen te paard die het land kenden en gewend waren wapens bij zich te hebben om zichzelf en hun vee tegen aanvallen van wilde dieren te beschermen. Pas toen de oorlog begon, kregen de murahaleen meer het karakter van milities; ze waren zwaarder bewapend en hoedden geen vee meer, maar pleegden roofovervallen.

– Maar waarom kregen wij dan ook geen wapens? vroeg Deng.

– Van wie? Van de Arabieren? Uit Khartoum?

Deng boog zijn hoofd.

– We hebben inmiddels wel wapens, Deng. Maar het was niet makkelijk om eraan te komen, en het heeft veel tijd gekost. We hebben de wapens die het 104e en 105e bataljon uit Soedan hebben meegenomen, plus wat de Ethiopiërs ons hebben gegeven.

Dut stookte het vuur op en stak een paar noten in zijn mond.

– Maar de mannen in Marial Bai hadden ook uniformen, zei Deng. – Wie waren dat dan?

– Regeringssoldaten. Khartoum wordt lui. Ze sturen het leger en de murahaleen er nu samen opaf. Het kan ze niks meer schelen. Iedereen ernaartoe, het maakt niet uit wie. Als het maar helpt om de Dinka kapot te maken. Kennen jullie de uitdrukking 'de zee droogleggen om de vis te vangen'? Ze leggen de zee droog waarin misschien rebellen worden gekweekt of gevoed. Ze leggen heel Dinka-land in puin zodat in dat gebied nooit meer rebellen in opstand kunnen komen. En als de murahaleen dorpen overvallen, verdrijven ze de mensen, en als ze weg zijn, als er geen Dinka zoals wij meer over zijn, gaan zij in het gebied wonen waaruit wij zijn gevlucht. Ze winnen op vele fronten. Ze hebben ons vee. Ze hebben ons land. Ze hebben onze mensen om het vee te verzorgen dat zij van ons hebben gestolen. En onze wereld staat op z'n kop. We zwerven door het land, ver van onze middelen van bestaan, onze boerderijen, huizen en ziekenhuizen. Khartoum wil Dinka-land te gronde richten om het onbewoonbaar te maken. Dan hebben wij hen nodig om de orde te herstellen, voor alles.

– Dus dat is de Wat, zei ik.

Dut keek me een hele tijd aan en stookte toen het vuur weer op.

– Misschien, Achak. Misschien wel. Ik weet het niet. Ik weet niet wat de Wat is.

We knikkebolden zittend in slaap.

– Slaapverwekkend verhaal, hè? zei Dut. – Tja. Als leraar ben ik wel gewend dat kinderen in slaap vallen.

Toen we wakker werden, was onze groep groter geworden. De vorige avond waren er ruim dertig jongens geweest en nu waren er vierenveertig. En nadat we de hele dag hadden gelopen en ons weer voor de nacht hadden ingericht, waren het er eenenzestig. In de week die volgde kwamen er nog meer bij, totdat de groep bijna tweehonderd jongens telde. Ze kwamen uit dorpen waar we langs kwamen en doken 's nachts uit het kreupelhout op, buiten adem van het rennen. Ze kwamen in groepjes die zich bij onze groep aansloten of alleen. En telkens wanneer ons aantal groeide, pakte Dut zijn vel zeegroen papier, schreef de namen van de nieuwe jongens erop, vouwde het weer op en stopte het in zijn zak. Hij kende de namen van alle jongens.

Ik raakte gewend aan het lopen, aan de pijn in mijn benen en kniegewrichten, aan de pijn in mijn buik en nieren, aan de doorns die ik uit mijn voeten moest trekken. In die begintijd was het nog niet zo moeilijk om eten te vinden. Elke dag kwamen we wel door een dorp en daar hadden ze genoeg noten, zaden en graan om ons te voeden. Maar het werd steeds lastiger naarmate de groep groter werd. En hij bleef groeien, Michael! Elke dag dat we liepen namen we nieuwe jongens op, en heel soms ook meisjes. In veel gevallen begonnen er tijdens het eten in een dorp onderhandelingen tussen Dut en de ouderen, en als we klaar waren met eten en weer op weg gingen, maakten de jongens uit dat dorp ook deel uit van de groep. Sommigen van die jongens en meisjes hadden nog ouders, en die ouders waren vaak degenen die hun kinderen met ons mee stuurden. We begrepen op dat moment niet helemaal waarom – waarom zouden ouders hun kinderen dwingen zich aan te sluiten bij een groep die op blote voeten op weg was naar een onbekende bestemming? – maar die dingen gebeurden, en het is een feit dat degenen die door hun familie werden aangemeld meestal beter toegerust waren voor de reis dan degenen die zich bij gebrek aan beter bij de groep hadden aangesloten. Die jongens en meisjes kregen extra kleren mee, tassen met proviand en soms ook schoenen en zelfs sokken. Maar het duurde niet lang of de ongelijkheid was verdwenen. Al na een paar dagen waren de nieuwelingen even berooid als de rest. Nadat ze hun kleren hadden geruild voor eten, een muskietennet of een andere luxe die ze zich konden permitteren, kregen ze spijt. Spijt dat ze niet wisten waar we naartoe liepen, spijt dat ze zich ooit bij deze processie hadden aangesloten. Niemand had ooit op één dag zo'n eind gelopen, maar we bleven maar lopen, elke dag verder, zonder te weten dat niet één van ons ooit zou terugkeren.

XI

Een sleutel in het slot. Ik ben bang dat je nu problemen krijgt, Michael, want Achor Achor komt thuis en je zult je voor dit alles moeten verantwoorden. Kon ik dit tafereel maar door zijn ogen zien! Hij zal niet veel medelijden met jou en je trawanten hebben.
Het slot gaat open en de deur zwaait naar binnen. Ik zie de kolossale gestalte van Tonya.
'Ah, hij is al wakker!' zegt ze, op mij neerkijkend. 'Michael!' brult ze dan. Ze heeft nu een zwartsatijnen pakje aan. Michael stormt mijn kamer uit. Hij begint zich te verontschuldigen, maar ze kapt hem af. 'Pak je spullen, en vlug wat,' zegt ze. 'We hebben het busje.' Michael loopt de badkamer in, komt naar buiten met zijn gymschoenen en begint de veters dicht te knopen. Ik snap niet waarom hij zijn schoenen in de badkamer heeft gezet.
Nu staat er een andere man in mijn keuken, niet Kobalt. Hij is kleiner dan Kobalt, met lange slappe vingers, en hij taxeert de televisie met zijn blik alsof hij het gewicht moet raden. Hij trekt de stekker van de kabel eruit en zet het kabelkastje op het aanrecht. Hij propt het elektriciteitssnoer in zijn ene langvingerige hand, hurkt voor de tv en laat hem tegen zijn borst kantelen. In een paar seconden is hij buiten.
Tonya loopt langs me heen, sterk geurend naar een aardbeienparfum, en gaat mijn slaapkamer weer binnen. Ze doorzoekt mijn laden nog een keer, alsof ze hier woont en iets vergeten is. Mijn maag trekt opnieuw samen als ik me voorstel dat ook zij mijn foto's van Tabitha vindt. Van het idee dat zij die foto's vastpakt word ik ter plekke misselijk.
Michael staat bij de deur met zijn schoenen aan en zijn Fanta in zijn hand. Hij kijkt nadrukkelijk niet mijn kant uit. Ik lig een poosje met mijn mond open, klaar om iets te zeggen, maar uiteindelijk zie ik ervan af. Ik zou hen kunnen vragen me los

te maken, maar misschien bedenken ze dan dat ze me beter alsnog uit de weg kunnen ruimen dan me als getuige in leven te laten.

Tonya duikt weer op en staat binnen enkele seconden met de nieuwe man bij de deur. Ze laat haar blik nog één keer door de kamer gaan zonder naar mij te kijken. Ze duwt Michael naar buiten; hij kijkt niet achterom. Nu is Tonya tevreden, en ze doet de deur dicht. Ze zijn weg.

De onherroepelijkheid en abruptheid van hun vertrek is verontrustend. Ze zijn deze keer hoogstens twee minuten in mijn flat geweest, al hangt haar geur er nog steeds.

Ik ben weer alleen. Ik haat Atlanta. Ik kan me niet herinneren dat ik daar ooit anders over heb gedacht. Ik moet weg uit deze stad.

Hoe laat is het? Ik besef dat het nog wel een hele dag kan duren voor ik Achor Achor weer zie. Als ik geluk heb, komt hij thuis voordat hij naar zijn werk gaat. Maar hij is wel vaker dagen achter elkaar bij Michelle geweest; hij heeft daar een tandenborstel en een extra pak. Hij zal vanavond niet thuiskomen en morgenochtend waarschijnlijk direct van haar huis naar zijn werk gaan. Als dat zo is, zal ik hier tot minstens morgenavond half zeven op de grond liggen. Nee, half negen – hij heeft morgen na zijn werk cursus.

Ik probeer te gillen, want al klinkt mijn stem misschien gesmoord, ik denk wel dat ik genoeg lawaai kan maken om de aandacht van een van de buren te trekken. Ik probeer het, maar het geluid dat ik voortbreng is erbarmelijk, zwak, een zacht gekerm.

Zo meteen zal ik in staat zijn de tape zo vochtig te maken dat ik mijn lippen vrij kan maken, maar omdat de tape helemaal om mijn hoofd zit zal het moeilijk zijn mijn tong zo ver omlaag te krijgen. Ik moet zorgen dat ik word gehoord, een van de buren alarmeren zodat er iemand aan de deur komt. De politie moet worden gebeld, de inbrekers gearresteerd. Ik moet water en eten hebben. En schone kleren. Er moet een eind komen aan deze beproeving.

Maar er komt geen eind aan. Ik lig op de grond en het duurt misschien nog wel meer dan een etmaal voordat Achor Achor terugkomt. Hij is weleens drie dagen weg geweest. Maar nooit zonder te bellen. Hij zal bellen, en als ik niet opneem en ook niet terugbel, begrijpt hij wel dat er iets aan de hand is. En tot die tijd zijn er andere opties. Er zijn mensen in dit gebouw en ik zal mijn aanwezigheid kenbaar maken.

Ik kan op de vloer bonzen. Ik kan mijn voeten zo hoog optillen dat ze het geluid beneden horen, ondanks de vaste vloerbedekking. De benedenburen, die ik maar één keer heb gesproken, zijn fatsoenlijke mensen; ze zijn met z'n drieën, twee vrouwen en één man, allemaal blank en boven de zestig. Ze hebben het niet breed als ze met z'n drieën in een flat wonen die net zo groot is als deze, die ik met Achor Achor deel. Een van de vrouwen, die heel stevig gebouwd is en haar zilverwitte haar in een strak helmkapsel draagt, heeft werk waarvoor ze een bewakersuniform moet dragen. Ik weet niet precies waar de andere twee werken, óf ze werken.

Ik weet dat ze christelijk zijn, evangelisch. Ze hebben geschriften onder mijn deur door geschoven, en ik weet dat ze met Edgardo over hun geloof hebben gepraat. Edgardo is katholiek, net als ik, maar desondanks hebben die buren geprobeerd ons te bekeren tot hun wedergeboortegeloof. Ik was niet beledigd door hun bekeringsdrang. Toen Ron, de oudere man die altijd thuis blijft, me een keer aansprak toen ik naar college ging, wilde hij eerst over slavernij praten. Hij keek me met zijn bolle kindergezicht ernstig aan en zei dat hij had gelezen dat slavernij in Soedan nog steeds voorkwam; zijn kerk stuurde geld aan een evangelische groepering die van plan was naar Soedan te gaan om slaven terug te kopen. 'Enkele tientallen,' zei hij.

Dat is een behoorlijk florerende bedrijfstak, dat was het althans een paar jaar geleden. Toen men zich in evangelische kringen bewust werd van de ontvoeringspraktijken in het betreffende gebied, stortte men zich enthousiast op het slavernijprobleem. Het is een complexe kwestie, maar zoals zoveel kwesties in Soedan is ze niet zo complex als Khartoum het Westen graag wil doen geloven. De murahaleen begonnen in 1983 weer met ontvoeringen, toen ze eenmaal gewapend waren en zich straffeloos konden uitleven.

Christelijke benedenburen, waar zijn jullie vanavond? Thuis? Zouden jullie me horen als ik roep? Zou het volstaan om op de vloer te bonzen? Horen jullie me dan? Ik til mijn benen op, die onder de knie nog steeds stevig aan elkaar zijn gebonden, en laat ze met alle kracht die ik kan mobiliseren op de vloerbedekking neerdalen. Er klinkt een doffe plof, bepaald niet indrukwekkend. Ik probeer het nog eens, met meer kracht. Ik ga een volle minuut door en ben buiten adem. Ik wacht op een reactie, al is het maar een bezemsteel waarmee teruggebonsd wordt. Niets.

Omdat het jullie interesseert, christelijke buren, zal ik vertellen van de ontvoeringen en de slavenhandel. De slavenhandel begon duizenden jaren geleden; hij is ouder dan ons geloof. Dat weten jullie, of jullie hadden het kunnen vermoeden. De Arabieren pleegden regelmatig overvallen op dorpen in Zuid-Soedan, vaak met hulp van rivaliserende zuidelijke stammen. Dat is niets nieuws voor jullie, het is het bekende patroon van de slavenontvoeringen in Afrika. De slavernij werd in 1898 door de Britten officieel afgeschaft, maar de oude praktijken bleven bestaan, zij het op veel kleinere schaal.

Toen de oorlog begon en de murahaleen werden bewapend, werden de gestolen mensen – want zo noemde mijn vader hen: *gestolen mensen* – naar het Noorden gebracht en onder Arabieren verhandeld. Het meeste wat jullie hebben gehoord is maar al te waar, christelijke buren. Meisjes werden gedwongen om in Arabische huizen te werken, en later om concubine te worden en de kinderen van hun meesters ter wereld te brengen. De jongens hoedden het vee en werden vaak ook verkracht. Dat laatste is een van de grofste beledigingen van de Arabieren. Homoseksualiteit maakt geen deel uit van de Dinka-cultuur, zelfs niet in het verborgene; er zijn gewoon geen praktiserende homo's, en zodoende heeft de sodomie, met name de gedwongen sodomie met onschuldige jongens, de oorlog evenzeer aangewakkerd als alle andere door de murahaleen gepleegde misdaden. Ik zeg dit met alle respect voor de homo's in dit land en alle andere landen. Het is gewoon een feit dat alleen al het idee dat jongens door Arabieren worden misbruikt voldoende is om een Soedanees soldaat tot daden van een onvoorstelbare heldenmoed te drijven.

Helaas zijn bijna alle Dinka er in de loop van deze oorlog toe overgegaan kwaad te spreken van alle Arabieren in Soedan en zijn we vergeten dat we vroeger vrienden uit het Noorden hadden, dat we ooit vreedzaam samenleefden en van elkaar afhankelijk waren. Door deze oorlog zijn te veel mensen aan beide kanten racisten geworden, en de leiders in Khartoum hebben dat vuur opgestookt, dat nieuwe vormen van haat aan de oppervlakte heeft gebracht – en in sommige gevallen in het leven geroepen – die tot ongekende wreedheden hebben geleid.

Het vreemdste is dat die zogeheten Arabieren helemaal niet zoveel verschillen van de volkeren uit het Zuiden, vooral uiterlijk niet. Hebben jullie de president van Soedan, Omar al-Bashir, weleens gezien? Zijn huid is bijna even donker als de mijne. Maar hij en zijn islamistische voorgangers kijken op de Dinka en Nuer neer, ze willen ons allemaal bekeren, en de leiders in Khartoum hebben in het verleden geprobeerd Soedan tot het belangrijkste centrum van islamitisch fundamentalisme ter wereld te maken. Ondertussen zijn er onder de Arabische volkeren in het Midden-Oosten velen die hun eigen vooroordelen tegen Bashir en zijn trotse Soedanese moslimvrienden met hun donkere huid hebben. Velen binnen en buiten Soedan beschouwen hen helemaal niet als Arabieren.

Ondanks dat alles steunen de donkergekleurde Arabieren in Noord-Soedan het tot slaaf maken van de Dinka in Zuid-Soedan

– en hoe verdedigt Khartoum dat standpunt, christelijke buren? Om te beginnen zegt men dat al die schermutselingen vallen onder eeuwenoude 'stammentwisten'. Als je doorvraagt, zegt men dat het niet om ontvoeringen gaat, maar om werkovereenkomsten met wederzijds goedvinden. Dat meisje van negen dat werd ontvoerd op de rug van een kameel, zeshonderd kilometer naar het noorden gebracht en gedwongen als dienstmeisje in het huis van een luitenant uit het leger te werken – was zij een slavin? Nee, zegt Khartoum. Dat meisje is daar uit eigen vrije wil. Haar familie, die het heel moeilijk had, heeft een overeenkomst met de luitenant gesloten: hij zou haar in dienst nemen, haar te eten geven en haar leefomstandigheden verbeteren totdat haar echte familie weer voor haar kon zorgen. De schaamteloosheid van de leiders in Khartoum is ook hier onthutsend: ze ontkennen dat er de afgelopen twintig jaar sprake was van slavernij en houden vol dat de mensen uit Zuid-Soedan zelf als bediende in Arabische huizen gingen werken waar ze geen loon kregen en mishandeld en verkracht werden. Ondertussen betekent het Arabische woord dat maar al te veel Arabieren voor mensen uit Zuid-Soedan gebruiken 'slaaf'.

Het is bijna lachwekkend. Dat beweren ze, echt waar! En ze hebben anderen nog overtuigd ook. Stammentwisten en culturele gebruiken die kenmerkend zijn voor dat gebied, zeggen ze. Een Amerikaanse diplomaat die naar Soedan was gestuurd om het voorkomen van slavernij te onderzoeken, kwam met dat verhaal terug. Ze hebben hem voor de gek gehouden en dat had hij moeten merken. Ik heb de slaven zelf gezien. Ik heb gezien hoe ze ontvoerd werden – de tweelingzusjes Ahok en Awach Ugieth werden tijdens de tweede overval gevangengenomen – en vrienden van me hebben het ook gezien. Wanneer dorpen nu proberen voormalige slaven, vrouwen en kinderen, te repatriëren, krijgen ze problemen. Sommige vrouwen waren nog zo jong toen ze gevangen werden genomen, zes of zeven, dat ze zich niets meer van vroeger herinneren. Ze zijn nu achttien of negentien, en omdat ze zo jong waren toen ze werden ontvoerd, spreken ze geen Dinka meer maar alleen Arabisch en kennen ze geen van onze gebruiken. En vaak hebben ze kinderen achtergelaten in het Noorden. Velen van hen hebben kinderen gekregen van hun overweldigers, en als de vrouwen door abolitionisten worden ontdekt en bevrijd, moeten ze die kinderen achterlaten. Die vrouwen hebben het heel moeilijk, ook als ze weer thuis zijn.

Het is misdadig dat dat allemaal gebeurd is, dat men het heeft láten gebeuren.

In plotselinge razernij bonk ik verwoed op de grond, hevig stuiptrekkend als een vis op het droge. Hoor mij, christelijke buren! Hoor uw broeder vlak boven u!

Weer niets. Niemand hoort iets. Niemand zit klaar om naar het gebonk van een bovenbuurman te luisteren. Zoiets verwacht je niet. Je bent niet gespitst op iemand als ik.

XII

In de eerste hoopvolle weken van onze tocht kwamen we op een middag bij een dorp dat Gok Arol Kachuol heette. Aan de rand verzamelden de vrouwen zich langs het pad om naar ons, een groep van inmiddels meer dan tweehonderdvijftig jongens, te kijken.

– Moet je zien hoe ziek ze zijn, zeiden de vrouwen terwijl ze naar ons keken.

– Wat zijn hun hoofden groot! Net eieren op dunne takjes!

De vrouwen lachten overdreven, met hun hand voor hun mond.

– Nou weet ik het, zei een ander, een oudere vrouw, oud en krom als een acacia. – Het zijn net lepels. Wandelende lepels!

En de vrouwen giechelden, bleven naar ons wijzen en maakten opmerkingen over de jongens die er opvallend raar of wanhopig uitzagen.

Zodra de eersten het dorp binnenliepen, wisten we dat we niet welkom waren. – Geen rebellen hier, zei het dorpshoofd, dat haastig het pad op stapte. – Nee, nee, nee! Doorlopen! Vooruit, wegwezen!

Het dorpshoofd had een pijp in zijn mond. Hij versperde ons de toegang tot het dorp met zijn armen en zwaaide met zijn handen alsof hij ons met de daardoor ontstane luchtstroom wilde wegblazen.

Dut trad naar voren en sprak met een vastberadenheid die ik niet van hem kende.

– We moeten rusten en dat zullen we hier doen. Zo niet, dan zult u inderdaad meer van de rebellen horen.

– Maar we hebben hier niets voor jullie, hield het dorpshoofd vol. – We zijn twee dagen geleden door de rebellen beroofd. Jullie kunnen hier gaan zitten om uit te rusten, maar we hebben geen eten voor jullie.

Hij liet zijn blik snel over de rij jongens gaan die nog steeds aangroeide – de ene na de andere jongen dook uit het bos op en liep het dorp in. Hij schoof zijn pijp van de ene mondhoek naar de andere.

– Niemand heeft eten voor zoveel jongens, zei hij.

Dut liet zich niet van zijn stuk brengen. – U moet goed beseffen wat de consequenties zijn van wat u daar zegt.

Het dorpshoofd zweeg even en liet toen een luid, berustend gesnuif horen. Toen hij nog eens snoof, klonk het al verzoenender. Dut wendde zich tot ons.

– Ga zitten. Hou je koest totdat ik terugkom.

Dut liep achter het dorpshoofd aan naar diens compound. Wij rustten uit op het gras, hongerig, dorstig en kwaad op dit dorp. De bespreking tussen Dut en het dorpshoofd duurde veel langer dan nodig en de zon steeg hoog boven ons hoofd en bescheen ons fel en genadeloos. Niemand zat in de schaduw en we waren bang om op te staan. Maar al gauw konden we niet meer stil blijven zitten. Sommige jongens gingen een paar honderd meter verderop onder een boom zitten. Anderen, wat oudere jongens, namen de taak op zich om op eigen houtje eten te gaan zoeken. We keken hoe ze een huis binnenslopen, een kalebas met noten vonden en ermee wegrenden.

Daarna ontaardde alles in chaos. Eerst gegil van vrouwen. Daarna zette een tiental mannen de achtervolging in. Toen ze de drie dieven niet te pakken kregen, kwamen ze dreigend met hun speren in de hand op de rest van de groep af. We stoven alle kanten op, alle tweehonderdvijftig tegelijk, en kwamen uiteindelijk op een pad terecht dat van het dorp weg voerde, hetzelfde waarlangs we waren gekomen. We renden nog een uur door; de mannen achtervolgden ons, kregen een paar van de traagste jongens te pakken en straften hen terwijl wij het grootste deel van de weg die we die hele dag lopend hadden afgelegd terugrenden. Daarom duurde onze tocht langer dan nodig was geweest: we gingen niet recht op ons doel af – allesbehalve.

Toen we stilstonden, verzamelde en telde Kur ons. Er ontbraken zes jongens. – Waar is Dut? vroeg hij.

We hadden geen idee. Kur was de oudste aanwezige en daarom verwachtte iedereen dat hij alles wist. Als hij niet wist waar Dut was, was dat zorgwekkend.

– We blijven hier tot Dut terugkomt, zei hij.

Er waren vijf jongens gewond. Eén was met een speer in zijn schouder gestoken. Die jongen werd door Kur naar een plek onder een boom gedragen, waar hij water kreeg. Kur wist niet hoe hij de jongen moest helpen. De enige plaats waar ze hem zouden kunnen helpen, was het dorp waar ze hem verwond hadden. We hadden niets of niemand bij ons om ons bij het verzorgen van verwondingen te helpen.

Drie jongens werden met de zwaarst gewonde jongen naar het dorp teruggestuurd om hem te laten behandelen. Ik weet niet hoe het hun verder is vergaan, want we hebben ze nooit teruggezien. Ik stel me graag voor dat ze door de dorpelingen, die spijt hadden van wat ze ons hadden aangedaan, werden opgenomen.

Het waren nare dagen. Dut kwam de hele dag niet terug, zodat Kur de leiding had. Dat was op zichzelf geen ramp; Kur leek meer richtinggevoel te hebben dan Dut en gaf minder blijk van twijfel aan de hele onderneming. Maar Dut was onze leider, al bracht hij vaak ongeluk. Kort na zijn terugkeer sprong er in het donker een leeuw op ons pad, die twee jongens pakte en ze in het hoge gras verslond. We bleven niet lang staan luisteren.

Reizigers die we tegenkwamen waarschuwden ons dat er murahaleen in de buurt waren. We waren er altijd op bedacht te vluchten; iedereen had zijn eigen plan klaar voor als de milities kwamen. Elk nieuw landschap dat we tegenkwamen, moest eerst worden onderzocht op schuilplaatsen en vluchtpaden. We wisten dat de geruchten dat ze in de buurt waren klopten, want Deng droeg een murahaleen-hoofdtooi.

Na een hele dag lopen, met lood in de benen maar alert op

onraad, had hij die in een boom zien hangen. Een witte lap aan de takken, die klapperde in de wind. Ik tilde Deng zo ver op dat hij hem kon pakken, en Kur bevestigde dat hij door een Baggara was gedragen; we snapten niet hoe de hoofdtooi in die boom was gekomen.
- Mag ik hem op? vroeg Deng.
- Wil je hem dragen zoals de Arabieren? vroeg Kur.
- Nee. Anders.

En hij hield woord. Hij schikte het ding losjes boven op zijn hoofd, wat een idioot gezicht was, maar hij zei dat het koelte gaf. De moeite die hij moest doen om te voorkomen dat de stof voor zijn ogen zakte of op de grond viel deed alle directe voordelen teniet, maar ik zei niets. Ik wist dat een stuk stevige stof altijd nog weleens van pas zou kunnen komen.

Maar al gauw was het voorbij, en ik was weer thuis. Ik was thuis en hielp mijn moeder met het vuur. Mijn broers speelden even buiten de compound en mijn vader zat buiten op een stoel met een beker wijn aan zijn voeten. Ver weg in het dorp hoorde ik gezang – het koor dat het kerklied repeteerde dat het vierhonderd keer per dag zong. Kippen kakelden en hanen kraaiden, honden jankten en probeerden manden stuk te bijten om bij het eten van de mensen te komen. Boven Marial Bai hing een ronde, heldere maan, en ik wist dat de jongemannen van het dorp op pad waren om herrie te trappen. Nachten als deze waren lange nachten, waarin de drukte overal om ons heen het moeilijk maakte om te slapen, dus meestal probeerde ik het niet eens. Ik lag wakker, luisterde en stelde me voor wat iedereen deed, wat de verschillende geluiden betekenden. Ik raadde van wie de stemmen waren en wat mijn afstand tot alle geluiden was. Vanwege mijn moeder hield ik mijn ogen het grootste deel van de nacht dicht, maar een paar keer had ik ze in zulke nachten opengedaan en gezien dat mijn moeder evenmin sliep. Op zulke momenten glimlachten we slaperig naar elkaar. En zo was het die

nacht ook weer: ik lag lekker warm in mijn moeders huis, dicht bij haar gele jurk en de warmte van haar lichaam. Het was goed om thuis te zijn, en mijn familie was hevig gefascineerd en onder de indruk geweest van al mijn avonturen.
– Moet je hem zien, zei een stem. – Hij droomt van zijn moeder, vervolgde hij. Het klonk als Deng. Ik had hem van mijn familie verteld; ik had hem heel veel verteld.

Ik deed mijn ogen open. Deng was er, maar we waren niet in mijn moeders huis. In een oogwenk was al het warme binnen in mij koud. Ik lag buiten te slapen in de kring van jongens, en de lucht was die nacht zo scherp als hij op onze tocht nog nooit was geweest.

Ik bewoog me niet. Dengs hoofd zweefde boven me, en daarachter was niet het warme dieprood en oker van mijn moeders huis, maar slechts het blakerzwart van de maanloze hemel. Ik deed mijn ogen weer dicht en wenste – een stompzinnige wens, dat wist ik – dat ik mezelf terug kon dwingen in die droom. Wat vreemd dat je warm kon worden van een droom terwijl je lichaam precies wist hoe koud het was. Wat vreemd om daar te liggen slapen met al die jongens, in een gesloten kring onder een duistere hemel. Ik wilde Deng straffen omdat hij niet mijn moeder en mijn broers was. Maar zonder hem kon ik niet leven. Elke dag opnieuw zijn gezicht zien – dat was mijn enige houvast.

Veel jongens in de groep gingen vreemd doen. Eén jongen wilde niet meer slapen, overdag noch 's nachts. Hij weigerde dagenlang te slapen, want hij wilde voortdurend zien wat er gaande was, welke gevaren ons misschien bedreigden. Uiteindelijk werd hij in een dorp achtergelaten, onder de hoede van een vrouw die hem op schoot nam, waarna hij al na een paar minuten sliep. Een andere jongen sleepte met een stok over de grond waarmee hij een lijn in het zand trok, zodat hij de weg terug naar huis zou kunnen vinden. Hij hield het twee dagen vol, en toen pakte een van de oudere jongens de stok af en brak die op zijn hoofd in tweeën. Weer een andere jongen dacht dat onze tocht een spel was; hij sprong in het rond, rende heen en weer en plaagde de andere jongens. Hij speelde tikkertje met hen, maar er was niemand die mee wilde doen. Hij hield op met spelen toen hij hard in zijn rug werd getrapt door een jongen die zijn bokkensprongen zat was. Een jongen die Ajing heette, deed iets nog vreemders: hij bewaarde al het eten dat hij kreeg. Hij stopte het eten – hoofdzakelijk pindapasta – in een shirt dat hij bij zich had. Hij nam maar één keer per dag een hap van het kleverige spul, en nooit meer dan er op drie vingers kon. Hij likte zijn vingers schoon en knoopte het shirt dan weer dicht. Hij bereidde zich voor op vele weken zonder eten. Maar de meeste jongens liepen gewoon zonder veel te zeggen, want er viel niets te zeggen.

– De blauwe hond!
Vier dagen nadat we door de mannen en hun speren uit het dorp waren verjaagd, kwamen we de blauwe hond weer tegen. Deng zag hem als eerste.
– Is het echt dezelfde? vroeg ik.
– Jazeker, zei Deng, en hij knielde om hem te aaien.
Het dier was veel dikker dan de vorige keer dat we het zagen. We begrepen niet hoe die hond dat enorme eind kon hebben afgelegd. Had hij ons al die tijd gevolgd, zich verborgen maar ons tempo wel bijgehouden? Vóór ons hoorden we tumult, het geluid van jongensstemmen. We liepen naar de stemmen toe en de hond volgde ons schoorvoetend.
De blauwe hond bleek in werkelijkheid vlak bij huis te zijn. Ik herkende de bomen die ik zag. Al gauw drong het tot ons door dat we bij het gelukkige dorp waren. We hadden in een kring gelopen; we waren dagenlang op onze schreden teruggekeerd en waren nu weer bij het levendige dorp dat we kortgeleden hadden gezien, het dorp waar de jongens ons hadden getreiterd met hun nieuwe witte schoenen en waar we eten hadden gekregen van de vrouwen en daarna waren weggestuurd. De bewoners

hadden de dreiging van de murahaleen niet willen zien, maar nu waren ze weg. Waar het dorp had gestaan, was niets meer. De huizen waren ten hemel gevaren. Er restten nog slechts zwarte kringen waar ze hadden gestaan. Het dorp was letterlijk van de aardbodem weggevaagd.

Toen zag ik de lijken. Armen en hoofden in struiken, in de ruïnes van hutten. Een heel eind verderop zat de blauwe hond ergens op te kauwen. Nu begrepen we hoe hij zo mollig was geworden.

Vanuit het hoge gras rende een vrouw op ons af. Ze droeg een baby in een draagdoek om haar schouders. Toen ze dichterbij kwam, veranderde de baby in twee baby's, een tweeling, en begon de vrouw ongearticuleerd te gillen en te jammeren. Haar hand was in een roze lap gewikkeld die doorweekt was van het bloed. Jongens van onze groep hadden zich door het hele dorp verspreid, bekeken de schade en raakten dingen aan die ik nooit zou aanraken.

– Terugkomen! riep Dut.

Maar hij legde het af tegen de nieuwsgierigheid van de jongens. Niet iedereen had de murahaleen of de gevolgen van hun acties met eigen ogen gezien. Ze waaierden naar alle kanten uit, sommigen vonden voedsel dat was achtergelaten en aten het op, en terwijl zij door het dorp holden, kwamen overal overlevenden uit schuilplaatsen tevoorschijn: vrouwen, oude mannen, kinderen, nog meer jongens. De vrouw met de twee baby's in de draagdoek kon niet meer ophouden met jammeren, en Kur liet haar ergens plaatsnemen en probeerde haar te kalmeren. Ik ging ook zitten en wendde me af van die vrouw en de vrouwen die na haar kwamen. Ik stopte mijn vingers in mijn oren. Ik kende het allemaal al en ik was moe.

We overnachtten daar. Er was nog voedsel in het dorp en we besloten dat het de veiligste plek was, omdat er net een overval was geweest. Terwijl wij uitrustten, doken er nog veel meer mensen uit het bos en het gras op. Ze praatten met Dut en vertelden hem van alles, en de volgende ochtend vertrokken we met achttien nieuwe jongens uit het dorp. Ze waren heel stil en geen van hen droeg wolkenwitte schoenen.

– Ik heb buikpijn, zei Deng. – Achak?
– Ja.
– Heb jij ook zo'n pijn in je buik? Alsof er iets in zit wat beweegt? Voel jij dat ook?

Het was vele dagen later en ik had hier geen zin in. Iedereen had buikpijn; onze buik werd hard en rond en we waren aan de hongerkrampen gewend. Ik zei iets in die geest in de hoop dat het Deng gerust zou stellen en tot zwijgen zou brengen.

– Maar dit voelt als een nieuw soort pijn, zei Deng. – Lager dan eerst. Alsof iemand me knijpt of steekt.

Het kostte me moeite met Deng mee te leven terwijl ik zelf zo'n honger had. Mijn eigen honger kwam in vlagen, en als ik hem voelde zat hij overal in mijn lijf. Ik voelde hem in mijn buik, mijn borst en mijn armen en benen.

– Ik mis mijn moeder, zei Deng.
– Ik wil naar huis, zei hij.
– Ik kan niet meer lopen, zei hij.

Ik liep verder naar voren in de rij om Dengs gezanik niet meer te horen. De meeste anderen waren stoïcijns en begrepen dat klagen zinloos was. Dengs gedrag was een aanfluiting van onze manier van lopen.

Halverwege de middag werd de stilte verscheurd door een doffe, grillig weerkaatste knal. We bleven staan. Hetzelfde geluid klonk nog een keer; we begrepen nu dat er werd geschoten. Het geluid herhaalde zich vijf keer. Dut liet de groep halt houden en luisterde.

– Ga zitten, zei hij. – Zitten en afwachten.

Hij holde vooruit. Toen hij terugkwam, grijnsde hij.

– Ze hebben een olifant geschoten. Kom mee! Vandaag krijgt iedereen vlees.

We begonnen te hollen. Niemand had alles verstaan wat Dut had gezegd, maar we hadden het woord 'vlees' gehoord. We holden achter Dut en Kur Garang Kur aan.

Ik rende, en de grond vloog onder mijn voeten door omdat ik zo snel ging en over stenen en struikjes heen sprong. Iedereen rende en er werd gelachen. Het was weken geleden dat we vlees hadden gehad. Ik was blij, maar onder het rennen woedde er een tweestrijd in mijn hoofd. Ik had vreselijke honger, mijn hele lijf deed er pijn van, maar voor mijn stam was de olifant heilig. Niemand van mijn stamgenoten uit Marial Bai zou erover piekeren een olifant te doden, laat staan hem op te eten, maar toch rende ik ernaartoe. Geen van de anderen leek te aarzelen; ze renden alsof ze niet ziek waren, niet zo'n enorm eind gelopen hadden. We waren op dat moment geen stervende jongens, niet degenen die die tocht maakten. We waren uitgehongerde jongens die op het punt stonden een feestmaal aan te richten met vers vlees.

Toen we dichterbij kwamen, zagen we een kleine grijze berg waar aan alle kanten jongens omheen stonden. Honderden jongens, tien rijen dik rond de olifant. Eén jongen trok aan het oor van het beest. Hij was op de kop geklommen en was nu bezig het oor van de schedel te scheuren. Een andere jongen leunde tegen de olifant; hij miste een hand en een pols en zijn ene schouder was rood van het bloed. Een ogenblik later had hij zijn hand weer terug, maar hij zat onder het bloed. De hand was in de olifant geweest; hij had hem naar binnen gestoken op de plaats waar de kogel een gat had gemaakt. Hij had al het vlees gepakt dat hij te pakken kon krijgen en at het zo op, rauw; het bloed van het beest droop van zijn gezicht.

Bij de olifant stonden ook twee mannen in uniform met geweren. Terwijl de jongens zich op het dier stortten, keek ik naar de mannen.

– Wie zijn dat? vroeg ik aan Kur.

– Dat is jullie leger, zei hij. – De hoop van de Dinka.

Ik keek toe hoe Dut, Kur en een van de soldaten hielpen bij het maken van een snee in de huid van de olifant. Ze maakten een langwerpige opening aan de bovenkant, waarna de jongens met z'n tienen tegelijk de huid eraf trokken; ze scheurden hem los en legden hem op de grond. Eronder was de olifant vuurrood. De jongens sprongen in het inwendige, beten in het vlees en scheurden er lappen uit, en toen ze allemaal een handvol hadden, renden ze als hyena's weg om het onder de bomen op te knagen.

Sommige jongens begonnen onmiddellijk te eten. Anderen vroegen zich af of ze het vlees niet beter eerst konden roosteren. Het was ochtend, en veel jongens wisten niet hoe lang ze hier bij de olifant zouden blijven en of ze het vlees zouden mogen meenemen.

De SPLA-soldaten hadden een groot vuur aangelegd. Dut droeg vijf jongens op om hout te verzamelen om de vlammen nog hoger te maken. Kur legde aan de andere kant van de olifant een tweede vuur aan, en degenen die hun vlees nog niet hadden opgegeten, roosterden het aan stokken.

De soldaten zagen ons met genoegen eten en praatten vriendelijk met ons. Ik zat naast Deng en keek hoe hij at. Het gaf me een goed gevoel Deng te zien eten, hoewel hij er met een ernstig gezicht bij zat en niet zo van het vlees genoot als de anderen. Zijn ogen waren geel aan de randen, en zijn lippen waren gebarsten en er zaten witte vlekken op. Maar hij at zoveel hij kon. Hij at tot hij echt niet meer kon.

Toen we klaar waren met eten, bekeken we de groep rebellen die rond een enorme hegligboom zat eens goed. We gingen in een kring om de mannen heen staan en gaapten ze aan.

Dut greep snel in.

– Geef ze eens wat meer de ruimte, jongens! Jullie lijken wel muskieten.

We liepen een paar stappen achteruit, maar schoven toen toch weer langzaam naar voren. De mannen glimlachten, blij met de aandacht.

– We hadden problemen in Gok Arol Kachuol, zei Dut.
– Wat voor problemen? vroeg een van de rebellen.
Dut riep een van de gewonde jongens naar voren. Zijn been was verwond door een speer.
– Wie heeft dat gedaan? vroeg dezelfde rebel.
Deze man, die Mawein heette, was plotseling woedend opgesprongen. Dut vertelde wat er was gebeurd: dat we vreedzaam het dorp waren binnengegaan, dat we geen eten hadden gekregen en dat we door mannen met speren waren weggejaagd. Hij sloeg de diefstal van de noten over, en geen van ons vond het nodig hem daarop te wijzen. We waren vervuld van trots en opwinding bij het zien van de steeds woedender wordende Mawein.
– Dat hebben ze jongens van het Rode Leger aangedaan? Ongewapende jongens?
Dut proefde wraak en dikte hun zonden nog wat aan. – Ze hebben ons een halve dag nagezeten. Ze moesten niets van rebellen hebben. Ze noemden ons rebellen en vervloekten de SPLA.
Mawein lachte. – Dat dorpshoofd is nog niet van ons af. Was het de man met de pijp?
– Ja, zei Dut. – Veel mannen daar hadden pijpen.
– We kennen dat dorp. We gaan er morgen naartoe en roepen ze ter verantwoording voor de manier waarop ze jongens van het Rode Leger hebben behandeld.
– Dank je, Mawein, zei Dut. Hij sprak op uiterst eerbiedige toon.
Mawein knikte hem toe.
– Eet nog wat, zei hij. – Sla je slag nu het kan.
We aten en staarden naar de mannen. Rond elke soldaat zaten wel twintig jongens die hun ogen niet van hem af konden houden. De mannen kwamen ons gigantisch groot voor, de grootste mannen die we sinds maanden hadden gezien. Ze blaakten van gezondheid, met stevige spierbundels en zelfverzekerde gezichten. Dit waren de mannen die het tegen de murahaleen of

het regeringsleger konden opnemen. Ze waren de belichaming van al onze woede en riepen alle hoop die we in ons hadden wakker.

– Gaan jullie de oorlog winnen? vroeg ik.
– Welke oorlog bedoel je, jaysh al-ahmar?
Ik was even stil. – Wat was dat laatste woord?
– Jaysh al-ahmar.
– Wat betekent dat?
– Hé, Dut, leer jij die jongens dan helemaal niks?
– Deze jongens zijn nog geen jaysh al-ahmar, Mawein. Ze zijn heel jong.
– Jong? Nou, ik zie er een paar tussen... die kunnen zo het leger in! Dit zijn soldaten! Moet je die drie zien.

Hij wees naar drie oudere jongens die nog steeds vlees roosterden boven het vuur.

– Ja, ze zijn groot, maar nog heel jong. Van dezelfde leeftijd als deze hier.
– Dat zullen we nog weleens zien, Dut.
– Gaan jullie de oorlog winnen, Mawein? vroeg Deng nu. – De oorlog tegen de murahaleen?

Mawein keek Dut aan, en toen weer naar Deng.

– Ja, jongen. Die oorlog winnen we. Maar we vechten eigenlijk tegen de regering van Soedan. Dat weten jullie toch wel?

Hoe vaak Dut het me ook had uitgelegd, ik vond het nog steeds verwarrend. Onze dorpen werden aangevallen door de murahaleen, maar de rebellen lieten ze onverdedigd om ergens anders tegen het regeringsleger te vechten. Ik vond het verbijsterend, en dat is het voor mij nog jaren gebleven.

– Wil je dit even vasthouden? vroeg Mawein, op zijn geweer wijzend.

Ja, dat wilde ik heel graag.

– Ga zitten. Het is heel zwaar voor jou.

Ik ging zitten, Mawein prutste nog wat aan het geweer en legde het toen op mijn schoot. Ik was bang dat het erg heet zou zijn, maar toen hij het op mijn blote benen legde was het weliswaar heel zwaar, maar voelde het koel aan.

– Zwaar, hè? Loop daar maar eens de hele dag mee rond, jaysh al-ahmar.

– Wat betekent dat toch, jaysh al-ahmar? fluisterde ik. Ik wist dat Dut niet wilde dat wij dat wisten.

– Dat ben jij, jongen. Het Rode Leger, dat betekent het. Jullie zijn het Rode Leger.

Mawein glimlachte en ik ook. Op dat moment sprak het idee deel uit te maken van een leger, naam te maken als gevreesd krijger, me wel aan. Ik liet mijn handen over het geweer glijden. Wat een vreemde vorm heeft het, dacht ik. Het leek op niets wat ik kende, met die punten overal en die uitsteeksels naar alle kanten. Ik moest het heel nauwkeurig bestuderen om te weten aan welke kant de kogels eruit kwamen. Ik legde mijn vinger op de vuurmond.

– Wat een kleine opening, zei ik.

– De kogels zijn heel smal. Maar ze hoeven ook niet groot te zijn. Ze zijn heel scherp en vliegen zo hard dat ze dwars door staal heen gaan. Wil je er een zien?

Dat wou ik wel. Ik had wel patroonhulzen gezien, maar nog nooit een onafgeschoten kogel.

Mawein zocht in een zak aan de voorkant van zijn shirt, haalde een klein gouden voorwerp tevoorschijn en legde het op zijn handpalm. Het was zo groot als mijn duim en aan één kant plat en aan de andere kant puntig.

– Mag ik hem even vasthouden? vroeg ik.

– Natuurlijk. Wat ben jij beleefd! zei hij verbaasd. – Soldaten zijn nooit beleefd.

– Is hij heet? vroeg ik.

– Die kogel? zei hij lachend. – Nee. Het geweer maakt hem heet. Nu is hij koud.

Mawein liet de kogel in mijn hand vallen en mijn hart begon te bonzen. Ik geloofde wat Mawein had gezegd, maar was toch een beetje bang dat de kogel dwars door mijn hand zou gaan. Nu lag hij in mijn hand, lichter dan ik had verwacht. Hij bewoog niet en beschadigde mijn huid niet. Ik nam de kogel tussen twee vingers en hield hem vlak bij mijn gezicht. Ik hield hem onder mijn neus om te kijken of hij naar vuur of naar de dood rook. Hij rook alleen naar metaal.

- Ik wil ook ruiken!

Deng griste de kogel weg, waardoor hij op de grond viel.

- Voorzichtig, jongens. Ze zijn kostbaar.

Ik gaf Deng een stomp tegen zijn borst en vond de kogel terug, veegde het zand eraf en poetste hem op met mijn shirt. Beschaamd gaf ik hem aan Mawein terug.

- Dank je, zei Mawein, en hij pakte de kogel aan en deed hem weer in de zak van zijn shirt.

- Hoeveel kogels waren er nodig om die olifant te doden? vroeg Deng.

- Drie, zei Mawein.

- Hoeveel zijn er nodig om een man te doden?

- Wat voor man?

- Een Arabier, zei Deng.

- Eén, zei Mawein.

- En hoeveel Arabieren kun je met dat geweer doden? vroeg Deng.

- Evenveel als je kogels hebt, zei Mawein.

Deng vroeg maar door, en Mawein antwoordde geduldig.

- Hoeveel kogels hebben jullie?

- Een heleboel, maar we proberen er nog meer te krijgen.

- Waar haal je ze vandaan?

- Uit Ethiopië.

- Daar gaan wij heen.

- Ja, wij ook. We gaan allemaal naar Ethiopië.

- Wie allemaal?

- Jij, ik, iedereen. Alle jongens uit Zuid-Soedan. Er zijn er duizenden onderweg. Er zijn heel veel groepen zoals die van jullie.

Heeft Dut jullie dat niet verteld? Dut! riep hij. Die probeerde net stukken olifantsvlees in te pakken om mee te nemen. – Leer je die jongens eigenlijk wel wat? Ze weten niks!

Dut wierp een ongeruste blik op Mawein. Deng had nog meer vragen.

– Is het voor een Arabier makkelijker om een Dinka te doden dan omgekeerd?

– Als ze dezelfde kogels hebben, maakt het niet uit. Een kogel treft iedereen even hard.

Dat was een domper, voor Deng en ook voor mij, maar hij bleef doorvragen.

– Waarom hebben wij geen geweren? Zouden wij met dit geweer kunnen schieten?

Mawein gooide zijn hoofd in zijn nek en lachte.

– Hoor je dat, Dut? Die jongens staan te trappelen om mee te vechten.

We bleven vragen stellen totdat we zoveel olifantsvlees hadden gegeten dat we niet meer konden en Mawein genoeg van ons had. De zon ging onder en de nacht viel. De soldaten sliepen in een lege hut vlakbij en wij gingen in een kring liggen en vielen in een diepe slaap, want we voelden ons veilig met de rebellen in de buurt en onze hoofden waren vervuld van wraakgedachten.

Ik sliep naast Deng, en ik wist dat we de komende dagen nog meer eten zouden vinden. Ik stelde me voor dat we in een gebied waren gekomen waar veel rebellen waren die jaagden. En waar jagers waren zouden dode olifanten zijn, klaar om opgegeten te worden, en die olifanten waren precies wat we nodig hadden: ze waren groot genoeg om honderden jongens te eten te geven en hun vlees maakte je sterk. Het kon me niet meer schelen wat mijn voorouders ervan zouden vinden. Wij waren het Rode Leger en we moesten te eten hebben.

De volgende ochtend stond ik snel op; ik voelde me sterker dan in weken. Deng lag naast me en ik liet hem slapen. Ik keek rond

of ik de soldaten zag, maar die waren nergens te bekennen.
- Ze zijn al weg, zei Dut. - Ze gaan naar het dorpshoofd van Gok Arol Kachuol.

Ik lachte. - Die zal blij zijn met hun bezoek!

- Ik zou er graag bij willen zijn, zei Dut.

Actie! Alleen eraan denken gaf al een voldaan gevoel. Voor mijn geestesoog zag ik geweren met hun vernietigende kracht, die orde op zaken stelden in het dorp Gok Arol Kachuol. Voor het eerst sinds weken hongerde ik weer naar avontuur. Ik wilde verder lopen. Zien wat ons die dag te wachten stond. Ik stelde me de andere groepen jongens voor, die net als wij op weg waren naar Ethiopië. Ik putte kracht uit de gedachte aan de rebellen, hun geweren en hun bereidheid voor ons te vechten. Het was de eerste keer dat ik het gevoel had dat wij sterk waren, dat de Dinka ook konden vechten.

De zon was weer mijn vriend, ik wilde nieuwe dingen zien, verder komen, leven. Ik keek om me heen naar de andere jongens, die wakker werden en hun spullen bij elkaar zochten. Deng sliep nog steeds, en ik was zo blij dat hij lekker sliep zonder te jammeren dat ik hem niet wakker maakte.

Ik liep naar de hut waar de soldaten hadden geslapen. Ze waren weg, maar ik zag de schaduwen van andere jongens binnen, op zoek naar eten en andere dingen. We vonden niets. Toen we weer naar buiten kwamen, zagen we dat de meeste jongens in groepjes bij elkaar zaten, klaar om op te breken. Ik nam mijn plaats in mijn groepje in, en toen dacht ik aan Deng.

- Dut, zei ik, - volgens mij ligt Deng nog te slapen.

Maar Deng was niet meer op de plek waar ik hem het laatst had gezien. Sommige jongens in mijn buurt deden vreemd. Ze ontweken mijn blik.

- Kom eens hier, Achak, zei Dut, en hij legde zijn arm om mijn schouder.

We liepen een eindje, en toen bleef hij staan en wees ergens naar. In de verte zag ik Deng. Hij lag nog steeds te slapen, maar

nu op een andere plaats en met de witte Arabische hoofdtooi over zijn gezicht.
– Hij slaapt niet, Achak.
Dut legde zijn handen even op mijn hoofd.
– Ga niet naar hem toe, Achak. Anders word jij ook ziek.
Dut draaide zich om en richtte het woord tot een groep oudere jongens.
– Ga bladeren verzamelen. Grote bladeren. We hebben er een heleboel nodig als we hem goed willen toedekken.
Er werden drie jongens aangewezen om Dengs lichaam naar de breedste en oudste boom in de omgeving te dragen. Ze legden Dengs lichaam onder de boom en hij werd met bladeren toegedekt om de geest van de doden gunstig te stemmen. Dut sprak een aantal gebeden uit en daarna gingen we weer op weg. Deng werd niet begraven en ik heb zijn lichaam niet meer gezien.

Toen Deng dood was, besloot ik niets meer te zeggen. Ik praatte met niemand. Deng was de eerste die stierf, maar al spoedig stierven er heel vaak jongens en was er geen tijd om de doden te begraven. Er stierven jongens aan malaria, van de honger of aan infecties. Bij elk sterfgeval deden Dut en Kur hun best de doden te eren, maar we moesten ook verder. Dut haalde zijn namenlijst tevoorschijn, noteerde wie er was gestorven en waar, en dan liepen we weer door. Als iemand ziek werd, moest hij alleen lopen; de andere jongens waren bang dat het besmettelijk was en wilden hem ook niet te goed leren kennen omdat hij toch vast gauw dood zou zijn. We wilden zijn stem niet in ons hoofd horen.
Toen het aantal doden steeg tot tien, twaalf, werden Dut en Kur bang. Ze moesten elke dag jongens dragen. Elke ochtend was weer een andere jongen te zwak om te lopen, en dan droeg Dut hem de hele dag in de hoop dat we onderweg een dokter zouden tegenkomen, of een dorp waar de jongen mocht blijven. Soms gebeurde dat ook, maar meestal niet. Ik lette niet meer op

waar Dut de doden begroef of verborg, want ik weet dat hij minder zorgvuldig werd naarmate de reis vorderde. Iedereen was zwak, veel te zwak om helder te denken als we op gevaar moesten reageren. We waren vrijwel naakt, want we hadden in dorpen onderweg onze kleren voor eten geruild, en de meesten liepen op blote voeten.

Waarom zou een bommenwerper hoog in de lucht in ons geïnteresseerd zijn?

Toen ik hem zag, zagen de anderen hem ook. Driehonderd hoofden keken tegelijk omhoog. Aanvankelijk verschilde het geluid niet van dat van een bevoorradingsvliegtuig of een van de kleine vliegtuigjes die soms overvlogen. Maar het geluid dreunde dieper door in mijn huid en het vliegtuig was groter dan enig ander dat ik ooit op die hoogte had gezien.

Het vliegtuig vloog over ons hoofd en verdween, en wij liepen verder. Als er bewapende helikopters aankwamen, moesten we ons in bomen en in het kreupelhout verstoppen, maar bij de Antonovs was de enige vaste regel dat je alles moest wegdoen of verbergen wat de zon kon weerkaatsen. Spiegels, glas – alles wat licht kon vangen was uit den boze. Maar dat soort dingen hadden we allang niet meer, en uiteraard hadden de meeste jongens ze helemaal nooit gehad. Dus liepen we door zonder te beseffen dat we een doelwit zouden worden. Honderden bijna naakte jongens, ongewapend, de meesten nog geen twaalf jaar oud. Waarom zou dat vliegtuig in ons geïnteresseerd zijn?

Maar het vliegtuig kwam na een paar minuten terug, en vlak daarna klonk er een fluitend geluid. Dut schreeuwde dat we moesten vluchten, maar hij zei niet waarheen. We vlogen honderd verschillende kanten op, en twee jongens kozen de verkeerde richting. Ze zochten beschutting onder een grote boom, en daar viel de bom op.

Het was alsof er van binnenuit een vuist door de aarde stootte. De explosie ontwortelde de boom en wierp een wolk rook en aarde vijftien meter de lucht in. De hemel vulde zich met aarde en de dag verduisterde. Ik werd tegen de grond gesmeten en bleef daar met tuitende oren liggen. Ik keek op. Overal lagen jongens plat op de grond. De boom was verdwenen en het gat in de grond was groot genoeg voor vijftig jongens. Even was het stil. Ik lag rond te kijken, te beduusd om in beweging te komen, maar andere jongens stonden op en liepen naar de krater.

– Niet doen! riep Dut. – Ze zijn daar niet meer. Wegwezen! Verstop je in het gras. Vooruit! Maar de jongens liepen toch tot vlak bij de krater en keken erin. Ze zagen niets. Er was daar niets meer; van de twee jongens was niets meer over.

Ik hield er geen rekening mee dat de bommenwerper terug kon komen. Maar dat gebeurde wel. Weer dat jankende gehuil in de wolken.

– Weg van het dorp! schreeuwde Dut. – Weg van de gebouwen! Niemand kwam in beweging.

– Weg van de gebouwen! schreeuwde hij nog eens.

Het vliegtuig verscheen weer. Ik rende weg van de krater, maar een paar anderen renden er juist naartoe. – Waar verstoppen jullie je? vroeg ik, maar ze bleken niet in staat iets te zeggen; we waren alleen nog maar rondrennende lichamen en ogen. We vlogen alle kanten op.

Achter me hoorde ik weer dat fluitende geluid, sneller dan de vorige keer nu, en opnieuw stootte er een vuist vanuit het binnenste van de aarde en werd alles zwart. Het ene moment was alles nog stil en roerloos, het volgende vloog ik door de lucht. De grond wervelde in de buurt van mijn rechteroor omhoog en sloeg tegen mijn achterhoofd. Ik lag op mijn rug. Pijn verspreidde zich als koud water door mijn hoofd. Ik hoorde niets meer. Ik bleef een poos liggen zonder mijn armen en benen te voelen. Om me heen was stof, maar midden voor me zag ik een ronde opening van blauw. Ik keek erdoor omhoog en dacht dat ik God zag. Ik voelde me hulpeloos maar vredig, want ik kon me niet bewegen. Ik kon niet praten, horen of bewegen, en dat vervulde me met een vreemde rust.

Ik werd wakker van stemmen. Gelach. Ik ging op mijn knieën zitten, maar durfde mijn voeten niet op de grond te zetten. Ik vertrouwde de aarde niet meer. Ik braakte in knielende houding en ging weer liggen. De hemel werd al licht toen ik een tweede poging deed. Eerst ging ik op mijn knieën zitten, en mijn hoofd tolde. Er dansten witte puntjes voor mijn ogen en mijn armen en benen tintelden. Ik bleef een poosje zo zitten en mijn zicht kwam terug.

Mijn hoofd werd helder. Ik keek om me heen. Sommige jongens liepen rond, anderen zaten maïs te eten. Ik zette mijn voeten op de grond en stond langzaam op. Het voelde heel onnatuurlijk om te staan. Toen ik me in mijn volle lengte oprichtte, wervelde de lucht sissend om me heen. Ik zette mijn benen een heel eind uit elkaar en strekte mijn armen naar weerskanten uit. Zo bleef ik staan totdat de trillingen in mijn armen en benen ophielden, en na een poosje voelde ik me weer mens.

Er waren vijf doden gevallen, drie direct en twee anderen wier benen door de bommen aan flarden waren gescheurd, maar die nog lang genoeg waren blijven leven om te zien hoe het bloed uit hun lichaam wegvloeide en de aarde donker kleurde.

Toen we weer op weg gingen, zei bijna niemand meer iets. Van degenen die nog leefden, gaven velen die dag de moed definitief op. Een van hen was Monynhial, die jaren geleden zijn neus had gebroken bij een gevecht met een andere jongen. Zijn ogen stonden dicht bij elkaar en hij lachte nooit en sprak zelden. Ik had geprobeerd met hem te praten, maar Monynhial zei maar een paar woorden terug, zodat het gesprek snel afgelopen was. Na het bombardement waren de lichtjes in Monynhials ogen gedoofd.

– Ik laat me niet op deze manier opjagen, zei hij.

We liepen in de avondschemering door een gebied dat ooit bewoond was geweest maar nu uitgestorven was. Het licht was die avond prachtig, een werveling van roze, geel en wit.

– Jij bent de enige niet, zei ik. – We worden allemaal opgejaagd.
– Ja, en ik laat me niet op deze manier opjagen. Ik krimp in elkaar van elk geluid uit het bos of uit de lucht. Ik sta te trillen als een vogeltje in iemands vuist. Ik wil niet verder lopen. Ik wil niet meer bewegen, dan weet ik tenminste wat voor geluiden ik kan verwachten. Ik wil dat het afgelopen is, alle geluiden en de kans dat we worden gebombardeerd of opgegeten.
– Bij ons ben je veiliger. We gaan naar Ethiopië. Dat weet je toch.
– Ze hebben het op ons voorzien, Achak. Kijk nou eens goed. We zijn met veel te veel. Iedereen wil ons dood hebben. God wil ons dood hebben. Hij probeert ons te vermoorden.
– Gewoon doorlopen. Over een paar dagen kijk je er weer anders tegenaan.
– Ik ga uit de groep zodra ik een dorp vind, zei Monynhial.
– Zeg dat nou niet, zei ik.
Maar hij hield woord. Hij bleef in het volgende dorp dat we passeerden. Het dorp was verlaten en Dut zei dat de murahaleen er zouden terugkomen, maar Monynhial weigerde verder mee te lopen.
– Ik zie jullie nog weleens, zei hij.
In het dorp vond Monynhial een diep gat, gemaakt door een bom van een Antonov, en daar klauterde hij in. We namen afscheid van hem, want we waren eraan gewend dat jongens op allerlei verschillende manieren omkwamen of uit de groep verdwenen. De groep liep verder en Monynhial bleef drie dagen roerloos in het gat zitten en genoot van de stilte die er heerste. Hij groef een hol in de zijwand van de krater en maakte van de dakbedekking van een half verbrande hut een deurtje om de ingang af te sluiten, zodat hij veilig was voor dieren. Niemand kwam Monynhial opzoeken, dier noch mens; niemand wist dat hij daar zat. Toen hij de eerste dag honger kreeg, kroop hij uit het gat en naar een hut in het dorp, waar hij een bot uit de resten van een vuur pakte. Er zaten nog drie happen geitenvlees aan,

vanbuiten zwartgeblakerd, maar die eerste dag had hij er genoeg aan. Hij dronk water uit plassen en kroop terug in zijn hol, waar hij de hele dag en de hele nacht bleef. De derde dag besloot hij daar te sterven, omdat het er warm was en er daarbinnen geen geluiden waren. En hij stierf nog diezelfde dag, want hij was eraan toe. Geen van ons heeft Monynhial in zijn hol zien sterven, maar we weten allemaal dat het zo gegaan is. Sterven is voor een jongen in Soedan heel gemakkelijk.

XIII

Terwijl ik hier op de grond lig en de aandacht van mijn christelijke buren probeer te trekken, ben ik afwisselend kalm en hevig geagiteerd. Ik heb vrede met mijn beroerde situatie omdat ik weet dat er een eind aan zal komen zodra Achor Achor thuiskomt, maar om het uur krijg ik een opwelling van dadendrang en blinde woede, en dan wring ik me in bochten, bonk op de vloer en probeer me te bevrijden. Door die pogingen trekken de knopen alleen maar strakker, krijg ik tranen in mijn ogen en voel ik pijnscheuten aan de achterkant van mijn schedel.

Maar uit mijn laatste uitbarsting van frustratie komt toch iets voort. Ik besef dat ik kan rollen. Ik vind het stom van mezelf dat ik dat niet eerder heb beseft, maar in een tel heb ik mezelf omgedraaid, loodrecht op de voordeur. Ik rol me op mijn zij, mijn kin schuurt over de vloerbedekking, en na vijf omwentelingen raak ik de voordeur. Ik draai als een wiel en buig mijn knieën. Ik haal diep adem, duizelig van het besef dat ik de oplossing heb gevonden, en trap met mijn vastgebonden voeten tegen de deur.

Als het me al niet lukt de deur kapot te trappen, zal ik toch zeker de aandacht van mensen buiten trekken. Ik trap telkens opnieuw, en de zware, met metaal beklede deur rammelt in zijn scharnieren. Het klinkt weldadig luid. Ik blijf trappen en kom al gauw in een bepaald ritme. Ik maak lawaai. Iemand moet het horen, dat kan niet missen. Ik lig met een grijns op mijn gezicht te trappen, want ik weet dat iedereen die buiten is nu zal begrijpen dat er iemand in nood is. Hier in Atlanta is iemand die lijdt, die is mishandeld, die hiernaartoe kwam op zoek naar een opleiding en een beetje stabiliteit, en die ligt nu vastgebonden op de grond van zijn eigen flat. Maar hij trapt tegen de deur, hij maakt lawaai.

Hoor mij, Atlanta! Ik grijns en de tranen rollen over mijn gezicht, want ik weet dat er nu gauw iemand – misschien de christelijke buren, Edgardo of een toevallige voorbijganger – naar de deur komt om te vragen wie daar is, wat er aan de hand is. De betreffende persoon zal zich schuldig voelen als hij beseft dat hij al eerder iets had kunnen doen als hij maar beter had geluisterd.

Ik begin mijn trappen tegen de deur te tellen. Vijfentwintig, vijfenveertig. Negentig.

Bij honderdvijfentwintig pauzeer ik even. Ik kan niet geloven dat die herrie niemands aandacht heeft getrokken. De frustratie is erger dan de pijn van het vastgebonden zijn, van de klap met het pistool. Waar is iedereen? Ik weet dat er mensen zijn die me horen. Het is onmogelijk dat ze me niet horen. Maar ze vinden dat ze er niets mee te maken hebben. Doe de deur open en maak dat ik weer kan staan! Als ik mijn handen weer heb, kan ik opstaan. Als ik mijn handen heb, kan ik mijn mond vrijmaken en vertellen wat hier is gebeurd.

Ik trap verder: honderdvijftig. Tweehonderd.

Het kán niet dat er niemand naar de deur toe komt. Is het lawaai van de wereld zo kakofonisch dat het mijne erdoor wordt overstemd? Eén iemand, is dat te veel gevraagd? Als er één iemand aan de deur komt, ben ik al gered.

Voor de meeste Lost Boys in Amerika was Mary Williams een van de eersten die ze kenden, hun toegangspoort tot alle beschikbare hulp en voorlichting. Mary, een vrouw met vochtige ogen en altijd een brok in haar keel, was de stichtster van de Lost Boys Foundation, een non-profitorganisatie om de Lost Boys in Atlanta te helpen zich aan te passen bij het leven hier en met het vinden van studieplaatsen en banen. Achor Achor stelde me aan haar voor toen ik een week in Atlanta was. We liepen door de regen naar de halte en gingen met de bus naar haar hoofdkwartier – twee bureaus in een laag kantoorgebouw van glas en chroom in het centrum van Atlanta.

– Wie is dat? vroeg ik.

– Een vrouw die op ons gesteld is, zei hij. Hij legde uit dat ze vergelijkbaar was met een hulpverleenster in een vluchtelingenkamp, alleen werd zij niet betaald. Zij en haar medewerkers waren vrijwilligers. Het idee kwam me vreemd voor en ik vroeg me af wat haar of haar kameraden ertoe bewoog ons gratis te willen helpen. Die vraag heb ik nog vaak gesteld, en de andere Soedanezen ook: wat mankeert die mensen dat ze zoveel tijd willen opofferen om ons te helpen?

Mary had kort haar, een vriendelijk gezicht en warme handen; ze nam mijn handen tussen de hare. We gingen zitten en praatten over het werk van de stichting en over wat ik nodig had. Ze had gehoord dat ik weleens groepen mensen had toegesproken en vroeg of ik bereid was in kerken en op scholen te spreken. Ik zei dat ik dat wel wilde doen. Haar hele bureau stond vol met kleine kleibeesten, die veel leken op de beesten die Moses maakte toen we klein waren. De Soedanese mannen in Atlanta hadden ze gemaakt en Mary verkocht ze om geld in te zamelen voor de stichting die werd gesteund en van kantoorruimte voorzien door Mary's moeder, een zekere Jane Fonda. Ik begreep dat die Jane Fonda een bekende actrice was, en omdat mensen meer betaalden voor dingen waar haar handtekening op stond, had Jane Fonda ook een aantal van de kleikoeien gesigneerd.

Ik weet nog dat ik die dag na mijn korte gesprek met Mary over mijn behoeften en plannen in het kantoor werd rondgeleid en dat ik alles verwarrend vond. Ik kreeg een enorme en zeer fraaie vitrine te zien waarin honderden glanzende beeldjes en medailles waren uitgestald die Jane Fonda had gekregen. Terwijl ik mijn blik langzaam en zonder met mijn ogen te knipperen over de verzameling liet gaan – ik geef toe dat ik het prettig vind om naar trofeeën en diploma's te kijken – zag ik een heleboel foto's van een blanke vrouw die niet op Mary Williams leek. Mary was zwart, maar ik begon langzamerhand te vermoeden dat Jane Fonda blank was, en ik wist dat ik Mary Williams na het bestuderen van de inhoud van de vitrine nog een heleboel te vragen zou hebben. Op veel foto's in het kantoor stond Jane Fonda in heel strakke fitnesspakjes, in roze en paars. Ze was blijkbaar een erg actief iemand. Toen we weggingen, vroeg ik Achor Achor of hij snapte hoe dat allemaal zat.

'Ken je haar verhaal dan niet?' vroeg hij.

Ik wist uiteraard van niets, dus hij vertelde het.

Mary was eind jaren zestig in Oakland geboren, in de wereld van de Black Panther-beweging; haar vader was kapitein en prominent lid van de Panthers, een dapper man. Ze had vijf broers en zussen, allemaal ouder dan zij, en het gezin was arm en verhuisde vaak. Haar vader zat regelmatig in de gevangenis, veroordeeld in verband met zijn revolutionaire activiteiten. Als hij vrij was, gebruikte hij drugs en had hij twaalf ambachten en dertien ongelukken. Haar moeder, ooit de eerste zwarte vrouw in de plaatselijke lassersvakbond, ging op den duur te gronde aan alcohol en drugs. Ondertussen werd Mary naar een zomerkamp voor binnenstadsjeugd in Santa Barbara gestuurd, gefinancierd en geleid door de actrice Jane Fonda. Jane Fonda leerde Mary in de loop van twee zomers goed kennen, en uiteindelijk haalde ze haar uit haar nare omgeving en adopteerde haar. Ze verhuisde van Oakland naar Santa Monica en groeide daar op samen met de andere, biologische kinderen van Jane Fonda. Vijftien jaar later, na haar opleiding en mensenrechtenwerk in Afrika, en nadat haar zus, die op haar vijftiende in de prostitutie terecht was gekomen, in Oakland op straat was vermoord, las Mary in de krant artikelen over de Lost Boys en richtte spoedig daarna haar stichting op. Het startkapitaal werd verstrekt door Fonda en Ted Turner, een zeeman en eigenaar van een heleboel tv-stations, begreep ik. Later heb ik bij verschillende gelegenheden zowel Jane Fonda als Ted Turner ontmoet, allebei heel aardige mensen, die mijn naam onthielden en hun handen hartelijk om de mijne heen legden.

Dat was niet de enige keer dat de Lost Boys in Atlanta met beroemdheden in contact kwamen. Ik begrijp niet hoe dat kan, maar ik neem aan dat dat het werk van Mary was, die alles deed wat ze kon om de aandacht op ons te vestigen en in het verlengde daarvan geld in te zamelen voor de stichting. Uiteindelijk baatte het allemaal niet, maar in de loop van de tijd heb ik niet alleen Jimmy Carter een hand gegeven, maar zelfs Angelina Jolie, die een hele middag op bezoek was in de flat van een van de Lost Boys in Atlanta. Dat was een rare dag. Ik kreeg een paar dagen van tevoren te horen dat een jonge blanke actrice met een paar Lost Boys zou komen praten. Zoals altijd was er veel discussie over de vraag wie ons zou vertegenwoordigen en waarom. Omdat ik in Kakuma veel jeugdgroepen had geleid, behoorde ik tot de uitverkorenen die bij het bezoek aanwezig mochten zijn, maar dat zat de rest van de jonge Soedanezen niet lekker. Mij kon het niet schelen, want ik vond het prettig dat ik erbij zou zijn en ervoor kon zorgen dat er een correct beeld van ons leven werd geschetst en dat er niet te veel werd overdreven. En zo verzamelden we ons met z'n twintigen in de flat van een van de Lost Boys die het langst in Atlanta waren, en Jolie stapte binnen in gezelschap van een man met grijs haar en een honkbalpet. Ze gingen op een bank zitten, te midden van de Soedanezen, en iedereen probeerde tegelijkertijd te praten, gehoord te worden, maar toch beleefd te zijn en niet te schreeuwen. Ik moet toegeven dat ik geen idee had wie ze was toen ik haar ontmoette; ik had begrepen dat ze een soort actrice was, en bij die ontmoeting zag ze er ook uit als een actrice – ze had dezelfde kalme zelfverzekerdheid en dezelfde flirterige oogopslag als Miss Gladys, mijn enorm aantrekkelijke dramadocente in Kakuma, en daarom mocht ik haar onmiddellijk. Jolie hoorde ons twee uur lang aan en zei toen dat ze van plan was zelf een bezoek aan Kakuma te brengen. Wat ze geloof ik ook heeft gedaan.

Wat gebeurden er toch veel interessante dingen in die eerste maanden in de Verenigde Staten! En al die tijd belde Mary Williams mij en ik haar, we hadden een zeer productief contact. Toen ik problemen ondervond bij het krijgen van medische hulp voor mijn hoofdpijn en mijn knie – die in Kakuma was beschadigd – belde Mary Jane Fonda, en die nam me mee naar haar eigen dokter in Atlanta. Die dokter opereerde mijn knie uiteindelijk, waardoor mijn mobiliteit enorm verbeterde. Mary was heel grootmoedig, maar ze was al diverse malen gekwetst door de houding van sommige Soedanezen voor wie ze zich inzette, en ik zag aan haar ogen, die altijd op het punt leken te staan over te stromen van de tranen, dat ze uitgeput was en zich niet lang meer ten dienste van onze zaak zou kunnen stellen. Ik weet nog dat ik op een verjaarsfeestje voor het eerst begreep hoe zwaar ze het had, hoe weinig dankbaarheid ze ontving voor het werk dat ze verzette. Zij had alles geregeld: een feest met hapjes, kaartjes voor een wedstrijd van de Atlanta Hawks en een toespraak van Manute Bol, de beroemdste Soedances aller tijden, een voormalig NBA-speler die een groot deel van zijn vermogen aan de SPLA had geschonken. Maar toch werd er gemopperd en geroddeld over het werk dat Mary deed met haar Lost Boys Foundation. Gebruikte ze de donaties wel voor de juiste dingen? Deed ze wel genoeg om zoveel mogelijk Lost Boys te laten studeren?

Ik was nog maar een paar maanden in de VS, en daar zat ik, in pak, vooraan op de tribune bij een professionele basketbalwedstrijd. Stel je voor: twaalf Soedanese vluchtelingen, allemaal in een pak dat een maat te klein was, geschonken door onze kerken en sponsors. Stel je voor hoe wij daar zaten en die wedstrijd probeerden te volgen. De verwarring begon al voor de wedstrijd, toen een groep van twaalf jonge Amerikaanse vrouwen in alle kleuren, goedgebouwd en gekleed in strakke lycra pakjes, over het lege veld uitwaaierde en een hyperactieve en zeer provocerende dans uitvoerde op een nummer van Puff Daddy. We keken allemaal gebiologeerd naar de wervelende jonge vrouwen, die een grote kracht en een heftige seksualiteit uitstraalden. Het zou onbeleefd zijn geweest mijn blik af te wenden, maar tegelijkertijd voelde ik me ongemakkelijk bij het zien van die danseressen. De muziek was harder dan ik ooit had gehoord, en dat hele stadion leek – met dat vijfendertig meter hoge dak, die duizenden zitplaatsen, al dat glas en chroom en die vaandels, die cheerleaders en die oorverdovende geluidsinstallatie – ontworpen om mensen gek te maken.

Even later begon een andere groep cheerleaders T-shirts hoog de tribunes op te schieten met behulp van dingen die eruitzagen als lichte mitrailleurs. Ik staarde naar de nepwapens met tien opgerolde T-shirts in de loop, die ze twaalf à vijftien meter de lucht in konden schieten. De cheerleaders van de Atlanta Hawks probeerden het publiek te enthousiasmeren door shirts en minibasketballen weg te geven, maar ze hadden het niet gemakkelijk. De Atlanta Hawks speelden tegen de Golden State Warriors, en aangezien geen van beide teams dat seizoen aan de winnende hand was, waren maar een paar honderd van de zeventienduizend plaatsen in het stadion bezet.

Een groot deel van de aanwezigen was die avond Soedanees – we waren met z'n honderdtachtigen – en twaalf uitverkorenen mochten naast Manute Bol vlak bij het veld zitten. Daar zaten we naar die wedstrijd te kijken naast een van de langste mannen die ooit professioneel basketbal hadden gespeeld. Het was een vreemde ervaring, die avond; het had allemaal heel positief moeten zijn, maar dat was het niet, en de eerste valse noot klonk toen een van de Lost Boys, die geen plaats vooraan had gekregen, zich een weg naar voren baande en luidkeels begon te klagen, zelfs tegen Manute, dat dat zo oneerlijk was. En terwijl die jongeman, wiens naam ik niet zal noemen, tekeerging over het onrecht dat hem was aangedaan, liet hij telkens blijken dat hij Mary als oorzaak van alle problemen zag.

'Hoe kan ze zoiets doen?' vroeg hij. 'Welk recht heeft ze daartoe?'

Ik minachtte de man die avond diep. Uiteindelijk verzocht een suppoost hem naar zijn plaats terug te keren, en wij richtten gegeneerd onze aandacht weer op het veld. Terwijl de danseressen nog steeds bezig waren, spurtten een paar spelers van de Atlanta Hawks, die er in het echt veel groter uitzagen dan op tv, op hun gigantische schoenen naar Bol toe om hem een hand te geven. Bol bleef zitten, want het was duidelijk dat hij niet meer zo soepeltjes kon opstaan als vroeger. We keken toe hoe Bol de spelers te woord stond, van wie de meesten een paar woorden zeiden terwijl ze hem de hand schudden, waarna ze teruggingen naar hun team. Een paar spelers van de Hawks lieten hun blik over ons, Bols gasten, gaan en leken onmiddellijk te begrijpen wie wij waren.

Het was tegelijkertijd bemoedigend en beschamend. We waren als groep gezonder dan we ooit waren geweest, maar naast die NBA-spelers zagen we er mager en ondervoed uit. Zelfs onze leider, Manute Bol, zag er met zijn kleine hoofd en zijn enorme voeten uit als een bovenmaatse tak die van een boom was gebroken. Iedereen uit Soedan was uitgehongerd en onderbedeeld, zo leek onze groep uit te stralen. Geen pak ter wereld kon ons de schijn van ongedwongenheid en welstand geven.

De wedstrijd was het begin van een feestelijke avond ter ere van ons aller verjaardag, geheel georganiseerd door Mary en haar vrijwilligers. Na de wedstrijd vierden we onze verjaardag in het CNN Center naast het stadion. Mary had met behulp van haar contacten met Ted Turner een zaal voor ons weten te regelen, en de sponsors zorgden voor gebraden kip, bonen, salade, taart en frisdrank. De Lost Boys Foundation had vorig jaar, toen ik nog niet in Amerika was, ook zo'n verjaarsfeest voor iedereen gegeven. Waarom vierden we onze verjaardag allemaal op dezelfde dag? Dat is een goede vraag, en het antwoord is intrigerend in zijn banaliteit. Toen onze gegevens voor het eerst werden geregistreerd door de UNHCR in Kakuma, werd onze leeftijd zo nauwkeurig mogelijk geschat door de hulpverleners en kregen we allemaal dezelfde verjaardag: 1 januari. Ik weet tot de dag van vandaag niet waarom men dat zo heeft gedaan; er lijkt evenveel voor te zeggen om iedereen een andere, willekeurig gekozen verjaardag toe te kennen. Maar zo is het niet gegaan, en hoewel veel jongens later een zelfgekozen nieuwe verjaardag zijn gaan aanhouden, hebben de meesten 1 januari als geboortedatum geaccepteerd. Het zou trouwens te moeilijk zijn de geboortedatum in al onze officiële documenten te laten veranderen.

Op het feest praatten wij mannen, van wie sommigen helemaal uit Jacksonville of Charlotte waren gekomen, met elkaar en met de gezinnen die ons sponsorden. Voor elke vluchteling waren er één of twee Amerikaanse sponsors. De sponsors en sponsorgezinnen waren vrijwel uitsluitend blank, maar desondanks sociaaleconomisch zeer verschillend: er waren jonge tweeverdieners, oudere mannen met petten, gepensioneerden. Maar het merendeel van de aanwezige Amerikanen behoorde tot een bepaald type: vrouwen tussen de dertig en de zestig, competent en hartelijk, het soort dat je als vrijwilligster in scholen en kerken verwacht.

Al die mannen bij elkaar – het was fantastisch. Rondkijkend door de zaal zag ik twee broers die ik op voetbaltraining had gehad toen we allemaal tieners waren. Er waren jongens die ik nog van mijn cursus Engels kende, iemand uit de theatergroep uit Kakuma, weer een ander die in het kamp schoenen verkocht. Dit was de eerste keer dat ik in het gezelschap van meer dan een stuk of tien jongens uit Kakuma was en het werd me bijna te veel. Dat we het allemaal hadden overleefd, dat we allemaal een pak en nieuwe schoenen hadden, dat we hier in deze enorme glazen tempel des overvloeds stonden! We begroetten elkaar met omhelzingen en lachende gezichten, en voor velen was het een hele schok.

Eén groep jongens was anders gekleed dan de rest: zij droegen trainingspakken en zonnebrillen, honkbalpetten en basketbalshirts, en opvallende gouden horloges en kettingen. We noemden die mannen Hawaii Five-Oh, want ze waren net terug uit Hawaï, waar ze hadden gefigureerd in een film met Bruce Willis. Ongelogen. Het scheen dat een van de vrijwilligsters van de Lost

Boys Foundation een castingdirector in Los Angeles kende die op zoek was naar Oost-Afrikaanse mannen om te figureren in een film die werd geregisseerd door een zwarte Amerikaan, Antoine Fuqua. De vrijwilligster stuurde foto's op van tien Soedanezen uit Atlanta en ze werden alle tien aangenomen. Op de dag van het feest was het tiental net terug van een verblijf van drie maanden op de eilanden, waar ze in een vijfsterrenhotel hadden gelogeerd, van alle gemakken voorzien waren en een riant salaris hadden verdiend. Nu waren ze terug in Atlanta, vastbesloten om te laten merken dat ze ergens geweest waren, dat ze nu tot een andere kaste behoorden dan de anderen. Eén jongen droeg een stuk of vijf, zes kettingen op een hawaïhemd. Een ander had een T-shirt aan met een foto van hemzelf met Bruce Willis. Die jongen heeft dat shirt daarna nog een jaar lang elke dag gedragen en het zo vaak gewassen dat Willis' gezicht helemaal vaag en spookachtig was geworden.

Terwijl de mannen van Hawaii Five-Oh rondparadeerden en poseerden, deden de anderen hun uiterste best om niet onder de indruk te lijken. In het gunstigste geval gunden we het hun en konden we samen met hen lachen om de absurditeit van het geval. Maar in het ergste geval was er sprake van jaloezie, enorm veel jaloezie, en opnieuw kreeg Mary de schuld. Het gerucht ging dat zij degene was die had bepaald wie er mee mocht naar Hawaï en wie niet, en wie was zij om zoveel macht uit te oefenen? Die avond werd de kiem gelegd voor de ondergang van de Lost Boys Foundation. Na die dag kon Mary niets meer goed doen. Ik geloof niet dat Soedanezen bijzonder twistzieke mensen zijn, maar de Soedanezen in Atlanta lijken te vaak redenen te zoeken om zich tekortgedaan te voelen als iemand anders dan zijzelf iets krijgt. Het werd steeds moeilijker om een baan of een gunst te accepteren. Iedere schenking van kerk of sponsor werd met dankbaarheid, maar ook met angst en beven in ontvangst genomen. In Atlanta waren er permanent honderdtachtig paar ogen op iedereen gericht, en er leek nooit genoeg te zijn, nooit een manier om iets eerlijk te verdelen. Na verloop van tijd was het verstandiger om geen geschenken meer aan te nemen, niet meer in te gaan op uitnodigingen om op scholen of in kerken te spreken, of om de Soedanese gemeenschap geheel de rug toe te keren. Alleen zo kon je je aan het oordeel van anderen onttrekken.

Later op de avond werd er gedanst, hoewel er maar vier geschikte vrouwen aanwezig waren, van wie maar twee Soedanees. Na het dansen hield Manute Bol zijn toespraak. Hij torende boven ons uit en sprak streng en schoolmeesterachtig, eerst in het Dinka en daarna nog een keer in het Engels voor de aanwezige Amerikanen. Hij drukte ons op het hart ons in de Verenigde Staten netjes te gedragen. Hij eiste van ons dat we modelimmigranten werden, hard werkten en een universitaire opleiding nastreefden. Als we ons waardig, beheerst en ambitieus opstelden, zei hij, zouden we in de smaak vallen bij onze Amerikaanse gastheren en -vrouwen en zou ons succes de Amerikaanse regering ertoe aanzetten meer Soedanese vluchtelingen naar Amerika te halen. Het was onze taak, zo legde hij uit, het licht te zijn waaruit de Soedanezen die nog in de kampen in Soedan zaten en het zwaar hadden, hoop konden putten.

'Vergeet nooit dat tijd geld is!' zei hij met nadruk.

Veelbetekenende stilte.

'In Amerika mag je nooit te laat zijn!'

Weer zo'n lange stilte.

Manute sprak in salvo's; elke zin begon met een paar luide woorden, die werden gevolgd door een reeks zachter uitgesproken nagekomen gedachten. Terwijl hij sprak stonden wij allemaal zwijgend te knikken. Ons respect voor Manute Bol was enorm; hij had gedaan wat hij kon om Soedan vrede te brengen. Nog maar enkele jaren geleden had de regering hem gevraagd naar Khartoum te komen en hem een post als minister van Sport en Cultuur aangeboden. Manute, die begaan was met zijn land en dit zag als een gelegenheid om de belangen van zijn volk meer onder de aandacht van de islamitische regering te brengen, nam het aanbod aan en vloog naar Khartoum. Daar aangekomen kreeg hij te horen dat hij pas minister kon worden als hij het christelijk geloof afzwoer en zich tot de islam bekeerde. Hij weigerde, met rampzalige gevolgen. Zijn gastheren toonden zich zwaar beledigd, en het verhaal gaat dat hij het er maar net levend van af had gebracht. Hij wist de grens te bereiken door mensen om te kopen, waarna hij naar Connecticut terugkeerde.

'De Afrikaanse tijdrekening geldt hier niet! Zet die maar uit jullie hoofd!'

Dat was niets nieuws voor ons. Als hij ook maar met één van ons persoonlijk had gepraat, zou hij onmiddellijk hebben gemerkt dat we vastbesloten waren een academische titel te behalen om geld naar Soedan te kunnen sturen.

'Zorg dat jullie voorouders trots op jullie zijn!' daverde hij.

Mary zag het allemaal aan, en ondertussen pakte ze ijverig eten uit, bedankte sponsors, maakte tafels schoon en schudde handen. Het was de laatste keer dat ik haar enigszins gelukkig meemaakte terwijl ze voor ons werkte. In de maanden die volgden leerde ik Mary goed kennen – zij was degene die naast me op de bank naar *The Exorcist* keek – en ze nam me in vertrouwen over de problemen die ze met de andere Soedanezen had voor wie ze zich sterk probeerde te maken. Ze schreeuwden tegen haar; ze trokken haar bekwaamheid openlijk in twijfel, waarbij ze haar tekortschieten vaak toeschreven aan het feit dat ze een vrouw was, want dat argument gebruiken Soedanese mannen nogal eens. Bij iedere nieuwe klacht die tegen haar werd geuit – dat ze de donaties over de balk gooide, dat ze mensen voortrok, enzovoort, enzovoort – trok ze zich verder terug, en uiteraard had ze geen andere keus dan de voorkeur te geven aan de Soedanezen die haar niet welbewust in diskrediet probeerden te brengen. Ik bleef haar steunen, want ik zag in dat veel van wat de Soedanezen in Atlanta hadden aan haar te danken was. Ik geef toe dat ik profijt had van het geduld en het medeleven dat ik haar betoonde. Het grootste geschenk dat ze mij toeschoof, heette Phil Mays.

Hoewel veel sponsors net zo waren als jullie, christelijke buren – goedbedoelende kerkgangers, getroffen door de ellende van de Lost Boys – had ik na een paar maanden in Atlanta nog steeds geen sponsor, en de drie maanden dat de regering van de Verenigde Staten mijn huur betaalde, waren bijna om. Ik had voortdurend hoofdpijn en kon me vaak nauwelijks bewegen; soms kon ik niets meer zien van de pijn. Ik wilde aan mijn nieuwe leven beginnen en had op talloze punten hulp nodig: ik moest een rijbewijs hebben, een auto, een baan, een plaats aan een universiteit.

'Daar kan Phil je allemaal mee helpen,' zei Mary terwijl we op een regenachtige dag zaten te wachten in het kantoor van de Lost Boys Foundation. Ze klopte op mijn knie. 'Hij is de beste sponsor die ik tot nu toe heb gevonden.'

De meeste sponsors waren vrouwen, en ik wist dat ik heel wat antipathie over me heen zou krijgen zodra bekend werd dat een van de zeer weinige mannen aan mij was toegewezen. Maar dat kon me niet schelen. Ik had die hulp nodig en was het politieke gekonkel van de jonge Soedanezen in Atlanta zat.

Ik was heel zenuwachtig voor de eerste ontmoeting met Phil. Ik overdrijf niet als ik zeg dat wij allemaal, álle Soedanezen, geloofden dat op elk willekeurig moment alles kon gebeuren. Ik hield vooral rekening met de mogelijkheid dat ik, als ik op de ochtend van de ontmoeting naar het kantoor van de stichting kwam, onmiddellijk zou worden overgedragen aan de immigratiedienst. Dat ik terug moest naar Kakuma, of misschien ergens anders heen. Ik vertrouwde Mary, maar ik dacht dat die Phil Mays misschien wel een soort agent was die ons gedrag in de Verenigde Staten afkeurde. Phil zei later tegen me dat hij het aan mijn houding zag: smekend, gespannen. Ik was dankbaar voor elk uur dat ik welkom en buiten gevaar was.

Ik wachtte in de receptie; ik droeg een nette blauwe broek die ik van de kerk had gekregen. Hij was te kort en zat in de taille veel te ruim, maar hij was schoon. Mijn overhemd was wit en paste me goed; ik had het de vorige avond een uur lang gestreken, en die ochtend nog een keer.

Er kwam een man in spijkerbroek en poloshirt uit de lift. Hij zag er aardig uit, was in de dertig en leek veel op alle andere blanke mannen in Atlanta. Phil Mays. Hij kwam glimlachend naar me toe. Hij nam mijn hand tussen de zijne en schudde hem langzaam terwijl hij me recht aankeek. Toen wist ik helemáál zeker dat hij me het land uit wilde zetten.

Mary liet ons alleen en ik vertelde Phil een beknopte versie van mijn verhaal. Ik zag dat het hem diep raakte. Hij had over de Lost Boys in de krant gelezen, maar mijn gedetailleerdere versie bracht hem van zijn stuk. Ik vroeg naar zijn leven en hij vertelde me wat over zichzelf. Hij was projectontwikkelaar en had goed geboerd, zei hij. Hij was in Gainsville, Florida opgegroeid als geadopteerde zoon van een hoogleraar entomologie die de academische wereld vaarwel had gezegd om monteur te worden. Zijn pleegmoeder liet haar gezin in de steek toen hij vier was en zijn vader voedde hem alleen op. Phil was goed in sport, maar toen hij niet op topniveau bleek te kunnen presteren werd hij sportverslaggever. Uiteindelijk ging hij rechten studeren en verhuisde naar Atlanta, trouwde en begon een eigen kantoor. Als tiener ontdekte hij dat hij geadopteerd was, en later ging hij op zoek naar zijn biologische ouders. Dat was maar een matig succes en hij had altijd vragen gehouden over zijn leven, zijn afkomst, zijn karakter en de opvoeding die hij had gekregen. Toen Phil over ons en de Lost Boys Foundation las, nam hij zich meteen voor de organisatie geld te schenken; hij en zijn vrouw Stacey besloten tot een donatie van 10.000 dollar. Hij belde de LBF en sprak met Mary. Die was dolenthousiast over de aanstaande donatie en vroeg Phil of hij misschien ook een niet-materiële bijdrage wilde leveren – of hij niet naar het kantoor wilde komen als hij ook wat tijd kon missen.

En nu zat hij daar met mij, en het was duidelijk dat hij worstelde met de voor ons allebei ongemakkelijke situatie. Hij was oorspronkelijk niet van plan geweest mijn sponsor te worden, maar al na een paar minuten wist hij dat ik er niets mee opschoot als hij straks weer naar huis ging en gewoon een cheque uitschreef – ik zou nog net zo ontheemd en hulpeloos zijn als daarvoor. Ik had erg met hem te doen toen ik hem zo met de beslissing zag worstelen, en in elke andere situatie zou ik hebben gezegd dat financiële steun genoeg was. Maar ik wist dat ik een leidsman nodig had, iemand die me bijvoorbeeld kon vertellen waar ik me voor die hoofdpijn kon laten behandelen. Ik keek hem strak aan en probeerde eruit te zien als iemand met wie hij graag zou optrekken, met wie hij thuis kon aankomen bij zijn vrouw en de tweeling, die toen nog geen jaar oud was. Ik glimlachte en probeerde er ontspannen en sympathiek uit te zien, en niet als iemand die alleen maar voor ellende en problemen zou zorgen.

'Ik ben dol op kinders!' zei ik. Het heeft even geduurd voordat ik de goede meervoudsvorm ging gebruiken. 'Ik kan heel goed met ze omgaan,' vervolgde ik. 'Alle hulp die u me geeft, zal ik terugbetalen door voor de kinders te zorgen. Of in de tuin te werken. Ik doe alles wat u wilt.'

Die arme man. Ik geloof dat ik het er te dik bovenop legde. Hij was bijna in tranen toen hij ten slotte opstond en me de hand schudde. 'Ik word je sponsor,' zei hij. 'En je mentor. Ik zorg dat je werk krijgt, en een auto en een flat. En dan zullen we zien of we een studieplaats voor je kunnen regelen.' En ik wist dat hem ook dat zou lukken. Phil Mays was een succesvol man en zou ook dit project tot een goed einde brengen. Ik schudde hem krachtig de hand, glimlachte en liep met hem mee tot de lift. Daarna liep ik terug naar het LBF-kantoor en keek uit het raam. Hij liep het gebouw uit, vlak onder me. Ik keek toe hoe hij in zijn auto stapte, een heel chique auto, gestroomlijnd en zwart, pal onder het raam waar ik tegenaan gedrukt stond. Hij ging achter het stuur zitten, legde zijn handen op zijn schoot en huilde. Ik zag dat zijn schouders schokten en dat hij zijn handen naar zijn gezicht bracht.

Eten bij Phil en Stacey thuis was een zeer belangrijke gebeurtenis; ik moest een goede indruk maken. Ik moest aardig en dankbaar zijn en ervoor zorgen dat hun kleine kinderen me leuk vonden. Maar ik kon er niet alleen heen gaan. Ik had destijds nog geen eigen auto, en daarom vroeg ik Achor Achor of hij me op weg naar een bespreking met een paar andere Lost Boys bij het huis wilde afzetten. Ik waste en streek hetzelfde overhemd dat ik bij mijn eerste ontmoeting met Phil had gedragen – het was het enige geschikte overhemd dat ik toen bezat – en ik streek ook mijn kaki broek. Toen Achor Achor en ik in de auto stapten, zei hij dat hij onderweg nog twee andere Soedanese vluchtelingen zou ophalen, Piol en Dau.

'Wat?' zei ik boos. Ik was van plan geweest Achor Achor te vragen met me mee te lopen naar de voordeur, want ik dacht dat ik het alleen niet zou redden. En nu zou ik worden begeleid door drie Soedanese mannen? Zouden Phil en Stacey de deur wel opendoen?

'Rustig maar,' zei Achor Achor. 'We rijden meteen door nadat we je hebben afgezet.'

We parkeerden de auto in de straat en liepen het tuinpad op. Het huis was enorm groot. Het was het soort huis dat in Soedan voorbehouden is aan de alleraanzienlijkste hoogwaardigheidsbekleders – ministers en ambassadeurs. Het gazon was weelderig groen en de heggen waren in de vorm van kubussen en bollen geknipt.

We belden aan. De deur ging open en ik zag de schrik op hun gezichten. Phil en Stacey hadden allebei een van de tweelingzusjes op de arm.

'Hallooo,' zei Stacey. Ze was klein van stuk en blond en haar stem klonk helder maar onzeker. Ze keek Phil aan, alsof hij had verzuimd haar te vertellen dat er niet één maar vier Soedanezen zouden komen eten.

'Kom binnen, kom binnen!' zei Phil.

Dat deden we. De deur werd achter ons dichtgedaan.

'Ik hoop dat jullie van barbecueën houden,' zei Stacey.

Ik keek Achor Achor aan en probeerde hem met mijn blik te beduiden dat hij weg moest gaan, maar hij had het te druk met het bewonderen van het huis. Het was duidelijk dat Achor Achor, Piol en Dau de bespreking die ze hadden willen houden allang waren vergeten. Ze zouden blijven eten.

Vanbinnen was het huis nog imposanter dan aan de buitenkant. De plafonds leken wel tien meter hoog. Er was een woonkamer die baadde in het licht, een wenteltrap die naar de kamers boven leidde, met een balkon vanwaar je in de woonkamer kon kijken. Er waren boekenplanken tot heel hoog en er stond een gigantische televisie in de hoek die precies tussen de planken paste. Alles was wit en geel – het was er licht, vrolijk en ruim. Op een marmeren schiereiland dat uit de keuken naar voren stak, stond een glanzende zilveren schaal vol vers fruit.

We liepen naar de veranda aan de achterkant en Phil inspecteerde de barbecue, waarna hij er zes hamburgers op legde die steeds donkerder werden. Ik lachte tegen de baby's, maar die waren niet onmiddellijk weg van mij. Ze keken naar mij, mijn diepzwarte huid en mijn onregelmatige tanden en zetten het op een krijsen.

'Niks van aantrekken,' zei Phil. 'Dat doen ze bij iedereen die ze niet kennen.'

'Hebben jullie weleens hamburgers gegeten?' vroeg hij toen aan ons.

Achor Achor en ik hadden in Atlanta weleens in een restaurant gegeten, ook weleens een hamburger.

'Ja, hoor,' zei ik.

'En jullie weten wat er in hamburgers zit?'

'Natuurlijk,' zei Achor Achor. 'Ham.'

Het klinkt als een flauwe grap, zoals zoveel dingen die we niet begrepen, de talloze gaten in onze kennis, die in Amerikaanse oren vaak grappig waren. We wisten niet hoe de airconditioning werkte toen we voor het eerst in onze flat kwamen; we wisten niet dat we hem uit konden zetten. Een week lang sliepen we met al onze kleren aan, gewikkeld in dekens en handdoeken, alles wat we aan textiel bezaten.

We vertelden Phil en Stacey dat laatste verhaal, en ze vonden het erg grappig. Toen vertelde Achor Achor Phil het verhaal van de doos tampons. Er waren twee Lost Boys die onlangs voor het eerst onder begeleiding boodschappen waren gaan doen in een gigantische supermarkt. Ze hadden vijftig dollar te besteden en wisten niet waar ze moesten beginnen. Ergens onderweg hadden ze een heel bijzondere doos gepakt en in hun winkelwagentje gelegd. Hun sponsor, een vrouw van in de vijftig, glimlachte en probeerde hun uit te leggen wat er in de doos zat – tampons. 'Voor vrouwen,' zei ze, want ze wist niet hoeveel ze van de vrouwelijke anatomie en de maandelijkse cyclus wisten. (Helemaal niets.) Ze meende dat ze haar doel had bereikt, maar merkte toen dat de mannen de doos toch wilden meenemen. 'Hij is zo mooi,' zeiden ze, en ze kochten hem, namen hem mee naar huis en zetten hem maandenlang op de salontafel te pronk.

We probeerden te eten zoals het hoort, maar er stonden erg veel nieuwe dingen op de tafel van de familie Mays en wij konden niet weten wat gevaarlijk was en wat niet. De salade leek anders te zijn dan de salade die we tot nu toe hadden gegeten en Achor Achor weigerde de zijne aan te raken. De groente kwam ons bekend voor maar was niet gekookt, en Achor Achor en ik hadden liever gekookte groente. We hadden moeite met rauwe groente en vers fruit; dat hadden we in Kakuma al die tien jaar nooit gegeten. Ik dronk de melk op die voor me werd neergezet. Het was mijn allereerste glas westerse melk en ik kreeg er in de uren die volgden veel last van. Ik wist toen nog niet dat ik lactose-intolerantie had. Mijn hele eerste jaar in Amerika stond ik op voet van oorlog met mijn maag.

Toen Phil klaar was met eten, gooide hij zijn linnen servet op tafel.

'Hebben jullie ook bepaalde uitdrukkingen, ik bedoel, Dinka-wijsheden?'

Achor Achor en ik keken elkaar aan. Phil deed een nieuwe poging.

'Sorry, ik ben gewoon geïnteresseerd in spreekwoorden. Ik kan bijvoorbeeld zeggen: "beter ten halve gekeerd dan ten hele gedwaald", en daarmee bedoel ik dan...' Phil viel stil. Hij keek Stacey aan, maar die kwam hem niet te hulp. 'Nou ja, maakt ook niet uit. Maar snap je wat ik bedoel? Iets wat jullie ouders of de ouderen van het dorp weleens tegen je zeiden?'

We wierpen elkaar blikken toe in de hoop dat één van ons vieren een bevredigend antwoord kon geven.

'Wilt u me even excuseren,' zei Achor Achor, en hij ging naar de wc. In de gang schraapte hij luidruchtig zijn keel. Ik keek naar hem; hij gebaarde dat ik hem moest volgen. Ik excuseerde me eveneens, en even later stonden Achor Achor en ik druk te fluisteren in de badkamer.

'Snap jij wat hij wil?' fluisterde hij. Het was dringend, zoals alles in die begintijd dringend was. We meenden dat onze hele wereld kon afhangen van één vraag, één antwoord. Het leek ons niet uitgesloten dat Phil van gedachten zou veranderen als we niet naar tevredenheid antwoordden, dat hij zou weigeren me verder nog te helpen.

'Nee,' zei ik. 'Ik dacht dat jíj het wel zou snappen. Jij bent beter in Dinka dan ik.' Dat was waar. Achor Achor heeft de taal en haar dialecten en uitdrukkingen altijd veel beter beheerst dan ik.

In vijf minuten in de badkamer bedachten we twee spreek-woorden waar Phil volgens ons wel tevreden mee zou zijn.

'Ik weet er een,' zei Achor Achor terwijl hij weer aan tafel ging zitten. 'Het werd uitgesproken door een belangrijk iemand van de Soedanese Volksbevrijdingsbeweging: "Soms bijten de tanden per ongeluk in de tong, maar dat betekent niet dat de tong op zoek moet naar een andere mond.'"

Achor Achor glimlachte en wij allemaal ook. Achor Achor was de enige die wist wat het spreekwoord betekende.

Toen de tafel was afgeruimd vertrokken Achor Achor, Piol en Dau, en Phil vroeg of ik nog wat wilde blijven, zodat we konden praten. Stacey bracht de baby's naar hun kamer en zei welterusten. Phil en ik gingen die prachtige trap op, naar de speelkamer van de kinderen. Ik had nog nooit zoveel speelgoed bij elkaar gezien. Het leek wel een peuterspeelzaal of kinderopvang, maar dan niet voor twee maar voor tien kinderen. De muren waren beschilderd met afbeeldingen uit kinderboeken – elfjes en vliegende koeien. Ik zag knuffelbeesten, driedimensionale puzzels en een poppenhuis, alles in wit, roze en geel. Aan het andere eind van de kamer stond een groot bureau met een laptop, een telefoon en een printer erop. 'Mijn thuiskantoor,' lichtte Phil toe. Hij zei dat ik er altijd gebruik van mocht maken als ik het nodig had.

Er was maar één stoel in de kamer en daarom gingen we op de grond zitten.

'Zo,' zei hij.

Ik wist niet wat ik moest doen en daarom zei ik maar wat ik wilde zeggen, namelijk: 'Het is Gods wil dat wij elkaar hebben ontmoet.'

Phil knikte instemmend. 'Ik ben er blij om.'

Ik vroeg naar de wandschilderingen, en Phil vertelde van Alice in Wonderland, Hompie-Dompie, de boze wolf en Roodkapje. Toen het donkerder werd in de kamer, deed Phil een lamp aan; het licht viel door een reeks langzaam ronddraaiende silhouetten. Zalmkleurige paarden en lindegroene olifanten galoppeerden over de muren en ramen.

'Ik wil graag je hele verhaal horen,' zei hij.

Sinds ik in Atlanta was had ik mijn volledige verhaal nog aan niemand gedaan, maar aan Phil Mays wilde ik het wel vertellen. Hij was een goed mens en ik wist dat hij zou luisteren.

'U zult niet alles willen horen,' zei ik.

'Jawel, echt wel,' verzekerde hij me. Hij had een knuffelbeest in zijn hand, een paard, dat hij nu zorgvuldig op vier benen naast zich zette.

Ik was ervan overtuigd dat hij het meende en begon mijn verhaal te vertellen, vanaf het begin in Marial Bai. Ik vertelde van mijn moeder in haar zongele jurk, mijn vaders winkel, mijn spel met de hamers die giraffes waren en de dag dat de oorlog naar Marial Bai kwam.

Het werd een vast ritueel. Elke dinsdag kwam ik eten, na het eten bracht Stacey de tweeling naar bed, en Phil en ik gingen op de grond van de kinderkamer zitten en praatten over de oorlog in Soedan en de reis die ik had gemaakt. En op alle andere dagen hielp Phil me mijn leven op orde te krijgen.

Binnen een maand hadden we een rekening voor mij geopend en had ik een bankpasje. Hij regelde rijlessen voor me en beloofde zich borg te stellen voor de aankoop van een auto als ik zover was. Ik ging met Phil, Stacey en de meisjes naar de supermarkt en ze legden me uit wat ik het best bij de verschillende maaltijden kon eten. Voor die dag had ik nog nooit een sandwich gegeten. Achor Achor en ik waren geen modelkoks en we aten altijd maar één maaltijd per dag; zo waren we het gewend en we waren altijd bang dat het eten op zou raken. Ik geloof dat Phil van de ene verbazing in de andere viel dat we zo weinig wisten en dat hij er niet van uit kon gaan dat we vertrouwd waren met alles wat voor hem vanzelfsprekend was. Hij legde uit hoe de thermostaat in onze flat werkte, hoe je een cheque uitschreef en een rekening betaalde en welke bus waarheen ging. Uiteindelijk stelde hij zich inderdaad borg zodat ik de Toyota Corolla kon kopen, waardoor ik aanzienlijk minder tijd met forenzen kwijt was. Ik was in minder dan een derde van de tijd van de busrit bij de meubelshowroom, en later bij het Georgia Perimeter College. Ik miste die busrit niet.

Ik leerde heel snel heel veel van Phil, maar ik bleef dingen vragen en Phil leek het allemaal prima te vinden; het leek hem oprecht plezier te doen om me de meest simpele dingen uit te leggen, zoals hoe je water kookte op het fornuis of het verschil tussen de vriezer en de ijskast. Hij behandelde elk probleem met dezelfde zorgvuldigheid en ernst en leek het alleen maar jammer te vinden dat hij niet méér kon doen. Met name Achor Achor baarde hem zorgen. Achor Achor had geen persoonlijke sponsor – hij moest er een delen met zes andere Soedanezen, een vrouw van in de zestig, en kreeg van haar niet dezelfde geconcentreerde aandacht die Phil mij gaf. Achor Achor heeft er nooit een woord over gezegd en ik evenmin, maar het was ons alle drie duidelijk dat hij Phils hulp ook dringend nodig had, en even zonneklaar was dat dat van Phil te veel gevraagd zou zijn.

Achor Achor was natuurlijk al anderhalf jaar langer in de Verenigde Staten dan ik en had zich veel meer aangepast aan het leven hier. Hij had een auto en een vaste baan en volgde colleges aan het Georgia Perimeter College. Hij was ook een van de leiders van de Soedanezen in Atlanta en hing constant aan de telefoon, bemiddelde bij geschillen en organiseerde bijeenkomsten in Atlanta en elders. Toen ik al een hele tijd in Atlanta was, woonde ik voor het eerst een grote bijeenkomst bij, in Kansas City, en daar ontmoette ik Bobby Newmyer.

De conferentie was een initiatief van Bobby Newmyer, die ook de organisatie op zich had genomen, en had een tweeledig doel: als filmproducer was hij van plan een film over de ervaringen van de Lost Boys te maken en daar wilde hij met ons over praten, en ten tweede wilde hij een landelijk netwerk voor de Soedanezen in Amerika opzetten, zodat we informatie en hulpmiddelen konden uitwisselen, konden lobbyen bij de Soedanese en de Amerikaanse regering en Zuid-Soedan konden steunen met financiële hulp en ideeën.

In een weekend in november 2003 reisden we met z'n vijfendertigen naar Kansas, en het was beslist de moeite waard.

We kregen allemaal een eigen kamer in het Courtyard Marriott en er was een vol programma van drie dagen, met als hoogtepunt een grote bijeenkomst in de evenementenzaal van de vlakbij gelegen lutherse kerk. Maar het bleek onmogelijk alles volgens schema af te handelen. Iedereen arriveerde op verschillende tijden en verschillende dagen en een heleboel deelnemers konden het hotel niet vinden. En toen iedereen eindelijk bijeen was, moest er veel te veel worden bijgepraat. We hadden de beschikking gekregen over een vergaderzaaltje in het hotel, en we hadden alleen al twee uur nodig voordat we weer helemaal van elkaars wel en wee op de hoogte waren. Er waren daar Soedanezen die waren ondergebracht in Dallas, Boston, Lansing, San Diego, Chicago, Grand Rapids, San José, Seattle, Richmond, Louisville en weet ik waar nog meer. Ik kende de meeste mannen uit Kakuma of Pinyudo, zo niet persoonlijk dan wel van naam. Het waren vooraanstaande jonge Soedanezen; al sinds hun tienertijd spraken ze in het openbaar en organiseerden ze evenementen.

Toen we die eerste ochtend waren bijgepraat en iedereen een plaats had gevonden, maakten we kennis met Bobby Newmyer, over wie Mary Williams me al het een en ander had verteld. Mary was degene die Bobby voor het eerst het idee van een film over ons leven aan de hand had gedaan. En nu begroette hij ons allemaal terwijl we in ons beste pak in een halve cirkel om hem heen zaten. Het viel me onmiddellijk op wat een onwaarschijnlijk voorkomen hij had voor een machtig man, die deze bijeenkomst had georganiseerd en een heleboel populaire Hollywoodfilms had geproduceerd. Zijn haar, een mengeling van rood, bruin en blond, was warrig en zijn overhemd hing los uit zijn broek en was scheef dichtgeknoopt. Hij sprak een paar minuten in een enigszins voorovergebogen houding – het leek of hij altijd een scheve hoek maakte met de grond, of hij nu liep of stond – en was zo te zien opgelucht daarna het woord te kunnen geven aan een van zijn medewerkers, een zekere Margaret, die het scenario zou schrijven voor de film die Bobby wilde maken.

Ze stond op en gaf een heldere uiteenzetting van de verhaallijn die ze wilde vertellen en die me heel acceptabel leek. Maar daar dachten de andere aanwezigen anders over. Alles werd heel snel onoverzichtelijk. Er werd gevraagd wie er van de film zou profiteren. En waarom juist deze versie van het verhaal zou worden verteld en geen andere. De vertegenwoordigers van de Lost Boys stonden een voor een op om hun zegje te doen. Voor wie nog nooit een Soedanees heeft horen spreken, moet ik even uitleggen dat wij, als we eenmaal zijn opgestaan en het woord hebben genomen, zelden kort van stof zijn. Volgens sommigen is dat de invloed van John Garang, die weleens acht uur achter elkaar heeft gesproken en toen nog steeds het gevoel had dat zijn boodschap niet was overgekomen. Hoe dan ook, Soedanezen van onze generatie horen zichzelf erg graag praten. Als er een bepaald onderwerp wordt besproken, is de kans groot dat alle aanwezigen hun steentje bijdragen en dat iedereen minstens vijf minuten nodig heeft om te zeggen wat hij te zeggen heeft. Zelfs bij een kleine bijeenkomst zoals die in Kansas, waar we maar met z'n vijfendertigen waren, betekent dat dat over elk onderwerp, hoe triviaal ook, twee uur lang toespraken worden gehouden. Al die toespraken lijken qua opbouw en ernst op elkaar. De spreker staat op, strijkt zijn kleren glad en schraapt zijn keel. Dan begint hij. 'Ik heb zo eens naar de discussie zitten luisteren,' zegt hij, 'en er moeten me een paar dingen van het hart.' Wat dan volgt, is deels autobiografisch, en verder worden er argumenten gegeven die hoogstwaarschijnlijk al uitgebreid aan de orde zijn geweest. Aangezien alle aanwezigen het nodig vinden hun stem te laten horen, worden dezelfde argumenten nogal eens herhaald.

In Kansas was iedereen eropuit zijn eigen belangen te beschermen. De vertegenwoordiger die oorspronkelijk uit de Soedanese regio Nuba kwam, wilde zeker weten dat Nuba in de film voldoende tot zijn recht kwam. De mannen uit Bor wilden dat er voorzieningen kwamen voor de behoeftigen uit Bor. Maar dat alles moest allereerst uitgebreid worden besproken voordat er echt iets kon worden gedaan, zodat er in Kansas, zoals op zoveel bijeenkomsten, nauwelijks besluiten werden genomen. Er was in Kansas ook een Lost Girl bij, en zij wilde weten wat er voor de vrouwelijke vluchtelingen uit Soedan zou worden gedaan. Ha! Lost Boys! zei ze. Altijd maar Lost Boys! Wie bekommert zich om de Lost Girls? Zo ging dat een hele poos door daar in Kansas, en zo ging het vaak op die conferenties. Niemand was het met haar oneens, maar iedereen wist dat haar aanwezigheid, en de noodzaak om bij alles wat we beslisten rekening te houden met de behoeften van de negenentachtig Lost Girls, de voortgang in vele opzichten ernstig zou belemmeren.

Hoewel het in Kansas dus niet erg opschoot, was ik wel in de gelegenheid Bobby beter te leren kennen, en ik werd een van zijn adviseurs voor de film en het landelijke netwerk. Uiteindelijk hielp ik hem zoveel ik kon bij het plannen van de veel grotere conferentie die anderhalf jaar later in Phoenix zou worden gehouden. Die conferentie werd georganiseerd door Ann Wheat, een van de sponsors van de Lost Boys in Phoenix, en Bobby, die volgens mij inmiddels net zo verbijsterd was als wij dat hij zo nauw betrokken was geraakt bij alle aspecten van de Soedanese diaspora. Phoenix zou de grootste bijeenkomst van Soedanezen worden die ooit in Amerika was gehouden. In het congrescentrum in de stad zouden minstens duizend Lost Boys en hun familie, en in sommige gevallen ook echtgenoten en kinderen, bij elkaar komen. Het aantal deelnemers groeide boven alle verwachtingen, en op zeker moment waren er 3200 Soedanezen bijeen in één enorme evenementenhal.

Maar wat was het dat weekend in Phoenix gruwelijk heet. Alle deelnemers klaagden erover. Het is hier nog erger dan in Kakuma! zeiden we lachend. In Kakuma waaide het tenminste nog! Het was boven de veertig graden, al merkten we dat alleen op de zeldzame momenten dat we het congrescentrum even uit gingen. Alle evenementen werden binnen gehouden, in die gigantische, hoge, kale zaal, waar alleen maar een podium en duizenden stoelen stonden. Doel was zoveel mogelijk anderen te zien en te spreken, nieuwe contacten te leggen en een netwerk op te zetten van jonge Soedanese vluchtelingen in de Verenigde Staten. We wilden een bestuur kiezen dat de duizenden leden vertegenwoordigde en de jonge Soedanese thuislozen internationaal een stem gaf. Het hoogtepunt van het weekend zou een bezoek van John Garang in hoogsteigen persoon zijn. Voor de meesten was het de eerste keer sinds Pinyudo, toen we allemaal een jaar of tien, twaalf waren, dat ze hem zagen.

Het was verbijsterend daar in Phoenix zoveel mannen uit Kakuma bijeen te zien. En dan die pakken! Iedereen was gekleed als een zakenman. Het was goed al die mannen te zien, en ook de Lost Girls, die in grote aantallen vertegenwoordigd waren – zeker driekwart van de negenentachtig Lost Girls in Amerika was dat weekend in Phoenix aanwezig, en ze praatten stuk voor stuk harder dan drie Soedanese mannen bij elkaar. Met de Lost Girls valt niet te spotten; je moet ze niet onderschatten. Ze zijn mooi en fel, hun Engels is steevast beter dan het onze en ze zijn alerter en altijd klaar om toe te slaan. In de Verenigde Staten dwingen ze bij dat soort gelegenheden in ieder geval bij iedereen groot respect af.

De volgorde van de evenementen was logisch en goed gekozen. De burgemeester van Phoenix begroette ons bij wijze van dagopening. John Prendergast van de International Crisis Group sprak over de opstelling van de wereld tegenover Soedan en wat er op dat gebied in de nabije toekomst te verwachten was. We hadden Prendergast in 1989 in Pinyudo gezien en een aantal aanwezigen herinnerde zich hem nog. Bobby en Ann hielden zich het grootste deel van de tijd op de achtergrond om duidelijk te maken dat de bijeenkomst weliswaar door hun inspanningen tot stand was gekomen, maar dat het van ons afhing of hij een succes werd of niet.

Ik weet eigenlijk niet of je van een succes kon spreken. Als dat al zo was, werd de vreugde getemperd door onze gebruikelijke conflicten. Er werden mensen genomineerd voor het landelijk bestuur, en de ongeveer veertig kandidaten werden op het podium geroepen en hielden allemaal een korte toespraak. Later op de dag konden alle aanwezigen hun stem uitbrengen, en toen de uitslag bekend werd kwamen er woedende reacties – er werd zelfs even gevochten. Het bleek dat het merendeel van de gekozen kandidaten uit de regio Bahr al-Ghazal kwam, waar ik ook vandaan kom, en dat de mensen uit Nuba zich onvoldoende vertegenwoordigd voelden. De controverse was 's avonds tijdens de barbecue en de optredens van Soedanese groepen nog niet geluwd, en op de tweede en laatste hele dag van de bijeenkomst werden er na het sluiten van de deuren op regelmatige afstanden bewakers geplaatst en kregen we te horen dat we rustig moesten blijven zitten.

Toen kwam John Garang binnen. Hij was de man die de burgeroorlog min of meer was begonnen, de oorlog die onze huizen had vernietigd, onze familie de dood in had gejaagd en de directe aanleiding was geweest voor onze tocht naar Ethiopië en later Kenia, en uiteindelijk tot onze verhuizing naar de Verenigde Staten had geleid. Maar hoewel velen in de zaal gemengde gevoelens hadden over John Garang, betrad de katalysator van en drijvende kracht achter de burgeroorlog en de beoogde onafhankelijkheid de zaal onder enthousiast gejuich en omringd door vele lijfwachten.

Hij leek het geweldig te vinden daar bij ons te zijn, en toen hij het podium op stapte, was het zonneklaar – misschien verbeeldde ik het me, maar ik denk het niet – dat hij zichzelf zag als onze invloedrijkste leider, onze geestelijk leidsman, en dat hij de draad van een jaar of vijftien geleden weer oppakte, toen hij ons voor het laatst had toegesproken in het vluchtelingenkamp Pinyudo.

Ik probeerde na afloop van de bijeenkomst alle eisen van en verplichtingen aan de verschillende groepen te ontwarren en samen met Achor Achor en anderen een aanvaardbaar compromis te bereiken waarmee het landelijk bestuur verder kon, en Bobby en ik studeerden op mogelijkheden om de bijeenkomst te redden. Al pratend kwamen we op persoonlijker onderwerpen: hoe het leven in Atlanta me beviel, hoe het met mijn studie ging, wat ik aanstaande zomer deed. En omdat hij ons allemaal zo goedgezind was en ik dolgraag een poos uit die stad weg wilde, vroeg ik of ik niet naar Los Angeles kon komen om voor hem te werken, in welke hoedanigheid dan ook. Ik was zelf verbaasd dat ik dat durfde te vragen. En nog verbaasder dat hij met mijn plan instemde. En zo verkaste ik dus naar zijn gerieflijke huis om een poos bij hem, zijn vrouw Deb en hun gezin te logeren. Ze hadden vier kinderen, van wie de oudste zeventien was en de jongste, Billi, drie, en ik vond zelf dat ik me heel goed aanpaste en mijn steentje aan het huishouden bijdroeg. Ik zwom in hun zwembad, probeerde te leren tennissen, hielp bij het koken en boodschappen doen en paste op de jongste kinderen als dat nodig was. Ik leerde ook wat ik wel en niet mocht doen. Ik sliep op het onderste bed van het stapelbed in James' kamer, en toen ik op een ochtend laat wakker werd – ik sliep altijd goed in dat huis – merkte ik dat ik alleen was. Iedereen zat al te ontbijten, en daarom maakte ik mijn eigen en James' bed op, zoals ik dat van Gop Chol had geleerd. Toen Deb later zag dat de bedden allebei waren opgemaakt, vroeg ze waarom ik dat had gedaan. Ik zei dat James mijn kleine broertje was en dat de kamer er beter uitzag als de bedden waren opgemaakt. Dat accepteerde ze, maar ze zei dat ik het nooit meer mocht doen. James is twaalf, zei ze, en hij moet zijn eigen bed opmaken.

De ruimhartigheid van het echtpaar Myers leek me absurd, zelfs roekeloos. Ik kon er maar moeilijk bij. Ze betrokken me bij alle gezinsactiviteiten, tot en met een uitstapje naar de Grand Canyon met hun familie en vrienden in een grote camper. Tijdens dat tochtje kreeg ik van Bobby's tienerzoon Teddy en zijn vrienden de bijnaam V-Town en reed ik de camper bijna een afgrond in – Bobby had zoveel vertrouwen in me dat ik zomaar achter het stuur mocht. Hij vroeg niet eens of ik wel een rijbewijs had. Ik had sinds mijn aankomst in Los Angeles nooit in zijn bijzijn een auto bestuurd. Hij vroeg me niet of ik wel goed reed en evenmin of ik me wel op mijn gemak voelde achter het stuur van zo'n enorm ding. Op een keer in Arizona gaf hij me gewoon de sleutels, het hele gezelschap kroop achterin en ik moest het verder maar uitzoeken. Bobby ging grijnzend naast me zitten en ik startte de motor.

Toen ik het gaspedaal per ongeluk voor de rem aanzag, lachte hij bulderend. Zolang de weg recht en overzichtelijk was, was er feitelijk niet zoveel verschil met het rijden in mijn Toyota, maar toen er bochten moesten worden genomen en tegenliggers ontweken, werd het een heel ander verhaal. Ik denk er maar liever niet meer aan terug hoe dicht we langs de afgrond reden toen ik de camper net op tijd weer recht op de weg kreeg, maar ik moet zeggen dat Bobby nauwelijks een spier vertrok. Hij keek even strak naar mij, en toen ik de camper weer op de weg had, sliep hij verder.

Toen ik na de zomer naar huis ging, was ik van plan met Thanksgiving terug te komen, en ik belde daarna nog vaak met Bobby. Hij en Phil stonden me ter zijde bij mijn aanvragen voor studieplaatsen en dat gaf veel werk. Ik had bijna genoeg studiepunten verzameld voor een diploma aan het Georgia Perimeter College, een tweejarige hogere beroepsopleiding in Atlanta, en Bobby hielp me met een aanvraag voor een vierjarige universitaire opleiding. We praatten er bijna elke dag over en hij stuurde me aan de lopende band brochures.

Maar die zomer en herfst waren achteraf toch niet zo'n goeie tijd; het kwam me voor dat veel van wat ik had opgebouwd en wat er om mij heen was opgebouwd weer instortte. Phil en Stacey verhuisden weer naar Florida omdat dat nodig was voor zijn werk. We telefoneren nog wel en we schrijven elkaar via internet, maar ik mis hun huis, de dinsdagse etentjes en de tweeling erg.

De Lost Boys Foundation is in 2005 opgeheven. Mary kon de spanningen niet meer aan, en omdat er zoveel werd geroddeld over de manier waarop zij de organisatie leidde, kwamen er vrijwel geen donaties meer binnen. De stichting verstrekt geen beurzen meer, legt geen contacten meer tussen sponsors en vluchtelingen en helpt geen Soedanezen in nood. Mary betaalt nog wel een deel van het collegegeld voor een paar Lost Boys, maar ze houdt zich ook met andere dingen bezig. Ze maakt op dit moment een fietstocht dwars door de VS; als ze daarmee klaar is, gaat ook zij uit Atlanta weg om als boswachter in nationale parken te gaan werken.

John Garang is in juli 2005 om het leven gekomen, een jaar nadat hij een vredesakkoord tussen de Soedanese Volksbevrijdingsbeweging (de politieke arm van de SPLA) en de Soedanese regering tot stand had gebracht en slechts drie weken nadat hij tot vice-president van Soedan was benoemd. Hij was per helikopter onderweg van Oeganda naar Soedan toen het toestel een storing kreeg en in het oerwoud neerstortte; alle inzittenden kwamen om. Hoewel er aanvankelijk geruchten gingen dat het om een aanslag zou gaan, zijn daarvoor tot nu toe geen aanwijzingen gevonden, en de meeste Soedanezen in de VS en de rest van de wereld gaan ervan uit dat het een ongeluk was. We kunnen alleen maar dankbaar zijn dat het vredesakkoord nog voor zijn dood is getekend. Geen enkele andere leider in Zuid-Soedan had genoeg macht om dat af te dwingen.

Bobby is in de winter van 2005 overleden. Hij was negenenveertig en zijn kinderen waren nog even oud als tijdens onze zomer – zeventien, twaalf, negen en drie. Hij was in Toronto voor de productie van een film en trainde in de fitnessruimte van het hotel. Ik geloof dat hij aan het spinnen was toen hij een fibrillatie voelde, een stekende pijn in zijn borst. Hij stapte van de hometrainer en ging zitten. Toen de pijn wegtrok, deed hij niet wat hij had moeten doen, namelijk naar de dokter gaan. Omdat hij nu eenmaal was wie hij was, stapte hij weer op de hometrainer, en een paar minuten later zakte hij in elkaar. Hij kreeg een zware hartaanval en had geen schijn van kans.

En met dat al ben ik nog steeds in Atlanta. Ik lig nog altijd op de grond in mijn flat, mijn benen zijn met een telefoonsnoer aan elkaar gebonden en ik trap maar tegen die deur.

XIV

Het had niet zo lang moeten duren om de Nijl over te steken. Maar we stonden met honderden, misschien wel duizenden op de oever, er waren maar twee boten en het was te ver om te zwemmen. Eerst hadden nog een paar jongens geprobeerd peddelend als hondjes de overkant te bereiken, maar ze hadden de kracht van de rivier onderschat. Het water stroomde snel en was diep. Drie jongens werden door de stroming meegesleurd en we hebben ze nooit meer teruggezien.

De anderen wachtten. Iedereen wachtte. We waren nu al een week of zes onderweg naar Ethiopië, en bij de rivier vermengde onze groep zich met andere reizigers – volwassenen, gezinnen, oudere mannen en vrouwen, baby's. Dat was de eerste keer dat het tot me doordrong dat er niet alleen jongens op weg waren naar Ethiopië. Er bevonden zich honderden volwassenen en jongere kinderen op die oever, en we kregen te horen dat duizenden ons waren voorgegaan en dat er nog duizenden zouden volgen.

Er groeide hoog gras op de rivieroever, en in dat gras zo dicht bij het water wemelde het van de insecten. We hadden geen muskietennetten. We sliepen buiten en stookten vuren met brandhout en bamboe. Maar dat hielp niet tegen de muskieten. 's Nachts klonk overal gejammer. De volwassenen kermden en de kinderen huilden. De muskieten deden zich te goed, op ieder lijf zaten er wel honderd. Het was een onoplosbaar probleem. Het lijdt geen twijfel dat tientallen mensen met malaria besmet raakten terwijl we wachtten tot we de rivier konden oversteken. Het duurde vier dagen voordat iedereen aan de overkant was.

Op de andere oever lag een dorp, en daar werden we met open armen ontvangen. De bewoners leefden dicht bij de zanderige oever en verbouwden maïs. Ze deelden hun eten met ons en ik viel bijna flauw van zoveel hartelijkheid. We zaten in groepjes bijeen, en de vrouwen van het dorp brachten ons bronwater en zelfs een stoofschotel met in iedere pot een stukje vlees. Al een paar minuten na het eten lagen overal jongens te slapen, zo verzadigd dat ze hun ogen niet open konden houden.

Toen ik wakker werd, was de oranje zon al bijna achter de rij bomen gezakt. Ik hoorde een stem.

– Hé, jij daar!

Voor me zag ik alleen maar jongens, van wie sommigen in het water stonden. Achter me slechts duisternis en een pad.

– Achak!

De stem kwam me heel bekend voor. Ik keek omhoog. Ik zag een schaduw in een boom. Hij had veel weg van een panter: een langgerekt en pezig silhouet.

– Wie is daar? vroeg ik.

De gestalte sprong uit de boom in het zand naast me. Ik kromp in elkaar en hield me klaar om te vluchten, maar het was een jongen.

– Achak! Je bent het echt!

– Nee! Dat kan niet! zei ik, en ik stond op.

Maar hij was het wel degelijk – William K, na al die weken.

We omhelsden elkaar zonder iets te zeggen. Ik voelde een brok in mijn keel, maar ik kon niet meer huilen. Ik was vergeten hoe het moest. Maar wat was ik dankbaar. Ik had het gevoel dat God me William K als geschenk gaf nadat hij me Deng had afgenomen. Ik had hem niet meer gezien sinds de murahaleen naar Marial Bai kwamen en het leek onmogelijk dat ik hem nu hier, aan de Nijl, terugzag. We grijnsden elkaar toe, te opgewonden om te gaan zitten. We holden naar de rivier en liepen een stuk over het zand, weg van de andere jongens.

– Heb jij Moses nog gezien? vroeg William K. – Is hij met jou meegegaan?

Ik had er niet bij stilgestaan dat William K niet wist hoe het met Moses was afgelopen. Ik vertelde dat Moses dood was, dat

hij door de ruiters was vermoord. William K ging abrupt in het zand zitten. Ik plofte naast hem neer.
- Wist je dat niet? vroeg ik.
- Nee, ik heb hem die dag niet gezien. Hebben ze hem doodgeschoten?
- Dat weet ik niet. Ze hadden hem bijna te pakken, maar ik heb expres niet gekeken.

We zaten een poosje naar de gladde stenen op de oever te kijken. William K pakte een paar stenen op en gooide ze in het bruine water.
- En je ouders? vroeg hij.
- Weet ik niet. En die van jou?
- Ze zeiden dat ze me in de regentijd wel weer thuis zouden treffen. Ik denk dat ze wachten tot ze terug kunnen. Dus als de regen komt, moet ik terug naar huis.

Dat leek me erg optimistisch gedacht, maar ik zei niets. We zaten een poosje zwijgend naast elkaar en ik had het gevoel dat de tocht naar Ethiopië nu veel minder zwaar zou zijn. Nu mijn goede vriend William K bij me was, zou het draaglijk zijn. Ik weet zeker dat hij er net zo over dacht, want hij keek een paar maal vanuit zijn ooghoek naar me alsof hij zeker wilde weten dat ik het echt was. Dat dit allemaal echt gebeurde.

Het duurde verrassend lang voor we eraan dachten elkaar te vragen hoe we daar bij die rivier terecht waren gekomen, bij de groepen die naar het oosten trokken. Ik vertelde mijn verhaal en daarna vertelde hij het zijne. Hij was net als ik die eerste dag gevlucht en was de hele nacht en de hele volgende dag blijven rennen. Hij had het geluk gehad op een bus te stuiten die naar Ad-Da'ein ging, waar hij familie had. Hij wist dat Ad-Da'ein in het Noorden lag, maar alle Dinka in de bus wisten zeker dat ze daar veilig zouden zijn, want Ad-Da'ein was een grote stad waar Dinka en Arabieren, christenen en moslims al heel lang vreedzaam naast elkaar leefden. Net als de groep ouderen met wie ik aan het begin van mijn vlucht had opgetrokken, meenden ze dat ze in een plaats die onder gezag van de regering stond het veiligst zouden zijn.

– En het was er ook een tijdje veilig, zei William K. – Mijn oom en mijn tantes woonden er; hij werkte als metselaar voor de Rezeigat. Het was een behoorlijke baan en hij kon ons allemaal onderhouden. We woonden in een buurt met honderden Dinka en konden doen wat we wilden. Er waren daar in totaal ongeveer zeventienduizend Dinka, dus we voelden ons veilig.

– De Rezeigat, Arabische veeboeren, hadden de macht in de stad, maar er waren ook Fur, Zaghawa, Jur, Berti en leden van andere stammen. Het was een drukke, vredige stad – dat zei mijn oom tenminste. Maar kort na mijn aankomst veranderde alles. De spanningen namen toe. Er waren steeds vaker milities in de stad, die de haat tegen de Dinka aanwakkerden. De moslims in de stad begonnen zich anders te gedragen tegenover de nietmoslims. Er was een christelijke kerk in de stad die lang geleden was gebouwd met steun van een Rezeigat-sjeik. Nu hadden de moslims ineens moeite met die kerk. De mensen waren kwaad op de Dinka en de christenen vanwege de SPLA. Telkens wanneer ze hoorden dat de SPLA een veldslag had gewonnen, werden ze nog kwader. In het voorjaar gingen de Rezeigat naar de kerk en staken hem in brand. Er waren een heleboel mensen binnen omdat er een dienst aan de gang was, maar ze staken hem toch in brand. Twee mensen verbrandden levend. Toen gingen de Rezeigat naar de wijk met de huizen van de Dinka, en daarvan staken ze er ook een heleboel in brand. Daarbij vielen nog drie doden.

– We waren bang. De Dinka begrepen dat ze hier niet meer veilig waren. Mijn oom ging op een ochtend met ons naar het politiebureau, waar honderden Dinka hun toevlucht hadden gezocht. De politie hielp ons en zei dat we ons moesten verzamelen in Hillat Sikka Hadid, een wijk vlak bij het station. We bleven daar de hele nacht, allemaal op een kluitje. Iedereen besloot voor zichzelf dat we de volgende ochtend lopend terug zouden gaan naar Zuid-Soedan, waar de SPLA ons kon beschermen.

– De volgende ochtend brachten mensen van de regering ons samen met de politie allemaal naar het station. Ze zeiden dat we daar het veiligst waren en dat ze ons per trein uit de stad zouden evacueren. We zouden vrij zijn om naar Zuid-Soedan terug te keren of ergens anders heen te gaan als we dat wilden.

– Ze hielpen iedereen in de trein, in wagons die normaal voor het vee zijn. Er waren acht wagons, en de meesten waren blij dat ze weg konden en niet hoefden te lopen. Ze zeiden dat de mannen en jongens bij elkaar in één wagon moesten, zodat ze ze in de gaten konden houden om er zeker van te zijn dat ze niet bij de SPLA waren. Ik vond dat een zorgelijke ontwikkeling, maar mijn oom zei dat alles goed zou komen en dat het normaal was dat ze wilden controleren of de mannen niet gewapend waren. En zo stapten mijn oom en mijn neven in een van de mannenwagons.

– Ik stapte met mijn tantes en nichtjes in een andere wagon. Mijn oom zat in de eerste wagon en wij in de vijfde. We zaten heel krap daarbinnen. Er zaten bijna tweehonderd vrouwen en kinderen in onze wagon. We kregen nauwelijks lucht; we duwden onze mond tegen de kieren waardoor de buitenlucht binnenkwam en gingen er om beurten dichtbij zitten. Veel kinderen huilden en een heleboel werden er ziek. Een meisje vlak bij me braakte over mijn rug.

– Na twee uur hoorden we een hoop geschreeuw bij de voorste wagon, waar mijn oom in zat. Toen werd er geschoten. We konden vanaf onze plek niets zien. We wisten niet of het een gevecht was tussen het leger en de SPLA of iets anders. Toen hoorden we de geluiden van een brand, geloei en geknetter. En daarna, als een golf, het gegil van honderden Dinka-mannen. Rezeigat-mannen schreeuwden dingen naar de Dinka. 'Ze verbranden ze!' gilde iemand in onze wagon. 'Ze verbranden de mannen!' Iedereen begon te schreeuwen. We schreeuwden allemaal. We bleven een hele tijd schreeuwen, maar we zaten als ratten in de val.

– Ik weet niet hoe, maar de deur van onze wagon ging open

en we vluchtten. Maar voor de meesten was het te laat. Er waren al duizend mensen verbrand. Mijn oom ook. We vluchtten met honderden anderen uit de stad en verstopten ons in de bossen tot we bij een SPLA-dorp kwamen. Uiteindelijk vonden mijn tantes het het beste dat ik me bij de lopende jongens aansloot.

William K was al dagen voor onze aankomst bij de rivier, omdat hij een deel van de weg per bus had afgelegd, waarna hij zich bij een andere, grotere groep lopende jongens had aangesloten. De meeste anderen waren doorgelopen, maar William was bij de rivier gebleven en genoot van de gastvrijheid van de vrouwen van het dorp aan het water. Hij was gezonder dan de meesten uit onze groep en leek optimistisch over de toekomst.

– Heb je gehoord dat we al heel dicht bij Ethiopië zijn? vroeg hij.

Dat had ik niet.

– Het is niet ver meer, heb ik gehoord. Nog een paar dagen, dan zijn we veilig. We moeten alleen nog een stuk woestijn door; als we hard lopen, redden we het misschien wel in één dag. Zullen wij tweeën vooruithollen zodat we er als eersten zijn? En als de regen dan komt, gaan we weer naar huis. Als jouw ouders niet in Marial Bai zijn, mag je de mijne wel hebben, dan worden we broers.

Voor het eerst van mijn leven was ik blij met de verzinsels van William K. Hij vertelde die middag een heleboel mensen dat hij wist dat zijn ouders al in Ethiopië waren, want hij had onderweg aan mensen gevraagd of ze mensen hadden gezien die op zijn ouders leken, en iedereen had dat grif beaamd. Hoewel hij waarschijnlijk pas kortgeleden weer op krachten was gekomen, was het toch heerlijk om een jongen met zoveel enthousiasme te horen praten, het maakte niet uit waarover. Wij waren wekenlang nauwelijks in staat geweest een mond open te doen.

– Is dat een nieuwe, Achak?

Dut had ons aan de oever van de rivier aangetroffen.

– Dit is William K. Hij komt uit ons dorp.

– Uit Marial Bai? Nee!
– Jawel, oom, zei William K. – Mijn vader was de helper van het dorpshoofd.

Dut leek onmiddellijk in de gaten te hebben dat William een fantast was, maar een onschadelijke. Hij knikte en zei niets. Hij kwam bij ons zitten en keek naar de mensen die de Nijl overstaken. Hij vroeg William K hoe hij als zoon van de helper van het dorpshoofd van Marial Bai hier bij de rivier verzeild was geraakt, en William K vertelde hem een beknopte versie van zijn verhaal. Als reactie daarop vertelde Dut die middag een verhaal dat nog vreemder was dan het verhaal over de Baggara en hun nieuwe wapens.

– Het verbaast me niets dat jullie problemen kregen in Ad-Da'ein, William K. De noordelijke en zuidelijke volkeren hebben geen erg prettige voorgeschiedenis. De Arabieren zijn altijd beter bewapend geweest dan wij Dinka. En ze waren ook altijd slimmer. Maar straks in Ethiopië laten we de weegschaal naar de andere kant doorslaan. Hebben jullie weleens van Engeland gehoord, jongens?

We schudden ons hoofd. Ethiopië was het enige andere land dat we kenden.

– Engeland is heel ver weg, en er wonen mensen die er heel anders uitzien dan wij. Maar ze zijn heel machtig en hebben meer en betere wapens dan welke Baggara ook. Kun je je dat voorstellen? Het zijn de machtigste mensen die je je kunt indenken.

Ik probeerde het me voor te stellen, dacht aan de murahaleen, maar dan groter.

– De Britten raakten in de negentiende eeuw betrokken bij Zuid-Soedan, het land waar we nu doorheen trekken. Heel lang geleden. Zij brachten de Dinka het christendom. Later zal ik jullie nog weleens vertellen van een man die generaal Gordon heette en die heeft geprobeerd de slavernij in ons land af te schaffen. Maar vandaag vertel ik een ander verhaal. Is tot zover alles duidelijk?

We knikten.
– Het andere deel van de geschiedenis van ons land is het land Egypte. Egypte is weer een ander machtig land, maar de mensen die er wonen lijken een beetje op die in Noord-Soedan. Het zijn Arabieren. De Egyptenaren en de Britten hadden allebei belangen in Soedan...

Ik onderbrak hem. – Wat bedoel je met 'belangen in Soedan'?
– Ze wilden dingen hebben die hier waren. Het land. En de Nijl, de rivier die we net zijn overgestoken. De Britten beheersten veel landen in Afrika. Het is moeilijk uit te leggen, maar ze wilden invloed hebben in een groot deel van de wereld. En daarom sloten de Britten en de Egyptenaren een deal. Ze kwamen overeen dat Egypte over het noorden van het land zou heersen, waar de Arabieren woonden en nu nog steeds wonen, terwijl de Britten het gezag kregen over het zuiden, het land dat wij kennen, waar de Dinka en andere mensen zoals wij wonen. Dat was gunstig voor de mensen in het Zuiden, omdat de Britten de slavenhandelaars bestreden. Ze zeiden zelfs dat ze de slavenhandel, die in die tijd nog heel druk was, helemaal zouden afschaffen. Er werden veel meer mensen tot slaaf gemaakt dan tegenwoordig, en ze werden over de hele wereld verscheept. De Britten regeerden in Zuid-Soedan met milde hand. Ze bouwden scholen in Soedan, waar de kinderen het christendom en ook Engels leerden.

– Heten ze daarom Engelsen? vroeg William K.
– Eh... ja, zo is het, William. Maar hoe dan ook, het was goed voor ons land dat de Engelsen er waren, want ze voorkwamen de verdere verspreiding van de islam. Onder hen waren we veilig voor de Arabieren. Maar in 1953 – een hele tijd geleden, lang voor mijn geboorte, ongeveer in de tijd dat jouw vader geboren werd, Achak – tekenden de Egyptenaren en de Britten een overeenkomst dat ze Soedan met rust zouden laten, dat het land zichzelf voortaan mocht besturen. Dat was na de Tweede Wereldoorlog, en...

– Hè? zei ik.

- O, Achak, dat kan ik niet zo snel uitleggen. Maar het kwam erop neer dat de Britten zelf net een oorlog hadden gevoerd, een oorlog waarnaast het conflict in ons land niets voorstelt. Maar omdat ze overal in de wereld landen bestuurden en dat nu niet meer konden behappen, besloten ze het bestuur over ons land aan de Soedanezen zelf over te dragen. Dat was een heel belangrijke periode. Veel mensen dachten dat het land in twee delen uiteen zou vallen, het Noorden en het Zuiden, omdat die twee gebieden tenslotte pas door de Britten tot één land waren samengevoegd maar verder een totaal verschillende culturele identiteit hadden. Maar daarmee hadden de Britten de kiem gelegd voor rampspoed in ons land, waar we tegenwoordig nog steeds onder lijden. Moet je dit eens zien.

Dut haalde een stapeltje papieren uit zijn zak. Tot dat moment wisten we niet dat hij nog andere papieren bij zich had dan de lijst met de namen van de jongens die onder zijn hoede stonden. Maar hij bleek er een heleboel te hebben. Hij bladerde er snel doorheen tot hij bij een verkreukeld geel vel kwam, dat hij openvouwde en aan mij gaf. De letters die erop stonden, leken op niets wat ik ooit had gezien. Hij had me evengoed kunnen vragen er vleugels van te maken om ermee weg te vliegen. Toen hij bedacht dat ik niet kon lezen, griste hij het weer uit mijn handen.

- Het heeft me een hele tijd gekost om het te vertalen, dus ik zal jullie nu laten profiteren van mijn harde werken:

> Het is het officiële beleid van de regering zich te laten leiden door het feit dat de volkeren van Zuid-Soedan onmiskenbaar Afrikaans en negroïde zijn, en dat wij het derhalve onze onomstotelijke plicht achten hun economische ontwikkeling zoveel mogelijk op Afrikaanse en negroïde wijze te stimuleren, en niet op de Midden-Oosterse, Arabische wijze welke geschikt is voor Noord-Soedan. Slechts door economische ontwikkeling

en goed onderwijs kunnen deze volkeren dusdanig worden toegerust dat ze in de toekomst voor zichzelf kunnen opkomen, ongeacht of het lot hen uiteindelijk met Noord-Soedan, Oost-Afrika of gedeeltelijk met beide samen zal brengen.

William en ik begrepen vrijwel geen woord van wat Dut zei, maar hij leek erg voldaan.

– Dit is door de Britten geschreven toen ze een goede manier zochten om hun vertrek uit Soedan te regelen. Ze wisten dat het verkeerd was het land als één ondeelbaar Soedan te zien. Ze wisten dat we allesbehalve een eenheid waren en dat ook nooit konden worden. Ze hadden het daar erg moeilijk mee. Ze noemden het 'de kwestie-Zuid-Soedan'.

Ik snapte niet goed wat dat betekende.

– Jullie lot, het lot van ons allemaal, werd vijftig jaar geleden bezegeld door een klein groepje mensen uit Engeland. Ze hadden heel goed een grens kunnen trekken tussen het Noorden en het Zuiden, maar ze lieten zich door de Arabieren overhalen om dat niet te doen. De Britten kregen de kans om de volkeren in Zuid-Soedan te vragen of ze zich wilden afscheiden van het Noorden of er een eenheid mee wilden vormen. Het is toch uitgesloten dat de dorpshoofden in het Zuiden een eenheid zouden willen vormen met het Noorden?

We knikten, maar ik vroeg me af of het waar was. Ik dacht aan de marktdagen in Marial Bai, aan Sadiq en de Arabieren in mijn vaders winkel, de goede verstandhouding tussen de kooplieden.

– Maar toch leken ze dat te willen, vervolgde Dut. – Ze werden voor de gek gehouden door de Arabieren, die waren hun te slim af. Dorpshoofden werden omgekocht en gepaaid met mooie beloftes. Ten slotte waren ze ervan overtuigd dat het voordelen had om samen één land te worden. Het was waanzin. Nou ja, dat gaat nu allemaal veranderen, zei Dut terwijl hij opstond.

– In Ethiopië krijgen we scholen, de beste die we ooit hebben gehad. We krijgen de beste leraren uit Soedan en Ethiopië en jullie worden goed opgeleid. Jullie worden voorbereid op een nieuw tijdperk, waarin we ons nooit meer door Khartoum voor de gek zullen laten houden. Als deze oorlog voorbij is, is er een onafhankelijk Zuid-Soedan, dat jullie uiteindelijk zullen erven. Hoe lijkt jullie dat?

Ik zei dat dat me prachtig leek. Maar William K was in slaap gevallen en ik volgde spoedig zijn voorbeeld. Dut liep weg, en ik wilde niets anders dan uitrusten en in Williams buurt blijven. Zijn verschijning, zijn wederopstanding, leek op een moment te zijn gekomen dat ik niet wist of ik zonder hem nog wel verder had gewild. Zou ik anders in een gat zijn gekropen, net als Monynhial? Ik weet het niet. Maar zonder William K zou ik zijn vergeten dat ik niet tijdens deze reis geboren was. Dat ik daarvóór ook had geleefd. Zonder William K had ik me kunnen verbeelden dat ik hier tussen het hoge gras geboren was, naast het pad dat door de jongens voor me was gebaand, dat ik nooit een familie en een thuis had gehad, nooit onder een dak had geslapen, nooit genoeg warm eten had gehad om mijn maag te vullen, nooit in slaap was gevallen in een veilige omgeving waar ik precies wist wat er wel en niet kon gebeuren als de zon weer opging.

Ik deed mijn ogen dicht en voelde me, daar op dat moment en aan die rivier, gelukkig, herenigd met William K. Er dreven wolken voorbij, precies in het goede tempo, zodat het koel bleef en er een sussende schaduw over mijn ogen viel terwijl ik sliep.

Maar 's avonds maakte de donder daar een einde aan.

– Opstaan!

Dut schreeuwde ons wakker. De oorlog kwam eraan, zei hij. Hij zei er niet bij wie er vochten en waar, maar we hoorden schieten in de verte, en het gedreun van mortiervuur. We bleven dus niet in dat dorp, en ik ben ervan overtuigd dat het niet lang meer overeind is blijven staan na het opduiken van die oorlogsgeluiden. We braken op terwijl de zon steeds roder naar de horizon zakte en gingen op weg naar de woestijn. De dorpelingen hadden gezegd dat we vlak bij Ethiopië waren, dat we alleen nog maar de woestijn door hoefden te trekken, dat we over een week Soedan uit zouden zijn.

We lieten alles achter wat we bezaten. Volgens Dut zouden we veiliger zijn voor bandieten als we niets bij ons hadden wat voor anderen begeerlijk was. We aten al het eten op dat we hadden gevonden of bewaard en ontdeden ons van alle bezittingen die we niet aan ons lijf konden dragen. Ik at een zakje zaden op dat ik aan mijn pols had meegedragen en veel jongens trokken zelfs hun shirt uit. We vervloekten Dut vanwege zijn bevel, maar we hadden geen keus, we moesten hem wel vertrouwen. We vertrouwden Dut altijd. Wij waren jongens en hij was God, zo was dat toen.

We liepen de hele nacht door om de gevechten zo ver mogelijk achter ons te laten, en in de vroege ochtend rustten we een paar uur uit alvorens verder te trekken.

Die eerste paar dagen waren we nog redelijk zelfverzekerd en schoten we flink op. De jongens dachten dat we binnen een paar dagen in Ethiopië zouden zijn, en de nabijheid van ons nieuwe leven riep de dromer in William K wakker – hij vulde de lucht om ons heen met het fraaie kantwerk van zijn leugens.

– Ik hoorde Dut en Kur praten. Ze zeiden dat we heel gauw in Ethiopië zijn, over een paar dagen al. Maar we krijgen wel problemen met het eten. Volgens hen is er daar zoveel dat we elke dag de halve dag zullen moeten eten. Anders bederft alles.

– Niet waar, William, zei ik. – Sst.

– Welles, ik heb het ze zelf horen zeggen.

De afstand tussen William K en Dut en Kur bedroeg minstens een kilometer. William K had niemand zoiets horen zeggen. Maar hij ging door.

– Dut zei dat we allemaal uit drie huizen moeten kiezen. Ze laten ons drie huizen zien en dan moeten wij er een uitkiezen. De vloeren zijn er van rubber, als van schoenen, en binnen is het altijd heel koel en schoon. We moeten kiezen uit allemaal verschillende dekens, en shirts en broeken in allerlei kleuren. Het grootste probleem in Ethiopië is dat je de hele tijd moet kiezen.

Ik probeerde me af te sluiten voor zijn stem, maar zijn leugens waren adembenemend mooi en ik luisterde stiekem toch.

– Onze familie is er ook. Dut zei dat er vliegtuigen naar Bahr al-Ghazal zijn gekomen toen wij al weg waren, en die hebben iedereen naar Ethiopië gebracht. Dus iedereen is er al als wij komen. Ze zijn waarschijnlijk erg bezorgd over ons.

Zijn leugens waren zo schitterend dat ik bijna huilde.

Maar er was geen water en geen voedsel. Iemand, ik weet niet wie, had Dut verteld dat er in de woestijn genoeg eten te vinden was en dat we met een beperkte voorraad water toe konden, maar dat had hij beter niet kunnen geloven. Al na een paar dagen vertraagde ons tempo en begonnen er jongens door te draaien. Toen ik op de vierde ochtend wakker werd, merkte ik dat een jongen die Jok Deng heette over me heen stond te plassen. Hij was een van de eersten die krankzinnig werden in de woestijn. De hitte was te erg en we hadden al drie dagen niets gegeten. Toen ik wakker werd van de plassende Jok Deng, trok ik aan zijn been tot hij viel, terwijl er nog steeds straaltjes urine uit zijn penis schoten. Ik liep naar de andere kant van de slaapkring en ging weer liggen, maar het stonk overal naar de urine van Jok Deng; hij plaste elke dag over mensen heen. Dan had je ook nog Dau Kenyang, die niet meer op zijn eigen naam reageerde en wiens ogen zich zo ver terugtrokken in zijn schedel dat ze geen licht meer vingen. Hij deed zijn mond open maar zei niets. We raakten allemaal gewend aan het zachte plopgeluid waarmee zijn lippen open- en weer dichtgingen zonder dat er geluid uit kwam.

William K was de volgende. Zijn krankzinnigheid begon ermee dat hij niet meer kon slapen. Hij bleef de hele nacht midden in de slaapkring staan en schopte iedereen om hem heen. Dat vonden we vervelend, maar op zichzelf hoefde het nog niet te betekenen dat William bezig was zijn verstandelijke vermogens kwijt te raken. Maar toen begon hij zand naar de andere jongens te gooien. Het leek alsof hij altijd een handvol zand klaarhield, die hij iedereen die hem aansprak in het gezicht smeet, waarbij hij het slachtoffer soms aansprak met de naam van zijn aartsvijand in Marial Bai, William A.

Ik was de eerste die William K's handvol zand over me heen kreeg. Ik vroeg hem of ik zijn mes mocht lenen, en hij smeet het zand in mijn gezicht. Het kwam in mijn mond en prikte in mijn ogen. – Hier, lekker zand, William A, zei hij.

Ik was te moe om boos te worden, om op welke manier dan ook te reageren. Mijn spieren waren verzwakt en ik had regelmatig last van krampen. Ik was voortdurend duizelig. We deden allemaal ons best om rechtuit te lopen, maar ons aller evenwichtsgevoel was zo verstoord dat we wel een stel slingerende en struikelende dronkenlappen leken. Ik had het gevoel dat mijn hart sneller en onregelmatiger sloeg, dat het bonkte en trilde. En de meeste anderen waren er nog veel slechter aan toe dan ik.

We aten alleen wat we onderweg konden vinden. De meest gewilde kostbaarheid was een vrucht die abuk heette. Het was een wortel die je uit de grond kon trekken als je het bijbehorende blad omhoog zag steken. Sommige jongens waren experts in het opsporen van die bladeren, maar ik zag ze nooit. Soms zag ik iemand ineens een bepaalde kant op schieten en verwoed beginnen te graven zonder dat mij iets was opgevallen. Als er genoeg was, proefde ik weleens van een abuk. Hij was bitter en had weinig smaak. Maar er zat water in en daarom was hij waardevol.

Elke dag moesten we van Dut in bomen klimmen, als die er waren, om te kijken of ergens iets eetbaars was. Maar we mochten niet te ver weggaan, waarschuwde hij.

– Blijf dicht in de buurt en dicht bij elkaar, zei Dut. In deze streek wonen stammen die jongens zoals jullie beroven. Ze doden ze, of ze ontvoeren ze en laten ze voor hun vee zorgen.

Als we geluk hadden, kregen we elke dag één eetlepel voedsel binnen. We dronken zoveel water als er in het kommetje van onze handen kon.

Het sterven begon op de vijfde dag.

– Moet je kijken, zei William K.

Hij volgde de wijzende vingers van de jongens voor ons in de rij. Iedereen keek naar het verschrompelde lijk van een jongen, precies zo groot als wij, dat op een meter of vijf van het pad lag dat wij volgden. De dode jongen hoorde bij een andere groep, die een paar dagen voor ons was vertrokken. De jongen was naakt op een gestreepte korte broek na en lag tegen een dunne boom, waarvan de takken zich over hem heen bogen alsof ze hem tegen de zon wilden beschermen.

Kur ging snel tussen onze rij en de dode jongen in staan en zag erop toe dat iedereen doorliep en niet bij het lijk bleef staan. Hij was bang voor ziektes die de dode jongen mogelijk gehad had, en in die uiterst zware dagen was elk moment even kostbaar. Als we wakker waren moesten we lopen, zei hij, want hoe meer we liepen, hoe sneller we ergens zouden zijn waar water of eten te vinden was.

Maar slechts een paar uur nadat we het lijk hadden gezien, gaf een van ons er ook de brui aan. Hij ging gewoon midden op het pad zitten; we zagen de jongens voor ons om hem heen lopen en over hem heen stappen. William K en ik volgden hun voorbeeld, want we wisten niet wat we anders moesten doen. Toen Dut hoorde dat een jongen niet verder wilde lopen, draaide hij om en ging naar hem toe; hij droeg hem de rest van de middag, maar later hoorden we dat hij het grootste deel van die tijd al dood was. Hij stierf in Duts armen en Dut keek alleen maar uit naar een geschikte plek om hem ter ruste te leggen.

De volgende middag hadden we nog acht dode jongens uit andere groepen langs het pad gezien, en daar kwamen er nog eens drie van ons bij. In die dagen hield een jongen eerst op met praten als hij ging sterven. Zijn keel werd te droog en praten kostte te veel energie. Daarna zonken zijn ogen steeds dieper weg te midden van een steeds donkerder schaduwkring. Hij reageerde niet meer op zijn naam. Hij ging trager lopen, zijn voeten sleepten over de grond en hij behoorde tot degenen die steeds langer rustten. Ten slotte zocht zo'n stervende jongen een boom op, ging ertegenaan zitten en viel in slaap. Als zijn hoofd de boom raakte, vloeide het leven uit hem weg en keerde zijn lichaam terug tot de aarde.

De dood kwam elke dag jongens halen, op de inmiddels vertrouwde manier: snel en resoluut, zonder waarschuwing of omhaal. Die jongens waren gezichten voor me, jongens waar ik weleens naast had gezeten tijdens een maaltijd of die ik in een rivier had zien vissen. Ik begon me af te vragen of ze allemaal hetzelfde waren, of er een reden was dat de dood de een wel kwam halen en de ander niet. Ik begon er rekening mee te houden dat het elk moment kon gebeuren. Maar misschien hadden die dode jongens wel dingen gedaan die hun dood hadden versneld. Misschien hadden ze de verkeerde bladeren gegeten. Of waren ze lui. Of niet zo sterk als ik, of niet zo snel. Het was mogelijk dat het niet willekeurig was, dat God de zwakken uit de groep wegsnoeide. Misschien mochten alleen de sterksten en de besten Ethiopië bereiken, was er niet genoeg Ethiopië voor iedereen. Dat was de theorie van William K. Hij was weer bij zijn positieven gekomen en praatte meer dan ooit.

– God bepaalt wie van ons Ethiopië zal bereiken, zei hij. – Alleen de sterksten en slimsten redden het. Er is maar plaats voor de helft. Maar honderd jongens, niet meer. Dus er zullen er nog meer doodgaan, Achak.

We konden niet om de doden rouwen. Daar was geen tijd voor. We waren al tien dagen in de woestijn, en als we er niet heel gauw uit kwamen zouden we er allemaal in blijven. Tegelijkertijd zat de oorlog ons met toenemende snelheid op de hielen. Overdag zagen we helikopters in de verte, en dan deed Dut zijn best om ons te helpen ons te verstoppen. Waarna we 's nachts verder liepen. Toen we tijdens een van die nachtelijke tochten een paar uur zaten uit te rusten, meenden we dat er een tank was gekomen om ons allemaal te doden.

Ik lag te slapen toen ik gerommel in de aarde voelde. Ik ging overeind zitten en zag dat andere jongens ook wakker waren. Het nachtelijk duister werd aan stukken gescheurd door twee lichten.

– Wegwezen!

Dut was nergens te bekennen, maar Kur riep dat we moesten vluchten. Ik vertrouwde zijn intuïtie en zocht William K op, die weer in slaap was gevallen en heel ver weg was. Toen hij wakker was en op zijn benen stond, gingen we ervandoor, struikelend door de nacht, begeleid door het geluid van voertuigen en het schijnsel van verre koplampen. Eerst renden we naar de lampen toe en toen de andere kant op. Driehonderd jongens vlogen alle kanten op. William K en ik sprongen over jongens heen die waren gevallen; anderen hadden zich in de struiken verstopt.

– Zullen wij ons ook verstoppen? fluisterde ik onder het rennen.

– Nee, nee. Rennen. Altijd maar blijven rennen.

We renden verder, vastbesloten van alle jongens het verst van de lichten te komen. We renden naast elkaar en ik voelde dat we de goede kant uit gingen. Het geschreeuw van de jongens en het gedreun in de grond werden zachter. Ik keek naar rechts, waar William K was geweest, maar William K was er niet meer.

Ik bleef staan en fluisterde dringend William K's naam. In het donker hoorde ik jongens jammeren. Ik zou pas de volgende ochtend te weten komen wat er die nacht was gebeurd, wie er jammerden en waarom.

– Wegwezen, vlug! Ze komen eraan!

Er vloog een jongen voorbij en ik volgde hem. William K had besloten zich te verstoppen, zei ik bij mezelf. William K was veilig. Ik liep achter de andere jongen aan, maar was hem ook al gauw weer kwijt. Het is moeilijk uit te leggen hoe donker het in die woestijnnachten is.

Ik rende verder door de nacht. Ik bleef rennen omdat niemand tegen me had gezegd dat ik moest blijven staan. Ik rende en luisterde naar mijn eigen ademhaling, zo luid als een puffende locomotief, met mijn armen voor me uitgestrekt om niet tegen bomen en struiken te botsen. Ik bleef rennen tot iets me vastgreep. Ik had zo hard gerend als ik kon en kwam toen abrupt tot stilstand, als een insect dat zich vastvliegt in het zijdezachte web van een spin. Ik probeerde me los te schudden, maar ik was vastgespiest. Overal was vlijmende pijn. Tanden in mijn been, in mijn arm. Ik verloor het bewustzijn.

Toen ik weer bijkwam, was ik nog op dezelfde plek, en het eerste daglicht duwde het dak van de hemel. Ik zat vast in een hek van evenwijdige staaldraden met stervormige punten. Mijn shirt zat op twee plaatsen klem en een van de sterren had zich diep in mijn rechterbeen geboord. Ik maakte mijn shirt los en hield mijn adem in terwijl de pijn in mijn been wat luwde.

Ik bevrijdde mezelf, maar mijn been bloedde vreselijk. Ik wikkelde er een blad omheen, maar kon niet tegelijkertijd lopen en de wond dichthouden. De hemel was roze en ik liep in de richting waar ik dacht dat de jongens waren.

– Wie is daar?

Er klonk een stem uit het struikgewas.

– Een jongen, zei ik.

Er was niemand te zien. De stem leek rechtstreeks uit de roze lucht te komen.

– Waarom loop je zo, met je hand op je been?

Ik had geen zin in een gesprek met de lucht, dus ik zei niets.

– Ben jij een boze jongen of een blije jongen? vroeg de stem.

Er kwam een man tevoorschijn, een man met een dikke buik en een muts op, een blauwe schaduw tegen de pulserende hemel. Hij liep behoedzaam naar me toe, alsof ik een dier in een valstrik was. De dikbuikige man had een vreemd accent en ik kon hem nauwelijks verstaan. Ik wist niet wat het goede antwoord op zijn vraag was en daarom beantwoordde ik maar een andere.

– Ik hoor bij een groep jongens, vader.
Nu was de man bij me. Zijn muts had een camouflagepatroon, net als het uniform van de soldaat Mawein. Maar deze camouflage was veel beter: de bruin- en grijstinten ervan versmolten volmaakt met het landschap. Hij was van onbestemde leeftijd, iets tussen Dut en mijn vader in. In bepaalde opzichten leek hij op mijn vader: zijn slanke schouders, zijn kaarsrechte houding, zijn vloeiende bewegingen. Maar de buik van deze man was rond, tonrond. Zo'n dikke buik had ik niet meer gezien sinds de laatste dikkemannenwedstrijd in mijn dorp, een jaarlijks ritueel dat was afgeschaft toen de oorlog kwam. Voor die wedstrijd dronken mannen uit de hele streek maandenlang zoveel melk als ze konden en bewogen ze zo weinig mogelijk. De winnaar was de man die het dikst was, die de imposantste buik had. Tijdens de burgeroorlog kon de wedstrijd niet plaatsvinden, maar deze man leek me een kansrijke kandidaat.

– Laat eens kijken waarom je je been vasthoudt, zei hij terwijl hij voor mijn knie neerhurkte.

Ik liet hem de wond zien.

– Aha. Hmm. Het prikkeldraad. Daar heb ik wel iets voor. Bij mij thuis. Kom maar mee.

Ik ging met de dikke man mee omdat ik te moe was om een ontsnapping te beramen. Even later zag ik de hut van de man, die er solide uitzag en moederziel alleen stond. Nergens een teken van menselijk leven.

– Zal ik proberen je te dragen? vroeg hij.

– Nee. Dank u.

– Ah-ah-ah, ik snap het. Je hebt je trots. Jij hoort bij de jongens die naar Ethiopië gaan om soldaat te worden.

– Nee, zei ik. Ik wist zeker dat hij zich vergiste.

– De jaysh al-ahmar, toch? zei hij.

– Nee, nee, zei ik.

– De jaysh al-ahmar, het Rode Leger. Jawel. Ik heb jullie voorbij zien komen.

– Nee. We lopen gewoon. We lopen naar Ethiopië. Om daar naar school te gaan.
– Naar school, en dan het leger in. Ja, dat is ook maar het beste zo. Kom even binnen zitten. Ik zal je been verbinden.

Ik treuzelde even voor het stevige huis van de man. Hij wist niet wie ik was, maar hij meende iets over mij te weten. Hij had jongens van mijn leeftijd voorbij zien komen en hij noemde ze het Rode Leger, net als Mawein die ene keer. De man had iets glibberigs over zich en ik bedacht dat het misschien geen goed idee was om zijn huis binnen te gaan. Maar als je in Soedan ergens binnen wordt gevraagd, vooral als reiziger, verwacht je eten aangeboden te krijgen. En het vooruitzicht te kunnen eten woog ruimschoots op tegen alle zorgen over mijn veiligheid. Ik bukte me en betrad de duisternis van de hut, en toen zag ik hem staan. God, het was dezelfde fiets. Hij leek er als twee druppels water op. Ik zweer dat het hem was – dezelfde zilverglanzende nieuwe fiets die Jok Nyibek Arou uit Marial Bai had gekocht. Alleen was van deze fiets het plastic wel verwijderd, waardoor hij er nog veel mooier uitzag.

– Ah! Vind je hem mooi? Dat dacht ik wel.

Ik kon geen woord uitbrengen. Ik knipperde verwoed met mijn ogen.

– Hier.

De man gaf me een lap en ik depte mijn wond.

– Nee, nee. Laat mij maar, zei hij.

De man pakte de lap en bond hem stevig om mijn been. De hevige pijn werd gedempt, en ik moest bijna lachen om deze doodsimpele oplossing.

De man gebaarde dat ik moest gaan zitten, en dat deed ik. We zaten elkaar even op te nemen, en ik zag nu dat hij een katachtig gezicht had, met hoge, uitstekende jukbeenderen en grote ogen die voortdurend geamuseerd twinkelden. Zijn handen lagen ontspannen in zijn schoot en ik zag dat hij opvallend lange vingers had, met zes of meer kootjes.

– Het is heel lang geleden dat ik hier iemand heb gezien, zei hij.

Ik knikte ernstig. Ik nam aan dat de dikke man zijn vrouw en zijn familie had verloren. Mannen zoals hij waren er overal in Soedan, van zijn leeftijd en alleenstaand.

Met een snelle beweging duwde hij het kleed opzij, en daaronder zat een luik van bordkarton en touwen. Hij tilde het op en ik zag dat er een diepe ruimte onder zat, vol etenswaren, water en kalebasflessen met onbekende vloeistoffen. De man sloot snel het luik weer en schoof het kleed eroverheen.

– Hier, zei hij.

Hij legde een hoopje pinda's op een bord.

– Voor mij?

– Ah-ah-ah! Wat ben je verlegen? Waarom toch? Je vergaat vast van de honger, en dan hoef je niet zo verlegen te zijn! Eet wat je te pakken kunt krijgen, jongen. Eet!

Ik at de pinda's gauw op, eerst een voor een en daarna met handenvol tegelijk. Het was meer dan ik in weken had gegeten. Ik kauwde, slikte en voelde de kracht uit de fijngekauwde pinda's in mijn borstkas en armen vloeien en mijn hoofd weer helder worden. De man vulde het bord opnieuw en ik at weer, maar nu langzamer. Ik kreeg behoefte om te gaan liggen en gaf er gehoor aan, onderwijl verder van de pinda's etend, een voor een.

– Hoe komt u daaraan? vroeg ik, en ik wees naar de fiets.

– Hij is nu hier en daar gaat het om, Rode-Legerjongen. Heb je weleens gefietst?

Ik ging overeind zitten en schudde mijn hoofd. Weer dat getwinkel in zijn ogen.

– Ach! Wat jammer. Dan had je het wel mogen proberen.

– Maar ik weet wel hoe het moet! wierp ik tegen.

Daar moest hij om lachen, met zijn hoofd naar achteren.

– Die jongen zegt dat hij weet hoe het moet terwijl hij het nog nooit heeft gedaan! Eet nog wat met me, want ik wil nog meer horen over wat je kan en niet kan, kleine soldaat.

Ik kon niet uitleggen waarom, maar ik voelde me erg op mijn gemak in het huis van die man. Ik was bang dat de groep verder zou trekken als de zon hoger stond, maar bij hem kreeg ik eten en werd mijn wond verzorgd, en ik overwoog bij de man te blijven omdat ik bij hem een goede kans maakte om niet te sterven.

– Waarom bent u hier? vroeg ik.

De man verstrakte even, alsof hij de vraag onderzocht op verborgen betekenissen, maar blijkbaar vond hij die niet, want zijn gezicht verzachtte zich weer.

– Waarom ik hier ben? Dat is een mooie vraag. Dank je dat je hem stelt. Dank je wel.

Hij leunde achterover en grijnsde naar me, kennelijk volstrekt niet geïnteresseerd in het beantwoorden van de vraag.

– O, wat onbeleefd van me! Hij duwde het kleed weer opzij, haalde een plastic jerrycan tevoorschijn en gaf hem aan mij. – Ik geef je pinda's zonder iets te drinken erbij! Hier, drink.

Ik pakte de jerrycan aan; de kou van de buitenkant gaf mijn handen een schok. Ik schroefde de witte dop los, zette de jerrycan op mijn schoot en bracht hem naar mijn mond. Het water was ijskoud. Heerlijk koud. Ik kon mijn ogen niet dichtdoen, ik kon nauwelijks nog slikken. Ik dronk van het koele water en voelde het mijn keel in stromen en me vlak onder de huid bevochtigen, en daarna voelde ik het in mijn borst en mijn armen en benen. Het was het koudste water dat ik ooit had geproefd.

Ik probeerde het met een andere vraag. – Waar zijn we hier?

De man pakte de jerrycan van me aan en zette hem weer in de ondergrondse ruimte.

– Vlak bij een dorp dat Thiet heet. Daar kwam jouw groep langs. Er zijn een heleboel groepen door getrokken.

– Woont u dan in Thiet?

– Nee, nee. Ik woon nergens. Dit hier is nergens. Als je straks weggaat, weet je niet waar je geweest bent. Sterker nog: ik wil dat je nú al vergeet waar je bent. Snap je wat ik zeg? Ik ben nergens, dit hier is nergens en dat is de reden dat ik nog leef.

Even tevoren was ik de man nog dankbaar en overwoog ik hem te vragen of ik voorlopig bij hem mocht blijven. Maar nu besloot ik dat hij gek was geworden en dat ik daar weg moest. Vreemd dat iemand een hele tijd normaal kon praten en dan ineens door de mand viel als een gek. Als een vrucht met een gave schil die vanbinnen rot was.

– Ik moet eens terug naar de groep, zei ik, en ik stond op.

De man keek hevig geschrokken.

– Nee, blijf toch zitten! Ik heb nog meer. Hou je van sinaasappels? Ik heb sinaasappels.

Hij stak zijn hand weer in de ondergrondse ruimte, ditmaal helemaal tot aan de schouder. Toen zijn hand weer tevoorschijn kwam, zat er een sinaasappel in, volmaakt rond en rijp. Hij gaf hem aan mij, en ik verslond hem terwijl hij het kleed weer over de opening schoof.

– Ik woon nergens, laat dat een les voor je zijn. Waarom denk je dat ik nog leef, jongen? Ik leef omdat niemand weet dat ik hier ben. Ik leef omdat ik niet besta.

Hij pakte het water uit mijn hand en zette het weer onder de grond.

– Daarbuiten maken ze elkaar allemaal af, en degenen die elkaar niet met geweren en bommen kapotmaken, probeert God dood te krijgen met malaria, dysenterie en weet ik wat nog meer. Maar niemand kan iemand doden die er niet is, wat jij? Daarom ben ik een spook. Een spook kun je niet doden.

Ik zei daar niets op terug, want het kwam me voor dat de man wel degelijk bestond.

– Door dit contact tussen ons tweeën breng ik mezelf al in grote moeilijkheden. Ik heb je te eten gegeven en ik heb je gezicht gezien. De enige reden dat ik me veilig voel, is dat ik weet dat niemand naar een jongen als jij op zoek is. Met z'n hoevelen zijn jullie? Duizenden?

Ik antwoordde dat we met onvoorstelbaar veel jongens waren.

– Dan val je dus niet op. Als we klaar zijn met ons gesprek, stuur ik je terug naar de groep, maar je mag nooit iemand vertellen waar je me hebt gevonden. Begrijpen we elkaar?

Ik knikte. Ik weet niet waarom ik de man vervolgens ineens naar de Wat vroeg, maar het kwam bij me op dat als iemand wist, of vermoedde, wat de Wat was, het deze vreemde man was, die alleen leefde en zo'n grote voorraad leeftocht had, deze man die zelfs leek te zijn opgebloeid te midden van een burgeroorlog. En dus vroeg ik het hem.

– Wát zei je? vroeg hij.

Ik herhaalde de vraag en vertelde hem het verhaal. Hij kende het niet, maar vond het mooi.

– Wat is volgens jou de Wat? vroeg hij.

Ik had geen idee. – De AK-47?

Hij schudde zijn hoofd. – Nee, dat lijkt me niet.

– Het paard?

Weer schudde hij zijn hoofd.

– Vliegtuigen? Tanks?

– Hou op. Je denkt in de verkeerde richting.

– Een goede opleiding? Boeken?

– Ik geloof niet dat dat de Wat is, Achak. Volgens mij moet je verder zoeken. Heb je nog meer ideeën?

Er viel een stilte. Hij voelde dat ik de moed verloor.

– Wil je een stukje op de fiets rijden? vroeg hij.

Ik kon geen woorden vinden voor mijn gevoelens.

– Dat had je niet verwacht, hè, luisterende jongen?

Ik schudde mijn hoofd. – Meent u het?

– Natuurlijk. Ik wist pas dat ik je dit zou aanbieden toen ik het al gedaan had. Ik had niet gedacht dat ik mijn fiets ooit aan iemand ter beschikking zou stellen, maar omdat jij op weg bent naar Ethiopië en onderweg misschien wel doodgaat, mag jij erop rijden.

De man zag mijn gezicht betrekken.

– Nee, nee. Het spijt me! Ik maakte maar een grapje. Je gaat onderweg niet dood. Nee. Jullie zijn met een heleboel en dat is

veilig. God waakt over jullie. Je bent nu sterk met je maag vol pinda's. Ik maakte dat grapje omdat het absurd zou zijn als je in gevaar was. Het ís absurd. Jij redt het wel! En nu mag je op de fiets rijden.
– Nou, graag.
– Maar je hebt nog nooit gefietst.
– Nee.
De dikke man zuchtte en zei dat hij ook eigenlijk gek was. Hij duwde de fiets zijn huis uit en de zonneschijn in. De spaken fonkelden, het frame glansde. Hij deed voor hoe ik op het zadel moest gaan zitten, en terwijl ik erop klom hield hij de fiets rechtop. Het was de allermooiste fiets van heel Soedan, en ik zat op het chique zwartleren zadel.
– Goed, ik duw de fiets vooruit. Zodra hij rijdt, begin jij te trappen. Snap je?
Ik knikte en de wielen kwamen in beweging. Ik vond het meteen al te snel gaan, maar de man hield de fiets stevig vast, dus ik was niet bang. Ik trapte, al leken de trappers al uit zichzelf te bewegen.
– Trappen, jongen, trappen!
De man holde puffend, hijgend en lachend mee naast de fiets. Ik duwde de trappers met mijn voeten weg en ze gingen omlaag en weer omhoog. Mijn maag protesteerde hevig.
– Ja! Goed zo, jongen, je kunt het!
Ik glimlachte, keek voor me uit en probeerde mijn maag tot bedaren te brengen, die zich in het zand dreigde om te keren. Ik slikte aan één stuk door, keek strak voor me uit en beval mijn maag zich rustig te houden. Hij gehoorzaamde, zodat ik weer kon denken. Ik fietste! Het leek veel op vliegen, bedacht ik. De wind blies heel hard in mijn gezicht. De gedachte viel me in dat ik wilde dat Amath me zo zag. Wat zou ze onder de indruk zijn!
– Ik laat je los, hoor, zei de man.
– Nee! zei ik.
Maar ik meende dat ik het wel zou redden.

– Jawel, zei de man. – Ik laat je los.
Hij liet de fiets los en lachte.
– Zo! Doortrappen, Rode-Legerman! Hou 'm recht!
Ik kon 'm niet recht houden. Na een paar seconden begon de fiets over te hellen, het wiel draaide langzaam weg en ik kwam onder de fiets terecht en voelde me net die ruiter in Marial Bai. Mijn been schuurde langs een hard stuk grond met wortels en de wond ging weer open, nog verder dan eerst. Een paar minuten later zat ik weer in de hut van de dikke man en verzorgde hij de wond opnieuw. Hij zei de hele tijd dat het hem speet, maar ik verzekerde hem dat het mijn eigen schuld was. Hij zei dat ik heel goed had gefietst voor iemand die het nog nooit had gedaan, en ik glimlachte. Ik wist zeker dat ik het er beter af zou brengen als ik het nog een keer probeerde. Maar ik wist dat ik terug moest naar de groep, omdat ik die anders nooit meer terug zou vinden en misschien wel tot het eind van de oorlog bij deze man zou moeten blijven, áls dat eind al ooit kwam. Ik zei dat ik verder moest. Hij was niet al te verdrietig dat ik wegging.

– Vertel alsjeblieft niemand over die fiets.
Dat beloofde ik.
– Erewoord? zei hij.
Erewoord.
– Mooi. Fietsen zijn geheim in deze oorlog. Fietsen zijn geheim, luisterende jongen. En nu gaan we terug naar je leger. Ik zal je brengen. Van welke kant ben je gekomen?

Ik had die nacht voor mijn gevoel urenlang gerend, maar we waren te voet veel sneller bij de groep. Ik kreeg de jongens al vlak bij het geheime huis van de man in het oog. Dut was nergens te bekennen, en ik had de indruk dat niemand zich er druk om maakte dat hij er niet was of dat ik een poos weg was geweest. Ik vroeg wat er aan de hand was en vernam dat er een stuk of tien jongens ontbraken na de vlucht van de vorige avond. Drie jongens waren in putten gevallen; twee van hen waren dood. De honderden jongens hingen lusteloos rond. Ik nam afscheid van de dikke man en vond William K terug, die een groot stuk plastic had gevonden en dat zo klein probeerde op te vouwen dat het in zijn zak paste. Maar het plastic was zelfs na een keer of tien vouwen nog groter dan zijn bovenlijf.

– Welke kant ben jij op gegaan? vroeg William K.

Ik wees in de richting waaruit ik net gekomen was. William K was de andere kant op gevlucht, maar was al snel gestopt en had zich tussen de wortels van een baobab verstopt.

– Heb je gehoord wat er was? Wat dat gedreun was, en dat licht? vroeg hij.

Ik schudde mijn hoofd.

– Het was verbeelding. Er was niks.

Er was die nacht geen aanval geweest. Geen wapens, geen schietpartij. Er reed alleen een landrover voorbij in de nacht. Niemand wist wie erin zat, maar in elk geval geen vijand. Misschien was het zelfs een truck met hulpgoederen.

Toen Dut later op de ochtend terugkwam en ons bij elkaar riep, was hij boos.

– Jullie mogen 's nachts niet zomaar bij het minste geluid alle kanten op vluchten, zei hij.

We waren te beduusd om tegen hem in te gaan.

– We hebben twaalf jongens verloren. Van drie weten we dat ze dood zijn omdat ze in die twee putten zijn gevallen. Er zijn al te veel jongens in putten gevallen. Het is een akelige manier om dood te gaan, jongens. En de rest is god mag weten waarnaartoe gerend.

Ik was het met hem eens dat een val in een put een akelige dood was, maar ik wist zeker dat Kur, zijn plaatsvervanger, die nacht had geroepen dat we moesten vluchten. Maar op dat moment was niets meer helder. Een uur na mijn bezoek aan de dikke man en zijn fiets wist ik al niet meer zeker of ik me alles niet had verbeeld. Ik zei er tegen niemand iets over.

Het eten had me kracht gegeven, net als het geheim van de dikke man, maar toch wist ik vrij zeker dat ik dood zou gaan. De wond aan mijn been, het stuk huid dat door het prikkeldraad van mijn scheen was gerukt, was erg groot, een diagonale snee van mijn knie tot de onderkant van mijn kuit. Er sijpelde de hele dag bloed uit, en zelfs William K moest toegeven dat dat betekende dat ik misschien doodging. Uit ervaring wisten we dat de meeste jongens met grote wonden uiteindelijk doodgingen. Die dag en de volgende dagen werd ik door de jongens gemeden, want ze zagen mijn wond en vermoedden dat de ziekte al vaste voet aan de grond had gekregen in mijn lichaam en daarbinnen voortwoekerde.

William K begreep dat ik me zorgen maakte en probeerde mijn angst te temperen.

– In Ethiopië genezen ze die wond zó. De dokters daar zijn heel knap. Let maar op: straks kijk je naar je been en je zegt: hé, daar zat toch een wond? Maar dan is-ie weg. Dan hebben ze hem uitgewist.

Ik glimlachte, maar als ik naar William K keek werd ik nog bezorgder. Hij zag er erg ziek uit en hij was mijn enige spiegel. We konden onszelf niet zien, en daarom ging ik op het uiterlijk van de andere jongens af, in het bijzonder van William K, om te weten hoe ik er zelf aan toe was. We aten hetzelfde en hadden ongeveer dezelfde lichaamsbouw, dus aan hem kon ik aflezen hoe mager ik was geworden en hoe ingevallen mijn ogen waren. Die dag zag ik er niet goed uit.

– De mensen in Ethiopië worden zelfs helemaal niet ziek, vervolgde William, – omdat het water en de lucht er anders zijn. Raar maar waar. Niemand wordt er ziek, alleen heel domme mensen. Je moet wel heel stom zijn om ziek te worden in een land waar niemand ooit ziek wordt! Maar toch worden ze beter gemaakt, want de dokters zeggen: Ethiopië is nu eenmaal Ethiopië en we hebben een naam hoog te houden. Dat hoorde ik gisteravond van Dut toen jij al sliep.

William was een onverbeterlijke leugenaar, maar ik was blij met zijn woorden.

– Zullen we even rusten? vroeg hij.

Ik was blij dat ik even kon zitten. Meestal konden we wel zo lang uitrusten dat we er weer even tegen konden zonder de groep uit het oog te verliezen. Na een paar minuten waarin we naar de voorbijsloffende jongens hadden gekeken, voelden William en ik ons gesterkt en liepen we verder.

– Ik voel me anders dan anders, zei hij. – Duizeliger, geloof ik.

Mijn botten rammelden bij elk stap en ik voelde een vreemde tinteling in mijn linkerbeen, een omhoogschietende kouvlaag telkens wanneer mijn hak de grond raakte. Maar hij pepte me op en daarom stond ik hem toe te praten, over mijn wond en Ethiopië en hoe sterk hij zou worden als hij groot was. Dat laatste was een van zijn favoriete onderwerpen, en hij besprak het in alle details en met wetenschappelijke precisie.

– Ik word heel lang. Mijn vader is niet zo groot, maar mijn broers zijn heel lang en ik word net als zij, maar dan nog groter. Ik word waarschijnlijk een van de langste mannen van heel Soedan. Niets aan te doen. Ik heb het niet voor het kiezen. Ik word een groot krijger, die heel veel geweren tegelijk kan vasthouden, en ik ga ook op een tank rijden. De mensen zullen hun ogen uitkijken als ze me zien. Wat zal mijn moeder trots zijn als we allemaal weer thuis zijn – dan kunnen de Baggara wel inpakken. Als we wapens hebben, kunnen we ons gebied makkelijk verdedigen. Mijn broer Jor is een reus. Hij heeft al twee vrouwen en hij is nog heel jong, dus hij zal er nog wel meer krijgen als hij meer vee krijgt, en dat krijgt hij, want hij is heel slim en heeft veel verstand van vee en fokken...

Ik liep al een poos met gebogen hoofd vlak achter William en luisterde naar zijn verhalen, en daardoor had ik niet onmiddellijk in de gaten dat alle jongens van het pad weg renden, naar de bomen. Wie kon klimmen, klom. Wie te zwak was, bleef onder de bomen staan en hoopte dat er iets naar beneden viel.

De bomen zaten vol vogels.

Ik holde naar een lege boom en klom erin, waarbij ik merkte dat ik daar veel langer over deed dan vroeger. William K holde ook naar de boom en stond nu recht onder me.

– Ik kan niet klimmen, zei hij. – Vandaag niet in ieder geval.

– Ik gooi er wel een paar naar beneden, zei ik.

Midden in de boom vond ik een nest met drie kleine eieren erin. Ik aarzelde niet. Ik at twee eieren ter plekke op, helemaal, ook de schaal en de veertjes die erin zaten, het was allemaal op voor ik het wist. Ik at nog een ei en dacht toen pas weer aan William K, die op de grond stond. Ik sprong naar beneden en vond William K met gesloten ogen op zijn zij liggen.

– Word wakker! zei ik.

Hij deed zijn ogen open.

– Ik was ineens zo duizelig na dat hollen, zei hij. – Volgende keer maar gewoon lopen. Help me herinneren.

– Je kunt volgende keer beter gewoon lopen.

– Nee, nee. Maak er nou geen grapje van, Achak. Ik ben zo moe.

– Eet een ei. Ze smaken afschuwelijk.

Andere jongens hadden nesten vol jonge vogeltjes gevonden en aten die op, na de eerste prille veertjes eraf te hebben getrokken. Ze aten ze helemaal op, ook de kop, de poten en de botjes. Kur spuugde een snavel uit en ik zag nog een boom waar niemand in zat.

– Ik ga er een voor je halen. Blijf jij hier, zei ik tegen William, en ik voelde me alweer sterker. Ik holde naar de volgende boom en eenmaal tussen de takken hoorde ik, terwijl ik een nieuw ei naar binnen schrokte, een bekend hakkend geluid. Het *tsjaka-tsjakka* van een helikopter. Binnen een paar seconden stonden we op de grond en stoven ordeloos door elkaar. Maar we konden geen kant op. We hadden alleen die lage bomen, waarvan de takken bijna kaal waren en geen beschutting boden, en verder was er alleen woestijn. Sommige jongens bleven waar ze waren; in sommige bomen zaten wel tien jongens verstopt. We omklemden de takken, drukten ons tegen de schors om ermee te versmelten, omarmden de stam, drukten onze armen en gezichten tegen het ruwe oppervlak. Het hakkende geluid kwam dichterbij en we kregen de helikopters, drie stuks, in het oog, zwart en laag bij de grond. De toestellen verbrijzelden de lucht en daverden over de bomen heen, maar er werd niet geschoten.

Het hakkende geluid werd weer zachter en de helikopters verdwenen.

Deze belevenis was zowel voor Dut als voor ons verwarrender dan het bombardement door de Antonovs. Waarom zo dichtbij komen en zoveel potentiële doelwitten zien en dan toch niet schieten? We begrepen niets van de opstelling van het Soedanese leger. De ene keer waren we belangrijk genoeg voor hun kogels en bommen, de andere keer niet.

Dut besloot opnieuw dat we 's nachts moesten lopen. 's Nachts waren er geen helikopters, dus die nacht rustten we niet uit. Dut dacht dat we wel sterk genoeg waren, omdat we ons tegoed hadden gedaan aan die eieren en vogels. En dus liepen we die nacht door, de hele nacht, en de volgende dag zouden we slapen tot het weer nacht werd.

– Er is weer nieuws uit Ethiopië, begon William K.

– Néé, zei ik.

– Jawel – het gerucht gaat dat de Soedanezen daar heel rijk zijn. We worden door iedereen gerespecteerd en krijgen alles wat we willen. Alle Dinka worden dorpshoofd. Dat zeggen ze. Dus wij worden allemaal dorpshoofd en krijgen alles wat we willen. We hebben allemaal tien mensen om ons met alles te helpen. Als we willen eten, zeggen we 'Ik wil dit' of 'Ik wil dat', en dan hollen ze gauw weg om het te halen. Wat niet zo moeilijk is, want er is eten in overvloed. Maar ze aanbidden mensen zoals wij. Ik denk dat het uitmaakt van hoe ver je komt. Want wij hebben het verst gelopen, dus wij mogen kiezen waar we willen wonen en krijgen de meeste bedienden. Twintig per persoon.

– Eerst zei je tien.
– Ja, normaal tien, maar voor ons zijn het er twintig, omdat we van zo ver komen. Dat heb ik net uitgelegd, Achak. Wel luisteren, hoor! Je moet dit soort dingen weten, anders voelen de mensen in Ethiopië zich beledigd. Alleen jammer dat Moses dit niet meer zal meemaken. Of misschien ook wel. Misschien is hij daar al. Ik geloof het vast. Hij heeft een snellere weg gevonden en wacht daar al op ons, die bofkont.

Hoe graag ik ook wilde geloven wat William K zei, ik wist dat Moses niet in Ethiopië was en er ook nooit meer zou komen. Hij was gepakt door de man op het paard en het was duidelijk hoe het hem was vergaan.

– Ja, vervolgde William K, – Moses krijgt nu al alles wat wij straks ook krijgen en lacht zich rot. Waarom doen jullie er zo lang over? zegt hij. We kunnen maar beter opschieten, wat jij, Achak?

William K's stem klonk niet goed. Ik was blij dat het nacht was en dat ik niet naar zijn ingevallen ogen en zijn opgezwollen buik hoefde te kijken. Ik wist dat ik er ook zo uitzag en daarom was het dubbel erg: ik zag William, en ik zag mezelf in hem. In de zwarte woestijnnacht zagen we geen leed, en de lucht was koeler.

– Moet je dat zien, zei William K, en hij greep me bij mijn arm.
Ver voor ons rees de horizon als een grillige lijn langs de hemel omhoog. Ik had nog nooit eerder een bergketen gezien, maar dit was er een. William K wist zeker dat we ons doel bereikt hadden.

– Dat is Ethiopië! fluisterde hij. – Ik had niet gedacht dat we er al waren.

William K en ik liepen in het achterste deel van de rij en konden Dut en Kur dus niet vragen waar we waren. Maar wat William zei, klonk logisch. Voor ons verrees een groot zwart silhouet, groter dan enige andere landmassa die we ooit hadden gezien. Zo groot dat alle olifanten van de hele wereld erin pasten. William K had zijn arm om mijn schouder geslagen.

– Als we bij die berg zijn, zijn we in Ethiopië, zei hij.

Ik wilde hem niet tegenspreken. – Ik geloof dat je gelijk hebt. – Dat viel nog best mee, Achak. Zo ver was het niet lopen naar Ethiopië. Vond je wel? Nu we er zo dicht bij zijn, valt alles weer mee, hè?

We waren dicht bij ons doel, maar de toestand verslechterde snel. We bereikten Ethiopië die dag niet, en de volgende dag evenmin. We sliepen op alle tijden van de dag en de nacht, want we kwamen nauwelijks meer vooruit; onze voeten waren van lood en het leek wel alsof onze armen los aan ons lijf zaten. De wond aan mijn been was gaan zweren en mijn enige vriend was William K. Niemand anders wilde in mijn buurt komen, vooral niet na de gier. Toen ik 's morgens vroeg na een dutje wakker werd, stond er een schaduw tussen mij en de zon in die me het zicht benam. Eerst dacht ik dat Dut kwaad op me was, dat ik me had verslapen en hij me wakker schopte. Maar toen hief de gedaante plotseling zijn armen en draaide zijn kop naar me toe, en ik begreep dat het een gier was. Hij sprong op mijn goede been en begon het slechte te onderzoeken. Ik schoot achteruit, en de gier krijste en sprong naar voren, naar me toe. Hij was niet bang voor me.

Het werd een probleem voor alle jongens. Als we te lang op één plek bleven, kregen de gieren belangstelling voor ons. Als we meer dan een uur in de zon sliepen, kwamen er altijd aaseters op ons af en moesten we op onze hoede zijn dat ze niet al aan ons begonnen terwijl we nog leefden.

Diezelfde dag, nadat ik de vogel had verjaagd die me wilde opeten, begon William K er anders uit te zien. Hij kreeg vlekken in zijn gezicht, kringen die lichter van kleur waren dan de rest van zijn huid. Hij klaagde over krampen en duizeligheid, maar daar had ik zelf ook last van. William K bleef praten, en omdat hij bleef praten nam ik aan dat hij even sterk was als de anderen.

– Moet je kijken, zei William K.

Ik keek in de richting die hij aanwees; een eind verderop lag een donkere hoop. Een gier vloog op toen we dichterbij kwamen.

Het was het lijk van een jongen, iets ouder dan wij.
- Stom, zei William K.
Ik zei dat hij niet zo over de doden mocht praten.
- Maar het ís toch stom! Zo dicht bij je doel zijn en dan doodgaan.
Vanaf dat punt lagen er lijken langs alle paden. Jongens, baby's, vrouwen, mannen. Voortdurend zagen we lijken, van jongens en mannen, onder bomen vlak naast het pad. Weldra zagen we ook lijken in SPLA-uniformen.
- Hoe kan een soldaat zo sterven? vroeg William K aan Dut.
- Hij is onverstandig omgegaan met zijn watervoorraad, zei Dut.
- Hoe dichtbij zijn we al, Dut?
- Heel dichtbij. We zijn er al bijna bijna.
- Fijn. Het woord 'bijna' is een mooi woord.
We liepen die dag door de meest desolate streek die we tot nu toe hadden gezien, terwijl de hitte steeds meedogenlozer werd. Vóór het middaguur leek de lucht al iets met een huid of vacht. De zon was onze vijand. Maar ondertussen werden mijn dromen over het prachtige Ethiopië steeds levendiger en gedetailleerder. In Ethiopië zou ik een eigen bed hebben, net zo een als het dorpshoofd van Marial Bai had, gevuld met stro en met een deken van gazellehuid. In Ethiopië waren ziekenhuizen en markten waar alle denkbare etenswaren werden verkocht. Citroensnoepjes! We zouden weer snel op ons oude gewicht zijn en niet meer elke dag hoeven lopen; sommige dagen hoefden we zelfs helemaal niets te doen. Stoelen! We zouden stoelen hebben in Ethiopië. Ik zou op een stoel naar de radio luisteren, want in Ethiopië stonden er radio's onder alle bomen. Melk en eieren, in overvloed, en meer dan genoeg vlees, noten en warm eten. Er zou schoon water zijn om in te baden, en een put bij ieder huis, vol koel drinkwater. Heerlijk koel water! We zouden even moeten wachten voor we ervan dronken, zo koud was het. Ik zou nieuwe familie krijgen in Ethiopië, met ouders

die me tegen zich aan drukten en me hun zoon noemden.

Een eind voor ons zagen we een groep mannen in de schaduw van een kleine hegligboom zitten. Elf mannen zaten in twee met elkaar verweven kringen. Toen we dichterbij kwamen, zagen we dat twee mannen heel ziek waren. Een derde leek dood te zijn.

– Is hij dood? vroeg William K.

De man die het dichtst bij hem zat, haalde uit en stompte hem met zijn grote knokige hand hard tegen zijn borst.

– Jij bent zo meteen óók dood als je niet doorloopt!

De gele ogen van de man trilden van woede. De andere soldaten negeerden ons.

– Wat is er met hem gebeurd? vroeg William K.

– Ga weg, mompelde de soldaat.

William hield aan. – Is hij doodgeschoten?

De man keek hem dreigend aan. – Een beetje respect graag, ondankbaar stuk ongedierte! We vechten voor jullie!

– Ik bén ook dankbaar, zei William K verontwaardigd.

De man snoof.

– Echt waar, zei William K.

Het gezicht van de man verzachtte zich; blijkbaar geloofde hij nu dat William K het echt meende.

– Waar komen jullie vandaan, Rode-Legerjongens? vroeg hij.

– Uit Marial Bai.

Het gezicht van de man klaarde op.

– Ik kom uit Chak Chak! Hoe heet jij?

– William Kenyang.

– Aha, ik dacht wel dat ik je stam kende. Ik ken Thiit Kenyang Kol, dat moet jouw oom zijn.

– Ja, dat is mijn oom. Hebt u hem gezien?

– Nee, nee. Ik wou dat ik je wat kon vertellen, maar ik ben al langer van huis dan jij. Je bent er bijna. Nog een paar dagen en dan zijn jullie in Ethiopië. Daar komen wij net vandaan.

We bleven een poosje bij de soldaten zitten. Sommige jongens vrolijkten op toen ze hen zagen, maar hun aanwezigheid was verontrustend. De mannen waren bewapend en behoorden tot een eenheid die de Vuist heette, wat ik erg indrukwekkend vond klinken. Maar de mannen van de Vuist waren uitgehongerd en op het randje van de dood. Wat was dat voor land waar we heen gingen, als volwassen mannen met wapens die ervandaan kwamen op de terugweg naar Soedan van honger omkwamen?

Die dode soldaat zat me meer dwars dan alle jongens uit de groep die onderweg waren gestorven. Mijn geloof in de tocht wankelde en mijn voetstappen werden onwillig en traag.

In de spiegel William K zag ik er die dag niet goed uit. Mijn wangen waren ingevallen en ik had blauwe kringen om mijn ogen. Mijn tong was wit en je kon mijn heupbeenderen door mijn korte broek heen zien. Het was of mijn keel met hout en gras was bekleed. Elke poging om te slikken deed vreselijk zeer. Jongens liepen met hun handen tegen hun keel en probeerden er zo wat vocht in te masseren. Ik zei niets en we bleven lopen. De middag was bijzonder traag. We haalden op geen stukken na het tempo van de eerste dagen. We schoten maar heel weinig op. Die dag vroeg William K heel vaak of we even konden rusten.

– Gewoon, alleen even stil blijven staan, zei hij.

Dan bleven we staan en William steunde op mij, met zijn hand op mijn schouder. Hij ademde driemaal diep in en uit en zei dat hij weer verder kon. We wilden niet achterop raken.

– Ik voel me zo zwaar, Achak. Jij ook?

– Ja, William, ik ook. Iedereen.

Het werd koeler en ademhalen werd iets gemakkelijker. Van voor in de rij kwam het bericht dat ze daar het kadaver van een dikdik hadden gevonden. Ze hadden de gieren weggejaagd en probeerden nog wat eetbaar vlees van de botten van het beest te trekken.

– Ik moet weer even rusten, fluisterde William K. – Laten we even gaan zitten.

Ik was het daar niet mee eens, maar William K was al onderweg

naar een boom, en even later zat hij met zijn hoofd tegen de stam geleund.
– We moeten verder, zei ik.
William K deed zijn ogen dicht. – We moeten rusten. Kom ook even zitten, Achak.
– Ze hebben een dikdik gevonden.
– Dat klinkt goed.
Hij keek naar me op en glimlachte.
– We moeten wat van dat vlees te pakken zien te krijgen. Zo meteen is alles op, William.
Ik keek toe hoe William K's ogen heen en weer gingen en zijn oogleden langzaam dicht zakten.
– Ja, direct, zei hij. – Maar nu eerst even zitten. Ik heb dit echt nodig. Kom.
Ik ging vlak bij hem staan, zodat hij in de schaduw zat en even rust had, en toen zei ik dat we echt verder moesten.
– Nee, zei hij.
– Zo meteen is het vlees op.
– Haal jij dan wat. En neem wat voor mij mee.
God moge het me vergeven, maar ik vond dat een goed idee.
– Ik ben zo terug, zei ik.
– Fijn, zei hij.
– Hou je ogen open, zei ik.
– Doe ik, zei hij. Hij keek naar me op en knikte. – Ik heb dit nodig. Ik voel dat het helpt.
Zijn ogen zakten dicht en ik holde naar het beest om ons deel van het vlees te halen. Terwijl ik weg was, sijpelde het leven uit William K weg en keerde zijn lichaam terug tot de aarde.

Het sterven ging nu gemakkelijker. Bij Deng had er een hele nacht tussen de levende en de overleden Deng gezeten. Ik was ervan uitgegaan dat sterven altijd gebeurde tijdens die vele duistere uren. Maar William K had het anders aangepakt. Hij was stil blijven staan, was onder een boom gaan zitten, had zijn ogen dichtgedaan en was gewoon gegaan. Toen ik terugkwam met een reepje vlees om met hem te delen, was zijn lichaam al koud.

Ik kende William K al toen we allebei nog heel klein waren. Onze moeders hadden ons als baby's in hetzelfde bed gelegd. We hadden samen leren lopen en praten. Ik kon me maar heel weinig dagen herinneren dat we niet samen waren geweest, dat ik niet met William K op pad was. We waren vrienden, jongens die samen in een dorp woonden en dachten dat ze altijd jongens zouden blijven en daar altijd zouden wonen. Maar de afgelopen maanden waren we heel ver van onze familie weggetrokken, we hadden geen huis meer, we waren heel zwak geworden en zagen er anders uit dan vroeger. En nu was het leven van William K voorbij en lag zijn lichaam aan mijn voeten.

Ik bleef een poosje naast hem zitten. Zijn hand werd weer warm in mijn hand en ik keek naar zijn gezicht. Ik hield de vliegen op een afstand en weigerde omhoog te kijken; ik wist dat de gieren boven ons rondcirkelden en dat ik niet kon voorkomen dat ze op William K afkwamen. Maar ik besloot hem te begraven, zelfs als dat betekende dat ik mijn plaats in de groep zou kwijtraken. Na het zien van de doden en stervenden van de gedoemde Vuist had ik geen vertrouwen meer in onze tocht of onze leiders. Het leek me niet meer dan logisch dat het vanaf nu zo zou doorgaan: dat we allemaal zouden blijven lopen en sterven tot er niemand meer over was.

Ik groef zo hard als ik kon, maar moest regelmatig uitrusten; ik werd licht in het hoofd en kortademig van de inspanning. Ik kon niet huilen; ik had het vocht in mijn lichaam te hard nodig.

– Achak, kom!

Dat was Kur. Ik zag hem uit de verte naar me zwaaien. De groep had zich verzameld en stond op het punt om weer op weg te gaan. Ik besloot niet tegen Kur of de anderen te zeggen dat William K dood was. Hij was van mij en ik wilde niet dat zij hem aanraakten. Dat zij me vertelden hoe ik hem moest begraven of bedekken, of dat ik hem moest laten liggen waar hij lag. Ik had Deng niet begraven, maar met William K zou ik dat wel doen. Ik zwaaide terug naar Kur, riep dat ik eraan kwam en ging verder met graven.

– Nú, Achak!

Het gat was te klein en ik wist dat William K er niet goed in paste. Maar het zou de gieren een tijdje op een afstand houden, lang genoeg om me hun aanblik te besparen. Ik legde bladeren op de bodem van het gat, zodat zijn hoofd zacht zou rusten en er geen zand meer zichtbaar was. Ik sleepte William K in het gat en legde bladeren over zijn gezicht en zijn handen. Ik boog zijn knieën en vouwde zijn voeten achter zijn knieën om ruimte te besparen. Daarna moest ik weer rusten en ik ging zitten, een beetje voldaan omdat hij uiteindelijk toch in het gat paste dat ik gegraven had.

– Tot ziens, Achak! riep Kur. Ik zag dat de jongens al op weg waren gegaan. Kur wachtte nog even op me en draaide zich toen om.

Ik wilde niet bij William K weg. Ik wilde samen met hem sterven. Ik was op dat moment zo moe, zo tot in mijn botten vermoeid, dat ik voelde dat ik kon gaan slapen, net als hij – slapen tot mijn lijf koud werd. Maar toen dacht ik aan mijn ouders en mijn broers en zusjes en merkte dat ik William K's mythische visioenen van Ethiopië voor me zag. De wereld was verschrikkelijk, maar misschien zou ik hen weerzien. Dat was voldoende om me overeind te dwingen. Ik stond op en besloot verder te lopen, te lopen tot ik niet meer kon. Ik zou William K helemaal netjes begraven en dan achter de andere jongens aan lopen.

Ik kon niet aanzien hoe het eerste zand op William K's gezicht viel, en daarom trapte ik de eerste laag met mijn hak over hem heen. Toen zijn hoofd bedekt was, gooide ik er nog meer zand en stenen overheen, totdat het geheel enige gelijkenis met een echt graf vertoonde. Toen ik klaar was, zei ik tegen William K dat het me speet. Het speet me dat ik niet had gezien hoe ziek hij was. Dat ik geen manier had gevonden om hem in leven te houden. Dat ik de laatste was die hij gezien had. Dat hij geen afscheid kon nemen van zijn ouders, dat ik de enige was die wist waar zijn lichaam begraven lag. Het was een kapotte wereld, bedacht ik, waarin een jongen als ik een jongen als William K moest begraven.

Ik liep met de jongens mee, maar ik kon niet praten en overwoog regelmatig het bijltje erbij neer te gooien. Telkens als ik de resten van een huis zag, of een holle boom, kwam ik in de verleiding daar te gaan wonen en de anderen vaarwel te zeggen.

We liepen de hele nacht door, en aan het eind van de volgende ochtend waren we heel dicht bij de grens met Ethiopië. De regen was een vergissing. Het hoorde in dat gedeelte van Soedan om die tijd van het jaar helemaal niet te regenen, maar toch regende het het grootste deel van de dag heel hard. We dronken van de regendruppels en vingen het water op in alles wat daarvoor geschikt was. Maar de regen was niet alleen een zegen, maar ook een vloek. Maandenlang hadden we om water gebeden, om vochtige aarde tussen onze tenen, en nu verlangden we hevig naar droge, stevige grond. Tegen de tijd dat we Gumuro bereikten, was er vrijwel geen stuk land meer dat niet in een zompig moeras herschapen was. Maar er was nog één hoger gelegen stuk, en daar bracht Dut ons naartoe.

– Tanks!

Kur zag ze als eerste. We bleven staan en hurkten in het gras. Ik wist niet of de SPLA eigen tanks had, dus ik nam eerst aan dat de tanks van de regering van Soedan waren en ons kwamen doden.

– Volgens mij zijn we hier in SPLA-gebied, zei Dut terwijl hij in de richting van het dorp liep.

Drie legertrucks stonden midden in het dorp. Alle huizen waren afgebrand, maar tot onze blijdschap zagen we drie SPLA-soldaten uit het karkas van een bus stappen. Dut liep behoedzaam verder.

- Welkom, jongens! zei een van de soldaten tegen ons. Hij droeg een lange broek en laarzen, maar geen shirt. We lachten tegen hem, overtuigd dat we eten en onderdak zouden krijgen.
- Ga hier alsjeblieft weg, zei hij. - Jullie kunnen hier niet blijven.

Dut stapte naar voren en benadrukte dat we aan dezelfde kant stonden als zij en dat we eten moesten hebben, en een rustplaats op een droog stuk grond totdat de regen voorbij was.

- Wij hebben niets, zei een vermoeide stem. Het was een andere soldaat, die alleen een korte broek aan had. Hij zag er net zo uit als wij: ondervoed en verslagen.

- Zijn we hier in SPLA-gebied? vroeg Dut.

- Ik geloof het wel, zei de tweede soldaat. - Maar we horen niets van ze. Ze hebben ons hier achtergelaten om te sterven. Dit is een oorlog van gekken.

De soldaten in Gumuro, elf man, behoorden tot een ander verdwaald bataljon, maar ditmaal zonder een bijnaam als de Vuist. De mannen waren zonder voorraden in Gumuro achtergelaten en hadden ook geen mogelijkheden om contact te leggen met hun commandanten in Rumbek of waar dan ook. Dut legde uit dat het niet zijn bedoeling was de rampspoed van de soldaten nog te verergeren, maar dat hij driehonderd jongens bij zich had die te moe waren om de hele nacht door te lopen en graag wilden uitrusten.

- Het kan me geen bal schelen wat jullie doen, zei de tweede soldaat, - zolang je maar niets wegpakt. We kunnen niets missen. En verder zoek je het maar uit.

En zo werd besloten dat we die dag in Gumuro zouden uitrusten, en we gingen onder de trucks en in de schaduw van de tank liggen, overal waar de regen niet kon komen. Het duurde niet lang of een paar jongens wilden op zoek gaan naar eten, of naar vis in de moerassen. De eerste soldaat, die Tito heette, verzocht ze dringend te blijven waar ze waren.

- Er liggen hier mijnen, jongens. Je kunt hier niet zomaar

rondlopen. Het Soedanese leger heeft overal mijnen gelegd.
De boodschap kwam niet over, zodat Dut zich ermee bemoeide.
– Weet iedereen wat er gebeurt als je op een mijn trapt?
Iedereen knikte, maar Dut was er niet gerust op. Hij wilde een demonstratie geven. Hij knielde op de grond en vroeg een vrijwilliger te doen alsof hij op zijn hand stapte. Toen iemand dat deed, maakte Dut het geluid van een harde ontploffing, greep de jongen bij zijn voet en gooide hem op zijn rug; hij kwam met een harde klap neer. De jongen stond met tranen van woede en pijn in zijn ogen op en liep terug naar zijn plekje onder een bus.

Het duurde niet lang voordat de eerste jongens er toch opuit gingen. Tientallen jongens liepen naar alle kanten weg. Velen hadden honger en waren vastbesloten eten te vinden. Drie jongens liepen het gras in. Ik vroeg waar ze heen gingen in de hoop dat ze gingen vissen en dat ik mee mocht. Ze gaven geen antwoord en liepen de heuvel af. Ik ging onder een truck zitten, met mijn hoofd tussen mijn knieën, en dacht aan William K en aan de gieren die misschien wel belangstelling voor hem hadden. Ik dacht aan Amath en mijn moeder met haar gele jurk. Ik wist dat ik binnenkort zou sterven en hoopte dat zij ook dood was, dat ik haar terug zou zien. Ik wilde na mijn dood niet op haar hoeven wachten.

Het geluid klonk als het knappen van een ballon. Daarna een schreeuw. Ik ging niet kijken. Ik wilde het niet zien. Ik wist dat de jongens op een mijn waren gestuit. Er kwamen een heleboel mannen in beweging om de jongens te helpen. Het bleek dat één jongen een been was kwijtgeraakt; twee anderen waren dood. Het waren de jongens met wie ik mee had gewild. De jongen die een been had verloren, stierf later die avond. Er waren geen dokters in Gumuro.

Sommige jongens rustten, maar ik besloot dat ik niet wilde slapen. Ik zou mijn ogen niet meer dichtdoen tot we in Ethiopië waren. Ik voelde niet meer dat ik leefde en wist heel zeker dat ik ook dood zou gaan. Ik had eieren gegeten in de boom, en pinda's bij de man met de fiets, dus ik had meer gegeten dan sommige anderen, maar de wond aan mijn been wilde maar niet genezen en elke nacht voelde ik hoe er insecten in rondwroetten. Als we liepen, zag ik de jongens voor me in een waas en klonken hun stemmen, als die tot me doordrongen, onsamenhangend. Mijn oren waren ontstoken, mijn ogen waren onbetrouwbaar. Ik was een heel geschikte volgende kandidaat.

Nadat de soldaten Dut hadden geholpen met het opruimen van de lijken, zag een van de soldaten mij onder de truck zitten en hurkte voor me neer. De regen was afgenomen.
 – Kom eens hier, Rode Leger-jongen, zei hij.
 Ik verroerde geen vin. Ik ben van nature niet zo bot, maar op dat moment kon die hele soldaat me gestolen worden. Ik wilde niet helpen bij het begraven van lijken of wat hij ook maar voor me in gedachten had.
 – Dit is een bevel, Rode Leger-jongen! bulderde hij.
 – Ik zit niet in jouw leger, zei ik.
 Zijn arm was snel en hij had me meteen stevig vast. Met één snelle beweging had hij me onder de truck vandaan getrokken en me op mijn benen gezet.
 – Jij hoort niet bij ons? Je vecht niet voor de goede zaak? vroeg hij. Nu zag ik pas dat het Tito was. Zijn gezicht zat onder de littekens en zijn ogen waren geel met rode kringen eromheen.
 Ik schudde mijn hoofd. Ik hoorde nergens bij, besloot ik. Ik hoorde zelfs niet bij de lopende jongens. Ik wilde terug naar de man met de fiets, naar zijn sinaasappels en zijn geheime koele water.
 – Dus je gaat hier gewoon dood? vroeg Tito.
 – Ja, zei ik, ondanks alles toch nog beschaamd over mijn eigen gedrag.
 Tito greep me ruw bij mijn arm en voerde me dwars door het dorp naar een stapel boomstammen en brandhout met daarachter de benen van een man. De rest van zijn lichaam ging

schuil onder bladeren. Zijn voeten waren roze, zwart en wit en bedekt met maden.

– Zie je deze man?

Ik knikte.

– Hij is dood. Hij was iemand zoals ik, van mijn leeftijd. Groot. Sterk, gezond. Hij had een helikopter neergeschoten. Kun je je dat voorstellen, Rode Leger-jongen, een Dinka-man die een helikopter neerschiet? Ik was erbij. Het was een grootse dag. Maar nu is hij dood, en waarom? Omdat hij besloot niet meer sterk te zijn. Wil jij net zo worden als die dode man?

Ik was zo moe dat ik helemaal niet reageerde.

– Vind je dit normaal? blafte hij.

– Iedereen gaat dood, zei ik. – Op weg hiernaartoe hebben we wel meer dode soldaten gezien.

Dat leek Tito te verbazen. Hij wilde weten waar precies en hoeveel. Toen ik hem antwoord gaf, veranderde zijn houding: het werd hem duidelijk dat zijn groep niet de enige was die alleen in de woestijn zat, vergeten door de oorlog. Ik geloof dat Tito kracht putte uit dat nieuws. En terwijl ik toekeek hoe hij naar de bus terugholde om het aan zijn kameraden te vertellen, voelde ik ook nieuwe kracht. Ik besef dat dat irrationeel was.

Vroeg in de avond, terwijl het blauw van de hemel zwart werd, maakten we ons op om te gaan slapen toen er een gedaante aan de horizon opdook. Dut zag hem, ging aan de rand van het dorp staan en tuurde met half dichtgeknepen ogen in de verte. De gedaante werd een jongen.

– Is dat er een van ons? vroeg Dut.

Niemand gaf antwoord. Tito lag te slapen in de schaduw van de tank.

– Kur, zou dat er eentje van ons zijn? vroeg Dut.

Kur haalde zijn schouders op.

Ik kneep mijn ogen half dicht en zag dat de jongen aan de horizon veranderde in een heleboel jongens, honderden. Ik ging overeind zitten. Dut en Kur stonden met hun handen op hun heupen.

– Mijn god, wie zijn dat?

Dut maakte Tito wakker en vroeg of die iets wist van een groep jongens die naar Gumuro zou komen.

– We wisten ook niks van júllie, zei Tito gemelijk. Hij vond het vervelend dat hij wakker was gemaakt, maar was toch ook benieuwd naar de naderende mensenmassa.

De groep in de verte kwam dichterbij. Alle jongens van onze groep keken toe hoe die andere, grotere groep jongens naderde. Er kwam geen eind aan de rij. Hij werd vier jongens breed, en al gauw waren er ook vrouwen, kleine kinderen, gewapende mannen te zien. Tito wond zich vreselijk op.

– Wat ís dit verdomme allemaal?

Het was een rivier van Soedanezen die Gumuro binnenstroomde. Ze zagen er sterker uit dan wij en stapten energiek en doelbewust voort. Ze hadden tassen, manden, koffers en zakken bij zich. En als laatste kwam het allerongelooflijkste in zicht: een tankauto.

– Water, zei Tito. – Dat is de tankauto met water van de SPLA.

– Een tankauto? fluisterde Dut. – Een hele tankauto?

De groep die vanuit de drassige verte naar ons toe kwam, telde achthonderd personen, misschien zelfs wel duizend. Ze werden begeleid door minstens vijftig gewapende en gezonde soldaten die de mensen bewaakten. De eersten hadden inmiddels het dorp bereikt. Dut was opgetogen. Hij zag hun eten en hun water en riep ons bij elkaar.

De eerste van de nieuwe soldaten stapte op Dut en Tito af.

– Dag oom! zei Dut, uitbundig nu, bijna in tranen.

– Wie zijn jullie? vroeg de nieuwe soldaat. Hij droeg een honkbalpet en een compleet uniform.

– Wij horen bij de lopende jongens, zei Dut. – Net als jullie. We zijn hier eerder vandaag aangekomen. We zijn zo blij jullie te zien! We hebben zo'n honger! En we hebben geen schoon water. We drinken uit plassen, uit de moerassen. Toen ik die tankauto zag, meende ik dat God zelf ons die had gestuurd. We hebben dringend behoefte aan water. Er gaan hier mensen dood. We hebben er al een heleboel verloren. Wat zouden we...

– We zullen de soldaten eten geven, zei de nieuwe rebel, – maar jullie horen hier helemaal niet.

– In dit dorp? vroeg Dut ongelovig. Hij had een brok in zijn keel.

– Wij eisen dit dorp op. We zijn met duizend man.

– Nou, wij zijn maar met driehonderd. Daar is vast wel ruimte voor. En we hebben echt hulp nodig. We hebben in de woestijn negentien jongens verloren.

– Dat kan wel zijn, maar jullie moeten nu weg, voordat de rest van mijn groep hier is. Het zijn belangrijke mensen en wij escorteren ze naar Pinyudo.

Dut keek hoe de mensen het dorp binnenkwamen. Er waren gezinnen en volwassenen in chique kleren, maar er waren ook een heleboel jongens, jonge jongens die veel op ons leken. Het enige verschil was dat de nieuwe groep beter gevoed was. Geen ingevallen ogen, geen opgezwollen buiken. Ze hadden shirts en schoenen aan.

– Maar oom, hield Dut aan, – ik respecteer u en uw belangrijke taak. Ik vraag alleen of wij dit land vannacht met u mogen delen. Het wordt al donker.

– Dan mogen jullie wel opschieten.

Het drong tot Dut door dat de soldaat het meende en hij begon te hakkelen.

– Waar... waarnaartoe? Waar moeten we heen?

– Moet ik soms een kaart voor je tekenen? Wegwezen. Zorg dat al dat ongedierte hier verdwijnt.

Hij wierp een blik vol afgrijzen op onze groep – op onze uitstekende botten, onze uitpuilende ogen, onze gebarsten huid en onze wit weggetrokken monden.

– Maar oom, we zijn hetzelfde! Zijn we niet net als u? U wilt toch hetzelfde als ik?

– Ik weet niet wat jij wilt.
– Niet te geloven. Dit is belachelijk.
De klap die ik hoorde leek erg op die die mijn vader destijds in zijn winkel kreeg. Ik wendde mijn hoofd af. Dut lag op de grond; zijn slaap bloedde van de klap met de kolf van het geweer. De soldaat stond op hem neer te kijken.
– Belachelijk. Heel goed geformuleerd, dokter. En nou opgedonderd.
De soldaat hief zijn geweer en schoot in de lucht. – Wegwezen, ongedierte! Hup, vort!
De nieuwe soldaten joegen ons het dorp uit en deelden klappen uit waar ze konden. Jongens vielen bloedend op de grond, vluchtten weg. Iedereen rende, ik ook, en ik was nog nooit zo razend geweest als op dat moment. Ik was kwader dan ik ooit op de murahaleen was geweest. Mijn woede kwam voort uit het besef dat er onder de ontheemden rangen en standen waren. En wij stonden op de onderste sport van de ladder. Iedereen was ons liever kwijt dan rijk – de regering, de murahaleen, de rebellen en de beter gesitueerde vluchtelingen.
We overnachtten aan de rand van Gumuro, in een moeras met enkeldiep water, waarin we probeerden te slapen. We waren voor de zoveelste keer alleen, en we luisterden in een kring naar de geluiden van het bos, met de lichten van de tankauto in de verte.

Het duurde nog twee dagen voor we in Ethiopië waren. Voor de Ethiopische grens moesten we nog een zijrivier van de Nijl oversteken: de brede en diepe Gilo. De mensen die aan het water leefden hadden boten, maar weigerden ze ons te lenen. Er zat niets anders op dan zwemmen.
– Wie gaat er eerst? vroeg Dut.
Op de oever lagen drie krokodillen zich te drogen. Toen de eerste jongens het water in liepen, besloten die krokodillen ook te gaan zwemmen. De jongens sprongen met een kreet weer op het droge.

- Vooruit, zei Dut. - Die krokodillen vallen je niet aan. Ze hebben geen honger vandaag.

Hij waadde de rivier in en begon te zwemmen; hij gleed soepeltjes voort, zijn hoofd boven water, zijn bril kurkdroog. Dut leek alles aan te kunnen. Sommige jongens gilden toen ze hem midden in de rivier zagen. We verwachtten hem ieder moment kopje onder te zien gaan. Maar hij zwom ongedeerd naar ons terug.

- Kom, we moeten verder. Als je hier wilt blijven, mag dat. Maar wij steken vandaag deze rivier over, en als we aan de overkant zijn, zijn we heel dicht bij ons doel.

We knepen onze ogen tot spleetjes om te zien hoe het er aan de overkant uitzag. Van waar wij stonden leek het precies op onze kant, maar we vertrouwden erop dat alles nieuw zou zijn als we op de andere oever waren.

Niet veel jongens konden zwemmen, dus Kur en Dut en de paar jongens die wel konden zwemmen, trokken de anderen naar de overkant. Twee zwemmers sleepten telkens één jongen, zodat het al met al aardig wat tijd kostte. Iedereen was dapper en kalm en zorgde dat zijn benen niet te diep onder water hingen tijdens de overtocht. Niemand werd in het water aangevallen. Maar diezelfde krokodillen zouden later gewend raken aan mensenvlees.

Terwijl ik op mijn beurt wachtte, werd ik overvallen door een honger zoals ik in geen weken had gevoeld. Misschien kwam het doordat ik wist dat er in het dorp aan de rivier eten was en dat er een manier moest zijn om het te bemachtigen. Ik sloop in mijn eentje van huis naar huis en probeerde een plan te verzinnen om eten te ruilen of te stelen. Ik had nog nooit van mijn leven gestolen, maar de verleiding werd nu te groot.

Een jongensstem klonk achter me. - Hé, jongen, waar kom jij vandaan?

Hij was van mijn leeftijd en leek veel op een Dinka. Hij sprak een soort Arabisch. Ik was verbaasd toen ik merkte dat ik hem verstond. Ik zei dat ik lopend uit Bar al-Ghazal kwam, maar dat zei hem niets. Bar al-Ghazal bestond hier niet.

– Ik wil jouw shirt hebben, zei de jongen. Even later kwam er nog een jongen, zo te zien de oudere broer van de eerste, en die zei ook dat hij mijn shirt wilde hebben. Een paar tellen later waren we het eens: ik zei dat ze mijn shirt mochten hebben in ruil voor een kop maïs en een kop groene bonen.

De oudste jongen holde hun hut in en kwam terug met het eten. Ik gaf hun mijn enige shirt. Daarna voegde ik me weer bij de jongens aan het water; ook anderen hadden deals gesloten met de dorpelingen en zaten te koken en te eten. Op mijn korte broek na naakt kookte ik mijn maïs en at die haastig op. Terwijl we wachtten tot we naar de overkant werden gebracht, gingen degenen die nog niet hadden gegeten nu op hun beurt het dorp in om te ruilen wat ze bezaten. Sommigen verkochten reservekleren of andere dingen die ze hadden gevonden of meegenomen: een mango, gedroogde vis, een muskietennet. Niemand van ons wist nog dat maar één uur verderop het vluchtelingenkamp was waar we drie jaar zouden blijven. Daar, in Pinyudo, zou ik mijn besluit om mijn shirt te ruilen voor een kop maïs vervloeken. Eén jongen ruilde al zijn kleren, zodat hij helemaal naakt was, en dat zou hij nog een halfjaar blijven, totdat de eerste hulpzending met kleren uit andere delen van de wereld in het kamp aankwam.

Aan het eind van de middag was ik eindelijk aan de beurt om de rivier over te steken. Ik had gegeten en was verzadigd. Maar Dut en Kur leken heel moe. Ze zwommen een groot deel van de oversteek op hun rug, waarbij ze me per ongeluk trapten, veel water deden opspatten en maar langzaam vooruitkwamen. Aan de overkant ging ik bij de andere jongens zitten en wachtten we tot ons hart weer rustig klopte. Ten slotte, tegen het vallen van de nacht, hadden Dut en Kur alle jongens naar de overkant gebracht. We bedankten hen en ik bleef dicht in Kurs buurt toen hij ons voorging, weg van de rivier, door een groepje bomen naar een open plek.

– Zo, zei Kur. – Nu zijn we in Ethiopië.

– Nee, zei ik, want ik wist zeker dat hij een grapje maakte.
– Wanneer zijn we er, Kur?

– We zijn er al. Echt.

Ik keek naar het land. Het zag er precies zo uit als aan de andere kant van de rivier, de kant waar het Soedan was en waar we net vandaan kwamen. Er stonden geen huizen. Er waren geen medische voorzieningen. Er was geen eten. Geen drinkwater.

– Dit kan het niet zijn, zei ik.

– Het is het toch echt, Achak. Nu kunnen we uitrusten.

Overal in de velden lagen al volwassen Soedanezen languit op de grond, vluchtelingen die voor ons waren aangekomen en die ziek of stervend waren. Dit was niet het Ethiopië waar we naartoe hadden gewild. Ik wist zeker dat we nog verder moesten.

We zijn niet in Ethiopië, dacht ik. Dit kan het niet zijn.

Boek II

XV

Eerst hoor ik zijn stem. Achor Achor is vlakbij. Hij praat in zijn mobieltje, in het Engels. Zijn welluidende, hoge stem. Ik kijk omhoog en zie zijn silhouet door het raam. Nu krassen zijn sleutels over de deur.

Hij doet de deur open en zijn hand valt langs zijn zij.

'Wat doe jij nou?' vraagt hij in het Engels.

Het wordt me even te veel. Ik was heimelijk bang dat ik zijn gezicht nooit meer zou zien. Ik slaag erin een dankbaar gepiep en gegrom voort te brengen voordat hij knielt en de tape van mijn mond verwijdert.

'Achak! Is alles goed met je?'

Het duurt even voor ik kalm genoeg ben om te antwoorden.

'Wat is hier verdomme gebeurd?' vraagt hij.

'Ik ben overvallen,' zeg ik eindelijk. 'We zijn bestolen.'

Hij heeft even nodig om alles tot zich te laten doordringen. Zijn blik gaat van mijn gezicht naar mijn handen naar mijn benen. Hij kijkt de kamer rond alsof hij daar ergens een betere verklaring zal vinden.

'Maak me los!' zeg ik.

Hij heeft al snel een mes gevonden en knielt naast me neer. Hij snijdt het telefoonsnoer door. Ik houd hem mijn voeten voor en hij maakt de knoop los. Hij gaat over op Dinka.

'Achak, wat is er in vredesnaam gebeurd? Hoe lang lag je daar al zo?'

Ik vertel hem dat het bijna een volle dag heeft geduurd. Hij helpt me overeind.

'We gaan naar het ziekenhuis.'

'Ik ben niet gewond,' zeg ik, al kan ik dat niet zeker weten.

We lopen naar de badkamer, waar Achor Achor de snee onder het felle licht inspecteert. Hij maakt de wond voorzichtig schoon met een in warm water gedoopte handdoek. Al doende houdt hij zijn adem even in, maar hij herstelt zich snel.

'Misschien een paar hechtingen. Kom, we gaan.'

Ik sta erop dat we eerst de politie bellen. Ik wil dat ze dadelijk met de zaak beginnen; ik weet zeker dat ze willen dat de sporen nog vers zijn. De overvallers kunnen nog niet ver zijn.

'Je hebt in je broek gepist.'

'Ik heb hier een hele dag gelegen. Hoe laat is het? Al over twaalven?'

'Kwart over één.'

'Waarom kwam je thuis?'

'Ik wou geld halen voor vanavond. Ik zou na mijn werk naar Michelle gaan. Ik moet eigenlijk over tien minuten weer in de winkel zijn.'

Achor Achor lijkt net zo bezorgd dat hij niet op tijd op zijn werk terug is als over mij. Ik loop naar mijn kast om schone kleren aan te trekken. Ik ga naar de wc, neem een douche en verkleed me; ik doe veel te lang over eenvoudige taken.

Achor Achor klopt op de deur. 'Alles oké?'

'Ik heb zo'n honger. Heb jij wat te eten?'

'Nee. Ik haal wel even wat.'

'Nee!' zeg ik, en ik spring bijna op van de wc. 'Niet weggaan. Ik eet wel wat er nog is. Blijf alsjeblieft hier.'

Ik kijk in de spiegel. Het bloed is op mijn slaap en om mijn mond opgedroogd. Ik maak af waar ik mee bezig ben en Achor Achor geeft me een halve sandwich met ham uit de vriezer die hij in de magnetron heeft ontdooid. We gaan op de bank zitten.

'Was je bij Michelle?'

'Ik vind het zo erg voor je, Achak. Wat waren het voor mensen?'

'Onbekenden.'

'Als ik thuis was geweest, zou het niet gebeurd zijn.'

'Ik denk het wel. Wat hadden we kunnen doen?'

We praten over het waarschuwen van de politie. We moeten snel bedenken wat er allemaal mis kan gaan als we bellen. Zijn onze immigratiepapieren in orde? Ja. Hebben we nog openstaande parkeerboetes? Ik drie en Achor Achor twee. We berekenen of we genoeg op onze betaalrekening hebben staan om de boetes te voldoen als de politie dat eist. We denken van wel.

Achor Achor belt. Hij vertelt de telefonist wat er gebeurd is, dat ik overvallen ben en dat we bestolen zijn. Hij verzuimt te vermelden dat de man een pistool had, maar ik neem aan dat dat op dit moment niet uitmaakt. Als de politieauto's komen, zal ik meer dan genoeg tijd hebben om te beschrijven wat er is gebeurd. Ze zullen me meenemen naar het bureau om me foto's van criminelen te laten zien die lijken op degenen die me hebben overvallen. Even stel ik me voor dat ik tegen Tonya en Kobalt getuig, naar hen wijs voor een hevig geagiteerd publiek in een rechtszaal. Ik besef dat ik hun volledige naam zal kennen en zij de mijne. Het zal voldoening geven dat ze hiervoor moeten boeten, maar ik zal wel moeten verhuizen, want hun vrienden weten mijn adres dan ook. In Soedan kan een misdaad tegen één persoon hele families en clans tegen elkaar opzetten, totdat de kwestie definitief wordt opgelost.

Achor Achor en ik zitten op de bank en we vallen stil. Het idee dat de politie zo meteen in de flat is, zorgt voor een groeiende ongerustheid. Ik heb weinig geluk met auto's en politiemensen. Ik heb nu drie jaar een auto en heb al zes ongelukken gehad. Op 16 januari 2004 was ik binnen vierentwintig uur betrokken bij drie ongelukken. Het waren allemaal kleine incidenten bij stoplichten, opritten en parkeerplaatsen, maar ik ging me wel afvragen of er een spelletje met me werd gespeeld. En dit jaar heeft de beproeving gebracht dat ik voortdurend weggesleept word. Ik ben weggesleept wegens fout parkeren en wegens een verlopen registratiebewijs. Dat laatste is twee weken geleden; het begon ermee dat ik een politieauto passeerde die uit een Kentucky Fried Chicken kwam. Hij achtervolgde me en zette zijn zwaailichten aan, en ik reed onmiddellijk naar de kant van de weg. De man, die heel groot en bleek was en zijn ogen had verstopt achter een zonnebril, zei dadelijk dat hij me misschien wel in de cel zou zetten. 'Wil je dat?' vroeg hij, plotseling luid. Ik probeerde wat te zeggen. 'Nou?' zei hij. 'Wil je dat?' Ik zei dat ik niet in de cel wilde en vroeg waarom dat dan moest. 'Wacht hier,' zei hij, en ik bleef in mijn auto zitten terwijl hij terugliep naar de zijne. Even later kreeg ik te horen dat hij me had laten stoppen omdat de registratiesticker op mijn nummerbord was verlopen; ik moest een nieuwe sticker hebben, in een andere kleur. Hij was zo goed me een gang naar de cel te besparen – hij zei: 'Ik ga mijn nek voor je uitsteken om je dat te besparen, jongen' – maar ik moest de auto wel op de snelweg laten staan, waar hij later werd weggesleept.

'Ik denk dat ik maar eens terug moet naar mijn werk,' zegt Achor Achor.

Ik zeg niets. Ik weet dat hij gewoon hardop de voors en tegens afweegt. Ik weet dat hij met me mee zal gaan naar het ziekenhuis, maar eerst moet inschatten hoe moeilijk het zal zijn om zijn chef te bellen. Hij denkt dat hij elke dag om iedere willekeurige reden ontslagen kan worden, en een middag vrij nemen is niet iets wat je lichtvaardig doet.

'Ik kan ook uitleggen wat er is gebeurd,' zegt hij.

'Dat hoeft niet,' zeg ik.

'Jawel, ik bel wel,' zegt hij. 'Misschien kan ik in het weekend overwerken om het in te halen.'

Hij belt, maar het gesprek verloopt niet goed. Achor Achor en de meeste andere Soedanezen die we kennen hebben hier uiteenlopende en tegenstrijdige werkregels geleerd. Er is een strengheid die nieuw voor ons is, maar die lijkt tegelijkertijd willekeurig en onrechtvaardig. Bij mijn baantje tussen de stalen leken er voor mijn vrouwelijke collega volstrekt andere regels te gelden dan voor mij. Zij kwam elke dag te laat en loog over haar gewerkte uren. Ik had de indruk dat ze helemaal niet werkte als ik er was, zodat ik – ze noemde mij haar assistent, ook al was ik dat helemaal niet – al het werk kon doen. Ik wilde niet bij mijn baas over haar gaan klikken, dus ik had geen andere keus dan voor twee derde van haar loon tweemaal zo hard te werken als zij.

'Zouden ze de sirenes aanzetten voor zoiets?' peinst Achor Achor hardop.

'Ik denk het wel.'

'Denk je dat ze die mensen te pakken krijgen?'

'Vast wel. Die twee leken me echte criminelen. De politie zal wel foto's van ze hebben.'

De gedachte aan Tonya en Kobalt die worden achtervolgd en gearresteerd schenkt me grote voldoening. Ik weet zeker dat dit soort dingen in dit land niet wordt getolereerd. Ik bedenk dat dit de eerste keer is dat de politie namens mij in actie zal komen. Ik voel een duizelingwekkende macht.

Er verstrijken tien minuten. Twintig. Achor Achor en ik hebben een lijst van de belangrijkste spullen gemaakt, maar nu we meer tijd hebben dan we hadden gedacht, beginnen we ook de kleinere dingen te inventariseren die zijn gestolen. We zoeken alle gebruiksaanwijzingen van de verdwenen apparaten bij elkaar voor het geval de politie de typenummers nodig heeft. Met die gegevens zullen ze de spullen wel gemakkelijker kunnen achterhalen, en de verzekeringsmaatschappijen willen dezelfde informatie waarschijnlijk ook hebben.

'Je zult alle verjaardagen opnieuw in je telefoon moeten programmeren,' merkt Achor Achor op.

Hij was een van de weinige vrienden die me niet uitlachten omdat ik de verjaardagen van al mijn kennissen vastlegde. Het kwam hem juist heel logisch voor, het uitzetten van een reeks markeringspunten langs het pad van het jaar, een paar momenten waarop je even kon beseffen wie je allemaal kende, hoeveel mensen je als een vriend beschouwden.

Achor Achor is nu alles aan het opruimen en rechtzetten – de tafel, de lamp, de kussens van de bank, die nog steeds op de grond liggen. Achor Achor is extreem praktisch en moeiteloos efficiënt.

Hij heeft zijn huiswerk altijd een dag te vroeg af, want dan heeft hij die extra dag om het nog een keer na te kijken. Hij laat de olie van zijn auto braaf om de vierduizend kilometer verversen en rijdt altijd alsof hij rijexamen doet. In de keuken gebruikt hij voor alles precies het juiste apparaat. Anne en Gerald Newton, die bijna altijd bezig zijn met koken, naar tv-programma's over koken kijken en boeken over koken lezen, hebben ons een uitgebreid assortiment potten, pannen, pannenlappen en andere keukenspullen gegeven. Achor Achor weet waar alles voor dient, zorgt dat elk voorwerp altijd op de juiste plaats ligt, staat of hangt en doet zijn best alles op zijn tijd te gebruiken. Vorige week trof ik hem bezig met uien snijden; hij had een beschermende bril op met op het elastiek de tekst UIEN ZIJN OM TE HUILEN.

Na een halfuur begint Achor Achor te vermoeden dat de politie het adres verkeerd heeft opgeschreven. Hij doet de deur open om te kijken of er een patrouillewagen op het parkeerterrein staat; misschien loopt er wel een agent naar de goede flat te zoeken. Ik vertel hem van de politieauto die er de vorige dag veertig minuten lang stond, hoewel ik merk dat hij het zo'n vreemd idee vindt dat het niet echt tot hem doordringt. Achor Achor belt de politie nog een keer. Het antwoord komt op de automatische piloot: er is een auto onderweg.

'Ik ben vervloekt,' zeg ik. Die gedachte speelt ons allebei door het hoofd. 'Het spijt me,' zeg ik.

Hij neemt deze last niet onmiddellijk van mijn schouders.

'Nee, dat geloof ik niet,' liegt hij. Maar er kan geen andere verklaring zijn voor alles wat me is overkomen sinds ik naar de Verenigde Staten ben verhuisd. Er zouden maar zesenveertig vluchtelingen op 11 september 2001 naar New York vliegen, en daar was ik er één van. Mijn goede vriend Bobby Newmyer is er niet meer, Tabitha evenmin, en nu dit weer. Je zou er haast de slappe lach van krijgen. En net als ik dat denk, begint Achor Achor te lachen. Ik lach mee, en we weten allebei waarom we lachen.

'Ze hebben zelfs de klokken meegenomen,' zegt hij.

Achor Achor had zijn dag niet toen hij mij als huisgenoot koos. Natuurlijk, er zijn mannen die nog erger zijn, jonge Soedanezen die het er te veel van hebben genomen, die zich in alle nesten hebben gewerkt die een jonge man maar kan vinden, en zo ben ik niet, net zomin als Achor Achor. Maar veel geluk heb ik hem niet gebracht. Het valt me zwaar hem recht in de ogen te kijken. We kennen elkaar al te lang, en dat we hier nu zo samen op de bank zitten, is misschien wel het droevigste van alles wat we samen hebben meegemaakt. We zijn hopeloze gevallen, besluit ik. Hij werkt nog steeds in een meubelzaak en ik volg drie bijspijkercursussen aan een volksuniversiteit. Zijn wij de toekomst van Soedan? Dat lijkt niet waarschijnlijk, met alle ellende die we aantrekken, alle rampen waarvan we het slachtoffer worden. We roepen het over onszelf af. Ons gezichtsveld is te klein voor de vs, denk ik; we zien de problemen niet aankomen.

Na tweeënvijftig minuten wordt er op de deur geklopt.

Ik maak aanstalten om op te staan, maar Achor Achor gebaart dat ik moet blijven zitten. Hij loopt naar de deur, grijpt de knop en draait eraan.

'Wacht!' gil ik. Hij aarzelt niet; even ben ik bang dat het Tonya weer is. Maar als hij de deur opendoet, blijkt er een kleine Aziatische vrouw met een paardenstaart voor de deur te staan, gekleed in een half politie-uniform. Ze heeft geen pet op en haar broek past niet bij het overhemd dat ze draagt. Achor Achor vraagt haar binnen te komen, terwijl hij haar met onverholen nieuwsgierigheid opneemt.

'Er zou hier een incident zijn geweest,' zegt ze.

Achor Achor doet de deur achter haar dicht. Ze laat haar blik door de woonkamer gaan, maar ze ziet de bloedvlek niet. Haar tenen raken de omtrek ervan op de vloerbedekking. Achor Achor staart even naar de vlek en ze volgt zijn blik.

'Aha,' zegt ze. Ze doet een stap achteruit.

'Wie van u tweeën is het slachtoffer?' vraagt ze met haar

handen in haar zij. Ze kijkt eerst mij en daarna Achor Achor aan. Ik zit iets meer dan een meter van haar af, met bloed op mijn mond en mijn slaap. Ze richt haar aandacht weer op mij.

'Bent u het slachtoffer?' vraagt ze.

Achor Achor en ik zeggen tegelijkertijd 'ja'. Dan staat hij op en wijst naar mijn gezicht. 'Hij is gewond, mevrouw.'

Ze glimlacht, houdt haar hoofd scheef en zucht diep. Ze begint me te ondervragen: hoeveel overvallers, wanneer.

'Kende u de dader?' vraagt ze.

'Nee,' zeg ik.

Ik vertel alles wat er vannacht en vanochtend is gebeurd. Ze maakt een paar korte aantekeningen in een in leer gebonden notitieboekje. Ze is mager en alles aan haar is minuscuul; ze heeft donker haar en hoge jukbeenderen, en de bewegingen van haar handen zijn netjes en afgemeten.

'Weet u zeker dat u die mensen niet kende?' vraagt ze nog eens.

'Ja,' zeg ik.

'Maar waarom hebt u dan opengedaan?'

Ik leg nog eens uit dat de vrouw vroeg of ze even kon bellen. De agente schudt haar hoofd. Ze vindt het geen bevredigende verklaring.

'Maar u kende haar helemaal niet.'

Dat beaam ik.

'En die man ook niet, toch?'

'Nee,' zeg ik.

'U had ze nog nooit eerder gezien?'

Ik zeg dat ik de vrouw al eerder op de trap naar boven had gezien. Dat vindt de agente interessant. Ze schrijft iets in haar notitieboekje.

'Bent u verzekerd?' vraagt ze.

Achor Achor zegt dat hij verzekerd is en gaat zijn pasje halen. Ze pakt het aan en kijkt er fronsend naar. 'Nee, nee. Een inboedelverzekering,' zegt ze. 'Iets wat diefstal dekt.'

We beseffen dat we zoiets niet hebben. Ik zeg dat de vrouw in ieder geval één keer met mijn mobieltje heeft gebeld.

'Daar kunnen we misschien wel iets mee, meneer Achor,' zegt ze tegen mij, maar ze schrijft niets op.

'Ik ben Achor Achor,' zegt Achor Achor. 'Hij heet Valentino.'

Ze verontschuldigt zich en merkt op wat een interessante namen we hebben. Dat is een bruggetje naar de onvermijdelijke vraag naar onze afkomst. Ze vraagt waar we vandaan komen, en wij zeggen 'Soedan'. Haar ogen beginnen te twinkelen.

'Wacht eens even. Darfur, ja?'

Het is een feit dat Darfur nu bekender is dan het land waar die streek deel van uitmaakt. We leggen in het kort uit hoe het zit.

'Soedan, wauw,' zegt ze, terwijl ze verstrooid de sloten op onze voordeur onderzoekt. 'Wat doen jullie dan hier?'

We antwoorden dat we werken en graag een universitaire opleiding zouden willen volgen.

'En hadden jullie wat te maken met die genocide? Zijn jullie slachtoffers?'

Ik ga zitten en Achor Achor probeert haar het een en ander uit te leggen. Ik sta hem zijn uitweiding toe, want ik hoop dat ze haar notitieboekje weer zal openslaan om nog meer gegevens over de overval op te schrijven. Achor Achor legt uit waar we vandaan komen en wat onze relatie tot de mensen uit Darfur is, maar pas als hij vertelt dat er nu mensen uit die streek in Atlanta wonen, lijkt ze geïnteresseerd.

Ze doken op een goeie dag op in onze kerk in Clarkston, mevrouw. Onze priester, Kerachi Jangi, vestigde onze aandacht op de gasten achter in de kerk, en toen iedereen zich omdraaide, zagen we acht nieuwkomers, drie mannen, drie vrouwen en twee kinderen van onder de acht, de meesten in pak of andere officiële kledij. Het jongetje droeg een trui van de Carolina Panthers. We begroetten hen en praatten na de kerk met hen, verbaasd dat ze naar ons toe waren gekomen en nieuwsgierig naar hun plannen. Het was niet gebruikelijk dat bewoners van Darfur, van wie de meesten moslim waren, het gezelschap van Dinka zochten, en het was ronduit ongehoord dat ze op zondag in een christelijke kerk zaten. De mensen uit Darfur voelden zich historisch meer verbonden met de Arabieren dan met ons, ook al leken ze veel meer op ons dan op de etnische Arabieren. Onze gevoelens voor hen werden bovendien al een tijd vertroebeld door het feit dat veel van de murahaleen die onze dorpen terroriseerden uit Darfur kwamen; het duurde een tijdje voordat we in de gaten kregen dat de slachtoffers van deze nieuwe fase van de burgeroorlog niet onze onderdrukkers waren maar onderdrukten, net als wijzelf. Daarom lieten wij hen met rust en zij ons. Maar alles is nu anders, lotsverbondenheid kan veranderen.

Als Achor Achor klaar is, zucht de agente en doet ze haar notitieboekje dicht.

'Goed,' zegt ze, en ze werpt nog een blik op de vlek.

Ze geeft me een papiertje ter grootte van een visitekaartje. Er staat BEWIJS VAN AANGIFTE op. Achor Achor bekijkt het.

'Betekent dit dat wat hem is overkomen een aangifte is?' vraagt hij.

'Ja,' zegt ze, bijna glimlachend. Dan begrijpt ze dat hij twijfels heeft over deze benaming voor de misdaad. 'Hoezo?'

Ik zeg dat bedreigd worden met een vuurwapen me iets heel anders lijkt dan een aangifte.

'Zo heet dat nu eenmaal,' zegt ze, en ze stopt het notitieboekje weg. Ze heeft er niet meer dan vijf woorden in geschreven.

'Nou, wees voorzichtig, hè?'

Ze gaat weg, en ik ben te murw om me er nog druk over te maken. Het gevoel van verslagenheid is allesoverheersend. Ik heb in die vijftig minuten dat we op de agente moesten wachten zoveel verontwaardiging en wraakzucht gemobiliseerd dat ik nu niet weet waar ik met al die emoties naartoe moet. Ik plof op mijn bed neer en laat ze in de lakens, de vloer, de aarde vloeien. Ik heb niets meer over. Wij vluchtelingen kunnen het ene moment geprezen, geholpen en bemoedigd worden en dan weer door iedereen genegeerd als we te lastig blijken te zijn. Als we

hier in de problemen komen, is dat steevast onze eigen schuld.
'Het spijt me,' zegt Achor Achor. Hij zit op mijn bed. 'We moeten naar het ziekenhuis, hè? Hoe is het nu met je hoofd?'
Ik zeg dat de pijn heel heftig is, dat hij door mijn hele lichaam lijkt te trekken.
'Dan gaan we,' zegt hij. 'Kom.'

Achor Achor brengt me naar het ziekenhuis in Piedmont. We gaan met mijn auto, en op zijn voorstel kruip ik achterin. Ik ga liggen in de hoop dat dat de pijn in mijn hoofd zal verlichten. Ik kijk naar de voorbijschuivende lucht, het spinnenwebpatroon van kale takken, maar de pijn wordt alleen maar erger.

XVI

Ik ben weleens eerder in dit ziekenhuis geweest. Kort na mijn aankomst in Atlanta is Anne Newton hier met me geweest voor een medische keuring. Het is het mooiste ziekenhuis van Atlanta, zei ze. Haar man Gerald, die ik niet zo goed ken – hij is een soort vermogensbeheerder en eet 's avonds niet altijd thuis – is hier na een waterski-ongeluk aan zijn schouder geopereerd. Het is het beste van het beste, zegt Anne, en ik ben blij dat ik hier ben. In ziekenhuizen voel ik altijd een tastbare troost. Ik voel het vakmanschap, de deskundigheid, al die studiejaren en al dat geld, de talloze steriele hulpmiddelen, stuk voor stuk ingepakt en geseald. Mijn angsten verdwijnen als sneeuw voor de zon als de automatische deuren openzoeven.

'Ga jij maar naar huis,' zeg ik tegen Achor Achor. 'Het zal wel even duren.'

'Ik blijf hier,' zegt hij. 'Ik blijf bij je tot je aan de beurt bent. En dan kun je me bellen als ik je moet komen ophalen. Misschien ga ik nog even een uurtje werken.'

Het is vier uur als we bij de receptie zijn. Achter de balie zit een zwarte man van een jaar of dertig in een blauw verplegersoverhemd met korte mouwen. Hij neemt ons met grote belangstelling op en er verschijnt een nieuwsgierige grijns onder zijn dikke snor. Terwijl we naar hem toe lopen, ziet hij kennelijk de verwondingen aan mijn gezicht en hoofd. Hij vraagt me wat er is gebeurd en ik vertel een beknopte versie van mijn belevenissen. Hij knikt en lijkt met me mee te voelen. Ik voel een haast absurde dankbaarheid jegens hem.

'Dat hebben we snel voor elkaar,' zegt hij. 'Dat komt wel goed.'

'Dank u, meneer,' zeg ik, en ik reik over de balie om zijn hand tussen de mijne te nemen. Zijn huid is ruw en droog.

Hij geeft me een klembord. 'Vult u even de ontbrekende

gegevens in? Dan...' Hij maakt een snelle horizontale beweging met zijn hand, van zijn buik naar mij toe, en schudt met gesloten ogen zijn hoofd, alsof hij wil zeggen: eitje, stelt niks voor allemaal.

Achor Achor en ik gaan zitten en vullen de formulieren in. Al snel ben ik bij de regel waar naar de naam van mijn ziektekostenverzekeraar wordt gevraagd, en ik stok. Achor Achor denkt na.

'Dat is een probleem,' zegt hij, en ik weet dat hij gelijk heeft.

Ik heb ongeveer anderhalf jaar een ziektekostenverzekering gehad, maar sinds ik studeer heb ik die niet meer. Ik verdien 1245 dollar per maand, het collegegeld is 450 dollar, de huur 425, en dan nog eten, verwarming en zo meer. Ik kreeg de begroting niet sluitend met een ziektekostenverzekering erbij.

Ik vul het formulier zo goed als ik kan in en breng de man het klembord terug. Ik lees zijn naamplaatje: Julian.

'Ik kan alle onkosten contant betalen,' zeg ik.

'Wij accepteren geen contante betaling,' zegt Julian. 'Maar maak u geen zorgen: we behandelen iedereen, ziektekostenverzekering of niet. Zoals ik al zei: het komt wel goed.' Hij maakt opnieuw het horizontale gebaar, en wederom stelt het me op mijn gemak. Kennelijk is hij in staat aan de juiste touwtjes te trekken. Hij zal er persoonlijk voor zorgen dat dit snel en goed wordt afgehandeld. Achor Achor gaat net weer zitten als ik terugkom.

'Hij zegt dat ik sowieso behandeld word,' zeg ik. 'Dus je mag wel weg. Ga maar gauw weer naar je werk.'

'Het is goed,' zegt Achor Achor zonder uit zijn tijdschrift op te kijken; om onduidelijke redenen leest hij in een blad over vissen en jagen. 'Ik wacht wel tot je aan de beurt bent.'

Ik doe mijn mond open om te protesteren, maar bedenk me. Ik wil dat hij bij me is, net zoals hij wou dat ik bij hem was toen hij zijn rijbewijs haalde en toen hij voor het eerst ging solliciteren, zoals we elkaar hebben gesteund bij tientallen andere gelegenheden waarbij we ons samen sterker en tot meer in staat voelden dan alleen. Achor Achor blijft dus, we kijken naar de tv boven ons en ik blader een basketbaltijdschrift door.

Als er een kwartier verstrijkt, onderdruk ik mijn teleurstelling. Een kwartier is niet lang als je op hoogwaardige medische zorg wacht, maar ik had meer van Julian verwacht. Die teleurstelling, moeilijk te rechtvaardigen maar onmogelijk te negeren, komt voort uit het besef dat mijn verwonding niet zoveel indruk op Julian of het ziekenhuis maakt dat er onmiddellijk mensen met een brancard aan komen snellen die me haastig, elkaar bevelen toesnauwend, door gangen en klapdeuren duwen. Even overweeg ik of ik niet met hulp van Achor Achor mijn hoofd weer kan laten bloeden, al is het maar een heel klein beetje.

Er verstrijken twintig minuten. Een halfuur. We raken in de ban van een college-basketbalwedstrijd op ESPN.

'Denk je dat het vanwege die verzekering is?' vraag ik fluisterend.

'Nee,' zegt Achor Achor. 'Je hebt gezegd dat je zou betalen. Ze controleren alleen even of je wel kúnt betalen. Heb je hem een creditcard laten zien?'

Ik schud mijn hoofd. Achor Achor is geïrriteerd.

'Laat die dan nu nog even zien. Je Citibank.'

Julian is niet van zijn plaats geweest sinds wij er zijn. Ik heb hem geobserveerd; hij heeft formulieren ingevuld, dossiers geordend en telefoontjes beantwoord. Ik loop naar hem toe en haal bij de balie mijn portemonnee tevoorschijn.

Hij is me voor. 'Het duurt nu niet lang meer,' zegt hij terwijl hij een blik op mijn klembord werpt. 'Hoe spreek je uw naam trouwens uit? Wat is uw voornaam? Deng?'

'Valentino. Deng is mijn achternaam.'

'Ah, Valentino. Mooie naam. Ga maar even zitten, er komt...'

'Neem me niet kwalijk,' zeg ik, 'maar duurt het zo lang omdat u zich afvraagt of ik wel kan betalen?'

Ik zie Julians mond opengaan en besluit dat ik verder moet praten voordat hij me verkeerd begrijpt. 'Ik wil namelijk even aantonen dat ik wel degelijk kan betalen. Ik weet dat u geen contante betaling accepteert, maar ik heb ook een creditcard' – ik trek mijn nieuwe Gold Citibank-kaart uit mijn portemonnee – 'waarmee ik de kosten kan voldoen. Hij is gegarandeerd en mijn limiet is 2500 dollar, dus u hoeft niet bang te zijn dat ik wegga zonder te betalen.'

Aan zijn gezicht zie ik dat ik iets heb gezegd wat de cultureel bepaalde omgangscodes schendt.

'Valentino, we moeten iedereen behandelen die hier binnenkomt. Daar zijn we wettelijk toe verplicht. We mógen je niet eens wegsturen. Je hoeft me dus geen creditcards te laten zien. Ga nou maar rustig zitten en kijk lekker naar die wedstrijd, ik weet zeker dat je zó aan de beurt bent. Ik zou je met alle plezier zelf behandelen, maar ik ben helaas geen dokter. Ze houden naald en draad angstvallig uit mijn buurt.' Hij glimlacht me stralend toe en zijn glimlach verstart al snel tot een grijns, zodat ik begrijp dat het gesprek voorlopig afgelopen is.

Ik bedank hem nog eens, loop terug naar mijn plaats en breng verslag uit aan Achor Achor.

'Zei ik toch,' zegt hij.

'O ja?'

Er gaat een telefoon en Achor Achor steekt een vinger op om me tot stilte te manen. Hij is werkelijk onuitstaanbaar. Hij neemt het telefoontje aan en begint in rap Dinka te praten. Het is Luol Majok, een van ons, die nu in New Hampshire woont en als portier in een hotel werkt. Er wordt beweerd, voornamelijk door Luol Majok zelf, dat Luol Majok Manchester beter kent dan iemand die er geboren en getogen is. Het is een geanimeerd gesprek vol lachsalvo's. Achor Achor ziet me kijken en fluistert: 'Hij is op een bruiloft.'

Normaal zou ik me afvragen wie er met wie trouwt – ik begrijp al snel dat het een volledig Soedanees huwelijk is, daar in het ijskoude Manchester – maar ik kan nu niet het enthousiasme opbrengen om naar alle details te luisteren. Achor Achor maakt aanstalten om Luol uit te leggen dat we in het ziekenhuis zijn, maar ik wapper met mijn handen voor zijn gezicht om hem af te kappen. Luol mag het niet weten. Niemand mag het weten, het zou het feest bederven. De telefoon zou niet meer stilstaan. Binnen een paar minuten zou het gerucht gaan dat ik in coma lag of dood was en niemand zou meer durven dansen. Even later is het gesprek afgelopen en stopt Achor Achor de telefoon terug in het etui aan zijn riem. Het lijkt wel alsof iedere Soedanees in Atlanta opeens met een etui voor zijn mobieltje aan zijn riem loopt.

'Herinner je je Dut Garang nog?' vraagt hij. 'Die trouwt met Aduei Nyibek. Er zijn vijfhonderd gasten.' In Soedan zijn bruiloften grenzeloos, iedereen is welkom, of hij de bruid en bruidegom nu kent of niet. Iedereen mag erbij zijn, en aan de kosten, de toespraken en de feestelijkheden komt geen eind. Natuurlijk zijn Soedanese bruiloften in de Verenigde Staten anders dan in Soedan. Er worden bijvoorbeeld geen dieren geofferd, en de smetteloos witte lakens worden niet op bloedvlekken gecontroleerd. Maar de sfeer is vergelijkbaar, en van nu af aan zullen de huwelijken elkaar snel opvolgen. De eerste Lost Boys worden binnenkort Amerikaans staatsburger, en dan zal er een stroom bruiden uit Kakuma en Soedan op gang komen, het aantal Soedanezen in Amerika zal snel verdubbelen, en daarna nog eens. De meeste mannen zijn eraan toe om een gezin te stichten, en hun nieuwe vrouwen zullen dat niet tegenspreken.

Achor Achor heeft zijn telefoon weer gepakt en praat met een heleboel Lost Boys die ik van vroeger ken. Ik heb geen zin om met ze te praten. Praten over trouwen doet me aan Tabitha denken, en aan de bruiloft die we hadden kunnen vieren, en dat heb ik er liever niet ook nog bij op een dag waarop ik al in elkaar geslagen en beroofd ben.

Het is zes uur, Julian. We zitten nu al twee uur in de wachtkamer. De pijn in mijn hoofd is niet verminderd, maar is wel minder

scherp dan eerst. Ik had gedacht dat je me zou helpen, Julian. Niet omdat je voorouders uit Afrika komen, maar omdat het in dit ziekenhuis heel stil is, de afdeling eerste hulp is bijna leeg en ik zit als enige in jouw wachtkamer, met verwondingen die hopelijk meevallen. Het is toch niet zo moeilijk om me even te helpen en me dan naar huis te sturen. Ik kan me niet voorstellen dat je het leuk vindt dat ik je hier zit aan te staren.
 'Het heeft nu geen zin meer om nog naar mijn werk te gaan,' zegt Achor Achor.
 'Het spijt me,' zeg ik.
 'Het geeft niet.'
 'Moeten we Lino niet even bellen? Ik had vanavond met hem afgesproken.'
 We spreken af dat we Lino zullen bellen en niemand anders. Achor Achor toetst het nummer in, en voordat hij Lino vertelt waar ik ben, laat hij hem beloven mijn verblijfplaats geheim te houden.
 'Hij komt hiernaartoe,' zegt Achor Achor. 'Hij leent een auto van iemand.'
 Ik snap niet wat het voor zin heeft dat hij komt, echt niet, want ik kan nu immers elk moment behandeld worden en Lino woont op twintig minuten rijden van het ziekenhuis. En het is vrijwel zeker dat Lino onderweg verdwaalt, zeg ik tegen Achor Achor, zodat hij nóg meer tijd kwijt is. Maar in het onwaarschijnlijke geval dat we nog langer moeten wachten zal Lino's aanwezigheid ons opvrolijken. Hij gaat sinds kort uit met vrouwen die hij via eHarmony.com ontmoet en heeft daar mooie verhalen over. Die verhalen over afspraakjes die allemaal op niets uitlopen zijn onderhoudend genoeg, maar het gesprek zal vandaar heel snel weer op bruiloften komen, en dan op Lino's plannen om terug te gaan naar Kakuma om een vrouw te zoeken. Lino is van plan binnenkort te vertrekken en heeft er hoge verwachtingen van, al zal het een zaak van lange adem worden, die bovendien verbijsterend veel geld kost.

Lino's immer grijnzende broer Gabriel heeft onlangs zo'n reis gemaakt. Hij heeft het niet gemakkelijk gehad. Gabriel kwam in 2000 naar de vs, ging nog een jaar naar de middelbare school en werkt nu bij een flessenfabriek even buiten Atlanta. Vorig jaar besloot hij dat hij een vrouw wilde. Hij wilde zijn bruid in Kakuma gaan zoeken, een werkwijze die steeds populairder wordt onder Soedanese mannen in Amerika. Hij liet zijn contacten in het kamp – hij heeft er nog een oom die vroeger bij de SPLA was – weten dat hij wilde trouwen. Zijn oom ging voor hem op zoek en stuurde hem af en toe foto's via internet. Sommige vrouwen kende Gabriel, andere niet. Gabriel had het liefst een vrouw uit zijn eigen streek, de Boven-Nijl, maar zijn oom meldde dat er daar niet zoveel van waren. Gabriel concentreerde zich al gauw op vier vrouwen, allemaal tussen de zeventien en de tweeëntwintig. Geen van vieren ging naar school; ze werkten allemaal als huishoudelijke hulp bij familie in Kakuma. En ze zouden de kans om als vrouw van een van de Lost Boys naar de Verenigde Staten te verhuizen met beide handen aangrijpen.

De Soedanezen in Amerika zijn in Kakuma hele beroemdheden en er wordt hun een onbeschrijflijke rijkdom toegeschreven. En relatief gezien hebben we het hier ook goed. We wonen in warme en schone flats en hebben tv's en draagbare cd-spelers. Dat de meeste Lost Boys inmiddels een auto hebben, is iets waar de mensen die nog in Kakuma zijn nauwelijks met hun verstand bij kunnen, dus je zou zeggen dat iedere vrouw de kans om met zo'n man te trouwen met beide handen aangrijpt. Maar inmiddels zijn er obstakels. Nog maar tien jaar geleden zou het ondenkbaar zijn geweest dat een vrouw erop stond een foto van haar aanstaande echtgenoot te zien. De vrouwen keuren de mannen!

Zo gaat dat tegenwoordig, en ik moet er telkens weer om lachen. Gabriel is een uiterst fatsoenlijk man, maar niet knap in de klassieke zin van het woord, en twee van zijn beoogde bruiden hebben afgehaakt toen zijn foto werd rondgestuurd. De twee overgebleven vrouwen, allebei achttien en met elkaar bevriend, leken wel met Gabriel in zee te willen gaan, hoewel hij hun en hun families onbekend was. Het volgende punt was de bruidsschat. Een van de twee vrouwen, Julia, woonde samen met een stuk of vijftien familieleden en was erg aantrekkelijk – lang, goed geproportioneerd, met een lange hals en heel grote ogen. Haar vader was in Nuba door een granaat om het leven gekomen, maar haar ooms onderhandelden maar wat graag over haar prijs, aangezien zij er zelf van zouden profiteren. Volgens de Soedanese gebruiken kan een vrouw geen bruidsschat in ontvangst nemen, dus als de vader dood is, zijn de ooms degenen die het vee krijgen.

Het consortium van ooms van dit meisje wist allang dat ze een schoonheid in de aanbieding hadden en verwachtte een hoge prijs voor haar te krijgen. Hun eerste voorstel was een van de hoogste bruidsschatten die in Kakuma ooit gevraagd waren: tweehonderdveertig koeien, wat ongeveer overeenkomt met twintigduizend dollar. U kunt zich voorstellen dat iemand als Gabriel, die 9,90 dollar verdient in een vleesverwerkingsfabriek, al blij mag zijn als hij in twee jaar vijfhonderd dollar heeft gespaard. Gabriel wachtte dus de vraagprijs van de andere bruid af, de tweede keus, een heel lieve jonge vrouw, maar niet zo'n oogverblindende schoonheid. Ze was kleiner dan haar rivale, minder statig, maar heel aantrekkelijk, en men zei dat ze een goede huisvrouw was en een prettig karakter had. Ze woonde bij haar moeder en haar stiefvader, en hun eis was redelijker: honderdveertig koeien, oftewel zo'n dertienduizend dollar.

Nu moest Gabriel diep gaan nadenken. Hij kon die laagste prijs evenmin betalen, maar een man brengt de bruidsschat meestal niet helemaal alleen op; het is een familiezaak en hij krijgt hulp van een heleboel ooms, neven en vrienden. Gabriel klopte bij zijn familie en vrienden in de Verenigde Staten en Kakuma aan en het werd hem duidelijk dat hij al met al wel honderd koeien bij elkaar kon krijgen, zo'n negenduizend dollar. Hij had zijn zinnen op de goedkoopste bruid gezet en bracht nu via tussenpersonen zijn bod uit aan de familie van het meisje in Kakuma. Het bod werd afgewezen zonder dat er een tegenbod werd gedaan. Hij zou er nog minstens dertig koeien bij moeten doen, anders kon hij trouwen wel vergeten. Hij wendde zich nu tot de enige persoon die hij kon bedenken die nog uitkomst kon brengen – een welgestelde oom die nog in Soedan woonde. Gabriel voerde per satelliettelefoon een gesprek met Rumbek, een groot dorp op ongeveer een dagmars afstand van het kleinere dorp waar die oom woonde. De volgende boodschap werd aan de oom doorgegeven: 'Hier Gabriel, de zoon van Aguto. Ik wil met een meisje in Kakuma trouwen. Wilt u me helpen? Kunt u voor dertig koeien zorgen?' De oom kreeg de boodschap twee dagen nadat die naar Rumbek was gestuurd, en drie dagen later arriveerde het antwoord in Rumbek, waarop Gabriel in Atlanta weer werd opgebeld; het antwoord was 'ja', de rijke oom zou met alle plezier voor dertig koeien zorgen, en trouwens, had Gabriel al gehoord dat zijn oom net als vertegenwoordiger van het district tot parlementslid was benoemd? Allemaal goed nieuws.

Zo werd er tot het huwelijk besloten, en nu hoefde Gabriel alleen nog maar het volgende te doen: het aantal koeien omrekenen in Keniaanse shillings; zijn definitieve fiat voor de overeenkomst geven; een vlucht naar Nairobi en een passage naar Kakuma boeken voor een ontmoeting met zijn bruid en haar familie; een bezoek brengen aan al zijn eigen familie in Kakuma en voor iedereen geld, cadeaus, eten, sieraden, sportschoenen, horloges, iPods en Levi's uit Amerika meenemen; de bruiloft regelen; de bruiloftsplechtigheid in Kakuma organiseren (die zou plaatsvinden in de lutherse kerk, een gebouw met een zinken dak); en ten slotte, na terugkeer naar Atlanta, de eerste stappen nemen om zijn bruid naar Amerika te halen. Om te beginnen zou hij nog twee jaar moeten wachten totdat hij tot Amerikaans staatsburger was genaturaliseerd, en daarna zou het invullen van de formulieren beginnen; al die tijd moest hij maar bidden dat zijn bruid niet door andere mannen in Kakuma werd verleid of door Turkana werd verkracht terwijl ze brandhout zocht, want als een van die twee dingen gebeurde, kwam ze niet meer in aanmerking als bruid en was hij honderddertig koeien kwijt. Het was altijd moeilijk vee terug te krijgen als een huwelijk was ontbonden.

Op het moment dat ik Tabitha terugvond, dácht ik nog niet eens aan trouwen, Julian. Ik moest eerst mijn examen halen, en om mijn examen te halen moest ik sparen terwijl ik Engelse lessen volgde aan de volksuniversiteit. Ik had berekend dat het nog een jaar of zes zou duren voor ik kon trouwen, met een Soedanese of met wie dan ook. Daarom was ik niet helemaal kapot toen Tabitha zei dat ze in Seattle iets met een andere man had, een ex-SPLA-soldaat, Duluma Mam Ater.

Desondanks raakten we in gesprek. We praatten de dag na dat eerste gesprek weer, en daarna bleven we met elkaar bellen. Ze kwam met veel aplomb mijn leven binnen. Ze belde me drie-, vier-, zevenmaal per dag. Ze belde me 's ochtends om me goeiemorgen te wensen, en vaak ook 's avonds om welterusten te zeggen. In menig opzicht leken we in een soort romance verwikkeld, maar een groot deel van onze gesprekken ging wel over Duluma. In Kakuma had ik hem nooit ontmoet. Ik had wel van hem gehoord, want hij was een tamelijk beroemd basketballer, maar wat ik verder van hem wist, wist ik van Tabitha, die over hem klaagde, zich zorgen maakte, andere plannen uiteenzette. Hij mishandelde haar, zei ze. Hij wilde alles precies zo hebben als in Soedan. Hij had geen werk en leende geld van haar. Ik luisterde, gaf goede raad en probeerde niet al te gretig te zeggen dat ze bij hem weg moest gaan.

Maar ik wás wel gretig, want ik was al heel snel smoorverliefd geworden op Tabitha. Het had onmogelijk anders kunnen gaan. Al die uren aan de telefoon met die stem in mijn oor – nou ja, het is moeilijk uit te leggen. De intense muzikaliteit ervan, de intelligentie, de geestigheid. Ik praatte in mijn slaapkamer met haar, in de keuken, in de badkamer, op het dakterras van ons flatgebouw. Het leek me uitgesloten dat ze nog met Duluma kon omgaan, want we hingen elke dag wel zes uur aan de telefoon. Wanneer had ze dan tijd voor die Duluma?

'Zou je het leuk vinden als ik op bezoek kom?' vroeg ze op een keer.

Op dat moment wist ik dat ze me op de proef stelde. Ze was eraan toe om Duluma vaarwel te zeggen en met mij verder te gaan, maar ze wilde eerst zien of ze ook van me kon houden als we samen waren.

Twee weken later was ze in Atlanta. Het was heel vreemd om haar te zien, om de vrouw te zien die ze was geworden. Ze was tot in alle details een vrouw, een opvallend vrouwelijke vrouw. Ze deed de deur open, niet verwachtend mij te zien, en aanvankelijk leek het even alsof ze me niet herkende, hoewel ze speciaal voor mij hiernaartoe was gekomen. Het was drie jaar geleden dat we elkaar voor het laatst hadden gezien, in Kakuma. Meer dan drie jaar, en vele duizenden kilometers. Na dat moment van twijfel leek mijn daadwerkelijke aanwezigheid tot haar door te dringen.

'Je bent forser geworden!' zei ze, en ze pakte me bij mijn schouders. 'Mooi!' Ze maakte een opmerking over mijn nieuwe spierballen en mijn gespierde nek. Veel mensen die me uit de kampen kennen, spreken hun verbazing erover uit dat ik niet meer op een insect lijk.

Op het moment dat ze mijn schouders vastpakte en we elkaar recht aankeken – van zo dichtbij dat ik bijna niet recht in haar volmaakte gezicht durfde te kijken – waren we als man en vrouw. Het feit dat Tabitha de nacht bij mij doorbracht, vonden de Soedanezen in Atlanta fascinerend. Destijds was het voor mannen zoals wij niet gebruikelijk vrouwen, en zeker Soedanese vrouwen, dagen- en nachtenlang bij ons thuis te ontvangen. Het was nog voordat Achor Achor zijn Michelle vond, en hij bleef het grootste deel van het weekend op zijn kamer omdat hij zich geen raad met de situatie wist. Ook voor mij was het weekend een waterscheiding. Nu Tabitha zoveel uren achtereen zo dicht bij me was, wakend en slapend, voelde ik dat ik alles had waar ik ooit naar had verlangd en dat ik nu eindelijk het leven ging leiden dat ik altijd had gewild.

Toen we de tweede dag op mijn bank naar *The Fugitive* zaten te kijken – zij wilde hem zien; ik zag hem al voor de derde keer – vertelde ze dat ze bij Duluma weg was. Hij was eerst heel geschokt geweest, zei ze.

Hij belde me dat weekend zelfs nog. Hij was erg geagiteerd. Hij zei dat hij er behoefte aan had zijn hart bij me uit te storten, van man tot man. Tabitha was een hoer, zei hij. Ze was met heel veel mannen naar bed geweest en zou dat blijven doen. En terwijl hij die dingen zei, waar ik niets van geloofde, keek ik strak naar Tabitha, die op mijn bed in een nummer van *Glamour* lag te lezen dat ze had gekocht toen we de deur uit waren gegaan om te ontbijten. Ze was ook zwanger geweest, zei hij. Van hem, maar ze had het laten weghalen. Ze wilde het kind niet en ze luisterde niet naar hem. Ze had het kind vermoord, ondanks zijn bezwaren, zei hij – welke vrouw deed zoiets nou? Ze is voorgoed verpest, zei hij, een dorre akker. En al die tijd keek ik naar Tabitha die in haar pyjama op haar buik lag en de pagina's traag omsloeg, haar voeten gekruist in de lucht. Na elke tendentieuze leugen van Duluma hield ik nog meer van haar dan ervoor. Ik verbrak de verbinding en ging terug naar Tabitha, naar onze luie, zalige morgen samen, en ik heb haar nooit verteld wie er gebeld had.

Achor Achor rommelt tussen de tijdschriften op het lage tafeltje. Hij vindt iets interessants en laat me een tijdschrift zien met een coverstory over Soedan. Een vrouw uit Darfur met gebarsten lippen en gele ogen kijkt tegelijkertijd wanhopig en uitdagend in de camera. Weet jij wat ze wil, Julian? Een vrouw die een camera onder haar neus geduwd kreeg en in de lens staarde. Ik twijfel er niet aan dat ze haar verhaal wilde vertellen, of althans een bepaalde versie ervan. Maar nu dat verhaal verteld is, nu de ontelbare moorden en verkrachtingen gedocumenteerd zijn, of geschat op grond van de paar die zijn gerapporteerd, kan de wereld zich gaan afvragen hoe ze het geweld van Soedan tegen Darfur moet aanpakken. Er zijn een paar duizend soldaten van de Afrikaanse Unie, maar Darfur is zo groot als Frankrijk en de bewoners zouden veel liever zien dat er westerse troepen komen; die worden geacht beter getraind te zijn, over betere wapens te beschikken en minder gevoelig te zijn voor omkoping.

Interesseert dit je, Julian? Je lijkt me goed geïnformeerd en meelevend, al is er ongetwijfeld een grens aan je mededogen. Je luistert naar me als ik vertel dat ik in mijn eigen huis ben overvallen, je geeft me een hand, kijkt me aan en belooft me dat ik behandeld zal worden, maar vervolgens kan ik eindeloos wachten. Wachten tot anderen, misschien dokters achter gordijnen of deuren, misschien bureaucraten in onzichtbare kantoren, beslissen hoeveel aandacht ik krijg en wanneer. Jij draagt ziekenhuiskleding en werkt hier al een tijd; ik zou me met plezier door jou laten behandelen, ook al heb je zelf je twijfels. Maar jij blijft maar zitten en denkt dat je niets kunt doen.

Achor Achor en ik kijken het artikel over Darfur vluchtig door en zien een passage over olie, de rol die olie in het conflict in Soedan heeft gespeeld. Toegegeven, de gebeurtenissen in Darfur draaiden niet allemaal om olie, maar Lino kan je vertellen welke rol olie bij zijn eigen verdrijving heeft gespeeld. Weet jij dat soort dingen, Julian? Weet je dat George Bush senior degene was die de grote olievoorraden onder het grondgebied van Soedan vond? Jazeker, dat wordt beweerd. Dat was in 1974 en Bush senior was ambassadeur voor de vs bij de Verenigde Naties. Bush zat uiteraard in de olie, en in die hoedanigheid bestudeerde hij een aantal satellietkaarten van Soedan waar hij toegang toe had of die zijn olievriendjes hadden gemaakt, en uit die kaarten bleek dat er olie in het gebied zat. Hij stelde de regering van Soedan op de hoogte, en dat was het begin van het eerste grootscheepse onderzoek, het begin van de betrokkenheid van de vs bij de Soedanese olie, en tot op zekere hoogte het begin van het middengedeelte van de oorlog. Zou het zonder die olie ook zo lang hebben geduurd? Vast niet.

De ontdekking van de olie kwam kort na het verdrag van Addis Abeba dat een einde maakte aan de eerste burgeroorlog, die bijna zeventien jaar had geduurd. In 1972 troffen Noord- en Zuid-Soedan elkaar in Ethiopië en daar werd het vredesverdrag ondertekend, met daarin onder andere de bepaling dat het Noorden en het Zuiden allebei de helft zouden krijgen van de opbrengsten van de natuurlijke hulpbronnen. Khartoum was daarmee akkoord gegaan, maar ten tijde van de ondertekening geloofde de regering dat de voornaamste natuurlijke hulpbron in het Zuiden uranium was. Maar in Addis Abeba wist niemand nog iets van de olie, dus toen die werd gevonden, maakte de regering in Khartoum zich zorgen. Ze had dat verdrag ondertekend, en daarin stond dat de opbrengsten van natuurlijke hulpbronnen eerlijk verdeeld moesten worden... Maar toch geen olie! Olie eerlijk delen met zwarten? Kom nou! Dat was voor velen een schrikbeeld, denk ik, en op dat moment begonnen veel hardliners in Khartoum erover te denken Addis Abeba nietig te verklaren en de olie voor zichzelf te houden.

Lino's familie woonde in het Muglad-bekken, een Nuer-gebied vlak bij de grens tussen Noord- en Zuid-Soedan. Ze hadden de pech dat Chevron daar in 1978 een groot olieveld ontdekte, waarna de regering in Khartoum, die toestemming had gegeven om nader onderzoek te doen, het gebied een nieuwe naam gaf, het Arabische woord voor eenheid. Vind je dat een mooie naam, Julian? Eenheid betekent het samenkomen van mensen, vele volkeren die één worden. Te opzichtig ironisch, zeg je? Khartoum dreef de grap nog verder: in 1980 probeerde men de grens tussen Noord en Zuid zodanig te verschuiven dat de olievelden bij het Noorden hoorden! Het is niet gelukt, God zij geprezen. Maar er moest toch iets worden gedaan om de Nuer die daar woonden te isoleren van de oliewinning en te garanderen dat ze zich er in de toekomst niet mee zouden bemoeien.

In 1982 besloot de regering serieus werk te maken van degenen die boven op de olie woonden, zoals Lino's familie. De murahaleen verschenen ten tonele met hun automatische wapens, precies zoals later in Marial Bai. Het plan was dat zij de Nuer zouden verdrijven, waarna de olievelden zouden worden beschermd door Baggara- of particuliere bewakingstroepen en zodoende veilig zouden zijn voor acties van rebellen. En dus kwamen de ruiters zoals ze altijd komen, met hun wapens, hun willekeurige plunderingen en hun geweld. Maar die eerste keer viel het allemaal nog mee; het was vooral een signaal aan de Nuer die op de olie woonden: ga hier weg en kom niet meer terug.

Lino's familie ging niet uit het dorp weg. Ze begrepen het signaal niet, of ze besloten het te negeren. Een halfjaar later kwamen er Soedanese soldaten in het dorp om de boodschap toe te lichten. De Nuer werd te verstaan gegeven dat ze onmiddellijk moesten vertrekken; ze moesten de rivier oversteken en verder naar het zuiden gaan wonen. Hun namen zouden worden geregistreerd en ze zouden later compensatie krijgen voor hun land, hun huizen, hun oogsten en de andere bezittingen die ze moesten achterlaten. Dus die dag gaven Lino's familieleden en alle andere dorpelingen hun namen op aan de soldaten, en de soldaten verdwenen weer. Maar Lino's familie bleef ook toen weer waar ze was. Ze waren koppig, Julian, zoals zoveel Soedanezen. Je hebt vast wel gehoord van die Soedanezen in Caïro die doodgetrapt werden? Dat is nog niet zo lang geleden. Duizend Soedanezen hielden een parkje in Caïro bezet en eisten het staatsburgerschap of veilige overtocht naar een ander land. Er gingen maanden voorbij en ze weigerden daar weg te gaan, ze lieten zich niet afschepen. De Egyptenaren vonden dat het niet hun probleem was, maar dat park waar die Soedanezen zaten was hun een doorn in het oog geworden en het was er onhygiënisch. Uiteindelijk kwamen er Egyptische troepen om het kamp te slopen, waarbij zevenentwintig Soedanezen om het leven kwamen, onder wie elf kinderen. Een koppig volk, die Soedanezen.

Lino's familie bleef dus in het dorp. Zij en honderden anderen weigerden zich zomaar te laten verjagen. Een maand later werd het dorp bezocht door een regiment militieleden en legersoldaten, zoals te verwachten was. Ze kuierden op hun dooie gemak het dorp binnen, net als die keer dat ze de namen kwamen opnemen. Ze zeiden tegen niemand iets, namen hun posities in en begonnen te schieten. Na één minuut hadden ze al negentien mensen doodgeschoten. Ze spijkerden een man aan een boom en gooiden een baby in een put. Ze doodden in totaal tweeëndertig mensen, waarna ze weer in hun trucks klommen en wegreden. Die dag pakten de overlevenden hun biezen en vluchtten naar het zuiden. In 1984 waren alle Nuer verdwenen uit Lino's dorp en de dorpen in de omgeving, die allemaal boven op het olieveld lagen. Chevron kon gaan boren.

'Hé, zieke man!'

Lino is binnengekomen in een oversized blauw krijtstreeppak en met drie gouden kettingen om zijn hals. Er is een winkel in Atlanta waar helaas te veel Soedanese mannen hun kleren kopen. Julian kijkt op, grijnst om Lino's uitdossing en luistert gefascineerd hoe wij drieën in rad Dinka met elkaar praten. Ik vang zijn blik en hij leest verder in zijn boek.

Het is zeven uur. We zijn hier nu al meer dan drie uur.

Lino ploft in een van de stoelen naast ons neer en graait de afstandsbediening naar zich toe. Hij zapt razendsnel langs de zenders en vraagt waarom het zo lang duurt. We proberen het hem uit te leggen. Hij vraagt of ik een ziektekostenverzekering heb en ik zeg van niet, maar dat ik heb aangeboden contant of met een creditcard te betalen.

'Die truc werkt niet,' zegt Lino. 'Ze vertrouwen je niet. Waarom zouden ze ook? Ze denken dat je niet kunt betalen, en volgens mij wachten ze gewoon tot je weggaat. Je moet een manier zien te vinden om hen ervan te overtuigen dat je zult betalen.'

Voor zover ik weet beschikt Lino niet over informatie die ik niet heb, maar hij heeft me wel opnieuw aan het twijfelen gebracht omtrent Julian, dit ziekenhuis en mijn mogelijkheden om hier behandeld te worden.

'Bel Phil, of Deb,' zegt Achor Achor – hij bedoelt Deb Newmyer, Bobby's weduwe. Ik heb daar ook al aan zitten denken. Ik had Phil kunnen bellen, maar mensen met zulke jonge kinderen kun je 's avonds niet meer lastigvallen; ik weet dat de tweeling om zeven uur naar bed gaat, ik heb de meisjes zelf weleens ingestopt. Ik zou Anne en Gerald Newton kunnen bellen, maar bij die gedachte aarzel ik. Ze zouden zich vreselijke zorgen maken. Ze zouden onmiddellijk naar het ziekenhuis komen en Allison meenemen, en ik wil niet hun hele avond overhoopgooien. Ik wil alleen maar dat er iemand belt. Ik wil dat iemand die de regels in dit soort situaties kent opbelt en Julian en mij het een en ander uitlegt. Deb woont in Californië en is waarschijnlijk wel thuis. Ik toets haar nummer in en Billi, de jongste, neemt op.

'Hé, Valentino!' zegt ze.

'Ha, kleine vriendin!' zeg ik. Ik vraag naar haar zwemlessen. Ik heb haar 's morgens een paar keer met de auto naar het zwembad gebracht en vanaf de betonnen tribune naar haar eerste pogingen tot vrije slag gekeken. Ze vond het eng met haar hoofd onder water te gaan en naar de door breking vervormde bodem van het bad te kijken. Ik lachte haar toe om te proberen haar meer zelfvertrouwen te geven, maar het werkte niet. Ze huilde altijd de hele les en vanavond wil ze er niet over praten.

Een paar tellen later heb ik Deb aan de lijn. Ik vertel haar een langere versie van het verhaal. Deb, die al heel wat jaren in Hollywood werkt en aan de televisieserie *Amazing Stories* heeft meegewerkt, kan het haast niet geloven. Ik ben net die man die altijd roept dat er brand is, zegt ze, met dit verschil dat er, als ik het roep, écht brand is. Deb vraagt of ze de man achter de balie even mag spreken. Met een zekere trots overhandig ik Julian de telefoon. Hij werpt er een schaapachtige blik op.

'Wat is dit?' vraagt hij.

'Een van mijn sponsors is aan de lijn. Ze belt vanuit Californië en wil graag inlichtingen over de medische behandeling die ik hier krijg.'

Julian trekt een grimas en brengt de telefoon naar zijn oor. Deb en hij praten een paar minuten, en gedurende die tijd trekt hij vele misnoegde en geamuseerde gezichten. Als het gesprek voorbij is, krijg ik de telefoon terug.

'Hij zegt dat ze personeelstekort hebben,' zegt Deb. 'Ik heb hem uitgescholden, maar ik weet ook niet wat ik verder nog kan doen. Ik wou dat ik naar je toe kon komen om dit op te lossen, Val.'

Ik vraag hoe lang ik volgens haar nog moet wachten.

'Nou, volgens die man kan er elk moment iemand komen. Hoe lang zit je daar al?'

'Bijna vier uur.'

'Wát? Is het zo druk? Is het daar een gekkenhuis?'

Ik vertel haar dat het hier stil is, heel stil.

'Luister. Bel me terug als je over een halfuur nog steeds niet behandeld bent. Als je dan nog geen dokter hebt gezien, ga ik die lui hard aanpakken. Ik ken een paar trucjes.'

Ik bedank Deb, want ik heb het gevoel dat ze me echt geholpen heeft. Ze slaakt de vermoeide zucht die ik al zo vaak heb gehoord. Deb is een energieke vrouw, maar sinds ze mij kent is haar optimisme wel op de proef gesteld, zegt ze.

'Ik snap gewoon niet wat God tegen jou heeft, Valentino,' zegt ze.

Die opmerking laten we allebei even bezinken. We weten allebei dat er nog een vraag is die niet is beantwoord.

'Bel me als ze de diagnose hebben gesteld,' zegt ze. 'Als het iets ernstigs is, haal ik je hiernaartoe en neem ik je mee naar mijn dokter. Maar waarschijnlijk loopt het niet zo'n vaart. Bel je gauw weer?'

Dit is Debs land, en als zij zegt dat ik zal worden behandeld, dat het geld of de verzekering niet het probleem is, dan geloof ik dat.

Ik loop terug naar de wachtkamer, naar Lino en Achor Achor, die weer zitten te bellen met mensen die bij de bruiloft in Manchester zijn. Door hun luidruchtige gekwebbel en het feit dat hij door Deb ter verantwoording is geroepen is Julian nu zichtbaar geërgerd. Ik wil hem, of Deb, of wie dan ook, niet tot last zijn. Ik wil zelfstandig zijn en door de wereld stappen zonder vragen te hoeven stellen. Maar voorlopig heb ik er nog te veel, en dat is frustrerend voor iemand als Julian, die denkt dat hij de antwoorden weet, dat hij weet wie ik ben. Maar jij weet nog helemaal niets, Julian.

XVII

Het lopen naar Ethiopië was pas het begin, Julian. Ja, we liepen maanden door woestijn en moerasland en de rijen dunden elke dag verder uit. In heel Zuid-Soedan was het oorlog, maar in Ethiopië waren we veilig, zeiden ze: daar was eten, daar waren droge bedden en scholen. Ik moet toegeven dat mijn fantasie onderweg nogal met me op de loop ging. Naarmate we dichter bij de grens kwamen, verwachtte ik steeds meer: voor iedereen een huis, nieuwe familie, hoge gebouwen, glas, watervallen, schone tafels met schalen feloranje sinaasappels erop.

Maar toen we Ethiopië bereikten, bleek het daar heel anders te zijn.

- We zijn er, zei Dut.
- Maar dit is het niet, zei ik.
- Dit is Ethiopië, zei Kur.

Het zag er net zo uit als het land waar we vandaan kwamen. Geen gebouwen, geen glas. Geen schone tafels met schalen sinaasappels. Er was niets. Een rivier en verder niets.

- Dit is het niet, herhaalde ik, zoals ik de komende dagen nog vaak zou doen. De andere jongens werden er doodmoe van. Sommigen dachten dat ik gek was geworden.

Ik geef toe dat onze aankomst in Ethiopië wel een zekere veiligheid en rust bracht. We konden uitrusten en dat deed vreemd aan. Het was vreemd om niet te lopen. De eerste nacht vielen we op de grond in slaap. Ik was gewend elke dag te lopen, ook 's nachts en bij het eerste ochtendlicht, maar nu kwam de zon op en bleven we waar we waren. Overal lagen jongens verspreid, en het enige wat er voor sommigen nog overbleef, was doodgaan.

Het gejammer kwam van alle kanten. In de nachtelijke stilte, boven de geluiden van de krekels en de kikkers uit, klonk het geroep en gekerm dat zich als een storm over het kamp uitbreidde. Het leek wel alsof zoveel jongens zo naar dat rusten hadden toegeleefd dat hun lichaam er de brui aan gaf nu ze in Pinyudo waren aangekomen. Ze stierven aan malaria, aan dysenterie, aan slangenbeten, aan schorpioenensteken. Andere ziekten werden niet genoemd.

We waren in Ethiopië en we waren met te velen. Binnen een paar dagen waren er duizenden jongens, en kort na de jongens kwamen er ook volwassenen en gezinnen en baby's, het land werd overstroomd door Soedanezen. Binnen een paar weken verrees er een complete vluchtelingenstad. Dat moet je gezien hebben: mensen die alleen maar zitten, omringd door rebellen en Ethiopische soldaten, wachtend op eten. Dat werd het vluchtelingenkamp Pinyudo.

Doordat zoveel mensen hun kleren onderweg hadden geruild of waren kwijtgeraakt, had maar de helft kleren aan. Er ontstond een klassenstelsel waarbij de jongens met een shirt, een broek én schoenen als de rijksten werden beschouwd, gevolgd door degenen met twee van de drie. Met mijn ene shirt, mijn ene korte broek en mijn twee schoenen had ik het geluk tot de hogere middenklasse te worden gerekend. Maar al te veel jongens waren naakt, en dat was een probleem. Geen enkele bescherming.

– Wacht maar, zei Dut tegen ons. – Dat komt wel goed.

Dut had het tegenwoordig druk, hij liep het kamp in en uit, vergaderde voortdurend met oudsten en was soms dagenlang weg. Als hij terugkwam, zocht hij ons op, de jongens die hij hierheen had gebracht, en verzekerde hij ons dat Pinyudo snel een thuis zou worden.

Maar een tijdlang moest iedereen zelf eten zoeken, we moesten ons zelf zien te redden. Net als veel andere jongens ging ik vissen in de rivier, ook al had ik helemaal geen ervaring met vissen. Ik liep naar het water, waar overal jongens stonden, sommigen met stokken met touwtjes eraan, anderen met zelfgemaakte speren.

Na de eerste dag kwam ik terug met een gedraaide stok en een stuk ijzerdraad dat ik onder een vrachtwagen had gevonden.

– Daar gaat het niet mee, zei een jongen tegen me. – Geen schijn van kans.

Hij was heel dun, net zo dun als de stok in mijn hand, en hij leek gewichtloos, alsof hij naar links werd geblazen door de zachte wind. Ik zei niets terug en gooide mijn ijzerdraad in het water. Ik begreep wel dat hij waarschijnlijk gelijk had, maar dat kon ik tegenover hem niet toegeven. Zijn stem was vreemd hoog, melodieus, te mooi om te vertrouwen. Wie was hij trouwens, dat hij dacht dat hij zo tegen me kon praten?

Hij heette Achor Achor, en hij hielp me die middag een goede stok en een touwtje te zoeken. Die dag en de dagen daarna waadden we samen de rivier in met onze hengel en een speer die Achor Achor zelf had gesneden. We hadden geen succes. Een enkele keer vonden we een dode vis in een ondiep poeltje, en die roosterden we dan of aten hem soms zelfs rauw op.

Achor Achor werd in Ethiopië mijn beste vriend. In Pinyudo was hij net zo klein als ik, heel mager, nog magerder dan de meeste anderen, maar heel slim, geslepen. Hij was ongelooflijk goed in het vinden van dingen die we nodig hadden, nog voordat ik begreep dat we ze nodig hadden. Zo kwam hij bijvoorbeeld aanzetten met een leeg blik vol gaten, en dat bewaarde hij. Hij nam het mee naar onze tent, maakte het schoon, repareerde het en maakte er een goed bruikbare beker van – er waren maar een paar jongens die een beker hadden. Uiteindelijk vond hij zelfs vislijn, een groot, onbeschadigd muskietennet en sisal zakken die groot genoeg waren om aan elkaar te binden tot een deken. Hij deelde alles met mij, al wist ik niet goed wat ik aan de samenwerking bijdroeg.

We kregen wat eten van het Ethiopische leger. Soldaten rolden tonnen maïs en plantaardige olie het kamp in, en daarvan kreeg iedereen een bord vol. Ik knapte ervan op, maar veel jongens overaten zich en werden even later ziek. In het dorp in de buurt ruilden we alles wat we bezaten voor maïs of maïsmeel. We leerden al snel de meest voorkomende eetbare wilde planten te herkennen en gingen op expeditie om ze te plukken. Maar de dagen verstreken, er kwamen steeds meer jongens, er waren te veel groentezoekers en al gauw waren de planten schaars en toen helemaal op.

Er kwamen elke dag nieuwe jongens en ook hele gezinnen. Elke dag zag ik ze de rivier over komen. Ze kwamen 's morgens, 's middags, en als ik wakker werd waren er die nacht weer nieuwe bij gekomen. Sommige dagen kwamen er honderd, andere dagen veel meer. Sommige groepen leken op de mijne, honderden uitgeteerde jongens waarvan de helft naakt, en een paar ouderen, andere groepen bestonden alleen uit vrouwen, meisjes en baby's, onder begeleiding van jonge SPLA-officieren met geweren over de schouder. Ze bleven maar komen, en bij elke groep die de rivier overstak, wisten we dat dat betekende dat het eten over nog meer mensen moest worden verdeeld. Op het laatst ging ik de aanblik van mijn eigen mensen vervloeken, ik walgde van de aantallen waarin ze kwamen, van hun behoeftigheid, hun gangreen, hun uitpuilende ogen, hun gejammer.

Op een dag gooide een stel jongens stenen naar een groep nieuwkomers. De stenengooiers kregen een verschrikkelijk pak slaag en het gebeurde nooit meer, maar in gedachten deed ik het ook. Naar de vrouwen, de kinderen en liefst ook naar de soldaten, al gooide ik in werkelijkheid niet één steen.

Toen het kamp op orde kwam, werd het leven er beter. We werden georganiseerd, onderverdeeld, er werden nieuwe groepen gevormd. Groep Een, Groep Twee, Groep Drie. Zestien groepen, allemaal van meer dan duizend jongens. Daarbinnen had je groepen van honderd, en daarbinnen weer groepjes van vijftig, en van twaalf.

Ik werd het hoofd van een groep van twaalf, elf andere jongens en ikzelf. We waren met ons twaalven en ik noemde onze groep de Elf. Achor Achor was mijn assistent en we woonden allemaal samen, aten samen en verdeelden onderling de taken – eten, water en zout halen, de tent en de muskietennetten repareren. We waren lukraak bij elkaar gezet omdat we uit dezelfde streek kwamen en hetzelfde dialect spraken, maar we hielden onszelf voor dat wij de allerbesten waren. We gingen onze groep als een elite beschouwen.

Onder Achor Achor stond Achorbei Chol Guet, openhartig en nergens bang voor. Hij stapte op iedereen af en maakte snel vrienden, hij kende de voorzitter van de vluchtelingen in Pinyudo, de hulpverleners van de VN en de Ethiopische kooplieden. Gum Ater was belachelijk lang en gevaarlijk mager, een verre neef van de tweede man van het kamp, Jurkuch Barach. Akok Anei en Akok Kwuanyin hadden allebei een lichte, koperkleurige huid en veel jongens waren bang voor ze omdat ze ouder en vechtlustiger waren dan de rest. Garang Bol was ongelooflijk goed in vissen en wist altijd eetbare vruchten en planten te vinden. Hij had de plaats ingenomen van een naamloze jongen die maar een paar dagen bij de Elf had gezeten, uit een plas had gedronken om zijn dorst te lessen en kort daarna aan dysenterie was gestorven. Er waren daar te veel jongens om op te noemen, Julian.

Maar daar was ook Isaac Aher Arol! Dat was de enige van de Elf die net zo ver had gereisd als ik. De jongens die naar Ethiopië waren komen lopen, waren afkomstig uit heel Zuid-Soedan, maar de meerderheid kwam uit een plaats die Bor heet, niet ver van de Ethiopische grens. Ik had maandenlang gelopen, maar veel jongens niet meer dan een paar dagen. Aher Arol kwam uit mijn streek, Bahr al-Ghazal, en hij noemde mij Van Ver en ik noemde hem ook Van Ver, en alle anderen noemden ons allebei Van Ver. Tot de dag van vandaag noemen sommige jongens die ik uit Pinyudo ken me hier bij die naam.

Maar ik heb nog veel meer namen, Julian. Degenen die me in Marial Bai hadden gekend, noemden me Achak of Marialdit. In Pinyudo heette ik vaak Van Ver, en later in Kakuma was ik

Valentino en soms ook weer Achak. Hier in Amerika heb ik drie jaar Dominic Arou geheten, tot vorig jaar, toen ik er eindelijk na veel moeite in slaagde mijn naam officieel te laten veranderen in een combinatie van mijn oorspronkelijke naam en de namen die ik later heb gekregen: Valentino Achak Deng. Dat is verwarrend voor mijn Amerikaanse kennissen, maar niet voor de jongens met wie ik heb gelopen. We hadden allemaal wel een stuk of vijf identiteiten: bijnamen, onze doopnaam, de naam die we hadden aangenomen om uit Kakuma weg te komen. We hadden meerdere namen nodig, om verschillende redenen die vluchtelingen maar al te goed kennen.

In Pinyudo miste ik mijn familie, ik verlangde naar huis, maar ze legden ons uit dat er in Zuid-Soedan niets meer was en dat teruggaan een zekere dood zou betekenen. Het beeld dat ze ophingen was grimmig, de verwoesting was totaal. Het leek wel alsof we de enige overlevenden waren en helemaal alleen een nieuw Soedan moesten opbouwen als we teruggingen naar het kaalgeslagen land dat op zijn wedergeboorte wachtte. We streken in Pinyudo neer en leerden dankbaar te zijn voor wat we daar aantroffen: een zekere mate van veiligheid en stabiliteit. We kregen wat we hadden gezocht: geregelde maaltijden, dekens, een tent. We wisten niet beter of we waren wees, al hoopten de meesten toch dat we onze familie of een deel daarvan zouden terugvinden als de oorlog afgelopen was. Die hoop was nergens op gebaseerd, maar toch sliepen we er elke nacht mee in en werden er 's morgens mee wakker.

Die eerste weken en maanden in Pinyudo waren er alleen jongens en plichten, pogingen wat orde in het kamp aan te brengen. De meeste leden van mijn groep, die tot de jongsten behoorde, werden waterdragers. Het was mijn taak rivierwater te halen om te drinken en mee te koken, en elke dag liep ik naar de oever met een jerrycan, die ik vulde en weer naar het kamp zeulde. Ik kreeg te horen dat het water aan de oever niet geschikt was en dat ik naar het midden van de rivier moest waden voor het schoonste water.

Maar ik kon niet zwemmen. Ik was maar één meter twintig lang, misschien nog niet eens, en het water stond vaak hoger en stroomde snel. Ik moest anderen, grotere jongens en jongemannen, om hulp vragen als ik het beste water wilde hebben. Vier keer per dag moest ik naar de rivier, en vier keer per dag moest ik een andere jongen vragen de rivier in te waden om de jerrycan te vullen. Ik wilde dolgraag leren zwemmen, maar niemand had tijd om me les te geven. Ik had dus elke ochtend en elke middag twee keer hulp nodig, en dan sjouwde ik die jerrycan van zes liter terug naar het kamp. Dat was behoorlijk zwaar voor een insect als ik. Ik moest hem na elke tien stappen even neerzetten, tien haastige kleine stapjes.

Soms kwam ik jongens uit de streek tegen – er woonde daar een riviervolk dat Anyuak heette – die bij het water speelden en zandkastelen bouwden. Dan verstopte ik mijn jerrycan in het hoge gras en hurkte bij de jongens neer; ik hielp bij het grachten graven en we bouwden hele dorpen van zand, modder en stokjes. Daarna sprongen we in het water, lachend en spetterend. Dan herinnerde ik me weer dat ik nog maar een paar maanden geleden ook zo'n jongetje was geweest.

Op een vroege ochtend, toen het licht nog goudkleurig was, ging ik met de Anyuak-jongens spelen en liep daarna terug naar het kamp. Daar werd ik meteen door een van de oudsten aangesproken.

– Achak, waar is het water? vroeg hij.

Ik begreep niet waar hij het over had. Ik was een vergeetachtig jongetje, Julian, al verbeeld ik me graag dat dat ook met ondervoeding te maken had.

– We hadden je naar de rivier gestuurd om water te halen. Waar is de jerrycan?

Zonder een woord te zeggen rende ik terug naar de rivier en sprong in mijn haast over boomstammen en kuilen. Er was niemand meer aan de oever, de jongens waren weg. Ik liet me met mijn jerrycan van de oever af glijden, en op de bodem raakte mijn voet een gladde steen. Ik trok hem meteen terug. Het was een grote steen, bedekt met een soort donker mos. Ik kon hem in de schaduw niet goed zien, dus ik hurkte neer om te kijken of er beesten onder zaten. Toen ik dichterbij kwam, sloeg de stank me in het gezicht. De steen was het hoofd van een man. Er dreef een man in de rivier die al een tijdje dood was. De rest van het lijk lag verscholen in het riet. Hij lag met zijn gezicht naar de bodem en zijn armen langs zijn zij; zijn schouders deinden zachtjes op de stroom. Hij had een touw om zijn middel en zijn romp was opgezwollen alsof hij elk moment kon barsten.

Hij werd later geïdentificeerd als een jonge Soedanees, een rekruut van de SPLA. Hij was drie keer met een mes gestoken. De Soedanese oudsten namen aan dat hij door de Anyuak was vermoord, waarschijnlijk omdat hij was betrapt toen hij iets aan het stelen was. Hij moest als afschrikwekkend voorbeeld dienen: als Soedanezen stelen, worden ze door het riviervolk ter dood gebracht.

Na die dag wilde ik niet meer naar de rivier. Ik moest steeds aan die man denken, vooral 's nachts. Het leven in Ethiopië was zeker niet makkelijk, maar wel tot op zekere hoogte veilig, zo veilig dat ik niet had gedacht dat de gewelddadige dood zó dichtbij kon zijn. Maar het kwaad kon ook in Pinyudo toeslaan; natuurlijk kon dat. Ik verstopte me voor de stemmen van de oudsten die me riepen om te werken, te eten, te spelen, en sliep de hele volgende dag door. Het was helemaal niet afgelopen. We waren helemaal niet veilig. Ethiopië had me niets te bieden. Het was er niet veiliger dan in Soedan, en het was Soedan niet, ik was niet bij mijn familie. Waarom waren we dat hele eind hierheen gekomen? Hiervoor had ik niet genoeg kracht, niet genoeg leven in me.

De oudsten zeiden dat ik niet nog meer doodgestoken mannen zou tegenkomen, dat zoiets niet meer zou gebeuren. Maar dat was niet waar. Er werden nog meer SPLA-mensen vermoord, bij wijze van vergelding werden er Anyuak gedood, en van de goede betrekkingen tussen de Anyuak en ons, de indringers, was al snel niets meer over. De SPLA-soldaten werden ervan beschuldigd dat ze Anyuak-vrouwen hadden verkracht en als wraak werden er Soedanezen vermoord en gelyncht. De beter bewapende SPLA stak huizen in brand en doodde degenen die zich verzetten, zodat het conflict uit de hand liep. Toen de Anyuak een hele tijd later aan de rivier een paar SPLA-soldaten doodschoten, was dat de aanleiding tot de gebeurtenis die de geschiedenis is ingegaan als het bloedbad van Pinyudo-Agenga. Het Anyuak-dorp Agenga werd platgebrand, vrouwen, kinderen en vee werden afgeslacht. Daarna vertrokken de Anyuak van Agenga naar een veiliger omgeving, maar veel mannen bleven in de streek achter als bendes scherpschutters met een simpel doel, dat ze ook vaak bereikten: SPLA-soldaten neerschieten, of eigenlijk Soedanezen in het algemeen. Toen wij Soedanezen uiteindelijk uit Ethiopië werden verjaagd, twee jaar later, deden de Anyuak vrolijk mee met het schieten op onze rug terwijl wij de Gilo over vluchtten en het water dik werd van ons bloed.

Maar een tijdlang heerste er een betrekkelijke vrede tussen de Soedanezen en de Anyuak en voelden we ons zelfs veilig in dat vluchtelingenkamp. Toen de internationale hulporganisaties Pinyudo na een paar maanden erkenden, leverde dat ook nieuwe voedselbronnen voor de Anyuak op, en er ontstond een levendige handel tussen ons kamp en de dorpen langs de rivier waar alle partijen plezier van hadden.

We mochten niet zonder begeleiding naar de dorpen langs de rivier, maar Achor Achor en ik gingen toch; hij durfde alles en we verveelden ons. In de dorpen werden we door iedereen in de gaten gehouden, iedereen dacht dat we kwamen stelen. Maar wij gingen elke dag op ontdekkingsreis en bestudeerden het leven langs het water, keken in hutten, snoven de etensgeuren op en hoopten dat iemand ons wat aanbood zonder dat we erom vroegen. En op een dag gebeurde dat ook, al was Achor Achor daar niet bij; hij was naar het vliegveld, waar die middag een vliegtuig werd verwacht.

– Hé, kom eens hier.

Een vrouw die voor haar huis zat te koken, sprak me in het Anyuak aan. Een van mijn stiefmoeders in Marial Bai was half Anyuak, dus ik kende de taal goed genoeg om de vrouw te verstaan. Ik bleef staan en ging naar haar toe.

– Krijgen jullie in dat kamp wel te eten? vroeg ze. Het was een oudere vrouw, ouder dan mijn moeder, bijna een grootmoeder, met een kromme rug en een mond als een slappe, tandeloze grot.

– Jawel, zei ik.

– Kom binnen, jongen.

Ik liep de hut in, waar het naar pompoen, sesamzaad en bonen rook. Aan de muren hingen vissen te drogen. De vrouw was buiten met het eten bezig en ik nestelde me tegen de muur van de hut met mijn rug tegen een zak meel. Toen ze binnenkwam, goot ze een schaaltje meel en wat water in een kom. Toen ik dat op had, pakte ze een kom stoofpot met maïspuree en goot daar een hele beker wijn bij, wat ik nog nooit iemand had zien doen. Terwijl ik het opat, glimlachte ze, een droevige, tandeloze glimlach. Ze heette Ajulo en ze woonde alleen.

– Waar gaan jullie naartoe? vroeg ze.

– Nergens, geloof ik, antwoordde ik.

Daar keek ze van op.

– Gaan jullie nergens heen? Maar waarom zouden jullie hier blijven?

Ik zei dat ik dat niet wist.

– Jullie zijn hier met veel te veel, zei ze, van haar stuk gebracht. Zo'n antwoord had ze niet verwacht. Niemand aan de rivier zag de Soedanezen als permanente gasten. – Totdat jullie weer weggaan, mag je hier altijd komen. Kom alleen, dan mag je elke dag bij me eten, Achak.

Terwijl ze dat zei, raakte ze mijn wang aan, als een moeder, Julian, en ik stortte in. Mijn botten hielden me niet meer overeind en ik viel op de grond. Ik lag aan haar voeten naar adem te happen, mijn schouders schokten en ik probeerde met mijn vuisten het water weer in mijn ogen terug te duwen. Ik wist niet meer hoe ik op dit soort vriendelijkheid moest reageren. De vrouw trok me tegen zich aan. Ik was vier maanden lang niet aangeraakt. Ik miste de schaduw van mijn moeder, het luisteren naar de geluidjes in haar lijf. Ik had nooit tot me laten doordringen hoe koud alles al die tijd was geweest. De vrouw gaf me haar schaduw en daar wilde ik in leven totdat ik weer naar huis kon.

– Blijf maar hier, fluisterde Ajulo. – Dan mag je mijn zoon zijn.

Ik zei niets. Ik bleef tot de avond en vroeg me af of ik niet echt haar zoon kon worden. Ik zou het hier zo oneindig veel beter hebben dan in dat kamp met al die halfnaakte jongens. Maar ik wist dat ik niet kon blijven. Als ik bleef, betekende dat dat ik de hoop had laten varen om ooit nog thuis te komen. Als ik deze vrouw als moeder aannam, was dat verraad tegenover mijn eigen moeder, die misschien nog leefde, misschien haar hele verdere leven op me zou wachten. En toen, bij die Anyuak-vrouw op schoot, vroeg ik me ineens af: hoe zag ze er ook weer uit, mijn moeder? Ik had maar een heel vage herinnering aan haar, zo licht als vlas, en hoe langer ik bij die Ajulo zat, hoe bleker en verder weg het beeld van mijn eigen moeder leek. Ik zei tegen Ajulo dat ik haar zoon niet kon worden, maar toch gaf ze me te eten. Een keer per week ging ik bij haar langs en hielp haar zoveel ik kon: ik haalde water, gaf haar een deel van mijn rantsoen, spullen waar zij niet aan kon komen. Ik ging naar haar toe en zij gaf me te eten en nam me op schoot. Die uren was ik een jongen met een thuis.

Na een maand hield mijn maag op met rommelen en mijn hoofd tolde niet meer. In veel opzichten voelde ik me goed. Ik voelde me weer mens zoals God de mens bedoeld had. Ik was bijna sterk, bijna genezen. Maar voor gezonde jongens waren er bepaalde taken.

– Achak, kom eens hier, zei Dut op een dag. Dut was nu een hooggeplaatste leider in het kamp, en omdat we samen hadden gelopen, zag hij erop toe dat ik en de andere Elf kregen wat we nodig hadden. Maar daar verwachtte hij wel iets voor terug.

Ik liep met hem mee en kreeg te horen dat we naar de hospitaaltent gingen die de Ethiopiërs hadden opgezet. Daar lagen de gewonden van de oorlog in Soedan en degenen die in Pinyudo ziek waren geworden en doodgingen. Ik was er nog nooit binnen geweest en kende alleen de ranzige, doordringende lucht als de wind door de tent heen waaide.

– Er ligt daar een man die gestorven is, zei hij. – Jij moet helpen dragen, dan kunnen we hem begraven.

Ik kon niet protesteren. Ik had mijn leven aan Dut te danken.

In de tent was het licht blauwgroen en er lag een lijk dat in katoenen windsels was gewikkeld. Daaromheen stonden zes jongens, allemaal ouder dan ik.

– Jij hier, zei Dut, en hij wees naar de voeten van de dode.

Ik pakte de linkervoet van de dode en de andere zes jongens namen ook een deel van het koude harde lichaam voor hun rekening. We volgden het pad. Dut ondersteunde de schouders, met afgewend hoofd. Ik keek naar de wolken, naar het gras en naar de struiken – het maakte niet uit, als ik het gezicht van de dode maar niet hoefde te zien.

Bij een grote, kromgegroeide boom droeg Dut ons op te gaan graven. We hadden geen schep; we klauwden met onze nagels in de grond en gooiden stenen en aarde opzij. De meesten groeven als honden, we krabden de aarde tussen onze benen weg. Ik vond een komvormige steen waarmee ik de aarde opzij kon schrapen. Na een uur hadden we een kuil van één meter tachtig lang en bijna een meter diep. Dut zei dat we er bladeren in moesten leggen, dus gingen we bladeren zoeken om de kuil groen te maken. Toen tilden Dut en de grote jongens het lijk in de kuil, met het gezicht naar het oosten. Waarom dat moest wisten we niet, maar we vroegen niets toen Dut het zei. Daarna moesten we bladeren over het lijk leggen, en ten slotte dekten we de dode toe met aarde totdat hij niet meer te zien was.

Dat was het begin van de begraafplaats van Pinyudo en de eerste van een lange rij begrafenissen waaraan ik meewerkte. Er gingen nog steeds jongens en volwassenen dood, want de rantsoenen waren te schraal en de gevaren te talrijk. Meestal kregen we maar één maaltijd per dag, gele maïskorrels en wat witte bonen. We dronken ongezuiverd rivierwater dat krioelde van de bacteriën, dus de dysenterie, diarree en allerlei andere, naamloze ziektes eisten veel levens. Er was maar weinig medische kennis aanwezig in Pinyudo en de patiënten die naar de Eerste Algemene Kliniek van Pinyudo werden gebracht, waren al te dicht bij de dood om ze nog te kunnen redden. Als een jongen niet meer uit bed kwam, niet wilde eten of niet op zijn naam reageerde, wikkelden zijn vrienden hem in een deken en brachten hem naar de kliniek. Het was algemeen bekend dat iemand die daar werd opgenomen er niet meer levend uit kwam, dus de tent stond al snel bekend als Zone Acht. Het kamp was in zeven zones verdeeld waar de jongens woonden en werkten, en Zone Acht werd de laatste plek waar iemand hier op aarde heen ging. Als iemand bijvoorbeeld vroeg: 'Waar is Akol Mawein?' dan antwoordden wij: 'Naar Zone Acht.' Zone Acht was het hiernamaals. Zone Acht was het eind van alles.

Mensen uit Zone Acht begraven werd mijn dagelijks werk. Samen met vijf andere jongens begroef ik vijf tot tien doden per week. We hadden allemaal onze vaste plaats: ik pakte altijd de linkervoet van de overledene.

– Dus jij bent doodgraver, zei Achor Achor op een dag.

Ik glimlachte, want ik vond het toen wel een baan met aanzien.

– Dat is geen goede baan, vind ik, zei Achor Achor. – Het lijkt me ergens niet gezond. Waarom doe je het eigenlijk?

Ik had natuurlijk geen keus. Dut had het me gevraagd, dus ik moest wel. Hij had gezegd dat het me bepaalde voordelen zou opleveren, zoals extra rantsoenen en zelfs een nieuw shirt, zodat ik er al gauw twee had – een onvoorstelbare luxe in Pinyudo.

Maar al snel werd Duts rol als opzichter bij de begrafenissen overgenomen door een wrede, zenuwachtige man die we commandant Gesp noemden. Hij droeg namelijk op zijn werkbroek een rood met zilveren gesp die zo groot en belachelijk was dat je je lachen haast niet kon inhouden als je hem zag. Maar hij was zelf heel trots op het enorme glimmende geval, dat nooit dof werd, en hij droeg het altijd. Hij had een jongen, ene Luol, in dienst genomen om de gesp elke avond te poetsen, waarna hij hem meteen weer op deed. Het gerucht ging dat de commandant altijd op zijn rug sliep omdat hij de broek met die gesp niet uit wilde doen, en als hij op zijn zij of zijn buik sliep werd de gesp in zijn buik gedrukt. We hadden geen hoge pet op van commandant Gesp of zijn accessoires.

Commandant Gesp hield er regels over het dragen en begraven van de doden op na waarvan sommige verstandig waren en andere geen enkele zin of logica hadden. Bij het dragen van de lijken moesten we ze met het oog op de waardigheid van de overledene zo recht mogelijk houden: er moest iemand gehurkt onder lopen om te voorkomen dat de rug over de grond sleepte. De randen van het graf moesten aan alle kanten een volmaakt rechte hoek met de aarde maken. Als we het lijk erin legden, moesten de handen op het middenrif en het hoofd iets naar rechts liggen. Daarna werd het met een deken toegedekt, en pas dan mocht het graf met aarde worden dichtgegooid. Niemand zette vraagtekens bij die regels. Dat had toch geen zin gehad.

Ik was inmiddels aan het begraven gewend en hielp elke dag bij minstens één begrafenis. Op sommige dagen waren het er twee, drie, vier, vooral jongens. Jongens begraven was zowel een zegen als een vloek – een zegen omdat ze lichter waren dan de volwassen mannen en vrouwen, maar moeilijker omdat we beseften dat het een jongen was die we gingen begraven, vooral als we hem hadden gekend. Maar dat kwam gelukkig zelden voor. Commandant Gesp was wel zo slim dat hij bij een jongen uit Zone Acht altijd het gezicht bedekte. Wij vroegen niet wie het was, al konden we het vaak wel raden. We wilden het niet weten.

Een jongen konden we wel met ons vieren dragen, maar voor een volwassene moesten we met ons zessen of meer zijn. Alleen baby's wilde ik niet zelf begraven. Ik zei tegen commandant Gesp dat ik liever geen kleintjes begroef, dus ik hoefde geen baby's te doen. Baby's waren trouwens zeldzaam, die begroeven de ouders liever zelf. Alleen als de moeder dood of vermist was moest er weleens een baby door de doodgraafjongens naar de laatste rustplaats worden gebracht. De begraafplaats groeide te snel, alle kanten op, en het begraven gebeurde steeds slordiger.

Op een dag, toen we een dode jongen van de hospitaaltent naar de begraafplaats brachten, zagen we een hyena met iets in de grond vechten. Het leek alsof hij een eekhoorn uit de grond wilde trekken, en ik gooide stenen om hem weg te jagen. Hij ging niet. Twee jongens renden schreeuwend met stokken en stenen op hem af. Eindelijk draaide de hyena zich om en rende weg, en toen zag ik waar hij op kauwde: de elleboog van een mens. Toen begreep mijn groep dat de andere doodgraversgroepen hun doden niet erg goed begroeven. We begroeven de man opnieuw, en later wenkte Dut me en ik ging naar hem toe. Hij woonde nu in een stevige tent waar plaats voor vier mensen was.

– Ga zitten, Achak.

Ik gehoorzaamde.

– Ik vind het heel naar dat je zulk werk moet doen.

Ik zei dat ik het inmiddels wel gewend was.

– Ja, maar dat is niet goed. Zo had ik me dit kamp en onze reis naar Ethiopië niet voorgesteld. Ik wil dat je het hier beter krijgt. Ik wil dat je naar school kunt.

Dut overzag het kamp met zijn kleine, omplooide ogen, en ik wilde hem geruststellen. – Het is niet erg, zei ik. – Het is maar tijdelijk.

Hij deed zijn mond open, maar zei niets. Toen bedankte hij me voor mijn harde werken en gaf me een paar dadels uit een zak op zijn bed. Ik liep zijn tent uit en maakte me zorgen over hem. Ik had hem wel eerder hulpeloos gezien, maar deze neerslachtigheid was nieuw. Dut was een behulpzaam, optimistisch iemand, en nu ik hem zo zag, kreeg ik twijfels. Ik verwachtte eigenlijk niet dat de lang beloofde scholen echt zouden worden opgericht, maar ik stelde me wel voor dat ons verblijf in Ethiopië tijdelijk was. Ik leefde in de verwachting dat er een dag zou komen dat de groep waarmee ik hierheen was gekomen, terug zou lopen naar Soedan, waar de oorlog dan afgelopen zou zijn, en dat we onderweg bij alle dorpen afscheid zouden nemen van de jongens die daar woonden, totdat alleen de jongens Van Ver nog over waren, die als laatsten thuis zouden komen. Ik zou het verst moeten lopen van allemaal, maar ik zou toch gauw genoeg thuis zijn en veel te vertellen hebben.

Overdag had ik veel vreemde gedachten. Er deden zich dromen aan me voor. Als ik snel opstond of me omdraaide, werd ik zo duizelig dat ik me niet meer kon bewegen en witte flitsen voor mijn ogen kreeg, en op die momenten van desoriëntatie zag ik mensen die ik vroeger had gekend. Mijn vader of de baby van mijn stiefmoeder, of mijn bedje thuis. Ik zag ook vaak het hoofd van de dode man in de rivier, al zag ik in die visioenen ook zijn gezicht, dat in werkelijkheid verdwenen was, net als bij die gezichtloze man in het bos toen.

Als ik 's morgens wakker werd, dacht ik vaak dat ik in mijn eigen bed lag, en dan duurde het even voordat ik begreep dat ik voorlopig nog niet thuis zou zijn, als ik daar al ooit weer zou komen. Ik raakte gewend aan die visioenen van gezichten van thuis. In het begin werd ik er bang van, maar al snel werden ze een soort troost; ik wist dat ze zouden komen en ook snel weer zouden vervagen. Ik was omringd door schimmen, die ik was gaan accepteren, net als de schaduwwereld waarin ik toen leefde.

Maar op een dag kreeg ik een visioen dat niet wegging, van Moses. Ik was bij de rivier mijn tweede shirt aan het wassen toen hij naast me verscheen, met een glimlach alsof hij een fantastisch geheim had. Het was niet de eerste keer dat ik Moses zag; ik stelde me vaak voor dat hij bij me was en me met zijn kracht en vechtlust beschermde. Maar die dag bij de rivier bewoog het beeld van Moses, zijn ogen waren wijdopen en hij hield zijn hoofd schuin, alsof hij wilde dat ik zijn echtheid erkende. Maar ik liet me allang niet meer door die visioenen voor de gek houden, of hij het nu was of een ander.

– Ben je je tong verloren, Achak?

Ik ging door met wassen en verwachtte dat het visioen wel weer weg zou gaan. Dat hij iets zei was wel verwarrend, maar niet helemaal nieuw. Ik was een keer wakker geworden doordat mijn kleine stiefbroertje Samuel over paarden zat te praten. Of ik zijn nieuwe paard had gezien, wilde hij weten. Hij beschuldigde me ervan dat ik het had gestolen.

– Achak, ken je me niet meer?

Ik herkende de jongen die ik voor me zag als Moses, maar de echte Moses was door de murahaleen vermoord. Ik had hem vlak voor zijn dood nog gezien.

– Achak, zeg eens wat. Je bent het toch? Of ben ik nou gek?

Ik gaf toe en zei iets tegen hem.

– Ik praat niet met jou. Ga weg.

Toen stond de schim van Moses op en liep weg. Dat had ik een visioen nog nooit zien doen.

– Wacht! riep ik. Ik kwam overeind en liet het shirt vallen.

De schim van Moses liep door.

– Wacht! Moses! Ben je het echt?

Ik rende hem achterna, en hoe dichter ik bij hem kwam, hoe echter hij leek, en mijn hart ging tekeer alsof het uit mijn lijf wilde springen.

Eindelijk draaide de schim van Moses zich om en het was echt Moses. Ik omhelsde hem, klopte hem op zijn rug en keek naar zijn gezicht. Het was Moses. Hij was ouder geworden, maar zijn bouw was hetzelfde gebleven, een gespierd miniatuurmannetje. Het was werkelijk Moses.

Ik vertelde van mijn visioenen, het echte en het niet-echte, en Moses lachte en ik lachte en stompte hem zacht tegen zijn arm. Moses stompte terug, harder, tegen mijn borst, en toen ik weer, en al snel lagen we in het stof te worstelen, feller dan we eigenlijk van plan waren. Ten slotte gooide Moses me met een echte pijnkreet van zich af.

– Wat? Wat is er?

Hij draaide zich om en trok zijn shirt omhoog. Er liepen diepe, vuurrode littekens over zijn rug.

– Wie heeft dat gedaan? vroeg ik.

– Dat is een heel raar verhaal, Achak.

We liepen naar een boom en gingen eronder zitten.

– Heb jij William gezien? vroeg hij. Ik had op dat moment niet verwacht dat hij naar William zou vragen.

– Nee, zei ik.

We waren heel ver van huis, dus ik vond dat ik daar nu wel over kon liegen. Ik wilde niet aan William K denken. Ik vroeg Moses naar zijn verhaal en hij begon te vertellen.

– Ik herinner me de brand nog, Achak. Jij? De vlammen werden nergens oranje. Zag jij dat ook, toen het dorp afbrandde? De zon stond er recht boven en het vuur was kleurloos of grijs. Heb jij ook gezien dat het vuur geen kleur had?

Ik wist niet meer hoe het vuur eruitzag op de dag dat ons dorp afbrandde. In mijn herinnering waren de vlammen oranje en rood, maar ik nam graag aan dat Moses gelijk had.

– Ik weet nog dat ik langzaam ademhaalde, ging Moses verder. – Ik ademde rook in. In onze hut kon ik haast geen lucht meer krijgen. Ik zoog een klein beetje lucht naar binnen en dan moest ik hoesten, maar ik deed het toch. Ik bleef ademhalen en al snel begon ik me slap te voelen. Ik was zó moe! Ik viel in slaap, maar ik wist dat het geen slaap was. Ik wist best wat er aan de hand was, ik wist dat ik doodging. Mijn moeder was al dood, dat wist ik, ze lag voor de hut. Dat besefte ik allemaal, maar ik weet niet meer hoe ik dat wist. Misschien wist ik het wel helemaal niet en denk ik dat achteraf maar omdat ik het nu wél weet.

Ik wist nog dat ik Moses' moeder had gezien. Haar lichaam was onbedekt en haar gezicht was aan één kant verbrand, zo erg dat het onherkenbaar was geworden, maar verder was ze gaaf.

– Ik ben dus weggerend. Ik rende naar buiten, sprong over mijn moeder heen en vluchtte weg. Ik wilde niet naar haar kijken, want ik wist dat ze dood was. En ik was kwaad op haar omdat ze mij in de hut had gelaten. Dat vond ik stom van haar, dat ze me ergens had achtergelaten waar ze kon weten dat ik daar stikte. Ik was zó kwaad dat ze zomaar dood was gegaan en mij daarbinnen had laten zitten. Ik vond het slap en stom van haar.

– Moses, hou op.

Ik wist nog hoe Moses bij zijn moeder had staan schreeuwen. Maar ik zei niet dat ik dat had gezien. Ik schaamde me dat ik hem niet was komen redden.

– Ja, sorry, Achak. Maar dat dacht ik toen. Ik heb voor haar gebeden en vergiffenis gevraagd voor wat ik toen dacht. Ik ben weggerend, en ik zag de school in de verte.

– Maar die hebben ze ook platgebrand, zei ik.

– Ik geloofde ook niet dat ik in de school veilig was, maar ik dacht dat daar misschien nog andere mensen waren en dat zij wisten wat ik nu moest doen. Ik rende door het dorp, nog steeds hoestend. Overal rook. En geschreeuw, geschreeuw van mensen die waren gevallen en lagen te bloeden. Ik sprong over nog twee lijken heen, oude mannen die dwars over het pad lagen. De tweede greep me bij mijn enkel. Hij was nog niet dood. Hij greep me vast en zei dat ik bij hem moest gaan liggen en doen alsof ik dood was. Maar hij zat onder het bloed. Een van zijn ogen zat helemaal dicht, verbrand, en er liep bloed uit zijn mond. Ik wilde

niet bij die man gaan liggen, met al dat bloed. Dus toen ben ik doorgerend.
– Dat was die oude dronken man van de markt.
– Ja, dat geloof ik ook.
– Ik heb hem ook gezien.
– Hij is doodgegaan.
– Ja, hij is dood.
– Ik zag geen murahaleen en ik dacht even dat ze weg waren. Maar toen hoorde ik de hoeven. Er reden er een heleboel om het dorp heen, ze riepen: God is groot! God is groot! Heb jij dat geschreeuw ook gehoord?
– Ja, dat heb ik ook gehoord.
– Ik keek naar rechts, naar de markt, en daar zag ik twee mannen met hun paarden. Ze waren vrij ver weg. Ik wist zeker dat ik de school wel zou halen. Maar ik kon niet zo hard rennen. Ik was erg zwak en in de war. De hoeven kwamen steeds dichterbij. Ze maakten zo'n lawaai, die paarden – het gebonk van die hoeven dreunde door mijn hoofd. Ik dacht dat ze over me heen zouden stampen, dat ze ieder moment mijn hoofd en mijn rug konden verpletteren. Er sloeg iets tegen me aan en ik wist zeker dat dat een paardenhoef was. Ik viel en kwam op mijn gezicht terecht, ik kreeg allemaal stof in mijn ogen. Ik hoorde een man van zijn paard springen, en toen wat geschuifel. Toen vloog ik door de lucht. De man had me opgetild, met zijn ene hand om mijn ribben en de andere om mijn benen. Heel even dacht ik dat het afgelopen was. Ik verwachtte een mes of een kogel.

Weer wilde ik tegen Moses zeggen dat ik had gezien hoe hij door die ruiter achterna werd gezeten, maar dat deed ik niet en al snel was het te laat om het nog te vertellen. En ik herinnerde me die achtervolging anders dan Moses. Ik hield mijn mond en verving mijn eigen herinnering door de zijne.

– Toen lag ik met mijn gezicht tegen het leer. Hij had me op zijn zadel gelegd en bond me eraan vast. Ik voelde een touw op mijn rug, dat in mijn huid sneed. Hij snoerde me op een of andere manier op het paard vast. Hij was er wel een paar minuten mee bezig en er sneden steeds meer touwen in mijn huid. Eindelijk kwamen we in beweging. Hij had me gevangen. Ik begreep dat ik nu slaaf was.

– Heb je Amath nog gezien?

– Eerst niet. Later wel, heel even. We begonnen te rijden en ik moest meteen overgeven. Ik had nog nooit op een paard gezeten. Ik zag de grond onder me en er kwam allemaal stof in mijn ogen. Ik werd door elkaar geschud alsof ik in een zak botten zat. Heb jij weleens op een paard gezeten?

– Niet als het liep.

– Het was verschrikkelijk. En het werd ook niet minder erg. Ik wende er niet aan, al reden we urenlang door. Toen het paard eindelijk stilstond, bleef ik erop. Ik lag vastgebonden en ik voelde het paard onder me ademhalen. Ik hoorde de mannen eten en praten, maar ze haalden me niet van het zadel af. Ik ben daar in slaap gevallen, en na een tijdje ging ik steeds meer slapen. Ik kon gewoon niet wakker blijven. Als ik even wakker werd, zag ik de grond onder me wegschieten. Ik werd wakker en het was nacht, of midden op de dag, of schemerdonker. Twee dagen later werd ik op de grond gegooid en kreeg ik te horen dat ik daar moest slapen, onder de hoeven van het paard. Die ochtend droomde ik dat mijn hoofd de zon in werd gedrukt. In mijn droom was de zon kleiner, ongeveer zo groot als een flinke pan, en daar werd mijn hoofd in geduwd. Het was zo heet dat het wel leek alsof mijn haar en mijn schedel smolten. Ik werd wakker van de brandlucht. Het rook naar aangebrand vlees. Toen begreep ik dat het geen droom was: de Arabier drukte een gloeiende metalen staaf tegen mijn hoofd. Hij was me aan het brandmerken. Hij brandde een cijfer in mijn oor, een liggende 8.

Moses draaide zijn gezicht om het me te laten zien. Het was een heel ruw brandmerk, een opgezwollen, paars symbool op de huid achter zijn oor.

– Nu weet je voortaan altijd van wie je bent, zei de man

tegen me. De pijn was zo hevig dat ik flauwviel. Ik kwam bij doordat ik werd opgetild. Ik werd weer over het zadel gegooid en vastgebonden, nu nog strakker dan eerst. We reden nog twee dagen. We hielden ergens stil waar het Um el Goz heette. Dat was een soort legerkamp van de regering. Er waren daar honderden jongens zoals ik, allemaal onder de twaalf, Dinka en Nuer. Ik werd samen met al die andere jongens naar een enorme schuur gebracht, en daar werden we opgesloten. Er was geen eten. Het zat er vol ratten, iedereen werd gebeten. Er waren geen bedden, maar we wilden 's nachts niet op de grond gaan liggen, want die ratten waren niet bang voor ons, die kwamen ons bijten. Ben jij weleens door een rat gebeten, Achak?

Ik schudde mijn hoofd.

– We sliepen in een kring om elkaar tegen de ratten te beschermen. We hadden stokken en de jongens aan de buitenkant joegen de ratten weg. Zo sliepen we. Heb jij ook weleens in een kring geslapen, Achak?

Ik zei dat ik die manier van slapen ook had leren kennen.

– De volgende dag werden we naar een gebouw gebracht waar we op bedden werden gelegd. Het was een soort ziekenhuis. Daar waren zusters en die staken een naald in onze arm en zogen ons bloed op. Ik moest weer overgeven toen ik het bloed uit de arm van een andere jongen zag komen. Maar die zusters waren heel aardig. Het was heel raar. Ze ruimden mijn kots op en gaven me water. Toen legden ze me weer op dat bed en er kwam een andere zuster om me vast te houden. Ze boog zich over me heen en hield met haar ene hand mijn arm vast en drukte met de andere op mijn borst. Toen staken ze die naald in mijn arm en zo namen ze twee zakken bloed af. Heb jij weleens een naald in je arm gehad, Achak?

Ik zei van niet.

– Die zijn zó lang, en hol.

Ik wilde niets meer over die naalden horen.

– Best. Maar hij was enorm. En bij de punt maakte hij een hoek. Ze steken hem zó naar binnen.

– Hou op.

– Goed. Na afloop kreeg ik zoet citroensap van die zuster en toen moest ik weer naar de schuur. Daar kreeg ik te horen dat sommige jongens daar al maanden zaten en dat ze elke week bloed moesten geven, soms wel een paar keer. Ze dienden als bloedvoorraad voor het regeringsleger. Elke keer als het leger weer met de SPLA had gevochten, werden ze uit de schuur gehaald om bloed te geven.

– Dus daar heb je al die tijd gezeten?

– Een tijdje. Maar toen werd het rustig. Er waren zeker geen gewonden meer. Ze hadden ons niet meer nodig. Tenminste niet allemaal. Dus na vier dagen in Um el Goz werd ik weer op het paard gehesen en gingen we weer op weg met ongeveer honderd andere murahaleen, en nu heel ver. Toen zag ik Amath. Ik hoorde een meisje gillen, in mijn taal, en toen zag ik haar op een ander paard, vlakbij. De man die haar vasthield sloeg haar met zijn geweer en hij lachte erbij. Heel even keken we elkaar aan en toen zag ik haar niet meer. Ik heb haar niet meer teruggezien. Dat was wel raar, om haar daar te zien, honderden kilometers van huis.

De touwen in mijn binnenste knapten weer, maar ik zei niets.

– We reden dagenlang door. Toen kwamen we bij een huis, een heel mooi huis. Daar woonde een belangrijke man. Die heette kapitein Adil Muhammad Hassan. De man die me daarheen had gebracht was familie van die man. Ik hoorde ze praten, hij zei dat hij mij aan die Hassan gaf, als cadeautje. Hassan was heel blij en ze gingen samen naar binnen om te eten. Ik lag nog buiten op het paard vastgebonden. Iedereen bleef de hele avond binnen en ik lag maar op dat paard. Ik staarde naar de grond en vroeg me af waar ik was. Eindelijk werd ik losgemaakt en naar binnen gebracht. Heb jij weleens zo'n huis gezien, het huis van een commandant van het Soedanese regeringsleger?

Ik schudde mijn hoofd.

– Zoiets kun je je niet voorstellen, Achak. Hele gladde vloeren en overal schoon. Glas in de ramen. Stromend water, binnen in huis. Ik werd de bediende van die man. Hij had twee vrouwen en drie kinderen, die nog klein waren. Ik had gedacht dat die kleintjes wel aardig tegen me zouden zijn, maar ze waren nog wreder dan hun ouders. Ze leerden dat ze me mochten slaan en naar me spugen. Voor hen was ik gewoon een stuk vee. Vier maanden lang moest ik op de geiten en schapen op het erf passen en het huis schoonmaken. Vloeren dweilen, in de keuken helpen en aan tafel bedienen.

– Was jij de enige bediende?

– Ze hadden er nog eentje, een meisje, ook uit Soedan. Ze heette Akol en ze was ongeveer even oud als jouw zusje Amel. Akol werkte meestal in de keuken, maar ze was ook de bijvrouw van Hassan. Ze verwachtte een baby van Hassan, dus zijn vrouw haatte haar. Als Akol om haar moeder huilde, ging die vrouw tegen haar tekeer en dreigde haar met een mes haar strot af te snijden. Ze noemde haar teef en slavin en beest. Ik heb veel Arabische woorden geleerd, en die woorden hoorde ik daar het meest. Mij noemden ze alleen *jange* – vuile ongelovige, barbaar. Ze gaven me ook een andere naam: Abdul. Ze stuurden me naar de koranschool en noemden me Abdul.

– Waarom stuurden ze een slaaf naar school?

– Die mensen willen dat iedereen moslim wordt, Achak. Ik deed dus alsof ik een goede moslim was. Ik had gedacht dat ze dan wel aardiger tegen me zouden zijn, maar dat gebeurde niet. Ze sloegen me veel meer dan nodig was. Vooral de kinderen gaven me graag met de zweep. De oudste zoon, die nog kleiner was dan wij, gaf me aan één stuk door met de zweep als hij alleen met me was. Ik kon niets terugdoen, dus ik rende maar weg, het hele erf over, totdat hij moe werd. Ik kon 'm wel vermoorden en bedacht aldoor plannetjes om dat voor elkaar te krijgen.

Ik moest steeds maar naar die liggende 8 achter Moses' oor kijken. De kleur veranderde telkens in het zonlicht.

– Toen ik daar drie maanden was, besloot ik weg te lopen. Ik vertelde het aan Akol en die zei dat ik gek was. Ik wilde 's nachts ontsnappen. De eerste keer dat ik het probeerde, werd ik bijna meteen gepakt. Ik liep het erf van de buren op en daar begon een hond te blaffen. De baas van die hond kwam met een fakkel naar buiten en pakte me. Ik was maar heel even weggeweest. Hassan lachte me keihard uit. Toen bracht hij me naar het erf en daar moest ik op mijn hurken gaan zitten. Ik hurkte als een kikker op het erf en hij haalde zijn kinderen en zei dat ze op me moesten springen. Ze gingen op mijn rug zitten en deden alsof ik een ezel was, en ze lachten en Hassan lachte ook. Ze zeiden dat ik een stomme ezel was. En de kinderen gaven me afval te eten. Ze zeiden dat ik het op moest eten, dus dat deed ik – alles wat ze me gaven. Dierenvet, theezakjes, verrotte groente.

– Wat erg, Moses.

– Nee, nee. Zo erg was het niet. Nee, dat was het opstapje voor mijn ontsnapping. Toen ik al dat afval had gegeten, begon ik te braken. Die avond braakte ik urenlang en ik was twee dagen ziek. Ik kon niet staan. Ik kon niet werken. Akol hielp me en ik knapte wat op. Maar terwijl ik beter werd, kreeg ik een idee. Ik besloot ziek te blijven.

– Ben je zo ontsnapt?

– Dat was heel makkelijk. Ik zorgde dat ik altijd misselijk was. Bij het eten dacht ik aan iets waarvan ik moest braken. Ik stelde me voor dat ik mensen at. Ik stelde me voor dat ik zebrahuid at, of de arm van een baby. En dan begon ik eindeloos te braken. Al snel besloot Hassan dat hij me niet meer wilde. Hij zei dat ik een waardeloos cadeau was en dat hij me ging verkopen. Op een dag kwamen er twee mannen op kamelen. Ze waren in het wit, van hun gezicht tot hun voeten. Ze gooiden me op de kameel en we reden dagenlang, tot we in een stad kwamen die Shendi heette. Daar werd ik weer in een schuur gezet, samen met andere Dinka- en Nuer-jongens, maar die schuur was kleiner dan die andere. Een paar jongens zaten daar al een week of langer. Ze zeiden dat het een slavenhandelaarsstad was. Ze zeiden dat de handelaars hier slaven naartoe brachten voor mensen in allerlei landen – Libië, Tsjaad, Mauritanië. Ik heb twee dagen zonder eten in die schuur gezeten, en er was maar één emmer water voor ons vijftigen.

– Ben je toen verkocht?

– Ja, Achak, nou! Twee keer zelfs. Eerst aan een Soedanese Arabier. Een oudere man die zijn zoon bij zich had. Het leken me heel vreemde mensen. Ze kochten me en ik liep met ze mee, ik liep zomaar met ze het dorp uit, ze bonden me niet vast en ik hoefde ook niet aan de lijn. Ze hadden een kameel bij zich, maar we liepen gewoon weg met ons drieën. We reisden dagenlang, lopend of met ons drieën op die kameel. Dat was erg ongemakkelijk, maar ze waren niet wreed. Ze zeiden haast niets en ik stelde geen vragen. Ik wist dat we naar het zuiden gingen, dat zag ik aan de zon, en ik wilde kijken hoe ver we gingen, dan zou ik uiteindelijk wel kans zien om weg te lopen.

– Waar ben je ontsnapt?

– Ik hoefde niet eens te ontsnappen, Achak! Ik zei toch dat ik twee keer ben verkocht? Nou, bij de tweede keer kwam ik vrij. We kampeerden drie dagen in een bos en deden de hele dag haast niets. Ik moest overdag hout zoeken, maar verder zaten we alleen maar wat en zij sliepen in de schaduw. De tweede dag kwam er een andere Arabier op bezoek, ze wisselden wat nieuws uit en toen ging die man weer weg. De derde dag stonden we heel vroeg op en liepen we tot we tegen de middag bij een vliegveld kwamen, en daar zag ik nog twintig andere Dinka – jongens zoals ik, vrouwen, meisjes en een oude man. Er stonden tien Arabieren bij, sommige te paard, sommige gewapend. Het leken me handelaars en murahaleen, en de twee Arabieren die me hadden gekocht brachten me naar de rest van de groep en ik was zo bang, Achak! Ik dacht dat ze me hier helemaal heen hadden gebracht om mij en de andere Dinka dood te maken. Maar dat waren ze niet van plan.

– Hebben ze niemand vermoord?

– Nee, nee. Daar waren we te kostbaar voor! Het was alleen

maar zo'n gevoel! Er landde een vliegtuig en daar kwamen twee van die witte mensen uit. Heb jij weleens zulke mensen gezien, Achak?

Ik zei van niet.

– Het was een man, een hele dikke, en een hele grote vrouw. De piloot zag er net zo uit als die Ethiopiërs hier. En toen praatten die witte mensen een tijdje met de Arabieren die alle Dinka bewaakten. Ze hadden een soort zak bij zich die vol geld bleek te zitten. Dat was de tweede keer dat ik gekocht werd, Achak!

– Kochten die mensen jou? Waarom?

– Ze kochten ons allemaal, Achak. Heel vreemd. Ze betaalden voor ons allemaal en zeiden toen tegen ons dat we vrij waren. We waren alle twintig vrij, maar we hadden geen idee waar we waren. De Arabieren draaiden zich om en liepen weg, naar het westen, en toen wachtten we. Die witte mensen bleven ook bij ons wachten, bijna de hele middag. Eindelijk kwamen er twee Dinka-mannen, heel mooi gekleed en met een schoon hemd, in een grote witte wagen. Die zag er heel nieuw uit. Dus een heleboel van die vrijgemaakte slaven stapten in die wagen en een paar liepen ernaast, en ik klom erop, samen met een andere jongen. We reden uren door, totdat het donker werd, en toen kwamen we bij een Dinka-dorp. Daar heb ik een paar weken gegeten en geslapen, totdat ze zeiden dat ik met de jongens mee moest.

– Liep je met een grote groep?

– Het viel wel mee, Achak. Ik heb zelfs op een tankwagen gereden.

Toen was ik wel even heel jaloers op Moses, maar dat zei ik niet. Ik dankte God dat hij Moses dat beetje genade had gegund. Toen vertelde ik Moses over William K en daarna bleven we de hele verdere dag bij de rivier zitten. Moses zei niets meer.

Er kwamen nog meer jongens in Pinyudo binnen die ontvoerd waren en waren vrijgelaten of ontsnapt, en zij vertelden net zulke verhalen als Moses. Maar Moses was de enige die ik kende die door die witte mensen was geholpen, dus berichten over hun daden waren schaars. Zelf betwijfelde ik dat de mensen die Moses had gezien echt wit waren, totdat ik er zelf voor het eerst een te zien kreeg. Dat was toen we ongeveer drie maanden in Ethiopië waren en Moses ook bij de Elf zat. Toen wist de rest van de wereld, of in elk geval een deel van de hulpverlenerswereld, inmiddels van het bestaan van de veertigduizend vluchtelingen vlak bij de Ethiopische grens, voor de helft minderjarigen zonder ouders of familie.

Ik werd wakker van opgewonden gepraat voor de tent.
– Heb je hem niet gezien?
– Nee. Is hij echt wit? Is zijn haar wit?
– Nee, zijn huid, overal. Helemaal krijtwit.

Ik kwam overeind en kroop naar buiten, nog niet wakker genoeg om goed te begrijpen waar die drie van de Elf het over hadden. Toen ik ging plassen, zag ik overal in het kamp groepjes van tien of meer jongens driftig in gesprek. Er was iets aan de hand, en het had iets te maken met de wartaal die mijn tentgenoten daarnet uitsloegen. Ik probeerde me te herinneren wat ze precies hadden gezegd, keek op en zag dat honderden jongens tegelijk dezelfde kant op keken. Ik volgde hun blik en zag iets wat wel een omgekeerd mens leek. De afwezigheid van een man. Hij was uitgewist. Onwillekeurig liep er een rilling door mijn lichaam, dezelfde reactie die ik had als ik een brandwond zag, of iemand die een arm of been miste – een misvorming of verwoesting van de natuur.

Ik begon al naar de uitgewiste man toe te lopen toen ik bedacht dat ik na het plassen mijn broek nog niet had opgetrokken. Ik bracht mijn kleren in orde en volgde de massa jongens die in de richting van de uitgewiste man liep. Ik zocht Moses om hem te vragen of dit het soort iemand was dat hij daarginds had gezien, maar ik zag hem nergens. De witte man stond een paar honderd meter bij ons vandaan en het gemompel van de jongens werd zachter naarmate we dichterbij kwamen. Een oudere jongen kwam met een sprong voor ons staan.

– Stop! Val de khawaja niet lastig. Als jullie te dichtbij komen, loopt hij weg. Als er honderd jongens op hem af komen rennen, wordt hij bang. Wegwezen.

We gingen terug naar onze tent en ons corvee, maar in de loop van de dag ontstonden er allerlei theorieën over de nieuwe man. De eerste was dat hij door de Soedanese regering was gestuurd om ons allemaal dood te maken – dat hij alle jongens ging tellen en dan zou uitrekenen hoeveel wapens hij nodig had om ons uit te roeien. Als hij dat wist, zou 's nachts het grote moorden beginnen. Die theorie was al snel ontzenuwd toen we ontdekten dat de oudsten niet bang voor hem waren; ze praatten zelfs met hem en gaven hem een hand. Toen zwaaide de slinger natuurlijk de andere kant op: volgens de nieuwste inzichten was hij een god die ons allemaal kwam redden en ons zou voorgaan naar Zuid-Soedan om over de murahaleen te zegevieren. Dat idee kreeg in de loop van de dag steeds meer aanhangers en werd alleen ondermijnd door de opsomming van de bezigheden van de god. Hij was eigenlijk vooral met een paar van de oudsten een voedselopslagschuur aan het bouwen en dat leek ons wel een erg nederig karwei voor een god, zelfs voor een mindere. Daarna kwamen een paar oudere jongens met een genuanceerdere opvatting aan.

– Hij werkt voor de regering, maar in het geheim. Daarom vermomt hij zich in die witte huid.

– Hij is binnenstebuiten gekeerd en nu komt hij naar Soedan om weer gewoon te worden.

Ten slotte kreeg ik genoeg van het gespeculeer en ging naar Dut.

– Heb je nog nooit een blanke gezien? vroeg hij lachend.

Dat interesseerde Dut. Ik had niet geweten waar ik een blanke had moeten zien. Ik vond er niets grappigs aan. Zijn gezicht verzachtte zich en hij zuchtte.

– De blanken komen om allerlei redenen naar Soedan, ook

omdat ze ons over het koninkrijk Gods willen leren... Ik weet wel dat er in Marial Bai geen blanken waren, maar hadden ze in jouw kerk in Aweil geen blanke missionarissen?

Ik schudde mijn hoofd.

– Nou ja. Ze komen ook voor de olie en dat heeft ons soort mensen veel ellende gebracht, maar dat vertel ik een andere keer wel. We zullen het nu over een andere reden hebben waarom ze hier komen, namelijk om mensen te helpen die aangevallen en onderdrukt worden. Soms komen de witte mannen hier de toestand inspecteren als vertegenwoordigers van de legers van de blanken, de machtigste legers ter wereld.

Ik stelde me de legers van de murahaleen voor, maar dan met witte mannen op witte paarden.

– En waarom is déze witte man naar Pinyudo gekomen? vroeg ik.

– Dat weet ik nog niet, zei Dut.

Ik besloot het een paar dagen aan te kijken tot er meer bekend werd en dan te proberen dichter bij de binnenstebuiten gekeerde man te komen. De volgende dag werd alles duidelijker: hij had een naam, Peter, of Paul, hij kwam uit Frankrijk en hij vertegenwoordigde iets wat de UNHCR heette. Hij kwam de oudsten helpen voedselopslagplaatsen te bouwen. Als hij de mensen die hij hier ontmoette aardig vond, zeiden ze, zou hij ook eten komen brengen om erin te doen. Dat wilden de meeste jongens wel aannemen, al vertrouwden de meesten het nog steeds niet helemaal en hadden ze geen idee wat ze van hem konden verwachten: dood, redding of vuur.

Toen de belangstelling voor de man wat gezakt was, kreeg ik de kans hem van dichterbij te bekijken. Zijn huid was heel bijzonder. Sommige dagen was hij inderdaad krijtwit en andere dagen roze als een varken of de onderbuik van een geit. Zijn armen en benen waren met dik donker haar begroeid, ook net als bij een varken, maar bij hem waren de haren langer.

De man zweette meer dan ik ooit iemand had zien doen. Hij veegde elke paar minuten het zweet van zijn gezicht; dat leek wel zijn voornaamste bezigheid. Ik betrapte me erop dat ik medelijden met de witte man kreeg vanwege dat zweten, en ook omdat hij in zoveel opzichten op een varken leek. Hij was niet op de hitte in Pinyudo gebouwd en ik werd bang dat hij zou verbranden. Hij leek kwetsbaar, hij had last van de zon; hij had altijd een fles water bij zich, die hij met een soort riem op zijn rug had gebonden. Hij zweette, veegde het zweet af, dronk water en ging dan kort daarna in zijn eentje onder de vijgenboom zitten.

Ik ging bij Ajulo langs om ernaar te vragen. Zij had ook over de witte man gehoord. Ik vroeg haar of de komst van de binnenstebuiten gekeerde man iets goeds was en wat die kon betekenen. Daar moest ze een poosje over nadenken.

– De khawaja is interessant, mijn jongen. Hij is heel slim. Je gelooft niet wat die allemaal in zijn hoofd heeft. Hij kent veel talen en namen van dorpen en steden, en hij kan met een vliegtuig vliegen en in een auto rijden. Dat kan de witte mens allemaal al bij zijn geboorte. Daarom is hij machtig en heel nuttig, hij kan ons goed helpen. Als je een wit mens ziet, betekent dat dat alles beter wordt. Ik denk dus dat die man goed voor jullie is.

Na kerktijd vroeg ik hetzelfde aan de priester.

– Het is een heel goede zaak, Achak, zei hij. – De witte mens is een rechtstreekse afstammeling van Adam en Eva, zie je. Je hebt toch wel plaatjes van Jezus in je boekjes gezien? Adam en Eva en Jezus en God hebben ook allemaal zo'n soort huid. Ze zijn kwetsbaar, hun huid verbrandt in de zon, want ze staan dichter bij de engelen. Engelen zouden ook verbranden als ze op aarde kwamen. Deze man brengt dus een boodschap van God.

Ik probeerde omzichtig dichter bij die Peter of Paul in de buurt te komen en al gauw leek hij me op te merken. Op een dag liepen Moses en ik vlak langs de vijgenboom waar hij onder zat, en deden alsof we niet naar hem keken.

– De khawaja lachte tegen je! zei Moses.

Dat bracht me eerst in verwarring. Ik had besloten dat het niet goed zou zijn als de witte man zijn blik op me liet rusten, dus als hij mijn kant op keek, draaide ik me snel om en liep naar huis. Ik keek liever op veilige afstand naar hem als hij aan het werk was of als hij, altijd alleen, onder de reusachtige vijgenboom zat uit te rusten. Het leek me ook logisch dat de witte man in zijn eentje uitrustte, want hij moest boodschappen van God doorkrijgen. In een luidruchtige groep mensen kon hij zo'n boodschap natuurlijk moeilijk verstaan. Die boodschappen zelf stelde ik me ook als iets heel breekbaars voor. Dat leek wel bij de witte man te passen, want hij leek me erg zachtaardig, een stille god, als hij tenminste inderdaad een god of een boodschapper van de goden was.

Ik lag nachtenlang wakker in mijn tent met het muskietennet dicht tegen mijn gezicht terwijl de nacht met zijn geluiden vlakbij kwam, en ik vroeg me af of ik Peter of Paul moest vragen of hij iets over Marial Bai wist, en over mijn familie en het lot van iedereen. Als hij een rechtstreekse afstammeling van Adam en Eva was en onder de vijgenboom met God praatte, wist hij vast wel iets van mijn familie – of iedereen nog leefde en waar ze nu waren. Misschien kon hij me zelfs wel naar Marial Bai brengen. Als mijn ouders dood waren, kon hij ze weer levend maken en zorgen dat het dorp weer net zo werd als vroeger, voordat de donkere wolk murahaleen kwam. En als dat kon, wat me heel goed mogelijk leek, kon hij dan ook de oorlog in Zuid-Soedan niet laten ophouden? Misschien kon hij het niet zelf, maar als hij zijn God en de andere goden aanriep, dan konden die toch bemiddelen en zorgen dat alle jongens in Pinyudo weer naar huis konden? Ik besloot dat ik in het uiterste geval wel een compromis kon sluiten en ten minste zou vragen of de man Marial Bai wilde sparen. Als het nodig was dat de oorlog doorging, want ik wist dat de goden vaak toelieten dat de mensen vochten, dan kon Marial Bai er misschien buiten blijven. Ik lag elke avond lang wakker terwijl de Elf om me heen in slaap vielen, en vroeg me af hoe ik de witte boodschapper kon benaderen en om die gunsten kon vragen zonder te lastig te lijken. Maar toen was Peter, of Paul, op een dag weg, en we zagen hem nooit meer. Niemand had er een verklaring voor.

Maar het duurde niet lang of er kwamen meer witte mensen en hulpverleners uit heel Afrika in Pinyudo aan. Uit de verte zagen we de delegaties in een stevig tempo door het kamp lopen, steeds nauwlettend bewaakt door de Soedanese oudsten. Soms moesten we voor de bezoekers zingen of enorme spandoeken met welkomstgroeten schilderen. Maar dichterbij kwamen we niet. De bezoekers gingen nooit erg ver het kamp in en vertrokken meestal dezelfde dag weer.

Drie keer per dag kwamen de bevoorradingstrucks, we kregen inmiddels minstens twaalf maaltijden per week – vroeger maar zeven. We kregen weer wat vlees op onze botten en overal in het kamp gingen projecten van start, er werden gezondheidscentra geopend, er kwamen boeken en pennen. In onze betrekkelijke tevredenheid en met een volle maag begonnen we aan teruggaan te denken. Moses was een van de eerste jongens die voorstelden weer naar Soedan te gaan.

– Er komt hier eten binnen en het is rustig, zei hij. – Dat betekent dat het thuis ook veilig is. We moeten weer naar huis. Waarom zouden we hier blijven? We zijn nu al een jaar weg.

Ik wist niet wat ik ervan moest denken. Het leek een krankzinnig idee, maar net als de keer dat Ajulo vraagtekens zette bij ons verblijf hier begon ik me weer af te vragen waarom we eigenlijk niet ergens anders heen gingen, of naar huis.

– Maar dan zijn er geen grote mensen bij, zei ik. – Dat overleven we niet.

– We weten nu de weg, zei Moses. – We gaan met ons twintigen. Dat is genoeg. Misschien een geweer. Een paar messen, speren. En tassen met eten. Het wordt heel anders dan op de heenweg. Nu hebben we alles wat we nodig hebben.

Er werd onder de jongens nu veel gepraat over de vraag of de oorlog wel of niet afgelopen was. Volgens velen werd het tijd om terug te gaan, en daar werden ze pas vanaf gebracht toen de geruchten over onze plannen de volwassenen bereikten. Op een avond kwam er een woedende Dut naar onze tent. Hij was nog nooit in ons huis geweest.

– De oorlog is nog niet afgelopen! blafte hij. – Zijn jullie gek geworden? Weten jullie wel wat jullie in Soedan te wachten staat? Het is daar nu erger dan ooit, stommelingen. Hier zijn jullie veilig, jullie krijgen goed te eten, jullie kunnen binnenkort naar school. En nu willen jullie hier weg om helemaal alleen door de woestijn te gaan lopen? Er zijn kinderen bij die niet groter zijn dan een kat! We hebben al van twee jongens gehoord die 's nachts in het donker het kamp uit zijn gelopen. Wat denken jullie dat er met ze gebeurd is?

We kenden de jongens die waren weggelopen wel, maar over hun lot wisten we niets.

– Aan de overkant van de rivier zijn ze meteen door bandieten vermoord. Jullie komen niet eens langs de Anyuak!

Hij maakte wilde gebaren. Hij wachtte even tot hij weer wat gekalmeerd was.

– Als iemand hier weg wil, ga dan maar, want dan ben je toch te stom om hier te blijven. Dan hoef ik je niet. Ik wil alleen jongens met hersens. Ga dan meteen maar, en als de school dit najaar begint, verwacht ik alleen de jongens die slim genoeg zijn om te snappen wat ze hier wel hebben en in de woestijn niet. Dag.

Hij beende snel de tent uit en liep buiten nog even in zichzelf te hakkelen. Sommigen van de Elf geloofden het verhaal over de bandieten niet, want ze konden zich niet voorstellen wat bandieten van kleine jongens zouden willen, maar na Duts uitbarsting nam onze rusteloosheid opvallend snel af. Het vooruitzicht van school was een fantasie waarin we maar al te graag wilden geloven. Maar Moses was niet overtuigd. In hem groeide een woede die hem uiteindelijk aanzette tot nog ergere avonturen dan alles wat hem naar Shendi en weer terug had gebracht.

– Valentino!

Op een dag liep ik naar de mis, die altijd onder een bepaalde boom werd opgedragen, vlak bij de plek waar de Ethiopiërs woonden, toen iemand die naam de lucht in slingerde. Ik had hem heel lang niet gehoord. Ik draaide me om en zag een man die me bekend voorkwam, een priester, naar me toe komen. Het was pater Matong, de priester die me in Marial Bai gedoopt had. Hij was al in andere kampen in Ethiopië geweest, zei hij, en nu kwam hij de jongens in Pinyudo opzoeken. Afgezien van Dut en Moses was hij de eerste in dit kamp die ik nog van thuis kende. Ik bleef even zwijgend naar hem staan kijken; ik kreeg het gevoel dat de wereld waar ik hem had leren kennen, mijn dorp en alles wat daarbij hoorde, ieder moment om hem heen kon herrijzen.

– Mijn jongen, gaat het goed met je? Hij legde zijn hand op mijn hoofd. Een heerlijk gevoel. Ik kon nog steeds geen woord uitbrengen.

– Kom maar mee, zei hij.

Die dag liep ik met pater Matong mee, en ook op andere dagen in de twee weken dat hij in Pinyudo bleef. Ik weet niet waarom hij met mij alleen optrok, maar ik was dankbaar voor de tijd die hij aan me besteedde. Ik vroeg hem van alles over God en het geloof; misschien was ik wel de enige die zo goed naar zijn antwoord luisterde.

– Wie was Valentino? vroeg ik op een dag.

We waren aan het wandelen en hij bleef abrupt staan.

– Weet je dat niet?

– Nee.

– Heb ik je dat nooit verteld? Maar dat is mijn lievelingsheilige!

Dat had hij me nooit verteld. Ook niet waarom hij mij naar hem had vernoemd.

– Wie was het dan? vroeg ik.

We liepen langs een vliegveldje. Een groep soldaten was enorme kratten uit een vrachtvliegtuig aan het lossen. Pater Matong bleef even staan kijken, maar draaide zich toen om en we begonnen weer naar het kamp te lopen.

– Hij leefde heel lang geleden, mijn jongen. Vóór de grootvader van jouw grootvader. En voor zijn grootvader en daar weer de grootvader van. Voor meer grootvaders dan er sterren zijn. Hij was priester, net als ik, een gewone priester die Valentino heette. Hij werkte in Rome, in een land dat tegenwoordig Italië heet, heel ver weg, in het noorden, waar witte mensen wonen.

– Dus hij was wit? vroeg ik. Dat was nog nooit bij me opgekomen.

– Inderdaad. En hij had alles voor anderen over. Hij preekte voor zijn kudde, maar hij bekommerde zich ook om de gevangenen. In die tijd werden veel mensen in Rome onder bedenkelijke omstandigheden gevangengezet en Valentino wilde ze het evangelie niet onthouden. Hij ging dus naar de gevangenen en bracht ze het woord des Heren, en zo werden die mensen bekeerd. Dat konden de bewakers niet waarderen. Ze namen hem kwalijk dat hij licht in het leven van de gevangenen kwam brengen. Hij werd dus ook gestraft. Hij werd gevangengezet, geslagen en weggejaagd. Maar hij vond altijd weer een manier om de gevangenen te spreken te krijgen, en na een tijd bekeerde hij zelfs de blinde dochter van de bewaker zelf.

We liepen maar door en hadden niet gemerkt dat we al zo dicht bij de kazerne van de Ethiopische troepen waren. We hoorden stemmen en stuitten al snel op een groep soldaten die dicht bij elkaar naar een gevecht op de grond keken. Het leek een soort worstelwedstrijd, al was maar één van de deelnemers in uniform en al leek er maar één te bewegen. Een van de worstelaars had een kledingstuk in een Anyuak-kleur aan en slaakte een kreet die vrouwelijk klonk. Weer veranderden we van koers.

– Hij ging het meisje vaak opzoeken; ze was niet ouder dan jij, mijn jongen. Ze gingen samen bidden en ze hadden het ook over haar blindheid. Ze was blind geworden toen ze nog heel klein was.

Weer legde hij zijn hand op mijn hoofd, en weer voelde het aan als thuis.

– Maar toen de bewaker erachter kwam wat de priester deed, was hij woedend. Zijn dochter bracht het woord van God in het huis van haar vader en dat betekende het einde van Valentino. Hij werd gevangengezet en gemarteld. Maar de dochter wist waar hij werd vastgehouden en ze ging hem opzoeken. Hij was aan de vloer vastgeketend, maar toch baden ze samen en zij sliep nachtenlang voor de deur van zijn cel. Op een nacht, toen ze samen aan het bidden waren voordat ze gingen slapen, kwam er opeens een fel licht de cel in. Het barstte door de tralies naar binnen en kolkte om Valentino en het meisje heen. De priester wist niet of het een engel was, maar hij hield de dochter van de bewaker goed vast, en nadat het licht zwenkend als een zwaluw door de cel was gevlogen, verdween het weer door het tralieraampje waardoor het binnen was gekomen. De priester en de dochter van de bewaker zaten weer in het donker.

– Wat was het? vroeg ik.

– Het was een boodschapper van God, mijn zoon. Dat is de enige verklaring. Toen het meisje de volgende ochtend wakker werd, kon ze weer zien. Haar ogen deden het al niet meer sinds ze een baby was, maar toch zag ze nu weer. Voor dat wonder werd pater Valentino onthoofd.

Ik vroeg waarom die man de lievelingsheilige van pater Matong was en waarom hij me naar hem had vernoemd. Het antwoord begreep ik niet helemaal, al geloof ik dat Matong verwachtte van wel. Hij nam zijn hand van mijn hoofd.

– Omdat ik denk dat jij in staat bent om mensen te laten zien, zei hij. – Ik denk dat jij je later zult herinneren hoe het hier was, dat jij er lering uit zult trekken. En op een dag zul jij ook je bewakersdochter vinden, en je zult haar licht brengen.

XVIII

De meeste profetieën gaan niet in vervulling. En dat is maar goed ook. Het heeft jaren geduurd voordat de verwachtingen waarmee pater Matong me had opgezadeld niet meer voortdurend in mijn gedachten waren. Toen mijn hoofd eenmaal van die druk bevrijd was, werd het een tijdlang helderder dan het in jaren was geweest.

Het is nu even na middernacht en Lino slaapt. Julian, die ongetwijfeld genoeg van onze aanblik had en niet in staat of bereid is ons te helpen, heeft zich in het kantoortje achter de receptie teruggetrokken. Achor Achor kijkt op de televisie boven ons hoofd naar een documentaire over Richard Nixon. Hij kijkt naar alles wat over de Amerikaanse politiek gaat, of over politiek in het algemeen. Hij weet zeker dat hij in de regering van het nieuwe Zuid-Soedan zal komen als het ooit onafhankelijk wordt. Er zitten nu al veel Zuid-Soedanezen in de regering in Khartoum, maar Achor Achor houdt vol dat hij pas teruggaat naar Soedan als het Zuiden in 2011 voor afscheiding kiest, want die mogelijkheid staat in het Vredesakkoord. Of het Nationaal Islamitisch Front of Omar al-Bashir, de president van Soedan, het zo ver zal laten komen, staat nog te bezien.

De telefoon van Achor Achor begint op het tafeltje tussen ons in te trillen en draait langzaam met de klok mee. Hij zoekt in zijn zakken en ik geef hem de telefoon aan. Gezien de tijd weet ik vrijwel zeker dat het een telefoontje uit Afrika is. Achor Achor wipt zijn telefoon open en zijn ogen worden rond.

'Wát? In Juba? Nee!' Achor Achor staat plotseling op en loopt weg, langs Julian. Lino verroert zich niet. Ik loop achter Achor Achor aan en hij geeft me de telefoon.

'Ajing. Hij is gek aan het worden. Praat jij maar met hem.'

Ajing is een vriend van ons uit Kakuma die nu voor de nieuwe regering van Zuid-Soedan werkt. Hij woont in Juba en volgt een opleiding tot technicus.

Ik neem de telefoon van hem over.

'Valentino! Met Ajing! Bel CNN dat het weer oorlog is!'

Hij is buiten adem. Ik dring erop aan dat hij rustig vertelt.

'Er is hier net een bom ingeslagen. Of een mortier. Ze bombarderen ons. Enorme explosie. Bel CNN dat ze een cameraploeg moeten sturen. Dit moet de wereld weten. Bashir valt ons weer aan. Het is weer oorlog! Ik bel je terug – bel CNN!'

Hij hangt op en Achor Achor en ik kijken elkaar strak aan. Door de telefoon hoorden we chaotische achtergrondgeluiden, machines, beweging. Ajing zit in Juba, hij zal toch wel weten wat daar aan de hand is. Ik krijg het gevoel dat de grond onder me wegzakt. Als de oorlog weer begint, weet ik niet of ik dat wel aankan, zelfs al zit ik veilig in de Verenigde Staten. Ik weet niet wie dat wel aan zou kunnen. Wij leven alleen in de wetenschap dat het mogelijk is Zuid-Soedan weer op te bouwen, dat onze familie veilig is. Maar dit, de terugkeer van het bloed en de waanzin – ik weet zeker dat ik die last niet zal kunnen dragen.

'Moeten we CNN bellen?' vraagt Achor Achor.

'Waarom wij?' vraag ik.

'Wij wonen in Atlanta. Jij hebt Ted Turner ontmoet.'

Daar zit iets in. Ik besluit eerst Mary Williams te bellen en dan verder te zien. Ik ben net haar nummer aan het intoetsen als de telefoon van Achor Achor weer gaat. Ik neem op.

'Valentino, sorry, ik had me vergist. Wat een opluchting!' Ajing hijgt nog na en lijkt vergeten te zijn dat hij het nog moet uitleggen.

'Wat?' roep ik. 'Wat was er dan gebeurd?'

Vals alarm, zegt hij. Er was wel een explosie in de kazerne geweest, maar dat was een ongeluk, binnen, een vergissing, niets belangrijks.

'Het spijt me dat ik je zo aan het schrikken heb gemaakt,' zegt Ajing. 'Hoe gaat het trouwens met jullie?'

Lino slaapt, met zijn hoofd achterover; het rust tegen de muur en ik zie het langzaam naar rechts glijden totdat het gewicht te veel wordt. Zijn hoofd valt op zijn schouder en hij schrikt wakker, ziet me en lijkt even verbaasd. Hij glimlacht vaag en valt weer in slaap.

Het is nu een uur geleden dat Ajing belde en Julian is afgelost door een oudere blanke vrouw met een enorme wolk geel haar dat in een golf over haar voorhoofd valt en op haar rug hangt. Ik vang haar blik op. Als ik naar haar toe wil gaan om een beroep op haar te doen, staat ze op en heeft ze opeens iets dringends in het kantoortje te doen. We worden hier niet meer als patiënten beschouwd. Niemand weet wat hij met ons aanmoet. We zijn meubilair geworden.

Ik ga dus maar bij Achor Achor zitten.

Met Tabitha was zelfs urenlang in een wachtkamer zitten bloedspannend. Net als veel stelletjes in de eerste verliefde maanden waren we zelfs in de banaalste situaties gelukkig. We deden maar heel weinig wat als glamoureus of zelfs maar origineel kon worden beschouwd; we hadden geen van beiden geld voor een restaurant, bioscoop of theater. We bleven meestal bij mij thuis naar films of zelfs sportprogramma's op tv kijken. Op een zomeravond toen Edgardo aan mijn Corolla zat te sleutelen, brachten we onze tijd zoek met op de bus wachten en in de bus zitten. Het was een avond van wachten en genadeloos neonlicht, maar toch was het een haast extatische ervaring. Terwijl we in het centrum, waar we in het Olympic Park hadden gewandeld, op de bus naar huis wachtten, snuffelde ze aan mijn hals en fluisterde in mijn oor dat ze zo'n zin had om me te zoenen en mijn shirt uit te trekken. Haar stem klonk aan de telefoon al verleidelijk en in levenden lijve adembenemend, maar zo warm in mijn oor werd ze me haast te veel. Nog nooit was het er zo romantisch aan toegegaan in de bushokjes van Atlanta.

Maar als we niet bij elkaar waren, kon ze wispelturig en

humeurig zijn. Dan belde ze wel zeven keer op een dag, en als ze me niet te pakken kon krijgen, sprak ze steeds geagiteerder achterdochtige en zelfs wrede boodschappen in. Als we het dan eindelijk hadden goedgemaakt en onze telefoongesprekken weer fijn waren, verdween ze soms dagenlang. Ze gaf nooit een verklaring voor haar afwezigheid en als ze weer boven water kwam, mocht ik haar niet uithoren waar ze was geweest of waarom. Ik had vaak moeite om de signalen die ze afgaf bij te houden en te interpreteren. De ene week vroeg ze: 'Stalk je me soms?' en de andere week vroeg ze zich af of zij mij stalkte. Ik begreep er niets meer van en vroeg Allison Newton, mijn tienervriendin, wat het betekende. 'Het klinkt alsof ze een andere vlam heeft,' zei ze, en ik geloofde haar niet. 'Dat gedrag is typerend voor zo'n situatie – ze verstopt zich en als ze er weer is, overcompenseert ze haar afwezigheid, ze verdenkt jou van de dingen die ze zelf doet.' Dat was de laatste keer dat ik Allison om raad vroeg over zoiets.

Ik loop de wachtkamer uit om te kijken of ik ergens iets eetbaars kan krijgen en kom door zalmkleurige gangen met foto's van vroegere bestuurders van het ziekenhuis en kunst van jonge mensen. Er hangen aquarellen en pastels van leerlingen van een middelbare school in de buurt, allemaal te koop. Ik bekijk ze stuk voor stuk. Veel afbeeldingen van huisdieren, vier van Tupac Shakur en twee schilderijen van een bouwvallige pier die zich in een kalm meer uitstrekt. De rij schilderijen eindigt bij een lang raam dat uitziet op een wachtkamer. Het is er donker en de patronen van de meubels lijken een lappendeken van paarsrood en blauw. Ik zie twee automaten en kom in de verleiding de deur open te doen. Maar er zit daar een gezin op de bank te slapen. Een jonge vader aan de ene kant, met zijn hoofd tegen een sporttas die hij tegen de armleuning van de bank heeft gelegd. Naast hem liggen drie kleine kinderen, twee meisjes en een jongetje, allemaal nog geen vijf jaar, tegen elkaar aan. Aan hun voeten liggen kleine roze rugzakjes en op het tafeltje naast de bank staan de resten van een maaltijd. Waarschijnlijk is de moeder ziek. Achter hen, op het parkeerterrein, staat een eenzame boom die van onderaf wordt verlicht, zodat de kale takken baden in een rossige gloed. Vanaf de plek waar ik sta lijkt het alsof het gezin onder die boom ligt, beschermd door de grote uitgestrekte takken.

Ik zou graag naar binnen gaan om iets te eten te kopen, maar ik wil ze niet wakker maken. Ik ga bij de deur de woorden van Tabitha zitten lezen. Ik klap mijn portefeuille open en haal het vel papier met drie e-mails van Tabitha eruit. Die heb ik op een avond uitgeprint als voorbereiding op een telefoontje dat we hadden afgesproken. Ik wilde het met haar over haar stemmingen hebben, haar tegenstrijdige signalen, en ik was van plan uit die mailtjes te citeren, die ze allemaal in één week had geschreven. Die avond durfde ik haar er uiteindelijk niet op aan te spreken, maar ik bewaar de mails in mijn portefeuille en lees ze om mezelf te straffen en om niet te vergeten hoe Tabitha zich uitdrukte als ze me schreef – veel uitbundiger dan wanneer we samen waren. Ze zei maar zelden 'ik hou van je' tegen me als ze bij me was, maar in haar mails, die ze in de donkere uurtjes schreef, vond ze dat wel kunnen.

Het eerste bericht:

> Mijn Val,
> Ik wilde je alleen maar even laten weten dat ik van je hou. Moge Gods geest onze liefde levendig en mooi houden. Ik hou van je lieverd, en in mijn hart zie ik je altijd tegen me lachen. Ik hou van je prachtige lach; ik kan er geen genoeg van krijgen. Ik ben zo verliefd op je en ik moet de hele tijd aan je denken, je bent zo'n schat, zo lief, aanhalig, je lacht zo leuk, je bent zo respectvol en geweldig. Ik heb je van de week vreselijk gemist. Dat korte gesprekje was niet genoeg voor een hele week.
> Ik had gedacht dat je me wel zou bellen, maar

ik heb niets gehoord. Ik weet niet of je nog gebeld hebt of niet.
    Liefs liefs liefs,
    Tabitha

Het tweede, twee dagen later:

Hoi Val,
Ik weet niet of je gisteren nog gebeld hebt. Mijn mobieltje, mijn make-up en mijn lotion zijn gisteren namelijk gestolen toen ik aan het fitnessen was. Ik heb de lijn even geblokkeerd totdat ik een nieuwe telefoon heb. Ik weet nog niet wanneer ik een nieuwe kan kopen.
    Met mij gaat het goed, ik ben alleen erg in de war. Ik weet eigenlijk ook niet of onze relatie wel zin heeft. Atlanta is zo ver weg en soms denk ik dat je hier wel zou komen wonen als je echt om me gaf. Je weet dat ik niet kan verhuizen vanwege mijn studie en omdat mijn broers in Seattle wonen. Maar als je echt zoveel van me hield als je beweert...
    We moeten maar mailen tot ik een nieuwe telefoon heb. Misschien is het wel goed om even afstand te nemen.
    Lieve groet,
    Tabitha

En een week later, toen ze haar telefoon weer terug had, schreef ze dit:

Schatje,
Gisteren voordat ik in slaap viel, dacht ik aan jou. Daarna heb ik lieve warme dingen over ons

gedroomd. Vraag me niet wat er in die droom gebeurde. Ik wil het wel aan de telefoon zeggen, ik wil het tegen je fluisteren als we allebei in bed liggen. Ga je vandaag alsjeblieft niet te vroeg slapen, zodat ik je nog kan bellen? Ik bel op z'n laatst tussen tien en elf uur jouw tijd.

Vind je dat ik je te veel mail? Laat weten. Waar zit je toch? Ontloop je me? Speel alsjeblieft geen spelletjes met me. Ik moet weten dat je van me houdt want het leven is al dramatisch genoeg zonder dat ik ook nog eens onzeker word over belangrijke dingen zoals liefde.

Wanhopig en verlangend,
Tabitha

Ik geloof dat Tabitha erg graag had dat ik achter haar aan zat, ze wilde weten dat ik dan wel ver weg was, maar op haar wachtte en naar haar hunkerde. Ik stel me voor dat ze tegen haar vriendinnen zei dat ik 'een lieve jongen' was, maar dat ze openstond voor iets nieuws. Daarmee bedoel ik niet dat ik geloof dat ze iemand anders had. Alleen dat ze heel gewild was en dat ze hier in dit land allerlei nieuwe mogelijkheden ontdekte, dat ze net zoveel behoefte aan aandacht had als aan liefde. Misschien nog wel meer.

Tabitha was in elk geval niet de eerste vrouw die me in verwarring bracht, me verbijsterde. In Ethiopië waren er ook vier meisjes geweest, zusjes, en het was heel bijzonder om in een vluchtelingenkamp als Pinyudo zulke meisjes tegen te komen. Ik was niet de enige die door ze geobsedeerd was, al was ik uiteindelijk wel de enige die succes bij ze had. Iedereen die bij mij in het kamp in Ethiopië heeft gezeten, weet van de Prinsesjes van Pinyudo, maar ik keek ervan op dat Tabitha ze ook bleek te kennen.

We hadden het over mijn naam; Tabitha had een oudere Amerikaanse vriendin verteld dat ze iets had met een man die Valentino heette en die vriendin had haar uitgelegd waar de mensen bij die naam meestal aan denken. Toen Tabitha die verhalen over Rudolph Valentino hoorde, werd ze jaloers en belde me meteen om te vragen of ik zoveel succes bij de vrouwen had als je bij die naam zou verwachten. Ik schepte niet op, maar ik kon niet ontkennen dat sommige vrouwen en meisjes me wel graag om zich heen hadden. 'Hoe lang heb je dat al, dat succes bij de dames?' vroeg ze, met een ongemakkelijke mengeling van vrolijkheid en achterdocht. Ik zei dat ik dat al had zo lang ik me kon herinneren. 'Zelfs in Pinyudo, had je daar ook meisjes?' vroeg ze; ze verwachtte dat ik nee zou zeggen.

'Daar waren ook meisjes, ja,' zei ik. 'Vooral vier zusjes, Agum, Agar, Akon en Yar Akech, en...'

Toen viel ze me in de rede. Die meisjes kende ze. 'Kwamen ze uit Yirol?' vroeg ze. Ik zei dat ze inderdaad uit Yirol kwamen. Pas toen legde ik zelf het verband. Natuurlijk kende Tabitha die meisjes. Ze kende ze niet alleen, ging ze verder, ze waren zelfs familie van haar, ze waren nichtjes. En doordat ze ze kende, was Tabitha even minder jaloers, maar toen ik haar het verhaal van de Prinsesjes vertelde, werd ze nog jaloerser.

Het speelde in 1988. We zaten al een paar maanden in Pinyudo toen er iets vreemds gebeurde: de scholen gingen open. Er was een nieuw kamphoofd, Pyang Deng; we kenden hem als een meelevende, integere, verstandige man die naar je luisterde. Hij speelde met ons, danste met ons, en met hulp van de Zweedse afdeling van Save the Children en de UNHCR stichtte hij scholen voor zo'n achttienduizend vluchtelingenkinderen. Op een dag riep hij ons allemaal bij elkaar, en omdat er geen stoelen, microfoons of megafoons in het kamp waren, gingen we op de grond zitten en schreeuwde hij zo hard hij kon.

– Jullie krijgen scholen! bulderde hij.

We juichten.

– Jullie worden de best geschoolde Soedanezen in de geschiedenis! riep hij.

We juichten weer, verbijsterd.

– En die scholen gaan we nu bouwen!

We juichten weer, maar al snel stierf ons gejuich weg. Het begon tot ons door te dringen dat het werk op ons neer zou komen. En zo ging het ook. De volgende dag werden we de bossen in gestuurd om bomen te kappen en gras te verzamelen. We werden gewaarschuwd dat het in de bossen gevaarlijk was. Er zaten daar beesten, zeiden ze. En de plaatselijke bevolking beschouwde die bossen als haar eigendom, zeiden ze, dus die mensen moesten we ontlopen. Er waren veel gevaren, maar toch werden we de bossen in gestuurd, en al vrijwel meteen werden er jongens vermist. De eerste dag werd een jongen die Bol heette het bos in gestuurd en acht dagen later werd er een stuk van zijn been teruggevonden. De rest was door dieren opgegeten.

Maar toen was het bouwmateriaal al verzameld en de scholen werden gebouwd: vier palen voor het dak, stro erop, soms ook een lap plastic als die er was. In één week bouwden we twaalf scholen, die simpelweg School Een, School Twee, School Drie enzovoort werden genoemd. Toen we klaar waren met bouwen, werden we naar het open veld geroepen dat ons exercitieterrein en de plek voor belangrijke mededelingen zou worden. Er spraken twee mannen, een Soedanees en een Ethiopiër, samen de directie van het onderwijs in het kamp.

– Nu hebben jullie scholen! zeiden ze.

We juichten.

– Jullie gaan elke dag eerst marcheren. Na het marcheren krijgen jullie les. Na de lessen gaan jullie tot het eten werken.

Ons enthousiasme zakte weer in.

Maar op andere gebieden werd het leven in het kamp steeds beter. Na de komst van de VN kregen we bijvoorbeeld kleren, een ontwikkeling die door alle jongens met opluchting werd begroet, vooral door degenen die al te groot waren om naakt rond te lopen maar al sinds onze aankomst in Ethiopië zonder kleren zaten. Als er weer hulpgoederen aankwamen, pakten de oudere jongens de grote zakken met kleren waarop stond GIFT OF THE UK of GIFT OF THE UNITED ARAB EMIRATES, en liepen daarmee naar de kleinere groepjes. Toen wij voor het eerst ons deel kregen, moest ik de kleren onder de Elf verdelen, en om ruzie te voorkomen zette ik iedereen in een kring en deelde de spullen uit de zak rond, met de klok mee. De kleren bleken de ontvanger natuurlijk zelden te passen, maar dat gaf niet. Ik wist dat er binnen en buiten onze groep geruild zou worden, wat toch wel had gemoeten, want de helft van die eerste lading bestond uit vrouwenkleren. Dat had heel grappig kunnen zijn als het niet zo vreselijk belangrijk voor ons was geweest om er weer uit te zien zoals we waren opgevoed, met een shirt, een broek en schoenen. Zonder kleren konden we onze verwondingen en onze uitstekende ribben niet verbergen. Onze naaktheid, onze lompen, maakten onze trieste toestand te onbarmhartig zichtbaar.

Tegen de tijd dat de school begon, hadden de meesten het na veel ruilen voor elkaar gekregen zich behoorlijk aan te kleden, en toen we die eerste dag gingen zitten, voelden we ons echt scholieren en leek de school werkelijk op een school. De klassen hadden een strooien dak, een dak zonder muren, en de eerste ochtend gingen alle eenenvijftig jongens op de grond zitten wachten. Eindelijk kwam er een man binnen, die zich voorstelde als meneer Kondit. Hij was heel lang en mager en had een opvallend klein hoofd. Hij schreef zijn naam op het bord en we waren diep onder de indruk. Er waren maar een paar jongens bij die letters kenden, maar we keken naar de witte tekentjes op het bord, knipperden met onze ogen en wachtten blij op de dingen die komen gingen.

De eerste dag behandelden we het alfabet. Meneer Kondit had een luide, harde stem en leek ongeduldig omdat hij dat allemaal uit moest leggen. We kregen het gevoel dat hij die les, en alle lessen over het alfabet en schrijven en taal in het algemeen, het liefst in één uurtje had willen afhandelen. Hij wilde gewoon het alfabet kunnen aanwijzen en dan verder gaan.

A B C.

Hij schreef de drie letters op en las ze voor, waarbij hij de klank met veel nadruk uitsprak. Omdat we geen pen of papier hadden, stuurde meneer Kondit ons naar buiten. Daar moesten we de letters met een stokje of met onze vinger in het stof schrijven.

– En netjes! blafte hij ons bij het bord toe. – Jullie hebben drie minuten. Als je een fout maakt, veeg je de letter uit en begin je opnieuw. Als je drie letters hebt geschreven waar je tevreden over bent, steek je je hand op, dan kijk ik je werk na. Er werden handen opgestoken en meneer Kondit begon aan zijn ronde.

Ik had nog nooit geschreven toen ik mijn eerste B in het stof probeerde te tekenen. Meneer Kondit kwam achter me staan en klakte misprijzend met zijn tong. Hij boog zich over me heen, greep mijn wijsvinger ruw vast en leidde hem door het stof om een goede B te schrijven, waarbij hij hem zo hard in de grond drukte dat de nagel brak en begon te bloeden.

– Jullie moeten beter je best doen! schreeuwde hij over onze hoofden heen. – Jullie hebben helemaal niets, alleen de school. Snappen jullie dat niet? Ons land ligt in puin en we kunnen het alleen weer terugkrijgen door te leren! Onze onafhankelijkheid is ons ontstolen doordat onze voorouders onwetend waren en dat kunnen wij nu pas rechtzetten. Velen van jullie hebben geen moeder meer. Jullie hebben je vader verloren. Maar jullie hebben nu de school. De school zal voortaan jullie moeder zijn. De school is voortaan jullie vader. Jullie grote broers vechten deze oorlog met geweren uit, maar als de wapens zwijgen, zullen jullie de volgende oorlog met de pen uitvechten. Begrijpen jullie wat ik bedoel?

Hij werd hees en begon zachter te praten. – Ik wil dat jullie in het leven slagen, jongens. Als we ooit een nieuw Soedan willen opbouwen, moeten jullie slagen. Als ik soms ongeduldig ben, dan is dat omdat ik niet kan wachten tot deze godvergeten oorlog voorbij is en jullie je rol in de toekomst van ons verwoeste land op je kunnen nemen.

Op de terugweg naar de tent werd er druk over de fascinerende meneer Kondit gepraat.

- Hoorde je wat die gek zei? zeiden we.
- De school is je moeder! zeiden we.

We lachten en deden hem na. We dachten dat meneer Kondit net als veel andere mannen en jongens die door de woestijn naar Ethiopië waren gekomen, onderweg zijn verstand was kwijtgeraakt.

Niet lang nadat de scholen open waren gegaan, gebeurde er weer iets vreemds: er kwamen meisjes in de klas. Er waren in heel Pinyudo maar een paar meisjes, en voor zover ik had gezien niet één op de scholen. Maar op een ochtend, toen de eenenvijftig jongens van de klas van meneer Kondit op de grond voor het bord gingen zitten, zagen we vier nieuwelingen, allemaal meisjes, op de eerste rij. Meneer Kondit zat gehurkt met de nieuwelingen te praten en legde vertrouwelijk zijn handen op hun hoofd. Ik was verbijsterd.

- Jongens, zei meneer Kondit terwijl hij weer overeind kwam, - we hebben er vier nieuwe leerlingen bij. Ze heten Agar, Akon, Agum en Yar Akech. Jullie moeten ze netjes en met respect behandelen, want het zijn heel goede leerlingen. Het zijn ook nichtjes van me, dus ik verwacht dat jullie in hun bijzijn iets beter op je gedrag letten.

Na die woorden begon hij met de les. Ik zat drie rijen achter de meisjes en keek die dag alleen maar naar de achterkant van hun hoofd. Ik bestudeerde hun hals en hun haar alsof alle geheimen van de wereld en de geschiedenis in de kronkels van hun vlechten te lezen stonden. Ik keek om me heen of de andere jongens daar ook last van hadden en zag dat ik niet de enige was. Die dag leerden we niets, maar toch hadden alle jongens het gevoel dat het doel van ons leven, ons hele perspectief, radicaal verschoven was. De vier zusjes, Agar, Akon, Agum en Yar Akech, allemaal elegant, goed gekleed en op een aantrekkelijke manier afstandelijk, leken onze aandacht veel meer waard dan alles wat er op het bord of in het stof buiten de klas geschreven werd.

We aten en sliepen niet meer zoals eerst. We maakten ons eten klaar en aten het op, maar we proefden het niet. De slaap kwam pas toen het eerste ochtendlicht aan de andere kant van de aarde over de horizon sijpelde. Al die donkere uren hadden we wakker gelegen en over de zusjes gepraat. Eerst wist niemand wie van de zusjes wie was; meneer Kondit had ze heel snel en oppervlakkig aan ons voorgesteld. Alleen nadat we elkaar veel inlichtingen hadden doorgegeven konden mijn Elf alle vier de namen onthouden, en zo stelden we over elk van de meisjes een dossier samen. Agar was de oudste, dat leek duidelijk. Ze was heel lang en droeg haar haar in vlechtjes; haar jurk was opvallend roze, met witte bloemen. Akon was de tweede; zij had een rond gezicht, heel lange wimpers, een jurk met rode en blauwe strepen en haarspeldjes in dezelfde kleuren. Agum was misschien even oud als Akon, want ze was even groot, maar veel magerder. Zij leek het minst betrokken bij alles wat er op school gebeurde en maakte altijd de indruk dat ze zich verveelde en zich aan alles en iedereen ergerde, soms zelfs tot gek wordens toe. Yar Akech was duidelijk de jongste, een paar jaar onder Agum en Akon, misschien een jaar jonger dan ik en mijn Elf. Maar toch was ze groter dan wij, en omdat wij allemaal kleiner en minder volwassen waren dan de nichtjes leken zij ons in alle opzichten nog veel fascinerender en onbereikbaarder.

Nadat we de nacht hadden zoekgebracht met het uitrafelen van alle bekende details over de zusjes, bleef er nog één vraag hangen die onbeantwoordbaar leek: zouden de meisjes er de volgende dag echt weer zijn? En de dag daarna? Het leek mij, en Moses, en de Elf of de eenenvijftig te mooi om waar te zijn. Was het mogelijk dat wij zoveel geluk hadden? Dat zou de school en de wereld die we kenden volledig op zijn kop zetten.

De Elf en ik liepen die ochtend in een dikke mist naar school. We hadden geen van allen genoeg geslapen om helder te kunnen denken. Bij het binnenkomen zagen we de nichtjes. De meisjes zaten achterin, op stoelen. Wij gingen voorin zitten.

– Goed, begon meneer Kondit. – Jullie zijn duidelijk op een leeftijd dat je je moeilijk kunt concentreren als er meisjes bij zijn.

We zeiden niets. Hoe wist hij dat? Wat was die meneer Kondit slim! dachten we.

– Om jullie concentratie te bevorderen heb ik de plaatsen dus een beetje veranderd. Ik hoop dat jullie de les vandaag wat interessanter zullen vinden. Zo, we gaan verder met de medeklinkers...

We moesten nu wel naar meneer Kondit kijken en luisteren. Maar dat waren we eigenlijk niet van plan geweest. Iedereen was met zijn eigen plannetje naar school gekomen. We hadden de taken in zekere zin al verdeeld: alle vier de meisjes hadden twee of drie jongens toegewezen gekregen die door nauwlettende observatie zoveel mogelijk aan de weet moesten zien te komen. Maar nu konden we de zusjes niet meer observeren, tenzij we helemaal achterstevoren gingen zitten. We konden ons onderzoek alleen voortzetten als we naar buiten gingen om te schrijven, of voor en na de les.

Door ons veldwerk voor school, na school en bij het schrijven op de grond wisten we aan het eind van de eerste week wat meer over de kleren, het haar, de ogen en de armen en benen van de zusjes, maar ze hadden nog geen mond tegen ons opengedaan. In de klas zeiden ze nooit iets en ze praatten niet met de jongens. We wisten inmiddels dat ze allemaal even mooi en slim waren en dat ze veel mooiere kleren hadden dan een minderjarige zonder ouders, zoals ik, hier ooit kon krijgen. De kleren van de nichtjes waren schoon en heel. Ze liepen in het stralendste rood, paars en blauw en hun haar was altijd met zorg gevlochten. Bij het spelen had ik nooit zo'n belangstelling voor meisjes gehad, want ze begonnen altijd meteen te huilen en hadden nooit zin om te worstelen, maar nu lag ik wekenlang avond aan avond klaarwakker in de tent terwijl het gepraat van de Elf om me heen tot gefluister verstomde en iedereen in slaap viel, en vroeg me af waar ik het geluk toch aan te danken had dat die spectaculaire prinsesjes bij mij in de klas waren gekomen. Wie was ik dat ik zoiets verdiende? Op dat moment kwam het me voor dat God een plan met me had. God had me uit mijn huis en mijn familie weggehaald en me naar dit verschrikkelijke kamp gestuurd, maar nu leek dat allemaal een reden te hebben. Eerst moest je lijden, dacht ik, maar dan kwam het licht. Eerst lijden, dan genade. Het was duidelijk voorbestemd dat ik naar Pinyudo moest om die prachtige meisjes te ontmoeten, en het feit dat het er vier waren betekende dat God nu al het ongeluk in mijn leven goed wilde maken. God was goed, God was rechtvaardig.

Ik merkte dat ik vaker mijn hand opstak. Meestal wist ik het goede antwoord. Hoe onwaarschijnlijk het ook leek, ik was opeens slimmer dan een paar dagen geleden. Ik zat vooraan. Dat was wel verder bij de meisjes vandaan, maar ik moest ergens zitten waar ik meneer Kondit, en dus ook zijn nichtjes, opviel. Ik wist altijd het antwoord als hij me iets vroeg en 's avonds leerde ik ijverig. Ik moest zorgen dat de meisjes me opmerkten, en als ik ze alleen op school kon ontmoeten – ze woonden helemaal aan de andere kant van het kamp, bij de belangrijkere mensen – dan moest ik daar zien uit te blinken.

Altijd als ik het goede antwoord wist, zei meneer Kondit: 'Goed zo, Achak!' en als ik het ongezien kon doen, keek ik even snel naar achteren of de nichtjes het wel hadden gehoord. Maar dat leek zelden zo te zijn.

De Elf hoorden het wél en ze zeurden me eindeloos en genadeloos aan mijn hoofd. Mijn kersverse succes op school stelde hen in de schaduw en ze maakten zich zorgen. Was ik van plan altijd zo irritant te blijven doen? wilden ze weten.

– Waarom vind jij school opeens zo interessant, Achak? vroegen ze.

– Is de school je vader en je moeder, Achak? vroeg Moses.

Door hun gepest zag ik me gedwongen mijn strategie uit te leggen.

De Elf rolden om van het lachen.
- Dus daarom steek ik steeds mijn hand op. En nou kop dicht.
Maar ik had mijn doel nog niet bereikt. Hoe ik mijn best ook deed, de nichtjes waren niet onder de indruk, dus ik sloofde me steeds meer uit. Na school maakte ik het bord schoon en ruimde de papieren en de boeken van meneer Kondit op. Voor het begin van de les las ik de presentielijst op, wat zowel een zegen als een vloek was. Als ik de namen afriep, moest ik de veelbetekenende blikken van de Elf doorstaan, die me manisch toegrijnsden en quasiflirterig met hun ogen knipperden. Maar als ik hen had gehad, mocht ik de namen Agar, Akon, Agum en Yar Akech oplezen, en zo werd ik de enige jongen die de meisjes recht aankeken, de enige jongen tegen wie ze iets zeiden. Ja, zeiden de zusjes. Ja, ja, ja.

Ze waren de Prinsesjes van Pinyudo. Dat had een van mijn huisgenoten bedacht en meteen noemde iedereen ze zo – of ook wel de Koninklijke Nichtjes – niet alleen de eenenvijftig jongens in onze klas, maar ook anderen in het kamp. Er waren nog wel meer gezinnen met zusjes, maar die waren niet als groep zo opvallend en bijzonder. De vier meisjes moeten hun bijnaam wel hebben opgevangen en niemand twijfelde eraan dat ze hem leuk vonden. Ze merkten wel hoe we hen vereerden, maar mij zagen ze totaal niet staan.

Naarmate het schooljaar vorderde kreeg ik minder vertrouwen in mijn strategie. Ik was de beste van de klas, maar ze keurden me geen blik waardig. Ik begon te vrezen dat mijn schoolprestaties of die van de andere jongens ze niets konden schelen. Ze wilden waarschijnlijk gewoon niets te maken hebben met iemand met mijn status als minderjarige zonder ouders. Dat was ook wel iets heel anders dan de familie van meneer Kondit. Minderjarige vluchtelingen zonder ouders stonden in Pinyudo op de alleronderste sport van de ladder en dat werd ons voortdurend ingewreven. Onze weinige kleren waren versleten en ons huis zag eruit alsof het door kleine jongetjes in elkaar was geknutseld, wat natuurlijk ook zo was. Toen ik hier in de vs kwam, kreeg ik van een oude vriend uit de kampen een cadeautje, een Tinker Toys-bouwdoos. De dunne verbindingsstukjes leken zo op de stokjes waarmee we onze eerste hutten in Pinyudo bouwden dat ik in de lach schoot. Achor Achor en ik bouwden thuis op de salontafel ons huis van Groep Twaalf na en moesten toen weer lachen. We stonden allebei versteld van de gelijkenis.

Het had me het hele schooljaar gekost, maar eindelijk wierpen mijn inspanningen bij de Prinsesjes vruchten af. Een week voordat we een maand vrij zouden krijgen, ging Agum bij het uitgaan van de school voor me staan en zei iets. Er had net zo goed een zebra voor me kunnen staan fluiten. Wat zei Agum? Ik moest me de woorden weer een voor een voor de geest halen. Het ging allemaal zo plotseling, die overgang van het ene leven in het andere. Het was zo'n schok dat ik er niets van had verstaan. Ik had naar haar ogen gekeken, haar wimpers, haar mond die zo dicht bij de mijne was.

– Achak, mijn zusje wil je iets vragen, had ze gezegd.

Agar, de oudste en grootste, stond plotseling naast haar.

Haar zusje trapte op haar voet en kreeg een stomp terug. Ik begreep niet wat er aan de hand was, maar tot nu toe leek alles goed te gaan.

– Heb je zin om vanmiddag bij ons te komen eten? vroeg Agar.

Op dat moment merkte ik dat ik al de hele tijd op mijn tenen stond. Ik ging weer gewoon staan en hoopte dat ze het niet hadden gezien.

– Vandaag? vroeg ik.

– Ja, vandaag.

Ik dacht even na. Lang genoeg om het verkeerde antwoord te geven.

– Ik kan de uitnodiging niet aannemen, zei ik.

Ongelooflijk, maar dat zei ik. Snap jij zoiets? Ik had de Koninklijke Nichtjes van Pinyudo afgewezen. Waarom? Omdat ik had geleerd dat je als heer een uitnodiging van een vrouw hoort af te wijzen. Dat had mijn vader me eens op een warme avond uitgelegd terwijl we samen de winkel afsloten, maar dat verhaal ging hier niet op, begreep ik later. Mijn vader doelde op overspel, de eer van de man, respect voor vrouwen, de heiligheid van het huwelijk. Hij had het niet over een uitnodiging om te komen eten, begreep ik later. Maar op dat moment dacht ik dat ik als heer hoorde te bedanken.

De zonnige gezichtjes van Agum en Agar betrokken.

– Je kunt de uitnodiging niet aannemen? vroegen ze.

– Het spijt me. Het kan niet, zei ik, en ik deed een stap achteruit.

Ik deed een stap achteruit en botste tegen een van de palen die het dak van de klas ondersteunden. Dat stortte bijna op mijn hoofd in, maar ik draaide me bliksemsnel om, duwde de paal weer recht en rende naar huis. Een uur lang was ik heel tevreden over mezelf en mijn voortreffelijke beheersing van mijn emoties en impulsen. Ik was een toonbeeld van beheerstheid, een echte Dinka-heer! En ik twijfelde er niet aan of de Koninklijke Nichtjes begrepen dat nu. Maar na dat uur drong de realiteit tot me door. Ik had een uitnodiging afgeslagen van de meisjes op wie ik nu al het hele schooljaar indruk probeerde te maken. Ik had alles aangeboden gekregen wat ik maar wilde: ik had met ze alleen kunnen zijn, ik had ze ontspannen kunnen horen praten, erachter kunnen komen wat ze van me vonden en van school en van Pinyudo en van de redenen waarom ze hier waren; ik had een maaltijd kunnen krijgen die door hun moeder was klaargemaakt, een maaltijd, een echte maaltijd, door een Dinka-vrouw klaargemaakt! Ik leek wel gek.

Ik liep rond en probeerde weer tot mezelf te komen. Wat viel hier nog aan te doen? Ik moest de uitnodiging, die tot stof uiteengevallen was, op de een of andere manier zien op te poetsen. Ik zou er een grapje van maken. Kon ik niet doen alsof het maar een grapje was geweest? Zouden ze daar in trappen?

Het schooljaar was bijna afgelopen, het examen stond voor de deur. Daarna hadden we een maand vrij, en als ik de situatie niet kon redden, zou ik ze pas in het voorjaar weer zien, als de school weer begon. Ik trof de jongste, Yar, onder een boom, waar ze in haar lesboek zat te lezen.

– Hallo Yar, zei ik.

Ze zei niets terug. Ze keek me aan alsof ik eten van haar had gepikt.

– Weet je waar je zusjes zijn?

Zwijgend wees ze naar Agar, die naar ons toe kwam lopen. Ik rechtte mijn rug en schonk haar het soort glimlach dat om vergiffenis smeekt.

– Ik had geen nee moeten zeggen, zei ik. – Ik wil juist heel graag bij jullie eten.

– Waarom zei je dan nee? vroeg Agar.

– Omdat...

Terwijl we stonden te praten en ik aarzelde, kwam Agum erbij staan. En doordat ik zo onder druk stond, kreeg ik een geniale inval. Een hele week tobben zou me nog geen behoorlijk excuus hebben opgeleverd, maar één moment van wanhoop bracht de gedroomde oplossing.

– Ik durfde niet, ik weet niet wat je moeder van me zal vinden.

Nu waren Agar en Agum geïnteresseerd.

– Hoe bedoel je?

– Ik hoor bij de Dinka Malual Giernyang. Ik spreek jullie dialect niet. Onze gebruiken zijn anders. Ik weet niet of je moeder me wel zal accepteren.

– O! zei Agar.

– We dachten even dat je niet goed bij je hoofd was, zei Agum.

Agar, Agum en zelfs Yar giechelden even, waaruit wel bleek dat ze het uitgebreid over mij en mijn hoofd hadden gehad.

– Zit er maar niet mee dat je Dinka-Malual bent, zei Agum.
– Het maakt haar niets uit waar je vandaan komt. Ze vindt je vast aardig.

Agar fluisterde Agum dringend iets in haar oor. Ze verbeterde:

– Maar voor alle zekerheid zullen we toch maar niet zeggen dat je Dinka-Malual bent.

Weer fluisterden ze samen.

– En we zeggen dat je in Blok 2 woont, niet bij de minderjarigen zonder ouders.

Ik zei even niets.

– Goed? vroeg Agar.

Het maakte me niets uit. Het enige wat me interesseerde was dat mijn list werkte. Ik had een beetje slachtofferig gedaan, alsof ik me als Dinka-Malual hun mindere voelde, hun gezelschap niet waardig. En het had gewerkt. Nu konden zij zich nobel voelen omdat ze me accepteerden en leek ik des te bewonderenswaardiger omdat ik eerst geweigerd had. Ik feliciteerde mijn hersens met hun prestatie onder druk. Maar ik moest niet te gretig doen. Ik moest op mijn hoede blijven en de risico's in gedachten houden.

– Dat lijkt me het beste, zei ik ernstig knikkend. – En jullie oom?

– Die werkt laat door, zeiden ze. – Hij komt pas tegen het avondeten thuis.

Op dat moment leken de twee oudere meisjes opeens weer te bedenken dat Yar, de jongste, erbij was, en ze keken naar haar alsof ze een doorn was die in hun gezamenlijke voet zat.

– En jij zegt ook niets, Yar.

Het kleine meisje keek hen met half dichtgeknepen ogen uitdagend aan.

– Geen woord, Yar. Anders zul je nooit meer rustig slapen. Dan zetten we je bed in de rivier terwijl je droomt. Dan word je tussen de krokodillen wakker.

Yars ronde gezichtje stond nog steeds uitdagend, maar ook een beetje angstig. Agar stapte dichter naar haar toe en wierp haar scherpe schaduw over Yars kleine lijfje. – Ik zeg niets, piepte het kleinste zusje benauwd.

Agar richtte haar aandacht weer op mij.

– We zien elkaar na school bij het coördinatiecentrum.

Ik wist wel waar dat was. Daar hingen tussen de lessen en na school de kinderen rond die niet hoefden te marcheren. Daar zou ik tussen de kinderen met ouders staan, kinderen met ouders in het kamp – de rijkste kinderen, de zoons en dochters van leraren, soldaten en commandanten.

Na school rende ik naar huis. Daar aangekomen realiseerde ik me dat ik daar helemaal niet moest zijn. Ik bleef even in de tent staan en vroeg me af of ik niet iets kon doen. Toen trok ik mijn andere shirt aan, het lichtblauwe, en rende naar het coördinatiecentrum.

– Waarom heb je je verkleed? vroeg Agar. – Ik vind je andere shirt mooier.

Ik kon me wel voor mijn kop slaan.

– Ik vind dit mooier, zei Agum.

Ze maakten nu al ruzie over me! Verrukkelijk.

– Ben je zover?

– Om te gaan eten? vroeg ik.

– Ja, om te gaan eten, zei ze. – Alles goed met je?

Ik knikte. Ik knikte energiek, want ik was echt aan eten toe. Maar eerst moesten we het kamp door lopen, en dat werd – dat wist ik al voordat het begon en het was precies wat ik er in al die drie maanden van voorbereiding van had verwacht, gevreesd en gedroomd – de ongelooflijkste wandeling van heel mijn leven.

We liepen. Twee Prinsesjes links van me en twee rechts. Ik liep tussen die bewonderde zusjes en we liepen naar hun huis. Nou, dat bleef niet onopgemerkt. We kunnen veilig stellen dat onze hele klas zowat doodging van afgunst en verbijstering. Bij iedere stap, het ene blok door en dan het andere, werd onze processie, die in hun ogen duidelijk een soort afspraakje, iets belangrijks, veel meer dan een ommetje moet zijn geweest, aangegaapt door meer jongens en meisjes. Het was een parade, een processie, een statement: de Prinsesjes van Pinyudo waren trots dat ik met ze meeliep en dat vond iedereen fascinerend. Wie is dat? vroegen de toeschouwers zich af. Wie is dat, daar bij de Prinsesjes van Pinyudo?

Dat was ik, Achak Deng. Die zo'n succes bij de dames heeft.

Ik keek even naar Moses, wiens ogen zowat uit zijn hoofd puilden; dat zou William K prachtig hebben gevonden. Ik grijnsde en onderdrukte een lach. Ik vond het geweldig, maar tegelijkertijd was ik totaal in de war, mijn lichaam leek wel een verzameling niet bij elkaar passende onderdelen. Ik wist niet meer hoe je ook weer moest lopen. Ik struikelde bijna over een waterslang en betrapte me er toen op dat ik te veel aan mijn benen en voeten dacht. Ik tilde mijn benen langzaam op, maar hoger dan nodig was, mijn knieën sloegen bijna tegen mijn buik. Agum zag het.

– Wat doe je toch? vroeg ze. – Aap je de soldaten na?

Ik lachte verlegen.

– Achak! zei ze, maar ze vond het duidelijk leuk. – Hou op!

Bij het horen van haar lach ontspande ik mijn benen en liep weer als iemand die zijn lichaam onder controle had. Maar nu maakten mijn armen zich los van mijn zenuwstelsel. Mijn armen bewogen niet meer. Ze voelden slap, zwaar aan. Ik gaf het op.

Maar het kon me geen zak schelen. Ik liep hier met de Prinsesjes van Pinyudo! We kwamen langs Blok 10, Blok 9, Blok 8, 7, 6 en 5, en de meisjes stelden me vragen waarvan ik had gehoopt dat ze ze niet zouden stellen.

– Waar zijn je ouders? vroeg Agum.

Ik zei dat ik dat niet wist.

– Wanneer zijn jullie elkaar kwijtgeraakt?

Ik vertelde een sterk verkorte versie van mijn verhaal.

– Wanneer zie je ze weer? vroeg Yar en Agar gaf haar een stomp tegen haar schouder.

Ik had genoeg van dit soort vragen. Ik zei dat ik niet wist wanneer of hoe ik mijn familie ooit weer terug zou zien, en ik hoopte dat de meisjes door die woorden, die ik met gebogen hoofd uitsprak, zouden begrijpen dat ze beter over iets anders konden beginnen. En dat deden ze.

Het huis was een van de indrukwekkendste van het hele

kamp. Er stond een stenen muur omheen, er liep een pad naar de voordeur en ze hadden wel vier kamers: een huiskamer, een keuken en twee slaapkamers. Het was het grootste huis dat ik had gezien sinds ik thuis weg was. Het was geen hut zoals we in Marial Bai hadden of in andere delen van Zuid-Soedan, maar een bakstenen huis, een solide, permanent uitziend bouwwerk.

Ik stond bij hun deur en mijn benen werden slap; ik kon nog net op tijd tegen de muur leunen. De deur ging open.

– Zo meisjes, zei hun tante. Ze torende boven ons uit, beeldschoon, ze leek op haar nichtjes, maar dan als volwassen vrouw. Ze keek nu naar mij. – Is dat die jongen over wie jullie het hadden, die goede leerling?

– Dit is Achak, zei Agar, en ze liep langs haar tante naar binnen.

– Dag Achak. Volgens mijn man ben jij een voorbeeldige leerling.

– Dank u, zei ik.

Ik werd binnen gevraagd en kreeg een stoel aangeboden. Een stoel! Ik had in Pinyudo nog maar één keer op een stoel gezeten. Al snel was het eten klaar, een goedgevulde, gekruide vleesbouillon. Er was vers brood en melk. Het overtrof mijn stoutste dromen. Ik was het laatste restje van mijn melk nog aan het opdrinken toen Agar me bij mijn hand pakte en me meetrok.

– We gaan huiswerk maken, zei Agar. En met die woorden trok ze me de kamer in die de vier zusjes samen deelden. Ze schopte de deur dicht en Yar bleef aan de andere kant staan. Ze gaf er een dreun tegen en liep weg.

Nu was ik alleen met de drie oudste meisjes, in hun slaapkamer. Ze hadden allemaal een eigen bed; er was één stapelbed bij. De muren van de kamer waren wit en er hingen platen van zeeën en steden. Agum en Akon gingen op het smalle bed zitten, zodat ik tegenover Agar stond. Ik moest mijn kringspier tot het uiterste beheersen om het niet ter plekke in mijn broek te doen. En toen was alles wat er die middag ging gebeuren, nog niet eens begonnen.

Agar pakte mijn rechterhand en zei iets. De ogen van Agum en Akon waren op ons gericht. Ze keken allebei vol verwachting en leken het draaiboek al te kennen.

– We gaan verstoppertje doen, zei Agar. – Je moet eerst iets zoeken wat ik hier heb verstopt.

Agar wees op haar borst. Ik zoog snel mijn longen vol lucht. Zelfs als ik er nu aan terugdenk, kan ik nog steeds niet geloven dat het echt gebeurd is, dat ze mij hadden uitgekozen voor hun geëxperimenteer. Maar het gebeurde precies zoals ik zeg, en de woorden die ze zei hoor ik nu nog steeds als ik mijn ogen dichtdoe en mijn hoofd neerleg.

– Je moet het zoeken. Met je hand.

Ik keek hulpzoekend naar de andere meisjes. Ze knikten me toe. Ze zaten allemaal in het complot! Ze hadden me net zo goed kunnen vragen een vuurtje te maken met oorsmeer. Ik stond stompzinnig te grijnzen. Mijn zenuwstelsel deed nu helemaal niets meer.

– Hier! zei Agar, die vlug mijn hand pakte en die onder haar shirt schoof.

Weet ik tot de dag van vandaag hoe heet haar huid aanvoelde? Ja! Haar huid was heel warm en zo strak als een trommelvel, met een dun laagje zweet erop. Ik voelde die hete huid en hield mijn adem in. Haar huid was een verrassing. Hij voelde precies zo aan als die van de jongens of van mij, maar ik had het gevoel dat ik ieder moment kon ontploffen.

– Je moet wel zoeken!

Ik dwong mijn hand tot een vluchtige verkenning van Agars lijf. Ik had geen idee wat wat was. – Goed. Een heel aardige poging, zei ze. – Je hebt het wel gevonden, denk ik.

– Nu moeten wij iets bij jou zoeken, zei Agum.

– Volgens mij zit het daar, zei Agar en wees naar mijn korte broek.

Dat was weer een heel andere fase in het spel en ik kon niet kijken wat er gebeurde. Ja, er zaten handen in mijn broek.

Terwijl ze grabbelden en rondtasttten, staarde ik naar de muur achter Agars schouder en vroeg me af of God me nu meteen zou straffen of pas later die dag.

Binnen een paar seconden hadden alle drie de meisjes het zoekgeraakte voorwerp in mijn broek gevonden, en ze deelden me mee dat er nu iets onder hun rok was verdwenen. Ik deed wat me werd gevraagd en zocht onder Agars rok en daarna onder die van Akon. Agum had om onduidelijke redenen besloten dat er onder haar rok niets zat.

Op een gegeven moment beslisten ze dat we gingen zwemmen. De meisjes liepen met hun handdoek naar de deur en pakten er ook een voor mij. Ik deed alsof ik het een geweldig idee vond, maar terwijl we naar het water liepen, maakte ik me zorgen, maar bedacht toen een oplossing en zette het van me af. De meisjes gingen naar een afgelegen deel van de rivier, in een bocht, waar schaduw was, en daar trokken ze snel hun jurk over hun hoofd en waren meteen vrijwel naakt. Alle drie de Prinsesjes liepen in hun onderbroek het ondiepe water in. Mijn keel was net zo droog als destijds in de woestijn. Het was allemaal zo bizar. Zoiets zou in Marial Bai voor de oorlog ondenkbaar zijn geweest, een jongen van mijn leeftijd – acht, negen jaar, misschien tien – die door zulke meisjes werd uitgenodigd om samen naakt in de rivier te gaan zwemmen. Maar hier was alles anders en mijn gedachten over mijn eigen situatie waren door en door tegenstrijdig. Zou ik zo hebben geleden, zou ik mijn dorp hebben achtergelaten en zo lang hebben gelopen, jongens hebben zien sterven en over de krijtwitte beenderen van soldaten van het rebellenleger heen zijn gestapt, als ik had geweten dat dit uiteindelijk mijn beloning zou zijn? Zou ik het de moeite waard hebben gevonden? Zoiets zou namelijk in mijn dorp nooit zijn gebeurd. De regels waren daar veel strenger en er waren overal ogen. Maar in dit kamp in Ethiopië, waar we zaten omdat ons land in oorlog was, waren we zo van onze eigen gebruiken afgesneden dat dingen als die zoekspelletjes in de kamer van de Prinsesjes mogelijk waren en ook vaak gebeurden; er werd heel wat afgeëxperimenteerd, op allerlei manieren. Mijn plezier in dat moment bij de rivier, toen ik de meisjes in het ondiepe water zag spelen, werd achteraf tot op zekere hoogte vergald door wat er daarna gebeurde.

– Doe je broek uit, Achak, zei Agar.

Ik verstarde, doodsbang.

– Achak, wat sta je daar nou?

– Ik zwem wel met mijn broek aan, hakkelde ik.

– Niks ervan. Dan loop je de hele dag in een natte broek. Trek uit.

– Ik kijk wel hoe jullie zwemmen, zei ik. – Ik zit hier best, zei ik en ik wees naar een stukje zandstrand, waar ik ook maar meteen ging zitten. Ik zette een gezicht alsof ik het daar geweldig naar mijn zin had. Ik gooide zelfs zand over mijn benen heen om me nog vaster in de aarde te verankeren en duidelijk te maken dat een uitstapje naar het water er niet in zat.

– Vooruit, kom erin, Achak! zei Agum streng.

Zo ging het een tijdje door. Ik stond erop dat ik mijn broek aanhield en de meisjes begrepen niet waarom. Waarom wilde ik in mijn goeie broek gaan zwemmen? Hun tante keek me ook al verwonderd aan. Mijn strategie werkte niet.

Ik moest een kans hebben om mijn netelige situatie uit te leggen, maar dat kon hier niet. Ik ben anders dan de andere jongens die jullie kennen, had ik willen zeggen. Dat hebben jullie geloof ik niet gemerkt toen jullie in mijn broek zochten. Bij mijn clan werden de jongens besneden, en ik wist dat dat bij de Dinka uit hun streek niet gebruikelijk was. Ik wist zeker dat de Prinsesjes gillend het water uit zouden vluchten als ze mij, een anguala – een besneden jongen – zagen.

Ten slotte rende Agar het water uit en liep recht op me af. Ze bleef even voor me staan, met een bepaald dreigende grijns. Toen trok ze mijn broek omlaag, tot op mijn enkels. Ik bood geen weerstand. Daar had ik geen tijd voor, en zij waren te vastberaden. Zo stond ik dus voor ze in mijn blote, voorhuidloze penis.

De meisjes gaapten me een hele tijd aan. Toen gingen we over tot de orde van de dag of deden althans alsof dat mogelijk was. We speelden gewoon verder, maar het eerstvolgende uur gluurden ze bij iedere gelegenheid tussen mijn benen, want ze snapten niet wat er met mijn penis aan de hand kon zijn. Zoiets hadden ze nog nooit gezien.

– Dus zo zien de Dinka-Malual eruit? mompelde Agar. Agum knikte. Ik deed alsof ik niets gehoord had, al was het me niet ontgaan.

We speelden verder, maar ik wist dat alles nu anders was. Na afloop ging ik terug naar Groep Twaalf en de Prinsesjes van Pinyudo naar Blok 4. Ik ging ervan uit dat we nooit meer zouden afspreken. De Elf wilden alle details horen, maar ik besloot niet alles te vertellen. Ik wist dat anders het hele kamp binnen een paar uur alles zou weten en dat de Prinsesjes dan hun koninklijke status kwijt zouden zijn. Ze zouden onfatsoenlijk worden gevonden en ik durf zonder overdrijving te beweren dat er onder de tienduizenden mensen in dat kamp minstens één man zijn leven ervoor over zou hebben gehad om zich aan een van de meisjes te vergrijpen. Ik vertelde de Elf dus alleen dat ik heerlijk bij de Nichtjes had gegeten en dat ze een prachtig huis hadden. Dat was genoeg; ze smulden zelfs al van die paar details. Toen ik die avond in bed lag en niet verwachtte te kunnen slapen, liet ik de hele middag nog eens aan me voorbijtrekken, prentte alles in mijn geheugen en dacht niet dat ik de meisjes ooit nog zou spreken.

Maar de volgende dag vroegen ze me weer te eten. Ik was verbijsterd en overdonderd en zei zonder aarzeling ja. Hun uitnodiging en onze vriendschap betekenden een overwinning op de kleinzielige vooroordelen over rangen, standen en landstreken, en een nederlaag voor het kastenstelsel in het vluchtelingenkamp. Ik ging dus weer naar hun huis, naar hun stoofpot met vlees en naar hun kamer – zelfs nu zou ik nog ieder voorwerp in die kamer kunnen beschrijven, de plaats van ieder deukje in de vloer, iedere kwast in het triplex van hun stapelbed – zo vaak heb ik daar verstoppertje gespeeld, maar gelukkig zonder daar ooit veel handiger in te worden. Ik kon nooit iets vinden, dus ik moest altijd eindeloos zoeken! Zo was mijn leven die dagen, dat jaar in Ethiopië. Het was niet mijn slechtste jaar.

XIX

'Kom maar, Valentino.'

Julian staat voor me. Hij is weer terug.

'MRI. Loop maar mee.'

Ik sta op en volg Julian de wachtkamer van de Eerste Hulp uit, de gang door. De vloer ruikt naar mensenpoep.

'Er heeft hier een dakloze op de grond gekakt,' zegt Julian, die verwonderlijk licht loopt. We zijn bij de liften en hij drukt op de knop.

'Vervelend, man, die overval,' zegt hij.

We stappen in de lift. Het is negen voor half twee 's nachts.

'Is mij ook overkomen. Een paar maanden geleden,' zegt hij. 'Net zoiets. Twee jongens, de ene had een revolver. Ze waren me van de supermarkt naar huis gevolgd en in het trappenhuis overvielen ze me. Stom. Bij elkaar wogen ze misschien honderd kilo.'

Ik kijk weer even naar Julian. Hij is krachtig gebouwd, niet het soort man dat je zou uitkiezen om te overvallen. Maar als hij zijn ziekenhuisuniform nog aanhad, leek hij ze zeker nogal zachtaardig.

'Wat hebben ze van je meegenomen?' vraag ik.

'Meegenomen? Helemaal niks, man. Ik ben veteraan! Ik was net vijf weken terug uit Irak toen ze me dat geintje probeerden te flikken. Ik had meteen al door dat ze me volgden. Ik had ruim de tijd om te bedenken wat ik moest doen, dus ik had een plan. Eerst de ene een gebroken neus slaan, zijn revolver afpakken en daarmee zijn vriend neerschieten. Dan de andere, die ik niet afmaakte, onder schot houden tot de politie kwam. Hij zou zo schrikken dat hij zijn leven lang op het rechte pad bleef. O, en die tweede voornaam van je – hoe spreek je die uit?'

'Achak,' zeg ik, en ik slik de eerste lettergreep half in. In Soedan hoor je de eerste A nauwelijks.

'Weleens van Chaka Khan gehoord?' vraagt Julian.

Ik zeg van niet.

'Laat ook maar,' zegt hij. 'Domme vraag.'

Door hem schaam ik me dat ik me niet wat meer heb verzet. Ik heb ook een oorlog meegemaakt, al ben ik waarschijnlijk niet zo opgeleid en getraind als Julian. Ik kijk even naar zijn armen, vol littekens en tatoeages en minstens drie keer zo dik als de mijne.

De lift gaat open en we zijn op de MRI-afdeling. Een Indiase man staat ons op te wachten. Hij zegt niets. We lopen voor hem langs een zaal in met in het midden een ronde graftombe. Uit het gat in het midden steekt een plat bed omhoog.

'Heb je zoiets weleens meegemaakt?' vraagt Julian.

'Nee,' zeg ik. 'Zo'n apparaat heb ik nog nooit gezien.'

'Wees maar niet bang. Het doet geen pijn. Je moet alleen niet aan crematies denken.'

Ik laat me op het witte bed zakken. 'Moet ik mijn ogen dichtdoen of openhouden?'

'Mag je zelf weten, Valentino.'

Ik besluit ze open te houden. Julian loopt weg en ik hoor zijn voetstappen, bijna geluidloos, naar de deur gaan. Als het bed de kamer in glijdt, ben ik alleen.

De ring boven me zoemt en draait om mijn schedel heen en ik denk aan Tonya en Kobalt en bedenk dat ze vrij zijn en nooit gepakt zullen worden. Inmiddels zijn ze waarschijnlijk mijn spullen aan een pandjesbaas aan het verkopen en hebben ze Michael afgezet bij de plek die hij als zijn thuis beschouwt. Ze vinden dat ze me een lesje hebben geleerd en ze hebben gelijk.

Boven mijn hoofd begint in de grote ring een kleinere ring rond te draaien.

Ik heb grote verwachtingen van dit onderzoek. Ik had weleens van MRI gehoord: de naam is vaak gevallen, bij Mary Williams, Phil en anderen, als het over mijn hardnekkige hoofdpijn ging. Nu zal ik er eindelijk achter komen wat er met me aan de hand is. In Pinyudo vertelde pater Matong op een dag onder een gestreepte witte wolkenlucht over het laatste oordeel. Toen de andere jongens en ik duidelijk maakten dat we daar bang voor waren, stelde hij ons gerust. Een oordeel is een opluchting, zei hij. Een oordeel is een bevrijding. Terwijl je door het leven wandelt, weet je niet of je het allemaal wel goed doet, zei pater Matong, en alleen het oordeel van God kan je zekerheid geven over het leven dat je hebt geleid. Over die les heb ik later nog veel nagedacht. Ik weet zoveel dingen niet, vooral niet of ik wel een goed kind van God ben. Ik ben geneigd te denken dat ik heel veel verkeerd heb gedaan, anders zou ik vast niet zo vaak gestraft zijn en zou Hij het niet nodig hebben gevonden zoveel mensen van wie ik hou kwaad te doen.

Het gezoem van de machine boven me is monotoon, een mechanisch gemurmel dat tegelijk geruststellend en bijzonder zelfverzekerd klinkt.

Ik weet wel dat een MRI niet hetzelfde is als een oordeel van boven, maar toch is er de belofte van een oplossing voor veel vragen. Waarom heb ik zo vaak 's morgens hoofdpijn? Waarom moet ik me zo vaak aankleden met een snerpende pijn in mijn achterhoofd die zijn tentakels van de achterkant van mijn schedel uitstrekt tot in mijn oogwit? Ik hoop dat het me wat opluchting zal brengen als ik het antwoord op dit soort vragen weet, zelfs al is de diagnose nog zo ellendig. Misschien verklaart de MRI-scan ook waarom ik op het Georgia Perimeter College nog steeds soms heel middelmatige cijfers haal, al weet ik dat ik daar hoor uit te blinken en al kan ik dat ook. Waarom heb ik nog maar zo weinig vooruitgang geboekt, terwijl ik toch al vijf jaar in de VS ben? En waarom moet iedereen die ik ken voortijdig en op steeds verschrikkelijker manieren doodgaan? Julian, jij kent maar een klein deel van alle vormen van de dood die ik heb gezien. Ik heb je de details over Jor bespaard, een jongen in Pinyudo die ik kende en die door een leeuw is gegrepen, maar een paar centimeter bij me vandaan. We waren bij het invallen van de schemering water gaan halen, we liepen door het hoge gras. Het ene moment voelde ik Jors ademhaling nog in mijn hals en het volgende ogenblik rook ik het beest, de donkere lucht van zijn zweet. Ik draaide me om en zag Jor slap en dood tussen zijn kaken. De leeuw keek me emotieloos recht in mijn ogen, we bleven elkaar dagen- en nachtenlang aankijken. Toen draaide hij zich om en liep weg, met Jor in zijn bek. Julian, ik wil niet denken dat ik zo belangrijk ben dat God me voor een bijzondere straf heeft uitgekozen, maar de rampspoed die om me heen hangt valt onmogelijk te negeren.

De binnenste ring heeft een volledige omwenteling gemaakt en staat nu stil. Het is nu volkomen stil in de ruimte. Dan voetstappen.

'Viel wel mee, toch?' Julian staat naast me.

'Ja, dank je,' zeg ik. 'Het was interessant.'

'Nou, dat was het. Kom, we gaan weer naar beneden.'

Ik kom overeind en moet me even aan de machine vasthouden. Die is warmer dan ik had verwacht. 'En nu?' vraag ik. 'Krijg jij de uitslag te lezen?'

'Wie, ik? Nee, nee. Ik niet.'

We komen langs de man die de machine bedient, achter het glas, en ik zie in het donkere vertrek een scherm met beelden van een doorsnede van een hoofd – mijn hoofd? – met groene, gele en rode kleuren. Net satellietbeelden van het weer op een andere planeet.

'Ben ik dat?'

'Dat ben jij, Valentino.'

We blijven even bij het glas naar het beeldscherm staan kijken, dat nu andere delen van mijn hersenen laat zien, vanuit een andere hoek. Het voelt als een inbreuk dat zo'n vreemde mijn hoofd kan onderzoeken zonder mijzelf te kennen.

'Onderzoekt die man mijn scan?' vraag ik.

'Nee, hij ook niet. Hij is alleen maar technicus. Geen arts.'

'O.'

'Nog even, Valentino. Er is momenteel niemand die de scans kan lezen. Die dokter komt later pas. Je kunt wachten waar je daarnet zat. Heb je honger?'

Ik zeg van niet en hij kijkt me aan alsof hij dat betwijfelt.

We nemen de lift naar boven. Ik vraag of hij een van die twee jongens heeft doodgeschoten.

'Dat is zowat het enige wat ik niet heb gedaan. Zodra ze "bitch" tegen me zeiden, vloog ik ze aan, gooide de ene met zijn hoofd tegen de muur en schopte de andere in zijn ribben. Hij had zijn revolver nog niet eens getrokken. Die ene jongen lag bewusteloos tegen de muur en de andere, die ik geschopt had, lag op de grond. Ik zette mijn knie op zijn borst, pakte de revolver en speelde er even mee. Stak de loop in zijn mond en zo. Hij deed het in zijn broek. Toen belde ik de politie. Die kwam na drie kwartier.'

'Net als bij mij,' zeg ik. 'Vijfenvijftig minuten.'

Julian slaat zijn arm om mijn schouder en geeft me een troostend kneepje in mijn nek. De liftdeuren gaan open en ik zie Achor Achor en Lino aan de overkant zitten.

'Je vraagt je af waar de politie wél snel voor komt, hè?'

Julian glimlacht, dus ik forceer een lachje.

'Nou ja,' zegt hij, 'wat wil je ook, hè?'

Ik kijk snel opzij. 'Wat zeg je?'

'Ach, niks, man. Gewoon.'

Er schiet een stroomstoot door mijn lichaam.

'Toe. Wat zei je?'

'Niks, zeg ik toch? Ik zei: wat wil je ook? Zo van: wat doe je eraan? Wat dacht je dan dat ik zei?'

De stroomstoot is weer weg.

'Sorry,' zeg ik. Het zou niet vreemd zijn geweest als ik Julian naar de Wat had gevraagd. De Wat, denk ik, heeft iets te maken met de reden dat hij en ik bijna een uur op de politie moesten wachten nadat we met een vuurwapen waren bedreigd. Het heeft iets te maken met de reden waarom het negen uur heeft geduurd voordat ik naar de MRI kon en dat ik nu naar een bed op de Eerste

Hulp word gebracht – langs Achor Achor en Lino, die al overeind komen – om op een dokter te wachten die ooit mijn MRI-scan zal gaan bekijken.

'Ik wou dat ik het allemaal wat sneller kon laten gaan, Valentino,' zegt Julian.

'Dat begrijp ik,' zeg ik.

Ik ga op het bed zitten en Julian blijft even bij me staan.

'Red je het wel zo?'

'Jawel. Kun je tegen mijn vrienden zeggen waar ik ben?'

'Doe ik. Tuurlijk. Komt goed.'

Julian laat me op het bed achter, trekt het gordijn dicht dat aan een rail aan het plafond om mijn plekje heen hangt. Ik twijfel er niet aan dat Julian me liever hier heeft, waar hij me niet hoeft te zien, dan in de wachtkamer, in het zicht. Maar hoe krijgt hij Achor Achor en Lino weg als hij weer naar zijn plaats bij de receptie gaat?

'O, Julian?' zeg ik.

Hij komt terug. Het gordijn piept aan de rail en Julians gezicht verschijnt.

'Sorry,' zeg ik. 'Kun je tegen mijn vrienden zeggen dat ze nu wel naar huis kunnen, dat ik me wel red zo?'

Hij knikt en schenkt me een brede glimlach. 'Ja hoor. Daar zullen ze wel aan toe zijn. Ik zal het zeggen.'

Hij draait zich om en wil weer weggaan, maar blijft nog even staan. Hij kijkt lang naar zijn klembord en werpt me dan uit zijn ooghoek een blik toe.

'Heb jij meegevochten, Valentino, in die burgeroorlog?'

Ik zeg dat ik geen soldaat was, nee.

'O. Nou, gelukkig,' zegt hij. 'Daar ben ik blij om.'

Dan loopt hij weg.

XX

Ik ben wel bijna soldaat geweest, Julian. Ik ben door een bloedbad gered.

Pinyudo veranderde langzaam en ik had niet door welke plannen er in de maak waren, ik voelde me zo dom. Ik geloof nu dat ze, de leiding van de SPLA, het van meet af aan zo hadden opgezet. Als ze het inderdaad allemaal van tevoren van plan waren, weet ik niet wat ik moet voelen, ontzag of afschuw.

Ik begon de hele opzet te doorzien toen op een dag in het begin van de zomer overal jongens aan het dansen en feestvieren waren. Ik zat samen met de Elf onder de lage, vochtige grijze lucht te eten.

– Garang komt! zongen de jongens die langs onze barak renden.

– Garang komt! brulde een andere jongen, een tiener al. Hij huppelde als een kind.

– Wie? vroeg ik aan de grote jongen.

– Garang!

– Wíe? vroeg ik. Ik was een heleboel details uit Duts lessen vergeten.

– Ssst! zei de jongen bestraffend en keek om zich heen of er iemand luisterde. – Garang, de leider van de SPLA, stomkop, siste hij. En toen was hij weer weg.

Inderdaad, John Garang kwam. Ik had de naam weleens gehoord, maar ik wist heel weinig over hem. Zijn komst werd na het avondeten door de oudsten officieel aangekondigd. Ze gingen bij alle barakken langs – we woonden inmiddels in bakstenen gebouwtjes, grauw en kil, maar wel solide – en daarna was in het kamp het hek van de dam. Niemand ging slapen. Vóór die dag had ik maar heel weinig over John Garang gehoord, alleen wat Dut heel lang geleden had verteld, maar de dagen voor zijn

bezoek stroomde de informatie vrij en ongefilterd binnen.
— Hij is dokter. — Niet voor zieke mensen, maar doctor in de landbouwkunde. Hij heeft in de Verenigde Staten gestudeerd. In Iowa. — Hij heeft een hoge graad in de landbouwwetenschappen van een universiteit in Iowa. — Hij is de intelligentste Soedanees die er bestaat. — Hij is als soldaat onderscheiden, hij is de belangrijkste van alle Dinka's. — Hij komt uit het Boven-Nijlgebied. — Hij is meer dan twee meter lang, hij heeft de bouw van een neushoorn.

Ik vroeg het aan meneer Kondit en het meeste bleek te kloppen. Garang was in Iowa gepromoveerd, en dat leek me zoiets exotisch dat ik er meteen een onvoorwaardelijk vertrouwen in had dat deze man het nieuwe ZuidSoedan naar de wederopbouw en de vrede kon leiden.

Voor zijn bezoek moesten we ons huis schoonmaken, en daarna het huis van de onderwijzers, en ten slotte ook de weg die door het kamp liep. Er werd besloten dat de stenen langs de weg geschilderd moesten worden, dus werd er verf uitgedeeld en werden de stenen wit, rood en blauw geverfd, om en om. Op de dag van het bezoek zag het kamp er mooier uit dan ooit tevoren. Ik was trots. Ik herinner me dat gevoel nog goed: dit konden wij, wij konden uit niets een leven opbouwen.

De dag van het bezoek waren de inwoners van Pinyudo in alle staten. Ik had de oudsten nog nooit zo zenuwachtig meegemaakt, hun ogen stonden verwilderd. Garang zou naar het exercitieterrein komen en daar zou iedereen heen gaan. Toen Moses en ik daar die ochtend naartoe gingen, net als de rest van het kamp, stroomden er meer mensen samen dan ik ooit bij elkaar had gezien. Voor het eerst zag ik alle inwoners van het kamp, misschien wel veertigduizend mensen, op één plek, en die aanblik was onmogelijk te bevatten. Overal SPLA-soldaten — honderden, van jonge jongens tot de meest geharde mannen.

De zestienduizend weesjongens werden vlak bij de microfoon

gezet, en terwijl we op John Garang wachtten, zongen de veertigduizend verzamelde Soedanese vluchtelingen. We zongen traditionele Zuid-Soedanese liederen en nieuwe, speciaal voor de gelegenheid gecomponeerde. Een van de jongens had voor deze bijeenkomst een tekst geschreven:

> Voorman John Garang,
> Voorman John Garang,
> Een Voorman zo moedig als een leeuw,
> een buffel, een tijger
> In ons land, Soedan
> Hoe zou Soedan bevrijd moeten worden
> als wij niet zo machtig waren?
> Zie de onmetelijke kracht van onze Voorman
> Zie Soedan! Het is in de duistere middeleeuwen
> teruggezonken.
>
> Zie onze Voorman – de Doctor!
> Hij heeft een modern geweer
> Zie John Garang,
> Hij heeft een modern geweer
>
> Alles wordt ontworteld
> Alles wordt ontworteld
> Sadiq el Mahdi heeft wortelgeschoten
> Maar John zal hem uit ons land ontwortelen
> We zullen strijden om ons vaderland Soedan te bevrijden
> Ja! Met de AK-47.
> Het Rode Leger komt,
> We komen eraan!
> Met het geweer in de linkerhand
> En de pen in de rechter
> Bevrijden we ons vaderland, oh, ooo!

Toen het lied uit was, werd het nog eens gezongen, en toen nog een keer, en eindelijk kwam de lijfwacht, de voorhoede die Garang zelf aankondigde. Dertig mannen kwamen het exercitieterrein op marcheren en betrokken hun post rond de plek voor de spreker, allemaal met een AK-47, en ze keken argwanend en vol afkeer naar ons.

Die lijfwacht stond me niet aan. Ze hadden te veel geweren en ze maakten een agressieve, onvriendelijke indruk. Mijn door het zingen en juichen opgetogen stemming zakte in. Ik zei tegen Isaac, de jongen die ook Van Ver heette, wat ik dacht.

– Ze moeten Garang beschermen, Van Ver. Rustig maar.

– Tegen wie dan? Tegen ons? Dit klopt niet, die gewapende mannen overal.

– Als zij er niet waren zou hij vermoord worden. Dat weet je toch wel.

Eindelijk kwamen de leiders: vice-commandant William Nyuon Barry, commandant Lual Ding Wol en toen Garang zelf.

Hij was inderdaad groot, met een brede borst en een vreemde grijze baard, onverzorgd en weerbarstig. Hij had een breed rond voorhoofd, schitterende oogjes en een vooruitstekende onderkaak. Hij zag er indrukwekkend uit, zelfs uit de verte was duidelijk te zien dat hij een leider was.

– Een groot man, fluisterde Moses.

– Die man is God, zei Isaac.

Garang hief triomfantelijk zijn handen, en de grote mensen, vooral de vrouwen, zweepten zichzelf op tot razernij. De vrouwen begonnen te joelen, staken hun armen omhoog en sloten hun ogen. We draaiden ons om en zagen dat de grote mensen en de jongeren in opleiding dansten en wild met hun armen zwaaiden. Er werden nog meer liederen voor hem gezongen.

> *We zullen de vlag van Soedan veranderen*
> *We zullen de vlag van Soedan aanpassen*
> *Want Soedan is in de war*

Sadiq el Mahdi is corrupt
Wol Wol is corrupt

De SPLA heeft een mes – op de loop van een AK-47
Moedige mannen die nergens bang voor zijn
Zij zullen ons door bloedvergieten bevrijden

Met het Rode Leger – de soldaten van de Doctor
Zullen we strijden en Soedan bevrijden
De man die lijdt onder dorst, honger en muggenbeten
Hij is een echte bevrijder
We zullen Soedan door bloedvergieten bevrijden

Toen begon John Garang.

– Ik maak graag van de gelegenheid gebruik om alle SPLA-soldaten op het slagveld, die onder bijzonder moeilijke omstandigheden geweldige daden verrichten, mijn revolutionaire groeten over te brengen en mijn waardering uit te spreken voor hun talloze overtuigende overwinningen op de regeringen van de uitbuiters en onderdrukkers.

Er steeg een gebrul op onder de veertigduizend.

– De SPLA-soldaat, halfnaakt, op blote voeten, hongerig, dorstig en door allerlei andere ontberingen gekweld, heeft de hele wereld bewezen dat alle gevaren van het leven hem er niet van kunnen weerhouden de belangen van het volk en zijn rechtvaardige strijd te beschermen.

Een briljant spreker, dacht ik, de beste die ik ooit had gehoord.

Ik luisterde naar dr. John Garang en hield ondertussen de soldaten om hem heen scherp in de gaten. Hun ogen dwaalden over de menigte. Garang sprak over het ontstaan van de SPLA, over onrecht, olie, land, rassendiscriminatie, de sharia, de arrogantie van de regering van Soedan, haar tactiek van de verschroeide aarde in Zuid-Soedan, de murahaleen. Daarna legde hij uit dat Khartoum de Dinka had onderschat. Dat de SPLA deze oorlog aan het winnen was. Hij sprak urenlang, en eindelijk, toen de middag overging in de avond, leek hij tot bedaren te komen.

– SPLA-soldaat, donderde hij, – waar je ook bent, wat je ook aan het doen bent, of je in actie bent of in hinderlaag ligt, wat je beproevingen ook zijn, hoe je je ook voelt, in welke toestand je je ook bevindt, ik groet je en wens je geluk, SPLA-soldaat, met je heldhaftige zelfopoffering en je standvastigheid in het nastreven van je enige doel, het opbouwen van een nieuw Soedan. Kijk naar ons! Wij gaan een nieuw Soedan opbouwen!

Het gebulder klonk alsof de aarde openscheurde. De vrouwen begonnen weer te joelen en de mannen juichten. Ik hield mijn handen tegen mijn oren voor het lawaai, maar Moses sloeg ze weg.

– Maar er is veel werk te doen, ging Garang verder. – We hebben nog een lange weg te gaan. Jongens, – en Garang wees naar de zestienduizend weesjongens die voor hem zaten – jullie zullen morgen meevechten. Jullie zullen de strijd op het slagveld en op jullie scholen meestrijden. Van nu af aan zal alles in Pinyudo veranderen. Nu wordt het menens. Dit is niet zomaar een kamp waar je de gebeurtenissen afwacht. We kunnen niet langer wachten. Jullie jonge jongens zijn het zaad. Het zaad van het nieuwe Soedan.

Dat was de eerste keer dat we het Zaad werden genoemd, en vanaf dat moment stonden we onder die naam bekend. Na die toespraak veranderde alles in Pinyudo. Honderden jongens vertrokken meteen naar Bonga, het SPLA-opleidingskamp in de buurt. Ook onderwijzers gingen naar het opleidingskamp; de meeste mannen tussen de veertien en de dertig gingen naar Bonga en de scholen werden opnieuw georganiseerd met de leerlingen en onderwijzers die nog over waren.

Ook Moses vond dat het tijd was.

– Ik wil naar het opleidingskamp.

– Je bent nog te jong, zei ik.

Ik was zelf nog te jong, geloofde ik, dus was Moses het ook.

– Ik heb het aan een soldaat gevraagd, en die zei dat ik groot genoeg ben.

– Maar laat je mij hier dan achter?

– Jij kunt ook mee. Je moet ook mee, Achak. Waarvoor zijn we hier anders?

Ik wilde niet naar het opleidingskamp. Er waren veel agressieve jongens in Pinyudo, maar agressie heeft mij nooit in het bloed gezeten. Als de jongens wilden worstelen of boksen, uit verveling of om zich te bewijzen – en in Pinyudo wilden de jongens al om het minste of geringste vechten toen we weer wat waren aangesterkt – voelde ik me daar nooit zo toe geroepen. Als het geen vriendschappelijk partijtje voor de grap was, kon ik er niet warm voor lopen. Ik wilde alleen naar school, de Prinsesjes zien, het eten proeven dat hun moeder klaarmaakte en zoeken naar wat er onder hun jurk verborgen zat.

– Wie moet die oorlog uitvechten als mannen zoals wij het niet doen? vroeg Moses.

Volgens hem waren we dus mannen; hij was kennelijk gek geworden. We wogen maar zo'n veertig kilo, we hadden armen als stokjes. Maar het lukte me niet Moses zijn plan uit het hoofd te praten en die week vertrok hij. Hij ging bij de SPLA en ik zou hem voorlopig niet meer zien.

De zomer stond helemaal in het teken van werk en onrust. Kort na het vertrek van John Garang kwam er een andere charismatische jonge SPLA-commandant naar Pinyudo, en hij bleef. Hij heette Mayen Ngot en hij had een missie. Hij was landbouwdeskundige, net als Garang, en hij zag het als zijn taak het land langs de rivier te irrigeren. Hij was lang en met zijn witte shirt en broek leek hij wel een zwaan. Op een dag zagen we hem ijverig grote stukken onontgonnen land afzetten, met vier kleinere, grauwere eendjes in zijn kielzog, zijn in bruin uniform gestoken assistenten. De dag daarop kwam hij terug met een stel Ethiopiërs met tractors, die ongelooflijk snel de grond omploegden en die vanaf het water in ordelijke rechthoekjes verdeelden. Mayen Ngot was bijzonder efficiënt en daar had hij het ook graag over.

– Zien jullie wel hoe snel dat gaat? vroeg hij aan ons. Hij had zo'n driehonderd jongens bij de rivier verzameld om zijn plannen en onze rol daarin uiteen te zetten.

– Alle grond die jullie hier zien kan eten opbrengen. Als we dit land verstandig bewerken, kunnen we al het eten dat we nodig hebben hier vandaan halen, dankzij de rivier en onze goede zorgen.

Dat leek ons een uitstekend idee, maar we begrepen natuurlijk wel dat het zwaarste werk aan de weesjongens zou worden overgelaten, en zo ging het ook. Wekenlang gaf Mayen Ngot ons les in het gebruik van de schoffel, de schep, de kruiwagen, de bijl en de sikkel, en nog lang na het vertrek van de Ethiopische landbouwmachines deden wij al het lichamelijke werk. Terwijl wij de grond bewerkten en uiteindelijk tomaten, bonen, maïs, uien, pinda's en sorghum zaaiden, liep Mayen Ngot mee, met stralende ogen vol visioenen van de overvloed van het land, en preekte.

– Hoe heet je, jaysh al-ahmar? vroeg hij me op een dag.

De Elf, die vlak bij me aan het werk waren, hadden de aanwezigheid van de grote man in onze buurt al opgemerkt. Ik zei hoe ik heette. Mayen Ngot verkoos mijn naam niet te gebruiken.

– Jaysh al-ahmar, heb jij al een idee hoe deze grond eruit zal zien als jullie klaar zijn? Zie je dat deze aarde eten is?

Ik zei dat ik het zag en dat ik dat een bijzonder spannende gedachte vond.

– Mooi, mooi, zei hij, en hij keek uit over de rijen van honderden jongens die allemaal over hun schoffel en hun schep gebogen stonden. De aanblik van al die uitgeteerde jongens die onder de zomerzon aan het werk waren, deed hem veel plezier.

– Allemaal! riep hij uit. – Allemaal eten!

En hij liep door, de rij langs.

Toen hij buiten gehoorsafstand was, barstte overal om me heen het gelach los, de Elf konden zich niet meer inhouden. Dat was de dag dat Mayen Ngot de bijnaam meneer Allemaal Eten kreeg. Nog maanden daarna wezen we iets aan – het maakte niet uit wat: een kei, een schep, een vrachtwagen – en zeiden dan: 'Allemaal eten!' Achor Achor kon hem het beste nadoen en gaf ook de meest uitgebreide voorstelling. Hij wees willekeurige voorwerpen aan, keek vaag naar de horizon en verkondigde: 'Zie je die boom, jaysh al-ahmar? Allemaal eten. Die autoband? Allemaal eten. Die klodder mest, die stapel ouwe schoenen? Allemaal eten!'

Die herfst veranderde het kamp nog verder – het was nu helemaal gemilitariseerd, met starre regels, steeds vaker steeds meer verschillende taken voor ons allemaal, en veel meer toespelingen op het feit dat we hier allemaal voor één doel waren: te worden bijgevoed en vetgemest tot we groot genoeg waren om te kunnen vechten of tot de SPLA zo radeloos was dat ze ons ook zo wel konden gebruiken. Veel onderwijzers waren al terug uit het trainingskamp Bonga en het marcheren begon. Iedere ochtend werden we naar het exercitieterrein gebracht en in rijen gezet, en dan moesten we oefeningen doen en met de oudsten meetellen. Dan marcheerden we met onze schoffels en scheppen bij wijze van AK-47's over het exercitieterrein onder het zingen van vaderlandslievende liederen. Na het marcheren kwamen de mededelingen van de dag en werden de nieuwe regels doorgegeven. Er leek geen eind aan de nieuwe richtlijnen en verboden te komen.

– Ik weet dat de meesten van jullie nu Engels leren, zei een nieuwe onderwijzer op een dag. Hij kwam net uit Bonga en stond al snel bekend als commandant Geheim. – Een paar jongens spreken het al heel aardig. Maar ik moet jullie waarschuwen dat dat niet betekent dat jullie dat Engels mogen gebruiken om met de hulpverleners hier te praten. Jullie mogen niet met niet-

Soedanezen praten, of ze nu wit of zwart zijn. Begrepen?
We zeiden dat we het begrepen hadden.

– Als een hulpverlener jullie iets vraagt, houden jullie je aan de volgende regels: ten eerste doe je zo verlegen mogelijk. Het is het beste voor dit kamp en voor jullie zelf dat jullie niet met hulpverleners praten, zelfs als ze jullie iets vragen. Begrepen?

We zeiden tegen commandant Geheim dat we het begrepen hadden.

– En ten tweede: als iemand jullie iets over de SPLA mocht vragen, dan weten jullie daar niets van. Jullie weten niet wat de SPLA is, jullie hebben nog nooit iemand van de SPLA gezien, jullie weten niet eens wat die letters betekenen. Jullie zijn gewoon wezen en jullie zitten hier voor jullie veiligheid en om naar school te kunnen. Is dat duidelijk?

Dat begrepen we minder goed, maar de verdeeldheid tussen de VN en de SPLA zou ons de komende maanden duidelijker worden. De VN was steeds sterker vertegenwoordigd en elke maand kwamen er meer faciliteiten en spullen, maar ook de invloed van de SPLA in het kamp nam toe. Het etmaal werd precies tussen de partijen verdeeld. Voor donker stond alles in het teken van scholing en voeding, we kregen les en gezond eten en maakten op de waarnemers van de VN in ieder opzicht de indruk van gevluchte oorlogswezen. Maar 's avonds en 's nachts was het kamp van de SPLA. Dan nam de SPLA zijn deel van de voedselhulp die voor ons en de andere vluchtelingen werd gebracht, werden operaties op touw gezet en werd er rechtgesproken. Iedere jongen die zich had gedrukt voor het corvee of zich had misdragen kreeg stokslagen, en bij veel van die jongens, graatmager als ze waren, kon zo'n pak slaag blijvend letsel veroorzaken of zelfs dodelijk zijn. De lijfstraffen werden natuurlijk 's nachts uitgedeeld, buiten het zicht van de internationale waarnemers.

De jongens in het kamp waren verdeeld over onze rebellenleiders. Velen, misschien zelfs de meesten, konden nauwelijks wachten tot ze naar Bonga mochten, een geweer kregen en leerden te doden, hun dorp te wreken, Arabieren dood te schieten. Maar er waren er ook veel zoals ik, die zich niet met de oorlog verbonden voelden en alleen wilden leren lezen en schrijven, en wachten tot de waanzin afgelopen was. En de SPLA maakte het niet makkelijk om in hun leger mee te vechten. Maandenlang hoorde ik geruchten over de ontberingen in Bonga, de zware opleiding, de meedogenloosheid. Er gingen jongens in dat kamp dood, wist ik, al kwamen daar steeds verschillende verklaringen voor die ik onmogelijk bevestigd kon krijgen. Uitputting, lijfstraffen. Jongens probeerden weg te lopen en werden neergeschoten. Jongens raakten hun geweer kwijt en werden dood geschoten. Ik weet nu dat veel berichten uit Bonga misleidend waren, maar tussen alles wat verborgen werd gehouden en de overdrijvingen lag toch wel een deel waarheid. Degenen die tegen de Arabieren wilden vechten moesten eerst tegen de ouderen vechten. Toch keerden elke week jongens vrijwillig de betrekkelijke veiligheid en rust van Pinyudo de rug toe om zich in kamp Bonga te laten trainen. Zo raakten we tussen die zomer en die winter vier van onze Elf kwijt, en ze kwamen uiteindelijk alle vier om. Machar Dieny is gaan vechten en sneuvelde in 1990 in Zuid-Soedan. Mou Mayuol ging bij de SPLA en kwam in 1992 om bij Juba. Aboi Bith ging bij de SPLA en sneuvelde in 1995 in Kapoera. Hij zal veertien jaar zijn geweest. Jongetjes zijn beroerde soldaten. Dat is het probleem.

Onze dagen zagen er nu heel anders uit. Vroeger hadden we alleen school, voetballen en eenvoudige taakjes zoals water halen; nu was er zwaar lichamelijk werk – nog afgezien van het werken op het land – en taken waar we in feite nog veel te jong voor waren.

Iedere morgen werden we in rijen op het exercitieterrein opgesteld, en dan wezen de oudsten een groep aan: – Jullie gaan de vrouw van commandant Kon helpen een omheining voor haar geiten te bouwen. En een andere groep: – Jullie gaan brandhout zoeken in het bos. En weer een andere: – Jullie gaan deze oudste helpen een nieuw huis voor zijn neef te bouwen. Na school, als we hadden gegeten, wisten we waar we heen moesten.

Ik heb twee weken geholpen bij het bouwen van een huis voor mijn biologieleraar. We werden voor allerlei soorten werk verhuurd, hoe groot of klein ook. We zaaiden tuinen in en bouwden gemakhuisjes. We deden de was voor alle oudsten die dat eisten. Veel SPLA-leden hadden hun gezin naar Pinyudo laten overkomen om in de buurt te wonen terwijl zijzelf in Bonga in opleiding waren. Wij deden hun was in de rivier, haalden water voor de vrouwen van de officieren en deden al het werk dat ze maar voor ons verzonnen. Dat gebeurde onbetaald, we mochten degene voor wie we werkten niet eens om een glas water vragen en we kregen het ook niet zomaar. Ik heb eens om drinken gevraagd nadat de Elf en ik – of althans tien van de Elf, want Isaac hield zich ziek – een huis voor het gezin van een pas aangekomen officier hadden gebouwd. We gingen naar de deur van de hut, die we er net zelf in hadden gehangen, en de vrouw van de officier kwam erdoor naar buiten en keek ons nijdig aan.

– Water? Grapje zeker? Wegwezen, muggen. Drink maar uit een plas!

Vaak moesten we tot na donker doorwerken. Maar soms mochten we ook aan het eind van de middag alweer weg en dan konden we spelen. In Pinyudo werd overal gevoetbald, op veldjes zonder zichtbare grenzen of doelen. Eén jongen nam de bal – er waren altijd nieuwe voetballen, een cadeautje van John Garang, zeiden ze – en dribbelde ermee weg, en al snel zaten er honderd andere jongens achter hem aan die de bal alleen maar even wilden aanraken. En zelfs dan, aan het eind van de middag, kreeg een oudste soms opeens een idee.

– Hé, jij! riep hij dan naar de menigte jongens die op blote voeten de bal door het stof achterna zat. – Jullie drieën, kom eens hier. Ik heb iets voor jullie te doen.

En dan gingen we.

Niemand wilde het bos in, want daar verdwenen jongens. Van de eerste twee die omkwamen wist iedereen dat ze door een leeuw waren verslonden, dus bouwmateriaal zoeken in het bos was een karwei waar iedereen met een boog omheen liep. Als ze werden opgeroepen voor iets in het bos, werden sommige jongens helemaal gek. Ze verstopten zich in bomen. Ze liepen weg. Velen vluchtten naar Bonga om soldaat te worden, alles om maar niet naar het bos te hoeven waar jongens verdwenen. Het werd met de maand erger. De rijkdommen van het bos raakten met de dag verder uitgeput, dus de jongens die gras of boomstammen of brandhout moesten halen, moesten elke dag dieper het bos in, dichter naar het onbekende toe. Er kwamen steeds meer jongens niet meer terug, maar het werk ging door, de bebouwing strekte zich steeds verder uit.

Op een dag kwam de wind, die tientallen daken van de huizen van de oudsten wegblies. Zes jongens werden aangewezen om de daken te herbouwen, en daar waren Isaac en ik mee bezig toen commandant Geheim ons aantrof.

– Naar het bos, jullie. We hebben geen aanmaakhout meer.

Zo netjes en beleefd mogelijk zei ik: – Nee, meneer. Ik wil niet door een leeuw worden opgegeten.

Commandant Geheim richtte zich verontwaardigd op. – Dan krijg je slaag!

Dat waren de heerlijkste woorden die ik ooit had gehoord. Ik was bereid elke straf te ondergaan die hij maar wilde, als ik maar niet werd opgegeten. Commandant Geheim nam me mee naar de barak en gaf me met een bamboestok voor mijn benen en billen, hard, maar niet gemeen. Na afloop moest ik een grijns onderdrukken. Ik voelde me een overwinnaar en rende weg, ik kon het liedje niet binnenhouden dat ik bij mezelf tegen de nachtlucht zong.

Kort daarna wilde geen jongen het bos meer in en werd er steeds meer geslagen. En naarmate er meer geslagen werd, kwamen er ook meer manieren om het effect daarvan te verminderen. Er ontstond een uitgebreid leensysteem voor kleren voor degenen die een pak slaag verwachtten. Doorgaans kreeg het slachtoffer een paar uur van tevoren een waarschuwing, en in die tijd kon hij zoveel onderbroeken en korte broeken lenen als hij over elkaar aan kon trekken zonder op te vallen. De lijfstraffen werden doorgaans na donker uitgedeeld en daar waren we dankbaar voor, want dan zag je onze vulling minder duidelijk.

Na een paar weken lieten de onderwijzers, uit laksheid of omdat ze ons militaire discipline wilden bijbrengen, het uitdelen van slaag voor overtredingen aan onszelf over. Hoewel in het begin wel een paar jongens het inderdaad deden – later zouden ze de prijs voor hun enthousiasme betalen – werd er algemeen een systeem toegepast waarbij de stok op de grond neerkwam in plaats van op het achterwerk van het slachtoffer en beide partijen de verwachte geluiden van inspanning en pijn maakten.

De nieuwe militaire strengheid was vervelend, maar verder voelden we ons sterk en er ging niemand dood. De meesten kwamen nog steeds aan en konden werken en rennen. Er was genoeg eten, en dat eten zorgde zelfs voor het enige betrouwbare excuus om 's middags niet te hoeven werken. In onze groep van twaalf kookte iedereen om de beurt en als je moest koken, hoefde je die dag niet naar school of naar het karwei daarna, want dan had je het veel te druk met de maaltijd voor de elf anderen. De vrachtwagen met eten kwam een keer per maand. Dan moesten wij de voorraden naar het kamp dragen en in een rij plaatstalen schuren opslaan. De zakken met maïsmeel, witte bonen, linzen en plantaardige olie waren net zo groot als wijzelf en moesten vaak door twee jongens worden gedragen.

Elke twaalfde dag had ik vrij, en dat was een mooie dag. De nacht ervoor viel ik al met een glimlach in slaap en als de dag naderde werd mijn stemming steeds uitgelatener. 's Morgens sliep ik eerst uit als de Elf naar het exercitieterrein en naar school waren, en als ik wakker werd, bedacht ik wat ik klaar zou maken. Daar dacht ik over na terwijl ik naar de rivier liep om water te halen, en op de terugweg ook. Soep was zowat het enige wat we voor de lunch konden maken, maar als ik aan de beurt was, probeerde ik een andere soep te verzinnen dan linzensoep. Linzensoep aten we elke dag en de meeste jongens van onze groep waren allang tevreden als ze dat klaarmaakten of te eten kregen, maar omdat ik de leider was, wilde ik iets beters maken, iets wat de Elf het gevoel gaf dat ze bijzonder waren.

Ik keek altijd of we in onze voorraad ergens iets extra's van hadden wat ik voor iets anders kon ruilen. Als we bijvoorbeeld een extra rantsoen rijst hadden, kon ik dat misschien bij de rivier voor een vis ruilen. Dan kon ik vissoep maken, en de Elf waren dol op vissoep. Terwijl zij op school zaten, was ik druk bezig met de soep en dacht ik vast na over het avondeten. Maar soep maken neemt niet de hele dag in beslag, dus ik had wel wat tijd voor mezelf. Zelfs als een oudste me zag luieren kon ik altijd zeggen 'ik heb vandaag kookcorvee' en dan zei hij niets meer. Het was van groot belang dat je je verantwoordelijkheid als kok serieus nam.

Ik was een uitstekende kok, maar het opdienen van de soep was in het begin wel moeilijk. In het begin waren er nog geen borden of bestek in het kamp, dus zelfs de soep werd opgediend op de zakken waar het graan in had gezeten. Die waren van stevig geweven plastic, dus de soep bleef er wel op liggen zonder erdoorheen te lekken. Eindelijk, na maanden, kregen we bestek en na nog een paar maanden werden er borden uitgedeeld, één aluminium bord per persoon. In Pinyudo ontbeten we nooit, maar na een tijdje gingen we 's morgens thee drinken, al werd er geen thee uitgedeeld. We moesten een deel van ons voedselrantsoen in het dorp voor thee en suiker ruilen. Als we niets hadden om voor suiker te ruilen of als er geen suiker in de winkels lag, leerden we bijen te zoeken en honing uit de nesten te halen.

Op een dag toen ik moest koken, kwam een van de buren, een jongen met een rond gezicht, Gor, naar me toe rennen. Hij had duidelijk een nieuwtje te vertellen, maar wij waren geen vrienden en hij was zichtbaar teleurgesteld dat er niemand anders was en hij het dus met mij als toehoorder moest doen.

- De Verenigde Staten zijn Koeweit en Irak binnengevallen!

Ik wist niet wat Koeweit of Irak was. Gor was slim, maar zijn kennis van de wereld stak me. Ik had altijd gedacht dat iedereen in Pinyudo hetzelfde onderwijs kreeg, maar er waren ongelijkheden die ik moeilijk kon plaatsen.

- Ze redden Koeweit van Saddam Hoessein! Met vijfhonderdduizend man veroveren ze Koeweit weer terug. Ze jagen Hoessein weg!

Eindelijk, nadat ik een paar minuten lang had gedaan alsof ik er alles van begreep, slikte ik mijn trots een beetje in en vroeg om een grondige uitleg. Saddam Hoessein was de dictator van Irak, vertelde Gor, en hij voorzag het Soedanese regeringsleger van wapens en vliegtuigen. Hoessein had Khartoum geld en zenuwgas gegeven. Sommige helikopters die onze dorpen hadden gebombardeerd, werden door Iraakse piloten gevlogen.

- Dus dat is goed nieuws, vroeg ik, - dat de Verenigde Staten hem aanvallen?

- Ja, ja nou! zei Gor. - Dat betekent dat de Amerikanen binnenkort ook Khartoum gaan aanvallen. Het betekent dat ze alle moslimdictators van de hele wereld gaan verjagen. Dat betekent het, absoluut. Dat garandeer ik je. God heeft gesproken, door de Amerikanen, Achak.

En hij liep door, op zoek naar nog meer jongens die hij kon voorlichten.

Een tijdlang was dat de meest aangehangen theorie. dat de oorlog in Irak en Koeweit onvermijdelijk zou leiden tot het omverwerpen van het fundamentalistisch-islamitische bestuur in Soedan. Maar dat gebeurde niet. Het zag er dat jaar voor de SPLA niet veelbelovend uit. Er werden veldslagen en terrein verloren en de rebellen begonnen hun eigen mensen op te eten, zoals te voorzien was.

Op een ochtend werd er om tien uur een bijeenkomst aangekondigd. De school ging dicht en we stroomden naar buiten.
– Naar het exercitieterrein! zeiden de onderwijzers.
Ik vroeg aan Achor Achor waar die bijeenkomst voor was, en hij wist het ook niet. Ik vroeg het aan een andere grote jongen, maar die snauwde: – Ga nou maar naar het exercitieterrein. Je vindt het vast leuk.
– Moeten we vanmiddag werken?
– Nee. Vanmiddag krijgen we les.
Achor Achor en ik liepen in een uitgelaten stemming naar het exercitieterrein. Alles was beter dan 's middags werken, en al snel zaten we op de voorste rij van een snel aangroeiende massa jongens. Er was die week een SPLA-commandant in het kamp, Giir Chuang, en we gingen ervan uit dat de bijeenkomst ter ere van hem was.
Commandant Geheim was er ook, en commandant Gesp en meneer Allemaal Eten en meneer Kondit en alle andere oudsten. Ik keek of ik Dut ergens zag, maar ik kon hem niet vinden. Hij was nu al maanden sporadisch in het kamp aanwezig en de jongens die met hem hadden gelopen, bedachten allerlei theorieën: hij was commandant van de SPLA geworden, hij was in Addis Abeba gaan studeren. Hoe dan ook, we misten hem allemaal die dag. Ik keek om me heen en zag dat de meeste jongens ongeveer van mijn leeftijd waren, ergens tussen de zes en de twaalf. Er waren maar heel weinig oudere jongens bij. Iedereen grijnsde en lachte en al snel begonnen ze te zingen. Deng Panan, de bekendste zanger van vaderlandslievende liederen en onder de rebellen een beroemdheid, kwam met een microfoon voor ons staan. Hij zong over God en het geloof, over veerkracht en het lijden van de Zuid-Soedanezen onder de Arabieren. Er steeg een gejuich op toen hij het lied aanhief dat een van de jongens in Pinyudo had geschreven.

We zullen strijden om ons land, Soedan, te bevrijden
Ja! Met de AK-47.
Het Rode Leger komt,
We komen eraan!
Met het geweer in de linkerhand
En de pen in de rechter
Bevrijden we ons vaderland, oh, ooo.

Ondertussen marcheerde er een peloton van vijftien soldaten het terrein op. Ze gingen in een rechte lijn schouder aan schouder voor ons staan. Daarna werd er een rij verfomfaaide mannen het exercitieterrein op geduwd, met touwen aan elkaar vastgebonden, allemaal ondervoed zo te zien en sommigen bloedend uit schaafwonden aan hoofd en voeten.

– Wie zijn dat? fluisterde Achor Achor.

Ik had geen idee. Ze knielden nu, op een rij, met hun gezicht naar ons toe, en ze zongen niet mee. De SPLA-soldaten, met schone uniformen aan, stonden achter hen met hun AK-47 in de hand. Een van de vastgebonden mannen zat vlak tegenover me. Even ving ik zijn blik en hij keek me recht aan, vol onversneden woede.

Toen Deng Panan klaar was met zingen, nam Giir Chuang de microfoon over.

– Jongens, jullie zijn de toekomst van Soedan! Daarom noemen we jullie het Zaad. Jullie zijn het zaad van het nieuwe Soedan.

De jongens om me heen juichten. Ik bleef strak naar de vastgebonden mannen kijken.

– Binnenkort is Soedan van jullie! riep Giir Chuang.

De jongens juichten weer.

De commandant had het over onze mogelijkheden om ons geliefde land te herstellen als de oorlog afgelopen was, dat we terug zouden komen in een verwoest Soedan, dat wachtte op het Zaad – dat alleen wij met onze handen, onze rug en onze hersens Zuid-Soedan konden opbouwen. Weer juichten we.

– Maar totdat het vrede in Soedan is, moeten we goed opletten. We mogen geen zwakheid in ons midden toelaten en verraad kunnen we niet accepteren. Zijn jullie het daarmee eens?

We knikten.

– Zijn jullie het daarmee eens?

We zeiden dat we het ermee eens waren.

– Deze mannen zijn verraders! Ze zijn abnormaal! Nu keken we naar de mannen. Ze waren in lompen gekleed.

– Het zijn verkrachters!

Giir Chuang leek een reactie van ons te verwachtten, maar we zwegen. We waren de draad van het betoog kwijt. We waren nog te klein om precies te begrijpen wat verkrachting was, hoe erg dat was.

– Ze hebben ook geheimen van de SPLA aan de regering van Soedan doorgegeven en ze hebben plannen van de SPLA aan khawaja's hier in Pinyudo verraden. Ze hebben onze beweging in gevaar gebracht en geprobeerd alles teniet te doen wat wij samen hebben bereikt. Het nieuwe Soedan dat jullie zullen erven – daar hebben zij op gespuugd! Als we ze hun gang lieten gaan zouden ze alles vergiftigen wat we hebben. Als we ze de kans gaven, zouden ze met de regering collaboreren tot we allemaal moslim waren, tot we om genade smeekten onder de laars van de Arabieren met hun sharia! Kunnen we dat toelaten, jongens?

We riepen van nee. Ik vond dat die mannen beslist voor hun verraad gestraft moesten worden. Ik haatte ze. Toen gebeurde er iets onverwachts. Een van de mannen riep iets.

– Wij hebben niets gedaan! We hebben niemand verkracht! Dit is een schijnvertoning!

De protesterende man kreeg een klap met een geweerkolf tegen zijn hoofd. Hij viel voorover. De andere gevangenen vatten nu moed en begonnen hun zaak te bepleiten.

– Jullie worden voorgelogen! jammerde een van hen. – Allemaal leugens!

Ook hij kreeg een klap met een geweerkolf.

– De SPLA eet zijn eigen mensen op!

Die man kreeg een schop in zijn nek, zodat hij in het stof viel. Giir Chuang leek verbaasd dat het daarbij bleef, maar hij zag er een opening in.

– Zien jullie nu hoe ze tegen jullie liegen, Zaad van het nieuwe Soedan? Ze kennen geen schaamte. Ze liegen ons voor, ons allemaal. Kunnen we dat toelaten? Kunnen we toelaten dat ze ons recht in het gezicht kijken en de toekomst van onze nieuwe natie bedreigen met hun verraad?

– Nee! riepen we.

– Kunnen we dat verraad onbestraft laten?

– Nee! riepen we.

– Mooi. Ik ben blij dat jullie het met me eens zijn.

En toen stapten de soldaten naar voren, twee soldaten achter elk van de vastgebonden mannen vandaan. Ze richtten hun geweer op het hoofd en de borst van de mannen en schoten. De kogels gingen door de mannen heen en er steeg een stofwolk op.

Ik gilde. Duizend jongens gilden. Ze hadden alle mannen doodgeschoten.

Maar één man was nog niet dood. De commandant wees naar een gevangene die nog ademhaalde en lag te trappen. Een soldaat liep naar hem toe en schoot nog een keer, nu in zijn gezicht.

We wilden wegrennen. De eerste paar jongens die weg probeerden te komen werden tegen de grond geslagen door hun onderwijzers en kregen met de stok. De anderen bleven staan en durfden zich niet te verroeren, maar het gegil en gehuil hield niet op. We huilden om de moeders en vaders die we in geen jaren hadden gezien, zelfs om ouders van wie we wisten dat ze dood waren. We wilden naar huis. We wilden weg van het exercitieterrein, weg uit Pinyudo.

De commandant maakte abrupt een eind aan de bijeenkomst.

– Bedankt. Tot de volgende keer, zei hij.

Nu renden de jongens alle kanten op. Sommigen klampten zich vast aan de eerste volwassene die ze tegenkwamen, trillend en huilend. Sommigen lieten zich ter plekke op de grond vallen en bleven opgerold liggen snikken. Ik draaide me om, braakte en rende, telkens op de grond spugend, naar het huis van meneer Kondit, die al terug was en binnen op zijn bed naar het plafond zat te staren. Ik had hem nooit zo asgrauw gezien. Zijn handen lagen slap op zijn knieën.

– Ik ben zo moe, zei hij.

Ik ging bij hem op de grond zitten.

– Ik snap niet meer wat ik hier nog doe, zei hij. – Alles is zo verwarrend geworden.

Ik had nog nooit meegemaakt dat meneer Kondit ergens aan twijfelde.

– Ik weet niet of we hier ooit nog uit zullen komen, Achak. Niet op deze manier. Dit is niet goed. We doen niet echt ons best.

Zo bleven we zitten tot de schemering inviel. Toen ging ik naar huis, naar de Elf, van wie er nu nog maar negen over waren. Twee jongens waren die middag vertrokken en kwamen niet meer terug.

Na die dag bleven veel jongens weg bij de bijeenkomsten, welke reden er ook werd gegeven om ons bij elkaar te roepen. Ze verstopten zich in hun barak en hielden zich ziek. Ze gingen naar het medisch centrum of naar de rivier. Ze bedachten van alles om maar niet naar de bijeenkomsten te hoeven, en omdat er geen presentielijsten konden worden bijgehouden, kregen ze maar zelden straf.

Na de executies deden allerlei verhalen de ronde. De mannen werden van verschillende misdaden beschuldigd, maar aan de verkrachting waren ze volgens de geruchten in het kamp onschuldig. Een van de mannen was weggelopen met een vrouw die een hoge SPLA-officier voor zichzelf had bestemd, en hij had de bruidegom toen van verkrachting beschuldigd. De moeder van de vrouw, die het niet met het huwelijk eens was, had de aantijging bevestigd en beweerd dat de vrienden van de bruidegom haar ook hadden verkracht. Daarmee was de zaak rond en de mannen werden veroordeeld. Het enige wat er toen nog hoefde te gebeuren was de executie, in het bijzijn van tienduizend jongens.

Ik was nu bijna op een leeftijd dat ik naar het opleidingskamp zou worden gestuurd, Julian, maar dat lot bleef me bespaard doordat we allemaal uit Pinyudo weg moesten, alle veertigduizend, verjaagd door de Ethiopische strijdkrachten die president Mengistu hadden afgezet. Dat zat er al een tijdlang aan te komen, hoorde ik later, en het was de oorzaak van de ellende die Ethiopië nog jaren in zijn greep zou houden. Maar het begon met een verbond tussen ongelijksoortige groepen in Ethiopië, met hulp van Eritrese separatisten. De Ethiopische rebellen en de Eritreeërs hadden elkaar nodig. In ruil voor hun hulp beloofden de Ethiopiërs de Eritreeërs de onafhankelijkheid als hun staatsgreep lukte. De staatsgreep slaagde inderdaad, maar daarna werden de verhoudingen tussen de beide landen ingewikkelder.

Ik kwam net uit de kerk toen het nieuws ons bereikte. Mijn kerk was vlak bij het deel van het kamp waar de Ethiopische hulpverleners woonden, en na de mis zagen we ze huilen, de vrouwen en de mannen.

– De regering is gevallen, Mengistu is weg, jammerden ze.

We kregen te horen dat we alles bij elkaar moesten rapen wat we konden, zodat we klaarstonden om te vertrekken. Toen ik bij onze barak kwam, was die al leeg; de overgebleven Negen waren al weg en hadden een briefje achtergelaten: *Kom naar de rivier – De Negen.* Ik propte zoveel mogelijk opgespaard eten en dekens in een maïszak. In minder dan een uur stonden alle jongens, gezinnen en rebellen op het terrein, klaar om uit Pinyudo weg te gaan. Alle vluchtelingen uit het kamp liepen overal verspreid, sommigen renden, anderen waren kalm en onaangedaan alsof ze een wandeling naar het volgende dorp gingen maken. Toen brak de hemel open.

Het begon te stortregenen. Het was de bedoeling geweest dat we de Gilo zouden oversteken en ons aan de andere kant zouden hergroeperen, misschien in Pochalla. Maar bij het water bleek al snel dat de groepen niet goed georganiseerd waren. De regen spoelde in een grijze chaos alle orde van de evacuatie weg. Ik kon de Negen niet vinden. Ik zag maar heel weinig mensen die ik kende. In de verte zag ik commandant Gesp met een kapotte megafoon boven op een jeep zitten. Hij blafte gedempte instructies. De grond bij de rivier was modderig, iedereen was doornat en waadde door de snelstromende, gezwollen rivier. De stroom sleurde afval en bomen mee.

De eerste schoten leken zacht en ver weg. Ik draaide me om en keek waar het geluid vandaan kwam. Ik zag niets, maar de schoten werden steeds luider. De aanvallers waren dichtbij. De geluiden volgden elkaar sneller op en ik hoorde de eerste gillen. Een vrouw verderop in de rivier spoog een straal bloed uit voordat ze levenloos in het water viel. Ze was door een onzichtbare belager neergeschoten en de stroming voerde haar al snel naar mijn groep toe. Nu brak de paniek uit. Tienduizenden spetterden door het ondiepe gedeelte van de rivier, en er waren er te veel die niet konden zwemmen. Op de oever blijven betekende een zekere dood, maar in die gezwollen, snelstromende rivier springen was waanzin.

De Ethiopiërs vielen ons aan, samen met hun Eritrese bondgenoten, en de Anyuak deden mee. Ze wilden ons niet meer in hun land, ze namen wraak voor duizend misdaden en beledigingen. De SPLA probeerde het land uit te komen met jeeps, tanks en flinke voedselvoorraden die de Ethiopiërs misschien als hun eigendom beschouwden, dus ze hadden redenen om het niet met het vertrek van de rebellen eens te zijn. Toen de lucht werd verscheurd door kogels en artillerievuur, werd alles versneld en begon het grote sterven.

Ik bleef te lang staan aarzelen in het ondiepe water, dat tot mijn buik kwam. Overal om me heen namen de mensen een besluit:

in de rivier springen of stroomafwaarts rennen op zoek naar een smaller gedeelte, een boot, een oplossing.

– Kom, de rivier over. Aan de overkant is het veiliger.

Ik draaide me om. Het was Dut. Weer kwam Dut me leiding geven.

– Maar ik kan niet zwemmen, zei ik.

– Blijf maar dicht bij mij. Ik trek je wel naar de overkant.

We vonden een plek waar de rivier smaller was.

– Kijk!

Ik wees naar de andere oever, waar twee krokodillen lagen.

– Geen tijd om je zorgen te maken, zei Dut.

Ik krijste het uit. Ik was verlamd.

– Vorige keer hebben ze je toch ook niet opgegeten, weet je nog? Misschien vinden ze Dinka niet lekker.

– Ik kan het niet!

– Spring! Begin maar te zwemmen. Ik ben vlak achter je.

– Maar mijn zak?

– Laat maar liggen. Die kun je niet meenemen.

Ik liet de zak vallen, mijn hele bezit, en sprong in het water. Ik roeide met mijn tot klauwen gekromde handen, met alleen mijn hoofd boven water. Dut zwom naast me. – Goed zo, fluisterde hij. – Goed zo. Ga zo door.

Ik zwom en voelde dat de stroom me meesleurde. Ik keek naar de krokodillen en verloor ze geen moment uit het oog. Ze verroerden zich niet. Ik roeide door. Achter me voelde ik een enorme dreun. Ik keek om en zag de soldaten in het gras op de oever geknield op ons schieten. Overal zag ik hoofden van jongens in de rivier en om hen heen het witte water, het afval, de neerstortende regen en kogels. Alle hoofden probeerden naar de overkant te komen en hun lichaam onder het water te verstoppen. Overal klonk gegil. Ik roeide en trappelde. Ik keek weer naar de plek op de oever waar ik de krokodillen voor het laatst had gezien. Ze waren weg.

– De krokodillen!

— Ja. We moeten opschieten. Kom. We zijn met zoveel. Statistisch zijn we in het voordeel. Zwemmen, Achak, gewoon doortrappelen.

Van heel dichtbij klonk een gil. Toen ik omkeek, zag ik een jongen tussen de kaken van een krokodil. De rivier bloeide rood op en het gezicht van de jongen verdween.

— Doorzwemmen. Hij heeft het nu te druk om jou te pakken.

We waren nu halverwege, en mijn oren hoorden het gesis onder water en de kogels en granaten die door de lucht scheurden. Telkens als mijn oren onder water kwamen, nam het gesis bezit van mijn hoofd en kreeg ik het gevoel dat dat de krokodillen waren die op me afkwamen. Ik deed mijn best om mijn oren boven water te houden, maar als ik mijn hoofd te hoog hield, stelde ik me voor dat ik een kogel in mijn achterhoofd zou krijgen. Dan dook ik weer onder en hoorde dat krijsende gesis onder water weer.

Op de oever die we achterlieten klonk een panisch geschreeuw. Ik keek om en zag een Dinka met een geweer, die naar de rivier stond te schreeuwen. — Breng me naar de overkant! riep hij. — Breng me naar de overkant! Vlak bij hem zwom een man, bij hem vandaan. Een ander dook erin en begon ook te zwemmen. — Ik kan niet zwemmen! Breng me naar de overkant! Help! Maar de mannen zwommen door. Ze hadden te veel haast om de gewapende man te helpen. Toen richtte de gewapende man zijn geweer op de zwemmende mannen en begon te schieten. Dat gebeurde nog geen vijftien meter bij me vandaan. De gewapende man schoot een van de zwemmers dood voordat zijn eigen schouders in rode spetters ontploften, geraakt door Ethiopische kogels. Hij viel opzij, met zijn hoofd in de modder van de oever.

Het is puur geluk dat ik die dag de overkant bereikte. Mijn voeten raakten de bodem en ik gooide me op de oever. Op dat moment ontplofte er nog geen tien meter voor me een granaat. Dut was nergens te bekennen.

— Rennen, naar het gras!

Wie riep dat?
— Kom nou!
Ik klom op het droge en een man greep me bij mijn arm. Weer was het Dut. Hij tilde me op en gooide me naast zich in het hoge gras neer. Daar bleven we op onze buik liggen en keken naar de rivier.

— We moeten hier stil blijven liggen, zei hij. — Anders zien ze ons en dan schieten ze. Nu beschieten ze het stuk verderop, dus hier zijn we nog het veiligst.

We bleven een halfuur op onze buik liggen terwijl de mensen de oever op klommen en langsrenden. Vanaf de hoge oever konden we alles zien, we zagen veel te veel.

— Doe je ogen dicht, zei Dut.

Ik zei dat ik dat zou doen en drukte mijn gezicht tegen de grond, maar stiekem keek ik toch naar de slachtpartij daar beneden. Duizenden jongens, mannen, vrouwen en kleine kinderen staken de rivier over en de soldaten schoten ze dood, soms in het wilde weg en soms gericht. Aan onze kant van de rivier schoten een paar manschappen van de SPLA terug, maar de meesten waren al ontsnapt en hadden de Soedanese burgers alleen en onbeschermd achtergelaten. Vanaf dat moment hadden de Ethiopiërs de doelwitten voor het uitkiezen, de meeste ongewapend. Te midden van die chaos stonden de Anyuak, die zich nu bij het Ethiopische leger hadden aangesloten in hun oorlog tegen ons. Alle opgekropte onlustgevoelens van de Anyuak zochten zich die dag een uitweg, ze joegen de Soedanezen hun land uit met kapmessen en de paar geweren die ze hadden. Ze schoten op degenen die naar de rivier renden, ze hakten op hen in en ze schoten op degenen die wild in het water rondspartelden. Granaten ontploften en witte pluimen stoven tien meter de lucht in. Vrouwen lieten hun baby in de rivier vallen. Jongens die niet konden zwemmen verdronken. Een vluchtende vrouw was het ene moment nog in beweging, dan kwam er een regen van kogels of een granaatpluim en daarna lag ze stil en werd door de stroom meegesleurd. Sommige doden werden door krokodillen opgegeten. De rivier had die dag veel kleuren: groen, wit, zwart, bruin en rood.

Toen het donker werd, kwamen Dut en ik uit onze schuilplaats. We waren nog niet ver weggerend toen er iets ongelooflijks gebeurde: ik zag Achor Achor. Hij stond daar gewoon midden op het pad om zich heen te kijken en wist niet welke kant hij op moest. Dut en ik botsten bijna tegen hem aan.

– Mooi, zei Dut. – Nu hebben jullie elkaar. Ik zie jullie in Pochalla.

Dut ging terug naar de rivier om gewonden en verdwaalden te zoeken. Dat was de laatste keer dat we Dut Majok hebben gezien.

– Waar gaan we nu heen? vroeg ik.

– Hoe moet ik dat weten? vroeg Achor Achor.

Het was niet duidelijk welke kant we op moesten. Het gras was hier nog steeds hoog en ik was bang dat er misschien leeuwen en hyena's zaten. Al snel vonden we nog twee jongens, een paar jaar ouder dan wij. Ze leken sterk en waren helemaal niet gewond.

– Waar gaan jullie naartoe? vroeg ik.

– Naar Pochalla, zeiden ze. – Daar zit iedereen nu. In Pochalla kijken we wel waar we heen kunnen.

We liepen met hen mee, al wisten we niet hoe ze heetten. We renden met ons vieren en Achor Achor en ik hadden het idee dat dit goede jongens waren om mee te rennen. Ze waren snel en doelgericht. We renden door de nacht, door het natte gras, en roken de geur van houtvuurtjes. Er stond een stevige wind, die de rook onze kant op blies en het gras heftig heen en weer liet zwiepen. Ik had het gevoel dat ik misschien wel altijd zou moeten doorrennen, mijn hele leven lang, en dat ik dat niet altijd meer zou kunnen. Maar nu was ik niet moe en mijn ogen zagen alles in het donker. Ik voelde me veilig bij die jongens.

– Kom eens hier! zei een vrouwenstem. Ik keek om me heen waar het geluid vandaan kwam en zag een Ethiopische in uniform. – Kom maar, ik breng jullie wel naar Pochalla! zei ze. De andere jongens begonnen al naar haar toe te lopen.

– Nee! zei ik. – Zie je niet wat ze aan heeft?

– Wees maar niet bang, zei ze. – Ik ben gewoon een vrouw! Een moeder die jullie wil helpen. Kom maar, kinderen! Ik ben jullie moeder! Kom maar hier!

De onbekende jongens renden naar haar toe. Achor Achor bleef bij mij staan. Toen ze een paar meter van haar af waren, draaide de vrouw zich om, pakte een geweer uit het gras, en met haar ogen vol wit schoot ze de grootste jongen door het hart. Ik zag de kogel er bij zijn rug weer uit komen. Zijn lichaam knielde en viel toen opzij, zijn hoofd raakte de grond nog vóór zijn schouder.

Voordat we konden wegvluchten schoot ze nog een keer en raakte nu de arm van de andere sterke jongen. Door de klap tolde hij om en viel. Toen hij overeind wilde komen en wegrennen, werd hij door een laatste kogel, die zijn lichaam bij het sleutelbeen binnenging en er bij zijn middenrif weer uit kwam, snel naar het hiernamaals gestuurd.

– Rennen!

Dat was Achor Achor, die wegstoof. Ik was roerloos blijven staan. Ik was gebiologeerd door de vrouw, die haar geweer nu op mij richtte.

– Rennen! riep hij weer, en nu pakte hij me van achteren bij mijn shirt. We renden weg, doken in het gras en tijgerden zo snel we konden bij de vrouw vandaan, die nog steeds tegen ons riep:

– Kom terug! Ik ben jullie moeder, kom terug, kinderen!

Overal waar Achor Achor en ik kwamen aanrennen, vluchtten de mensen voor ons. Niemand vertrouwde niemand in het donker. Niemand wachtte tot hij erachter was wie wie was. Toen het nog donkerder werd, hield het schieten op. We dachten dat de Ethiopiërs ons wel niet tot Pochalla zouden achtervolgen, dat ze alleen de Soedanezen uit hun land wilden verdrijven.

– Kijk, zei Achor Achor.

Hij wees naar twee lange, aan elkaar gebonden grassprieten die over het pad lagen.
- Wat betekent dat?
- Dat betekent dat we daar niet heen moeten. Iemand wil ons waarschuwen dat het daar niet veilig is.

Overal waar we grassprieten over het pad zagen liggen, kozen we een andere richting. De nacht werd heel stil om ons heen en de hemel was al snel helemaal zwart. Achor Achor en ik liepen urenlang, en omdat we zo vaak van richting moesten veranderen, kregen we al snel het vermoeden dat we in kringetjes rond liepen. Eindelijk kwamen we bij een breed pad met oude, opgedroogde bandensporen van een auto of een vrachtwagen. Er lagen geen grasstengels en Achor Achor wist zeker dat dit pad naar Pochalla leidde.

We liepen ongeveer een uur in de wilde, warme wind toen we een dierengeluid hoorden. Het was geen volwassene – die hadden we onderweg al vaak horen kermen en kokhalzen – het was een baby, die zacht en hees jammerde. Ik schrok van het ongewone geluid, verstikt en diep, als het gegrom van een stervende kat. Al snel vonden we het kindje, dat ongeveer een halfjaar oud was, naast de moeder, die over het pad lag, dood. De baby probeerde nog bij de moeder te drinken, gaf het toen op en huilde, de kleine handjes tot vuistjes gebald.

De moeder van de baby was in haar middel geschoten. Misschien was de kogel in de rivier door haar heen gegaan en had ze nog tot hier kunnen kruipen voordat ze neerviel. Er lag een lang bloedspoor.
- We moeten die baby meenemen, zei Achor Achor.
- Wat? zei ik. – Die gaat huilen en dan vinden ze ons.
- We moeten de baby meenemen, zei Achor Achor weer, en hij hurkte bij het blote kindje neer. Hij wikkelde het in de rok van de moeder. – We hoeven die baby hier niet achter te laten.

Toen Achor Achor het kindje had ingepakt en tegen zich aan hield, werd het stil.

– Zie je wel, het is een stille baby, zei hij.

Zo liepen we een tijdje door met de Stille Baby. Ik dacht dat die nu wel ten dode opgeschreven zou zijn.

– Een baby die bij een dode moeder drinkt, gaat zelf ook dood, zei ik.

– Idioot, zei Achor Achor. – Waar slaat dat nou op. De Stille Baby blijft leven.

Om beurten droegen we de Stille Baby, die onder het lopen nauwelijks geluid maakte. Tot de dag van vandaag weet ik niet of het een jongetje of een meisje was, maar in mijn gedachten is het een meisje. Ik hield haar dicht tegen me aan en haar warme hoofdje lag tussen mijn schouder en mijn kin. We renden langs kleine vuurtjes en door lange stukken donkere stilte. De hele tijd lag de Stille Baby tegen mijn borst of over mijn schouder met haar oogjes wijdopen en gaf geen kik.

Midden in de nacht troffen Achor Achor en ik een groep die in het gras naast het pad zat. Het waren twaalf mensen, voornamelijk vrouwen en oudere mannen. We vertelden de vrouwen hoe we de Stille Baby hadden gevonden. Een vrouw met een bloedende wond aan haar hals bood aan haar van ons over te nemen.

– Over deze baby hoeft u niet in te zitten, zei ik.

– Het is een heel stille baby, zei Achor Achor.

Ik tilde de baby van mijn schouder en ze deed haar oogjes open. De vrouw nam haar over en de baby bleef stil. Achor Achor en ik liepen door.

Achor Achor en ik vonden een grote groep mannen en jongens die even langs de weg zaten uit te rusten, en met hen liepen we naar Pochalla. Daar vonden we de jongens die de vlucht uit Pinyudo hadden overleefd. Acht van de Negen hadden de overkant gehaald, hoorden we; twee getuigen wisten zeker dat Akok Kwuanyin verdronken was.

We probeerden dat bericht tot ons door te laten dringen, maar dat bleek onmogelijk. We deden alsof hij niet dood was; we besloten later om hem te rouwen.

Duizenden Soedanezen zaten in het gras in de buurt van een verlaten vliegveldje. Achor Achor en ik kozen een stuk met hoog gras onder de bomen. We pletten het gras, zodat we daar konden slapen. Net toen we daarmee klaar waren, begon het te regenen. We hadden geen muskietennet, maar Achor Achor had een deken gevonden, dus we gingen tegen elkaar aan liggen om die broederlijk te delen.

– Word jij niet door de muggen gebeten? vroeg ik.

– Tuurlijk wel, zei Achor Achor.

De hele nacht trokken we allebei de deken telkens naar ons toe en deden geen oog dicht. Slapen was onmogelijk met al die hongerige muggen.

– Trek niet zo aan die deken! siste Achor Achor.

– Ik trek niet, hield ik vol.

Ik trok natuurlijk wel, dat geef ik toe, maar ik was zo moe dat ik niet besefte wat ik deed.

Die nacht vroegen Achor Achor en ik de oudsten om sisal zakken, en we kregen er elk een. We bonden ze aan elkaar tot een muskietennet dat bijna groot genoeg was voor ons samen. Dat maakten we aan de deken vast en het zag er goed uit. We waren er trots op en verheugden ons erop om daaronder te slapen. We spraken af dat we niet in de buurt van ons stuk geplet gras zouden plassen om geen muggen aan te trekken.

Maar al snel begon het te regenen en onze voorbereidingen waren voor niets geweest. Het water kwam onder het net, we gingen zitten om het hoger op te tillen en de muggen stroomden toe. We hebben die hele nacht niet geslapen, we werden drijfnat en moesten de muggen met beide handen van ons af slaan; we maaiden om ons heen, uitgeput, doorweekt en helemaal bevlekt met ons eigen bloed.

Door die regen gingen veel jongens dood. De regen verzwakte ons, er kwamen muggen en die verspreidden malaria. Iedereen werd ziekelijk van de regen. Wat er met ons gebeurde, deed denken aan wat er met de dieren gebeurde die we van klei maakten – in de striemende regen werd de klei zacht en viel al snel uit elkaar, zodat de koeien helemaal oplosten. Dat deed de regen ook met de lijdende mensen in Pochalla, vooral met de jongens die geen moeder meer hadden: ze stortten in onder de meedogenloze regen, ze losten in de aarde op.

De volgende ochtend lagen Achor Achor en ik op onze buik naar de mensen te kijken die al in Pochalla waren en de mensen die nog steeds toestroomden. Ze bleven de hele dag komen, van het eerste ochtendlicht tot de avondschemering. We zagen het veld en de bomen verdwijnen onder de mensenmassa die zich daar verzamelde.

– Denk jij dat Dut hier is? vroeg Achor Achor.

– Ik denk het niet, zei ik.

Als Dut in de buurt was, dacht ik, dan zouden we dat weten. Ik moest geloven dat Dut nog leefde en andere groepen jongens in veiligheid aan het brengen was. Ik wist dat Pochalla niet de enige plek was waar de mensen heen gingen, en als er mensen door de nacht reisden, dan was Dut vast hun leider.

– Denk jij dat de Stille Baby hier is? vroeg Achor Achor.

– Ik denk het wel, zei ik. – Of anders binnenkort misschien.

Die dag gingen we op zoek naar de Stille Baby, maar alle baby's die we zagen, brulden. De moeders verzorgden hen en hun eigen verwondingen. Overal waren gewonden. Alleen de lichtgewonden hadden Pochalla gehaald. Bij de Gilo waren duizenden mensen omgekomen en onderweg naar Pochalla nog eens honderden. Ze waren onmogelijk te helpen.

– Ik word zo moe van die mensen, zei Achor Achor.

– Welke mensen?

– De Dinka, al die mensen, zei hij, en hij wees met zijn kin om zich heen.

Vlak bij ons was een moeder een baby aan het zogen terwijl ze een ander kind tussen haar voeten hield. Alleen de moeder had kleren aan. In haar buurt zaten nog drie kleintjes te krijsen. Het armpje van een van de drie zag er net zo uit als het gezicht van de man zonder gezicht die ik had gezien toen ik uit Marial Bai wegvluchtte.

– Ik wil niet altijd zo'n mens blijven, zei Achor Achor.

– Nee, stemde ik in.

– Ik wil echt niet bij die mensen horen, zei hij. – Niet voorgoed.

Dezelfde mensen die uit Pinyudo waren gevlucht, hergroepeerden zich nu in Pochalla. De meesten waren onderweg alles kwijtgeraakt. Het kamp was een afschuwelijke bende met overal plastic, kleine vuurtjes, dekens en vuile kleren. Er was geen eten. Dertigduizend mensen zochten iets eetbaars in een veld waar een roedel honden al moeite zou hebben om eten te vinden.

Achor Achor en ik sloten ons aan bij twee jongens uit het noorden, boven Bahr al-Ghazal, en we trokken de bossen in om stokjes en gras te verzamelen. We bouwden een A-vormige hut met een strooien dak en lemen muren en zaten meestal binnen, droog en warm bij een bijna altijd brandend vuurtje dat we zorgvuldig bijhielden, zodat het groot genoeg bleef om ons warm te houden maar niet zo groot werd dat het dak in brand vloog en wij levend geroosterd werden.

– Je kunt beslist beter doodgaan, zei Achor Achor op een avond. – Laten we iets gaan doen en doodgaan. Oké? We gaan hier gewoon weg, we gaan vechten bij de SPLA of zo, en dan gaan we dood.

Ik was het met hem eens, maar ik sprak hem toch tegen.

– God neemt ons leven als Hij het wil, zei ik.

– Ach, hou toch op met dat gelul, snauwde hij.

– Dus jij wilt zelf een eind aan je leven maken?

– Ik wil iets doen. Ik wil hier niet eeuwig zitten wachten. Hier worden de mensen alleen maar zieker. We zitten gewoon op de dood te wachten. Als we hier blijven, krijgen we gewoon een ziekte en dan kwijnen we weg. We zijn allemaal samen aan het doodgaan, maar jij en ik gaan gewoon langzamer dood dan de rest. We kunnen net zo goed gaan vechten, dan gaat het sneller.

Die nacht vond ik dat Achor Achor waarschijnlijk gelijk had. Maar ik zei niets. Ik staarde naar de rode muren van onze hut terwijl het vuur langzaam uitging totdat we in het donker lagen en onze adem steeds kouder werd.

XXI

Het wordt tijd om uit dit ziekenhuis te vertrekken. Ze nemen een loopje met me. Julian heeft zich niet aan zijn woord gehouden. Hij is weg. Achor Achor en Lino zitten ook niet meer in de wachtkamer. Ik ga naar de nieuwe receptioniste van Opname, die met de wolk geel haar.

'Ik ga weg,' zeg ik.

'Maar u bent nog niet behandeld,' zegt ze. Ze lijkt oprecht verbaasd dat ik nu al weg wil, na maar veertien uur.

'Ik zit hier al veel te lang,' zeg ik.

Ze wil iets gaan zeggen, maar ziet ervan af. Dit nieuws is zo te zien echt nieuw voor haar. Ik zeg dat ik later nog wel zal bellen voor de uitslag van de MRI.

'Ja,' zegt ze. 'Goed...' en ze schrijft een nummer op een kaartje dat ik kan bellen. Sinds ik thuis ben overvallen heb ik twee van die kaartjes gekregen. Ik dacht toch niet dat ik het ziekenhuis om een heel bijzondere behandeling heb gevraagd, of de politie om een heldendaad. Als iedereen straks wakker is, Phil en Deb en mijn Soedanese vrienden, breekt er een storm van verontwaardiging, telefoontjes en dreigementen tegen de dokters los.

Maar nu wordt het tijd om hier op te stappen. Ik heb geen auto en geen geld voor een taxi. Het is nog te vroeg om iemand te bellen om me thuis te brengen, dus ik besluit te gaan lopen. Het is bijna kwart voor vier en ik moet om half zes op mijn werk zijn, dus ik laat de automatische deuren opengaan, loop de afdeling Spoedeisende Hulp uit, laat het parkeerterrein achter me en begin naar huis te lopen. Ik ga douchen, iets anders aantrekken en dan naar mijn werk. Daar hebben ze wel een verbandkist, dus daar verbind ik mijn verwondingen dan zelf wel zo goed en kwaad als het gaat.

Ik loop Piedmont Road af. De straten zijn verlaten. Atlanta

is geen stad voor voetgangers, om deze tijd al helemaal niet. De auto's glijden door de vloeibare nacht en verlichten de weg ongeveer net zo als die laatste dagen van onze tocht, vóór Kakuma. Toen liep ik me net als nu af te vragen of ik wel wilde blijven leven.

Ik was blind, of tenminste bijna, toen we eindelijk naar Kakuma liepen. Op die tocht was ik alle illusies kwijt die ik had toen we naar Ethiopië liepen.

Dat was aan het eind van het zwaarste jaar. We hadden een nomadisch bestaan geleid. Na de Gilo was er Pochalla, daarna Golkur, toen Narus. Er waren bandieten en nog meer bombardementen geweest, er waren nog meer jongens dood, en op een ochtend werd ik wakker en kon ik niet meer zien. Het deed zelfs al ondraaglijk pijn als ik mijn ogen open probeerde te doen.

Een van mijn vrienden raakte mijn ogen aan. – Die zien er niet goed uit, zei hij. Er waren geen spiegels in Narus, dus ik moest maar van hem aannemen dat mijn ogen er ziek uitzagen. Tegen de middag bleek al dat zijn diagnose juist was geweest. Ik had het gevoel dat er zand en zuur onder mijn oogleden zaten. We waren tijdelijk in Narus, ongeveer honderdvijftig kilometer ten noorden van Kenia, maar het klimaat was hetzelfde, met allemaal rood stof in de lucht.

Ik wachtte tot mijn ogen beter werden, maar het werd alleen maar erger. Ik was niet de enige die dit kreeg; het werd *nyintok* genoemd, oogziekte, maar bij de anderen ging het na twee, drie dagen alweer beter en mijn ogen waren na vijf dagen zo opgezwollen dat ik ze niet meer open kreeg. De ouderen stelden verschillende middeltjes voor en er werd veel water over mijn oogleden gegoten, maar de pijn bleef en ik werd wanhopig. Blind zijn in Zuid-Soedan, midden in een oorlog, leek me heel zwaar. Ik bad tot God of Hij nu maar wilde besluiten of Hij van plan was het licht uit mijn ogen weg te nemen; ik wilde alleen dat de pijn ophield.

Op een nacht toen we allemaal onder ons afdak zaten – er waren geen echte onderkomens in Narus – hoorden we auto's en vrachtwagens en ik begreep dat we nu snel weer verder gingen. Het regeringsleger was onderweg en misschien werd Narus binnenkort ingenomen. Wij, de jongens, moesten naar Lokichoggio lopen, in Kenia, onder toezicht van de UNHCR. Ik wilde niet opstaan of lopen, zelfs niet bewegen, maar ik werd onder mijn afdak vandaan gesleurd en moest in de rij.

Ik schuifelde mee, met verband over allebei mijn ogen dat op zijn plaats werd gehouden door een soort blinddoek. Ik wist hoe ik moest lopen doordat ik me vasthield aan het shirt van degene die voor me liep. Ik wist wel dat we spoedig de grens over zouden zijn, in een land zonder oorlog, maar dit keer had ik geen dromen over schalen sinaasappels. Ik wist dat de wereld overal hetzelfde was en dat er alleen onbeduidende verschillen waren tussen het leed op de ene plek en dat op de andere.

Toen we uit Ethiopië weg moesten, zijn er onderweg zoveel omgekomen. We waren met duizenden, maar er waren zoveel gewonden, zoveel bloed langs de weg. In die tijd heb ik meer doden gezien dan ooit daarvoor of daarna. Vrouwen, kinderen. Baby's die even groot waren als de Stille Baby overleefden het niet. Het leek zo zinloos allemaal. Als ik op dat jaar terugkijk, zie ik alleen losse, verkleurde beelden, net als in een onrustige droom. Ik weet nog dat we in Pochalla waren, en toen in Golkur, drie uur daarvandaan. Daar regende het drie maanden aan één stuk door in een grauwe, onafgebroken razernij. In Golkur waren er weer SPLA-soldaten, hulporganisaties en eten, en uiteindelijk ook een school. Toen hoorden we over de scheuring in de rebellenbeweging: Riek Machar, een Nuer-commandant, had besloten op te stappen en een eigen beweging te beginnen, de SPLA-Nasir, een groep die de SPLA een tijdlang evenveel last zou bezorgen als Khartoum. In de oorlog binnen de oorlog die daaruit voortkwam, stonden de Dinka-rebellen van Garang tegenover de Nuer-rebellen van Machar. Tienduizenden kwamen daarbij om het leven, en door de interne gevechten en de wreedheden die daarmee gepaard gingen kon de wereld onverschillig aan de kant blijven staan terwijl Soedan werd vernietigd: de burgeroorlog werd de buitenwereld te verwarrend, een onontwarbare knoop van stammenoorlogen zonder duidelijke helden of schurken.

Het grootste deel van dat jaar zaten we in Golkur, en op een dag, toen de conflicten al volkomen uit de hand waren gelopen en het land steeds verder in de chaos wegzakte, kwam Manute Bol, de sterbasketballer uit Amerika, in een eenmotorig vliegtuigje naar het kamp om de jongens te begroeten. Hij was voor ons een legende, we kenden hem alleen van horen zeggen, en daar was hij, daar stapte hij uit het vliegtuigje dat nauwelijks groot genoeg voor hem leek. We hadden gehoord dat hij Amerikaan was geworden, dus we waren heel verbaasd toen hij tevoorschijn kwam en niet wit bleek te zijn. Niet lang daarna werden we aangevallen door milities die door de regering waren ingehuurd en kregen we te horen dat we binnenkort gebombardeerd zouden worden, dus op een dag zeiden de oudsten dat het tijd werd om voorgoed uit Golkur weg te gaan, en dat deden we. We gingen weer weg en liepen naar Narus. Een paar weken later liepen we op aandringen van de VN naar Kenia. In Kenia zouden we veilig zijn, zeiden ze, eindelijk echt veilig, want dat was een democratie, een neutraal, beschaafd land, waar de internationale gemeenschap nu een onderkomen voor ons aan het inrichten was.

Maar we moesten wel snel zijn. We moesten Soedan uit, want het Soedanese leger wist waar we zaten. Overdag zagen we de bommenwerpers en als ze overvlogen, renden we naar de dichtstbijzijnde boom en gingen daaronder in het stof zitten bidden. We liepen voornamelijk 's nachts, twee weken of langer, en omdat we dachten dat we vlak bij Kenia waren en omdat de toestand hopeloos en het land ongastvrij was, was het tempo haastiger en genadelozer dan ooit tevoren. Hoe dichter we bij de grens kwamen, hoe slechter het weer werd. We liepen dagenlang in de wind en velen waren ervan overtuigd dat die voortdurende harde wind bedoeld was om ons tegen te houden, ons te dwingen om te keren.

Aan de geur van de lucht merkte ik dat het hier stoffig was. Ik trok mijn shirt uit en wikkelde het om mijn hoofd om mijn gezicht tegen het stof en de wind te beschermen. Door mijn oogontsteking, waar ik nu al dagen last van had, kon ik alleen brede donkere vormen onderscheiden die door mijn wimpers in stukken werden gedeeld.

Bij die tocht kwamen er af en toe vrachtwagens voor de reizigers die er het slechtst aan toe waren, en soms hadden ze ook eten en water voor ons bij zich. Zelfs met mijn door de ontsteking dichtgedrukte ogen kwam ik niet in aanmerking, want mijn benen deden het nog en mijn voeten waren intact. Maar ik wilde zo graag gebracht worden! Het idee alleen al, gebracht worden! Ik keek naar de trucks en stelde me voor hoe heerlijk het moest zijn om daarin te zitten, hoog en droog, en gereden te worden.

Altijd als de vrachtwagens wegreden, probeerden er jongens achterop te klimmen, en elke keer stopte de chauffeur om ze eraf te gooien, op het grind. – Wacht! jammerde een stem verderop. – Wacht! Stop!

Er was een jongen door een vrachtwagen overreden. Toen ik bij de plek kwam waar hij doodgereden was, hadden ze hem al weggehaald, misschien naar de kant van de weg gesleept, maar de donkere bloedvlek was nog net zo duidelijk te zien als de omtrekken van de bergen in de verte.

Ik sla af, van Piedmont Road af, Roswell Road in, de weg naar huis. De vroege ochtendwandeling door Atlanta is lang, maar niet onplezierig. Ik zie al een paarse kabel van licht in het oosten en ik weet dat die breder zal worden naarmate ik er dichterbij kom.

Elke keer als ik merk dat ik dit land niet meer zie zitten, blijf ik koppig voor mezelf alles opsommen wat ik hier wel heb en in Afrika niet. Dat is een vervelende gewoonte als ik de moeilijkheden van het leven hier wil tellen en meten. Het is hier natuurlijk vreselijk, een vreselijk en heerlijk land waar ik innig van hou en waarvan ik veel meer heb kunnen zien dan ik had verwacht. Ik loop en rij hier nu al vijf jaar vrij rond. Ik ben hier negenendertig keer van de ene stad naar de andere gevlogen en heb misschien wel dertigduizend kilometer gereden om vrienden en familie op te zoeken en canyons en torens te zien. Ik ben naar Kansas City geweest, en naar Phoenix, naar San José, San Francisco, San Diego, Boston en Gainesville. Ik ben maar zestien uur in Chicago geweest en heb niet eens de stad verkend. Ik heb voor de Northwestern University gesproken, ben op weg van de luchthaven verdwaald en moest uiteindelijk staand op een stoel een stuk of tien studenten toespreken die net uit de collegezaal wegliepen. In Omaha heb ik een honkbalwedstrijd van de *minor league* gezien, en een andere keer heb ik de sneeuw binnen een paar minuten als een deken over de stad zien vallen, alle oppervlakken waren vrijwel meteen bedekt. In Oakland heb ik onder de grond rondgelopen en kon ik me nauwelijks voorstellen dat die metro echt bestond, het lijkt me nog steeds onmogelijk en ik ga er pas weer in als iemand me bewijst dat zoiets echt kan. Ik ben zeven keer in Memphis geweest om mijn oom op te zoeken, de broer van mijn vader, en daar heb ik in een enorme piramide van groen glas rondgelopen. In New York heb ik het Vrijheidsbeeld gezien, vanaf een veerboot, en zag tot mijn verwondering dat die vrouw liep. Ik had er misschien wel honderd foto's van gezien, maar het was me nooit opgevallen dat haar voeten halverwege een stap zijn, het was verbijsterend en veel mooier dan ik ooit voor mogelijk had gehouden. Ik ben in South Carolina geweest, en in Arkansas, New Orleans, Palm Beach, Richmond, Lincoln, Des Moines en Portland; in de meeste van die steden wonen Lost Boys. In 2003 heb ik in Seattle in het Washington State een artsencongres toegesproken. Ze hadden me laten komen om over mijn ervaringen te vertellen, dus dat heb ik gedaan, en toen ik daar was, heeft de vriend die Tabitha die dag aan de telefoon had geroepen me naar haar toe gebracht.

Het lijkt misschien vreemd, maar vanuit de verte hield ik het meest van Tabitha. Dat wil zeggen, mijn liefde voor haar werd altijd groter als ik van een afstand naar haar kon kijken. Begrijp me goed: ik hield ook van haar als we samen waren, in mijn kamer of op de bank, met onze benen verstrengeld en haar handen in de mijne. Maar als ik haar aan de overkant van de straat zag, of als ze naar me toe kwam, of als ze op een kapotte roltrap stapte – dat zijn de momenten die me het meest zijn bijgebleven. We waren eens in het winkelcentrum – het lijkt achteraf alsof we heel vaak in het winkelcentrum waren, en dat was waarschijnlijk ook zo – en ze wilde iets kopen. Ik ging vast naar het *food court* om iets te drinken voor ons te halen. We hadden bij de informatiekiosk op de begane grond afgesproken. Ik ging daar in de buurt zitten en moest heel lang op haar wachten; het was niet ongewoon dat Tabitha op zich liet wachten. Maar toen ze eindelijk boven aan de roltrap verscheen met twee tasjes in haar hand, barstte haar gezicht open in een glimlach zo spectaculair dat alles in het winkelcentrum stilviel. De mensen hielden op met lopen en praten, de kinderen aten niet meer en renden niet meer rond, het water stond stil. En op dat moment hield ook de roltrap waar ze net op stond ermee op. Ze keek naar beneden, haar vrije hand ging naar haar mond, ze was verbijsterd. Ze keek naar beneden, naar mij, en lachte. Ze berustte erin dat ze de roltrap had laten ophouden met rollen en liep de treden af, op de vrolijke manier waarop alleen een tevreden iemand die zich in de wereld thuis voelt dat kan. Ze had een strak roze T-shirt en een strakke zwarte spijkerbroek aan en ik weet dat ik haar aangaapte. Ik zat me aan haar te vergapen terwijl ze die zesentwintig treden afdaalde. Ze ving mijn blik, sloeg haar ogen neer en keek weg. Ik wist dat ze me een speels tikje op mijn arm zou geven als ze beneden was, dat ze me op mijn kop zou geven omdat ik haar zo zat aan te gapen. Maar dat kon me niets schelen, ik verslond haar met mijn ogen terwijl ze naar beneden kwam en sloeg het beeld in mijn geheugen op om haar altijd te kunnen oproepen.

Terug in Seattle begon ze zich zorgen te maken over Duluma. Hij belde steeds vaker, klonk geagiteerd en sprak dreigende teksten op haar antwoordapparaat in. Ze hoorde 's nachts geluiden voor haar flat, en een keer had hij een briefje onder de deur door geschoven, een krankzinnig verward verhaal vol beschuldigingen en smeekbeden. Toen ze me over die ontwikkelingen vertelde, drong ik erop aan dat ze naar Atlanta kwam, naar mij. Dat kon niet, zei ze. Ze had tentamens, en bovendien had ze haar broers op wie ze een beroep kon doen als ze zich niet veilig voelde.

Ik besloot die Duluma te bellen om hem op zijn gedrag aan te spreken, en het resultaat leek me bevredigend. Waarschijnlijk omdat ik altijd een compromis zoek, rust en overeenstemming probeer te brengen waar eerst wrok heerste, praatte ik meelevend met hem in de hoop op een verzoening tussen ons drieën. Nog voordat het gesprek afgelopen was, heerste er een vriendschappelijke sfeer. Ik had het gevoel dat ik hem kon vertrouwen en dat hij een evenwicht had gevonden. Hij zei dat hij er nu wel mee kon leven dat ze met mij omging – hij had rondgebeld en naar me gevraagd, en nu hij wat over me wist, nu hij wist dat ik een goed mens ben, was hij tevreden. Hij was bereid om haar los te laten, zei hij, en ik bedankte hem omdat hij het allemaal zo goed opnam. Het is niet gemakkelijk om een vrouw los te laten van wie je houdt, zei ik, al vond ik hem nog steeds wel een moeilijk, licht ontvlambaar iemand. We namen als vrienden afscheid en hij vroeg of ik hem nog eens wilde bellen. Dat zou ik doen, zei ik, al was ik het niet van plan.

Na dat gesprek belde ik Tabitha; we lachten om Duluma's gestoorde ideeën en bedachten dat zijn verstand misschien in zijn SPLA-tijd door zenuwgas was aangetast. Ik weet nog hoe zielsgraag ik die dag bij Tabitha had willen zijn. Aan de telefoon was ze vrolijk en ze wuifde Duluma en zijn wilde praatjes luchtig weg, maar ze maakte zich toch zorgen en ik ook. Ik wilde het vliegtuig naar Seattle pakken of haar hiernaartoe halen, en ik zal mijn aarzeling altijd blijven vervloeken. Zij zat in Seattle en ik zat in Atlanta, en we hebben die afstand tussen ons zo gelaten. Ik had makkelijk uit deze stad weg gekund om naar de hare te verhuizen, er is weinig wat me aan Atlanta bindt. Maar zij zat op dat college en ik wilde het semester hier afmaken, dus voelden we ons gedwongen te blijven zitten waar we zaten. Ik weet niet hoe vaak ik ons gebrek aan doortastendheid heb vervloekt. Als ik ooit weer verliefd word, zal ik de liefde nooit meer zo op de lange baan schuiven. We dachten dat we nog jong waren en nog tijd zat hadden om later, in de toekomst, de liefde serieus te nemen. Dat is een verschrikkelijke levenshouding. Liefde uitstellen is geen manier van leven.

Ik sta voor de deur van mijn flat en ga bij nader inzien toch maar niet naar binnen. Ik snap niet meer waarom ik naar huis wilde. Daarbinnen ligt mijn bloed nog steeds op het kleed en ik ben alleen. Kan ik misschien naar Edgardo? Ik ben nog nooit bij hem thuis geweest en dit lijkt me niet het moment voor een onaangekondigd bezoek.

Ik wil hier weg, ik wil wegrijden, maar mijn autosleutels liggen binnen. Ik sta een paar seconden te aarzelen of ik het wel aankan om lang genoeg binnen te zijn om ze te pakken. Ik besluit van wel, dus ik draai de sleutel om.

Binnen hangt Tonya's aardbeienparfum nog, en daaronder de geur van de jongen. Wat is dat voor een geur? Een zoete geur, een jongetjeslucht, de geur van een onrustig slapend jongetje. Ik houd mijn hoofd omhoog en wil niet naar mijn bloed op de grond kijken of naar de kussens van de bank die misschien nog op het kleed liggen. Ik vind mijn sleutels in de keuken op het aanrecht, veeg ze in mijn hand en ga snel weer weg. Zelfs het geluid waarmee de deur dichtgaat klinkt nu anders.

Ik stap in mijn auto. Ik besluit dat ik hier wel een uurtje kan slapen, op het parkeerterrein, voordat ik naar mijn werk ga. Maar hier ben ik te dicht bij ze, de overvallers, hun auto, de christelijke buren, iedereen die heeft meegedaan of de gebeurtenissen heeft genegeerd. Ik ga de mogelijkheden langs. Ik zou naar een park kunnen rijden en daar even slapen. Ik zou kunnen kijken of er al iets open is waar ik kan ontbijten. Ik zou naar de familie Newton kunnen rijden.

Dat lijkt het beste idee. Nu ik werk en studeer, zie ik de familie Newton wat minder, maar hun deur staat altijd voor me open, zeggen ze. Nu, vanmorgen, weet ik dat ik ze nodig heb. Ik zal zachtjes op het raam kloppen, het raam bij de ontbijthoek in de keuken, en Gerald, die altijd heel vroeg op is, zal opendoen en me welkom heten. Ik zal een uur heerlijk op de bank slapen, die bruine in de televisiekamer, en het aroma van het huis opsnuiven, waar het altijd naar honden, knoflook en luchtverfrisser ruikt. Ik zal me veilig en bemind voelen, ook al zal de rest van het gezin pas later weten dat ik geweest ben.

Ik rijd de paar kilometer naar hun huis, laat mijn rommelige buurtje bij de snelweg en de grote winkelketens achter me en rijd de lommerrijke, bochtige straten in waar de gazons groot en de hekken smetteloos wit zijn en de brievenbussen de vorm van kleine schuurtjes hebben. Toen ik de Newtons pas kende, kwam ik elke week twee, drie dagen bij hen, ik bleef eten en we brachten hele weekends samen door. We gingen naar wedstrijden van de Atlanta Braves, naar de dierentuin, naar de film. Ze hadden het altijd druk: Gerald zat in het bestuur van drie non-profitorganisaties en werkte aan één stuk door, Anne was actief voor hun kerk, en ik begon me schuldig te voelen omdat ze zoveel tijd voor mij vrijmaakten. Maar ik had wel het gevoel dat ik Allison had geholpen om bepaalde dingen te begrijpen, over de oorlog, Soedan, Afrika en zelfs over Alessandro, dus misschien hadden alle partijen er iets aan. Toen ik ze net een paar maanden kende, maakten we een foto op het gazon voor hun huis, met mij naast Anne en Gerald.

– Voor de kerstkaart, zeiden ze.

Had ik dat goed verstaan? Wilden ze mij op hun kerstkaart hebben? Tien dagen later zat hij bij de post; de foto was op een dubbelgevouwen groene kaart geplakt en daar stonden wij vieren in hun welige tuin, met een lach op ons gezicht. Binnenin hadden ze laten drukken: *Prettige kerstdagen en een vredig nieuw jaar – Gerald, Anne, Allison en Dominic (onze nieuwe vriend uit Soedan)*. Ik was heel trots op die kaart, en ook trots dat ze mij zo in hun gezin hadden opgenomen. Ik hing hem in mijn slaapkamer, boven mijn nachtkastje. Eerst had ik hem in de huiskamer neergezet, maar sommige Soedanese vrienden die op bezoek kwamen werden jaloers. Het is ook niet beleefd om met zo'n vriendschap te koop te lopen.

De gedachte aan die kaart geeft me een warm gevoel en ik zie me al onder de boog van hun deur naar binnen gaan, maar als ik voor hun huis sta, lijkt dat opeens een belachelijk idee. Wat doe ik hier? Het is net kwart voor vijf geweest en ik sta voor het donkere huis. Ik kijk of er binnen licht brandt, maar nee. Dat is nou echt iets voor vluchtelingen – de grenzen van de gastvrijheid van je gastheer niet kennen. Wilde ik echt voor vijven 's ochtends bij hen aankloppen? Ik lijk wel gek.

Ik rij de straat uit, naar de volgende zijstraat, zodat ze me niet zien als er toch iemand wakker mocht worden. Ik besluit hier gewoon te blijven wachten tot het tijd is om naar mijn werk te gaan. Als ik er vroeg ben, kan ik daar douchen, misschien zelfs in de winkel een nieuw shirt en een broek kopen. Ik krijg dertig procent korting op alle kleding, daar heb ik al eens eerder gebruik van gemaakt. Ik ga me wassen en dan die kleren kopen, zorgen dat ik toonbaar ben en niemand vertellen wat er is gebeurd. Ik ben het zat om altijd hulp nodig te hebben. In Atlanta heb ik hulp nodig, in Ethiopië en in Kakuma had ik hulp nodig, ik ben het zat. Ik ben het zat om naar gezinnen te kijken, bij gezinnen op bezoek te gaan en er tegelijk wel en niet bij te horen.

Een paar weken na mijn gesprek met Duluma, nadat ik samen met Tabitha om hem had gelachen, was ik weer bij Bobby Newmyer in Los Angeles. Hij had aan de University of Judaism een bijeenkomst voor de Lost Boys georganiseerd. Er waren veertien Lost Boys uit heel Amerika gekomen om over een nationale organisatie te praten, over een website die alle leden in hun diaspora volgde, misschien een gezamenlijke actie of een verklaring over Darfur. We gingen net zitten voor de bespreking van die ochtend toen mijn telefoon ging. Omdat wij Lost Boys allemaal een probleem met ons mobieltje lijken te hebben – we hebben altijd het gevoel dat we meteen moeten opnemen, ongeacht de omstandigheden – waren er regels vastgesteld: geen telefoon tijdens de vergadering. Ik nam Tabitha's telefoontje dus niet op. In de eerste pauze luisterde ik in de gang mijn voicemail af. Ze had die ochtend om half elf ingesproken.

'Achak, waar zit je?' vroeg ze. 'Bel me onmiddellijk terug.' Ik belde terug en kreeg haar voicemail. Ik zei dat ik die dag bezet was. Ik bel je na afloop van de vergadering, zei ik. Ze belde weer, maar ik had mijn telefoon uitgezet. Om vier uur, toen ik hem weer aanzette, was het eerste telefoontje van Achor Achor.

'Heb je al iets gehoord?' vroeg hij.

'Waarover?'

Het bleef lang stil. 'Ik bel je zo terug,' zei hij toen.

Een paar minuten later belde hij terug.

'Heb je van Tabitha gehoord?' vroeg hij.

Ik zei van niet. Weer hing hij op. Ik kon alleen bedenken dat Tabitha me via Achor Achor had proberen te bereiken en dat ze overstuur was, misschien zelfs iets over mijn afstandelijkheid en mijn harteloosheid had gezegd. Dat soort dingen zei ze weleens als ze me niet kon bereiken.

De telefoon ging weer, en het was weer Achor Achor.

Hij vertelde wat hij wist: dat Tabitha dood was, dat Duluma haar had vermoord. Ze logeerde bij haar vriendin Veronica om veilig te zijn voor Duluma. Duluma had haar gevonden, gebeld en gedreigd dat hij naar haar toe zou komen. Tegen Veronica's protesten in had Tabitha hem uitgedaagd en gezegd dat hij dat toch niet durfde. Veronica wilde niet opendoen, maar Tabitha was niet bang. Met de baby van Veronica op haar arm had ze het slot van de deur gedaan. 'Ik kan die stakker wel aan,' had ze tegen Veronica gezegd, en ze had opengedaan. Duluma sprong naar binnen met een mes in zijn hand. Hij stak het tussen Tabitha's ribben en de baby vloog door de lucht. Terwijl Veronica haar kind opving, gooide Duluma Tabitha op de grond. Hulpeloos keek Veronica toe terwijl Duluma tweeëntwintig keer op Tabitha instak. Eindelijk ging hij langzamer steken en hield toen op. Hijgend kwam hij overeind. Hij keek Veronica aan en glimlachte vermoeid. 'Ik moet zeker weten dat ze dood is,' zei hij, en hij bleef bij Tabitha staan wachten. Toen Tabitha dood was, liep Duluma de flat uit en sprong van een viaduct. Ik vroeg Achor Achor of hij dood was. Hij was niet dood. Hij lag in het ziekenhuis met een gebroken rug.

Ik liep van de conferentie weg en ging in mijn eentje naar buiten, naar de plek waar de campus op de snelweg uitkeek. Het was druk op de weg, de auto's waren luidruchtig, snel en onverschillig. Het was nog te vroeg om het te geloven, het te voelen. Maar in dat uur dat ik alleen doorbracht wist ik dat ik werkelijk helemaal alleen was. Ik leefde zelfs even zonder God, en de gedachten die ik toen had, waren de zwartste van mijn hele leven.

Ik ging terug naar de conferentie en vertelde Bobby en een paar anderen wat er was gebeurd. De conferentie werd voor die dag afgesloten en ze probeerden me te troosten. Ik wilde meteen naar Seattle vliegen, maar Achor Achor zei dat ik dat niet moest doen. De familie was nog te geschokt, zei hij, en haar broers wilden me niet zien. Ik kon de realiteit van haar dood nog niet onder ogen zien, dus die eerste dag dacht ik aan oorzaken en oplossingen, wraak en geloof.

'God heeft een probleem met mij,' zei ik tegen Bobby. We reden na de conferentie naar huis. Hij zei een tijdlang niets en uit zijn zwijgen maakte ik op dat hij het met me eens was.

'Nee, nee!' zei hij na een hele tijd. 'Dat is niet zo. Het is gewoon...'

Maar ik wist zeker dat God me iets duidelijk wilde maken.

'Ik vind het allemaal zo erg voor je,' zei Bobby.

Ik zei dat hij zich over mij niet druk hoefde te maken.

Bobby zocht naar antwoorden en drukte me op het hart dat ik mezelf niets kwalijk moest nemen en in de moord op Tabitha geen boodschap van God moest zien. Maar hij sloeg telkens hard op het stuur, schreeuwde en ging met zijn handen door zijn haar.

'Misschien ligt het aan dit stomme land,' zei hij. 'Misschien maken we de mensen wel gewoon gek.'

Dat is vandaag vier maanden geleden. Hoewel er soms twijfels om mijn hoofd heen hebben geritseld, hoewel ik Godloze uren heb gekend, is mijn geloof niet veranderd, want ik heb in mijn leven nooit een direct ingrijpen van God gevoeld. Misschien heb ik dat wel nooit van mijn onderwijzers geleerd, dat Hij de wind stuurt die ons draagt of omverblaast. En toch voelde ik na dat bericht, toen we in de auto zaten, dat ik afstand van God nam. Ik heb vrienden gehad die geen goede vrienden bleken te zijn, mensen die meer ellende dan geluk brachten, en dan zocht ik een manier om meer afstand van ze te nemen. Nu heb ik diezelfde gedachten ook over God, over mijn geloof. God is in mijn leven, maar ik ben niet afhankelijk van Hem. Mijn God is geen betrouwbare God.

Tabitha, ik zal van je houden tot we elkaar weer zien. Er is een voorziening voor geliefden zoals wij, daar ben ik van overtuigd. In het hiernamaals, in welke vorm dan ook, zijn er bepaalde voorzieningen. Ik weet dat je niet zeker van me was, dat je me nog niet boven alle anderen had uitgekozen, maar laat me aannemen, nu je er niet meer bent, dat je op het punt stond te besluiten dat ik het was. Maar misschien moet ik zo niet denken. Ik weet dat je ook met andere mannen belde, andere mannen dan Duluma en ik. We waren jong. We hadden nog geen plannen.

Tabitha, ik bid vaak voor je. Ik lees veel in *Bidden met moeder Teresa en broeder Roger*, en elke keer dat ik het weer opensla, vind ik weer andere passages die speciaal voor mij geschreven lijken te zijn, die beschrijven wat ik in jouw afwezigheid voel. In dat boek zegt broeder Roger tegen me: 'Vierhonderd jaar na Christus leefde er in Noord-Afrika een gelovige die Augustinus heette. Hij had veel tegenslagen gekend en mensen verloren die hem dierbaar waren. Op een dag kon hij tegen Christus zeggen: "Licht van mijn hart, laat mijn duisternis niet tot me spreken." Bij al zijn beproevingen realiseerde Augustinus zich dat de aanwezigheid van de waarlijk opgestane Christus hem nooit verlaten had; die was het licht te midden van zijn duisternis.'

Er zijn tijden geweest dat die woorden me hebben geholpen, en ook momenten dat ik ze hol en niet overtuigend vond. Die schrijvers, voor wie ik veel respect heb, lijken toch de twijfels niet te kennen die je in de kwaadste uithoeken van je ziel kunt hebben. Ze houden me te vaak voor dat ik het antwoord op mijn twijfels in het gebed moet zoeken, wat mij net zoiets lijkt als je honger bestrijden door aan eten te denken. Maar als ik me gefrustreerd voel, kijk ik soms ergens anders in het boek en vind daar een nieuwe passage, die me wel aanspreekt. Zoals deze, van moeder Teresa: 'Lijden, samen aanvaard en gedragen, kan een bron van vreugde zijn. Vergeet niet dat het lijden van Christus altijd eindigt in de vreugde van de wederopstanding, dus als je in je eigen hart het lijden van Christus vindt, bedenk dan dat de wederopstanding nog moet komen – de vreugde van Pasen zal over je dagen.' En ze geeft een gebed dat ik de afgelopen weken vaak heb gebeden en dat ik nu in mijn auto fluister, in deze straat met overhangende bomen en ambergele straatlantaarns.

*Heer Jezus, laat me beseffen
dat we alleen door het veelvuldig sterven van onszelf*

> *en van onze zelfzuchtige begeerten*
> *ten volle tot leven kunnen komen;*
> *want alleen door met U te sterven*
> *kunnen we met U opstaan.*

Tabitha, de afgelopen maanden zonder jou, toen ik me begon af te vragen waar je was, in de hemel of in de hel of ergens in het vagevuur, heb ik de ondraaglijkste gedachten gehad, aan moord en aan zelfmoord. Ik heb verschrikkelijk geworsteld met het kwaad dat ik Duluma wilde aandoen en met de zinloosheid van mijn leven zoals ik dat in mijn zwartste ogenblikken zag. Een tijdlang heb ik soelaas gevonden door elke avond te drinken. Op twee flessen bier slaap ik wel, hoewel onrustig. Achor Achor maakte zich zorgen over me, maar hij ziet ook dat het weer beter met me gaat. Hij weet dat ik dit al eerder heb doorgemaakt, dat ik op de rand van de zelfvernietiging heb gebalanceerd en niet ben gevallen.

Ik heb je nooit over die vreselijke dagen verteld, Tabitha, toen ik veel jonger was. Achor Achor weet het ook niet, en als hij en ik toen bij elkaar waren geweest, zou ik waarschijnlijk nooit zo ver weggezakt zijn. In Golkur waren we elkaar kwijtgeraakt, al waren we wel allebei op weg naar Kenia, naar Kakuma. We volgden dezelfde weg, maar met een paar dagen ertussen. De laatste keer dat ik Achor Achor had gezien, werd hij in een tenthospitaal van Save the Children voor uitdroging behandeld. Ik was laf; ik was ervan overtuigd dat hij doodging en dat ik dat niet aankon. Ik ben weggerend zonder afscheid te nemen. Ik ben met een andere groep uit het kamp weggegaan omdat ik niet wilde meemaken dat hij doodging, omdat ik helemaal bij de dood weg wilde, dus ben ik met een van de eerste groepen vertrokken, in de wind, naar de woestijn die ons in Kenia wachtte.

Die laatste dagen van mijn tocht, Tabitha, liep ik in het donker. Mijn ogen zaten bijna helemaal dicht, ik liep blind mee en probeerde mijn voeten op te tillen en niet te struikelen, al was ik nauwelijks in staat ze door het grind te slepen. Mijn hoofd tolde van moeheid en desoriëntatie, net als vanmorgen, Tabitha, nu ik murw ben en je mis. Die nacht – ik was nog zo jong en ik sleepte me voort – leek me een goed moment om dood te gaan. Ik kon wel doorgaan met leven, ja, maar alles werd alleen maar erger, niet beter. Na Pinyudo was mijn leven met het jaar zwaarder geworden en ik vreesde dat Achor Achor al dood was. En nu liep ik naar Kenia, waar geen beloften wachtten. Ik herinnerde me mijn gedachten aan gebouwen en watervallen in Ethiopië en mijn teleurstelling toen ik over de grens alleen maar dezelfde ellende aantrof waar we, dacht ik, net uit waren weggevlucht. Al die jaren was God volkomen duidelijk geweest tegen jongens zoals wij. Ons leven was niet veel waard. God had ontelbare manieren gevonden om jongens zoals ik dood te laten gaan, en ongetwijfeld zou Hij er nog veel meer bedenken. De regering van Kenia kon omver worden geworpen, net als die van Ethiopië, en er zou weer een Gilo komen, en ik wist dat ik dat niet meer zou kunnen verdragen. Ik wist dat ik de kracht niet meer had om weg te rennen, te zwemmen of een stille baby te dragen als dat nog een keer zou moeten.

Die nacht hield ik dus op met lopen. Ik ging zitten en keek naar de langsschuifelende jongens. Het was zo'n opluchting om te stoppen met lopen. Ik was zo moe. Het was veel erger dan ik me had gerealiseerd en toen ik op die hete weg ging zitten, was dat de grootste opluchting die ik ooit had gevoeld. En omdat mijn lichaam zo aan die rust toe was, vroeg ik me af of ik niet gewoon mijn ogen dicht kon doen en wegglijden, net als William K. Ik voelde me niet echt dicht bij de rand waarover ik van deze wereld in de andere zou vallen, maar misschien had William K dat ook wel niet gevoeld. William K was alleen maar gaan zitten om uit te rusten en even later was hij er niet meer. Ik legde dus mijn hoofd achterover op de weg en keek naar de lucht.

– Hé, opstaan. Zo word je overreden.

Dat was een jongen die langsliep. Ik zei niets.

– Gaat het?

– Ja hoor, zei ik. – Loop maar door.

Het was een heel heldere nacht en de sterren leken achteloos over de hemel uitgestrooid.

Ik deed mijn ogen dicht, Tabitha, en riep zo goed en zo kwaad als het ging mijn moeder op. Ik stelde me haar voor in het geel, zo geel als de avondzon, en ze liep het pad af. Het was heerlijk om haar over het pad naar me toe te zien komen, en ik liet haar in mijn visioen het hele stuk lopen. Toen ze bij me was, zei ik dat ik te moe was om verder te lopen, dat ik alleen maar meer zou lijden en anderen zou zien lijden, en dan was het alleen maar afwachten tot ik zelf weer moest lijden. In mijn visioen zei ze niets terug, want ik wist niet wat mijn moeder op zoiets zou zeggen, dus ik liet haar maar zwijgen. Toen spoelde ik haar uit mijn gedachten weg. Het leek me dat ik mijn hoofd helemaal leeg moest maken, alle gedachten en visioenen los moest laten en me moest concentreren op het doodgaan.

Ik wachtte. Ik lag met mijn hoofd op het grind op de dood te wachten. Ik hoorde nog steeds de schuifelende voeten van de jongens, maar al snel viel niemand me meer lastig en dat vond ik een zegen. Misschien dachten ze dat ik al dood was. Misschien zagen ze me wel helemaal niet in het donker, in die wind. Ik voelde me net op de rand van iets, al was het maar van een ondiepe slaap, toen er een paar voeten stilstond. Ik voelde een aanwezigheid die zich over me heen boog.

– Je ziet er niet uit alsof je dood bent.

Ik negeerde de stem, een meisjesstem.

– Slaap je? Ik gaf geen antwoord.

– Ik vroeg: slaap je?

Dit was helemaal verkeerd, die luide stem in mijn oor. Ik bleef stil liggen.

– Ik zie dat je je ogen stijver dichtknijpt. Je leeft nog, ik zie het wel.

Ik vervloekte haar uit het diepst van mijn hart.
- Je kunt toch niet op de weg liggen slapen?
Ik bleef proberen met mijn ogen dicht uit het leven weg te glijden.
- Doe je ogen open.
Ik kneep ze nog stijver dicht.
- Als je zo je best doet, lukt het nooit om in slaap te komen.
Dat was waar. Ik deed mijn ogen een stukje open en zag een gezicht, zo'n tien centimeter van het mijne. Het was een meisje, iets jonger dan ik. Een van de weinige meisjes.
- Laat me nou met rust, fluisterde ik.
- Je lijkt op mijn broer, zei ze.
Ik deed mijn ogen weer dicht.
- Hij is dood. Maar jij lijkt op hem. Sta nou op. Wij zijn de laatsten.
- Toe. Ik moet uitrusten.
- Je kunt toch niet op de weg uitrusten?
- Ik rust wel vaker op de weg uit. Laat me nou maar.
- Dan blijf ik bij je.
- Maar ik blijf hier nog een hele tijd.
Ze draaide een stuk van mijn shirt om haar vuist en trok.
- Welnee. Doe niet zo stom. Kom op.
Ze hees me overeind en we begonnen te lopen. Het meisje heette Maria.

Ik besloot dat het makkelijker was met het meisje mee te lopen dan in het donker met haar te bekvechten. Dan ging ik morgen maar dood; ze kon me niet eeuwig in de gaten houden. Ik liep dus maar met haar mee om haar een plezier te doen, dan hield ze tenminste haar mond, en bij het eerste licht stonden we met tienduizend anderen midden in de woestijn. Hier zouden we gaan wonen, zeiden ze. En zo stonden we die dag op de trucks en de wagens van het Rode Kruis te wachten die nog meer mensen kwamen brengen, in een streek zo stoffig en troosteloos dat geen Dinka het in zijn hoofd zou halen om daar te gaan wonen. Het was er kurkdroog, er was daar helemaal niets en het waaide er aan één stuk door. Maar midden in die woestijn zou een stad ontstaan. Dat zou Lokichoggio worden, al snel het middelpunt van de internationale hulp in de regio. Een uur verder naar het zuiden lag Kakuma, op dat moment nog schaars bevolkt met Keniaanse veehoeders, de Turkana, maar binnen een jaar zouden ook daar veertigduizend Soedanese vluchtelingen zitten, en daar zouden we een jaar blijven, en toen twee jaar, toen vijf, en ten slotte tien. Tien jaar in een streek waar niemand, echt niemand, uit zichzelf ook maar een dag zou willen blijven, of hij moest wel helemaal ten einde raad zijn.

Jij was daar ook, Tabitha. Jij was daar toen bij me en ik geloof dat je nu ook bij me bent. Zoals ik me toen voorstelde dat mijn moeder naar me toe kwam lopen, met haar jurk in de kleur van een zwangere zon, zo vind ik nu troost in het beeld van jou zoals je in je roze T-shirt een roltrap af komt, je hartvormige gezicht stralend in die schitterende lach waarvan alle beweging om je heen stilvalt.

Boek III

XXII

Na de moord op Tabitha belde Phil me vaak, en Anne en Allison ook – alleen om te praten en te luisteren, zeiden ze, maar ik merkte wel dat ze zich zorgen maakten over mijn lichamelijk en geestelijk welzijn. Waarschijnlijk wisten ze niet meer waar ze met me aan toe waren. Ze hadden nu gezien dat de Soedanezen in Amerika tot moord en zelfmoord in staat waren, dus wat zou Valentino nu gaan doen? Ik geef toe dat ik wekenlang nauwelijks in staat was me te verroeren. Ik ging nog maar zelden naar school. Op mijn werk vroeg ik vrij en ik lag alleen maar in bed of keek tv. Ik reed doelloos rond. Ik probeerde boeken over rouwverwerking te lezen. Ik zette mijn telefoon uit.

Bobby had geopperd dat de moord op Tabitha mogelijk was gemaakt door de waanzin van dit land, en in die donkere weken na haar dood liet ik de gedachte weleens toe dat Amerika er medeplichtig aan was. In Soedan komt het niet voor dat een jonge man een vrouw vermoordt. Zoiets was in Marial Bai nooit gebeurd. Ik betwijfel zelfs of iemand van mijn clan ooit van zo'n geval uit de geschiedenis had gehoord, waar of wanneer ook. Onder de druk van het leven hier zijn we veranderd. Er is iets in ons verloren gegaan.

Er is een nieuw soort wanhoop, een nieuw soort theatraliteit onder de mannen ontstaan. Nog niet zo lang geleden heeft een Soedanees in Michigan, een stad die ik niet ken, zijn vrouw en zijn onschuldige kind vermoord en toen de hand aan zichzelf geslagen. Ik weet niet precies hoe het is gegaan, maar volgens het verhaal dat in de Soedanese gemeenschap de ronde doet wilde de vrouw op familiebezoek naar Athens, Georgia. Dat vond de man niet goed. Ik weet niet waarom, maar in de traditionele Soedanese samenleving hoeft een man daar ook geen reden voor op te geven; de vrouw kan een pak slaag verwachten, soms zelfs maanden achtereen slaag. Er kwam dus ruzie, zij kreeg slaag en hij dacht dat hij duidelijk had gemaakt hoe hij erover dacht. Maar de volgende dag was ze weg. Ze bleek al weken daarvoor een ticket naar Athens voor haar dochtertje en zichzelf te hebben gekocht, zonder met hem te overleggen. Ze was ervan uitgegaan dat ze haar zin wel zou krijgen of het kon haar gewoon niets schelen. Maar die man in Michigan kon het wél iets schelen. Terwijl zijn vrouw en dochter in Athens bij tantes en nichtjes op bezoek waren, zat hij zich thuis op te vreten. Gezichtsverlies kan een man tot de verschrikkelijkste dingen brengen, neem dat maar van mij aan. Toen zijn vrouw en dochter terugkwamen, stond hij ze bij de deur op te wachten met een mes dat hij dat weekend had gekocht. In de hal stak hij ze dood, en een uur later ook zichzelf.

Ik moet haast wel denken dat Duluma door die man op het idee is gebracht, de gedachte dat je degene die je in de steek heeft gelaten kunt straffen zonder zelf gestraft te worden. Ook dat zou in Soedan ondenkbaar zijn. Een man vermoordt zijn kind niet en pleegt geen zelfmoord. In Zuid-Soedan komt het maar al te vaak voor dat mannen hun vrouw mishandelen; vrouwen worden geslagen, ze worden in de steek gelaten. Maar zoiets nooit.

Sommigen beweren dat het allemaal komt door de vrouwen hier, door de botsing van de nieuwe opvattingen die ze hier opdoen met de oude gebruiken die de mannen niet los willen laten. Misschien heeft Tabitha inderdaad een abortus gehad – ik heb haar er niet naar gevraagd, daar heb ik het recht niet toe – en is ze daarna uit eigen beweging bij Duluma weggegaan. Het zou allebei in de traditionele Soedanese samenleving ongehoord zijn geweest en zelfs in het veel lossere Kakuma heel ongewoon. In Zuid-Soedan is seksueel contact voor het huwelijk ongebruikelijk; vaak kan de vrouw daarna niet meer trouwen. Iedereen wil een maagd, de familie van de bruid krijgt voor een maagd een veel hogere bruidsprijs. Als je dat aan een Amerikaan vertelt, krijg je de meest fascinerende reacties. Amerikanen begrijpen niet eens hoe je zonder gynaecologisch onderzoek kunt vaststellen of iemand maagd is.

In Soedan is dat heel eenvoudig. De avond voor het huwelijk leggen twee, drie familieleden van de bruid, meestal tantes, hun schoonste witte lakens op het bruidsbed. De eerste nacht dat de bruidegom bij zijn bruid mag komen, verstoppen die vrouwen zich in het huis of vlak bij de deur. Als de bruidegom zijn bruid voor het eerst penetreert, beginnen de vrouwen te joelen, en zodra het kan, gaan ze kijken of er bloed van het gescheurde maagdenvlies op het laken zit, als bewijs dat hun nichtje inderdaad maagd was. Met dat bewijs in handen gaan ze dan naar de familie van bruid en bruidegom.

Maar in dit geval was er sprake van voorechtelijke seks en van een assertieve jonge vrouw die had besloten een punt te zetten achter haar relatie met een jonge Soedanees die vol woede zat. Hij dacht dat ze om het geld bij hem wegging. Omdat mijn naam in Kakuma nogal bekend was, ging hij ervan uit dat ik hier in Atlanta wel rijk zou zijn. Daardoor kreeg hij allerlei vreemde gedachtekronkels. Hij belde haar woedend op en slingerde haar de verschrikkelijkste scheldwoorden naar het hoofd. Hij bedreigde haar en waarschuwde haar zelfs dat hij iets drastisch, iets onherroepelijks zou doen als ze mij boven hem verkoos.

En dat neem ik Tabitha achteraf wel kwalijk: ze heeft zijn dreigementen niet serieus genomen en dat was roekeloos. Duluma had bij de SPLA gezeten, hij had met een machinegeweer geschoten en over lijken en door het vuur gelopen. Zou zo iemand zijn dreigementen niet uitvoeren? Maar ze heeft me nooit iets van die waarschuwingen verteld. Ik had wel geweten dat hij zo'n bedreiging zou uitvoeren, maar ik had me gerust laten stellen door dat telefoontje, door zijn verzekering dat hij accepteerde dat ze niet meer in hem geïnteresseerd was.

Toen Phil me belde, bood hij excuses aan voor wat me in zijn land was overkomen, net als Bobby. Bobby was niet godsdienstig, maar Phil is gelovig, en we hebben het uitgebreid gehad over ons geloof als we op de proef worden gesteld. Het was interessant om Phil te horen vertellen dat zijn geloof in tijden van crisis of zinloos lijden soms aan het wankelen was gebracht. Ik weet niet of het twijfel was wat ik voelde. Ik ben geneigd de schuld bij mezelf te zoeken: wat heb ik gedaan om zoveel rampspoed over mezelf en mijn dierbaren af te roepen? Nog niet zo lang geleden was er hier in Atlanta een bijeenkomst van de Lost Boys uit het zuidoosten van het land gepland. Onderweg hierheen raakte een auto met vertegenwoordigers uit Greensboro, North Carolina, van de weg, waarbij de bestuurder om het leven kwam en twee inzittenden gewond raakten. De volgende dag hing een andere Lost Boy zich thuis in Greensboro in de kelder op uit verdriet om dat ongeluk en andere tegenslagen in zijn leven. Rust er zo'n zware vloek op mij dat die zijn schaduw over alle mensen werpt die ik ken, of ken ik gewoon te veel mensen?

Daarmee bedoel ik niet dat die sterfgevallen als beproevingen voor mij bedoeld waren, want ik weet wel dat God die mensen, en met name Tabitha, heus niet wegneemt om de kracht van mijn geloof op de proef te stellen. Zijn redenen om haar tot zich te roepen kan ik onmogelijk raden. Maar haar dood heeft me wel aan het denken gezet over mijn geloof en mijn leven. Ik heb mijn doen en laten onderzocht en nagegaan wat ik verkeerd heb gedaan, of ik wel een goed kind van God ben geweest. En ik heb geprobeerd om op koers te blijven, ik heb extra mijn best gedaan om geregeld te bidden en naar de mis te gaan, maar ik ben ook tot het besef gekomen dat het tijd is voor een nieuw begin. Dat is niet voor het eerst – het gebeurde elke keer dat het ene leven werd afgesloten en het volgende begon. Mijn eerste leven was afgelopen toen ik uit Marial Bai weg moest, want ik heb mijn huis of mijn familie nooit meer teruggezien. Mijn leven in Ethiopië is ook afgesloten. Ik heb er drie jaar gewoond en ik heb er gezien wat mijn plaats was in het grote plan van de SPLA en de toekomst van Zuid-Soedan. En toen we in Kakuma aankwamen, ben ik weer opnieuw begonnen.

Na de tocht naar Kenia, toen ik wilde dat God me tot zich riep en Maria me langs de weg vond, heb ik me maandenlang lopen afvragen waarom ik eigenlijk ooit geboren was. Dat leek me een grote vergissing, een belofte die onmogelijk kon worden ingelost. Er was in Kakuma een muzikant, de eerste in die begintijd, die dag en nacht hetzelfde liedje op de snaren van zijn rababa speelde. De melodie was opgewekt, maar de tekst niet. 'Jij, moeder, jij,' zong hij, 'jij hebt me gebaard, jij bent de schuld van alles.' En zo gaf hij de schuld aan zijn moeder en aan alle moeders van Dinkaland die kinderen hadden gebaard, alleen om ze in Noordwest-Kenia te laten verkommeren.

In het Westen denken de mensen dat vluchtelingenkampen tijdelijk zijn. Als ze beelden zien van een aardbeving in Pakistan en van de overlevenden die in enorme steden van modderkleurige tenten op eten wachten, of op redding voordat de winter invalt, geloven de meeste westerlingen dat die vluchtelingen snel weer naar huis kunnen en dat die kampen binnen een halfjaar of hoogstens een jaar weer worden opgedoekt.

Maar ik ben in vluchtelingenkampen opgegroeid. Ik heb bijna drie jaar in Pinyudo gewoond, bijna een jaar in Golkur en tien jaar in Kakuma. In Kakuma groeide een klein groepje tenten uit tot een uitgestrekte lappendeken van hutten en bouwsels van palen, sisal zakken en leem, en daar woonden en werkten we van 1992 tot 2001, daar gingen we naar school. Het is niet de allerergste plek op het Afrikaanse vasteland, maar wel één van de ergste.

Toch bouwden de vluchtelingen daar een leven op dat in grote trekken op dat van andere mensen leek: we aten, praatten, lachten en groeiden. Er werd handel gedreven en getrouwd, er werden kinderen geboren, de zieken werden genezen of gingen, net zo vaak, naar Zone Acht en dan naar het heerlijke hiernamaals. Wij jongens gingen naar school en probeerden op één maaltijd per dag wakker te blijven en ons te concentreren, terwijl we werden afgeleid door de charmes van Miss Gladys en van meisjes als Tabitha. We deden ons best om moeilijkheden met de andere vluchtelingen – uit Somalië, Oeganda, Rwanda – en met de plaatselijke bevolking van Noordwest-Kenia te vermijden en waren voortdurend gespitst op nieuws van thuis en onze familie, en op kansen om tijdelijk of voorgoed uit Kakuma weg te komen.

Het eerste jaar in Kakuma geloofden we nog dat we ieder moment te horen konden krijgen dat we naar huis mochten. Af en toe kwamen er berichten binnen over overwinningen van de SPLA in Soedan, en de meer optimistisch gestemden hielden zich vast aan de hoop dat Khartoum zich nu wel snel zou overgeven. Sommige jongens hoorden van hun familie – wie er nog leefde, wie er dood was, wie er naar Oeganda, Egypte of nog verder weg had weten te komen. De Soedanese diaspora ging door en verspreidde zich over de hele wereld, en in Kakuma wachtte ik op nieuws, het maakte niet uit wat voor nieuws, over mijn ouders en broers en zusjes. Er werd nog steeds gevochten, er kwamen almaar nieuwe vluchtelingen aan, honderden per week, en we legden ons erbij neer dat Kakuma wel altijd zou blijven bestaan en dat wij er misschien wel voorgoed bleven wonen.

Het was ons thuis, en op een dag in 1994 was Gop Chol Kolong, de man die ik in het kamp als mijn vader beschouwde, in alle staten. Ik had hem nog nooit zo zenuwachtig gezien.

– We moeten alles hier op orde brengen, zei hij. – We moeten schoonmaken. En dan moeten we extra kamers aanbouwen. En daarna weer schoonmaken.

Dat zei hij al wekenlang iedere morgen. 's Morgens tobde hij het meest. Iedere morgen werd hij weer besprongen door de grauwende hyena's van zijn vele verantwoordelijkheden, zei hij.

– Zouden twee kamers genoeg zijn, denk je? vroeg hij.

Dat leek me meer dan genoeg, zei ik.

– Wat we ook doen, het is bij lange na niet genoeg, zei hij.

Hij kon maar niet geloven dat ze echt kwamen.

– Ik kan niet geloven dat ze hierheen komen! Naar deze gribus!

Ik woonde toen bijna drie jaar in Kakuma, bij Gop Chol. Gop kwam ook uit Marial Bai en was via Narus en verschillende andere tussenstations in Kakuma beland. Kakuma was ontstaan door de komst van tienduizend jongens zoals ik, die door het donker en het stof waren komen lopen, maar het kamp groeide snel en het duurde niet lang of er woonden tienduizenden Soedanezen – gezinnen, families of wat daarvan over was, wezen, en na een tijd ook Rwandezen, Oegandezen, Somaliërs en zelfs Egyptenaren.

Nadat we maandenlang in de provisorische bouwsels hadden gewoond die we altijd zelf maakten als we in een nieuw kamp aankwamen, kregen we uiteindelijk van de UNHCR palen, waterdicht zeildoek en ander materiaal om een toonbaarder onderkomen te bouwen, dus dat deden we. Uiteindelijk trokken veel jongens, net als ik, in bij een gezin uit ons eigen dorp of onze eigen streek, om mee te delen in het eten en het werk en om de gebruiken van onze clan levend te houden. Naarmate de bevolking van het kamp groeide, eerst tot twintigduizend en toen tot veertigduizend en nog meer, breidde het zich verder uit in het droge, winderige niets, en toen de burgeroorlog onverminderd doorging, kreeg het een meer permanent karakter; velen die Kakuma aanvankelijk hadden beschouwd als een doorgangskamp totdat de situatie in Zuid-Soedan verbeterde, zoals Gop, lieten nu hun gezin overkomen.

Ik zei maar niets tegen Gop over het vooruitzicht dat zijn vrouw en zijn drie dochters in dit oord kwamen wonen, maar voor mezelf had ik zo mijn twijfels. Kakuma was een verschrikkelijke omgeving om in te wonen en kinderen in groot te brengen. Maar hij moest wel. In het ziekenhuis in Nyamlell ten oosten van Marial Bai was bij zijn jongste dochter een botziekte vastgesteld, en de dokter daar had gezorgd dat ze naar Lopiding in de buurt van Kakuma kon worden overgebracht, waar een moderner ziekenhuis was. Gop wist niet precies wanneer ze daarheen zou gaan en was dus in Lokichoggio ongelooflijk veel tijd kwijt met navragen bij iedereen die iets met gezondheidszorg

of vluchtelingentransport te maken had.
– Denk jij dat ze hier gelukkig zullen zijn? vroeg Gop.
– Ze zullen blij zijn dat ze bij u komen wonen, zei ik.
– Maar deze omgeving... kan een mens hier wel wonen?
Ik zei niets. Ondanks alle tekortkomingen van dit kamp was het van het begin af aan duidelijk geweest dat het hier anders zou worden dan in Pinyudo, Pochalla, Narus of alle andere kampen waar we geweest waren. Kakuma was onder toezicht van de VN gepland en opgezet en er werkten aanvankelijk bijna uitsluitend Kenianen. Daardoor verliep alles heel ordelijk, maar er broeide wel veel wrok, zowel binnen als buiten het kamp. De Turkana, een volk van veehouders dat al duizend jaar in het district rond Kakuma woonde, moest zijn land opeens delen met tienduizenden Soedanezen, en later ook Somaliërs, met wie ze cultureel vrijwel niets gemeen hadden – ze moesten van het ene op het andere moment vijfhonderd hectare afstaan. De Turkana namen ons kwalijk dat we hier waren en de Soedanezen waren verontwaardigd dat de Kenianen alle betaalde banen in het kamp hadden ingepikt en geld kregen voor werk dat wij Soedanezen in Pinyudo altijd heel goed zelf hadden afgekund. En de Kenianen beschouwden de Soedanezen op hun minder menslievende momenten als parasieten die alleen maar aten, de boel vuilmaakten en klaagden als alles niet naar wens was. Er liep ook nog ergens een handjevol hulpverleners uit Europa, Groot-Brittannië, Japan en de Verenigde Staten rond, die alle beslissingen angstvallig aan de Afrikanen overlieten en ervandoor gingen zodra er even chaos in het kamp uitbrak. Dat gebeurde niet vaak, maar met zoveel verschillende nationaliteiten bij elkaar, zoveel stammen, zo weinig voedsel en leed in zoveel soorten en maten kon het niet altijd uitblijven.

Wat voor leven hadden we in Kakuma? Was het wel een leven? Daar waren de meningen over verdeeld. Ja, we leefden nog, dus in die zin hadden we een leven: we kregen te eten, we konden vriendschappen sluiten, leren en liefhebben. Maar we leefden in een niemandsland. Kakuma was niemandsland. *Kakuma*, werd ons in het begin uitgelegd, was het Keniaanse woord voor 'nergens'. En ook los van die betekenis was Kakuma een nergens. Het was een soort vagevuur, nog meer dan Pinyudo, waar we tenminste de rivier nog hadden en waar het ook in andere opzichten op het Zuid-Soedan leek waar we vandaan kwamen. In Kakuma was het veel heter, winderiger en droger. Er groeiden vrijwel geen bomen of gras, er waren geen bossen waar we bouwmateriaal vandaan konden halen, in een straal van kilometers in de omtrek was er helemaal niets, dus we waren voor alles van de VN afhankelijk.

Toen ik pas in het kamp was, verscheen Moses weer in mijn leven, om vrijwel meteen weer te vertrekken. Toen Kakuma nog in oprichting was, liep ik elke dag een rondje om te kijken wie het had gehaald en wie niet. Ik zag ruzies tussen Soedanezen en Turkana en tussen Europese en Keniaanse hulpverleners. Ik zag hoe gezinnen werden herenigd en nieuwe bondgenootschappen werden gesloten, en ik zag zelfs commandant Geheim, die vol vuur een groep jongens toesprak die een paar jaar ouder waren dan ik. Ik liep met een boog om hem en de SPLA-officieren heen, want ik wist wat ze wilden. Die eerste paar weken ontdekte ik op mijn ronde dat Achor Achor het toch bleek te hebben gehaald en dat hij drie van de oorspronkelijke Elf bij zich had.

Mijn weerzien met Moses was niet spectaculair. Op een vroege ochtend in een van de eerste maanden stapte ik over een groepje slapende jonge mannen heen die samen onder één lange deken lagen met alleen hun hoofd en hun voeten eruit, en toen zag ik hem gewoon. Moses probeerde samen met een andere jongen van onze leeftijd boven een klein vuurtje in een blik een pan asida aan de kook te krijgen. We zagen elkaar op hetzelfde moment.

– Moses! gilde ik.

– Sssst! siste hij, en hij kwam snel naar me toe.

Hij nam me apart en we liepen een eindje om het kamp.

– Je moet me hier geen Moses noemen, zei hij. Net als veel

anderen in het kamp had hij een andere naam aangenomen; in zijn geval om de SPLA-commandanten te ontlopen die misschien naar hem op zoek waren.

Hij was sterk veranderd sinds we elkaar voor het laatst hadden gezien. Hij was een heel stuk gegroeid, hij was zo gespierd als een os en zijn voorhoofd zag er harder, strenger uit – het voorhoofd van een volwassen man. Maar in de kern was hij nog echt Moses: zijn brede, scheve grijns en zijn stralende, lachende ogen. Hij kon niet wachten om me over zijn tijd als soldaat te vertellen en deed dat met de ademloze opwinding waarmee je een bijzonder aantrekkelijk meisje beschrijft.

– Nee, nee, ik heb niet gevochten. Nooit. Ik heb alleen bij de opleiding gezeten, antwoordde hij op mijn eerste vraag. Ik was enorm opgelucht.

– Maar die opleiding! Achak, dat was zó anders dan het leven hier of in Pinyudo. Het was zo zwaar. Hier maken we ons zorgen over eten en muggen en de wind, maar daar probeerden ze me te vermoorden! Ik weet het zeker, ze wilden me dood hebben. Er zijn daar wel meer jongens vermoord.

– Doodgeschoten?

– Nee, nee. Dat geloof ik niet.

– Niet zoals met die gevangenen in Pinyudo?

– Nee, zo ging het niet. Geen kogels, ze joegen je gewoon de dood in. Zo veel jongens. Ze werden geslagen, afgebeuld, naar de andere wereld geholpen.

We kwamen langs een tentje waar een witte fotograaf foto's van een Soedanese moeder en haar uitgeteerde kind aan het maken was.

– Mocht je wel schieten?

– Ja. Dat was een geweldige dag. Heb jij weleens geschoten?

Ik zei van niet.

– Dat was geweldig, toen we die geweren kregen, die kalasjnikovs. Daar hadden we zo lang op gewacht, en eindelijk mochten we schieten, op een schijf. O man, dat doet pijn! Die

geweren geven een dreun als je schiet! De terugslag, noemen ze dat. Mijn schouder doet er nog pijn van, Achak.
— Welke schouder?
Hij wees zijn rechterschouder aan en ik stompte ertegen.
— Niet doen!
Ik deed het nog een keer. Ik kon het niet laten.
— Hou op! riep hij, en hij stortte zich op me.

We stoeiden even, maar merkten al snel dat we te moe en te ondervoed waren om echt te worstelen. We leden hier meer honger dan in Pinyudo. We kregen maar één maaltijd per dag, 's avonds, en de rest van de dag spaarden we onze krachten zoveel mogelijk. Ik snap niet waarom de VN in Pinyudo minder moeite had om de vluchtelingen te eten te geven dan hier in Kakuma. We kwamen weer overeind en liepen door, langs een groepje tenten waar de SPLA-gezinnen woonden.

— We kregen vijf kogels en we moesten onze armen stil houden bij het schieten. We lagen op onze buik, dan ging het makkelijker. Het deed ontzettend pijn, maar ik vond het geweldig om kogels uit mijn geweer te zien komen. Maar ik heb niets geraakt. Ik snap niet waar die kogels bleven. Ik heb ze nooit meer kunnen vinden. Ze vlogen de lucht in of zo.

Ik zei dat die opleiding wel leuk klonk.

— Nee, nee, Achak. Er was niets leuks aan. Niemand vond het leuk. En ze moesten mij altijd hebben. Ze vonden zeker dat ik iets verkeerd deed, Achak. Op een dag kwam ik te laat voor de parade en toen zeiden ze dat ik een onruststoker was. Later kwam ik erachter dat ze mij en een andere Moses door elkaar haalden. Maar ze dachten dat ik iets had gedaan, dus ik kreeg straf. Ik moest in een omheining, zo'n omheining voor vee. Daar moest ik twee dagen blijven. Ik mocht niet gaan zitten. Ik heb de hele tijd gestaan, totdat ik in slaap viel. Ze hebben me van zonsopgang laten slapen tot het helemaal licht werd, een uur of twee. Het was er nog erger dan bij die Arabier. Die kon ik tenminste nog haten, hem en zijn vrouw en die kinderen. Maar dit was zo verwarrend. Ik was naar Bonga gegaan omdat ik naar de opleiding wilde, omdat ik wilde vechten, maar zij vochten tegen mij. Ze wilden me dood hebben, ik zweer het je, Achak. Dat hoorde bij de opleiding, zeiden ze. Ze zeiden dat ze mannen van ons maakten, maar ik weet zeker dat ze ons dood wilden hebben. Heb jij weleens het gevoel gehad dat iemand je echt dood wilde hebben, speciaal jou?

Daar moest ik even over nadenken, dat wist ik eigenlijk niet.

– We moesten de hele dag rennen, Achak. Heuvel op heuvel af. En onder het rennen sloegen de opleidingsofficieren ons en schreeuwden ze tegen ons. Maar de jongens waren niet sterk genoeg. Die officieren waren niet erg slim. Ze werkten met vaste methodes, maar ze vergaten dat die jongens heel ziek en zwak en mager waren. Kun jij een helling op rennen terwijl je geslagen wordt, Achak?

– Nee.

– Die jongens vielen dus. Ze vielen en braken hun botten. Ik heb een jongen zien vallen. We moesten een helling af rennen en een van die trainers begon tegen die jongen te schreeuwen. Daniel heette die jongen. Hij was net zo lang als ik, maar magerder. Toen ik hem zag, wist ik meteen dat hij niet in Bonga hoorde. Hij was een van de jongsten en zo langzaam! Als hij rende was hij nog langzamer dan jij als je gewoon loopt. Daar werden die trainers ontzettend kwaad om. Ze moesten hem niet in dat kamp, net zomin als mij. Ze gingen tegen Daniel tekeer en noemden hem Drol. Zo heette hij in Bonga: Drol.

Daar moesten we even om lachen, we konden er niets aan doen. We hadden nog nooit van iemand gehoord die Drol heette.

– We moesten aldoor die heuvel op en af rennen, en één keer was het al bijna donker. De zon was onder en we zagen haast niets. Er was daar een trainer, kameraad Francis, die tegen iedereen wreed was, maar ik had nog niet eerder meegemaakt dat hij speciaal op Daniel lette. Die avond was hij overal waar Daniel was. Hij rende naast hem mee, hij rende achterstevoren voor hem uit en hij blies de hele tijd op zijn fluitje. Want kameraad Francis had een fluitje en daar blies hij dus op, vlak in Daniels gezicht.

– En Daniel? Wat deed die?

– Die was alleen maar vreselijk verdrietig. Hij werd niet eens kwaad. Hij had zijn oren uitgezet, leek het wel. Alsof hij doof was. Hij rende gewoon door. En toen gaf kameraad Francis hem een schop.

– Een schop?

– Het was een steile helling, Achak. Toen hij die schop kreeg, leek het wel alsof hij wegvloog. Hij vloog meters door de lucht, want hij was aan het rennen, dus hij had al vaart. Toen hij vloog, Achak – sorry, ik bedoel Valentino – toen hij door de lucht vloog, werd ik misselijk. Ik werd helemaal beroerd. Alles zakte in mijn knieën. Ik wist dat het verkeerd afliep, dat Daniel naar beneden vloog waar allemaal rotsen waren. Het klonk net alsof er een takje knapte. Hij lag daar alsof hij al heel lang dood was.

– Was hij dood?

– Op slag. Ik zag zijn ribben. Ik wist niet dat zoiets kon. Wist jij dat je ribben dwars door je huid naar buiten kunnen komen?

– Nee.

– Er staken drie ribben door zijn huid heen, Achak. Ik liep meteen naar hem toe. Die trainer deed niets. Hij dacht dat Daniel wel weer op zou staan, dus hij stond nog steeds op die fluit te blazen, maar ik had dat geluid gehoord, dus ik liep naar Daniel toe en hij lag met zijn ogen open, alsof ze dwars door me heen keken. Dode ogen. Jij weet wel hoe dat eruit ziet. Dat weet ik.

– Ja.

– En toen zag ik die ribben. Het leken wel botten van een beest. Als je een beest slacht, dan zie je de botten, wit met bloed eraan, toch?

– Ja.

– Nou, zo zag het eruit. Die ribben waren heel scherp. Ze waren gebroken, dus het stuk dat door zijn huid heen stak was heel scherp, net kromme messen. Ik stond ernaast, en toen schreeuwde die trainer dat ik door moest lopen. Ik draaide me om en daar stonden nog twee andere trainers. Die moeten wel geweten hebben dat er iets mis was. Ze sloegen me totdat ik doorrende, die helling af, en toen zag ik dat ze om Daniel heen gingen staan. Drie dagen later zeiden ze tegen iedereen dat Daniel aan de gele koorts was gestorven. Maar iedereen wist dat ze logen. Toen begonnen er jongens weg te lopen. Ik ben toen ook gevlucht.

Moses en ik waren om het hele kamp heen gelopen en waren nu weer bij zijn vuurtje en zijn vriend en zijn asida.

– We zien elkaar nog wel, Achak, toch?

– Natuurlijk, zei ik. Maar we hebben elkaar niet vaak meer gezien. Een paar weken lang maakten we af en toe samen een tochtje door het kamp en vertelden elkaar wat we hadden gezien en meegemaakt, maar toen Moses zijn verhaal kwijt was, had hij niet veel belangstelling meer voor het verleden. Hij zag ons verblijf in Kenia als een prachtige kans en leek voortdurend op zoek naar manieren om daar zijn voordeel mee te doen. In de begintijd van het kamp handelde hij in bestek, bekers en draad: hij begon met een paar shilling en had aan het eind van elke dag wel drie keer zoveel. Hij ging veel sneller dan ik en dat bleef zo. Op een dag, niet lang na ons weerzien, zei Moses dat hij nieuws had. Hij had een oom, zei hij, die al heel lang uit Soedan weg was en nu in Caïro woonde, en die had Moses in Kakuma opgespoord en probeerde hem nu op een particuliere kostschool in Nairobi krijgen. Hij was niet de enige. Ieder jaar ging er een aantal jongens in Kenia naar kostschool. Sommigen hadden een beurs gewonnen, anderen waren door welgestelde familie opgespoord of hadden zelf hun familie gevonden.

– Sorry, zei Moses.

– Geeft niet, zei ik. – Schrijf je me?

Moses heeft me nooit geschreven, want jongens schrijven elkaar nu eenmaal niet, maar hij is wel vertrokken, vlak voordat de kampschool voor de anderen begon. Ik zou pas tien jaar later weer van hem horen, toen we ontdekten dat we allebei in Noord-Amerika woonden – ik in Atlanta en hij op de campus van de universiteit van British Columbia. Hij belde me om de paar weken, of ik belde hem, en zijn stem was altijd inspirerend, balsem voor mijn ziel. Hij was onverslaanbaar. Hij had in Nairobi en in Canada op school gezeten en keek altijd moedig vooruit, naar de toekomst, zelfs met dat brandmerk van die 8 achter zijn oor. Moses was niet kapot te krijgen.

Maria woonde bij een pleeggezin, een echtpaar uit haar geboorteplaats, in een deel van Kakuma waar de min of meer intact gebleven families zich hadden gevestigd. Ze had samen met drie andere meisjes bij een oude man gewoond – de grootvader van een van de meisjes – totdat die man stierf en de meisjes werden uitgehuwelijkt of naar Soedan teruggingen, zodat Maria overbleef. Op een ochtend ging ik haar zoeken, en eindelijk zag ik haar in een uithoek van Kakuma mannenkleren aan een waslijn ophangen.
 – Maria!
Ze draaide zich om en lachte.
 – Slaper! Ik heb vorige week op school nog gekeken of ik je zag.
Ze noemde me Slaper en dat vond ik niet erg. Ik had in Kakuma zoveel namen en dit was wel de meest poëtische. Maria mocht me noemen zoals ze wilde, want zij had me die nacht langs de weg gered.
 – In welke klas zit jij? vroeg ik.
 – Standaard Vijf, zei ze.
 – Ooo! Standaard Vijf! Ik boog diep. – Dat is wel bijzonder.
 – Dat zeggen ze.
We lachten allebei. Ik had nooit gedacht dat ze zo goed was. Ze was jonger dan ik en ze zat in Standaard Vijf! Ze was vast de jongste van de klas.
 – Is die van jou?
Ik wees naar een broek die tot de grond reikte. Degene die

daarin paste moest wel minstens twee meter lang zijn.

– Van mijn pleegvader. In ons dorp was hij de fietsenmaker.

– Repareerde hij fietsen?

– Ja, en hij verkocht ze. Hij zegt dat hij een goede vriend van mijn vader was. Ik herinner me hem niet. Nu woon ik bij ze. Hij noemt me zijn dochter.

Ze moest hard werken, zei Maria. Harder dan zij of iemand die ze kende ooit had gewerkt, zoiets had ze nooit gehoord. Na al dat werk en de school was ze bij zonsondergang zo uitgeput dat ze niet eens meer kon praten. De twee zoons van de man zouden binnenkort ook in het kamp komen wonen en Maria wist dat dat nog drie keer zoveel werk voor haar zou betekenen. Ze hing de rest van de kleren te drogen en keek me toen recht aan.

– Hoe vind jij het hier, Achak?

Ze was heel anders dan de meeste andere Soedanese meisjes, die je nooit in de ogen keken of zo rechtuit praatten.

– In Kakuma? vroeg ik.

– Ja, in Kakuma. Er is hier niets, alleen wij. Vind jij dat niet raar? Dat hier alleen maar mensen en stof zijn? We hebben alle bomen al gekapt en al het gras weggemaaid voor huizen en brandhout. En nu?

– Hoe bedoel je?

– Nou, blijven we nu gewoon altijd hier? Tot onze dood?

Tot dan toe had ik nooit aan doodgaan in Kakuma gedacht.

– We blijven tot de oorlog afgelopen is en dan gaan we naar huis, zei ik. Dat was het eeuwige optimistische refrein van Gop Chol en dat had me ook altijd overtuigd, geloof ik. Maar Maria moest er hard om lachen.

– Dat meen je toch niet, hè, Slaper?

– Maria! Een vrouwenstem vanuit de hut.

– Hier komen!

Maria trok een zuur gezicht en zuchtte.

– Ik kijk wel of ik je op school zie. Tot dan, Slaper.

Gop Chol was onderwijzer en losjes geaffilieerd met de SPLA; hij was een man met visie, die alles zorgvuldig plande. Samen hadden we onze hut gebouwd, die als een van de betere in onze buurt werd beschouwd. Met het plastic en de palen die we van de VN kregen, bouwden we een huis met een dak van palmbladeren, zodat het overdag koel en 's nachts warm bleef. De muren waren van leem, en van sisal zakken hadden we bedden gemaakt. Maar het was in Kakuma zo heet dat we meestal buiten sliepen. We sliepen onder de blote hemel en ik leerde mijn huiswerk ook buiten, bij maanlicht of bij onze olielamp.

Net als meneer Kondit stond Gop erop dat ik voortdurend leerde, anders kwam de toekomst van Soedan in gevaar. Ook hij stelde zich voor dat wij die in Pinyudo en Kakuma op school hadden gezeten en ons voordeel deden met de deskundigheid en het materiaal van de internationale gemeenschap die ons beschermde, later, na de oorlog, als Zuid-Soedan onafhankelijk was, klaar zouden zijn om ons vaderland te leiden.

Maar die toekomst was nog moeilijk te zien, want in Kakuma was alleen stof. Onze matras zat vol stof, onze boeken, ons eten, alles zat onder het stof. Een hap eten zonder zand dat tussen je kiezen knarste was ondenkbaar. De pennen die we leenden of kregen deden het zelden: na een uur zaten ze verstopt met stof en hielden ze ermee op. Je schreef met potlood, en zelfs die waren schaars.

Ik viel wel tien keer op een dag flauw. Als ik snel opstond, werd de rand van mijn blikveld zwart, en dan werd op ik de grond wakker, wonderlijk genoeg altijd ongedeerd. Het donker in stappen, noemde Achor Achor dat.

Achor Achor was beter op de hoogte van het taalgebruik van de jonge mannen in het kamp, want hij woonde nog steeds bij de weesjongens. Hij deelde een hut met zes andere jongens en drie volwassen mannen, allemaal gewezen SPLA-soldaten. Een van die drie, een man van twintig, was zijn rechterhand kwijt. We noemden hem Vingers.

Er was te weinig eten en de Soedanezen, een volk van boeren, mochten in het kamp geen vee houden, en de Turkana wilden ook niet dat ze dat buiten het kamp deden. In Kakuma was geen ruimte om iets te verbouwen, en de bodem was er trouwens ook ongeschikt voor. In de buurt van de watertappunten werd wel wat groente gekweekt, maar die schamele tuintjes waren natuurlijk bij lange na niet genoeg voor de behoeften van veertigduizend vluchtelingen, van wie er veel bloedarmoede hadden.

Op school waren elke dag wel absenten. Het beendergestel van een jongen van mijn leeftijd moet groeien, maar daarvoor zaten er niet genoeg voedingsstoffen in ons eten. Er heerste diarree, dysenterie en tyfus. In het begin werd de school nog ingelicht als er een leerling ziek was, en aan de andere leerlingen werd gevraagd voor de jongen in kwestie te bidden. Als hij dan weer op school kwam kreeg hij applaus, al waren er ook jongens die het verstandiger vonden om wat afstand te houden van iemand die net ziek was geweest. Als een jongen niet beter werd, riepen de leraren ons vóór de les bij elkaar om te vertellen dat er slecht nieuws was, dat die-en-die was overleden. Dan huilden sommige kinderen en andere niet. Ik wist vaak niet zeker of ik de jongen had gekend, en dan wachtte ik maar tot de huilende jongens klaar waren met huilen. Daarna begon de les, waarbij degenen die de jongen niet hadden gekend probeerden te verbergen dat ze blij waren dat de school die dag eerder dichtging. Bij een sterfgeval kregen we de tweede helft van de schooldag vrij en konden we naar huis om te slapen, zodat wijzelf tenminste wat weerstand tegen ziektes konden opbouwen.

Maar na een tijdje gingen er zoveel jongens dood dat er geen tijd meer was om voor allemaal te rouwen. Degenen die de dode hadden gekend, rouwden voor zichzelf en degenen die gezond waren, hoopten dat zij niet ziek werden. En verder was er gewoon school, er werd geen halve dag vrij meer gegeven.

Leren werd steeds moeilijker en verder komen was bijna onmogelijk. Veel jongens zagen het niet meer zitten en gingen gewoon niet meer naar school. Van de achtenzestig jongens in mijn klas op de middenschool gingen er maar achtendertig door naar de middelbare. Toch was het hier veiliger dan in Soedan, en bovendien konden we nergens anders heen. Ik leed honger, maar ik was dankbaar voor elke dag dat ik voorlopig niet het gevaar liep door de SPLA te worden geronseld. Er werd hier minder geslagen, er waren minder represailles en de hele sfeer was minder militaristisch. Een tijdlang waren we niet het Zaad, niet het Rode Leger. We waren gewoon jongens, en na een tijdje gingen we basketballen.

In Kakuma ontdekte ik basketbal en ik kreeg al snel het idee dat ik er heel goed in was, dat ik net als Manute Bol naar Amerika gehaald zou worden om daar profspeler te worden. Basketbal zou in het kamp nooit zo populair worden als voetbal, maar het trok toch honderden jongens, de lange, snelle jongens die het fijn vonden dat je vaker aan de bal kwam dan bij het massaspektakel dat voor voetbal moest doorgaan. De Oegandezen waren goed in strategie – zij kenden de regels – en de Somaliërs waren snel, maar toch werd het spel gedomineerd door de Soedanezen, want tegen onze lange armen en benen kon niemand op. Bij een echte wedstrijd met twee teams, de Soedanezen en een team dat ons aandurfde, wonnen we altijd, hoe goed de andere partij ook schoot en hoe snel hun guards ook waren, hoeveel wilskracht de tegenstander ook had. We waren enorm trots dat we onszelf weer net als vroeger als de koningen van Afrika konden beschouwen, de monyjang, het uitverkoren volk van God.

De dagen voordat zijn gezin zou komen begon Gop zich allerlei scenario's voor te stellen waarin zijn vrouw en dochters Kakuma niet zouden halen. Misschien werden ze wel door bandieten doodgeschoten, zei hij. Dan zei ik dat dat onmogelijk was, dat ze met een massa anderen reisden, dat ze veilig waren en misschien zelfs in een wagen zaten. Daarna was Gop dan weer een uurtje gerustgesteld, totdat hij opeens weer een aanval van zenuwen kreeg, zijn bed uit elkaar haalde en weer in elkaar zette en ten prooi was aan de gruwelijkste twijfels. 'En als mijn dochters me niet meer herkennen?' vroeg hij wel zes keer op een dag. Daar had ik geen antwoord op, want ik wist zelf niet meer hoe mijn ouders eruitzagen. En bij hem was het nog erger, want zijn dochters waren nog veel kleiner geweest dan ik toen ik van huis wegging. Zijn dochters waren toen alle drie nog geen vijf, en dat was nu acht jaar geleden. Ze zouden Gop geen van drieën herkennen.

– Natuurlijk herkennen ze u, zei ik. – Meisjes herkennen hun vader altijd.

– Je hebt gelijk. Je hebt gelijk, Achak. Dank je. Ik pieker te veel.

Elke dag wachtte Gop op nieuws over degenen die onderweg naar Kakuma waren. Soms hoorden we iets over een konvooi vluchtelingen en dan rekenden we uit wanneer ze ongeveer zouden aankomen en troffen voorbereidingen. Zelfs na drie jaar kwamen er soms nog wel duizend nieuwe mensen per week en het kamp bleef groeien, ik kon elke ochtend wel door een nieuwe laan lopen. Kakuma werd uitgebreid met Kakuma I, II, III en IV. Het werd een vluchtelingenstad, compleet met buitenwijken.

Maar de meeste nieuwelingen kwamen uit Soedan, vooral uit de dorpen die het dichtst bij Kenia lagen. Er kwamen er maar weinig uit de buurt van Marial Bai. De meeste mensen aan wie ik het vroeg hadden nog nooit van mijn dorp gehoord. En als ze al iets van de streek ten noorden van Bahr al-Ghazal wisten, waren het algemene berichten met de strekking dat die van de kaart was geveegd.

– Kom jij uit Noord-Bahr al-Ghazal? vroeg een man. – Daar is iedereen dood.

Een andere man, die al oud was en zijn rechterbeen was kwijtgeraakt, kon me iets meer vertellen.

– Noord-Bahr al-Ghazal is nu in handen van de murahaleen. Die zijn daar nu de baas. Het is hun weidegrond. Er is daar niets meer om naar terug te gaan.

Op een dag hoorde ik iets over mijn geboortestreek van een

jongen die ik niet goed kende. Ik stond vóór school bij het watertappunt toen die jongen, Santino, naar me toe kwam om te vertellen dat er in het ziekenhuis in Lopiding een man lag die uit Marial Bai kwam. Een andere jongen, die daar met malaria was opgenomen, had hem gesproken; de naam van mijn dorp was gevallen en die man had gezegd dat hij zich Achak Deng nog wel herinnerde. Dus nu moest ik een manier zien te vinden om naar Lopiding te komen, en snel, dacht ik, want dit was de eerste keer in jaren dat er iemand uit Marial Bai in Kakuma was.

Maar toen dacht ik aan Daniel Dut, een jongen die ook op nieuws over zijn familie wachtte en toen te horen kreeg dat iedereen dood was. Maanden later zei Daniel dat hij wilde dat hij dat maar nooit gehoord had, dat het veel minder zwaar was om met twijfel en hoop te leven dan te weten dat niemand van je familie meer in leven was. Als je wist dat je hele familie dood was, ging je je voorstellen hoe iedereen aan zijn eind was gekomen, hoe ze hadden geleden, hoe hun lichaam na hun dood misschien nog was verminkt. Ik ging die man uit Marial Bai dus niet meteen in het ziekenhuis opzoeken. Toen ik hoorde dat hij weg was, een week later, was ik daar niet al te rouwig om.

De telling werd aangekondigd toen Gop de komst van zijn vrouw en dochters afwachtte, en dat maakte zijn onrust nog erger. Om ons te kunnen helpen, om ons te voeden, moesten de UNHCR en de talloze hulporganisaties in Kakuma weten hoeveel vluchtelingen er in het kamp woonden. Daarom werd er in 1994 een telling georganiseerd. Het duurde maar een paar dagen, zeiden ze. In de ogen van de organisatoren zal het ongetwijfeld een doodeenvoudige, noodzakelijke en onomstreden maatregel zijn geweest. Maar daar dachten de Soedanese ouderen heel anders over.

– Wat zouden ze van plan zijn, denk je? vroeg Gop Chol zich hardop af.

Ik begreep niet wat hij bedoelde, maar al snel ontdekte ik

waar hij en de meeste andere Soedanese oudsten zo bang voor waren. De telling herinnerde sommige geleerde oudsten aan de koloniale tijd, toen de Afrikanen een identificatieplaatje om hun nek moesten dragen.

– Is die telling misschien een smoesje om ons opnieuw te koloniseren? peinsde Gop. – Heel goed mogelijk. Zelfs heel waarschijnlijk!

Ik zei niets.

Maar er waren ook praktische, minder symbolische redenen om tegen die telling te zijn: veel ouderen dachten dat ons rantsoen daarna kleiner in plaats van groter zou worden. Als ze ontdekten dat er minder vluchtelingen waren dan ze dachten, zou de voedselhulp uit de rest van de wereld verminderen. En de grootste, meest verbreide angst bij jong en oud in Kakuma was dat de telling een manier van de VN was om ons allemaal om te brengen. Die angst werd alleen maar groter toen de hekken verschenen.

De mensen van de VN begonnen dranghekken neer te zetten, één meter tachtig hoog, met een smal pad ertussen. Die moesten ervoor zorgen dat we netjes achter elkaar naar de telling liepen, zodat we niet dubbel geteld konden worden. Zelfs degenen die zich tot dan toe nog niet zoveel zorgen maakten, vooral jongere Soedanezen, werden bang toen die hekken er stonden. Het zag er zo dreigend uit, die doolhof van hekken, oranje en ondoorzichtig. Al snel stak zelfs bij de hoger opgeleiden het vermoeden de kop op dat dit een plan was om de Dinka uit te roeien. De meeste Soedanezen van mijn leeftijd hadden op school over de Holocaust geleerd en waren ervan overtuigd dat dit net zo'n plan was als dat van de nazi's in Duitsland en Polen om de Joden om te brengen. Ik had mijn twijfels over de toenemende paranoia, maar Gop geloofde het. Hij was een rationeel man, maar hij herinnerde zich het vele onrecht dat het volk van Soedan was aangedaan.

– Hoezo onmogelijk, jongen? vroeg hij. – Je ziet toch waar we zitten? Vertel mij eens wat er in deze tijd in Afrika onmogelijk is!

Maar ik had geen reden om de VN te wantrouwen. Ze gaven ons hier in Kakuma nu al jaren te eten. Het was niet genoeg, maar zij waren wel degenen die voor ons zorgden, dus het leek me onzin dat ze ons na al die tijd nu opeens wilden ombrengen.

– Jawel, redeneerde hij, – maar zie je, misschien is het eten op. Het eten is op, er is geen geld meer en Khartoum heeft de VN betaald om ons af te maken. Dat levert de VN twee voordelen op: ze besparen eten én ze krijgen geld als ze ons lozen.

– Maar hoe komen ze daarmee weg?

– Gemakkelijk zat, Achak. Ze zeggen gewoon dat er een ziekte is uitgebroken die alleen de Dinka kunnen krijgen. Er zijn altijd ziektes waar alleen een bepaald soort mensen vatbaar voor is, dus zo zullen ze het wel doen. Ze zeggen dat er een Dinka-epidemie is uitgebroken en dat alle Soedanezen daaraan gestorven zijn. Zo verklaren ze de moord op ons allemaal.

– Dat kan toch helemaal niet, zei ik.

– O nee? zei hij. – En Rwanda dan?

Ik vond de theorie van Gop nog steeds niet overtuigend, maar ik wist ook dat heel veel mensen blij zouden zijn als de Dinka dood waren. Een paar dagen lang kon ik dus niet besluiten wat ik nu van die telling vond. Ondertussen werden steeds meer mensen het erover eens dat we er niet aan moesten meewerken, zeker toen ook nog bekend werd dat de vingers van iedereen die geteld was, in inkt gedoopt zouden worden.

– Waarom doen ze dat? vroeg Gop. Dat wist ik niet.

– Die inkt is een waterdichte manier om alle Soedanezen uit te roeien.

Ik zei niets en hij zette zijn theorie uiteen. De VN maakte de Dinka natuurlijk niet af terwijl ze in de rij stonden, legde hij uit, ze deden het met die inkt op onze vingers. Die kon er toch niet af? Nou, die kregen we dan binnen als we gingen eten, dacht hij.

– Dit lijkt heel sterk op wat ze met de Joden hebben gedaan, zei Gop.

De mensen hadden het die dagen veel over de Joden en dat

was vreemd, want nog niet zo lang daarvoor hadden de meeste jongens die ik kende gedacht dat het Joodse volk uitgestorven was. Voordat we op school les kregen over de Holocaust hadden ze ons in de kerk in grote trekken verteld dat de Joden hadden meegeholpen Jezus Christus ter dood te brengen. Ze zeiden niets wat erop wees dat het Joodse volk nog steeds bestond. Wij dachten dat het mythologische wezens waren, die alleen in de Bijbel voorkwamen.

In de nacht voor de telling werden alle hekken neergehaald, anderhalve kilometer hekwerk. Niemand eiste de verantwoordelijkheid daarvoor op, maar velen verkneukelden zich in stilte.

Eindelijk, na langdurig overleg met de Keniaanse leiding van het kamp, geloofden de Soedanese oudsten dat er niets achter zat en dat de telling nodig was om de vluchtelingen beter te kunnen helpen. De hekken werden weer opgezet en een paar weken later vond de telling alsnog plaats. Maar ergens hadden degenen die er zo bang voor waren geweest gelijk, want er kwam weinig goeds uit voort. Na de telling was er nog minder eten en hulp dan eerst en werden sommige kleinere programma's zelfs helemaal stopgezet. Toen ze klaar waren met tellen, was de bevolking van Kakuma in één dag met achtduizend mensen geslonken.

Hoe had de UNHCR zich dan eerst zo kunnen vertellen? Heel eenvoudig: door iets wat recycling wordt genoemd. Recycling was in Kakuma erg populair; het wordt in alle vluchtelingenkampen ter wereld gedaan, ook al noemen ze het misschien anders. Het komt erop neer dat je uit een kamp weggaat en dan als iemand anders weer terugkomt, zodat je je oude rantsoenkaart gewoon houdt en er op je nieuwe naam ook weer een krijgt. Op die manier kun je twee keer zoveel eten als eerst of een deel van je extra rantsoen ruilen voor dingen die je niet van de VN krijgt – suiker, vlees, groente. De ruilhandel die door die extra rantsoenen was ontstaan, was de basis van een gigantische schaduweconomie en behoedde duizenden vluchtelingen voor bloedarmoede en aanverwante ziekten. Al die tijd had de leiding van Kakuma dus gedacht dat ze achtduizend mensen méér te eten gaven dan er in werkelijkheid waren. Niemand voelde zich schuldig over die kleine zwendel.

Die rantsoenkaarteneconomie maakte het mogelijk handel te drijven, en doordat sommige groepen erg goed waren in het manipuleren van het systeem ontstond er al snel een soort maatschappelijke hiërarchie in Kakuma. Boven aan de ladder stonden, als groep, de Soedanezen, want wij waren ver in de meerderheid en overheersten het kamp. Maar als individuen vormden de Ethiopiërs de hoogste sociale klasse – een paar duizend vertegenwoordigers van de middenklasse van hun vaderland die samen met Mengistu had moeten vertrekken. Zij woonden in Kakuma 1 en een flink deel van de goedlopende bedrijfjes was van hen. Hun rivalen op het gebied van de handel waren de Somaliërs, en de Eritreeërs die hier een manier hadden gevonden om vreedzaam met de Ethiopiërs om te gaan terwijl hun landgenoten thuis met elkaar overhoop lagen. Er waren spanningen tussen de Somaliërs en de Bantu, een murw geslagen groep die uit een ander kamp in Kenia, Dadaab, hierheen was gebracht. De Bantu waren vroeger in Mozambique als slaaf verkocht, en in de negentiende eeuw waren ze naar Somalië getrokken, waar ze tweehonderd jaar lang waren vervolgd. Ze mochten geen grond bezitten of politieke functies vervullen, op welk niveau ook. Toen Somalië in de jaren negentig in een burgeroorlog verwikkeld raakte, werd hun toestand onhoudbaar: hun boerderijen en huizen werden overvallen, de mannen werden vermoord en de vrouwen verkracht. Op een gegeven moment waren er zeventienduizend Bantu in Kakuma, en zelfs daar waren ze niet altijd veilig, want ze waren met zoveel dat de Soedanezen, die vonden dat het kamp van hen was, hen als een bedreiging zagen.

Vlak onder de handelaars stonden de bevelhebbers van de SPLA, en na hen kwamen de Oegandezen – het waren er maar zo'n vierhonderd, voor het merendeel aanhangers van het Verzetsleger van de Heer, een rebellenbeweging die de NRA, de nationale verzetsbeweging, bestreed. De Oegandezen konden niet terug; de meesten waren in hun vaderland bekend en er stond een prijs op hun hoofd. Verder woonden er in het kamp her en der wat Congolezen, Burundiërs, Eritreeërs en een paar honderd Rwandezen die volgens velen aan de genocide hadden meegedaan en nu in hun vaderland niet meer welkom waren.

Ergens helemaal onderaan stonden de weeskinderen, de Lost Boys. We hadden geen geld, geen familie en weinig kans om daaraan te komen. We konden één stapje hoger komen door in een gezin te worden opgenomen. Doordat ik bij Gop Chol woonde, had ik iets meer status en privileges gekregen, maar als Gops gezin overkwam, zouden we met het gezinsrantsoen niet ver komen, wist ik; omdat we met zoveel jonge meisjes in huis veel nodig zouden hebben, moest er voor extra inkomsten worden gezorgd en een extra rantsoenkaart zou een begin van welstand betekenen.

– Iemand zal moeten recyclen als de meisjes er zijn, zei Gop op een dag.

En ik wist dat hij gelijk had. Ik kreeg elke week mijn rantsoen, en als zijn vrouw en dochters er waren, kwam Gop in aanmerking voor een gezinsrantsoen. Maar het rantsoen voor een gezin van vijf personen zou niet genoeg zijn, en we wisten dat het beste moment om te recyclen direct na de telling was, als er extra op zou worden gelet hoeveel eten we kregen.

– Ik doe het wel, zei ik, en daar was ik van overtuigd.

Ik zou gaan zodra zijn vrouw en dochters waren aangekomen, kondigde ik aan. Gop deed alsof mijn aanbod een verrassing voor hem was, maar ik wist wel dat hij het eigenlijk van me verwachtte. Recyclen werd in Kakuma altijd door een jongeman gedaan en ik wilde mijn waarde voor het gezin bewijzen, meteen na hun aankomst hun respect verdienen.

De volgende weken lagen Achor Achor en ik 's avonds vaak voor mijn hut bij het scherpe blauwe licht van de maan ons huiswerk te maken en mijn recyclingreisje te plannen.

– Je hebt een extra broek nodig, zei Achor Achor.

Ik begreep niet waarvoor, maar Achor Achor legde het uit: ik had een broek nodig voor de geit.

– Eén broek zal wel genoeg zijn, meende hij.

Ik vroeg Achor Achor wat ik met een geit moest.

– Voor het geld.

Ik smeekte hem om bij het begin te beginnen.

Ik had een broek nodig, zei hij, omdat ik vanuit Kakuma naar Narus in Soedan ging, en in Soedan konden ze niet aan de nieuwe broeken uit China komen die we hier in Kakuma hadden. Als ik met zo'n broek in Narus aankwam, kon ik er een geit voor krijgen. En als ik met een gezonde geit in Kakuma terugkwam, waar geiten schaars zijn, dan kon ik dat beest voor wel tweeduizend shilling of meer verkopen.

– Je waagt je leven, dan kun je er net zo goed wat mee verdienen als het toch in één moeite door gaat.

Dat was de eerste keer dat ik hoorde dat de reis nog steeds gevaarlijk was. Of liever gezegd, ik wist wel dat je in het verleden als je uit Kakuma over de weg naar Lokichoggio en daar voorbij reisde, bandieten kon tegenkomen, Turkana of Taposa, die je in het gunstigste geval helemaal leegplunderden en je in het ergste geval leegplunderden en dan vermoordden. Ik had gedacht dat dat gevaar nu wel voorbij was, maar dat was dus niet zo. Toch nam het plan vaste vorm aan en Gop deed mee.

– Je moet meer dan één broek meenemen! riep Gop op een avond toen we zaten te eten. Achor Achor at bij ons, zoals vaak, want Gop kon koken en hij niet.

– Hoe meer spullen, hoe meer geiten! bulderde Gop. – Als je toch je leven waagt, zorg dan tenminste dat het de moeite waard is.

Vanaf dat moment breidde het plan zich uit. Ik zou twee

shirts, een broek en een deken meenemen, allemaal nieuw of ogenschijnlijk nieuw, en die kon ik dan voor minstens drie geiten ruilen, waarvoor ik in Kakuma zesduizend shilling zou krijgen, zodat Gops gezin maandenlang niets tekort zou komen en zelfs in weelde kon leven. Door al dat geld plus de extra rantsoenkaart werd ik de held van de familie, en ik droomde al van de indruk die ik zou maken op mijn pleegzusjes, die naar me zouden opkijken en me oom zouden noemen.

– Je kunt een zaak beginnen, zei Achor Achor op een avond.

Hij had gelijk. Het idee sprak me meteen aan, dus dat werd ook onderdeel van het grotere plan. Ik speelde al langer met het idee om voor mijn hut een winkeltje te beginnen, een kantine, waar ik eten zou verkopen en pennen, potloden, zeep, slippers, gedroogde vis en frisdrank, als ik dat te pakken kon krijgen. Omdat degenen die me kenden me vertrouwden, dacht ik dat het wel goed zou gaan als ik mijn artikelen voor een eerlijke prijs aanbood, en als ik wat kapitaal had, zou het bevoorraden van mijn kantine geen probleem zijn. Ik herinnerde me wat ik in de winkel van mijn vader in Marial Bai had geleerd en wist dat bij zoiets de relatie met de klant van doorslaggevend belang is.

– Maar je hebt meer nodig dan die twee shirts en die broek, merkte Achor Achor op. – Je moet twee broeken hebben, en drie shirts en minstens twee dekens, van wol.

Uiteindelijk werd het plan uitgevoerd. Ik zou bij de eerstvolgende gelegenheid vertrekken, zodra de wegen veilig waren. Ik kreeg een rugzak van Gops neef, een stevig geval van vinyl met ritsen en heel veel vakken. Daarin stopte ik de twee broeken, de drie shirts, de wollen deken en een zak nootjes, crackers en pindakaas voor onderweg. Ik zou de volgende ochtend vroeg bij Kakuma IV het kamp uit sluipen en dan ongeveer anderhalve kilometer naar de hoofdweg naar Loki lopen, die weg volgen en me verstoppen voor de Keniaanse politie, de kampbewaking en passerende auto's.

– Maar je kunt toch niet overdag gaan! zuchtte Gop toen hij

over dat gedeelte van het plan hoorde. – Je moet 's nachts gaan, sufferd.

Het plan werd dus weer veranderd. 's Nachts zou niemand me zien. De officiële manier om uit Kakuma weg te gaan, was met een erkend vluchtelingenreisdocument. Maar ik had officieel buiten het kamp niets te zoeken, en al had ik dat wel, dan kon het nog maanden duren voordat je zo'n papier had. Als ik connecties bij de UNHCR had, zou het wat sneller kunnen, maar ik kende daar niemand zo goed dat hij zijn nek voor me zou willen uitsteken.

Dat liet één mogelijkheid over, de populairste en snelste: het omkopen van de Keniaanse bewakers langs de weg. Kakuma was een open kamp; de vluchtelingen konden naar buiten als ze dat wilden, maar al snel werden ze aan de openbare weg door de Keniaanse politie in landrovers of bij een politiepost aangehouden en dan moest de reiziger zijn of haar vluchtelingenreisdocument laten zien. Op dat moment moest de reiziger zonder papieren de agent in kwestie een gepaste aanmoediging bieden om een oogje dicht te knijpen. Het was verstandig om 's nachts te reizen, om de eenvoudige redenen dat de minder rechtschapen agenten de nachtdiensten kregen toegewezen en dat er dan bovendien minder langs de weg waren.

Zo was ik dan eindelijk klaar om te gaan. Maar eerst moesten we de komst van Gops gezin afwachten om er zeker van te kunnen zijn dat er nog steeds drie dochters en een vrouw waren. Ze hadden dan wel maanden geleden laten weten dat ze met z'n vieren zouden komen, maar daar kon je in Soedan nooit zeker van zijn. Daar hadden Gop en ik het nooit over, maar we wisten het allebei. Op zo'n lange reis kan er van alles gebeuren.

Eindelijk kwamen ze heelhuids aan, al kwamen ze onaangekondigd. Op een ochtend liepen Gop Chol en ik naar het tappunt om extra water te halen, zodat we een paar dagen niet hoefden te gaan. Toen we dichterbij kwamen, zagen we in de verte een wagen van het Rode Kruis door het stof naderen. We bleven allebei staan, want het was ongewoon dat er een wagen in ons deel van het kamp kwam, en we vroegen ons allebei af: zou het kunnen dat...? Gop had een week daarvoor te horen gekregen dat zijn gezin waarschijnlijk binnenkort zou worden overgebracht, maar sindsdien had hij niets meer vernomen. We keken hoe de wagen bij onze hut vaart minderde, en toen stond hij voor onze deur stil en Gop begon te rennen. Ik ging achter hem aan. Gop was niet zo snel, dus ik had hem al gauw ingehaald. Toen we in het zicht van de wagen kwamen, begon Gop te gillen. Het klonk maniakaal en ziek.

– Aha! Aha! Daar zijn jullie! Daar zijn jullie!

Ze hoorden ons nog niet. We waren een paar honderd meter bij ze vandaan.

Eerst stapte er een heel klein, fragiel meisje in een witte jurk uit, gevolgd door twee andere meisjes, allebei groter dan het eerste maar geen van beiden ouder dan acht, ook in het wit. Ze bleven staan, knepen hun ogen dicht tegen de zon en streken hun jurk glad over hun benen. Achter hen aan kwam een mooie vrouw in het groen, het groen van fris beregend olifantsgras. Ze stond stil, hield een hand boven haar ogen en keek naar Kakuma.

– Jullie zijn er! Jullie zijn er!

Gop schreeuwde, maar hij was nog te ver, ze hoorden hem niet. Hij rende door, wild met zijn armen zwaaiend. Al snel was hij zo dichtbij dat de vrouw in het groen hem zag, maar alleen als een vage gedaante in het stof. Ik was vooruit gehold en kon het gezin nu goed zien.

– Hallo! riep hij.

Ze draaide zijn kant op en keek vol walging naar hem, zoals je naar een dronkenlap of een krankzinnige kijkt. De chauffeur haalde een paar tassen uit de wagen en zette ze op de grond voor de deur.

– Ik ben het! Ik ben het! schreeuwde Gop, en de meisjes en hun moeder vonden het zichtbaar pijnlijk dat hij naar hen toe kwam rennen.

Gop was nog maar honderd meter van hen af toen hij plotseling van gedachten leek te veranderen. Hij hield op met rennen, stond stil en ging van de weg af. Ik volgde hem terwijl hij tussen de wanordelijk door elkaar staande hutjes door sloop. We waren nu uit het zicht van de weg en het gezin. Hij sprong over de lage hekjes van de buren, dook onder waslijnen door en ontweek de trieste pezige kippen die rondscharrelden, tot hij bij onze achterdeur was. Hij ging naar binnen en ik kwam achter hem aan. Ik hoorde iemand aan de voordeur, waarschijnlijk de chauffeur van het Rode Kruis, die hard en ongeduldig aanklopte.

Gop was al in zijn slaapkamer.

– Niet opendoen! smeekte hij. – Ik moet me eerst verkleden.

Ik wachtte bij de deur.

– Ze mogen niet weten dat ik het was die op de weg liep te schreeuwen.

Dat had ik inmiddels al begrepen. Ik bleef bij de deur staan terwijl Gop zich waste en zijn kleren in orde bracht. Al snel kwam hij weer tevoorschijn, fris en in zijn mooiste witte shirt en een schone kaki broek.

– Zo kan het wel, hè?

Ik knikte en deed open. Gop stapte naar buiten, met uitgespreide armen.

– Mijn vrouw! Mijn dochters!

En hij tilde zijn dochters op, een voor een, te beginnen bij de oudste en het laatst de jongste en teerste, een heel klein meisje dat hij bijna de hele verdere dag op zijn arm hield terwijl zij hun spullen uitpakten en aten. Ze hadden heel veel eten uit Soedan bij zich, en samen lieten we de dames het huis zien dat we voor ze hadden gebouwd.

– Er kwam daarnet een gek over de weg aanrennen, zei zijn vrouw ten slotte terwijl ze de bedden van de meisjes opmaakte. – Heb je hem gehoord?

Gop zuchtte. – Er lopen hier de raarste mensen rond, lieverd.

Ik sloot vriendschap met Gops vrouw, Ayen, en hun dochters Abuk, Adeng en Awot. Het huishouden werd naar ieders tevredenheid ingrijpend gereorganiseerd en mijn leven veranderde totaal. Omdat Gop en zijn vrouw nu een aparte slaapkamer nodig hadden, bouwden we nog een kamer aan, en de meisjes kregen de kamer waar Gop en ik vroeger geslapen hadden. Gop en zijn vrouw wilden niet dat ik bij de meisjes op de kamer sliep, dus ik kreeg ook een eigen kamer, en terwijl we die aan het bouwen waren, kregen we een idee: het was niet gebruikelijk dat een jongen van mijn leeftijd een kamer voor zich alleen had en Gop en ik kenden massa's jongens die graag bij ons zouden komen wonen en extra inkomsten en eten zouden inbrengen, dus nodigden we Achor Achor en nog drie jongens uit, allemaal leerlingen van Gop, en mijn kamer werd groot genoeg gemaakt voor vijf jongens. Toen we klaar waren, was het gezin in één week uitgegroeid van twee naar tien personen.

We hadden nu eigenlijk vier hutten, aan elkaar, met in het midden een keuken en een huiskamer, allemaal gebouwd voor een heel groot gezin, en er kwamen veel jonge mensen over de vloer. Niemand vroeg zich af of alle kinderen wel met elkaar konden opschieten; we hadden geen keus, we moesten zorgen dat we samen een goedlopende machine werden waarvan alle onderdelen soepel, rustig en zonder klachten samenwerkten.

Elke dag stonden alle acht kinderen om zes uur op en gingen naar het watertappunt om de jerrycans te vullen voor de douche. Om zes uur ging de watertoevoer aan; dan moest iedereen in ons deel van het kamp, zo'n twintigduizend mensen, zijn water halen om zich te wassen; het water voor het koken en schoonmaken werd later gehaald. Er stond altijd een lange rij bij de kraan, totdat de VN jaren later meer kranen liet aanleggen. Maar in die tijd stonden er meestal al meer dan honderd mensen te wachten als de kraan aanging. Thuis ging iedereen onder de douche en kleedde zich aan om naar school te gaan. In die jaren ontbeet niemand in Kakuma – pas in 1998 kwam daarvoor genoeg voedselhulp – dus als we al iets kregen voordat we de deur uit moesten, was het water of thee; er was maar genoeg voor één maaltijd per dag en die kregen we aan het eind van de middag, na school en na het werk.

We gingen allemaal naar dezelfde school, een klein eindje lopen, waar bijna duizend kinderen op zaten. Eerst kwamen we altijd allemaal bij elkaar voor de mededelingen en het advies voor die dag. Vaak ging het over hygiëne en voeding, een vreemd onderwerp als je bedenkt hoe weinig en slecht we te eten kregen. Net zo vaak ging het over overtredingen en straf. Als een leerling zich had misdragen, werd hij daarbij meteen bestraft, met een snel pak slaag of een terechtwijzing ten overstaan van alle anderen. Daarna werd er gebeden of zongen we een psalm, want alle leerlingen waren christelijk, althans voor zover we wisten. Als er al moslims bij waren, verzwegen ze hun geloof en protesteerden niet, ook niet bij de lessen die Christelijk Godsdienstonderwijs werden genoemd.

Ik zat in een klas met achtenzestig leerlingen. We zaten de hele dag in hetzelfde lokaal, op de grond, en de leraren Engels, Kiswahili, rekenen, wiskunde, huishoudkunde, aardrijkskunde, landbouwkunde, handenarbeid en muziek gingen de klassen langs. Ik vond het leuk op school en kon goed met de leraren opschieten, maar veel van mijn vriendjes gingen niet meer. Ze hadden er geen geduld voor, zagen er het nut niet van in en handelden liever om geld te verdienen. Ze ruilden hun rantsoen voor kleren, verkochten die in het kamp en maakten winst. En natuurlijk gingen er ook nog steeds jongens bij de SPLA, en dan hoorden we snel genoeg wie er neergeschoten was, wie er verbrand was en wie een arm of been was kwijtgeraakt door een granaat.

Op de dagen dat de rantsoenen werden uitgedeeld, werden wij kinderen naar de compound van de VN gestuurd, waar we in de rij gingen staan. De medewerkers van de VN of van de LWF keken naar je identiteitskaart en de rantsoenkaart en schepten dan het eten uit de truck. Op de terugweg, anderhalve kilometer, droegen we de zakken graan of sorghum op ons hoofd of onze schouders en moesten we vaak even uitrusten. We klaagden allemaal over dat gesjouw, en de zeldzame keren dat iemand de uitdeling misliep omdat hij zich verslapen had of te laat in de rij was gaan staan, kreeg zijn hele familie geen eten. Voor die gevallen moest er dus een noodplan worden bedacht, zodat die familie toch te eten kreeg. Het werd tijd voor mijn recyclingreisje.

Ik had mijn rugzak, en goede schoenen en...
– Heb je wel een pet? vroeg Gops dochter Awot.
– Waarvoor zou ik een pet nodig hebben?
– Nou, als iemand je in Loki nu herkent als je terugkomt?

Die Awot was een bijzonder slimme meid. Ik stopte dus Achor Achors dierbare Houston Astros-pet in de rugzak, en toen was ik eindelijk klaar. Het was middernacht toen de familie afscheid van me nam. Gop leek niet voor mijn leven te vrezen, dus ik nam het afscheid luchtig op en de meisjes ook. Achor Achor liep met me mee tot de grens tussen Kakuma en de wijde wereld, en toen ik me omdraaide en door wilde lopen, pakte hij me bij mijn arm en wenste me succes.

– Heb je je rantsoenkaart bij je? vroeg hij toen.

Die had ik inderdaad bij me – ernstige vergissing. Als ik door de Turkana werd beroofd, door de Keniaanse politie werd ondervraagd of op het bureau in Loki mijn zakken leeg moest maken, was ik hem kwijt en dan was de hele onderneming voor niets geweest. Ik gaf mijn kaart dus aan Achor Achor, we klopten elkaar als mannen op de rug en daar ging ik, de nacht in, zonder papieren. Ik was nieuw, ik was niemand meer.

Ze hadden gezegd dat de Keniaanse politie die ik onderweg tegenkwam, smeergeld zou vragen en dat ik daarna vlot door kon lopen. En dat gebeurde ook, zelfs drie keer binnen een paar kilometer. Elke keer kocht ik de agenten met vijftig shilling om en handelden ze het heel beleefd en zakelijk af. Alsof ik fruit kocht bij een straatventer.

Misschien liep ik te opgewekt door de nacht; ik dacht dat mijn reis onder een goed gesternte stond en wist zeker dat alles succesvol zou verlopen. Als alles goed ging, zou ik over drie dagen weer in Kakuma zijn, met zesduizend shilling en een nieuwe rantsoenkaart.

In de vroege ochtend kwam ik in Loki aan, er was niemand op de zandweg en ik sliep op een terreintje van Save the Children, een organisatie die we goed kenden: ze gaven al jaren voedselhulp aan de hongersnoodslachtoffers in Zuid-Soedan. In Loki heb je overal zulke terreintjes, meestal niet meer dan een schuurtje of een lemen hut met een houten of golfplaten schutting eromheen. Save the Children werkte ook toen al nauw samen met de Soedanezen, en hun mensen zijn altijd bereid degenen te helpen die op weg naar Kakuma zijn of teruggaan naar Soedan.

Toen ik wakker werd, waren de voeten van een man die vlak bij me met een andere man aan de andere kant van de schutting stond te praten, het eerste wat ik zag. De man die bijna op me trapte, heette Thomas, hoorde ik. Hij was iets ouder dan ik en had bij de SPLA gezeten, maar toen Garang en Machar hun conflict kregen was hij weggegaan. Na zijn gesprek met de man aan de andere kant van de schutting richtte hij zijn aandacht op mij.

– Vertel eens, zei hij.

Ik vertelde hem in grote trekken wat ik van plan was.

– Hoeveel geld heb je bij je?

Ik zei dat ik nog maar vijftig shilling had.

– Hoe had je dan je papieren van de SPLM los willen krijgen?

Niemand had me verteld dat die papieren geld kostten. Ik wist wel dat ik een identiteitskaart van de SPLA/SPLM nodig had als ik op SPLA-terrein kwam, maar ik dacht dat die gratis was. De SPLA/SPLM zette iedere naam die je maar wilde op die kaart, zeiden ze, en ik was van plan geweest een naam op te geven die wel zoveel op de mijne leek dat die regionaal klopte; zo kon ik in mijn deel van Soedan eventuele vragen over mijn clan beantwoorden. Met die nieuwe identiteitskaart zou ik met iemand meerijden naar

Loki, de geiten verkopen en bij de afdeling immigratie in Loki mijn papieren laten zien en zeggen dat ik in gevaar kwam als ik terugging naar Soedan. Dan zou ik als vluchteling worden ingeschreven en onder mijn nieuwe naam in Kakuma worden toegelaten.

– Dus je hebt geen geld meer? vroeg Thomas. – En je bent gisteravond weggegaan?

Thomas hield zijn hoofd schuin en glimlachte twijfelachtig.

– Dat heb je niet best voorbereid, Achak. Heb je wel een nieuwe naam paraat? Je zult wel graag van dat Achak af willen.

Ik zei dat ik Valentino Deng wilde gaan heten.

– Niet verkeerd. Klinkt wel goed, Valentino. Er zijn nog wel een paar Valentino's. Dat lijkt niet verdacht. Moet je horen, hier heb je vijftig shilling. Betaal me maar terug als je weer eens hier komt. Ik ben hier vaak, ik doe zo hier en daar zaken. Neem die vijftig shilling maar mee; samen met die vijftig van jou heb je dan honderd. Dat is misschien wel genoeg als de SPLM je zielig genoeg vindt. Kijk eens zielig, Valentino Deng.

Ik trok een pruilmond en liet mijn ogen tranen.

– Zooo, niet gek, Valentino. Indrukwekkend. Heb je al iemand met wie je kunt meerijden?

Ik had nog niemand.

– O god. Nog nooit heb ik iemand ontmoet die zó slecht voorbereid was. Als je dat gezicht nog een keer trekt, zal ik je zeggen waar je iemand kunt vinden met wie je naar Narus kunt meerijden.

Ik trok het gezicht nog een keer.

– Dat is echt een heel zielig gezicht, jongen. Gefeliciteerd. Oké. Er is momenteel een truck onderweg uit Soedan. Hij is nu hier in de buurt en een van de chauffeurs is een vriend van me, een neef van mijn vrouw. Ze gaan straks weer terug. Ben je zover?

– Ja, zei ik.

– Mooi, zei hij. – Want daar zijn ze al.

En inderdaad, daar kwam een vrachtwagen aan, een wagen

met een open laadbak zoals ik vaak had gezien, maar dan vol passagiers. Het leek wel een droom dat ik zo snel een lift kreeg. Ik was nog maar vijf minuten wakker. De vrachtwagen kwam vlak voor Save the Children schuddend tot stilstand. Thomas praatte even met de chauffeur en gaf me een seintje. De motor kwam weer grommend tot leven en de banden beten zich vast in het grind.

– Toe dan, gek! Spring erop! schreeuwde Thomas.

Ik greep mijn rugzak, rende achter de truck aan en sprong op de achterbumper. Ik zwaaide nog naar Thomas, maar die was alweer naar binnen, hij was klaar met me. Ik gooide mijn rugzak in de laadbak en klauterde over de klep. Mijn eerste voet kwam op iets zachts terecht.

– O – sorry! hijgde ik.

Ik zag dat ik op iemand stond. De laadbak lag vol mensen, vijftien of nog meer. Maar ze waren grauw, wit, ze zaten onder het bloed. Ze waren dood. Ik stond op de borst van een man die niet protesteerde. Ik sprong van hem af, op de hand van een vrouw die ook al niets zei. Ik bleef op één voet staan met de andere vlak boven de ingewanden van een jongen die maar weinig ouder was dan ikzelf.

– Voorzichtig, jongen! Wij leven nog.

Ik draaide me om en zag een man, een oudere man die op de bodem lag, helemaal gedraaid, vlak bij de laadklep. – Wat vreselijk, zei ik.

De wagen reed over een hobbel in de weg en het hoofd van de oude man sloeg tegen de achterklep. Hij kreunde.

We reden door en kregen al snel vaart. Ik hield me aan de zijkant vast en probeerde niet naar de lading te kijken. Ik keek naar de lucht, maar de stank werd me te veel. Ik kokhalsde.

– Daar wen je wel aan, zei de man. – Het is een mensenlucht.

Ik probeerde mijn voet op te tillen, maar die bleef plakken; de bodem van de laadbak zat onder het bloed. Ik wilde eruit springen, maar we reden te hard. Ik keek naar voren en probeerde de aandacht van de chauffeur te trekken. Aan de passagierskant kwam een hoofd naar buiten. Een vrolijke man hees zich naar buiten totdat hij op de rand van het raampje zat en keek me aan. Hij leek een SPLA-soldaat, maar dat was eigenlijk moeilijk te zien.

– Gaat het een beetje daar achterin, soldaat?
– Ik wil er graag uit, hakkelde ik.

De man die misschien een rebel was lachte.

– Ik loop wel terug. Alstublieft, alstublieft, oom.

Hij lachte tot de tranen in zijn ogen stonden.

– O, soldaat. Ik lach me gek.

En hij liet zich weer in de cabine glijden.

Even later zwenkte de truck, ik verloor mijn evenwicht en even rustte mijn knie op de gebroken dij van een dode soldaat die met starende open ogen in de zon lag. Ik kwam overeind en wierp een blik op de inhoud van de laadbak. De lijken lagen erbij alsof ze erin gesmeten waren. Ze werden door niets op hun plaats gehouden.

– Het is verschrikkelijk, zei de oude man. – Toen we uit Soedan weggingen, leefden er nog een heleboel. Ik heb de gieren steeds weggejaagd. Gisteren is er hond in de wagen gesprongen. Hij had honger.

De truck sprong weer over een hobbel en mijn voet gleed uit over iets slijmerigs.

– Die honden, die vinden mensen lekker. Ze gaan recht op het gezicht af. Wist je dat? Gelukkig hoorde een van die mannen voorin hem. Ze zijn gestopt en hebben de hond doodgeschoten. Nu zijn we nog maar met ons vieren.

Er leefden dus nog vier mensen, al waren ze niet makkelijk te vinden en al wist ik niet of de oude man wel gelijk had. Ik keek naar een lijk dat naast hem lag. Eerst leek het alsof de armen van de man ergens onder lagen. Maar toen werd duidelijk dat hij geen armen meer had, want ik zag het witte bot van zijn schouders.

De truck zwenkte weer wild. Mijn rechtervoet belandde op de

arm van een jonge jongen in een blauw camouflage-uniform en met een slappe hoed op.

– Hij leeft nog, geloof ik, zei de oude man. – Al heeft hij vandaag niets gezegd.

Ik kwam weer overeind en hoorde een woest gelach in de cabine. Ze zwenkten de hele tijd expres. Het hoofd van de vrolijke man kwam weer door het raampje naar buiten.

– Excuses van de chauffeur, soldaat, zei hij. – Er liep een hagedis op de weg en hij wilde zo'n schepsel van God niet doodrijden.

– Alstublieft, oom, zei ik. – Ik wil hier niet bij zijn. Ik wil weg. Als u iets langzamer rijdt, kan ik eraf springen. U hoeft niet te stoppen.

– Rustig maar, soldaat, zei de man die misschien een rebel was. Zijn gezicht en zijn stem waren plotseling ernstig, vol medelijden zelfs. – We hoeven alleen de gewonden naar het ziekenhuis van Lopiding te brengen en de lijken aan de andere kant van de heuvel te begraven, en dan hebben we helemaal tot Soedan een lege truck. Waar je maar heen wilt.

De truck reed weer over een hobbel en het hoofd van de man sloeg tegen de bovenrand van het raampje. Meteen dook hij weer naar binnen en schreeuwde tegen de chauffeur. Die ging even langzamer rijden en ik dacht dat dit mijn kans was.

– Rij gewoon mee, jongen.

Dat was de oude man.

– Hoe wou je anders naar Soedan? vroeg hij.

Toen keek hij naar me, voor het eerst.

– Waarom wil je trouwens terug, jongen?

Ik was niet van plan de man te vertellen dat ik wilde recyclen om aan een nieuwe rantsoenkaart te komen. Dat moest een man die voor zijn leven vecht wel heel belachelijk voorkomen. De mensen van Zuid-Soedan hadden problemen waarbij de mechanismen van Kakuma, waar iedereen te eten had en veilig was, in het niet vielen.

– Om mijn familie te zoeken, zei ik.

– Iedereen is dood, zei hij. – Soedan is dood. Daar zullen we nooit meer wonen. Dit is nu je vaderland. Kenia. Wees blij. Hier woon je en hier zul je altijd wonen.

Bij mijn voeten klonk een zucht. De jongen draaide zich om, met zijn handen tegen elkaar onder zijn oor alsof hij lekker thuis op een veren kussen lag. Ik keek naar hem, vastbesloten me op hem te concentreren, want hij maakte de vredigste indruk. Mijn ogen namen hem snel op – ik kon ze niet in bedwang houden en vervloekte hun snelheid en nieuwsgierigheid – en ik zag dat zijn linkerbeen weg was. Hij had alleen nog een stomp, bedekt met een verband dat van een stuk zeildoek was gemaakt en met een spinnenweb van elastiekjes aan zijn middel vast zat.

Ik weet nu dat de rit nog geen uur duurde, maar ik kan onmogelijk uitleggen hoe lang hij die dag leek. Ik had mijn mond bedekt, maar moest toch voortdurend kokhalzen. Ik had koude rillingen en mijn nek was gevoelloos. Ik wist zeker dat deze truck de meest zichtbare werken van de duivel vertegenwoordigde en in ieder opzicht zijn werk op aarde symboliseerde. Ik begreep dat ik op de proef werd gesteld en bleef zitten totdat de truck eindelijk op de oprit van het ziekenhuis in Lopiding vaart minderde.

Zonder te aarzelen sprong ik over de rand en rolde op de grond. Ik wilde voor de truck uit rennen en een veilig heenkomen in de kliniek zoeken. Toen ik de harde grond raakte, moest ik even opnieuw contact met de wereld maken om te beseffen dat ik zelf niet dood was, dat ik niet in de hel was beland. Ik kwam overeind en voelde dat mijn armen en benen het nog deden, dus ik begon te rennen.

– Wacht, soldaat! Waar ga je heen?

Ik rende weg van de truck, die langzaam over een stel gaten in de weg reed. Ik rende en wist de wagen gemakkelijk voor te blijven, ik richtte me op een gebouw aan het eind van het terrein.

Lopiding bestond uit een stel tenten en een paar witte stenen gebouwen, hemelsblauwe daken, acacia's, plastic stoelen die buiten stonden voor de wachtende patiënten. Ik rende de hoek van een gebouw om en liep bijna een man omver die een kunstarm in zijn hand had.

– Pas op, jongen!

Het was een Keniaan van middelbare leeftijd. Hij sprak Kiswahili. Overal om hem heen lagen nieuwe voeten, benen, armen en gezichten in wording.

– Hé, soldaat! Kom nou.

Het was de soldaat van de truck.

– Hier. Zet op.

De Keniaan gaf me een masker aan, rood, te klein. Ik duwde mijn gezicht erin. Door de ooggaten kon ik zien en de Keniaan maakte het vast.

– Dank u, zei ik.

Hij glimlachte voortdurend; hij had een onderkin en brede, afhangende schouders.

– 't Is goed, zei hij. – Zoeken ze je nog?

Ik gluurde om het hoekje. De twee mannen van de truck kwamen naar het gebouw toe. Ze gingen even naar binnen en liepen toen weer met een canvas brancard naar de truck. Eerst haalden ze de oude man eruit en brachten hem naar binnen. Toen gingen ze weer terug en haalden de jongen die zijn been kwijt was, en hij lag op de brancard net als in de laadbak: alsof hij het naar zijn zin had. Dat waren de enige passagiers die in Lopiding van boord gingen. De rest was dood of bijna dood. De mannen gooiden de brancard achterin en de chauffeur klauterde weer in de truck. De andere man, die misschien een rebel was en me had uitgedaagd, bleef met een hand op de deurkruk staan.

– Soldaat! We gaan! Je mag voorin! riep hij.

Nu begon ik te twijfelen. Als ik nu niet meereed, kreeg ik waarschijnlijk geen andere lift meer. Ik stapte achter het gebouw vandaan. De man die misschien een rebel was, keek me recht aan. Hij liet de deur van de truck los en hield zijn hoofd schuin. Hij keek me strak aan, maar verroerde zich niet, net zomin als ik. Achter het masker voelde ik me veilig. Ik wist dat hij me niet herkende. Hij draaide zich om en riep iets in de richting van de bomen, naar de jongen die achter in de truck had gezeten.

– Sorry voor daarnet! riep hij. – Ik beloof dat we je naar Soedan brengen. Zo veilig als maar kan. Laatste kans.

Ik begon naar de truck te lopen. De Keniaan greep me bij mijn arm.

– Niet doen. Ze krijgen geld voor je. De SPLA zal blij zijn met een nieuwe rekruut. Die kerels krijgen geld als ze je brengen.

Ik kon onmogelijk beslissen.

– Ik zorg wel dat je in Soedan komt als je daar met alle geweld heen moet, zei de Keniaan. – Ik weet niet hoe, maar het zal wel lukken. Ik wil alleen niet dat je daar aan je eind komt. Je bent veel te mager om te vechten. Je weet toch hoe het gaat? Je krijgt een opleiding van twee weken en dan sturen ze je naar het front. Toe. Blijf hier even wachten tot ze weg zijn.

Ik wilde zo graag naar de mannen in de truck, ik wilde geloven dat ik echt voorin mocht zitten en dat ze me werkelijk veilig over de grens zouden brengen. Toch merkte ik dat ik de Keniaan, die ik niet kende, meer vertrouwde dan mijn landgenoten. Dat gebeurde soms, en het was altijd even raadselachtig.

Ik stond nog steeds in het volle zicht van de man van de truck, en weer keek hij naar me. Wat was het heerlijk om dat masker op te hebben en onzichtbaar te zijn!

– Laatste kans, soldaat! zei hij tegen de jongen die hij dacht te zoeken.

Hij hield een hand boven zijn ogen en vroeg zich nog steeds af waarom die jongen met dat masker hem zo bekend voorkwam. En ik bleef staan, dat durfde ik nu, totdat hij eindelijk naar de truck terugliep, zich op zijn plaats hees en in een stofwolk wegreed. De Keniaan en ik keken de truck na, die in het oranje stof verdween.

Ik wilde mijn nieuwe gezicht niet afdoen. Ik snapte wel dat ik het niet zou mogen houden van de Keniaan en ik vroeg me even af of ik er niet snel mee kon wegrennen. Misschien kon ik met dat masker ongezien vluchten terug naar Kakuma of naar Soedan. Ik genoot even van de heerlijke gedachte me met dat nieuwe gezicht aan de hele wereld te laten zien, een nieuw gezicht zonder sporen of littekens, een gezicht waarop niets viel af te lezen.

– Het past je niet, jongen, zei de Keniaan. Zijn hand lag op mijn schouder en zijn greep was wel zo krachtig dat ik begreep dat wegrennen onmogelijk was.

Ik zette het masker af en gaf het aan de Keniaan terug.

– Waar brengen ze de lijken heen? vroeg ik.

– Ze moeten ze eigenlijk naar Soedan brengen, maar dat doen ze nooit. Ze gooien ze in de kreek en rijden dan met betalende passagiers door naar Soedan.

– Begraven ze ze in de kreek?

– Ze begraven ze helemaal niet. Wat maakt het uit? Als ze begraven worden, dan worden ze door de wormen en de torren opgegeten. Worden ze niet begraven, dan worden ze door de honden en de hyena's opgegeten.

De man heette Abraham. Hij was een soort dokter, hij maakte kunstledematen. Zijn werkplaats lag achter het ziekenhuis, onder een holle boom. Hij beloofde me een maaltijd als ik nog een uurtje kon wachten. Dat deed ik graag. Ik had geen idee wat dokters tussen de middag aten, maar ik stelde me er een ongelooflijke luxe bij voor.

– Wat bent u aan het maken? vroeg ik.

Hij was met iets bezig wat eruit zag als een arm of een scheenbeen.

– Waar woon je? vroeg hij.

– In Kakuma I.

– Heb je vorige week een explosie gehoord?

Ik knikte. Het was een snelle explosie geweest, een knal, als het geluid van een ontploffende mijn.

– Een soldaat van de SPLA, heel jong nog, was bij zijn familie in het kamp op bezoek. In Kakuma II. Hij had souvenirs meegebracht om aan zijn broertjes en zusjes te laten zien. Een van die souvenirs was een granaat, dus nu ben ik een nieuwe arm voor zijn kleine broertje aan het maken. Hij is negen. Hoe oud ben jij?

Dat wist ik niet. Dertien, dacht ik.

– Ik doe dit al sinds 1987. Ik was erbij toen Lopiding open ging. We hadden toen vijftig bedden, één grote tent. Ze dachten dat het tijdelijk zou zijn. Nu hebben we vierhonderd bedden en er komen er elke week meer bij.

Abraham sneed het afkoelende plastic in vorm.

– Waar is dit voor? vroeg ik, en ik pakte het masker dat ik op had gehad.

– Voor een jongen van wie het gezicht is weggebrand. Dat komt vaak voor. De kinderen willen naar de bommen kijken. En vorig jaar is er een jongen in het vuur gegooid.

Hij hield zijn werk in het licht. Het was een been, een kleintje, voor iemand die kleiner was dan ik. Hij draaide het om en om en leek tevreden.

– Hou je van kip? Het is etenstijd.

Abraham nam me mee naar een zelfbedieningsbuffet op de binnenplaats. Twintig dokters en verpleegsters in blauwe en witte uniformen stonden in de rij. Het was een gemengd gezelschap: Kenianen, blanken, Indiërs en een verpleger die zo te zien een heel licht gekleurde Arabier was. Abraham hielp me met mijn bord en schepte het vol kip, rijst en sla.

– Kom hier maar zitten, m'n jongen, zei hij met een hoofdknikje naar een bankje onder een boom. – Ga maar niet bij de dokters zitten. Die stellen vragen en je weet maar nooit wat daarvan komt. Ik weet niet wat er met je aan de hand is.

Hij keek toe terwijl ik mijn kip en mijn rijst verslond; ik had in geen maanden vlees gegeten. Hij nam een hap van een kippenpootje en keek me lang aan.

– Wat is er eigenlijk met je aan de hand?

– Niets, zei ik.

– Hoe ben je Kakuma uit gekomen?

Ik aarzelde.

– Vertel maar gerust. Ik maak kunstarmen. Ik ben niet van de immigratiedienst.

Ik vertelde hoe ik was weggeslopen en de politie had omgekocht.

– Verbijsterend hoe makkelijk dat nog steeds is, hè? Ik hou van mijn land, maar smeergeld hoort hier net zo bij het leven als de lucht of de grond. Het is niet zo slecht in Kenia, hè? Als je oud genoeg bent, krijg je vast wel een kans om het kamp uit te komen en naar Nairobi te gaan. Daar kun je vast wel een baantje vinden, en misschien kun je zelfs naar school. Je lijkt me niet dom en er zijn duizenden Soedanezen in de stad. Waar zijn je ouders?

Ik zei dat ik dat niet wist. Ik was helemaal duizelig van de kip.

– Ze maken het vast wel goed, zei hij. Hij keek naar zijn kippenpoot en koos een plek voor zijn volgende hap. Hij knikte, met volle mond. – Ze hebben het vast overleefd. Heb je ze dood gezien?

– Nee.

– Nou dan, er is dus nog hoop. Zij denken waarschijnlijk ook dat jij dood bent, en je zit gewoon in Kenia kip te eten en frisdrank te drinken.

Ik geloofde Abrahams woorden, gewoon omdat hij doorgeleerd had, Keniaan was en misschien dingen wist die wij in het kamp niet te horen kregen. De scheiding tussen het leven in Kakuma en de rest van de wereld leek ondoordringbaar. Wij zagen en spraken mensen van over de hele wereld, maar konden zelf nauwelijks hopen ooit ergens te komen, ook niet in het deel van Kenia voorbij Loki. Ik dronk Abrahams woorden dus in als die van een profeet.

We aten verder; het was heerlijk en veel te veel voor mij, want mijn maag was zoveel eten in één keer niet gewend.

– Hoe wilde je terug naar Kakuma? vroeg Abraham.

Ik zei dat ik nog steeds van plan was te proberen in Narus te komen.

– Deze keer niet, m'n jongen. Deze reis heb je genoeg meegemaakt.

Hij had natuurlijk gelijk. Ik had geen wilskracht meer over. Ik was gebroken, het plan lag in duigen en ik kon alleen nog maar terug naar Kakuma; er was niets gewonnen of verloren. Ik bedankte Abraham, we beloofden elkaar weer op te zoeken en hij zette me in een ambulance die naar Loki ging. Daar wachtte ik op een vrachtwagen naar Kakuma met een chauffeur die geen vragen stelde. Ik zag Thomas nergens en waagde me dus niet op het terrein van Save the Children. Ik liep de zandwegen van Loki af in de hoop dat zich voor donker een kans zou voordoen, want daarna zouden de Turkana me als doelwit zien, dat wist ik.

– Hé joh.

Ik draaide me om. Het was een man met een gebroken knolneus. Hij leek me een Turkana, maar had ook best iets anders kunnen zijn – een Keniaan, een Soedanees of een Oegandees. Hij sprak me in het Arabisch aan.

– Hoe heet je?

Ik zei dat ik Valentino heette.

– Wat heb je daar?

Hij was heel geïnteresseerd in de inhoud van mijn rugzak. Ik liet hem even kijken.

– Ah ja! zei hij, plotseling breed grijnzend; zijn mond leek wel een hangmat. Hij had gehoord, zei hij, dat er een bijzonder slimme Soedanese jongeman was die kleren uit Kakuma bij zich had. Hij leek een vriendelijke, zelfs bijzonder aardige man, dus ik vertelde over de reis, de truck, de lijken, Abraham en het mislukte plan.

– Nou, misschien is het niet helemaal mislukt, zei hij. – Hoeveel vraag je voor al die spullen, de broeken, de shirts en de deken?

We noemden allebei wat bedragen, totdat we het eens werden over zevenhonderd shilling. Dat was niet zoveel als ik had gehoopt, maar veel meer dan ik er in Kakuma voor zou hebben gekregen en twee keer zoveel als ik ervoor had betaald.

– Je bent een goede zakenman, zei hij. – Heel schrander.

Tot dan toe had ik mezelf nooit als een goede zakenman beschouwd, maar wat de man zei, leek inderdaad waar. Ik had mijn geld verdubbeld.

– Zevenhonderd shilling! zei hij. – Dat zal ik moeten betalen, je hebt me in de tang. Zulke broeken heb ik hier in Loki nooit gezien. Ik zal je vanavond het geld brengen.

– Vanavond?

– Ja. Ik moet hier op mijn vrouw wachten. Zij is ook in het ziekenhuis, ze moet naar een infectie laten kijken. Ze heeft ons kindje meegenomen, want dat hoest zo en we zijn bang dat het gevaarlijk is. Maar ze zeiden dat ze over een paar uur terugkomt en dan gaan we weer naar Kakuma. Ben je om acht uur in de buurt?

De man nam de rugzak uit mijn handen en ik hoorde mezelf zeggen: ja, natuurlijk was ik er om acht uur. Hij had iets betrouwbaars, of misschien was ik gewoon te moe om verstandig te zijn. Hoe dan ook, ik wenste hem het beste, ook voor zijn vrouw en kindje, en dat ze maar snel beter mochten worden. Toen liep hij weg, met mijn kleren.

– Moet u niet weten waar ik woon? vroeg ik terwijl hij in het rossige licht van een winkel verdween.

Hij draaide zich om en leek totaal niet van zijn stuk gebracht.

– Ik nam aan dat ik naar de beroemde Valentino moest vragen!

Ik gaf hem toch maar mijn adres en liep toen weer naar de weg naar Kakuma. Toen ik een stukje gelopen had, drong het tot me door dat ik opgelicht was en dat de man nooit naar Kakuma zou komen. Ik had mijn kleren aan een vreemde gegeven en mijn enige kapitaal weggegooid. Ik liep het hele eind terug naar Kakuma en zag vrachtwagens langsrijden, maar vroeg niet om een lift, en smeergeld had ik ook niet meer. Ik bleef de hele tijd in de schaduw, want ik wist dat alles verloren was als ik werd aangehouden, dan zou ik het weinige kwijtraken dat me als vluchteling hier toekwam. Ik schoot van struik naar struik en van greppel naar greppel, ik kroop en sloop en haalde veel te luidruchtig adem, net als toen ik thuis wegvluchtte. Iedere ademhaling leek wel een omvallende boom en ik werd helemaal gek van het lawaai, maar dat was mijn verdiende loon. Ik verdiende niet beter. Ik wilde alleen zijn met mijn domheid, die ik in drie talen en uit het diepst van mijn hart vervloekte.

XXIII

De droom kwam iedere maand, met verbijsterende regelmaat. Meestal op zondagmiddag, als ik tijd had om een dutje te doen. De hele week moest ik werken en naar school, maar op zondag had ik geen verplichtingen en dan las ik, zwierf ik in het kamp rond en ging in de namiddag met mijn hoofd in de schaduw van mijn hut liggen, met mijn blote benen in de zon, en dan sliep ik diep en heerlijk.

Maar die droom over de rivier verstoorde mijn rust. Altijd als ik die had gehad, werd ik verward en opgejaagd wakker.

In die droom was ik een paar mensen tegelijk, zoals je in een droom meerdere mensen tegelijk kunt zijn. Ik was mezelf, ik was mijn onderwijzer, meneer Kondit, en ik was Dut. Dat wist ik in die droom, zoals je in een droom altijd weet wie je bent en wie niet. Ik was mezelf en een combinatie van die twee mannen, en ik dreef in een rivier. Die rivier was tegelijk de rivier uit mijn geboortedorp Marial Bai en de Gilo, en ik was er samen met tientallen jongere jongens.

Het waren jongens die ik kende. Er waren jongens bij uit mijn groepje in Kakuma, van wie sommigen in het kamp waren geboren, en ook jongens die altijd jongens zouden blijven: William K, Deng en de jongens die God onderweg tot zich had geroepen. We waren allemaal in de rivier en ik probeerde mijn leerlingen in het water les te geven. Alle leerlingen, zo'n dertig jongens, waren in de rivier aan het watertrappen en ikzelf ook, terwijl ik een uitleg over Engelse werkwoordsvormen over het water riep. Het water was wild en ik vond het frustrerend en moeilijk om de jongens onder deze omstandigheden les te moeten geven. Zij deden hun best zich te concentreren terwijl ze tegelijk moesten watertrappen en de golven moesten ontwijken die het wateroppervlak af en toe verstoorden. Soms verdwenen ze even achter een golf en doken dan weer op. De hele tijd wist ik dat het water koud was. Heerlijk koud, zoals het water dat ik kreeg van de man die niet bestond, in de woestijn bij het prikkeldraad.

Ik rees omhoog op een golf koud water en kon dan even de hoofden van al mijn leerlingen zien, die hun best deden me te zien en te horen, maar dan kwam ik in het dal van de golf terecht en zag ik alleen een muur van koffiekleurig water. Op dat punt in mijn droom, als de golven muren werden, was ik altijd opeens weer mezelf, en daarna speelde de droom zich grotendeels onder het koffiekleurige water af. Ik lag op de bodem van de rivier tussen de groene tentakels van de waterplanten, en daar lagen lijken. De jongens die probeerden te volgen wat ik zei waren nu ook op de bodem, en ik moest ze weer naar het oppervlak zien te krijgen. Ik wist dat dat mijn taak was en die voerde ik uit met de efficiëntie van een arbeider. Ik zag onder water een jongen rechtop op de bodem zitten, hij was niet dood, en dan pakte ik hem onder zijn oksels en duwde hem naar boven. Het was simpel werk.

Als ik een jongen zag, ging ik onder hem staan, pakte hem onder zijn oksels en tilde hem omhoog. Terwijl ik daarmee bezig was, wist ik dat die jongen daarna veilig was. Als ik hem naar het oppervlak had geduwd, bleef hij leven en kon hij boven weer ademhalen. Terwijl ik bezig was, werd ik bang dat ik moe zou worden. Ik moest er zoveel omhoog sturen en ik was al zo lang onder water – op een gegeven moment moest ik wel moe worden en dan gingen er jongens dood. Maar mijn zorgen waren ongegrond. In mijn droom werd ik nooit moe en hoefde ik geen lucht te happen. Ik liep onder water rustig van de ene jongen naar de andere en tilde ze allemaal naar de lucht en het licht.

– Achak, fluisterden ze tegen me, en dan duwde ik ze naar de oppervlakte.

– Valentino, fluisterden ze en ik duwde ze naar boven.

– Dominic! fluisterden ze en ik duwde ze naar boven, naar boven.

Ik was nu achttien. Ik zat zes jaar in Kakuma. Ik woonde nog steeds bij Gop Chol en zijn gezin en had die droom inmiddels al een keer of honderd gehad. De boodschap was me duidelijk: ik was verantwoordelijk voor de volgende generatie jongens. We moesten allemaal samen watertrappen en ik was voorbestemd om les te geven. In Kakuma werd ik dus onderwijzer, en ik werd ook Dominic.

De naam Valentino was, althans bij veel mensen, verdrongen door Dominic, en hoewel ikzelf niet de voorkeur gaf aan die bijnaam, achtervolgde hij me hardnekkig. Ik dankte hem aan mijn band met Miss Gladys, mijn lerares en met afstand de begeerlijkste vrouw van heel Kakuma, dus ik klaagde niet. Miss Gladys gaf toneelles, later ook geschiedenis, en ze was onvoorstelbaar stralend en sierlijk. Miss Gladys was degene die me met Tabitha in contact bracht, en Miss Gladys was ook degene die me in contact bracht met de lichtjes van Nairobi en met de mogelijkheid uit de wind en de droogte van Kakuma weg te komen. Het was haar hand die ik vasthield terwijl ik naar Deborah Agok luisterde, een rondreizende vroedvrouw die op de hoogte was van het lot van mijn familie en mijn dorp. Het was een spannende tijd voor mij en veel andere jongemannen in Kakuma, al werden de Dinka die nog in Zuid-Soedan waren overgebleven dat jaar getroffen door een verschrikkelijke hongersnood die door Gods hand was ontstaan, maar door Khartoum werd aangewakkerd.

El Niño had zo'n twee jaar droogte gebracht en in het zuiden was hulp dringend nodig. Honderdduizenden in Bahr al-Ghazal werden met de hongerdood bedreigd en Bashir greep de gelegenheid aan om alle vluchten naar en over Zuid-Soedan te verbieden. De streek werd van iedere hulp afgesneden en wat er toch nog doorkwam, werd onderschept door de SPLA en de plaatselijke hoofden, die niet altijd voor een eerlijke verdeling zorgden. Dat alles maakte het wonen in Kakuma nog aantrekkelijker en de bevolking van het kamp nam nog meer toe. Maar als iemand eenmaal aan de ellende in Soedan had weten te ontkomen, legaal in Kakuma was opgenomen en recht had op alle voorzieningen en bescherming, dan kon hij of zij weinig meer doen dan het uitzitten. Afgezien van school hield dat in: clubs. theaterproducties, hiv-bewustwordingsprogramma's, poppentheater – zelfs correspondentievriendschappen met kinderen in Japan.

De Japanners waren in veel aspecten van Kakuma geïnteresseerd, en dat begon met de correspondentieprojecten. De Japanse schoolkinderen schreven in het Engels, en het viel moeilijk te zeggen aan welke kant het Engels slechter was. Het was zeer de vraag hoeveel informatie uit Kenia werkelijk in Tokio of Kyoto overkwam, maar voor mij was het belangrijk, en ook voor de honderd anderen die aan het project meededen. Na een jaar kwamen de Japanse jongens en meisjes met wie we hadden gecorrespondeerd in Kakuma aan, knipperend tegen het stof en met hun hand boven hun ogen tegen de zon. Ze bleven drie dagen, bezochten onze scholen en zagen traditionele dansvoorstellingen in de Soedanese en Somalische zone van het kamp, en het had in Kakuma niet veel vreemder meer kunnen worden. Ik had Duitsers en Canadezen gezien, mensen die zo wit waren dat het wel kaarsen leken. Maar de Japanners bleven komen, en geven; ze interesseerden zich vooral voor de jeugd in het kamp, en die vormde natuurlijk ongeveer 60 procent van de bevolking van Kakuma. De Japanners bouwden het ziekenhuis van Kakuma, waar de gevallen werden behandeld die niet op transport naar Lopiding konden wachten. Ze bouwden ook een openbare bibliotheek en schonken het kamp duizenden basketballen, voetballen, volleyballen en ook sportkleding, zodat de jongeren die sporten met wat waardigheid en vertoon konden beoefenen.

De Lutherse Wereldfederatie was de voornaamste subsidiegever voor veel culturele projecten en wierf instructeurs, voornamelijk onder de Kenianen en Soedanezen. Ik ging eerst bij hun debatingclub en hun club voor spreken in het openbaar, in de hoop dat mijn Engels erop vooruit zou gaan. Kort daarna sloot ik me ook aan bij het programma Jeugd en Cultuur, en dat werd uiteindelijk ook mijn baan. In 1997 werd ik de jeugdleider van Kakuma I. Dat was een betaalde baan, iets wat maar weinig van mijn vrienden en niet één van mijn pleegbroers en -zusjes hadden. Onder 'jeugd' verstonden we iedereen tussen de zeven en vierentwintig jaar, dus in ons deel van het kamp waren dat zesduizend mensen. Ik was de contactpersoon tussen de UNHCR en de jongeren en Achor Achor was van mijn positie nog meer onder de indruk dan vroeger van mijn baan als doodgraver.

– Je kunt altijd bij me terecht voor advies, zei hij.

Achor Achor had toen net een bril, en daarmee zag hij er heel gestudeerd uit, veel serieuzer dan eerst. Alles wat hij zei leek plotseling het gewicht van een diep, beschouwend intellect te krijgen.

– Ik zal eraan denken, zei ik.

Als jeugdleider en coördinator van de jeugd van Kakuma I kwam ik in contact met Miss Gladys, die alle jongens van Kakuma al snel zouden leren kennen en aan wie ze vaak dachten als ze 's nachts alleen waren.

Ze was aangesteld als instructrice van de toneelclub waar ik op zat en waar ik als vertegenwoordiger van de leerlingen werd beschouwd. De eerste keer waren er twaalf leden, tien jongens en twee meisjes, met mij als voorzitter. De LFW liet ons weten dat de volwassen leider-instructeur bij de tweede bijeenkomst aanwezig zou zijn. Omdat ik tijdelijk voorzitter was, kon ik proberen Maria over te halen ook lid te worden. Op een middag na school ging ik haar opzoeken, twee dagen voor de eerste bijeenkomst. Ze was achter de hut van haar pleeggezin de was aan het ophangen.

– Hallo Slaper, zei ze.

Ze probeerde haar slechte humeur niet te verbergen. Dat deed ze nooit. Als ze zich ellendig voelde, liet ze haar schouders hangen en trok een bijna komisch zuur gezicht. Ze was in geen weken op school geweest, want de man die zich als haar vader beschouwde, had besloten dat dat niet met haar huishoudelijke werk te combineren viel. Zijn vrouw was zwanger en hij zei dat Maria bij de hand moest zijn voor als ze iets nodig had. Terwijl de baby in de buik van zijn vrouw groeide, zei hij, had ze steeds meer hulp nodig. En school was een luxe die een weesmeisje zich niet kon veroorloven.

Maria en ik durfden geen van beiden te hopen dat ze echt lid van de toneelclub zou kunnen blijven, maar ik haalde haar over naar de eerste bijeenkomst te gaan. We kwamen samen aan, en samen met de andere leden lazen we de eerste paar scènes van een toneelstuk dat Miss Gladys had geschreven. Maria had de hoofdrol, een vrouw die door haar man werd geslagen, en zat er meteen helemaal in. Ik wist dat ze temperament had, want in die nacht met de uitgestrooide sterren had ze mijn leven gered. Maar ik had niet verwacht dat ze de ziel van een actrice had.

Maria was ook bij de tweede bijeenkomst van de groep, maar ik herinner me niet veel van wat ze toen zei of deed, want Miss Gladys kwam. Toen zij binnenkwam, droeg ik al mijn gezag aan haar over en zei daarna haast niets meer.

Miss Gladys was een jonge Keniaanse met een lange hals; ze droeg graag enkellange rokken, die onder het lopen zwierden en ruisten. Ze gaf direct toe dat ze geen uitgebreide toneelervaring had, maar toch was ze in alle opzichten een artieste, ze was zich bewust van de macht van ieder woord dat uit haar mond kwam, ieder gebaar dat ze maakte. In haar gedachten, en ook in werkelijkheid, werd er voortdurend op haar gelet.

Ze schreef erg goed, merkten we; ze had twee jaar in Engeland gestudeerd, aan de University of East Anglia, waar ze het Engels had geperfectioneerd dat ze op de beste scholen van Nairobi had geleerd.

– Wat is dat voor accent? vroegen we elkaar later.

– Het klinkt in elk geval gestudeerd.

– Later trouw ik met haar, zeiden we.

We begrepen niet waarom een koninklijk, fris – ze zweette niet! – iemand als Miss Gladys haar tijd besteedde aan vluchtelingen zoals wij. Het leek haast te mooi om waar te zijn dat ze het leuk vond bij ons, maar toch was dat blijkbaar echt zo. Tegen de jongens in de groep lachte ze op een manier die we alleen als flirterig konden beschouwen en ze genoot zichtbaar van de aandacht die ze kreeg. De meisjes deden hun best om haar ondanks dat alles toch aardig te vinden.

Het doel van de club was om onder haar leiding eenakters te schrijven en te spelen waarin de problemen in Kakuma werden belicht en op een niet-belerende manier oplossingen werden aangedragen. Als er bijvoorbeeld misverstanden bestonden over het risico van hiv-besmetting, dan kon je daar geen flyers laten drukken of op tv informatie geven. We moesten voorlichting geven door middel van voorstellingen en dan maar hopen dat de boodschap zo onderhoudend werd gebracht dat hij overkwam, dat de mensen ernaar zouden handelen en hun kennis aan elkaar doorgaven, van mond tot mond.

Maar Miss Gladys kon nooit onthouden wie van de jongens wie was. Een van de tien jongens, veruit de geestigste van heel Kakuma, heette Dominic Dut Mathiang. Hij was in elk geval de geestigste Soedanees; ik kon niet beoordelen hoe geestig de Oegandezen waren. Meteen bij de eerste bijeenkomst onder Miss Gladys' leiding was ze weg van Dominic Dut Mathiang en lachte ze om al zijn grappen.

– Hoe heette je ook alweer? vroeg ze.

– Dominic, zei hij.

– Dominic! Wat een geweldige naam!

En daarmee was het lot van de tien jongens bezegeld, want de andere namen kon ze niet onthouden. Ze zei dat ze slecht was in namen en dat was geen woord te veel gezegd. De meisjes noemde ze zelden bij hun naam; de enige naam die ze paraat leek te hebben, was Dominic. Voor haar heetten we dus al snel allemaal

Dominic. Het begon als een vergissing. Op een dag noemde ze mij per ongeluk Dominic.

– Ach, sorry, zei ze. – Maar jullie hebben wel allebei een Italiaanse naam, toch?

– Ja, zei ik. – Ik heet Valentino.

Ze bood me haar excuses aan, maar de volgende dag noemde ze me weer Dominic. Het maakte me niet uit. Het kon me niets schelen. Ik zei dat onze namen inderdaad nogal op elkaar leken. Ik was het tóch al eens met alles wat ze zei, al luisterde ik niet altijd naar de woorden die uit haar prachtige mond kwamen. Ze noemde me dus Dominic en alle andere jongens ook, en op het laatst verbeterden we haar niet meer. We waren gewoon allemaal Dominic. We vonden het geen van allen erg, en bovendien hoefde ze ons niet vaak bij naam te noemen. We konden onze ogen niet van haar afhouden en ze hoefde de hare, met die ongelooflijk lange gekrulde wimpers, alleen maar op degene te richten tegen wie ze het had.

We hadden het de hele dag over haar. We kwamen speciaal bij elkaar, thuis bij de enige echte Dominic, Dominic Dut Mathiang, om haar charmes te bespreken.

– Haar tanden zijn niet echt, opperde een jongen.

– Ik heb gehoord dat ze er in Engeland iets aan heeft laten doen.

– In Engeland? Ben je gek. Dat doen ze niet in Engeland.

– Maar ze kunnen haast niet echt zijn. Moet je onze tanden zien, en dan die van haar.

Ons eerste stuk heette *Uitgehuwelijkt*; het ging over de Soedanese huwelijkstradities en de mogelijke alternatieven daarvoor. Ik speelde een dorpsoudste die erop tegen was dat jonge vrouwen tot een liefdeloos huwelijk gedwongen werden. In het stuk werd mijn standpunt tegengesproken door een heleboel andere oudsten, die het bestaande systeem het beste vonden. Uiteindelijk won de meerderheid en werd het meisje in kwestie uitgehuwelijkt. De conclusie dat het oude systeem onaanvaardbaar was lieten we aan ons jonge publiek over.

We speelden dat eerste stuk tientallen keren, in heel Kakuma, en omdat er ook humor in zat, en grotendeels omdat Miss Gladys er ook een rolletje in had – als de zuster van de bruid – vond iedereen het mooi en werden we aangemoedigd door te gaan. We schreven dus ook stukken over aids en hoe dat te voorkomen. We schreven een stuk over woedebeheersing en conflictoplossing. In een ander stuk behandelden we het kastenstelsel en de sociale discriminatie in het kamp, en in weer een ander het effect van oorlog op kinderen. We schreven ook een eenakter waarin we gelijkheid van de seksen propageerden –gelijke behandeling voor Soedanese jongens en meisjes zoals wij in Kenia – en tot onze voortdurende verbazing werden onze stukken gewaardeerd en bestond er, althans openlijk, heel weinig weerstand tegen onze boodschap.

Maar er waren ook oudsten die ons oneerbiedig vonden, en de man in wiens gezin Maria woonde was een van degenen die niet achter ons stonden. Op een dag was Maria na school niet op de repetitie, en toen ze drie dagen achter elkaar niet geweest was, ging ik haar opzoeken. Ik trof haar die avond thuis, waar ze buiten bij het vuur gehurkt asida zat te koken.

– Nu niet! siste ze, en ze ging snel naar binnen.

Ik bleef nog even wachten en ging toen weg. Pas dagen later zag ik haar weer, bij de pomp.

– Ik mag niet meer, zei ze.

Haar voogd was blijkbaar kwaad geworden toen hij merkte dat Maria er 's middags niet was, want dat was de tijd dat de vrouwen het eten klaarmaakten en al het water voor de avond en de volgende ochtend haalden. Vrouwen werden na het donker niet geacht buiten te zijn, dus Maria moest haar werk in de uren tussen school en zonsondergang doen.

– Ik kan wel met hem gaan praten, bood ik aan.

Ik ging wel vaker bij een gezin thuis praten nu ik jeugdleider was. Als ze ergens last van de generatiekloof hadden, vroegen ze me vaak te bemiddelen. 'Een jongen die zijn handen schoonhoudt, eet met de ouderen,' had Gop me geleerd, een richtlijn voor mijn dagelijks gedrag waar ik veel aan heb gehad. Toen een ander meisje uit onze groep, Adyuei, een potlooddunne actrice, niet meer mee mocht doen, was ik daar thuis gaan praten. Eerst had ze tegen haar ouders gezegd dat ik ze graag wilde spreken. Toen ze zich bereid verklaarden me te ontvangen, ging ik er de volgende avond heen; ik bracht een cadeautje mee, een paar notitieblokjes en wat pennen, en bleef een poosje. Ik legde uit dat Adyuei onmisbaar was en dat ze heel belangrijk werk deed voor de jongeren in het kamp. Omdat ik wist dat haar ouders, net als die van Maria, afhankelijk waren van haar mogelijke bruidsprijs, deed ik een beroep op hun handelsinstinct. Ik legde haar vader uit dat Adyuei als bekwaam actrice voor een toekomstige echtgenoot veel aantrekkelijker zou zijn en dat haar zichtbaarheid alleen maar voor een grotere markt zou zorgen als ze op de huwbare leeftijd kwam. Mijn argumenten spraken haar vader allemaal aan, nog veel meer dan ik had verwacht. Niet alleen mocht Adyuei weer naar alle repetities, maar haar vader kwam soms zelfs mee en drong erop aan dat ze grotere rollen en gespecialiseerde lessen van Miss Gladys kreeg. Het had allemaal gewerkt, dus ik dacht dat het ook wel zou werken bij de man die Maria zijn dochter noemde, maar ze wilde het niet.

– Nee, nee. Laat maar. Zo iemand is hij niet, zei ze.

Bij deze man werkte niets, zei ze. Ze was ook niet van plan tegen hem in te gaan, want ze wist dat ze dan slaag zou krijgen. En hoe dan ook, zei ze, ze had wel wat anders aan haar hoofd dan dat verbod om aan het toneel mee te doen. Uit wat ze me die dag bij de pomp vertelde, blijkt wel hoe openhartig ze was en hoe ze me vertrouwde: ze was net drie dagen daarvoor voor het eerst ongesteld geworden. Als jeugdleider had ik toegang tot allerlei informatie over gezondheid en hygiëne, dus ik wist wat dat in lichamelijk opzicht voor Maria betekende. En wat belangrijker was: het betekende ook dat ze naar Soedanese begrippen nu een vrouw was. Na de eerste menstruatie wordt een Soedanees meisje als huwbaar beschouwd, en vaak wordt ze al na een paar dagen opgeëist.

– Weet iemand het al? vroeg ik.
– Ssst! fluisterde ze. – Nog niet.
– Weet je het zeker? Je moeder moet het toch wel gemerkt hebben?
– Nee, ze heeft niets gemerkt, Slaper. Ze vraagt er wel naar, maar ze weet niets. Ik ben er trouwens nog te jong voor. Ik ken niemand die het al heeft. Niks zeggen, hoor. Ik had het je niet moeten vertellen. Vergeet maar dat je het weet.

En ze liep weg.

Maria stond erop dat ik niemand van haar toestand vertelde; ze wist nog niet hoe ze het voor haar pleegouders kon verbergen, maar ze was vastbesloten het zo lang mogelijk geheim te houden. Dat kwam in Kakuma vaker voor, maar ongewoon was het wel. De meeste meisjes houden niet geheim dat ze vrouw zijn, ook al zijn ze van plan zich tegen uithuwelijking te verzetten. De meesten accepteren het, sommigen vieren het zelfs. Als een dochter voor het eerst ongesteld wordt geven sommige clans in Zuid-Soedan een feest voor familie en huwelijkskandidaten uit dorpen in de wijde omtrek, een soort debutantenbal om alle vrijgezellen in de omgeving te laten weten dat er een meisje vrouw is geworden. Sommige mannen vinden het ideaal om hun bruid op dat moment te plukken, want dat is een garantie voor zuiverheid.

Als ik Maria's leeftijd op dat moment moest raden, zou ik zeggen: veertien. Maar in Soedan is het niet de leeftijd die telt, maar de vorm, de rijpheid van het lichaam. En zelfs ik, die Maria al kende sinds ze een mager klein meisje was, had de tekenen van ontluikende vrouwelijkheid opgemerkt. In een ander leven, waarin ze niet onder het gezag van een kwaadaardige man stond die zijn investering terug wilde verdienen, zou ik haar misschien wel het hof hebben gemaakt. Ze was het enige meisje met wie ik zo'n verstandhouding had, met niemand anders had ik zo het gevoel dat ze een verlengstuk van mijn eigen ziel was. Maar weesjongens zonder familie werden niet als serieuze kandidaten voor een meisje als Maria beschouwd. Wij maakten het voor hun pleegouders alleen maar ingewikkelder: als er een jongeman zoals ik om Maria heen draaide, zouden er onvermijdelijk twijfels over haar maagdelijkheid ontstaan. Mensen als Maria en ik konden alleen vrienden zijn, en zelfs dan konden we elkaar maar heel af en toe spreken.

Van degenen die in Kakuma een begeerlijke jonge bruid kwamen uitzoeken, waren de SPLA-soldaten en -commandanten het actiefst. Ze trokken snel door het kamp, keken rond, luisterden naar geruchten en probeerden er zo achter te komen welke meisjes ze bij hun familie konden inlijven. De rebellen kwamen ook naar Kakuma en naar andere kampen in de landen rond Soedan om rekruten te zoeken. In ons kamp leefden duizenden potentiële soldaten in vrede, wat de rebellen onrustig maakte en de jongemannen van mijn leeftijd veel wanhoop en hoofdbrekens bezorgde.

De Dominics van de toneelgroep begonnen serieus over de mogelijkheid te praten bij de SPLA te gaan; velen voelden zich in Kakuma nutteloos. Dat ging bij vlagen, vooral als er een grote vooruitgang was geboekt of als de rebellen een gevoelige nederlaag hadden geleden. De jonge mannen die naar school gingen of in het kamp rondhingen, discussieerden met wisselende heftigheid of ze zich al dan niet zouden aansluiten, om het inzakkende moreel van het rebellenleger te versterken of om samen de vijand de genadeslag toe te brengen.

Alsof ze de stemming onder de oudste jongens feilloos aanvoelden, kwam er op een dag een groep soldaten en bevelvoerders naar Kakuma om zo veel mogelijk jongemannen voor de oorlog te ronselen. Officieel was er geen SPLA-aanwezigheid in Kakuma, maar de voormalige en tegenwoordige commandanten liepen het kamp in en uit zonder gecontroleerd te worden. Ze kwamen met genoeg legertrucks om honderden jongemannen mee te kunnen nemen als ze die konden overhalen uit het kamp weg te gaan om in Zuid-Soedan mee te vechten.

Op een avond om tien uur was er een vergadering belegd in een gebouwtje van golfplaat en leem. Er zaten vijf SPLA-officieren achter een tafel, met voor hen honderden jongemannen die op verzoek of onder dwang bij de informele bijeenkomst aanwezig waren. De SPLA had bij veel jongens een erg slechte reputatie, dus stonden velen sceptisch tegenover hun aanwezigheid. Sommigen voelden zich verraden, want de SPLA rekruteerde wel zwaar onder de mannen uit Noord-Bahr al-Ghazal, maar had weinig moeite gedaan om de streek tegen invallen te beschermen. Anderen keurden het inzetten van kindsoldaten af en weer anderen waren gewoon ontevreden omdat het zo lang duurde om de oorlog tegen de Soedanese regering te winnen. Achor Achor en ik, en alle andere jonge mannen die we kenden, waren die avond op de bijeenkomst, deels uit doodgewone nieuwsgierigheid wat ze zouden zeggen, welke invalshoek ze zouden proberen om ons over te halen de wapens op te nemen en de relatieve veiligheid van het kamp achter ons te laten. Het zat vol, en Achor Achor vond een zitplaats voorin, maar ik niet, ik stond bij het raam. De zaal zat die avond wel vol, maar toch waren ook veel jongens uit het kamp zo ver mogelijk uit de buurt gebleven. Al jaren schoot de SPLA deserteurs zonder waarschuwing dood, en er zaten massa's deserteurs in Kakuma.

De commandant die de bijeenkomst voorzat, een overheersende, gedrongen man die Santo Ayang heette, kwam binnen, ging achter de blauwe houten tafel zitten en bracht dat punt maar meteen ter sprake.

– Als er jongens zijn die uit het leger zijn vertrokken, dan hoeven die zich geen zorgen te maken, begon hij. – De wetten op desertie zijn veranderd. Jullie zijn weer van harte welkom in het leger, zonder straf. Geef dat maar aan jullie vrienden door.

Er ging een goedkeurend gemompel door de zaal.
– Dit is de nieuwe SPLA, een verenigd SPLA, zei commandant Santo. – En we zijn aan de winnende hand. Jullie weten dat we winnen. We hebben bij Yambio, Kaya, Nimule en Rumbek gewonnen. We hebben nu de meeste belangrijke punten in Zuid-Soedan in handen en hoeven het karwei alleen nog maar af te maken. De keus is aan jullie, jongens... Jullie zijn eigenlijk geen jongens meer. Velen van jullie zijn al mannen, en jullie zijn sterk en goed geschoold. Nu hebben jullie de keus. Wie wil er de rest van zijn leven in Kakuma blijven wonen, mannen?

Niemand stak zijn hand op.
– Juist. En hoe dachten jullie hier weg te komen?
Niemand zei iets.
– Jullie verwachten zeker dat je wel naar huis kunt als de oorlog afgelopen is. Maar hoe moeten we die oorlog winnen? En wie zal hem winnen? Wie vechten er? Vertel me dat eens. Jullie zitten hier in Kakuma, jullie krijgen te eten, jullie kopen dure schoenen...

Hij wees naar een jongen die in een hoek op een stoel stond. Die had nieuwe sportschoenen aan, van onberispelijk hagelwit imitatieleer.

– En jullie wachten hier veilig terwijl wij het werk opknappen. Als het afgelopen is, komen jullie terug en profiteren jullie van alles waar wij ons bloed voor hebben vergoten. Uit jullie stilzwijgen maak ik op dat jullie dat inderdaad van plan zijn. Heel slim, dat moet ik toegeven, maar dachten jullie dat wij een leger van konijnen en vrouwen waren? Wie vecht deze oorlog uit? Mánnen vechten deze oorlog uit, en het kan me niet schelen dat ze jullie hier de Lost *Boys* noemen. Jullie zijn mannen en het is jullie plicht te vechten. Als jullie niet vechten is deze oorlog verloren, dan is Zuid-Soedan verloren, dan zullen jullie je kinderen in Kakuma grootbrengen en zij op hun beurt hún kinderen.

Een jongeman, Mayuen Fire, sprong op.

– Ik doe mee!

De commandant glimlachte. – Ben je bereid?

– Ik ben bereid! riep Mayuen Fire.

Iedereen lachte.

– Stilte! blafte de commandant. Het werd stil in de zaal, deels omdat de commandant dat eiste en deels omdat tot ons doordrong dat Mayuen Fire het meende. – Er zit dus ten minste één man bij al die jongens, ging Santo verder. – Daar ben ik heel blij om. Over drie dagen gaan we weg. Donderdagavond staan er trucks bij de westelijke poort. Daar zien we jullie dan verschijnen. Neem je kleren en andere spullen mee.

De nieuwe rekruut wist in zijn opwinding even niet wat hij moest doen, dus liep hij het gebouw maar uit. Dat was nogal lastig, want het zat zo vol dat hij minutenlang over iedereen heen moest stappen voordat hij bij de deur was. Toen bedacht hij dat hij misschien iets belangrijks miste als hij wegging, dus kwam hij terug en ging bij een raam staan.

– Goed, zei commandant Santo. – We hebben vanavond een speciale gast.

Een man die achter de commandant zat, stond nu op en kwam naar voren, met een gedraaide wandelstok in zijn hand. Het was een robuuste oude grootvader, grijsharig, tandeloos, met een broos uitziende onderkaak en kleine oogjes. Hij had een zwart colbert en een lichtblauwe pyjamabroek aan en droeg een camouflagepet op zijn kleine, gerimpelde hoofd. Commandant Santo gaf hem een hand en stelde hem aan ons voor.

– De man die jullie hier zien, een dorpshoofd uit Nuba, zal jullie uitleggen hoe verachtelijk de methodes van Bashir en zijn leger zijn. Misschien kan hij jullie er allemaal van overtuigen dat jullie het voorbeeld van de moedige jongeman moeten volgen die zich zojuist heeft aangemeld. Kuku Kori Kuku was een machtig man met veel aanzien. Maar hij heeft één vergissing begaan: hij vertrouwde de regering in Khartoum. Hij zal jullie nu vertellen wat zijn vertrouwen hem heeft opgeleverd.

- Dank u, commandant Santo.
- Vertelt u maar van het verraad dat tegenover u is gepleegd.
- Dat zal ik doen, met uw goedvinden, commandant.
- Vertel van het bedrog en de moord waarvan u getuige was.

Dat wilde het dorpshoofd juist gaan doen, maar hij kreeg de kans niet. Nog niet.

- Laat ons maar weten wanneer u zover bent. Haast u niet, voegde Santo eraan toe.

Nu wachtte het dorpshoofd maar, met gesloten ogen, zijn handen aan zijn stok. Toen hij eindelijk zeker wist dat commandant Santo hem niet meer in de rede zou vallen, deed hij zijn ogen open en begon.

- Jongens, ik was hoofd van een dorp dat Jebel Otoro heette. Zoals jullie weten, zijn wij in Nuba het slachtoffer geworden van herhaalde aanvallen van de regering en van de murahaleen. Bij een van die aanvallen heb ik mijn zoon verloren; hij is in ons huis verbrand toen ik naar een ander dorp was om te bemiddelen bij een meningsverschil. En zoals jullie weten zijn duizenden inwoners van Nuba naar de 'vredesdorpen' gestuurd, de interneringskampen waar jullie wel van hebben gehoord.

Op dat moment viel Achor Achor me op, die vooraan zat. Zijn gezicht werd interessanter om naar te kijken dan de pratende mond van Kuku Kori Kuku. Al vanaf de eerste woorden hing Achor Achor aan zijn lippen.

- Zo kan de regering ons in de gaten houden en weten ze zeker dat we niet tegen hen kunnen vechten. En die kampen hebben veel inwoners van Nuba aangetrokken die niets met het conflict te maken wilden hebben. Daar worden ze door soldaten bewaakt en krijgen ze slecht te eten. In die vredesdorpen worden de vrouwen herhaaldelijk ontvoerd en verkracht. De regering heeft duidelijk gemaakt dat inwoners van Nuba die niet in die dorpen willen wonen, de kant van de SPLA kiezen en dus als vijanden worden beschouwd. Net als jullie hadden de mensen uit Nuba al lang genoeg geleden, en we zochten een manier om daar een eind aan te maken.

De tong van Achor Achor kwam naar buiten alsof hij de lucht wilde proeven voor het volgende deel van het verhaal.

- We waren dan ook blij toen de regering een gesprek voorstelde. Bashir zou persoonlijk om een gesprek met alle dorpshoofden van Nuba hebben gevraagd. En ik moet toegeven dat onze trots gestreeld was, we waren heel erg met onszelf ingenomen. We werden door Khartoum opgeroepen voor een bespreking en we gingen er uit eigen beweging heen, idioten die we waren. We hadden vertrouwen, maar dat was niet terecht. Zullen we ooit iets leren van deze oorlog, van de geschiedenis van ons land? We hadden vertrouwen! Onze grootvaders hadden vertrouwen, en hun grootvaders hadden vertrouwen, en kijk eens wat we daarmee zijn opgeschoten.

De stem van het dorpshoofd werd luider en hoger, beefde en brak. Ik herinnerde me het verhaal van de dorpshoofden die er vroeger mee hadden ingestemd Zuid-Soedan met het Noorden te laten samengaan, een vergissing die de meesten kenden en betreurden.

- Dus ja, we waren trots, dus we gingen. Alle achtenzestig dorpshoofden van Nuba gingen op de afgesproken dag naar de vergadering. Veel hoofden moesten dagenlang reizen, sommigen zelfs te voet. Toen we aankwamen, merkten we dat we hier niet waren om vertegenwoordigers van Khartoum te spreken. Het was een valstrik geweest. Tientallen dorpshoofden – iedereen werd naar trucks gedreven en naar een nieuwe gevangenis gebracht, in een oud ziekenhuis, waar ik als jongeman nog had gelegen. We werden twee dagen lang met heel weinig eten en water in twee kleine kamertjes vastgehouden. We eisten te worden vrijgelaten. We dachten dat dit misschien een wilde actie van een groepje soldaten was. We dachten dat de regering, die de conferentie had georganiseerd, wel woedend zou zijn en snel tussenbeide zou komen. Maar niet alle dorpshoofden waren zo optimistisch.

Ik keek om me heen, en aan de gezichten van de jongens in de zaal zag ik dat velen al leken te weten hoe het met de dorpshoofden zou aflopen. Ze waren al bereid om te vechten. Achor Achor keek angstaanjagend kwaad.

– We probeerden de bewakers nog te bepraten en legden uit dat we dorpshoofden van onze stam waren en niets hadden misdaan. – Jullie zijn vijanden van de regering en dat is al een misdaad, zei een bewaker. Op dat moment begrepen we dat onze hele toekomst op losse schroeven stond. Maar we dachten nog dat ze ons in het ergste geval in een soort vredeskamp voor dorpshoofden konden opsluiten – misschien strenger, misschien alleen gescheiden van ons volk. We verwachtten dat we daar misschien zelfs jarenlang zouden worden vastgehouden, tot het eind van de oorlog. Maar de regering had andere plannen met ons. Die nacht werden we in de kleine uurtjes wakker gemaakt en naar buiten gedreven, het donker in. We werden in legertrucks geladen, en pas toen we daar achterin zaten, werden we bang. Ze hadden onze handen achter op de rug vastgebonden en we voelden ons volkomen hulpeloos. In de truck probeerden we elkaar te helpen en los te maken. Maar de truck reed over ruig terrein en het was heel donker. We zagen niets en werden heen en weer geslingerd op de kronkelige weg, die in slechte staat was. En vergeet ook niet dat veel dorpshoofden al oud en niet erg sterk waren. Daar zaten we dus: de leiders van Nuba, die elkaar niet konden helpen. Vernederend.

Achor Achor schudde langzaam zijn hoofd, met tranen in zijn ogen.

– Al snel stonden de trucks stil. Haal ze eruit! schreeuwde de officier tegen de soldaten. We kwamen een voor een naar buiten en al snel verloren de soldaten hun geduld. De laatste dorpshoofden werden de trucks uit gesmeten en ze vielen hard op de grond, ook een die al heel oud was, want hun handen waren op hun rug gebonden. Nu stonden we allemaal op de weg en we moesten lopen. Er stond een felle halvemaan aan de hemel. We zagen de gezichten van de soldaten, en er was een Dinka bij. Ik herinner me nog dat ik heel lang naar hem keek en me probeerde voor te stellen wat er met hem gebeurd kon zijn. Waarschijnlijk was hij moslim geworden en hadden ze hem aangepraat dat wij vijanden van zijn land en zijn geloof waren. Toch dacht ik te zien dat hij zijn blik afwendde. Misschien schaamde hij zich. Maar dat kan ik me wel verbeeld hebben. Ik wilde dat hij zich schaamde, maar misschien deed hij gewoon zijn werk, net zo ijverig als de anderen.

Achor Achor was nu een en al ingehouden woede.

– We werden naar een bergrichel gebracht en in de rij gezet. Er waren twintig soldaten met automatische geweren. Een dorpshoofd probeerde weg te rennen, de berg af. Hij werd meteen doodgeschoten. Toen begonnen alle soldaten te schieten. Ze schoten alle dorpshoofden dood, door het achterhoofd als dat kon. Een paar mannen probeerden nog te vechten, met hun voeten, maar zij werden in de borst geschoten, en in het gezicht en waar de soldaten ze maar raken konden. Dat was het vreselijkste wat ik ooit heb gezien, zulke mannen, die met gebonden handen vochten voor hun leven en schopten en sprongen. Dat was geen manier om te sterven. Het was een troep, verschrikkelijk.

– Dat duurde zeker wel even, die executies? vroeg de commandant.

– Nee, nee. Het was heel snel voorbij. In een paar minuten.

– Maar u hebben ze niet doodgeschoten. Waarom niet?

Het dorpshoofd snoof. – Natuurlijk hebben ze op me geschoten! Net als op alle anderen! Ik was dorpshoofd, dus ik moest dood! Ze schoten me door mijn achterhoofd, ja, maar de kogel kwam er bij mijn kaak weer uit.

Sommige jongens in de zaal geloofden het niet en dat merkte hij.

– Geloven jullie me niet? Kijk eens.

Hij liet een rafelig litteken aan de hoek van zijn onderkaak zien.

– Daar is de kogel naar buiten gekomen. Dit is hem.

Hij haalde een rond, roestig geval uit zijn zak, dat er niet uitzag alsof het ooit door de schedel van een mens had kunnen dringen.

– Het deed geen pijn. Ik dacht dat ik dood was, dus ik voelde maar weinig pijn. Ik lag op de grond en begreep niet hoe het kon dat ik nog zag en dacht. Ik was dood, maar ik kon nog zien. Ik zag een lijk liggen, ook een dorpshoofd, en ik hoorde de laarzen van de soldaten. Ik hoorde de truck weer starten. De hele tijd vroeg ik me af hoe het kon dat ik dat allemaal hoorde. Ik had niet verwacht dat je na je dood nog kon zien en horen.

– Toen dacht ik dat ik misschien nog niet dood was. Dat ik nog stervende was. Ik bleef dus liggen, ik kon me niet verroeren en wachtte op de dood. Ik dacht aan mijn familie, de mensen van mijn dorp. Hier lag hun dorpshoofd tussen zevenenzestig anderen, allemaal dood. Allemaal sukkels die te goed van vertrouwen waren geweest. Ik dacht aan de schande, al die dorpshoofden die op één plek doodgingen, afgemaakt door jonge jongens van het regeringsleger die niets van het leven wisten. Ik vervloekte onze stommiteit. Dit is het eind van ons volk, dacht ik. Als het zo makkelijk was om alle hoofden te doden, dan moest het wel heel makkelijk zijn om onze kinderen te vermoorden.

– Pas later begreep ik dat ik nog leefde. Het werd licht en ik kon nog steeds zien en denken, dus uiteindelijk ging ik geloven dat ik misschien nog leefde. Ik probeerde mijn armen te bewegen. Tot mijn verbazing lukte dat. Ik bedacht dat er straks misschien een nieuwe groep soldaten kwam om ons te begraven en de sporen van het bloedbad uit te wissen, dus ik stond op en liep weg. Ik liep gewoon terug naar mijn dorp. Ik deed er drie dagen over en zag onderweg maar weinig mensen. In het eerste dorp waar ik doorheen kwam, ontmoette ik de rechterhand van het dorpshoofd en hij begroette me heel enthousiast. Hij wilde weten hoe de vergadering verlopen was. Ik moest hem vertellen dat het niet goed afgelopen was.

– Hij en zijn mensen verzorgden me en brachten me naar een kliniek in de buurt, waar het gat in mijn kaak werd gehecht. Na een week kon ik verder lopen, samen met de rechterhand van het dorpshoofd, terug naar mijn dorp, waar ze inmiddels hadden gehoord wat er was gebeurd. Daar zou ik niet veilig zijn, dus ze verborgen me totdat ik een week later kon ontsnappen. Uiteindelijk kwam ik anderen tegen, die naar Kakuma gingen. Er werd besloten dat ik alleen daar veilig zou zijn.

– Jongens, we kunnen nooit één land vormen met het Noorden, met Khartoum. We kunnen ze nooit vertrouwen. Pas als het Zuiden onafhankelijk wordt en het Nieuwe Soedan ontstaat, kan er vrede komen. Dit kunnen we nooit meer vergeten. Voor hen zijn wij slaven, en zelfs als we niet in hun huizen en op hun boerderijen werken, zullen ze ons altijd als een minder soort mensen blijven zien. Stel je voor: hun uiteindelijke plan is om van het hele land een islamitische staat te maken. Ze willen ons allemaal bekeren. Daar zijn ze al mee begonnen. Driekwart van het land is al moslim. Ze zijn dus bijna klaar. Vergeet dus niet: we moeten onafhankelijk worden, anders houden we als volk op te bestaan. Ze lijven er zoveel in als ze kunnen en de rest maken ze af. We kunnen niet in één land met ze leven en we kunnen ze niet vertrouwen. Nooit meer. Beloven jullie me dat?

We knikten.

– Vecht tegen die monsters! bulderde hij. – Alsjeblieft!

Die avond beloofden nog twaalf anderen hun steun. Uiteindelijk gingen tien van hen die donderdag met de SPLA mee, samen met veertien anderen die niet bij de vergadering waren – voornamelijk zoons, broers en neefjes van SPLA-commandanten. Ik kan niet zeggen dat ik in die tijd ooit serieus heb overwogen bij de SPLA te gaan. Ik had het druk in het kamp met mijn theaterprojecten en Miss Gladys, maar Achor Achor was twee dagen lang in tweestrijd en kwam elke avond naar me toe omdat ik moest helpen met nadenken.

– Ik moet er wel heen, vind ik. Toch? vroeg hij.

– Ik weet niet. Ik weet niet of het wel iets uitmaakt, zei ik.

– Jij gelooft niet dat we de oorlog kunnen winnen.

– Ik weet het niet. De oorlog duurt al zo lang. Ik snap niet hoe je het zou moeten weten als iemand gewonnen heeft. Hoe kunnen we dat weten?
– Nou, dan waren we onafhankelijk.
– Geloof jij echt dat het ooit zover komt?
Met die gedachte bleven we even zitten.
– Ik vind dat ik moet gaan, zei hij toen. – Ik ben degene die moet meevechten. Ik kom uit Aweil. Als ik niet ga vechten, wie dan wel?
– Maar je wordt niet in Aweil gestationeerd.
– Dan regel ik zelf een geweer en ga naar Aweil.
– Maar er is niemand meer in Aweil. Daar is niemand meer.
– Commandant Santo zei dat de SPLA nu anders is.
– Misschien. Misschien niet. Maar kijk nu eens naar jezelf. Je hebt nog nooit van je leven gevochten. Je draagt een bril. Als die kapotgaat, hoe wou je dan schieten?
Ik had niet gedacht dat dat argument hem zou overtuigen, maar dat deed het. Meteen zelfs, dus Achor Achors militaire loopbaan is nooit van de grond gekomen. Ik weet vrijwel zeker dat hij alleen maar een goede reden zocht om niet te hoeven gaan, iets wat hij kon zeggen als er ooit iemand naar mocht vragen. Hij heeft het nooit meer over de SPLA gehad.

Ik wil niet grof zijn, maar het is wel belangrijk dat ik hier even aangeef dat we nog maar pas uit de puberteit waren, dat sommige jongere jongens in de klas nog midden in de hormonale veranderingen zaten en zich net van de andere sekse bewust werden. Met haar volgende actie bracht Miss Gladys dus een storm onder de jongens teweeg, en dat in een tijd dat er op lichamelijk gebied toch al genoeg aan de hand was. Mijn eerste haartjes waren al verschenen, een paar plukjes in mijn onderbroek en een in elke oksel. Ik was er later mee dan veel andere jongens, maar we waren allemaal wat laat met onze ontwikkeling, zeiden ze, door onze trauma's en doordat we nog steeds ondervoed waren.

Maar in die fase van onze ontwikkeling had onze Miss Gladys een enorme invloed op ons leven. Met haar seksuele openheid en zelfvertrouwen hield ze voortdurend vonkjes bij alles wat ontvlambaar was in ons. Het was al genoeg dat we haar twee keer per week bij de toneelgroep zagen, maar toen ze ook nog op school bij de geschiedenisles binnenwandelde, ging ze te ver.

- Ah, Dominic! Leuk je te zien! zei ze.

Dat was het semester nadat ze de toneelgroep Napata had opgezet. We wisten helemaal niet dat we een nieuwe geschiedenisleraar kregen. De vorige, een Keniaan die George heette, leek heel capabel, en permanent.

- Geeft u hier les? vroegen we.
- Jullie lijken niet erg blij me te zien, zei ze met een theatrale pruillip.

Ik wist niet wat ik moest zeggen. Haar aanwezigheid bij Napata was wel te hanteren; daar kon ik mijn zenuwen en mijn zwakke maag achter mijn acteren verbergen. Maar als ze hier geschiedenis ging geven, zou ik me niet kunnen concentreren, dat wist ik meteen al, en mijn cijfers zouden kelderen. Alle problemen die haar aanwezigheid toch al met zich meebracht, werden nog verdubbeld door een nieuw trekje in haar persoonlijkheid. Geschiedenis wekte de provocateur in haar tot leven, en dat was de achtenvijftig jongens die op de grond vóór haar zaten gewoon te veel.

Ze had het niet direct over seks, maar ze kreeg het in haar lessen altijd voor elkaar om de seksuele kant van de historische figuren die ze behandelde ter sprake te brengen, al moest ze die er met de haren bijslepen.

- Dzjengis Khan was een heel wrede dictator, begon ze bijvoorbeeld. - Voor zijn vijanden was hij verschrikkelijk, maar hij was dol op vrouwen. Hij lustte er wel pap van, werd beweerd. Het gerucht gaat dat hij meer dan tweehonderd vrouwen met zijn zaad had bezwangerd, en vaak bezocht hij er in één nacht wel twee of drie. Het schijnt dat hij ook bepaalde voorwerpen in bed...

De eerste dag viel er een jongen flauw. We waren totaal niet voorbereid op een verhandeling over seksuele lust, en al helemaal niet als die verhandeling uit de mond van de godin Gladys kwam. Waarom deed ze dat? Ze had ons allemaal in haar ban, achtenvijftig jongens, we behoorden haar met hart en ziel toe en ze kon genadeloos zijn. De uiteenzettingen over het seksuele gedrag van Dzjengis Khan en zijn soortgenoten gingen het hele schooljaar door en putten ons volkomen uit.

Onze verwarde, hunkerende gezichten hadden een bepaald effect op haar: ze spoorden haar aan, zodat ze zelfs in iedere les een seksueel feit of terzijde verwerkte; we konden erop wachten, we kleedden ons er zelfs op. De jongen die was flauwgevallen, nam papier mee naar school om in zijn oren te proppen als ze het onderwerp weer ter sprake bracht, want zijn ouders waren ook in het kamp en hij wist zeker dat zij het zouden merken als hij met dat soort kennis in zijn hoofd thuiskwam.

De weinige meisjes in de klas ergerden zich over het algemeen dood aan Miss Gladys met haar fratsen, en aan de geobsedeerdheid van de jongens. Maar er was één meisje, jonger dan de rest, dat Miss Gladys wel leuk leek te vinden en om haar grappen lachte, zelfs om de grappen die wij niet eens als zodanig herkenden. Dat was Tabitha Duany Aker. Ik had haar een semester en een zomer niet gezien sinds we in dezelfde groep voor huishoudkunde hadden gezeten, maar ik was erg blij haar weer te zien en vond het leuk dat zij de enige was die lachte toen Miss Gladys die mop over Idi Amin in de sauna vertelde. Op de mop volgde een doodse stilte in de klas, op een luid geproest in Tabitha's rij na. Ze sloeg haar hand voor haar mond en wisselde een lange blik van wederzijdse bewondering met Miss Gladys, en vanaf dat moment interesseerde ik me voor haar en probeerde haar ook buiten school te ontmoeten waar en wanneer het maar kon. Ze deed me in veel opzichten aan Maria denken – haar geestigheid, haar verbale snelheid, haar hartvormige gezicht – maar zij was meisjesachtiger dan Maria. Ze had iets wild vrouwelijks over zich, wat ze volgens mij temde en beheerste door alle bewegingen en gebaren van Miss Gladys te bestuderen.

Ondertussen dachten de andere jongens, die pas met onze nieuwe geschiedenislerares hadden kennisgemaakt, alleen én samen veel aan onze nieuwe docente en haar lessen. Miss Gladys werd de beroemdste en populairste lerares van Kakuma, en door haar kenden ook steeds meer mensen de Dominics. In onze geschiedenisklas zaten vier Dominics, en omdat ze zo vertrouwd met ons leek, bekeken de andere jongens ons met moordzucht in hun ogen, want wij wisten kennelijk de weg naar haar hart. Altijd als Miss Gladys ter sprake kwam, werden haar lievelingetjes ook vermeld, de vier Dominics van de toneelgroep. Onze echte namen werden vervangen door Dominic en onze faam schiep een band tussen ons. Bij het basketballen heette ons team de Dominics. Als we samen langsliepen, zeiden de mensen: 'Daar heb je de Dominics.' En het aantal willekeurige jongens die opeens wilden leren acteren – en belangstelling voor geschiedenis kregen, en dan liefst in onze klas, in welk deel van het kamp ze ook woonden – bleef groeien. Maar Miss Gladys liet niemand toe, want we hadden al genoeg jongens.

We hadden er zelfs te veel, en het werd een probleem dat er maar twee meisjes bij de groep zaten, zodat de meeste vrouwenrollen door jongens moesten worden gespeeld, vooral door één van de Dominics, een jongen die in werkelijkheid Anthony Chuut Guor heette. Hij durfde wel een jurk of andere vrouwenkleren aan en was ook niet te benauwd om als een vrouw te lopen en te praten. Vanwege die moed gaven we hem de bijnaam Madame Zero, naar een spion in travestie uit een stripboek. Dat vond hij leuk, althans in het begin. Maar toen de bijnaam ook door anderen dan de Dominics werd gebruikt, ging hij het minder grappig vinden, en daarom wilden hij en Miss Gladys er beslist nog minstens één meisje bij hebben.

En zo trad Tabitha op een stralende middag toe tot toneelgroep Napata.

Tabitha was bevriend met Abuk, de oudste dochter van Gop, dus zelfs buiten de huishoudkunde- en geschiedenislessen had ik haar kunnen observeren, en zo wist ik al het een en ander over haar. Ik wist bijvoorbeeld dat ze bij de toneelgroep mocht omdat haar moeder vroeger zelf actrice was geweest en een verlichte vrouw was, die wilde dat Tabitha van alle mogelijkheden in het kamp gebruikmaakte. Ik wist ook dat haar gezicht onthutsend volmaakt was. Toen ik Maria pas kende, had ik wel bepaalde gevoelens voor haar, maar als ik naar haar keek en met haar praatte, was dat geen uitdaging voor me. Ze leek eerder een zusje van me; bij haar had ik het gevoel dat ze net zo was als ik, dat we allebei vluchtelingen waren en dat ik voor haar niet verlegen hoefde te zijn.

Maar Tabitha was heel anders. Ik was niet de enige die wist dat Tabitha's gezicht zijn gelijke niet had in symmetrie. Haar huid was smetteloos en ze had de langste wimpers ter wereld. Dat had ik allemaal uit de verte gezien, en toen ik haar ook van dichterbij had bekeken, wist ik dat ze langzaam en bewust liep en al haar lichaamsdelen zonder enige inspanning leek te bewegen. Van een afstand leek ze te zweven: haar hoofd ging bij het lopen niet op en neer en de beweging van haar benen was onder haar rokken niet te zien. Dat wist ik, en ik wist ook dat ze bij het praten de onderarm van haar vriendinnen aanraakte. Dat deed ze vaak, en als ze lachte, pakte ze die arm vast en klopte er dan twee keer op.

Dat wist ik allemaal, en ik wist ook dat ik een tijdlang hees werd en niets verstandigs wist uit te brengen als ze in de buurt was. Ze was een paar jaar jonger dan ik en ik was veel langer, maar in haar nabijheid voelde ik me een kind, een kind dat eigenlijk aan haar rokken met poppen hoorde te spelen. Ik wilde afwisselend dicht bij haar zijn, haar altijd kunnen zien, en dan, even later, in een wereld leven waarin zij niet voorkwam. Dat leek me namelijk de enige manier om me ooit weer ergens op te kunnen concentreren.

De eerste paar keer dat ze bij een bijeenkomst van de toneelgroep was, ging ze net als iedereen helemaal op in de grappen van de geestige Dominic. Ze lachte om alles wat hij zei en legde vaak haar hand op zijn onderarm; ze kneep er zelfs een paar keer in. Ik wist dat Dominic van iemand anders hield, maar toch was het moeilijk om aan te zien. Als ze ooit de hand van een andere jongen pakte, zou ik daar nooit meer overheen komen, dat wist ik zeker. Ik vond alleen troost in de wetenschap dat ik haar nu elke week zou zien, van dichtbij, als we samen onze stukken schreven en produceerden – of ze me nu ooit recht aan zou kijken of aanspreken of niet. Ze had het nog geen van beide gedaan.

Het ging goed met de toneelgroep, deels dankzij de inspanningen van Tabitha, de Dominics en onze libidineuze lerares, maar ook dankzij de genereuze ondersteuning die binnen begon te komen. Ons Jeugd en Cultuurprogramma kreeg rechtstreeks subsidie van het Wakachiai Project, een non-profitorganisatie in Tokio. Die had tot doel de jeugd van Kakuma les te geven in sport, theater, eerste hulp en rampenbestrijding, maar ze zagen ook kans om een volledig vluchtelingen-drumband van uniformen, instrumenten en een in blaasinstrumenten gespecialiseerde muziekleraar in deeltijd te voorzien. Toen het project van start ging, stuurden ze iemand van hun eigen organisatie naar Kakuma, Noriyaki Takamura, een jongen van vierentwintig die een van de belangrijkste mensen in mijn leven zou worden en me zou leren dat je van iemand kunt houden die breekbaar en heel ver weg is.

Kort na de start van het project werd ik uitgekozen tot rechterhand van Noriyaki. Ik werkte toen al twee jaar voor het project Jeugd en Cultuur en was vrij bekend bij de Soedanese jongeren en de hulpverleners. Het leek niet eens aanvechtbaar dat ik die positie kreeg, maar de benoeming zat de Kenianen niet lekker, ook later niet, want, dachten wij, zij wilden alle baantjes zelf hebben. Dat maakte mij niet uit en ik nam de baan graag aan; ik kreeg ook nog een hoger salaris en zelfs een kantoor. Een Soedanees die op kantoor werkt! We hadden een klein kantoortje in de compound van de VN met een satelliettelefoon en twee computers, een die Noriyaki zelf had meegenomen en een die hij voor mij had besteld. Dat deed hij meteen de eerste dag van onze samenwerking.

– Nou, daar zitten we dan, Dominic, zei hij.

Zoals ik al zei had de naam Dominic onze echte naam verdrongen.

– Ja, meneer, zei ik.

– Ik ben geen meneer. Ik ben Noriyaki.

– Ja. Sorry.

– Vind je het spannend?

– Ja meneer.

– Noriyaki.

– Ja. Ik weet het.

– We moeten voor jou ook een computer hebben. Heb je weleens op een computer gewerkt?

– Nee. Ik heb het andere mensen zien doen.

– Kun je tikken?

– Ja, jokte ik. Ik weet niet waarom.

– Hoe heb je dat geleerd? Op een schrijfmachine?

– Nee, sorry. Ik had het verkeerd begrepen. Ik kan niet tikken.

– Je kunt niet tikken?

– Nee, meneer.

Noriyaki zuchtte zo luid dat het wel leek alsof hij drie longen had.

– Nee, maar ik zal het proberen.

– We moeten een computer voor je regelen.

Noriyaki begon te bellen. Een uur later had hij via het kantoor van zijn organisatie in Nairobi een laptop voor me besteld. Ik geloofde niet dat die computer Kakuma of mij ooit zou bereiken, maar ik waardeerde het gebaar.

– Dank je, zei ik.

– Spreekt toch vanzelf, zei hij.

Die dag deden we weinig, behalve over zijn vriendin praten,

van wie hij een foto op zijn bureau had. Die foto had Noriyaki net uitgepakt; ze had een wit shirt en een witte korte broek aan en een tennisracket in haar hand. Ze had een dapper lachje op haar gezicht, alsof ze nog tegen de tranen vocht die ze net had moeten drogen.
- Ze heet Wakana, zei hij.
- Ze lijkt me een heel leuk meisje, zei ik.
- We zijn verloofd.
- Geweldig, zei ik. Ik had onlangs bij Engels geleerd dat je in zo'n geval niet 'gefeliciteerd' hoort te zeggen.
- Het is nog niet officieel, zei hij.
- O. Gaan jullie samen weglopen?
- Nee, we gaan keurig trouwen. Maar ik moet haar persoonlijk ten huwelijk vragen.

Ik wist niet precies hoe dat in Japan ging en was ook nauwelijks bekend met de huwelijksgebruiken in de westerse wereld.
- Wanneer ga je dat doen? vroeg ik.

Ik wist niet hoeveel ik daar met goed fatsoen over kon vragen, maar Noriyaki leek nergens door beledigd of geschokt.
- Als ik weer naar huis ga, denk ik. Ik kan haar moeilijk vragen om me hier te komen opzoeken.

Zo zaten we even bij elkaar naar de foto van de jonge vrouw met het verdrietige lachje te kijken.

Ik miste Noriyaki die eerste dag bij voorbaat al. Ik had nooit bedacht dat hij op een dag uit Kakuma weg zou gaan, al wist ik best dat alleen de Kenianen in Kakuma bleven, en zelfs zij nooit langer dan een paar jaar. Noriyaki werd die eerste dag meteen een goede vriend van me, maar niet alleen van mij: iedereen hield van Noriyaki. Hij was veel kleiner dan welke Soedanees ook, maar hij was atletisch, heel snel en goed in alle sporten die in Kakuma werden beoefend. Hij deed mee met balletje trappen, met volleybal en basketbal. Het leek wel alsof hij het basketbalnet iedere week verving: hij had altijd nieuwe witte nylon netjes. En

omdat hij elke week een nieuw net ophing, begreep iedereen natuurlijk dat die netten aldoor verdwenen, dat ze in Kakuma werden verkocht omdat ze toch weer snel werden vervangen door die kleine gedrongen Japanner wiens naam iedereen kende of althans meende te kennen.
– Noyakee!
– Noki!
Van meet af aan ging Noriyaki altijd met de Soedanezen om, hij liep met ons door het kamp, hij vroeg wat we nodig hadden. Hij at samen met de vluchtelingen en was altijd in hun buurt. Als hij in zijn auto door het kamp reed, stopte hij altijd voor degenen die een lift wilden. Iedereen die naar de compound ging mocht mee, tot zijn truck aan alle kanten uitpuilde van de vrolijke passagiers die allemaal dol waren op Noriyaki, hoe ze zijn naam ook uitspraken.
– Nakayaki!
– Norakaka!
Het maakte Noriyaki allemaal niets uit, hij liep met een verlegen grijns door Kakuma, blij omdat hij zulk onmisbaar werk deed en ook, denk ik, omdat hij wist dat er in Kyoto een heel mooi meisje op hem wachtte.

Een week nadat Noriyaki was gearriveerd en een computer voor me had besteld, gebeurde er iets interessants: de computer werd gebracht. Er kwam die dag een vrachtvliegtuig uit Nairobi waarvan de lading voornamelijk uit hoognodige medische spullen bestond, maar er zat ook een doos bij, een doos met volmaakt rechte hoeken, en daarin zat de laptop die voor mij was besteld. In Kakuma was zo'n goed gemaakte doos met zulke scherpe hoekjes zeldzaam, maar daar stond hij, op de grond in ons kantoor, en Noriyaki grijnsde tegen me en ik lachte terug. Ik lachte altijd als ik Nori yaki aankeek, dat was haast niet tegen te houden.

De doos werd gebracht toen we allebei op kantoor onze lunch

zaten op te eten, en toen Noriyaki hem voor me openmaakte – zelf was ik te bang dat ik iets zou beschadigen – kon ik hem wel omhelzen of hem ten minste een hand geven, wat ik deed, met veel enthousiasme.

Noriyaki maakte twee blikjes Fanta open en we toostten op de behouden aankomst van de computer. Toosten met Fanta werd een traditie tussen ons, en die dag dronken we onze Fanta langzaam op terwijl we in de doos met zijn ongelooflijke, in plastic verpakte en in zwart schuimplastic ingebedde inhoud keken. De laptop was misschien wel tien keer zoveel waard als al mijn bezittingen en die van mijn pleegbroers en -zusjes in Kakuma bij elkaar. Dat zoiets mij werd toevertrouwd, daarvan kreeg ik een gevoel dat ik niet meer had gekend sinds de keer dat ik het Chinese geweer van mijn vader mocht vasthouden, toen ik een jaar of zes was. Ik bedankte Noriyaki nog een keer en deed toen alsof ik wist hoe de computer werkte.

– Neem 'm maar mee naar huis om te oefenen, zei Noriyaki ten slotte.

– Waarheen?

– Naar huis, om te oefenen.

Norikyaki had in de dagen na de komst van de laptop wel gezien dat ik geen idee had wat ik ermee moest beginnen. De eerste dag was ik een uur bezig voordat ik zelfs maar doorhad hoe hij aan moest. Toen ik hem eindelijk aan had, kostte het typen me ongelooflijk veel tijd, en mijn werk werd nog moeilijker gemaakt doordat het zweet van de zenuwen van mijn voorhoofd, armen en vingers op de toetsen droop, zodat ze drijfnat werden. Daardoor was oefenen onmogelijk, om over werken nog maar te zwijgen.

– We sturen je naar een cursus, zei hij. – Neem maar computerles.

– Waar dan?

– In Nairobi. We zetten het wel op het budget.

Noriyaki was een tovenaar. Nairobi! Op het budget! Ik begreep niet waarom Noriyaki naar Kakuma was gekomen en waarom hij er bleef, terwijl hij toch familie en een vriendin in Japan had. Ik heb heel lang geprobeerd uit te knobbelen wat er mis met hem kon zijn, waarom hij geen echte baan in Japan had. Wat kon de reden zijn dat hij zo ver van huis zulk slecht betaald, moeilijk werk deed, hier bij ons? Maar ik wist dat Noriyaki alles goed deed, dus het was niet zo dat hij wel in een vluchtelingenkamp moest werken omdat hij nergens anders voor deugde. Hij kon goed met de computer omgaan, hij was sympathiek en kon geweldig met de Kenianen, de Europeanen, de Britten en de Amerikanen opschieten, en vooral met de Soedanezen, die stuk voor stuk gek op hem waren. Voor zover ik zag had hij ook geen lichamelijke gebreken. Op een avond onder het eten had ik het bij Gop thuis met het gezin over Noriyaki. Ik had de laptop mee naar huis genomen en Gop stond erop dat hij onder het eten goed in het zicht stond. Het was inderdaad een merkwaardig voorwerp in een huis als het onze. Het had iets van een baar puur goud in een mesthoop.

– Misschien is hij in Japan een soort misdadiger, opperde Ayen.

– De Japanse maatschappij is erg op concurrentie gericht, zei Gop peinzend. – Misschien had hij genoeg van dat bestaan.

Maar ze wilden het niet bederven, en ik ook niet. Het was wel vreemd: er waren bij de UNHCR en de hulporganisaties maar weinig banen voor volwassen Soedanezen, maar ze hadden wel een jong iemand nodig die de behoeften van de jongeren begreep, dus ik verdiende een van de beste hulpverlenerssalarissen van alle vluchtelingen in Kakuma. Er was maar voor een beperkte tijd geld voor het project, maar Noriyaki had het altijd over verlenging.

– De Japanse regering heeft geld zat, zei hij.

Hij zei dat hij en ik wel moesten zorgen dat het bestaande geld goed werd besteed, dat we de vluchtelingen bij de planning moesten betrekken en elke dollar tien keer moesten omdraaien.

Ik vroeg waarom hij eigenlijk naar Kenia was gekomen. Waarom de Soedanezen? vroeg ik.

– Toen ik nog op school zat, moesten we van de leraar een werkstuk over een Afrikaans land schrijven. Dat werelddeel interesseerde hem heel erg, dus misschien besteedde hij er wel te veel tijd aan. Ik was niet bepaald zijn lievelingetje. Hij vroeg aan iedereen in de klas over welk land ze hun onderzoek wilden doen, en ik was als laatste aan de buurt. Toen was alleen Soedan nog over.

Ik had zoiets wel verwacht, maar toch deed het pijn. Ik heb er in de jaren daarna nog vaak aan moeten denken dat niet één van die Japanse schoolkinderen Soedan had gekozen.

– Er was niet veel informatie over jouw land te vinden, moet ik zeggen. Het werd een heel dun werkstuk, zei hij.

Hij lachte, en ik wist ook een lachje uit te brengen. Dat was kennelijk zijn doel. Elke dag als hij ons kantoor binnenkwam, was hij vastbesloten me aan het lachen te maken, dat weet ik zeker, ongeacht het onderwerp. Hij had het over zijn familie en over zijn vriendin – zijn verloofde. Hij miste Wakana zo erg dat er een bijna tastbare pijn om hem heen hing. Vaak zat hij onder zijn bureau met de telefoon in zijn hand als ik op kantoor kwam. Ik weet niet waarom hij onder zijn bureau ging zitten om haar te bellen, maar dat deed hij meestal. Als hij klaar was, zag ik vaak briefjes op de grond liggen, alsof hij aantekeningen had gemaakt van dingen die hij tegen haar wilde zeggen. Als hij naar haar zat te hunkeren, luisterde ik tot ik het niet meer kon aanhoren.

– Je vriendín? zei ik dan. – Klaag je omdat je je vriendín mist? Ik heb niet eens ouders meer!

Dan lachte hij en zei: – Ja, maar jij bent het gewend.

Dat vonden we vreselijk grappig, het werd een gevleugeld woord tussen ons: *Ja, maar jij bent het gewend.* En ik lachte er wel om, maar ik vroeg me toch af of er misschien iets in zat. Het leek wel waar te zijn dat hij zijn meisje erger miste dan ik mijn familie, want hij wist zeker dat ze in leven was. Mijn gevoelens voor mijn ouders en broers en zusjes waren afstandelijker, vager, want ik kon me ze niet meer voor de geest halen en wist niet of ze dood of levend waren, in Soedan of ergens anders. Maar Noriyaki had zijn vader, zijn moeder en zijn broer en zusje nog en wist elke dag waar ze waren.

– Nu is mijn familie ook jouw familie, zei hij op een dag.

Ze wisten alles over me, zei hij, en wilden me heel graag ontmoeten. Hij zette een foto van zijn ouders en zijn jongere zusje op zijn bureau en stond erop dat ik hen als mijn eigen familie beschouwde. En ik ging ze beschouwen als mensen die over me waakten en het goede van me verwachtten. Ik keek lang naar zijn ouders – ze stonden voor een enorm standbeeld van een aanvallende soldaat, allebei in het zwart, met hun handen voor zich gevouwen – en stelde me voor dat we elkaar ooit zouden ontmoeten, bij hen thuis, misschien wel voor het huwelijk van Noriyaki en Wakana, als ik als welgesteld man naar Japan zou komen. Ik had er niet veel vertrouwen in dat dat ooit zou gebeuren, maar het was fijn om aan te denken.

Op een dag kwam er een man naar Noriyaki toe. Het was een Soedanese oudste, een gestudeerd man die veel aanzien genoot onder de Dinka. Hij had drie jaar aan de universiteit van Khartoum gestudeerd en werd vaak om zijn mening gevraagd, over allerlei dingen, vooral over politiek. Hij was heel geagiteerd en wilde Noriyaki onmiddellijk spreken. Noriyaki vroeg hem binnen en bood hem een stoel aan.

– Ik blijf liever staan, zei hij.

– Wat u wilt, zei Noriyaki.

– Ik moet blijven staan omdat ik iets heel belangrijks en schokkends te zeggen heb.

– Goed, ik luister.

– U moet met uw mensen gaan praten, met uw regering, meneer Nori yaki. De Chinezen en de Maleisiërs maken deze oorlog erger. Die twee landen bezitten samen 60 procent van alle oliebelangen in Soedan. Weet u wel hoeveel olie ze weghalen?

Miljoenen vaten per jaar, en het worden er steeds meer! China wil in 2010 de helft van alle olie voor dat land uit Soedan halen!
– Maar meneer...
– En we weten allemaal dat deze oorlog om aardolie draait. Bashir wil alleen maar dat het in het Zuiden een chaos blijft en dat de SPLA niet bij de olievelden kan. En waar komen de wapens vandaan waarmee hij daarvoor zorgt? Uit China, meneer Noriyaki. China wil dat de situatie in het Zuiden onveilig blijft, want zo blijven andere landen, die hun handen niet vuil willen maken aan de schending van de mensenrechten in dat gebied, uit de buurt van de olie! Uw regering levert wapens die tegen burgers worden gebruikt, en uw regering koopt olie op die oneerlijk is verkregen en al honderdduizenden mensenlevens heeft gekost. Ik kom een beroep op u doen, als vertegenwoordiger van uw regering, om u tegen dit onrecht uit te spreken!

Toen Noriyaki eindelijk de kans kreeg om ook iets te zeggen, legde hij uit dat hij niet uit China kwam. Het duurde wel vijf minuten voordat de man die informatie had verwerkt.
– Ik wil niet onbeleefd zijn, maar u ziet er wel uit als een Chinees.
– Nee, meneer. Ik kom uit Japan. Wij zijn ook niet zulke goede maatjes met de Chinezen.

De man vertrok, teleurgesteld en in verwarring.

De schuld voor wat de Soedanezen overkwam, bleek overal te liggen. En hoe duidelijker we begrepen dat ons lot verbonden was met talloze problemen overal ter wereld, hoe meer inzicht we kregen in het web van geld, macht en olie dat ons leed mogelijk had gemaakt, en hoe sterker het gevoel werd dat er nu toch wel snel iets zou worden ondernomen om Zuid-Soedan te redden. En een reeks bomaanslagen bracht ons, dachten we, in het brandpunt van de belangstelling van de hele wereld.

Ik trad op als scheidsrechter bij een voetbalwedstrijd toen ik het nieuws opving van een paar jongens die op een fiets langsreden.
– Ze hebben Nairobi gebombardeerd! En Dar es Salaam!

Iemand had een bomaanslag op de Amerikaanse ambassades in Kenia en Tanzania gepleegd. Alles in het kamp kwam tot stilstand. De Kenianen hielden op met werken. Overal waar een televisie of een radio stond, en er waren niet veel televisies in het kamp, stroomden de mensen samen. Er waren honderden doden, hoorden we, en vijfduizend gewonden. Dagenlang keken we hoe de doden uit het puin werden gehaald. De Kenianen in Kakuma eisten woedend antwoord op hun vragen. Toen bekend werd dat de aanslagen het werk waren van moslimfundamentalisten, brak er onrust uit in het kamp. Het was geen gunstig moment voor de Somaliërs en de Ethiopiërs. De moslims, van welke nationaliteit ook, lieten zich die dagen niet zien en zorgden dat iedereen wist dat zij tegen die terroristen en tegen Osama bin Laden waren. Dat was de eerste keer dat ik die naam hoorde, maar al snel wist iedereen wie dat was, en dat hij in Soedan woonde. Gop zat de hele dag bij de radio en gaf onder het eten college.

– Dit is het werk van Bin Laden. En Soedan zal voor deze misdaad boeten. Zij hebben hem geholpen en zij zullen boeten. En dat werd ook tijd.

Gop leek bijna blij met de ontwikkelingen. Hij wist zeker dat de bomaanslagen van Bin Laden de aandacht van de wereld op Soedan zouden vestigen en dat dat alleen maar gunstig voor ons kon uitpakken.

– Eindelijk zal hij dan worden gepakt! Hij heeft overal gezeten. Hij zat achter de islamistische revolutie, Achak! Hij heeft Soedan al dat geld gegeven! Die man heeft alles gefinancierd – apparatuur, vliegtuigen, wegen. Hij zat in de landbouw, in het zakenleven, het bankwezen, overal. En hij heeft duizenden Al Qaeda-agenten naar Soedan laten komen voor de opleiding en de planning. De bedrijven die hij in Soedan heeft opgezet, zijn gebruikt om geld naar alle andere terroristische cellen overal ter wereld door te sluizen. Allemaal dankzij de medewerking van Khartoum! Zonder regering die dat allemaal ondersteunt zou dat alles veel moeilijker zijn voor iemand als Bin Laden, die niet tevreden is met het opblazen van een reisbureau. Hij heeft een bouwbedrijf in Soedan, dus hij kan overal explosieven kopen, zoveel als hij maar nodig heeft. Dan lijkt het legaal, hè? En dan kan hij die explosieven met hulp van Khartoum naar Jemen of Jordanië vervoeren, of waar dan ook heen.

– Maar hij was niet de enige terrorist in Soedan, toch? vroeg ik.

– Nee, de groepen kwamen overal vandaan. Hezbollah had er mensen zitten, en de Islamitische Jihad en nog veel meer. Maar Osama is de ergste. Hij beweert dat hij de kerels in Somalië heeft opgeleid die de Amerikaanse soldaten daar hebben vermoord. Hij had een fatwa uitgevaardigd tegen alle Amerikanen in Somalië. En daarna heeft hij de aanslag op het World Trade Center in New York gefinancierd. Heb je daar weleens van gehoord?

Ik schudde mijn hoofd.

– Een enorm gebouw, tot in de wolken. Bin Laden heeft iemand betaald om met een truck de kelder van dat gebouw in te rijden om het op te blazen. En hij heeft ook geprobeerd Mubarak in Egypte te vermoorden. Iedereen die bij dat plan betrokken was, kwam uit Soedan, en Bin Laden heeft alles betaald. Die man is een groot probleem. Voordat hij er was, konden terroristen nog niet zoveel doen. Maar hij heeft zoveel geld dat alles mogelijk wordt. Hij zorgt dat er meer terroristen komen, want hij kan ze betalen, hij bezorgt ze een goed leven. Tot de zelfmoordaanslag dan.

Een paar dagen later kwamen Gops verwachtingen uit, of zo leek het althans. Ik was weer scheidsrechter bij een voetbalwedstrijd toen er een truck van de VN langsreed met twee Keniaanse hulpverleners achterin, die het goede nieuws verspreidden.

– Clinton heeft Khartoum gebombardeerd! riepen ze. – Khartoum ligt onder vuur!

Er werd wild gejuicht en de voetbalwedstrijd werd gestaakt. Die dag en die avond heerste er een hevige opwinding in het Soedanese deel van Kakuma. De mensen vroegen zich af wat dit zou kunnen betekenen en werden het erover eens dat de vs kennelijk kwaad was op Soedan en dat de regering verantwoordelijk werd gehouden voor de aanslagen in Kenia en Tanzania. Dat bewees zonder twijfel dat Amerika de kant van de SPLA koos en de regering in Khartoum afkeurde, dacht iedereen. Sommige geleerden onder de vluchtelingen dachten natuurlijk verder door. Zoals Gop, die geloofde dat de onafhankelijkheid voor Zuid-Soedan nu niet lang meer op zich zou laten wachten.

– Nu gebeurt het, Achak! zei hij. – Dit is het begin van het einde! Als Amerika besluit iemand te bombarderen, dan is het afgelopen. Kijk maar wat er gebeurde toen Irak Koeweit was binnengevallen. Als Amerika je wil straffen, berg je dan maar. O man, nu gebeurt het. Nu wordt Khartoum binnen de kortste keren door de Amerikanen omvergeworpen en dan kunnen we naar huis, dan kunnen we geld verdienen aan de olie, dan wordt de grens tussen Noord en Zuid vastgesteld en komt er een Nieuw Soedan. Ik verwacht dat het binnen anderhalf jaar zover is. Let maar op.

Ik hield van Gop Chol en bewonderde hem, maar in politieke kwesties – alles wat met de toekomst van Soedan te maken had – zat hij er altijd naast.

Maar op kleinere schaal hingen er belangrijke veranderingen voor de Zuid-Soedanezen in de lucht, en sommige ontwikkelingen konden als hoopvol worden beschouwd. In Kakuma lieten we onze Soedanese gebruiken meer en eerder los dan we zonder die oorlog zouden hebben gedaan, als er geen tachtigduizend mensen bij elkaar hadden gezeten in een vluchtelingenkamp van een progressief ingesteld internationaal consortium. Mijn eigen opvattingen zouden in elk geval zeker niet zo modern zijn geworden als nu, maar als jeugdleider raakte ik snel vertrouwd met de taal van de gezondheidszorg en het menselijk lichaam, van seksueel overdraagbare aandoeningen en wat je daartegen kon doen. Vaak praatte ik te informeel met jonge vrouwen en verwarde ik de taal van de lessen in gezondheidszorg met die van de liefde. Zo heb ik een keer mijn eigen glazen ingegooid bij een meisje, Frances, door plompverloren te vragen of ze zich voor haar leeftijd wel goed ontwikkelde. Mijn letterlijke tekst:

– Hallo Frances, ik kom net van gezondheidszorg en ik vroeg me af hoe jouw vrouwelijke delen zich nu ontwikkelen.

Zulke dingen zeg je als je jong bent, en daarna kun je ze niet meer terugdraaien. Zij en haar vriendinnen keken diep op me neer en mijn woorden hebben me nog jaren achtervolgd.

Ik leerde veel belangrijke dingen, vooral dat een uitgesproken standpunt in het Engels acceptabeler klonk dan in het Dinka. Onze beheersing van het Engels was niet groot en daardoor lagen de toon, de betekenis en de lading van iets wat je in die taal zei bij ons niet zo exact vast. In het Dinka zou ik nooit 'Ik hou van je' tegen een nieuw meisje kunnen zeggen, want dat zou ze precies begrijpen, maar als ik dezelfde woorden in het Engels zei, zou het best charmant kunnen overkomen. Ik bediende me dus vaak van het Engels, want ik wilde graag een charmante indruk maken. Dat lukte niet altijd.

Maar ik was veel bezig met het zoeken naar de juiste benadering van meisjes, en toen ik wilde uitzoeken hoe het met Tabitha's belangstelling voor mij zat, liep ik niet echt over van zelfvertrouwen. Ik wist inmiddels dat Tabitha een van de zeldzame meisjes was die nog naar school mochten, en dat haar moeder in Kakuma woonde en verlicht genoeg was om haar gebruik te laten maken van allerlei mogelijkheden, van scholing tot vriendschappen met jongens zoals ik.

Ieder jaar was er een bepaalde dag die Vluchtelingendag heette, en ik weet zeker dat op die dag de helft van alle vriendschappen tussen jongeren in Kakuma begon of eindigde. Op die dag, 20 juli, vierden alle vluchtelingen in Kakuma van de vroege ochtend tot de avond feest, letten de volwassenen minder op de jongeren en kwamen de verschillende nationaliteiten en kasten gemakkelijker bij elkaar dan in de rest van het jaar. Ze vierden die dag niet dat ze vluchteling waren of dat ze in Noordwest-Kenia woonden, maar het simpele feit dat ze er nog waren en dat hun cultuur nog bestond, hoe gehavend ook. Er waren tentoonstellingen, volksdansdemonstraties, eten, muziek, en bij de Soedanezen ook veel toespraken.

Dat was mijn kans om Tabitha aan te spreken, die ik al de hele dag in de gaten hield. Als ze naar een traditionele dans uit Burundi stond te kijken, hield ik haar in de gaten. Als ze Congolese hapjes proefde, hield ik haar in de gaten van achter de uitgestalde Somalische kunstnijverheidsproducten. En toen het begon te schemeren en zij en alle andere meisjes al over een paar minuten naar huis moesten, stapte ik op haar af, met een zelfvertrouwen waar ik zelf versteld van stond. Je bent vier jaar ouder dan zij, hield ik mezelf voor. Ze is jonger dan jij, er is geen enkele reden waarom je je bij haar een kind zou voelen. Ik liep dus met een ernstig gezicht naar haar toe, en toen ik achter haar stond – ze stond met haar rug naar me toe en dat maakte het een stuk makkelijker – tikte ik haar op de schouder. Ze draaide zich om, verrast. Ze keek links en rechts van me en leek verbaasd dat alleen ik daar stond.

– Tabitha, zei ik, – ik wil je al een hele tijd iets vragen, maar ik kreeg nooit de kans. En ik wist niet hoe je zou reageren.

Ze keek verbijsterd op. Ze was toen nog niet zo groot. Haar hoofd kwam nauwelijks tot mijn kin. – Waar heb je het over? vroeg ze.

Nooit voelt een mens zich zo eenzaam als wanneer een voorstel waarover hij lang heeft nagedacht, zonder nadenken afgewezen wordt. Maar de adrenaline en mijn koppigheid dreven me voort.

– Ik vind je leuk, ik wil graag een keer met je afspreken.

Zo zeiden we dat toen, maar dat betekende nog niet dat er ook echt een afspraakje op volgde. Het werd niet gepast gevonden dat een jongen en een meisje zonder toezicht samen ergens gingen eten of zelfs maar een wandeling maakten. Het kon een ontmoeting in de kerk betekenen, of ergens anders in het openbaar, waar alleen Tabitha en ikzelf zouden weten dat het een afspraakje was.

Tabitha keek me aan en glimlachte alsof ze me alleen maar had willen laten lijden. Dat deed ze vaak, toen en ook later – alle jaren dat ik haar kende.

– Ik laat het je nog wel weten, zei ze.

Dat verbaasde me niet. Het was niet gebruikelijk dat een meisje meteen antwoord gaf. Meestal werd er een tijd afgesproken voor het antwoord, een paar dagen later, persoonlijk of via een afgezant. Als er geen afspraak werd gemaakt, betekende dat nee.

In dit geval hoorde ik de volgende dag van Abuk dat ik die zondag in de kerk antwoord zou krijgen, bij de zuidelijke ingang, na de mis. De tijd daartussen was martelend maar draaglijk, en toen het moment gekomen was, stond ze precies op de afgesproken plaats.

– Hoe is het met het huiswerk dat je jezelf had opgegeven?

Dat was mijn poging tot charme.

– Hoe bedoel je?

Ik bedoelde dat het wel grappig was dat ze in plaats van meteen antwoord te geven op mijn vraag over de mogelijkheid van een afspraakje, eerst naar huis was gegaan om er vijf dagen over na te denken. Maar het was niet erg geestig, tenminste niet zoals ik het bracht.

– Niks. Laat maar. Sorry, zei ik.

Ze vergat het dus maar. Ze vergat veel van wat ik zei. Daar was ze heel genadig in.

– Ik heb over je vraag nagedacht, Achak, en ik heb een besluit genomen.

Ze had veel gevoel voor dramatiek.

– Ik heb navraag naar je gedaan... en ik heb niets slechts over je gehoord.

Dan had ze duidelijk niet met Frances gepraat.

– Dus ik wil wel met je afspreken, zei ze.

– O, goddank! zei ik. Dat was de eerste keer van mijn leven dat ik de naam des Heren ijdel gebruikte, maar het zou niet de laatste zijn.

Ik weet eigenlijk niet wat nu ons eerste echte afspraakje was. Na die dag bij de kerk zagen we elkaar vaak, maar nooit alleen. We spraken elkaar in de kerk en op school, en via mijn pleegzusje Abuk stuurde ik Tabitha berichtjes waarin ik uiteenzette hoe ik haar bewonderde en hoe vaak ik aan haar dacht. Zij deed hetzelfde, dus Abuk had het druk. Als een boodschap als dringend werd aangemerkt, kwam ze door het kamp naar me toegerend, buiten adem en met zwaaiende armen. Als ze uitgehijgd was, gaf ze iets door als: – Tabitha lacht naar je.

Jongens en meisjes kregen maar weinig kans om elkaar onder vier ogen te spreken, ook al waren ze zo verliefd als Tabitha en ik. Alle hofmakerij vond in het openbaar plaats, onder de nieuwsgierige blikken en het gemompel van de ouderen. Maar zelfs in het openbaar, op klaarlichte dag, waar iedereen bij was, slaagden we er soms in aan onze bescheiden wensen te voldoen. Degenen die me nog uit Pinyudo kenden en ongeveer hadden begrepen wat daar in de kamer van de Prinsesjes gebeurde, verbaasden zich over mijn kuise verkering met Tabitha. Maar wat er destijds in Pinyudo was gebeurd, leek buiten de tijd te staan. Dat was iets tussen kinderen die daar geen betekenis aan hechtten.

Op een zaterdagmorgen deed zich voor het eerst een kans voor om Tabitha in mijn armen te houden, in het bijzijn van tientallen mensen, bij een volleybalwedstrijd. Ik zat in een team met de Dominics en we speelden die ochtend tegen een groepje overmoedige Somaliërs, toegejuicht door een stuk of tien Dinkameisjes van onze leeftijd of jonger. Er waren in Kakuma geen officiële cheerleadersteams, al deden veel meisjes aan sport, en Tabitha was er die dag niet alleen om me aan te moedigen bij het volleyballen, maar ook om me in haar armen te kunnen sluiten.

In alle culturen zijn er wel mazen in de wet voor pubers die last hebben van hun hormonen, en in Kakuma hadden we begrepen dat een omhelzing onder de bescherming van de juichende meisjes, om iemand te feliciteren met een gescoord punt, wel acceptabel was.

We waren bij die volleybalwedstrijd met vijf Dominics, van wie er vier hun vriendinnetjes hadden laten weten dat ze elkaar tussen de wedstrijden door of als ze hadden gescoord, konden omhelzen als zij hen kwamen aanmoedigen. Zo hield ik Tabitha dus voor het eerst in mijn armen. Ze had zoiets nog nooit gedaan, maar ze begreep onmiddellijk hoe het moest. De eerste keer dat ik scoorde, vlak voor de neus van een overmoedige Somaliër, juichte Tabitha alsof ze op ontploffen stond, rende het veld op, sprong, danste en omarmde me vol overgave. Niemand zag er iets bijzonders in, maar Tabitha en ik genoten van dat springen en knuffelen alsof het ons eerste echtelijk samenzijn was.

Toen meer mensen doorkregen dat sporters op die manier geknuffeld konden worden, verlegden de jongens die minder succes in de liefde hadden, hun interesses. 'Ik moet ook een sport leren!' zeiden ze, en dat gingen ze dan proberen. Een tijdlang nam de belangstelling voor sport in het kamp opvallend toe. Maar natuurlijk duurde het niet lang of iemand kreeg de bedoeling van dat toejuichen en omhelzen in de gaten, toen de verhouding sporten-knuffelen zo ongeveer 1:1 was. Maar het was heerlijk, onbeschrijflijk heerlijk, zolang het duurde.

– Vertel!

Noriyaki's honger naar details was onverzadigbaar.

– Vertel vertel vertel!

Dat was verwarrend, want ik had hem nooit naar de lichamelijke kant van zijn relatie met Wakana gevraagd – met wie hij zich onlangs had verloofd – maar hij geneerde zich niet om naar al mijn ontmoetingen met Tabitha te vragen. Een paar weken lang maakte ik me zorgen over de jongeren in Kakuma, want de twee medewerkers van het Wakachiai Project hadden het alleen over mijn ontmoetingen met Tabitha en voerden verder weinig uit. Gelukkig vroeg hij niet naar luchtjes of andere zintuiglijke waarnemingen.

Maar die waren wel ongelooflijk. Na een maand of drie durfden Tabitha en ik elkaar thuis te gaan opzoeken, de zeldzame keren dat daar verder niemand was. Dat kwam maar een doodenkele keer voor, want bij haar thuis woonden zes mensen en bij mij elf. Maar één keer per week zaten we samen in één kamer en hielden elkaars hand vast of zaten samen op een bed, met onze benen tegen elkaar, meer niet.

– Maar op jullie tournee wordt dat wel anders, hè? drong Noriyaki aan.

– Ik hoop het, zei ik.

Hoopte ik dat echt? Dat wist ik eigenlijk niet. Wilde ik wel zonder gezelschap met Tabitha alleen zijn? Ik werd haast misselijk bij de gedachte. Ik vroeg me nu eigenlijk al af of we te vaak samen alleen waren, zelfs in het openbaar. Haar aanraking had een grotere uitwerking op me dan ze besefte. Of misschien besefte ze het best en was ze gewoon roekeloos; ik wist niet meer waar ik het zoeken moest en misschien vond ze mijn zelfbeheersing wel grappig en spannend.

Maar we gingen naar Nairobi en zo'n kans kon of wilde ik niet missen. De computercursus waar Noriyaki het over had gehad was nog niet mogelijk, vanwege het kamprooster en de nodige vergunningen. Ik had nog nooit een stad gezien, ik was in geen vijf jaar buiten Kakuma geweest en had niet het gevoel dat ik bij het echte Kenia hoorde. Kakuma was in zekere zin een staatje in de staat, of een soort vacuüm door het ontbreken van een staat. Voor veel mensen in Kakuma had het verlangen om naar Soedan terug te keren, plaatsgemaakt voor een praktischer plan: naar Nairobi gaan, daar wonen, werk zoeken en een nieuw leven als Keniaans staatsburger beginnen. Ik kan niet zeggen dat ik daar al aan kon gaan denken, maar ik maakte meer kans dan de meesten.

We hadden met de toneelgroep een stuk geschreven, *De stemmen*, en dat voerden we al weken in Kakuma op. Een toneelschrijver uit Nairobi kwam een neef opzoeken die in het kamp werkte, zag het stuk en nodigde ons meteen uit om het in de hoofdstad te komen spelen, bij een concours met de beste amateurtoneelgroepen van het land. Wij moesten in Nairobi de vluchtelingen van Kakuma vertegenwoordigen; dat zou de eerste keer in de geschiedenis van dat concours zijn – een lange, eerbiedwaardige geschiedenis, zei men – dat er vluchtelingen meededen. We gingen er dus allemaal heen, ook Tabitha, met Miss Gladys als enige chaperonne.

Tabitha en ik hadden het de weken voor ons vertrek nauwelijks over de reis. Het was gewoon te veel, het was onvoorstelbaar dat we samen alleen zouden zijn, dat we misschien zelfs kans zouden zien onze eerste kus te wisselen. Ik geloof dat die mogelijkheid ons allebei overdonderde. Ik sliep slecht. Ik liep zenuwachtig frunnikend en oncontroleerbaar grijnzend door het kamp en mijn maag kende geen rustig ogenblik.

– Eerste Kus! noemde Noriyaki me inmiddels. Elke dag als ik op kantoor kwam waren dat zijn eerste woorden: Hallo, Eerste Kus! Op al mijn vragen antwoordde hij: Ja, Eerste Kus. Nee, Eerste Kus.

Ik moest hem smeken om op te houden en dat meende ik echt serieus.

Abuk kwam op een dag als afgezante van Gop Chol bij ons op kantoor met het dringende verzoek aan mij om meteen na het werk naar huis te komen. Dat zou ik doen, zei ik, maar alleen als zij vertelde wat er aan de hand was.

– Dat mag ik niet zeggen, zei ze.
– Dan kan ik niet komen, zei ik.
– Toe, Valentino! jammerde ze. – Ik moest zwéren dat ik het niet zou zeggen. Breng me alsjeblíéft niet in moeilijkheden! Als ik het zég, mérken ze het!

Abuk zat in een theatrale fase en beklemtoonde veel te veel woorden, met veel meer nadruk dan nodig was.

Ik liet haar zonder antwoord vertrekken, en toen ik die avond naar huis liep, probeerde ik niet te denken aan wat me daar zou wachten. Ik wist bijna zeker dat Gop een preek zou afsteken met de strekking dat ik voorzichtig met Tabitha moest zijn als we straks zo vaak samen alleen zouden zijn. Dat had hij tot nog toe niet gedaan.

Toen ik thuiskwam, was iedereen er, Gop, Ayen, het hele gezin en een handjevol buren, van de kleinste kinderen tot de oudste volwassenen. En daartussen zag ik vreemd genoeg twee mensen die in ons huis helemaal niet op hun plaats leken. Ten eerste Miss Gladys. Het was een schok om haar in de kamer te zien staan waar wij altijd aten. En je zou misschien verwachten dat haar schoonheid onder de omgeving te lijden zou hebben, maar ze straalde alleen maar nog meer. Ze praatte met een vrouw die ik niet kende, een voorname Dinka met een klein meisje in haar armen. Dat was Deborah Agok, zei Ayen.

Het was een belangrijke vrouw, hoorde ik van Adeng, en ze kwam iets vertellen wat ons leven zou veranderen. Adeng hield bij hoog en bij laag vol dat haar vader dat letterlijk had gezegd, maar omdat Gop graag overdreef, zat ik er niet te veel over in wat dat wel mocht zijn. Gop had ons al eens eerder in zo'n dringende, belangrijke sfeer bij elkaar geroepen, alleen om mee te delen dat hij nieuwe lakens voor zijn bed had gekregen.

Hoe dan ook, het maakte wel indruk op me, al die mensen in één kamer. We konden ons ook nauwelijks verroeren, ons onderkomen was niet op zoveel mensen berekend. Ik had nog steeds geen idee waarvoor al die mensen naar ons huis gekomen waren, maar ik werd meteen afgeleid door een vertrouwde geur. Het was een gerecht dat op het vuur stond en waarvan ik de naam allang vergeten was.

– Kon diong! zei Ayen. – Wist je dat niet meer?

Ik wist het weer. Ik had het al in geen jaren meer geproefd, of ervan gehoord. Kon diong is iets uit mijn geboortestreek, en het is geen alledaags gerecht. Het is een soort harde brij van wit sorghummeel, kaas en karnemelk, en daar is niet gemakkelijk aan te komen. Het is een gerecht dat welgestelde families graag eten, en dan alleen in de regentijd, als de koeien veel melk geven.

– Wat is er eigenlijk aan de hand? vroeg ik ten slotte. Mijn pleegzusjes keken me vreemd aan en iedereen leek om me heen te draaien, zorgzaam en overdreven eerbiedig. Ik wist niet of ik die sfeer wel zo prettig vond.

– Dat zul je snel weten, zei Gop. – Maar laten we eerst eten.

Ik had nog steeds niet met Miss Gladys gepraat, die door de oudere vrouwen in huis werd uitgehoord en vertroeteld. En Deborah Agok, onze gast, keek me niet aan. Ze praatte alleen met mijn zusjes en hield zich met het kleine meisje bezig, dat nu bij haar op schoot zat, haar dochtertje Nyadi, hoorde ik. Het was een graatmager meisje met een bleekroze jurkje en ogen die veel te groot voor haar gezichtje leken.

De maaltijd werd tergend traag genuttigd. Ik wist dat het doel van het maal, en van de komst van Deborah Agok, pas na het eten bekend zou worden gemaakt, als de volwassenen hun areki op hadden, een soort dadelwijn. Dat gevoel voor drama is bij de Dinka niet ongewoon, maar die avond vond ik dat het wel erg breed werd uitgemeten.

Eindelijk was het eten op en de wijn ook, en Gop kwam overeind. Hij keek naar Deborah Agok, die op de grond zat, net als wij, en verlangde dat zij de enige echte stoel kreeg die er in huis was. Mevrouw Agok weigerde, maar hij drong aan. Een oudere buurman werd van de stoel verhuisd naar de plek waar mevrouw Agok had gezeten, en Gop ging verder.

– De meesten van jullie kennen Deborah Agok niet, maar ze is een vriendin van onze familie geworden. Ze is een gerespecteerd vroedvrouw, die zowel de Soedanese als de meer technische verloskunde heeft bestudeerd. Ze werkt in het ziekenhuis van Kakuma, waar ze de zeer gewaardeerde Miss Gladys heeft leren kennen, over wie we allemaal van Achak hebben gehoord, die haar zeer dankbaar is voor haar... lessen.

Iedereen lachte en mijn gezicht stond in brand. Miss Gladys straalde meer dan ooit tevoren. Dit was het soort aandacht waar ze dol op was, dat werd nu wel heel duidelijk.

– Mevrouw Agok is onlangs door het International Rescue Committee naar Zuid-Soedan uitgezonden om de dorpsvroedvrouwen nieuwe verloskundige technieken te leren. Toevallig heette een van de dorpen die ze bezocht Marial Bai.

Iedereen keek naar mij. Ik wist niet goed hoe ik moest reageren. Mijn keel zat dicht; ik kreeg geen lucht meer. Dit was het dus, dit was de reden voor alle geheimzinnigdoenerij en het speciale gerecht uit mijn geboortestreek. Maar de gedachte dat ik op deze manier nieuws van thuis zou horen, leek me meteen verkeerd. Ik wilde niet over mijn familie horen met zoveel publiek erbij. Deborah zou de eerste zijn in al die jaren in Kakuma die correcte, recente informatie over Marial Bai had, en mijn hoofd tolde van alle mogelijkheden. Stroomde de rivier nog net zo als vroeger? Hadden de Arabieren de streek van zijn weelderige weidegronden en bomen ontdaan? Wist ze iets over mijn familie? Maar dat dat tot programmaonderdeel van de voorstelling van die avond werd gemaakt! Dat kon ik niet verdragen.

Ik keek naar de uitgang. Ik zou over twaalf mensen heen moeten stappen om bij de deur te komen. Weggaan zou te ingewikkeld zijn, dat zou een scène betekenen die mij onwaardig was en van weinig respect voor mijn pleeggezin getuigde. Ik keek Gop strak aan en hoopte dat mijn ongenoegen over deze hinderlaag duidelijk overkwam. De sfeer was tot nu toe heel plezierig, maar het leek me niet uitgesloten dat die mevrouw Agok tragisch nieuws over mijn echte familie had en dat Gop iedereen die ik kende had opgetrommeld om me op te vangen als het nieuws te hard aankwam.

Nu richtte Deborah Agok zich op. Ze was groot en gespierd en aan haar gezicht was haar leeftijd niet te zien. Ze kon jong zijn, maar ook grootmoeder, zo tegenstrijdig waren de signalen van haar strakke huid, haar stralende ogen en de fijne rimpeltjes eromheen. Ze zat op de stoel met haar handen in haar schoot en bedankte Gop en Ayen voor hun gastvrijheid en hun vriendschap. Ze had een lage, hese stem. Naar die stem te oordelen leek het wel alsof ze drie levens achter elkaar had geleefd, zonder pauze.

– Vrienden, ik heb heel Bahr al-Ghazal doorgereisd en ik heb Nyamlell, Malual Kon, Marial Bai en de omliggende dorpen bezocht. Ik breng jullie een hartelijke groet van de bevolking van Marial Bai, ook van commandant Paul Malong Awan, de hoogste SPLA-officier daar.

Alle aanwezigen keken naar mij, alsof het vooral voor mij een grote eer was dat commandant Paul Malong Awan zijn groeten liet overbrengen.

– Ja, ging ze verder, – ik ben in jouw dorp geweest, en ik heb gezien wat ervan is geworden. Er zijn natuurlijk aanvallen van de murahaleen en het regeringsleger geweest. En in het kielzog van die aanvallen heb ik ernstige ondervoeding geconstateerd, en een grote sterfte door onbeheersbare ziekten. Zoals je weet heerst er hongersnood; er zullen dit jaar in Bahr al-Ghazal honderdduizenden door de honger omkomen.

Dat was de gangbare Soedanese manier van praten – de omslachtige manier om iets mee te delen. Hoe kon ze me dit aandoen? Ik wilde alleen nieuws over mijn familie. Dit was wreed, hoe goed bedoeld ook.

Op dat moment voelde iemand mijn spanning aan; er verscheen een gestalte voor me, die de plaats naast me bezette. Het was Miss Gladys, met haar geur van vruchten, bloemen en vrouwenzweet, en voordat ik de nieuwe situatie in me kon opnemen – zo dicht was ze nog nooit bij me geweest – pakte ze mijn hand. Ze keek niet naar mij, alleen naar Deborah Agok, maar ze was bij me. Ze was bij me, wat ik ook te horen zou krijgen. Het voorwerp van mijn ontelbare dagdromen had dit intieme contact niet slechter kunnen timen.

– Omdat ik vroedvrouw ben, ging Deborah verder, en ik probeerde te luisteren, – kwam ik in contact met een vroedvrouw in Marial Bai, een bijzonder sterke vrouw, die meestal gekleed was in een verschoten gele jurk, in de kleur van vermoeid zonlicht.

Aller ogen rustten weer op mij en ik deed mijn uiterste best om de mijne droog te houden. Ik werd twee kanten uit getrokken. Mijn hand was drijfnat van het zweet, verstrengeld met de vingers van de goddelijke vrouw naast me, en tegelijk hoorde ik dat mijn moeder misschien nog leefde, dat Deborah een vroedvrouw in een gele jurk had ontmoet. Mijn ogen werden nat voordat ik er erg in had. Met mijn vrije hand trok ik mijn onderste oogleden omlaag zodat het water weer naar binnen kon lopen.

– De vroedvrouw en ik hadden veel contact en vergeleken onze verhalen over bevallingen. Ze had meer dan honderd baby's ter wereld geholpen, en ze was er bijzonder vaak in geslaagd een ontijdige dood van zuigelingen te voorkomen. Ik maakte haar deelgenoot van nieuwe ontwikkelingen in de wetenschap en de techniek van de verloskunde en zij leerde snel en graag. We werden al snel goede vriendinnen en ze nodigde me thuis uit. Toen ik daar was, maakte ze het gerecht voor me klaar dat we vanavond in Kakuma ook hebben gegeten, en ze vertelde me over het leven in Marial Bai, over de gevolgen van de hongersnood voor het dorp en over de laatste invallen van de murahaleen. Ik vertelde haar over de wereld van Kakuma, en toen ik over mijn leven hier vertelde, noemde ik ook mijn goede vrienden Gop en Ayen en de jongens die ze in hun gezin hebben opgenomen. Toen ik de naam Achak liet vallen, schrok de vrouw. Ze vroeg hoe die jongen eruitzag. Hoe groot is hij? vroeg ze. Ze vertelde dat ze een jongen had gekend die zo heette, lang geleden. Ze vroeg of ik even wilde wachten, en toen ik zei dat dat goed was, liep ze snel de deur uit.

Miss Gladys pakte mijn hand steviger vast.

– Ze kwam terug met een man die ze voorstelde als haar echtgenoot, en hij legde uit dat zij zijn eerste vrouw was. Ze vroeg me te herhalen wat ik zojuist had gezegd, dat ik een gezin in Kakuma kende dat een jongen had geadopteerd die Achak heette. Hoe heet die man in het kamp? vroeg de man. Ik zei dat hij Gop Chol Kolong heette. Dat vond hij heel interessant en hij zei dat die man ook uit Marial afkomstig was. Maar ze wisten niet hoe ze erachter konden komen of de Achak in Kakuma dezelfde was als hun zoon Achak. Pas toen ik weer in Kenia terug was en dit verhaal aan Gop vertelde, werd alles duidelijk. Dus nu moet ik jullie een paar vragen stellen, opdat we het zeker weten. Hoe heet Achaks vader? vroeg ze aan Gop.

Ik weet niet waarom ze het aan hem vroeg. Ze had me nog niet één keer aangekeken.

– Deng Nyibek Arou, zei Gop.
– En zijn moeder? vroeg ze.
– Amiir Jiel Nyang, antwoordde ik.
– Was Achaks vader winkelier in Marial Bai? vroeg ze.
– Ja! antwoordde bijna iedereen in de kamer.

Dit theater was niet te verdragen.

– Zeg het! Waren het Achaks ouders? vroeg Gop ten slotte.

Ze zweeg, geërgerd omdat haar ritueel onderbroken werd.

– Ze waren het. Achaks ouders zijn in leven.

De dagen daarna, voordat ik naar Nairobi zou vertrekken, kostte het Gop, Ayen, Noriyaki en de anderen veel moeite me in Kakuma te houden. Nu ik wist dat mijn ouders nog leefden, leek het onmogelijk om niet naar hen toe te gaan. Waarom kon ik niet gewoon terug naar Marial Bai om bij mijn vader in de zaak te gaan? In leven blijven en naar school gaan, dat was het doel van al mijn reizen geweest, en nu was ik veilig, geschoold, volwassen en gezond, dus hoe kon ik nog langer wegblijven? De laatste aanval op Marial Bai was nog maar een paar maanden geleden, maar dat maakte me niets uit, helemaal niets.

Ik stelde me mijn thuiskomst de hele dag voor, het oversteken van de rivier, het gras dat uiteenweek, het moment dat ik uit het struikgewas het dorp in kwam en naar de compound van mijn ouders liep en zij uit hun huizen kwamen om te kijken wie daar was. Ze zouden me niet meteen herkennen, maar als ze dichterbij kwamen, zouden ze begrijpen dat ik hun zoon was. Ik was twee keer zo groot als toen ik uit Marial Bai wegvluchtte, maar ze zouden weten dat ik het was. Ik kon ze me niet voor de geest halen, mijn moeder of mijn vader. Mijn broertjes en zusjes hadden ook geen gezicht. Ik had me bij benadering een voorstelling van de hele familie gemaakt op grond van de mensen in Kakuma. Mijn moeder had het gezicht van Miss Gladys, maar dan wat ouder. Mijn vader leek op Gop, maar dan getekend door vele jaren van ontbering en verval.

Als we elkaar hadden omhelsd en mijn moeder had gehuild, zouden we de hele dag en de hele avond bij elkaar zitten praten, totdat ik alles wist over iedere dag en iedere week die sinds mijn vlucht was verstreken. Dachten jullie dat ik dood was? zou ik vragen. Nee, nee, zouden zij dan zeggen. We hebben altijd geweten dat jij wel een manier zou vinden om te overleven. Hadden jullie gedacht dat ik terug zou komen? zou ik vragen. We wisten dat je terug zou komen, zouden zij dan zeggen. Het is goed dat je terug bent gekomen.

– Ben je soms vergeten dat daar hongersnood heerst? vroeg Gop.

Gop kende mijn plannen maar al te goed en dreigde me aan mijn bed vast te binden en desnoods mijn voeten af te hakken om te voorkomen dat ik uit Kakuma wegliep.

– Vergeet je soms dat je door een gebied zou moeten dat in handen is van Riek Machar Nuer en zijn manschappen, die niet graag een Dinkajongen zien die de leeftijd heeft om te vechten? Je laat een goed bestaan, je school en je baan achter om terug te gaan naar... naar wat?

Ik kon me niet heugen dat Gop ooit zo geagiteerd was geweest. Hij liep me de hele dag achterna; hij haalde er bondgenoten bij – andere leraren, oudsten van het kamp – om maar te voorkomen dat ik wegging. Ik werd voortdurend in de gaten gehouden, vrienden en onbekenden feliciteerden me met het nieuws van thuis en bonden me tegelijk op het hart geduld te hebben, verstandig te zijn en een geschikt moment af te wachten om terug te gaan.

– Denk er ten minste nog even over, zei Ayen op een avond onder het eten. – Slaap er een nachtje over. Ga eerst naar Nairobi en denk erover na. Vergeet niet dat je met Tabitha én Miss Gladys naar Nairobi gaat.

Toen ze dat zei en ik niet meteen reageerde, zag ik dat ze een snelle blik met Gop wisselde. Ze wisten dat ze nu mijn aandacht hadden.

– Ga nu eerst maar naar Nairobi, dan kun je daarna beslissen, voegde Ayen eraan toe. – Dan kun je je ouders thuis over je reis naar de stad vertellen.

Ayen kon bijzonder overtuigend zijn.

Toen de dag van ons vertrek eindelijk aanbrak, was de aanblik van Tabitha in de VN-bus adembenemend. Ik liep naar de bus toe, die met draaiende motor stond te wachten, en daar was Tabitha's hartvormige, symmetrische gezicht bij het raampje; ze negeerde me. Ze zat naast een ander Soedanees meisje en keek heel even naar me, maar liet zelfs niet merken dat ze me kende en zette haar gesprek met het meisje voort. Dat hadden we zo afgesproken. We hadden besloten niemand iets van onze gevoelens te laten merken, al wisten sommige mensen in de bus wel van onze plannen. Ik speelde mijn rol, stapte in en ging bij de geestige Dominic zitten, want ik wist dat ik me dan tijdens de reis, die ons als heel lang en zwaar was voorgesteld, niet zou vervelen.

– Zo, Madame Zero, gaat u in Nairobi wat mooie jurkjes uitzoeken? vroeg hij. Iedereen lachte en Anthony grijnsde als een boer met kiespijn.

Het is moeilijk uit te leggen hoe groots het was om na vijf jaar in dat kamp naar Nairobi te gaan. Dat is onmogelijk duidelijk te maken. En de meesten in de groep hadden het slechter dan ik. Ik woonde bij Gop Chol en had een betaalde baan bij een hulporganisatie, maar de meeste andere leden van de toneelgroep – eenentwintig in totaal, allemaal Soedanezen en Somaliërs tussen de twaalf en de achttien – hadden helemaal niets. Afgezien van Tabitha waren er acht meisjes, van wie de meesten Soedanees, en dat maakte de reis voor de andere Dominics extra plezierig en helemaal niet zwaar. We reisden in een gewone personeelsbus van de VN, de raampjes stonden open en de twee dagen durende rit leek veel korter door de koele wind en ons voortdurende gezang.

Het landschap was verbijsterend, de bergtoppen en de dalen, de mist en de zon. We reden door het Kapenguria-gebied, dat voornamelijk uit bergen bestond en heerlijk koel was door de regen. We zagen vogels met bonte veren, hyena's en gazelles, olifanten en zebra's. En maïs! Velden vol maïs, alles groeide. Nu we dit deel van Kenia zagen, leek het des te triester en onbegrijpelijker dat het vluchtelingenkamp juist op die plek was gebouwd. We drukten ons gezicht tegen het raam en vroegen ons af: waarom hadden ze Kakuma hier niet kunnen neerzetten? Of daar, of daar? Denk niet dat het ons niet opviel dat de Kenianen en alle internationale organisaties die zich met vluchtelingen bezighouden en voor ze zorgen, de ontheemden altijd op de meest onherbergzame plekken onderbrengen. Daar worden we volkomen afhankelijk – we kunnen er niet ons eigen eten verbouwen of vee houden, we kunnen niet voor onszelf zorgen. Ik veroordeel de UNHCR of de staten die de staatlozen opnemen niet, maar ik vraag me wel af waarom ze dat zo doen.

Terwijl het landschap aan ons voorbijtrok zag ik mijn ouders, of althans de voorstelling die ik me van ze maakte, op iedere heuvel en achter iedere bocht. Het leek me eigenlijk heel logisch dat ze daar zouden zijn, ergens op de weg die voor ons lag. Waarom konden ze daar niet zijn, waarom konden we niet met onze wilskracht afdwingen dat we weer bij elkaar kwamen? Mijn vader kon toch vast wel zorgen dat we in Kenia een goed bestaan opbouwden? Het leek tijdens die rit een paar uur lang zo waarschijnlijk dat mijn moeder hier met mij langs die groene paden zou lopen, langs die rivier, bij die giraffes – zo reëel.

We logeerden in Kitale, in een hotel met bedden, lakens, elektriciteit en stromend water. De stad was wel niet zo groot als Nairobi, maar we keken onze ogen uit. We waren niet gewend dat de zwarte avondhemel doorspikkeld was met lichtjes. Een paar Somaliërs hadden dit wel eerder meegemaakt, maar de Zuid-Soedanezen hadden nog nooit zoiets gezien; zelfs voor de oorlog was er thuis in onze dorpen geen riolering of sanitair, en al die gemakken, zoals lakens en handdoeken, waren zeldzaam en felbegeerd. In dat hotel in Kitale aten we in het restaurant, dronken koele frisdrank uit de ijskast en lieten de ijsblokjes – die althans een deel van onze groep nog nooit had geproefd – in onze mond glijden. Als we de volgende dag weer terug waren gegaan zou alleen die ene nacht in Kitale dit al tot een spectaculaire reis hebben gemaakt. De hele tijd in Kitale wisselden Tabitha en ik nauwelijks een woord, we bewaarden het contact voor later. Die kans kwam nog wel, dat wisten we, we hoefden alleen maar te wachten en alert te blijven.

De volgende ochtend reden we verder, de hele middag en nacht door, en de ochtend daarop waren we in Nairobi. Ik moet proberen het ontzag over te brengen dat een groep jongeren bevangt als ze, zoals wij, jarenlang in een kamp aan de rand van de wereld hebben gewoond en dan opeens een stad als Nairobi te zien krijgen, een van de grootste steden van Afrika. In onze belevingswereld kwam niets voor wat daarmee te vergelijken was. Het werd stil in de bus. Je zou je misschien een luidruchtig naar gebouwen, auto's, bruggen en parken wijzende buslading pubers voorstellen. Maar in deze bus was het doodstil. We drukten ons gezicht tegen de raampjes, maar niemand zei een woord. We zagen dingen die we onmogelijk konden bevatten.

Huizen op huizen, ramen boven ramen. Het hoogste gebouw dat ik tot dan toe had gezien was één verdieping hoog. En dan te beseffen dat die gebouwen niet bedreigd werden, dat ze gewoon zo zouden blijven staan – dat gevoel van duurzaamheid had ik jarenlang niet gekend.

Toen we die ochtend in Nairobi aankwamen, werden we bij een kerk afgezet, waar we met onze gastheren zouden kennismaken. Iedereen had een gastgezin toegewezen gekregen, waarvan de meeste iets met het nationale theater te maken hadden. Ik werd toegewezen aan Mike Mwaniki, die ik ongelooflijk knap vond, echt een man van de wereld. Hij zal een jaar of dertig zijn geweest en hij was een van de oprichters van toneelgroep Mavuno, hier in de stad; ze speelden werk van jonge Keniaanse toneelschrijvers.
– Dus dit is onze man, hè? zei hij tegen me. – Jij bent onze gast!
Hij schudde me hartelijk de hand, klopte me op de rug en gaf me een stuk taart. Ik had nog nooit taart gegeten en achteraf lijkt het een beetje vreemd dat hij me om half tien 's morgens met een stuk taart opwachtte, maar dat deed hij en het was heerlijk. Witte roomtaart met zonnebloem oranje strepen.

De andere leden van de groep gingen met hun gastgezin mee, ook Tabitha, die aan een excentriek gekleed ouder echtpaar met een landrover was toegewezen. Miss Gladys verdween snel met een bijzonder knappe, rijk uitziende Keniaan – we zagen haar pas weer bij de uitvoering, twee dagen later – en ik ging met Mike mee naar het appartement waar hij samenwoonde met zijn vriendin Grace, een heel klein, stralend vrouwtje, in een deel van de stad dat BuruBuru Phase 3 heette. Een krankzinnige buurt, drukker dan ik ooit had gezien. In Kakuma woonden tachtigduizend mensen, maar er was heel weinig verkeer, maar een paar auto's, geen claxons, nauwelijks elektriciteit en heel weinig drukte. Maar in Nairobi, in Buru-Buru Phase 3, was het straatrumoer onontkoombaar. Er reden dag en nacht motoren, auto's en bussen en overal hing een zoete, giftige diesellucht.

Zelfs in hun appartement, waar de vloeren en ramen zo schoon waren, was de straat aanwezig, de geur van het wegdek en het geluid van mensen die onder de ramen voorbijtrokken. Er waren auto's in zoveel verschillende kleuren, ik wist niet eens dat zoiets bestond. In Kakuma waren alle auto's wit, precies gelijk, allemaal met het embleem van de VN erop.

Ik kreeg de slaapkamer van Mike en Grace; de matras was enorm en stevig, en toen ik de kamer binnenkwam waren de lakens zo wit dat ik mijn blik even moest afwenden. Ik zette mijn plunjezak neer en ging op een rotan stoeltje in de hoek zitten. Ik had een ondraaglijke hoofdpijn. Ik dacht dat ik alleen in de kamer was, dus ik liet mijn hoofd in mijn handen rusten en probeerde mijn schedel te masseren om hem een beetje gerust te stellen. Maar mijn hoofd kon het allemaal niet aan; de mooiste momenten in mijn leven gingen ook toen al vaak gepaard met een onverklaarbare aanval van migraine.

– Kun je het een beetje vinden allemaal? vroeg Mike.

Ik keek op. Hij stond in de deuropening.

– Ja hoor, zei ik. – Heel goed. Ik ben heel gelukkig.

Ik perste er een glimlach uit om hem te overtuigen.

– We gaan vanavond naar de film, zei hij. – Ga je mee?

– Ja, zei ik. Hij en Grace moesten naar hun werk. Ze werkten bij een autodealer verderop in de straat, maar ze zouden me om zes uur komen halen. Mike wees me de tv en de wc en gaf me de sleutel van de voordeur en de deur van het appartement, en toen draafden hij en Grace de trap af en de deur uit.

Alleen in dat huis! Ze hadden me de sleutel gegeven en ik bleef een tijdje uit het raam naar de voorbijlopende mensen zitten kijken. Dit was de eerste keer dat ik op de eerste verdieping van een gebouw was. Het was heel desoriënterend, maar het leek ook wel een beetje op het zitten in de boom bij het huis van Amath met Moses en William K om de gesprekken af te luisteren die ze met haar zusjes voerde.

Nadat ik een uur over de straat en het voetpad onder het

raam had uitgekeken, probeerde ik de televisie. Ik had nog maar een doodenkele keer televisie gekeken, dus dat was wel lastig, zo in mijn eentje met twaalf kanalen. Ik moet tot mijn schande bekennen dat ik drie uur lang niet van mijn plaats geweest ben. Maar wat ik allemaal zag! Films, het nieuws, voetbal, kookprogramma's, natuurseries, een film waarin er twee zonnen aan de hemel stonden en een documentaire over de laatste dagen van Adolf Hitler. Er was ook school-tv voor leerlingen van mijn leeftijd, en daar behandelden ze het boek dat ik in Kakuma ook op school had. Dat vervulde me met een zekere trots, want kennelijk was iets wat goed genoeg was voor de vluchtelingen ook goed genoeg voor de Kenianen in Nairobi.

's Middags, nadat ik veel te lang tv had gekeken, hoorde ik de schoolkinderen uitgaan. Ik ging naar buiten, deed de deur met mijn sleutel op slot en ging op de stoep naar de jongens en meisjes in schooluniform staan kijken, en zij keken naar mij en fluisterden.

– Turkana!
– Soedan!
– Vluchteling!

Ze wezen en giechelden, maar het was niet onvriendelijk allemaal, en ik vond het vreselijk aardig dat ze niet onvriendelijk waren. Hier liepen de schoolkinderen vrij rond, ook de meisjes met hun schone witte bloesjes, plooirokjes en bijpassende sjaals. Het was te veel. Ik wilde ook een schooluniform. Ik wilde net zo zijn als zij, elke dag weten wat ik aan moest trekken, Keniaan zijn, over een verharde weg naar school lopen en lachen om niets. Op weg naar huis iets lekkers kopen en dat opeten en lachen! Dat wilde ik. En een slaapkamer met muren, en een kraan die je kon opendraaien en dan kwam er water uit dat over mijn handen liep, zoveel als ik maar wilde, ijskoud.

De film die Mike, Grace en ik die avond zagen, dat weet ik nog precies, was *Men in Black*. Ik begreep wel ongeveer waar hij over ging, maar ik wist niet precies wat echt was en wat niet. Ik was nog nooit in een bioscoop geweest. De film was wel verwarrend, maar ik deed mijn best om de reacties van het publiek te volgen. Als zij lachten, lachte ik ook. Als zij bang leken, werd ik ook bang. Maar ik vond het de hele tijd erg moeilijk om het echte van het niet-echte te onderscheiden. Na afloop namen Mike en Grace me mee om ergens een ijsje te eten, en ze vroegen wat ik van *Men in Black* vond. Ik kon onmogelijk toegeven dat ik de helft van de tijd geen idee had gehad wat er allemaal gebeurde, dus ik prees de film uitbundig en stemde verder in met alles wat zij erover zeiden. Ze waren fans van Tommy Lee Jones, zeiden ze, ze hadden *The Fugitive* vier keer gezien.

We liepen door de straten van Nairobi naar huis en ik dacht na over dit leven. IJs! We moesten zelfs uit twee verkopers kiezen! Ik herinner me dat ik me van de kortstondigheid van die avond bewust was, dat ik besefte dat ik over twee dagen weer in Kakuma zou zijn. Ik hoopte dat ze het niet zouden merken, maar ik ging steeds langzamer lopen. Ik wilde de avond zo zielsgraag rekken. Het was een heerlijke avond, de lucht was warm en er stond een beschaafd briesje.

Thuis zeiden Mike en Grace welterusten en moedigden ze me aan alles uit de ijskast te pakken wat ik wilde en tv te kijken als ik daar zin in had. Dat was misschien niet zo verstandig. Ik heb niets te eten gepakt, want ik had al meer dan genoeg gegeten, maar het tweede deel van hun aanbod nam ik met beide handen aan. Ik weet niet wanneer ik in slaap ben gevallen. Ik zapte langs alle kanalen tot mijn pols er pijn van deed. Ik weet wel dat het al licht begon te worden toen ik eindelijk naar bed ging, en ik was bijna de hele volgende dag suf.

De volgende ochtend trof ik Grace huilend op de bank. Ik liep op mijn tenen de huiskamer in. Ze had een krant in haar hand.

– Nee, nee, nee! zei ze. – Nee! Ik kan het niet geloven!

Mike kwam kijken wat Grace had gelezen. Ik bleef verlegen staan, bang dat er weer zoiets was gebeurd als de aanslag op de ambassade. Toen ik dichter bij de krant kwam, zag ik een foto van een witte vrouw in een auto. Ze was heel mooi, met zandkleurig haar. Er stonden ook foto's waarop dezelfde vrouw bloemen aan een Afrikaans kind gaf, uit een vliegtuig stapte, achter in een open auto zat. Ik nam aan dat die vrouw, wie het ook was, dood was.

– Dat is verschrikkelijk, zei Mike, en hij ging naast Grace zitten en drukte haar schouder tegen de zijne. Ik zei niets. Ik wist nog steeds niet wat er was gebeurd.

Grace keek naar mij. Haar ogen waren nat en opgezwollen.

– Weet je niet wie dat is? vroeg ze.

Ik schudde mijn hoofd.

– Dat is prinses Diana. Van Engeland.

Grace legde uit dat die vrouw een heleboel geld en hulp aan Kenia had gegeven en dat ze zich had ingezet voor het verbieden van landmijnen. Een prachtig mens, zei ze.

– Een auto-ongeluk. In Parijs, zei Mike. Hij stond nu achter Grace, met zijn armen om haar heen. Zij waren het meest liefdevolle stel dat ik ooit had gezien. Ik wist wel dat mijn vader van mijn moeder hield, maar het zo openlijk tonen van genegenheid kwam in mijn dorp niet voor.

De hele dag zag ik mensen huilen. We liepen met ons tienen, Tabitha en de Somaliërs en bijna alle Dominics, door de stad en overal huilden de mensen – op de markten, bij de kerken, op de stoep. Het leek wel alsof de hele wereld die Diana kende, en als de hele wereld haar kende, waren de volkeren op aarde toch meer met elkaar verbonden dan ik had gedacht. Ik vroeg me af of de mensen in Engeland ook zo verdrietig zouden zijn als Mike en Grace doodgingen. In mijn verwarring dacht ik toen van wel.

Ik was verdoofd door slaapgebrek en misschien hielp dat. Na de lunch gingen we naar het theater om te repeteren voor de voorstelling van de volgende avond, en als ik goed wakker was geweest, was ik misschien wel flauwgevallen. Het theater was reusachtig en weelderig ingericht. De laatste keer dat we dit stuk hadden gespeeld, in Kakuma, hadden we gewoon buiten gestaan en het publiek zat op de grond. In ons kamp was nergens een echt toneel, en nu stonden we echt op de kersenhouten planken en keken uit op pluchen stoelen, twaalfhonderd zitplaatsen. We repeteerden, hoewel de stemming somber was. Alle leden van de groep wisten inmiddels van Diana's dood en wie ze was, en namen het verdriet van de omgeving over of deden alsof.

Toen de groep die dag alleen was, gedeeltelijk of als geheel, hadden we het over blijven. Iedereen wilde voorgoed in Nairobi blijven wonen. Niemand wilde meer naar Kakuma, zelfs degenen die daar bij hun eigen familie woonden, en we bedachten theorieën om dat voor elkaar te krijgen. Er werden plannen gesmeed om weg te lopen, in de stad te verdwijnen, ons te verstoppen tot ze ophielden met zoeken. Maar we wisten dat er ten minste een paar zouden worden gepakt en zwaar gestraft. En als er iemand wegliep, betekende dat voor iedereen in Kakuma het eind van de reisjes naar Nairobi. De enige echte oplossing, wisten we, was garantstelling. Als een Keniaans staatsburger bereid was voor iemand garant te staan, een van ons of een andere vluchteling uit Kakuma, dan kon die bij degene wonen die zich garant had gesteld, naar een echte Keniaanse school gaan en leven zoals de Kenianen.

– Vraag Mike of hij je in zijn huis opneemt, zei een van de Dominics tegen mij. – Dat doet hij vast wel.

– Dat kan ik hem toch niet vragen.

– Hij is jong. Hij kan het best.

Dat leek me geen goed idee. Dat deden veel mensen die ik kende, in Kakuma en ook later, iemands gulheid tot het uiterste uitbuiten.

Maar op mijn zwakkere momenten dacht ik: ik kan het toch vragen? De avond voordat ik wegging zou ik het kunnen vragen. Dan was er niets aan de hand; als hij nee zei, ontstond er geen ongemakkelijke sfeer.

Dat was dus mijn plan. Tot de laatste dag zou ik hoffelijk en vrolijk zijn en laten zien hoe aardig ik was, en dan, de laatste avond, zou ik losjes tegen Mike zeggen dat een jongeman zoals ik zich in Nairobi heel nuttig zou kunnen maken en van alles voor Mike, Grace en toneelgroep Mavano kon doen.

Na de repetitie boden Mike en Grace aan mij en iemand anders mee naar een Chinees restaurant te nemen. Ik koos Tabitha, al was ik erop voorbereid dat ze dat idee als ongepast van de hand zouden wijzen. Maar in Kenia was het niet ongewoon dat mensen als Tabitha en ik samen uitgingen, dus Mike en Grace vonden het goed. Mijn keus intrigeerde ze nogal, geloof ik, want toen we haar gingen ophalen, vroegen ze onder het lopen van alles en nog wat. Welk meisje was het ook alweer? Hebben we haar gisteren gezien? Was ze in het roze?

We aten in een restaurant met een schone tegelvloer en portretten van vroegere Keniaanse staatslieden aan de muur. Tabitha en ik namen lamsvlees, groente en frisdrank. Ik kwam die paar dagen snel aan, net als alle anderen. We hadden nog nooit zo goed gegeten. Mike en Grace keken met een triest lachje toe terwijl we aten, en toen we verzadigd waren en konden praten zonder afgeleid te worden door het eten, zagen Mike en Grace ongetwijfeld dat we verliefd waren. Ze keken van Tabitha naar mij en weer terug en grijnsden veelbetekenend.

Na het eten liepen we naar een overdekt winkelcentrum van drie verdiepingen, met overal winkels en mensen, ongelooflijk veel glas en een bioscoop. Tabitha en ik deden alsof we zoiets wel eerder hadden gezien en probeerden niet al te diep onder de indruk te lijken.

– Hemel, wat zijn wij moe, zei Grace, en ze deed alsof ze verschrikkelijk moest gapen. Mike lachte en kneep in haar hand. Voor een fotozaak stond hij stil. Er kwam een man met een dikke buik naar buiten die Mike en Grace hartelijk begroette.

– Oké, zei Mike tegen Tabitha en mij. – Ik denk dat jullie wel even samen alleen willen zijn, en dat vinden we wel goed. Maar eerst spreken we iets af. Dit is mijn vriend Charles.

De man met de buik knikte ons toe.

– Hij moet tot tien uur werken. Jullie mogen hier samen in het winkelcentrum blijven, zonder toezicht, en om tien uur gaan jullie weer naar de winkel van Charles. Hij sluit af en brengt jullie naar huis.

Dat was een uitstekende afspraak, vonden we, dus we zeiden meteen ja. Mike gaf me een handvol shillings en een samenzweerderige knipoog. Met dat geld in mijn ene hand en Tabitha's hand in de andere wist ik zeker dat dit het mooiste ogenblik van mijn hele leven was. Tabitha en ik hadden bijna twee uur samen, en het maakte niets uit dat we in het winkelcentrum moesten blijven.

– Om tien uur hier, zei Charles met een blik op Tabitha.

– Redden jullie het verder wel? vroeg Mike aan mij.

– Zeker, meneer, zei ik. – U kunt ons vertrouwen.

– We vertrouwen jullie, zei hij, en hij gaf me weer een knipoog.

– Hup, wegwezen, jullie zijn vrij! zei Grace en joeg ons weg met een gebaar van haar kleine handje.

Mike en Grace namen afscheid en Charles ging weer naar zijn ontwikkelapparatuur. Tabitha en ik waren alleen en de keus was te groot. Ik begon na te denken over een geschikt plekje om haar tegen me aan te trekken en haar gezicht in mijn handen te nemen. Gop zei dat ik het gezicht van een vrouw in mijn handen moest nemen als ik haar kuste, en ik was vastbesloten het zo te doen.

Ik kende het winkelcentrum helemaal niet, maar ik had wel de tegenwoordigheid van geest om te beseffen dat de man in zo'n situatie het heft in handen moest nemen, dus ik nam Tabitha mee twee trappen op, naar de grootste, felst verlichte winkel die er was. Ik wist niet wat ze er verkochten. Toen eindelijk tot me doordrong dat het een supermarkt was, kon ik al niet meer terug. Ik moest doen alsof ik heel trots op mijn keuze was.

Achteraf lijkt het heel onromantisch, maar we brachten het

grootste deel van onze twee uur in die supermarkt door. Hij was enorm en het was er lichter dan overdag buiten, en ze hadden er zoveel dat heel Kakuma er een week van zou kunnen eten. Het was ook een soort bazaar en een drogisterij – zoveel spullen in één winkel. Er waren twaalf paden, met huishoudartikelen, cosmetica en vriezers vol pizza's en waterijsjes. Tabitha bekeek de lippenstiften, de haarproducten, de aanplakwimpers en de vrouwenbladen, ze hield ook toen al van make-up. In Kakuma had je op winkelgebied alleen houten schuurtjes met oeroud uitziende producten, waarvan er niet één vrolijk verpakt was of er zo fris en begeerlijk uitzag als de spullen in die supermarktbazaar in Nairobi. We liepen alle gangpaden door en wezen elkaar al die wonderen aan: een hele muur met allerlei sap en frisdrank, een plank vol snoep en speelgoed, ventilatoren en airconditioners, en achterin een rij glanzende fietsen. Tabitha slaakte een gilletje en rende naar de allerkleinste.

Ze ging op een kleuterdriewieler zitten en kneep in de toeter.

– Val, ik moet je iets belangrijks vragen, zei ze met lichtjes in haar ogen.

– Ja? zei ik. Ik was doodsbang dat ze iets wilde waartoe ik niet bereid was. Ik vreesde al een hele tijd dat Tabitha stilletjes alles van de liefde wist en dat ze zodra we alleen waren te hard van stapel zou lopen. Dat het dan duidelijk zou worden dat ik helemaal geen ervaring had. Nu ik haar zo op die driewieler zag zitten, maakte dat heel sterke, onverklaarbare gevoelens bij me los.

– Laten we weglopen, zei ze.

Dat was niet wat ik had verwacht.

– Wat? Waarnaartoe? vroeg ik.

– Gewoon, lopen. Hier blijven. Niet naar Kakuma teruggaan.

Ik zei dat ze gek was geworden. Ze was even stil en ik dacht dat ze weer bij zinnen gekomen was. Maar ze was nog lang niet klaar.

– Val, snap je het dan niet? Mike en Grace verwachten dat we vanavond samen weglopen. Daarom lieten ze ons alleen.

– Mike en Grace verwachten helemaal niet dat we weglopen.

– Je hebt Grace toch gehoord? Ze zei: wegwezen! We kunnen weglopen en net zo leven als zij. Zou jij dat niet willen? Het kan, Val, wij samen.

Ik zei dat ik zoiets niet kon doen. Ik was het niet met haar eens dat Mike en Grace verwachtten dat we weg zouden lopen. Ik geloofde dat ze het heel vervelend zouden vinden als we verdwenen en dat ze een hoop moeilijkheden met de politie en de immigratiedienst zouden krijgen. En als we deserteerden, bracht ik Tabitha in herinnering, zou dat het eind van alle uitstapjes voor de vluchtelingen in Kakuma betekenen. Dan zou onze reis naar Nairobi de laatste zijn die de jongeren van Kakuma hadden gemaakt.

– Kom op, Val! zei ze. – Daar kunnen we ons niet mee bezighouden. We moeten aan onszelf denken. Wij moeten toch ook leven? Welk recht hebben zij om uit te maken waar we mogen wonen? Dat is toch geen leven, daar in Kakuma, dat weet jij ook wel. Daar zijn we geen mensen, dat weet je. We zijn beesten, we moeten in de omheining blijven, net als vee. Vind je zelf niet dat je beter verdient? Dat wij beter verdienen? Aan wie gehoorzaam jij? Aan een stel Kenianen die niets van ons weten? Iedereen zal het begrijpen, Val. In Kakuma zal iedereen juichen, dat weet je best. Niemand verwacht dat we terugkomen.

– Het kan niet, Tabitha. Dat is niet de manier.

– Je bent maar één keer op deze wereld en dan wou je maar leven zoals zij willen? Ze zien je niet eens als een mens! Je bent een insect! Neem je leven in eigen hand.

Ze stampte op mijn voet.

– Wie ben je eigenlijk, Valentino? Waar kom je vandaan?

– Ik kom uit Soedan.

– O ja? Hoezo? Wat herinner je je daar dan nog van?

– Ik ga daar weer naartoe, zei ik. – Ik zal altijd Soedanees blijven.

– Maar je bent in de eerste plaats een mens, Val. Met een ziel. Weet je wat een ziel is?

Ze kon echt neerbuigend doen, om razend van te worden.

– Jouw ziel zit toevallig in een Soedanese jongen. Maar daar zit je niet aan vast, Val. Je bent niet alleen maar een Soedanese jongen. Met die beperking hoef je geen genoegen te nemen. Je hoeft niet te gehoorzamen aan de wetten van de plek waar iemand zoals jij zogenaamd thuishoort. Alleen omdat je toevallig een Soedanese huid en een Soedanees gezicht hebt, hoef je nog geen product van de oorlog te zijn, een schakeltje in al die puinzooi. Zij zeggen dat je uit je dorp moet vluchten en naar Ethiopië moet lopen, en dan doe jij dat maar. Dan zeggen ze weer dat je uit Ethiopië weg moet, en uit Golkur, en jij doet dat. Ze lopen naar Kakuma en jij loopt gewoon mee. Je volgt altijd maar. En nu zeggen ze dat je in een kamp moet blijven tot zij zeggen dat je weg mag. Snap je het dan niet? Welk recht hebben die mensen om grenzen te stellen aan het leven dat jij kunt leven? Wie geeft ze dat recht? Alleen maar omdat zij in Kenia geboren zijn en jij in Soedan?

– Mijn ouders leven nog, Tabitha!

– Dat weet ik! Maar denk je niet dat je vanuit Nairobi veel eerder bij ze kunt zijn? Hier kun je werken en geld verdienen, van hieruit kun je veel makkelijker naar Marial Bai. Denk daar eens aan.

Als ik er nu aan terugdenk zie ik daar de wijsheid wel van in, maar toen vond ik Tabitha verschrikkelijk frustrerend en had ik geen hoge pet op van haar ideeën of van haarzelf. Ik zei dat ze me met haar retoriek niet kon overhalen wetten te overtreden of de kwaliteit van het leven van duizenden jongeren in Kakuma in gevaar te brengen.

– Ik heb niet het recht om andermans leven moeilijker te maken, zei ik.

En dat was het eind van ons gesprek. Ik liep nog wat door die winkel en wist niet meer of ik ooit nog wel iets met Tabitha wilde. Ze was een heel ander iemand dan ik tot dan toe had aangenomen. Ze kwam egoïstisch op me over, onverantwoordelijk, kortzichtig en onvolwassen. Ik besloot dat ik gewoon om tien uur naar de winkel van Charles zou gaan en maar moest hopen dat Tabitha ook kwam. Maar ik wilde niet degene zijn die haar ervan weerhield te vluchten als ze daarvoor koos. Ik hoopte innig dat ze niet weg zou lopen, maar ik wilde het haar ook niet verbieden. Daar had ik het recht niet toe. Ik wist zeker dat dit het eind van onze romance was. Ze vond me vast bangelijk en veel te volgzaam, daar was ik van meet af aan al bang voor geweest, dat Tabitha meer van een gevaarlijker soort mannen hield. Ik lag toen, zoals zo vaak, met mijn gezagsgetrouwe persoonlijkheid overhoop. Door de jaren heen heeft mijn behoefte om bij het gezag in de smaak te vallen me veel te veel ellende opgeleverd.

Maar dat kon ik toen nog niet tegenover mezelf of aan Tabitha toegeven, dus ik bleef bij de fietsen staan en moest aan de man in de woestijn denken die vers eten in een gat in de grond bewaarde. Ik dacht aan die man en betrapte me erop dat ik de hele tijd onbewust mijn scheenbeen aanraakte op de plek waar het prikkeldraad zich erin vastgebeten had. Op dat moment zag ik dat Tabitha terug was. Ze stormde door het gangpad op me af, langs de elektrische ventilatoren, de koffiezetapparaten en de handdoeken, en al snel stond ze voor me, een paar centimeter bij me vandaan.

– Stommeling! schreeuwde ze.

Daar had ik geen antwoord op, want ze had gelijk.

– Kus me, eiste ze.

Ik had haar nog nooit zo kwaad gezien; in haar voorhoofd bewogen spiertjes waarvan ik niet wist dat die daar zaten. Maar ze stak me haar lippen toe, sloot haar ogen en hield me haar gezicht voor. En meteen waren al mijn gedachten over haar verdwenen. Mijn maag en mijn hart botsten op elkaar, maar ik boog me over Tabitha heen en kuste haar. Ik kuste haar en zij kuste mij totdat een winkelbediende vroeg of we nu weg wilden gaan. Het was sluitingstijd, zei hij en hij wees op zijn horloge. Het was tien uur. We hadden veertig minuten bij de fietsen staan zoenen, zij met haar handen op het stuur en ik met mijn handen op de hare.

Van de volgende dag herinner ik me niets meer. Tabitha moest die dag met haar gastgezin doorbrengen, en omdat Mike en Grace naar hun werk waren, zat ik het grootste deel van de dag in hun appartement. Af en toe ging ik een eindje door de buurt lopen en probeerde ik even, al was het maar twee seconden, aan iets anders te denken dan aan onze kus. Vergeefs. Die dag beleefde ik die kus wel duizend keer opnieuw. In huis kuste ik de ijskast, alle deuren, een heleboel hoofdkussens en alle kussens op de bank, allemaal om te proberen die sensatie weer te benaderen.

Ik had me zorgen over Tabitha moeten maken, of ze die dag wel op de repetitie zou verschijnen, maar ik had de vorige avond nog niet verwerkt. Toen ze die middag in het theater aankwam was ik nog zo in trance van de herinneringen aan de vorige avond dat ik de echte Tabitha, die me expres negeerde, nauwelijks opmerkte. Ergens in de loop van de nacht had ze besloten dat ze toch weer kwaad op me was. Ze zou nog weken razend op me blijven.

De avond van onze voorstelling zat het theater vol. Er speelden acht groepen uit heel Kenia. Wij waren de enige vluchtelingengroep. Goddank speelden we die avond goed; niemand was zijn tekst kwijt en zelfs bij die belichting en met al die stoelen waren we nog steeds zelf aanwezig in de woorden en de dramatische strekking van ons stuk. Het ging goed, we wisten dat we het goed deden. Toen het afgelopen was, werden we toegejuicht en sommige mensen gaven ons zelfs een staande ovatie. Onze groep werd derde. Meer konden we niet verlangen.

Na afloop was er een feestelijk diner en toen gingen we allemaal naar het huis van ons gastgezin. Zelfs onder het lopen daarnaartoe was de tweestrijd op mijn gezicht te zien.

– Wat is er? vroeg Grace. – Je kijkt alsof je op iets zuurs hebt gebeten.

Er was niets, zei ik, maar in werkelijkheid was ik kapot. Ik wist dat ik alleen vanavond nog had om Mike en Grace aan te spreken over die garantstelling.

Maar ik zei niets tegen Grace, tegen geen van beiden, ook niet toen ze zich gingen wassen. Grace ging slapen en Mike ook, maar even later kwam hij de huiskamer weer in. – Ik kan niet slapen, zei hij.

Die nacht hebben we samen op de bank nog uren tv zitten kijken en ik vroeg hem van alles over wat we zagen – wie zijn die mannen met die ronde hoeden? wie zijn die vrouwen met die veren? – maar kon intussen alleen maar denken: kan het wel? Kan ik hem zoiets wel vragen? Maar zoiets kon ik niet van Mike verlangen. Het was veel te veel, dat wist ik. Mike had het te druk om ook nog de last van een vluchteling op zich te nemen. Maar, dacht ik dan weer, ik zou me heel nuttig kunnen maken. Ik kon zoveel doen voor de kost. Koken en schoonmaken en alles wat er in het theater nodig was. Ik was ordelijk, dat had ik wel bewezen, en de mensen vonden me sympathiek, en ik kon het theater na sluitingstijd schoonmaken, of voordat het openging. Of allebei, en dan kon ik na de voorstelling thuis het bed voor Mike en Grace openslaan. Mike zou wel weten wat ik allemaal zou willen doen. Hij wist dat ik bereid was voor mijn kost en inwoning te werken en te zorgen dat hij er geen spijt van kreeg als hij me in huis nam.

Dan weer vervloekte ik mijn domheid. Mike had niemand nodig om hem bij al die dingen te helpen, hij zou het niet eens willen. Hij wilde gewoon jong zijn en niet gebukt gaan onder de problemen van een slungelige Soedanese puber. Dit was zijn goede daad, dat hij me een week in huis nam, en dat was genoeg. Als mijn moeder wist dat ik zelfs maar overwoog me zo aan iemand op te dringen, zou ze zich doodschamen.

– Nou, ik hou het voor gezien, zei hij, en hij stond op.
– Oké, zei ik.
– Blijf jij weer op? vroeg hij. – Wanneer slaap jij eigenlijk?

Ik lachte en deed mijn mond open. Een stortvloed van woorden, kruiperige, behoeftige woorden, stond op het punt naar buiten te komen. Maar ik zei niets.

– Welterusten, zei ik. – Je gastvrijheid betekent heel veel voor me.

Hij lachte en ging naar bed, naar Grace.

De volgende ochtend gingen we naar huis, de hele vluchtelingengroep uit Kakuma. Iedereen was moe; ik was niet de enige die aan tv verslingerd was geraakt. Ik ging niet in Tabitha's buurt zitten en sprak haar de hele terugweg niet. Dat was ook maar beter. Ik verdronk zowat in de gedachten en had even een rustpauze nodig, van haar en van alle keuzes die ik niet had gemaakt. Deze keer sliepen we niet in Kitale, maar reden in één keer door naar Kakuma. Ik glipte het bewustzijn in en uit en keek hoe de weelderige stukken van Kenia langsschoten, de prachtige groene heuvels en de gordijnen van regen op de boerderijen in de verte. We flitsten overal voorbij, terug naar de jammerlijke ellende van Kakuma.

XXIV

Ik sta op het parkeerterrein van de Century Club; de fitnessclub gaat over twintig minuten open. Geen tijd meer om een dutje te doen, zelfs al had ik dat gekund, dus ik zet de radio aan en zoek BBC World News. Dat programma speelt al heel lang een rol in mijn leven, al sinds Pinyudo, waar de commandanten van de SPLA de nieuwsberichten uit Afrika over het hele kamp lieten schallen. De afgelopen paar jaar lijkt geen uitzending compleet zonder een item over Soedan. Vanmorgen komt er eerst een voorspelbaar verhaal over Darfur: een Afrikadeskundige merkt op dat de zevenduizend manschappen van de Afrikaanse Unie die patrouilleren in een gebied zo groot als Frankrijk, niet in staat zijn gebleken de voortdurende terreur van de janjaweed tegen te gaan. Het geld voor de troepen dreigt op te raken en het schijnt dat niemand, ook de VS niet, bereid is met meer geld over de brug te komen of nieuwe ideeën heeft om het moorden en het opjagen van mensen te laten ophouden. Dat is niet echt nieuws voor degenen die net twintig jaar onderdrukking van Khartoum en zijn milities hebben doorstaan.

Het tweede verhaal over Soedan is interessanter: dat gaat over een jacht. Het schijnt dat de Afrikaanse Unie in Khartoum zou vergaderen en dat al-Bashir, de president van Soedan, indruk op de staatshoofden wilde maken met een kostbaar jacht waarin de hoogwaardigheidsbekleders tijdens hun verblijf over de Nijl zouden varen. Het schip werd in Slovenië besteld en Bashir betaalde er 4,5 miljoen dollar voor. De hongerlijdende armen van Soedan hadden die 4,5 miljoen dollar vast erg goed kunnen gebruiken.

Het jacht werd van Slovenië naar de Rode Zee overgebracht en vandaar naar Port Sudan gevaren. Daarna moest het op tijd voor de conferentie over land naar Khartoum worden gebracht. Maar het transport naar de hoofdstad bleek veel lastiger dan verwacht. Het 172 ton wegende schip was te zwaar voor de bruggen waar het overheen moest en de elektriciteitsdraden langs de weg waren ook een probleem: er moesten er 132 worden weggehaald, en ook weer opgehangen nadat het schip was gepasseerd. Tegen de tijd dat het jacht bij de Nijl aankwam, waren de Afrikaanse leiders allang weer weg. Op de een of andere manier hadden ze het ook zonder jacht met satelliet-tv, porselein en luxehutten gered.

Maar voordat de boot Khartoum had bereikt, was hij al een symbool geworden voor de decadentie en gewetenloosheid van Bashir. Die man heeft overal vijanden – niet alleen de Zuid-Soedanezen verachten hem. Ook gematigde moslims hebben politieke partijen en coalities opgericht om zich tegen hem te verzetten. In Darfur was het tenslotte een niet-Arabische moslimgroep die in opstand kwam tegen zijn regering en eisen stelde voor hun regio. Als de Soedanese bevolking en het hele Nationaal Islamitisch Front in Khartoum de genocide niet genoeg aanleiding vinden om die gek te vervangen, dan helpt die boot misschien.

Terwijl ik op het parkeerterrein naar de radio luister, staar ik voor me uit naar een telefooncel en zie daar opeens een uitnodiging in. Ik besluit mijn eigen nummer te draaien, mijn gestolen telefoon te bellen. Ik heb tenslotte niets te verliezen.

Ik gebruik een van de telefoonkaarten die ik van Achor Achors neef in Nashville heb gekocht. Hij verkoopt telefoonkaarten van vijf dollar waarop je voor honderd dollar internationaal kunt bellen. Ik snap niet hoe het werkt, maar alle vluchtelingen die ik ken kopen die kaarten. De mijne ziet er heel vreemd uit en is waarschijnlijk niet door Afrikanen gemaakt; er staat een ongewone montage op, een Maori in volle wapenrusting met een speer in zijn hand en een Amerikaanse buffel op de achtergrond. Boven de afbeelding staat: AFRICA CALIFORNIA.

Ik moet even nadenken wat mijn nummer ook weer was; ik

heb het niet vaak hoeven gebruiken. Als het me weer te binnen schiet, toets ik de eerste zes cijfers snel in en wacht even voordat ik de rest kies. Vaak kan ik niet geloven dat ik echt de dingen doe die ik doe.

De telefoon gaat over. Mijn hart bonkt in mijn keel. Twee, drie keer. Een klikje.

'Hallo?' Een jongensstem. Michael. De tv-jongen.

'Michael. Je spreekt met de man van wie je gisteravond hebt gestolen.'

Een geluidje van iemand die naar adem hapt, dan stilte.

'Michael, ik moet even met je praten. Je moet begrijpen dat...'

De telefoon valt en ik hoor Michael praten, in een galmende ruimte. Ik hoor gedempte stemmen en dan 'Geef hier'. Er wordt een knop ingedrukt en de verbinding is verbroken.

Ik heb het nummer aan de politie gegeven en nu weet ik dat ze niet eens hebben geprobeerd het te bellen. De telefoon is nog in het bezit van de dieven, degenen die me hebben beroofd en geslagen, en hij doet het nog. De politie heeft niet de moeite genomen de zaak te onderzoeken en de misdadigers wisten dat de politie niets zou doen. Op dit moment vraag ik me meer dan ooit af of ik eigenlijk wel besta. Als één van de betrokkenen, de politie of de misdadigers, ook maar even had geloofd dat ik er iets toe deed, dat ik een stem had, dan hadden ze zich wel van die telefoon ontdaan. Maar het lijkt duidelijk dat mijn bestaan aan geen van beide kanten van de wet wordt erkend.

Vijf minuten later, als ik weer in de auto zit om op adem te komen, besluit ik weer naar de telefooncel te gaan om mijn nummer nog een keer te proberen. Het verbaast me niet dat ik nu direct de voicemail krijg. Werktuiglijk toets ik mijn pincode in om mijn berichten af te luisteren.

Ik heb er drie. Het eerste is van Madelena, lid van de toelatingscommissie van een klein jezuïetencollege waar ze me praktisch beloofden dat ik zou worden aangenomen toen ik er een paar maanden geleden langsging. Sindsdien lijken ze wel tien of meer redenen te hebben gevonden waarom mijn aanvraag onvolledig is. Eerst zeiden ze dat het afschrift van mijn geboortebewijs niet officieel genoeg was. Ik had een kopie gestuurd en ze moesten een gewaarmerkt origineel afschrift hebben. Toen had ik een bepaalde toets niet gedaan waarvan ze eerst zeiden dat die niet nodig was. En als ik Madelena probeer te bereiken, is ze er nooit. Maar af en toe belt ze terug, altijd op een tijd dat ze weet dat ik niet opneem. Ik snap niet hoe ze het voor elkaar krijgt. Ze is er een ware meester in. Dit bericht bevat tot nu toe nog de meeste informatie:

'Valentino, ik heb het met mijn collega's besproken en wij vonden dat je eerst nog wat studiepunten moet zien te halen op' – ze rommelt tussen haar papieren om de naam te zoeken – 'het Georgia Perimeter College. We willen tenslotte niet dat je helemaal hierheen komt en het dan niet redt. Laten we dus over een paar jaartjes nog eens contact opnemen om te kijken hoe je er dan voor staat...' Zo gaat het nog even door, en als ze ophangt, hoor ik de opluchting in haar stem. Het eerstkomende jaar is ze tenminste van me af.

Net als in Kakuma zijn de mensen soms verbaasd dat ik zoveel moeite heb met bepaalde dingen waarvan zij dachten dat ik ze gemakkelijk zou kunnen. Ik woon nu vijf jaar in de VS en ik ben nog niet veel dichter bij een studie dan toen ik aankwam. Door de hulp van Phil Mays en de Lost Boys Foundation kon ik mijn baantje bij de stoffenzaak opzeggen en aan het Georgia Perimeter College voltijds de vakken volgen die ik nodig had om me bij een vierjarige hogere opleiding te kunnen inschrijven. Maar dat ging niet zoals gepland. Mijn cijfers wisselen sterk en mijn docenten moedigen me lang niet altijd aan. Is een hogere opleiding wel voor mij weggelegd? vroegen ze. Die vraag beantwoordde ik niet. Het geld van de Foundation raakte op en ik moest deze baan bij de fitnessclub aannemen, maar ik ben nog steeds vast van plan te gaan studeren. Aan een fatsoenlijke onderwijsinstelling waar ik een normale opleiding kan volgen. Ik zal niet rusten voor ik dat heb bereikt.

Dit najaar leek het erop dat het eindelijk zover was. Ik was vier jaar aan één stuk naar school geweest en mijn cijfers waren gemiddeld goed. Na de dood van Bobby Newmyer had ik wel een dip, maar ik dacht niet dat die paar onvoldoendes veel kwaad konden. Maar ik had me vergist. Ik vroeg om toelating bij jezuïetencolleges in het hele land en hun reacties waren verwarrend en tegenstrijdig.

Eerst ging ik ze allemaal langs. Ik bezocht er zeven en deed overal mijn best om goede aantekeningen te maken, zodat ik precies wist wat ze van een aankomend student verwachtten. Gerald Newton zei dat ik op de man af moest vragen: 'Wat moet ik doen om dit najaar gegarandeerd met mijn studie te kunnen beginnen?' Dat vroeg ik dus letterlijk, op alle zeven colleges. Ze deden altijd heel hoopgevend. Ze waren vriendelijk, ze leken me te willen aannemen. Maar uiteindelijk werd ik overal afgewezen, soms kwam er zelfs helemaal geen reactie.

Toen ik eindelijk iemand van de toelatingscommissie van een college te spreken kreeg, een man die bereid was open kaart te spelen, zei hij een paar interessante dingen.

'Misschien ben je wel te oud.'

Ik vroeg wat hij bedoelde. Hij werkte voor het zoveelste college waar ik kwam, een klein instituut. Het keurig verzorgde terrein en de gebouwen leken precies op die in de catalogus die we aan elkaar doorgaven toen we bij Kakuma op het vliegtuig zaten te wachten dat ons naar de vs zou brengen.

'Bekijk het eens zo,' zei hij. 'De studenten zijn hier intern. Er zijn jonge meisjes bij, van wie sommige nog geen zeventien zijn. Begrijp je wat ik bedoel?'

Ik begreep niet wat hij bedoelde.

'Op het aanvraagformulier staat dat je zevenentwintig bent,' zei hij.

'Ja, en?'

'Nou, stel je eens een blank gezin uit een buitenwijk voor. Die mensen geven veertigduizend dollar uit om hun blonde dochter te laten studeren, zij is nog nooit van huis geweest en de eerste dag dat ze hier zijn, zien ze iemand als jij bij de studentenhuizen rondlopen.'

Hij vond dat hij daarmee alles duidelijk had gemaakt. Hij probeerde me een nietsontziend eerlijk advies te geven en dacht dat ik er nu wel van zou afzien. Maar ik weiger te geloven dat ik nu mijn hoop op een universitaire opleiding maar moet laten varen, al lijkt het er inmiddels wel op dat ik creatief zal moeten zijn. In Kakuma konden we ons een nieuwe naam en een nieuwe achtergrond aanmeten als onze situatie en onze verplichtingen dat nodig maakten. – Je moet je vernieuwen, zei Gop vaak, en hij bedoelde dat er in Kakuma weinig regels bestonden waar niets aan te doen viel. Vooral als ontberingen het alternatief waren.

Ik heb ook een voicemailbericht van Daniel Bol, die ik nog uit Kakuma ken. Hij zat ook bij toneelgroep Napata, en hij zegt het wel niet met zoveel woorden, maar ik weet dat hij weer geld nodig heeft. 'Je weet wel waarvoor ik bel,' zegt hij, en hij zucht dramatisch. Normaal gesproken zou ik er niet aan denken hem terug te bellen, maar er schiet me opeens een manier te binnen om mijn problemen met Daniel voor eens en altijd uit de wereld te helpen. Ik bel hem terug.

'Hallo?' Hij neemt op. Hij is wakker. Waar hij woont is het kwart over drie 's nachts. We praten wat over koetjes en kalfjes, zijn recente huwelijk en zijn drie maanden oude dochtertje. Ze heet Hillary.

Daniel weet zijn verzoeken niet echt elegant in te kleden en ik heb er wel plezier in hoe onhandig hij het doel van zijn telefoontje ter sprake brengt.

'Dus...' zegt hij. Dan valt er een stilte. Daar zou ik uit moeten opmaken dat hij hulp nodig heeft en nu word ik geacht te vragen welke vestiging van Western Union voor hem het dichtstbij is. Ik besluit hem zijn situatie iets duidelijker te laten uitleggen.

'Wat is er eigenlijk?' vraag ik.

'Ach, Achak, je weet dat ik een klein kind thuis heb.'

Ik breng hem in herinnering dat we het daar zonet al over hebben gehad.

'Ja, en vorige week was ze ziek, en toen heb ik iets stoms gedaan. Ik schaam me dood, maar er is nu niets meer aan te doen. Dus...'

Weer word ik geacht de rest wel te begrijpen en dan het geld over te maken. Maar zo makkelijk komt hij er niet af. Met het oog op ons gemeenschappelijke verleden maak ik een beetje theater.

'Wat heb je dan gedaan? Wat is er gebeurd? Is de baby nog steeds ziek?'

Ik weet best dat de baby niet ziek is en ook nooit ziek is geweest, maar toch verrast het me dat hij dat deel van zijn verhaal laat vallen.

'Nee, het gaat niet om de baby. Die is weer helemaal in orde. Het gaat om iets stoms wat ik in het weekend heb gedaan. Twee weken geleden, je snapt wel wat ik bedoel.'

Merkwaardig hoe hij het woord 'gokken' omzeilt, alsof hij het gesprek niet met dat woord wil vervuilen. Maar ik geef hem nog een duwtje en eindelijk legt hij uit wat ik al had begrepen toen ik zijn stem op de voicemail hoorde. Daniel laat zijn vrouw en kind soms dagenlang in de steek en maakt dan een reisje van drie kwartier naar het indiaanse reservaat, naar zijn favoriete casino. Daar heeft hij het afgelopen halfjaar in totaal 11.400 dollar verloren. Iedereen die hem kent heeft op allerlei manieren geprobeerd hem te helpen, maar niets lukt. Een tijdlang hebben sommigen de fout gemaakt hem gewoon geld te geven. Van mij heeft hij 200 dollar gekregen, alles wat ik had, en alleen omdat hij zei dat hij geen verzekering voor zijn kind had en alle kosten voor de bevalling contant moest betalen. Amerikanen van zijn kerk en Soedanezen uit het hele land hebben hem toen geld gestuurd, en pas later kwamen we erachter dat hij wél verzekerd was en iedere cent van de 5300 dollar die we met ons achtentwintigen bij elkaar hadden geschraapt, meteen naar het casino had gebracht.

Sindsdien probeert hij voorzichtig uit wie hij nog om geld kan vragen. Zijn nieuwste verhaal is dus dat hij een nieuwe weg is ingeslagen en dat alles nu goed komt.

'Het is echt afgelopen, Dominic. Ik ben eindelijk van die verslaving af.'

Nog steeds wil hij de woorden 'gokken' en 'blackjack' niet zeggen. Ik luister nu al tien minuten naar hem, maar hij weigert de woorden te zeggen.

'Als ik dit niet kan betalen,' zegt hij, en dan sterft zijn stem even weg. 'Dan moet ik... er misschien wel een eind aan maken. Gewoon opgeven, verdomme. Alles.'

Even begrijp ik niet wat hij bedoelt. Een eind aan het gokken maken? Dan snap ik het. Maar ik weet dat het een loos dreigement is. Daniel is wel de laatste die een eind aan zijn leven zou maken. Daar is hij te klein en te ijdel voor. De dreiging blijft even tussen ons in hangen, en dan besluit ik de kaart uit te spelen die ik al de hele tijd voor hem in petto had.

'Daniel, ik wou dat ik je in deze moeilijke tijden kon bijstaan, maar ik ben gisteravond overvallen.'

Ik vertel hem het hele verhaal, alle ellende, vanaf het begin. En ik wist wel dat hij een egoïst was, maar ik sta er toch nog versteld van hoe weinig het hem lijkt te interesseren. Hij maakt de hele tijd geluidjes om te laten horen dat hij luistert, maar vraagt niet één keer hoe het nu met me gaat, waar ik nu ben of waarom ik om vier voor half zes wakker ben. Maar hij begrijpt duidelijk wel dat hij me nu niet om geld kan vragen. Hij wil alleen maar neerleggen, want hij verdoet zijn kostbare tijd met mij en hij moet bedenken wie hij nog meer kan bellen.

Velen hebben ons afgeschreven als een mislukt experiment. Wij waren de model-Afrikanen. Dat was heel lang de benaming. We kregen uitbundige complimenten voor onze ijver en onze goede manieren, en vooral voor onze toewijding aan ons geloof. De kerken waren dol op ons en de door hen betaalde en gecontroleerde leiders wilden ons allemaal hebben. Maar dat enthousiasme is inmiddels bekoeld. We hebben veel gastgezinnen uitgeput. We zijn jonge mannen, en jonge mannen hebben de neiging het slechte pad op te gaan. Van de vierduizend vluchtelingen ging er een aantal naar prostituees of verspilde weken, maanden aan drugs, nog meer raakten er uitgeblust door de drank en tientallen zijn slechte gokkers of geweldplegers geworden.

Het verhaal dat onze wilskracht onderuit heeft gehaald is in brede kring bekend en helaas waar. Nog niet zo lang geleden waren drie Soedanezen uit Atlanta die ik allemaal nog uit Kakuma ken, een avond aan het stappen. Ze dronken veel, eerst in obscure kroegen en toen op straat, en diep in de nacht, toen de hele stad sliep, waren zij klaarwakker en stomdronken. Twee van de drie kregen ruzie over geld; het ging om tien dollar, die de een van de ander had geleend en niet had terugbetaald. Al snel brak er een vechtpartij uit, maar dronken, onhandig en schijnbaar onschuldig. De derde man probeerde ze uit elkaar te halen, maar ze waren vaag en ongecontroleerd, de schuldeiser wilde zijn debiteur een schop tegen zijn borst verkopen, verloor zijn evenwicht en sloeg met zijn hoofd tegen de grond. Daarmee kwam er voor die avond een eind aan het meningsverschil. De drie hielden het voor gezien en de derde man bracht de schopper naar huis, waar zijn hoofd begon op te zwellen. Een halve dag later belde de vriend een ambulance, maar toen was het al te laat. De man die had geschopt raakte in coma en overleed twee dagen later.

Overkomt dat soort dingen Amerikanen ook weleens? Dat de ene man de andere probeert te schoppen en dat niet overleeft? Bestaat er iets zieligers? Moest het nou echt om tien dollar gaan? Ik betrap me erop dat ik die derde, die vriend, vervloek dat hij hem niet eerder naar het ziekenhuis heeft gebracht en dat hij iedereen heeft verteld dat de ruzie om zo'n klein bedrag ging. Nu kan iedereen zeggen dat die Soedanezen elkaar voor een tientje de hersens inslaan.

Ik stuur veel mensen geld. Omdat iedereen in Kakuma wist dat ik daar een baan had, denken ze dat ik in Amerika ook wel enorm succesvol zal zijn. Ik word dus gebeld door kennissen uit het kamp en uit Nairobi, Caïro, Khartoum en Kampala. Ik stuur wat ik kan missen, al gaat het grootste deel van mijn geld naar mijn jongere broers en stiefbroers, van wie er drie in Nairobi op school zitten. Toen ik uit Marial Bai wegging waren ze nog zo klein dat ik me uit die tijd weinig van ze herinner. Nu zijn ze groot, en ze hebben plannen. Samuel, de oudste, maar toch de kleinste, heeft net eindexamen van de middelbare school gedaan en wil nu in Kenia bedrijfseconomie studeren. Peter komt binnenkort van de Engelse particuliere basisschool in Nairobi waar Phil voor heeft meebetaald. Peter lijkt misschien het meest op mij toen ik op school zat; hij is overal bij betrokken, hij is klassenvertegenwoordiger, hij basketbalt en heeft de zwarte band bij karate. Hij is rustig, maar heel geliefd bij zijn klasgenoten en zijn leraren. Omdat hij mijn betrouwbaarste broertje is, stuur ik al het geld naar hem, ook dat voor Samuel en Philip, die zestien is en dokter wil worden. Ik ben blij en trots dat ik ze geld kan sturen, soms wel driehonderd dollar per maand. Maar het is nooit genoeg. Er zijn zoveel anderen voor wie ik niet kan doen wat ik graag zou willen. De zuster van mijn vader woont in Khartoum en heeft drie kinderen en heel weinig inkomsten. Haar man is in de oorlog gesneuveld en zijn broers zijn ook dood. Haar stuur ik ook geld, een dollar of vijftig per maand, maar ik wou dat ik meer kon sturen.

Het derde voicemailbericht is van Moses. Moses uit Marial Bai. Moses die als slaaf is meegenomen naar het Noorden, Moses die gebrandmerkt is, heeft weten te ontsnappen en in het trainingskamp van de rebellen heeft gezeten. Moses die in Kenia op kostschool heeft gezeten en in British Columbia heeft gestudeerd. Ik heb hem sinds Kakuma niet meer gezien en ben dankbaar als ik zijn stem hoor. Die klinkt altijd vastberaden, opgewekt, hoopvol op de toekomst gericht.

'Van Ver, man!' zegt hij. Dat heeft hij altijd een mooie bijnaam gevonden. Hij gaat van het Engels over op het Dinka. 'Lino belde, hij vertelde wat er gebeurd is. Niet kwaad worden op Lino. Hij zei dat hij alleen mij had gebeld. En ik vertel het aan niemand. Beloofd. Hij zei ook dat het wel weer goed met je gaat en dat je niet erg gewond bent. Van harte beterschap dus.'

Altijd als ik me afvraag hoe het nu verder moet en wie we eigenlijk zijn, en ik praat met Moses, dan ben ik weer gerust. Was je nu maar bij me, Moses! Jij zou wel sterk genoeg zijn om ons allebei door deze afschuwelijke ochtend heen te slepen.

'Misschien is dit niet het goede moment om erover te beginnen...' zegt hij, en ik houd mijn adem in. 'Maar ik organiseer een voettocht...' Ik adem uit. Hij vertelt dat hij een voettocht organiseert om het lot van de mensen in Darfur onder de aandacht te brengen. Hij wil van Seattle, waar hij woont, naar Tucson, Arizona lopen.

'Achak, dat wil ik doen, ik weet dat het helpt. Stel je voor! Dat we weer allemaal bij elkaar kwamen! Als we weer samen gingen lopen, maar nu over de weg en in het zicht van de hele wereld? Dat zou toch wel de aandacht trekken? Dan zetten we de mensen echt aan het denken over Darfur en wat het betekent om verdreven en opgejaagd te worden, naar een onzekere toekomst te moeten lopen, geloof je niet? Bel maar terug als je tijd hebt. Ik wil graag dat je meedoet.'

Er valt een stilte en Moses lijkt al neer te leggen. Maar dan bedenkt hij zich en zegt nog iets, haastig.

'En ik heb het gehoord van Tabitha. Achak, ik vind het heel, heel erg. Je zult weer een ander meisje leren kennen, dat weet ik. Je bent een heel aantrekkelijke man.' Hij is even stil en vult dan aan: 'Voor een vrouw, bedoel ik. Ík vind je niet op die manier aantrekkelijk hoor, Van Ver.'

Hij lacht zachtjes en hangt op.

XXV

'Daar is hij!'

Ik ga door de voordeur de Century Club binnen en Ben, de onderhoudsman van de club, komt me tegemoet. Hij is mager, met kleine handen, grote meelevende ogen en een enorm gewelfd voorhoofd.

'Hallo Ben,' zeg ik.

'Jongen, wat zie je eruit.' Hij legt zijn klembord op de balie, komt naar me toe en neemt mijn gezicht tussen zijn handen. 'Waar kom jij vandaan? Je ziet eruit alsof je in geen weken geslapen hebt. En hier!' Hij raakt de snee op mijn voorhoofd aan. 'En je lip!'

Hij bekijkt mijn gezicht van alle kanten.

'Heb je gevochten?'

Ik zucht en hij neemt aan dat dat ja betekent. Hij laat zijn handen langs zijn lijf vallen en kijkt me ontevreden aan.

'Waarom moeten jullie Soedanezen toch altijd vechten?'

Ik tik hem even op zijn schouder en loop door. Ik heb geen zin om alles weer te vertellen. Ik moet me nu echt wassen.

'Kom even praten als je je gewassen hebt, hè?' roept hij me achterna.

Ik ben de enige in de kleedruimte. Ik pak een schone witte handdoek van de stapel bij de deur en maak mijn kastje open. Ik trek mijn schoenen uit, hemels. Mijn voeten krijgen weer lucht en ikzelf ook. Ik voel me meteen een stuk lekkerder. Ik gooi ze in het kastje en kleed me langzaam uit. Ik heb overal pijn, mijn lichaam lijkt in één nacht tientallen jaren ouder geworden.

Het water is altijd een schok, bij welke temperatuur ook. Als het warmer wordt, gaan mijn spieren en botten soepeler aanvoelen. Ik houd mijn hoofd onder de straal en kijk hoe het bloed langs mijn lichaam en over de tegelvloer druipt. Het is niet veel, een dun roze draadje dat naar de afvoer loopt, en dan is het weg.

In de spiegel zie ik niet veel verschil. Mijn onderlip is kapot en er loopt een sikkelvormige schaafwond van mijn slaap naar mijn wang. Er zit een rood plekje in mijn linkerooghoek, een klein druppeltje midden in het wit.

Ik trek een T-shirt aan dat bijna schoon is, en de trainingsbroek en de sportschoenen die ik hier in mijn kastje heb liggen. Als de winkel van de club opengaat, koop ik wel een nieuw tennisshirt dat ik vandaag aan kan. Hoewel ik niet geslapen heb, ontstaat er door het aantrekken van andere kleren toch een scheidslijn tussen die dag, die gebeurtenissen, en vandaag. Ik haal diep adem en dan wordt het me allemaal opeens te veel. In de kussens van de stoel die in de hoek van de kleedruimte staat zak ik in elkaar. Mijn nek houdt het niet meer en mijn kin slaat tegen mijn borst. Even ben ik verslagen. Ik heb mijn ogen dicht, ik zie niets – geen kleuren, niets. Opstaan zou nu gekkenwerk zijn. Mijn ruggengraat lijkt me in de steek te laten. Ik ben een weekdier, en die gedachte is troostrijk. Daar zit ik dan, dat idee baant zich een weg door mijn gedachten en ik zou eeuwig in deze stoel kunnen blijven hangen. Dat lijkt even heel verleidelijk, maar dan vind ik het toch beter om maar gewoon aan het werk te gaan.

Ik sluit mijn kastje af en al gauw ben ik mezelf weer meester. Over een minuut moet ik bij de receptie zijn, mijn dienst begint om half zes.

Bij de receptie blijkt Ben tot mijn opluchting weg te zijn. Hij wil zo graag helpen, maar ik ben zijn goede raad en zijn opinies nu liever kwijt dan rijk. Als hij wist wat me gisteren is overkomen, zou hij me urenlang bombarderen met suggesties: wat ik moet doen, wie ik moet bellen, waar ik een klacht moet indienen en hoe ik een rechtszaak moet aanspannen. Ik ga zitten, alleen in de lobby, en zet de computer aan. Het is mijn taak binnenkomende leden in te checken en belangstellenden een folder te geven. Op maandag werk ik maar vier uur en om deze tijd is het niet druk. Maar de vaste klanten komen wel en ik ken ze allemaal van gezicht, hoewel niet altijd van naam.

Matt Donnelley is de eerste; soms komt hij tegelijk met mij binnen. Hij gaat altijd van half zes tot vijf over zes op de loopband, doet dan honderd sit-ups, neemt een douche en gaat weer weg. Daar is hij, een paar minuten te laat, fors gebouwd en met een mond als een paarse snee. Toen ik hier pas werkte, heeft hij op een ochtend even met me gepraat; hij vroeg naar de geschiedenis van de Lost Boys en mijn leven in Atlanta. Hij was belezen en oprecht geïnteresseerd in Soedan; hij wist wie Bashir, Turabi en Garang waren. Hij was advocaat, zei hij, en als ik hulp of juridisch advies nodig had, moest ik maar bellen. Maar ik kon nooit een reden bedenken om hem te bellen en sindsdien wisselen we alleen een groet.

'Hé, Valentino,' zegt hij. 'Wachtwoord?'

De eerste keer dat hij dat vroeg, dacht ik dat ik echt een bepaald woord moest zeggen, het wachtwoord van die dag. 'Geluk,' zei ik de eerste keer dus maar. Toen legde hij uit dat het een grapje uit zijn diensttijd was, maar ik weet nog steeds niet wat ik erop terug moet zeggen.

Ik begroet hem en hij geeft me zijn pasje. Ik haal het door de lezer en zijn foto verschijnt op het beeldscherm, dertig centimeter hoog en felgekleurd.

'Ik moet 'ns een nieuwe foto laten maken,' zegt hij. 'Ik zie eruit alsof ze me net hebben opgegraven.'

Ik glimlach en hij verdwijnt de kleedruimte in. Maar zijn foto blijft op het scherm staan. Het is een eigenaardigheidje van het computersysteem hier dat de foto's op het scherm blijven totdat de volgende incheckt. Er is vast wel een trucje om dat te verhelpen, maar ik ken het niet.

Ik blijf dus maar even tegen Matt Donnelley aankijken.

Aanvankelijk was het een gerucht, Matt Donnelley. In het winderige Kakuma hadden de mensen het over Amerika. Op een dag in april 1999 hadden de mensen het 's morgens over van alles en nog wat – voetbal, seks, een hulpverlener die ontslagen was omdat hij aan een Somalische jongen had gezeten – en tegen zonsondergang ging het alleen nog maar over Amerika. Wie gingen er? Hoe beslisten ze dat? Hoeveel jongens zouden er gaan?

Het begon met een van de Dominics. Hij had op het bureau van de UNHCR iemand aan de telefoon iets horen zeggen als 'Dat is heel goed nieuws. Daar zijn we blij om, en de jongens zullen natuurlijk ook heel blij zijn. Ja, de Lost Boys. Laat het maar horen als u weet hoeveel u er opneemt.'

Binnen een paar dagen werden die woorden onder de wezen in Kakuma honderden, misschien wel duizenden keren herhaald. Niemand kon zich ergens op concentreren, niemand kon behoorlijk basketballen en school was een ramp. Overal dromden groepjes van twintig, soms wel vijftig jongens om iemand heen die iets te weten was gekomen. De ene dag werd er verteld dat alle Lost Boys naar Amerika gingen. De volgende dag zouden we naar Amerika en Canada gaan en dan weer naar Australië. Niemand wist veel over Australië, maar we dachten dat die drie landen wel dicht bij elkaar zouden liggen of misschien zelfs drie delen van hetzelfde land waren.

Achor Achor had zichzelf al snel tot emigratie-autoriteit uitgeroepen, ook al wist hij er niets meer van dan de rest.

– Ze nemen uit iedere klas alleen de beste, zei Achor Achor.
– Dus ik zal wel gaan, maar de meesten blijven hier.

Dat spraken de meeste jongens weer tegen, en al snel gaven de feiten hun gelijk. De Verenigde Staten wilden honderden, misschien wel duizenden jongemannen uit Kakuma opnemen. Dat werd de enige gedachte die me bezighield. Emigratie, wisten we, kwam in vluchtelingenkampen wel vaker voor, maar altijd onder heel strenge voorwaarden en alleen voor bekende politieke dissidenten, verkrachtingsslachtoffers of mensen die voortdurend bedreigd werden. Maar dit leek iets heel anders, een plan waarbij de meeste of misschien wel alle wezen over de oceaan naar Amerika zouden gaan. Zoiets bizars had ik nog nooit gehoord.

Het duurde dagen voordat we een verklaring hadden bedacht voor de mogelijkheid dat de Verenigde Staten ons allemaal wilde hebben. Het is een feit dat dat land niet verplicht was om vierduizend jongemannen uit een vluchtelingenkamp in Kenia op te nemen. Het zou een genereus gebaar zijn dat het land zelf niets opleverde. We waren geen wetenschappers of technici, we hadden geen waardevolle kennis of vaardigheden. We kwamen ook niet uit een land als Cuba of zelfs China, dat in zijn hemd zou staan als wij overliepen. We waren straatarme jongens die graag wilden studeren en ons wilden ontwikkelen. Meer niet. Die overwegingen maakten het allemaal nog vreemder.

We wisten niet veel over Amerika, maar we wisten wel dat het daar vrede was en dat we er veilig zouden zijn. We zouden er een huis en een telefoon krijgen. We zouden onze school kunnen afmaken zonder zorgen over eten of allerlei gevaren. We stelden ons Amerika voor als een mengeling van alles wat we in films hadden gezien: hoge gebouwen, felle kleuren, veel glas, spectaculaire achtervolgingen met auto's en vuurwapens die alleen door misdadigers en politieagenten werden gebruikt. Stranden, oceanen, motorboten.

Het ging steeds waarschijnlijker lijken en ik verwachtte ieder moment te worden opgeroepen. We hadden geen tijdschema gekregen, dus het leek me heel goed mogelijk dat ik 's morgens het ene ogenblik in de klas zat en dan opeens in een vliegtuig zou stappen. Achor Achor en ik hadden het erover dat we altijd moesten zorgen dat we klaar waren, want waarschijnlijk kwam er op een dag gewoon een bus die ons rechtstreeks naar het vliegveld bracht, en dan vlogen we naar Amerika. We hadden waterdichte afspraken om te zorgen dat we elkaar niet kwijtraakten.

– Als de bus komt en jij zit nog op school, dan ren ik naar je toe, zei ik.

– Doe jij dat voor mij? vroeg Achor Achor.
– Tuurlijk. En als ik op mijn werk ben, kom jij dan naar mij toe?
– Ja, ja. Ik ga niet zonder jou.
– Fijn, fijn. Ik ga ook niet zonder jou, zei ik.

Op school probeerde ik vergeefs me te concentreren. Ik keek voortdurend naar de weg of de bus er al aan kwam. Ik vertrouwde Achor Achor wel, maar ik was bang dat we de bus allebei zouden missen. We hadden allebei bedacht dat er misschien maar één bus kwam en dat alleen degenen die daarin wisten te komen naar Amerika gingen – verder niemand. Dat maakte ons dagelijks leven moeilijk, want we moesten allebei de hele dag opletten. Wekenlang konden we ons alleen 's nachts ontspannen, want dan kon die bus niet komen, dat wisten we zeker. Een vliegtuig kon 's nachts niet vliegen, zo redeneerden we, dus die bus kwam ons 's nachts ook niet halen. We hadden ook bedacht dat de bus in het weekend niet zou komen, dus dan hadden we ook even rust. Dat was natuurlijk wel vreemd, want niemand had iets over een bus gezegd, laat staan over een dienstregeling. Al die theorieën en plannen hadden we zelf bedacht, ze waren nergens op gebaseerd. Maar in die dagen had iedereen zijn eigen theorie, de ene nog onwaarschijnlijker dan de andere, want niets leek nog onmogelijk.

We waren heel verbaasd, Achor Achor, de anderen en ik, toen de bus er na twee weken nog steeds niet was. We vroegen ons af of er misschien iets tussen was gekomen, en wat precies. Buiten onbekende, onbeheersbare factoren waren er ook obstakels die we maar al te goed kenden. De Soedanese oudsten van Kakuma, of ten minste een aantal daarvan, wilden niet dat wij naar Amerika gingen.

– Daar vergeten jullie je cultuur, zeiden ze.
– Daar krijgen jullie ziektes, jullie krijgen aids, waarschuwden ze.

– Wie moet Soedan na de oorlog dan leiden? vroegen ze.

Omdat veel minderjarige wezen aannamen dat die oudsten het proces tegenhielden, werd er een vergadering tussen hun leiders en de onze belegd. Er kwamen honderden mensen, al kon maar een fractie van die menigte in de kerk waar de vergadering plaatsvond. Ze stonden twaalf rijen dik om het golfplaten gebouwtje heen en toen Achor Achor en ik aankwamen – wij hadden bij de vertegenwoordigers van de jongeren zullen zitten – konden we binnen onmogelijk een plaatsje vinden. We luisterden dus maar buiten, helemaal achteraan. Er klonk geschreeuw en geruzie uit de kerk en de gebruikelijke angsten en twijfels werden uitgesproken: dat wij onze gebruiken en onze geschiedenis zouden vergeten, dat het nog maar de vraag was of die emigratie ooit doorging en wat het verlies van vierduizend jonge mannen zou betekenen.

– Hoe moet ons land er ooit weer bovenop komen zonder onze jongeren? vroegen ze.

– Jullie zijn onze hoop voor de toekomst, jongens. Wat moet er van ons land terechtkomen als het vrede wordt? Wij hebben ons leven gewaagd om jullie in Ethiopië iets te laten leren, wij hebben jullie naar Kakuma gehaald. Jullie spreken nu je talen, jullie kunnen lezen en schrijven en leren ook andere dingen. Jullie horen bij de best geschoolden van ons volk. Hoe kunnen jullie weggaan nu we zo dicht bij de overwinning en de vrede zijn?

– Maar er ís geen vrede en er kómt ook geen vrede! zei een jonge man.

– U hebt het recht niet om ons tegen te houden, zei iemand anders.

Enzovoort. Het werd erg laat en nadat we acht uur hadden staan luisteren naar de retoriek die in kringetjes ronddraaide en alle kanten op ging, zijn Achor Achor en ik weggegaan. Er werd die avond niets beslist, maar het werd de oudsten wel duidelijk dat ze de vierduizend jonge mannen niet konden tegenhouden.

We waren met te veel en we waren te gretig. We waren nu zelf een klein leger, we waren groot, gezond en vastbesloten uit het kamp weg te komen, met of zonder hun zegen.

De eerste stap naar de ontsnapping uit Kakuma was het opschrijven van ons levensverhaal. De UNHCR en de VS wilden weten waar we vandaan kwamen en wat we hadden doorgemaakt. We moesten ons verhaal in het Engels schrijven, en als we ons in het Engels niet goed konden uitdrukken, moesten we het door iemand anders laten doen. Ze vroegen ons over de burgeroorlog te schrijven, over het kwijtraken van onze familie, over ons leven in de kampen. Waarom wil je uit Kakuma weg? vroegen ze. Durf je niet naar Soedan terug, zelfs niet als het daar vrede is? We wisten dat degenen die zich in Kakuma of in Soedan vervolgd voelden, een voorkeursbehandeling zouden krijgen. Heeft je familie in Soedan misschien een andere familie iets aangedaan en ben je bang voor vergelding? Ben je misschien uit de SPLA gedeserteerd en ben je bang voor straf? Het kon van alles zijn. Welke strategie we ook kozen, we wisten dat we ons verhaal goed moesten vertellen en ons alles moesten herinneren wat we hadden gezien en gedaan; geen ontbering was onbelangrijk.

Ik schreef mijn verhaal in een examenschrift met kleine, blauw gelinieerde blaadjes. Het was de eerste keer dat ik mijn geschiedenis vertelde en het was heel moeilijk om te bepalen wat belangrijk was en wat niet. Mijn eerste opzetje was maar één bladzij lang, en toen ik het aan Achor Achor liet zien, moest hij hard lachen. Hij had al vijf kantjes en hij was nog niet eens bij Ethiopië. En de Gilo dan? vroeg hij. En Golkur? En die keer dat we naar die vliegtuigen toe renden omdat we dachten dat ze voedsel gingen droppen maar dat ze toen bommen gooiden en dat er acht jongens omkwamen? Weet je dat dan niet meer?

Dat was ik vergeten, en nog veel meer. Hoe kreeg ik dat allemaal op papier? Het leek me onmogelijk. Wat ik ook probeerde, het grootste deel van mijn leven zou buiten het verhaal blijven, dat kleine stukje van het leven dat ik had gekend. Maar ik probeerde het toch. Ik verscheurde mijn eerste versie en begon opnieuw. Ik werkte er nog weken aan en probeerde me alles te herinneren wat ik had gezien, alle paden, alle bomen, alle geel geworden ogen, alle lijken die ik had begraven.

Toen ik klaar was, had ik negen kantjes. Toen ik het inleverde, maakte de VN een pasfoto van me voor mijn dossier. Het was de eerste foto van mezelf alleen die ik ooit had gezien. Ik stond wel op groepsfoto's, waar mijn hoofd een veeg in de menigte was, maar deze nieuwe foto, van mij alleen, recht in de lens kijkend, was een openbaring. Ik keek er uren naar, hield mijn map dagenlang bij me en kon het er niet met mezelf over eens worden of ik werkelijk die foto, die woorden was.

Ik zie het nu als een vergissing, maar op een dag ging ik met de foto naar Maria. Ik wilde hem laten zien. Aan iedereen. Ik wilde aldoor praten, praten over wie ik nu was, de jonge man van wie een foto was gemaakt, die naar de VS ging. Ik trof haar thuis, waar ze de was stond op te hangen.

– Zo heb ik je nooit zien lachen, zei ze. Ze hield de foto lang vast; zulke foto's waren in die tijd zeldzaam. – Mag ik hem houden? vroeg ze.

Ik zei dat dat niet kon, dat hij voor mijn dossier was, dat hij belangrijk was voor mijn aanvraag. Ze gaf hem terug.

– Denk je dat wij ook mee kunnen? Meisjes?

Op die vraag was ik niet voorbereid. Over meisjes had ik bij deze emigratieronde nog niets gehoord. Het leek me niet mogelijk.

– Dat weet ik niet, zei ik.

Maria glimlachte, haar harde glimlach.

– Maar het kan waarschijnlijk wel, zei ik, en ik geloofde het bijna zelf.

– Grapje, zei ze. – Ik zou trouwens niet willen.

Ze kon niet liegen, ik keek er altijd dwars doorheen.

Ik was nu vastbesloten uit te zoeken of er ook meisjes waren die een aanvraag hadden ingediend, en een paar dagen later hoorde ik dat dat inderdaad mogelijk was en dat veel meisjes, tientallen, al met een aanvraag bezig waren. Ik rende naar Maria om dat te vertellen, maar ze was niet thuis. Haar buren zeiden dat ze water was gaan halen, en toen ik haar bij het tappunt aantrof, vertelde ik wat ik wist: dat meisjes ook konden aanvragen, dat ze alleen maar hoefden te bewijzen dat ze geen familie meer hadden en ongetrouwd waren. Toen ik dat vertelde, lichtten haar ogen even op, maar toen doofden ze weer uit.

– Misschien zal ik eens kijken wat ik kan doen, zei ze.

– Ik kan morgen wel met je mee, zei ik. – Dan halen we een formulier.

Ze stemde toe en we spraken af voor de volgende ochtend, bij de compound van de VN. Maar toen ik daar aankwam was ze er niet.

– Ze is water halen, zei haar zusje.

Ik zag haar in de rij; ze zat weer naast haar twee jerrycans.

– Ik kijk eerst maar hoe het met jullie gaat, zei ze. – Ik doe het volgende keer wel.

– Ik vind dat je het nu moet proberen. Misschien duurt het een tijdje.

– Misschien volgende week dan.

Ze leek niet gemotiveerd om iets te ondernemen. Misschien lag het aan het weer van die dag, het was erg heet en winderig en veel mensen bleven binnen. Maria keek me niet aan en dacht niet aan ontsnappen. Ik had die dag geen hoge pet van haar op, ik ging weg en liet haar daar maar in het stof zitten. De rij schoot op. Maria pakte haar lege jerrycans, schoof een meter op en ging weer zitten.

– Hoe staat het met je aanvraag? vroeg Noriyaki. – Nog nieuws?

Sinds die eerste golf van opwinding over de emigratie waren er maanden verstreken. We hadden allemaal ons verhaal ingeleverd en er waren al veel jongens in de compound van de VN uitgenodigd voor een gesprek. Maar ik had nog geen oproep gehad. Ik zei dus tegen Noriyaki dat er geen nieuws was, dat ik sinds het indienen van mijn aanvraag niets meer had gehoord. Hij knikte en glimlachte.

– Mooi, mooi, zei hij. – Een goed teken. Je aanvraag loopt dus.

Noriyaki was een tovenaar, hij wist me van de onwaarschijnlijkste dingen te overtuigen, en die dag gaf hij me het vertrouwen dat ik op de eerste vlucht naar Amerika zou zitten, ook al had ik nog niets van de VN gehoord. Ik moest maar vast plannen gaan maken, zei hij – ik moest bedenken bij welk NBA-basketbalteam ik wilde, want ik zou ongetwijfeld als prof worden gevraagd. Ik lachte, maar vroeg me toen toch af of ik van basketballen niet mijn beroep kon maken. Misschien kon ik voor de universiteit gaan spelen waar ik zou gaan studeren? Alle goede spelers in Kakuma droomden van de dag dat ze zouden worden ontdekt, prof werden en aan een glorieuze carrière begonnen, net als Manute Bol. Die dag stond ik mezelf ook even zo'n dagdroom toe.

– Laat ik het je maar meteen vertellen, zei Noriyaki die dag. – Ik ga ook weg uit Kakuma. Over twee maanden. Ik wilde dat jij het als eerste hoorde.

Het had lang genoeg geduurd, zei hij. Hij moest naar huis, naar zijn meisje. En nu ik toch wegging, had hij besloten, was dit het juiste moment om het Wakachiai Project aan het volgende team over te dragen. Dat leek inderdaad het aangewezen moment, dacht ik. We waren blij voor elkaar dat we deze fase in ons leven afsloten en allebei verder gingen, al was het elk aan de andere kant van de aardbol. We hadden het er de hele dag over dat we contact zouden houden en hoe makkelijk dat zou zijn met het luxeleven dat ons te wachten stond. We konden elkaar elke dag bellen of mailen, en moppen, herinneringen en foto's uitwisselen. We trokken twee blikjes Fanta open, proostten en dronken.

– Je komt op mijn huwelijk! zei hij plotseling, alsof hij nu net bedacht hoe vanzelfsprekend dat was.

- Ja! zei ik. - Hoe? vroeg ik toen.
- Makkelijk. Dan heb je een verblijfsstatus. Dan kun je reizen waarheen je wilt. Vandaag over een jaar, Valentino. We hebben een datum geprikt. Dan kom je naar Japan, dan ben jij erbij als ik met Wakana trouw.
- Goed! zei ik, helemaal overtuigd. - Ik zal erbij zijn, absoluut.

We dronken onze Fanta en genoten een middag lang van dat idee, de luxe, de heerlijkheid: vliegtuigen, steden, auto's, smokings, taart, diamanten, champagne. De dag dat we elkaar als welgestelde mannen zouden weerzien, zelfverzekerde, hoogopgeleide mannen in goeden doen, leek heel dichtbij.

Die dagen heerste er een euforische stemming in het kamp, om allerlei redenen, en een daarvan was de heiligverklaring door het Vaticaan van de Soedanese martelares Josephine Bakhita, die slavin was geweest en in het eind van de jaren veertig in Italië als zuster van Canossa was overleden. De allereerste Soedanese heilige. Dat fascineerde iedereen en we waren er trots op, want bij velen was het nooit opgekomen dat ook iemand uit Soedan heilig verklaard kon worden. Haar naam werd iedere dag in de kerk genoemd en lag iedere trotse katholieke Dinka in Kakuma in de mond bestorven. Het was voor iedereen een bijzondere tijd: voor het eerst in jaren voelden de Dinka zich weer sterk, geliefd bij God en bij verafgelegen staten. Een vrouw uit Zuid-Soedan kon heilig worden en de Lost Boys konden over de oceaan naar Amerika vliegen om daar Soedan te gaan vertegenwoordigen. Als het één mogelijk was, dan kon het ander ook. Niets was nog uitgesloten.

Toen de eerste vluchten vertrokken werd er in het hele kamp feestgevierd, en ik ging met Achor Achor naar het vliegveld om de vliegtuigen te zien verdwijnen. Ik was erg blij voor die jongens en geloofde stellig dat ik hen binnenkort in Amerika zou weerzien. Maar toen er meer vluchten kwamen en de een na de ander te horen kreeg dat hij ook was uitverkoren, werd ik ongevoelig voor hun blijdschap en kon ik me alleen nog maar afvragen wat er met mij mis was. Er vertrokken een stuk of vijfhonderd jongens en naarmate er meer maanden verstreken zonder dat ik iets van de VN hoorde, werd ik minder blij voor degenen die weg mochten. Bij ieder vertrek barstte een feest los. Hele families vierden feest, groepjes jongens begonnen te dansen als hun namen verschenen. Iedere week bracht een onmetelijke vreugde voor die anderen en neerslachtigheid voor de rest.

Ik was hier nog lang niet weg. Ik was nog niet eens opgeroepen voor een gesprek. Dat gesprek was de eerste stap, lang voordat je naam op het prikbord verscheen. Er moest iets helemaal mis zijn gelopen.

– Ik vind het heel vervelend, zei Achor Achor op een dag.

Ik had het al gehoord. Achor Achors naam hing die ochtend op het bord.

– Wanneer ga je? vroeg ik.

– Over een week.

Het ging altijd zo snel. Je naam kwam op het prikbord en dan was je een paar dagen later weg. Je moest altijd klaarstaan.

Ik wist een felicitatie uit te brengen, maar mijn blijdschap om zijn geluk werd getemperd door mijn verbijstering. Ik had alles toch goed gedaan, dacht ik. Via mijn werk kende ik zelfs een paar VN-medewerkers die bij het emigratieprocedé betrokken waren. Niets leek te helpen. Ik was geen soldaat geweest, ik had in Kakuma een voorbeeldige staat van dienst en ik was niet de enige die verbijsterd was dat zoveel anderen vóór mij naar Amerika mochten. Niemand begreep er iets van, maar er waren theorieën zat. De meest waarschijnlijke was dat er een bekende SPLA-soldaat bestond die ook Achak Deng heette en dat iemand ons door elkaar had gehaald. Dat is nooit bevestigd, maar Achor Achor had ook een theorie.

– Misschien willen ze je hier niet kwijt.

Daar vrolijkte ik niet echt van op.

– Je bent te waardevol voor het kamp, grapte hij.

Ik wilde niet zo waardevol voor het kamp zijn. Ik vroeg me af of ik me niet een tijdje wat onverantwoordelijker moest gedragen. Kon ik me niet een keertje drukken voor het werk of minder competent proberen over te komen?

– Ik zeg er wel iets van als ik weer iemand van de VN spreek, zei hij.

Alle jongens die bij Gop woonden waren al naar Amerika – naar Detroit, San Diego, Kansas City. Al snel was ik een van de weinige mannen van mijn leeftijd die nog in het kamp woonden. De anderen van wie de aanvraag was genegeerd of afgewezen waren bekende SPLA-officieren of misdadigers. Ik was de enige die ik kende die een smetteloos verleden had en toch nog niet op gesprek was geweest. Er was wel een paar keer een afspraak gemaakt, ja, maar telkens als de dag naderde, kwam er wat tussen en werd de afspraak verzet of afgezegd. Op een dag waren er onlusten uitgebroken tussen de Soedanezen en de Turkana, aan beide kanten was een dode gevallen, en het kamp werd afgesloten voor bezoekers. Een andere keer moest de Amerikaanse advocaat die bij alle gesprekken zat, op het laatste moment plotseling naar huis, naar New York. Over drie maanden zou hij terugkomen, zeiden ze.

Geen gevoel is te vergelijken met dat van afwijzing gecombineerd met verlating. Ik had over het Laatste Oordeel gelezen, als vierenzestigduizend zielen in de hemel zouden worden opgenomen voordat de aarde in vlammen op zou gaan. In het laatste halfjaar van 2000 kreeg ik heel sterk het gevoel dat ik in Kakuma achterbleef terwijl iedereen die ik kende uit ons vagevuur werd weggehaald en opgenomen in het Koninkrijk des Heren. Ik was gewogen en te licht bevonden, ik verdiende het eeuwig hellevuur.

Op een ochtend vertrok Achor Achor en we wilden geen drama bij het afscheid. Hij had een winterjas aan, want iemand had hem verteld dat het in Atlanta heel koud was. We gaven elkaar een hand en ik klopte hem op zijn gewatteerde schouder; we deden allebei alsof we elkaar snel weer zouden zien. Hij ging samen met nog iemand van de Elf, Akok Anei, en toen ik hen nakeek terwijl ze de weg naar het vliegveld af liepen, keek Achor Achor om en zag ik het verdriet in zijn ogen. Hij geloofde niet dat ik ooit uit het kamp weg zou komen.

Na Achor Achor vertrokken er nog honderden. Er stegen tientallen vliegtuigen vol Lost Boys op, allemaal jongens die ik niet eens van naam kende.

Iedereen vond het erg grappig dat ik nog steeds in Kakuma was.

– Ze blijven je afspraak verzetten tot je hier de enige bent! zei de geestige Dominic. Hij was de laatste van de Dominics die me nog gezelschap hield, maar hij had zijn gesprek al achter de rug en barstte van het zelfvertrouwen. – Van Ver, jij gaat helemaal nergens heen! lachte hij. Hij wilde niet wreed zijn, maar ik kon niet meer om hem lachen.

Noriyaki probeerde positief te blijven.

Hij was nog steeds in Kakuma en verklaarde dat met allerlei organisatorische kwesties en richtlijnen van zijn superieuren in Japan. Maar ik kreeg het akelige gevoel dat hij zijn vertrek uitstelde totdat ik weg mocht. Later hoorde ik dat dat er inderdaad achter zat.

– Maar misschien mag ik pas weg als jij naar huis bent, zei ik. Ik wilde heel graag dat hij naar zijn meisje terugging. Ze had al zo lang op hem moeten wachten.

– Ik vrees dat ik daar niets over te zeggen heb, zei hij met een grijns. – Ik heb mijn orders.

Eindelijk een tornado van een dag. Ik had om zo'n dag gebeden, en nu was hij gekomen. Ik hoorde op dezelfde ochtend dat ik op gesprek moest komen én dat Tabitha en haar broers tot de Verenigde Staten waren toegelaten. Het was een wilde dag, die al begon met de komst van Tabitha, toen het net licht begon te worden.

– We gaan! piepte ze.

Ik had mijn deur nog niet opengezet. Het was ongehoord dat zij in haar eentje voor mijn deur stond, nog voordat het goed en wel licht was. Dat fluisterde ik haar dringend toe. We riskeerden de afkeuring van de hele gemeenschap; we waren toch al behoorlijk ver gegaan, vond ik.

– Dat kan me niet schelen! zei ze, nu luider. – Dat kan me niets schelen, het kan me niets schelen!

Ze danste en piepte en sprong op en neer.

Toen ik opstond en wakker genoeg was om te verstaan, en even later ook te verwerken, wat ze had gezegd, was ze er alweer vandoor om de volgende wakker te maken aan wie ze het wilde vertellen. Het verbaasde me niet dat ze me het nieuws zo onomwonden was komen vertellen. Het is een feit dat geen liefde in Kakuma op kon tegen het vooruitzicht daar weg te mogen. Later hoorde ik dat ze twee weken na die dag zou vertrekken, en ik begreep dat ik haar in het kamp niet meer zou zien – tenminste niet écht. Ik had al zoveel honderden anderen zien vertrekken dat ik inmiddels wist dat de dagen tussen het bericht en de grote dag zelf weinig tijd lieten voor wat dan ook, laat staan voor de liefde. Ik zou haar in groepsverband snel met haar broers of haar vriendinnen heen en weer zien lopen om alle details te regelen. We waren af en toe wel even alleen, maar eigenlijk was ze al weg. Alle liefdes liepen zo af nu er zoveel mensen uit Kenia weggingen. Zelfs als we samen waren, in haar lege huis of in het mijne, had Tabitha het alleen maar over Amerika, over Seattle, wat ze daar zou aantreffen – Nairobi, maar dan veel mooier! O, lachte ze, al die mogelijkheden, het leek wel een caleidoscoop!

De ochtend dat ze me het grote nieuws bracht, kreeg ik zelf ook een bericht. Tabitha's geur hing nog in de lucht toen er aan de andere kant van mijn huis een andere stem klonk.

– Achak!

Nog maar een paar mensen noemden me Achak.

– Wie is daar?

Het was Cornelius, mijn buurjongetje van acht, dat op een regenachtige dag in Kakuma geboren was en altijd alles als eerste leek te weten. Een paar maanden geleden had hij precies geweten welke vluchteling een Turkanameisje zwanger had gemaakt, en nu kwam hij vertellen dat ik op gesprek moest komen. En iedereen wist dat Cornelius zich nooit vergiste.

Ook nu had hij zich niet vergist. Het was juli 2001, anderhalf jaar nadat de emigratieprocedure was begonnen, en eindelijk zat ik in een kamer van witte B2-blokken tegenover twee mensen: een witte Amerikaan en een Soedanese tolk. De Amerikaan, die een rond gezicht en koude blauwe ogen had, stelde zich voor als advocaat en bood me zijn excuses aan.

– Het spijt ons heel erg, Dominic. Je zult je wel hebben afgevraagd waarom het allemaal zo lang duurde. Je vroeg je vast af wat er aan de hand was.

Ik sprak hem niet tegen. Ik was al bijna vergeten dat ik de naam Dominic op mijn formulier had ingevuld.

Ze stelden heel simpele vragen over mijn naam en mijn geboortedorp en wilden ook ingewikkelde dingen weten over de gevaren die ik had doorstaan. Van veel andere Lost Boys had ik al gehoord wat voor vragen ik kon verwachten, maar de vragen die ze mij stelden waren toch een beetje anders. Volgens de meeste Soedanezen moest je het zo mooi mogelijk maken en in elk geval zeggen dat je hele familie dood was, tot de verste verwanten toe. Tegen het advies van velen in had ik besloten de vragen zo waarheidsgetrouw mogelijk te beantwoorden.

– Leven je ouders nog? vroeg de advocaat.
– Ja, zei ik.
Hij glimlachte. Dat leek hij iets heel nieuws te vinden.
– En je broers en zusters?
– Dat weet ik niet, zei ik.

Daarna gingen ze dieper in op mijn ervaringen als vluchteling. Wie stonden je naar het leven en waarom? Wat voor wapens hadden of gebruikten ze? En voordat je uit je dorp wegging, heb je toen gezien dat er mensen door die aanvallers werden vermoord? Waarom ben je uit Soedan weggegaan? In welk jaar? Wanneer ben je in Ethiopië aangekomen en hoe? Heb je ooit in de Soedanese oorlog meegevochten? Ken je de SPLA/SPLM? Ben je ooit gerekruteerd door het rebellenleger? Welke veiligheidsrisico's loop je in Kakuma? En ten slotte: Heb je weleens van het land gehoord dat de Verenigde Staten van Amerika heet? Ken je daar iemand? Wil je liever in een ander land wonen dan in de VS?

Ik beantwoordde alles zonder iets te verdraaien, en na twintig minuten waren we klaar. Ik gaf ze allebei een hand en liep de kamer uit, verward en terneergeslagen. Dit kon toch niet het soort gesprek zijn geweest dat de doorslag gaf of je naar de andere kant van de wereld mocht om in een ander land te gaan wonen. Terwijl ik verdwaasd buiten stond, deed de tolk de deur open en pakte me bij mijn arm.

– Je hebt het heel goed gedaan, Dominic. Maak je maar geen zorgen. Je kijkt zorgelijk. Maar ik weet zeker dat dat nu wel voorbij is. Lach eens. En wen maar vast aan het idee dat je hier weggaat.

Ik wist niet meer wat ik moest geloven. Het was allemaal zo lang uitgesteld dat ik niets meer durfde te verwachten. Ik wist dat niets zeker was totdat je je naam op het prikbord had gezien, en tot dat moment moest ik gewoon doorwerken en naar school gaan.

Maar Noriyaki was niet zo onzeker.

O, je gaat.

– Echt? zei ik.

– O ja, dat is een kwestie van weken. Dagen. Nog even.

Ik bedankte hem voor zijn bemoedigende woorden, maar maakte geen plannen. Maar hij wel. Eindelijk begon hij zijn vertrek voor te bereiden. Hij was bijna een jaar te laat, maar nu ging hij eindelijk naar huis. Mijn opluchting was enorm. Hij was lang genoeg voor mij in Kakuma gebleven en ieder ogenblik dat hij hier nog was, bezwaarde me. Ik wilde dat hij doorging met zijn leven, ik wilde dat hij eindelijk zijn geduldige meisje gelukkig ging maken. We dronken op zijn naderende vertrek met Fanta en schreven de paar hoogtepunten die nog zouden komen op de kalender. Er viel eigenlijk weinig meer te doen – alleen de gebruikelijke sportwedstrijden, lessen en leveranties, en nog een reisje met het jeugdbasketbalteam. Wij zouden meegaan als coach en toezichthouder, en dat, besloten we, zou het laatste feestje van het Wakachiai Project zijn, althans onder onze leiding.

Het was nu eind juni, een mooie dag. Noriyaki en ik zaten in de cabine van een open truck, wij tweeën voorin en het basketbalteam achterin, twaalf Soedanese en Oegandese jongens met wie we in vier uur naar Lodwar zouden rijden om daar tegen het team van een Keniaanse middelbare school te spelen.

Het was zo'n stralende dag. Ik herinner me nog goed dat ik die morgen Gods aanwezigheid voelde. Het was een dag die veel vrouwen, die wakker werden en met hun werk begonnen, schitterend noemden, een morgen waar we dankbaar voor waren.

We reden heel vroeg uit het kamp weg, om een uur of vijf. Alle jongens en Noriyaki en ik waren in een uitgelaten stemming; de vluchtelingen in Kakuma waren altijd blij als ze even uit het kamp weg konden, hoe kort ook en waarvoor ook. We hadden die dag zelfs vertraging opgelopen door het gebruikelijke gebedel van allerlei types uit Kakuma die zich in het basketbalteam probeerden te kletsen. Maar al snel waren we een uur van Kakuma, alle veertien, en de zon kwam op. Ik zat voor in de truck met Nori yaki en de twaalf spelers, allemaal onder de zestien, zaten op banken achterin en hotsten bij iedere kuil in de slechte weg op en neer. Het was nog zo'n 190 kilometer naar Lodwar en de reis zou meer dan vier uur duren, met die slechte wegen en de checkpoints. Maar iedereen was opgewekt en zong traditionele en zelfbedachte liedjes.

De tweede vaste ochtendklant komt binnen.
'Valentino, mon amour! Hoe gaat het?'
Dat is Nancy Strazzeri, een elegante vrouw van in de vijftig met kort wit haar en een bloedrood velours trainingspak. Ze heeft eens een zelfgebakken mokkataart voor me meegebracht.
'Goed, dank u,' zeg ik.
'Nog harten gebroken?' vraagt ze terwijl ze me haar pasje geeft.
'Ik geloof het niet,' zeg ik.
Ik haal haar pas door de lezer en vervang het gezicht van Matt Donnelley door het hare.
'Tot over een uurtje, mon frère,' zingt ze, en dan is ze weg. Haar gezicht, een vermoeid gezicht met ogen die van een ondeugend verleden spreken, blijft op het scherm.

De weg naar Lodwar zat vol kuilen en barsten die tot kleine kronkelige kloven waren uitgedijd, Nancy. Noriyaki deed achter het stuur wat hij kon; hij had nog maar één keer in deze truck gereden en nooit zo ver. Deze wagen had een versnellingsbak, en de trucks waarin hij in Kakuma altijd reed, waren automaten. Ik had nog nooit voor in een auto gezeten en probeerde kalm te blijven, al leek Noriyaki moeite te hebben de macht over het stuur te houden.

De tijd ging heel langzaam toen we een bocht namen en het obstakel zagen. Er lag een grote hoop aarde op de rechterweghelft. Die hoorde daar niet. Er was geen enkele reden waarom die daar zou liggen.

Noriyaki schreeuwde iets in het Japans en rukte het stuur naar links om hem te ontwijken.

De truck kantelde zwaar en er vlogen gestalten langs mijn raampje. De spelers achterin werden de weg op geslingerd. Noriyaki gaf weer een ruk aan het stuur, nu naar rechts, maar hij was de macht over het stuur kwijt. De truck kantelde op twee wielen.

Weer schreeuwde Noriyaki een woord dat ik niet verstond. Achterin klonk gegil. Er werden nog drie spelers uit de truck geslingerd. De truck kreunde, gleed langzaam de weg af, naar de berm, en landde op zijn dak. Brekend glas, krijsende versnellingen. We vielen niet snel, maar wel onstuitbaar, en toen duidelijk werd dat de truck over de kop ging slaan, gooide Noriyaki zijn arm voor mijn bovenlijf. Maar toen was hij weg.

De truck kwam op zijn kant tot stilstand. Ik zat er nog in en door de kapotte voorruit zat ik twee jongens op de grond liggen. Ik keek naar Nori yaki. Hij was uit de cabine gevallen en toen de truck omsloeg, was hij op zijn borst terechtgekomen. Het bloed stroomde als water uit zijn hoofd. Er zaten stukjes glas in zijn wang en in zijn voorhoofd, overal om hem heen lagen scherven, roze van zijn bloed.

– O! zei hij, en toen sloot hij zijn ogen.

– Noriyaki? zei ik en mijn stem klonk veel zwakker dan ik wilde. Ik stak mijn arm door het raam en raakte zijn gezicht aan. Hij reageerde niet.

Er stond nu iemand aan mijn kant van de truck aan me te trekken. Op dat moment werd ik me weer bewust van de buitenwereld. Ik leefde nog.

Ik werd uit de truck geholpen en bleef even staan. Er waren nu allemaal mensen op de weg, nieuwe mensen. Kenianen uit een andere truck, een truck met voedsel. Ze hadden het ongeluk zien gebeuren. De basketbaljongens lagen overal over de weg en over de berm verspreid. Hoeveel waren er dood? Wie leefde nog? Iedereen bloedde.

– Dominic! zei een jongensstem. – Wat is er gebeurd?

De jongen leek ongedeerd. Wie was het? Mijn armen en benen voelden los aan, alsof ze niet bij me hoorden. Mijn nek deed pijn en het leek wel alsof mijn hoofd los zat. Ik stond in de zon, mijn ogen prikten van het zweet, alles was zo zwaar, en ik keek.

– Een, twee, drie! De Kenianen tilden de truck van Noriyaki af. Ze schudden hem heen en weer, en toen de truck een stukje

van Noriyaki af was gekanteld kon een van de mannen eronder glippen en Noriyaki wegtrekken. Toen lieten ze de truck weer op de plek vallen waar Noriyaki had gelegen. De mannen droegen Noriyaki naar de weg, zijn lichaam was slap en er liep geen bloed meer uit zijn hoofd.
    Dat zag ik nog voordat ik viel.
    Ik werd in de voedseltruck gehesen en naar Kakuma gebracht. Onderweg kwam ik bij.
    – Hij leeft nog!
    – Zie je dat, Simon?
    – Ah, gelukkig! Gelukkig! We wisten niet of je het zou halen, Soedan.
    – Als wij niet langs waren gekomen, was je dood geweest.
    – Wakker blijven, joh. We moeten nog een uur.
    – Bidden, Soedan. Wij bidden ook voor je.
    – Hij hoeft niet te bidden. God heeft hem vandaag gespaard.
    – Ik vind dat hij toch moet bidden. Om God te danken.
    – Oké, Soedan, bidden dan. Bidden, bidden, bidden.

Er komen nog twee mensen binnen, een echtpaar. Ik weet niet meer hoe ze heten. Ze glimlachen zonder iets te zeggen; hij houdt zijn hand in het holletje van haar rug. Ze hebben kantoorkleding aan en ze geven me hun ledenpasje. Jessica LaForte. Malcolm LaForte. Ze glimlachen weer en dan zijn ze weg.
    Ik kijk naar het gezicht van Malcolm LaForte en wou dat ik hun pasjes in omgekeerde volgorde door de lezer had gehaald. De vrouw heeft donker haar, donkere ogen en een zacht, lief gezicht, maar hij ziet er streng uit. Ongeduldig. Ongeduldige mannen hebben mijn leven een stuk moeilijker gemaakt dan het anders zou zijn geweest. Hij schenkt me een kort glimlachje dat voor oprecht moet doorgaan en gaat dan naar binnen.
    In het kamp was ik dood, Malcolm LaForte. Dagenlang werd ik door vele honderden mensen als dood beschouwd. De berichten over de slachtoffers van het ongeluk met de truck wisselden van dag

tot dag. Eerst dachten ze dat alle inzittenden waren omgekomen. Toen de basketballers zelf Kakuma binnen begonnen te druppelen, werd duidelijk dat alle jongens het hadden overleefd. Iedereen was het erover eens: het was een wonder.

Maar ik was dood, dat wisten de meesten zeker. Valentino Achak Deng was dood.

Gop en zijn gezin hoorden het en huilden en gilden. Iedereen die me kende vervloekte Noriyaki, Kakuma, basketbal en de slechte Keniaanse wegen. Mijn collega's van de UNHCR waren wanhopig. De toneelgroep hield een herdenkingsdienst voor me onder leiding van Miss Gladys, met toespraken van Dominic en Madame Zero en alle leden. Tabitha jammerde en kwam drie dagen haar bed niet uit, totdat ze hoorde dat ik niet dood was.

Ik werd wakker in het ziekenhuis van Lopiding. Een verpleegster hield een hand tegen mijn voorhoofd. Ze keek op haar horloge en zei iets tegen me.

– Weet je wat er gebeurd is? vroeg ze.

– Ja, zei ik, al wist ik het niet zeker.

– Je vrienden hebben het allemaal overleefd, zei ze.

Ik was opgelucht. Er stond me een beeld bij van Noriyaki, asgrauw en onder het glas, maar nu zei die vrouw dat hij nog leefde.

– Maar de Japanse chauffeur is dood, zei ze en ze stond op.

Ze liep weg en ik was alleen.

Noriyaki's familie! dacht ik. O, God. Dit was te erg. Ik had veel zinloze sterfgevallen meegemaakt, maar het was zo lang geleden dat ik zoiets had gezien.

Ik was verantwoordelijk voor Noriyaki's dood. Jongens als ik hadden de oprichting van Kakuma nodig gemaakt. Als Kakuma er niet was geweest, zou Noriyaki nooit naar Kenia zijn gegaan. Dan was hij nu thuis, bij zijn ouders, zijn broer, zijn zusje en zijn meisje, en leidde hij een normaal leven. Japan was een vreedzaam land en mensen uit vreedzame landen moeten niet betrokken raken bij de ellende van landen waar het oorlog is. Het was absurd en verkeerd dat die man van zo ver had moeten komen om hier dood te gaan. Doodgaan terwijl je een stel vluchtelingen naar een basketbalwedstrijd brengt? Doodgaan omdat hij wilde meemaken dat ik uit het kamp wegging? Mijn God had dit keer wel iets heel verschrikkelijks gedaan. Ik sloeg mijn Heer niet hoog aan en mijn volk nog minder. De Soedanezen waren een last op deze aarde.

Ik had gezien hoe de hele wereld om de dood van Diana rouwde en koesterde wel ergens de verwachting dat de dood van Noriyaki overal in het kamp, in Kenia en in de wereld aanleiding tot verdriet en eerbetoon zou zijn. Maar ik hoorde niets wat daarop wees. Ik vroeg aan de verpleegster of het ongeluk op tv was geweest, maar ze zei dat ze daar niets van had gezien. De hulpverleners in Kakuma waren verdrietig, natuurlijk, maar er was geen uitbarsting van wereldwijde rouw, geen koppen in de kranten. Nog geen twee dagen nadat hij zijn laatste adem had uitgeblazen werd Noriyaki naar Nairobi overgebracht, en daar gecremeerd. Ik weet niet waarom.

– Wat doe jij hier?

Er stond een man bij mijn bed, zijn gezicht tekende zich af tegen het zonlicht dat door het lage raam viel. Hij kwam dichterbij; het was Abraham, de maker van nieuwe armen en benen. Meteen begonnen de tranen over mijn gezicht te rollen. Ik lag al dagen in het ziekenhuis, soms slapend en soms wakker.

– Rustig maar, zei hij. – Je armen en benen zijn nog in orde. Ik kom alleen als vriend.

Ik probeerde iets te zeggen, maar mijn keel was te droog.

– Zeg maar niets, zei hij. – Ik weet hoe je hoofd aanvoelt door de medicijnen die je krijgt. Ik kom alleen maar even bij je zitten.

En dat deed hij. Hij begon te zingen, zachtjes, het liedje dat hij die dag had geneuried, lang geleden. Ik viel weer in slaap en daarna heb ik hem niet meer gezien.

Ik bleef negen dagen in het ziekenhuis. Ze onderzochten mijn hoofd, mijn gehoor, mijn ogen en mijn botten. Ze hechtten mijn hoofd en verbonden mijn armen en benen. Ik sliep veel en Tabitha vertrok terwijl ik me door de mist van de pijnstillers worstelde.

Ik moet in mijn achterhoofd wel hebben geweten dat die dag snel naderde, maar ik had pas zekerheid toen er op een dag na het ontbijt een briefje werd gebracht. Ik snap niet hoe Tabitha in dat kamp aan een roze envelop had weten te komen, maar het was haar gelukt. Het briefje was in het Engels; ze had waarschijnlijk hulp aan een Keniaanse leraar gevraagd om zo vormelijk en welsprekend mogelijk te schrijven.

> Mijn lieve Valentino,
> Ik heb me zoveel zorgen gemaakt toen ik van het ongeluk hoorde. En toen ik meende te weten dat je om het leven was gekomen, was ik verpletterd. Stel je mijn vreugde voor toen dit niet waar bleek te zijn, toen ik vernam dat je nog leefde en weer geheel gezond zou worden. Ik heb gepoogd je te bezoeken, doch buiten je voogden wilde men niemand toelaten. Daarom heb ik de berichten over je gezondheid afgewacht en moed gevat toen ik wist dat je geheel zou herstellen. Het doet me veel verdriet dat Noriyaki gestorven is. Hij was zeer geliefd en zal zeker naar de Hemel gaan.
> Zoals je weet kon mijn vlucht niet wachten. Ik dicteer deze brief enkele uren voordat mijn vliegtuig naar Nairobi vertrekt. Mijn hart is zwaar, maar we weten beiden dat ik moest gaan. Dit kamp kan ons niet voorschrijven waar we moeten wonen. Ik mocht de kans niet voorbij laten gaan om te vertrekken. Ik weet dat je dit zult begrijpen.

Wij zullen elkaar weerzien, lieve Valentino. Ik weet niet hoe ons leven in Amerika zal zijn, maar ik weet dat wij beiden in het leven zullen slagen. De volgende keer dat we elkaar zien, zullen we beiden een auto hebben en elkaar in een schoon, duur restaurant ontmoeten.
    Je liefhebbende vriendin,
    Tabitha

Om tien voor zes komt er opeens een stroom nieuwe mensen binnen. Eerst twee vrouwen van in de zeventig, allebei met een honkbalpet op. Dan een heel forse vrouw met krullen die als kurkentrekkers alle kanten op staan, gevolgd door een stel jongere vrouwen, zusters, heel sportief, allebei met een paardenstaart. Dan wordt het even stil, dus ik kijk uit over het parkeerterrein, waar ik de gouden zon zie opgaan, weerspiegeld in de lak van de auto's. Een man met wit haar komt de club in; hij loopt krom. Hij is de laatste van het stel: Stewart Goodall, met dicht bij elkaar staande ogen en een scheve grijns.

    Kun je je zo'n briefje voorstellen, Stewart Goodall? Iedereen die ik kende was vertrokken, naar een land dat nog mooier dan het paradijs moest zijn, en ik bleef achter en nu was Tabitha ook nog weg, stilletjes weggeglipt terwijl ik sliep.

    Na een week om te herstellen ging ik terug naar het Wakachiai Project. Omdat er maar twee mensen werkten zou het hele project inzakken als ik niet snel weer begon. Noriyaki's bezittingen waren er grotendeels nog – zijn brieven, zijn trainingspak, zijn computer, zijn foto van Wakana in haar witte tennisoutfit. Ik was niet voorbereid op de realiteit dat ik daar nu zonder hem zat. Ik borg al zijn spullen in een doos op, maar toch hing zijn aanwezigheid de hele dag in de kamer. Ik begreep dat ik hier snel weg moest.

    Ik kreeg opdracht een vervanger voor Noriyaki te zoeken. De Japanners waren bereid het project te blijven financieren, en om het in stand te houden moest ik een nieuwe leidinggevende zoeken. Ik ontving veel sollicitanten, voornamelijk Kenianen. Het was voor het eerst dat een Soedanese vluchteling een Keniaan moest beoordelen voor een baan in Kakuma.

Mijn keus viel op een Keniaan, George, en hij werd mijn assistent. We bleven activiteiten voor de jeugd van Kakuma organiseren, en al snel na mijn terugkomst kregen we een grote zending voetballen, volleybalkleren en loopschoenen uit Tokio. Noriyaki had maandenlang geprobeerd geld voor die zending los te krijgen, en om dat nu allemaal in ons kantoor te zien liggen, zoveel nieuwe spullen – dat was heel moeilijk.

De dokter controleerde me elke week. Al mijn botten en gewrichten deden pijn, maar de symptomen waar de dokter bang voor was – duizeligheid, wazig zien, misselijkheid – bleven uit. Ik kreeg alleen wel hoofdpijn, overdag wisselend en 's nachts het ergst. Als ik mijn hoofd op mijn kussen legde, nam de pijn toe. Mijn vrienden en familie hielden me in de gaten en maakten zich zorgen. Ik was in Lopiding vijf kilo afgevallen, dus gaven ze me extra rantsoenen en alles wat ze konden bedenken om me wat afleiding te bezorgen – een handgemaakt schaakspel, een stripboek. Als ik eindelijk in slaap viel, viel ik diep en ademde ik nauwelijks hoorbaar. Soms werd ik wakker doordat Gop tegen mijn schouder porde om te kijken of ik nog leefde.

Na een maand had mijn lichaam zich hersteld en had ik geestelijk een zekere verdoving bereikt die ik moeilijk kon omschrijven en die anderen nauwelijks opmerkten. Thuis en op mijn werk functioneerde ik ogenschijnlijk normaal en mijn eetlust was weer net als vroeger. Alleen ikzelf wist dat er iets was veranderd. Ik had een paar dagen geleden definitief besloten, dwars tegen vrijwel ieders advies in, om naar mijn familie in Soedan terug te gaan. Er was geen enkele reden meer om in Kakuma te blijven, en iedere dag die ik daar nog doorbracht was een straf. God en de machthebbers op aarde vonden dat ik niet beter verdiende, dat dit leven goed genoeg was voor het insect Valentino Achak Deng. Maar Tabitha's brief had iets in me opengescheurd en nu had ik lak aan Kakuma, mijn plicht of wat anderen van me verwachtten. Ik had besloten eerst naar Loki te gaan en dan naar Marial Bai te reizen. Ik had geld genoeg, nam ik aan, om iemand van een vlucht met hulpgoederen om te kopen. Ik had gehoord dat dat wel vaker was gelukt, en zelfs voor minder geld dan ik had gespaard.

Gop zei onbedoeld iets wat me nog vastbeslotener maakte om uit het kamp weg te gaan. Hij had het in die tijd vaak over een ophanden zijnde vrede in Zuid-Soedan. Hij wees op allerlei positieve ontwikkelingen, waaronder het initiatief van Libië en Egypte voor Soedan, in 2000. Dat werd later teruggedraaid, maar toen werd er een interim-regering aangesteld, met gedeeld gezag, constitutionele hervormingen en nieuwe verkiezingen. En net een paar dagen eerder had president Bush John Danforth, een voormalig senator, als speciaal gezant in Soedan aangewezen. Die zou zeker inzien dat vrede noodzakelijk was, en met Amerika achter zich zou hij ook zorgen dat die er kwam.

– Je ziet er vandaag veel beter uit, zei mijn nieuwe assistent George op een dag. We gingen de basketbalnetjes vervangen en George had een fluitje aan een koord om zijn nek. Hij was gek op dat fluitje.

Toen ik George vertelde dat ik van plan was weg te gaan, verkocht hij me bijna een stomp. Hij stond al met zijn hand omhoog en bedacht zich toen, met zijn fluitje in zijn mond.

– Ben je gek geworden? zei hij.

– Het moet.

Nu blies hij op het fluitje, pal in mijn gezicht.

– Het is nog steeds oorlog in Soedan, man! Je hebt zelf gezegd dat de murahaleen in jouw streek nog actief zijn. Wat had je daartegen willen doen? Wou je ze voorlezen? Een toneelstuk voor ze schrijven? Niemand ter wereld, niemand uit Zuid-Soedan, zou het in zijn hoofd halen om hier weg te gaan en daar te gaan wonen. En ik zal er persoonlijk voor zorgen dat dat niet doorgaat. Ik zal je met deze netjes vastbinden. Desnoods hak ik je een voet af.

Ik glimlachte, maar George had me niet overtuigd. Er gingen nog steeds mensen terug naar Soedan. Sterke jonge mannen zoals ik, en ik was nu ouder en wijzer dan toen ik probeerde te recyclen. In Kakuma blijven was geen optie meer. Iedereen zou me als afgekeurde waar beschouwen – vierduizend jongeren waren naar Amerika vertrokken en ik was niet goed genoeg. Met dat stigma viel niet te leven.

George blies weer op zijn fluit, nu om mijn aandacht te trekken.

– Wakachiai neemt je vast wel fulltime in dienst als je dat wilt. Dan verdien je tienduizend shilling per maand, je kunt in de restaurants van de VN eten en in een landrover rijden. Kies een leuk bruidje uit, dan kun je hier een goed leven hebben.

– Ja, zei ik, en ik glimlachte.

– Doe geen domme dingen.

– Oké, zei ik.

– Wees verstandig.

– Goed, zei ik.

– Dit is je thuis, zei hij.

– Prima.

– Accepteer dat nou maar en maak er het beste van.

Ik knikte en we gingen de nieuwe netjes ophangen.

Om half zeven wordt het echt druk in de Century Club. De zalen lopen vol, alle apparaten zijn bezet en de mensen raken gespannen. Alle leden willen trainen en raken geïrriteerd als dat niet binnen de geplande tijd lukt. Binnen vijf minuten check ik twaalf mensen in. Allemaal mensen met een baan, succesvol uitziende mensen. Ze glimlachen naar me en zeggen soms iets. Een man van middelbare leeftijd, die me heeft verteld dat hij geschiedenisleraar op een middelbare school is, vraagt hoe het op school gaat. Ik mag niet klagen, lieg ik.

'En dan studeren?' vraagt hij.

'Jazeker, meneer,' zeg ik.

De laatste in de rij is Dorsetta Lewis, een van de weinige zwarte Amerikanen die hier trainen. Ze is een jaar of veertig, heel aantrekkelijk en zelfverzekerd, maar ze houdt wel altijd haar hoofd verlegen een tikje schuin.

'Hé, Valentino,' zegt ze, en ze geeft me haar pasje.

'Hallo Dorsetta,' zeg ik en ik haal haar pasje door. Op de foto lijkt ze te schateren van het lachen. Haar mond staat wijdopen en al haar tanden zijn te zien. Ik heb haar nooit horen lachen en heb weleens overwogen haar een mop te vertellen.

'Hou je het hoofd nog een beetje boven water?' vraagt ze.

'Ja hoor, dank je,' zeg ik.

'Goed zo,' zegt ze, 'zo mag ik het horen.'

Ze verdwijnt in de kleedruimte.

De waarheid is dat het hoofd een beetje boven water houden me niet genoeg is. Ik geloof dat ik niet geboren ben om alleen maar het hoofd een beetje boven water te houden. Of misschien dat ik niet heb overleefd om alleen maar het hoofd een beetje boven water te houden. Dorsetta is getrouwd, heeft drie kinderen en is manager in een restaurant; zij doet wel meer dan alleen haar hoofd een beetje boven water houden. Ik hou niet van die uitdrukking. Het hoofd een beetje boven water houden.

Het wordt weer even rustiger in de club en automatisch kijk ik even of er e-mail voor me is. Ik heb een berichtje van mijn broer Samuel.

'Bel je haar nou eens?' vraagt hij. 'Hier is een foto.'

Samuel is onlangs van Nairobi naar Khartoum geweest om mijn vader te ontmoeten. Dat hadden ze zo gepland omdat mijn vader daar van alles kon inslaan om de zaak in Marial Bai weer op poten te zetten. Phil Mays had mijn vader vijfduizend dollar gestuurd en daarvan wilde hij genoeg voorraad kopen om de winkel weer te kunnen openen. In Khartoum heeft Samuel over een jonge ongetrouwde vrouw gehoord – ze kwam uit een welgestelde familie en studeerde Engels en bedrijfskunde in Khartoum. Samuel is haar gaan opzoeken en vond meteen dat ze geknipt voor mij was. Ik weet vrijwel zeker dat hij eerst zelf achter haar aan is gegaan, maar nu zeurt hij me steeds aan mijn hoofd dat ik haar moet bellen, dan zullen we vanzelf wel inzien dat we voor elkaar bestemd zijn. Ik kijk naar de foto die hij heeft meegestuurd, en ze is inderdaad aantrekkelijk. Heel lang haar, een ovaal gezicht, een glimlach in de vorm van een v en prachtige tanden. Deze vrouw, verzekert Samuel me, zou niets liever willen dan naar Amerika verhuizen en met me trouwen.

Nu ik toch online ben, besluit ik een mailtje te sturen aan iedereen van wie ik het e-mailadres uit mijn hoofd ken. Ik zou ze het liefst bellen, maar al mijn telefoonnummers staan in mijn gestolen telefoon; ik weet er maar een paar uit mijn hoofd. Ik herinner me het mailadres van Gerald en Anne, Mary Williams, Phil, Deb Newmyer en Achor Achor; hij kan het bericht wel naar alle anderen doorsturen. Het kan me nu niets meer schelen wie het weet.

> Beste vrienden,
> Ik wil jullie even laten weten dat ik thuis in mijn flat door twee gevaarlijke mensen ben overvallen. Ze vroegen of ze bij mij mochten bellen en toen ik opendeed, namen ze me onder schot en schopten me tegen mijn wang, mijn voorhoofd en mijn rug tot ik bewusteloos raakte. Toen hebben ze mijn mobieltje, mijn digitale camera, mijn cheques en vijfhonderd dollar contant meegenomen. Goddank hebben ze niet geschoten. Ze hebben me ook nog een tijd laten bewaken door een jongetje, waarschijnlijk hun zoon, Michael.
> Ik ben mijn telefoon kwijt, dus ik heb jullie gegevens niet meer. Als jullie me je nummer

mailen, zal ik jullie morgen bellen. Ik moet al
mijn informatie terug zien te krijgen.
Ik wens jullie een gezegende dag toe.
Hartelijke groet,
Valentino Achak
PS Schrijf ook even wanneer je jarig bent.

Ik doe alsof ik weet wie ik ben, Dorsetta, maar ik heb eerlijk gezegd geen idee. Ik ben geen Amerikaan en ik kan me ook moeilijk nog als Soedanees beschouwen. Ik heb daar tenslotte maar een jaar of zes, zeven gewoond en ik was nog zo klein toen ik wegging. Maar ik kan teruggaan. Misschien moet ik dat maar doen. Ze laten heel nadrukkelijk weten dat ze de Lost Boys in Zuid-Soedan nodig hebben. 'Wie moet het land herbouwen als jullie het niet doen?' vragen ze. Het is wel heel bizar dat wij, jongens, die van kamp naar kamp zijn doorgeschoven en onderweg tot de helft zijn uitgedund, nu als de hoop der natie worden beschouwd. Hoewel we dit soort baantjes hebben, waar we zo rond de 8,50 dollar per uur verdienen, zijn we nog altijd rijker dan de meeste mensen in ons land. De flats en huizen waar wij wonen, zouden daar alleen voor SPLA-officieren en hun gezinnen bestemd zijn. En hoe vol gevaar onze reizen ook waren, aan het eind van de rit waren we wel de best geschoolde Zuid-Soedanezen in de geschiedenis.

Mijn vrienden die zijn teruggegaan, voor familiebezoek en om een bruid uit te zoeken, staan stuk voor stuk versteld van het primitieve bestaan daar. Een leven zonder auto's, wegen, televisie, airco en supermarkten. In mijn dorp is nauwelijks elektriciteit; de weinige stroom, als ze die al hebben, komt van een aggregaat of een zonnepaneel. In de grotere steden worden bepaalde voorzieningen, zoals de satelliettelefoon, wat algemener, maar in het algemeen loopt het hele land honderden jaren achter bij de levensstandaard die wij nu gewend zijn. Een man die ik ken had water uit de rivier gedronken, zoals iedereen daar, en moest toen een week in bed blijven; hij braakte aan één stuk door. Misschien zijn we door ons leven in Amerika wel verzwakt.

Dorsetta, wat bezielde me om zo kort na mijn ongeluk weer naar Kitale te rijden? Mijn botten deden nog pijn en ik had geen enkele behoefte om weer over die weg te rijden, maar het reisje zat al maanden in de pen en ik kon de jongens niet teleurstellen. Dertig jongens, twee ploegen negenjarige jongetjes, gingen naar Kitale om tegen de plaatselijke teams te spelen. Doorgaans waren die wedstrijden een lachertje; onze kinderen werden door de teams uit Kitale zonder pardon ingemaakt. Maar het ging niet om de uitslag, alleen om het uitje, dus op 5 september, een paar weken na het ongeluk, stapte ik weer in de bus.

Ik stond naast de bus, een dichte VN-bus dit keer, met George, en we keken naar de jongetjes die van alle kanten uit het kamp kwamen aanrennen. Het waren leuke, vrolijke jongetjes – ongeveer eenderde was hier in het kamp geboren. Hier geboren worden! Ik had het nooit voor mogelijk gehouden. De anderen kwamen uit heel Soedan, vaak als baby door hun ouders meegenomen, uitgehongerd en halfdood. Ik vroeg me weleens af of een van die kinderen misschien de Stille Baby was. Misschien was de Stille Baby wel een jongetje. Dat kon best, natuurlijk kon dat. Hoe dan ook, ik hield van al die jongens even veel.

Terwijl ze instapten, allemaal door het dolle heen, en met hun handjes langs de bus streken, las ik de namen op.

Er ontbraken er twee.

– Luke Bol Dut? riep ik.

De jongens lachten. Op zo'n dag lachten ze om alles.

– Luke Bol Dut?

Ik keek uit het raampje. Het was een stralende dag, licht als linnen. Er kwamen twee jongens aanrennen. Het waren Luke en Gorial Aduk, de andere ontbrekende jongen. Ze hadden de teamkleuren aan en scheurden naar ons toe alsof alleen de bus hen van een wisse dood kon redden.

– Dominic?

Dat was Luke. Hij sprong in de bus, bijna hysterisch. Hij kon de volgende woorden nauwelijks uitbrengen. – Dominic! zei hij nog eens.

Het duurde vijftien seconden voordat hij weer adem had.

– Wat is er, Luke?

– Je naam staat op het bord!

Ik lachte en schudde mijn hoofd. Dat kon niet.

– Jawel, echt! En je staat niet zomaar op het bord! Je staat op de lijst voor culturele oriëntatie! Je bent aan de beurt! Je gaat!

Culturele oriëntatie was de laatste stap. Maar daarvoor waren er nog zoveel stappen te gaan: eerst een brief, dan weer een gesprek, en dan pas kwam je naam op het bord. En dan pas het bericht voor culturele oriëntatie. Doorgaans duurde dat maanden. Maar deze wilde jongen zei dat dat volgens het bord nu allemaal tegelijk ging gebeuren.

– Nee, zei ik.

– Jawel! Jawel! gilde Gorial. Hij probeerde me op mijn rug te kloppen.

– Wacht even, fluisterde ik.

Ik vroeg de chauffeur of hij even kon wachten en zei tegen de jongens dat ze bij de bus moesten blijven. Ik keek George aan. Ik stamelde wat en vroeg of hij even wilde opletten terwijl ik...

Hij blies op zijn fluitje. – Vooruit!

Ik rende naar het bord. Kon het waar zijn? Noriyaki had gelijk gehad! Ze wilden me wél! Natuurlijk wilden ze me hebben! Waarom zouden ze mij niet willen? Ze zouden nooit zo lang hebben gewacht als ze me niet wilden.

Ik rende.

Halverwege vermande ik me. Waar was ik mee bezig? Ik bleef staan. Ik leek wel gek dat ik naar dat bord rende omdat een paar jochies van negen zeiden dat mijn naam erop stond. Het was inmiddels een bekende grap om mensen daarmee voor de gek te houden; iedereen deed het en het was nooit leuk. Ik ging langzamer lopen en overwoog terug te gaan.

Zodra ik mijn pas inhield hoorde ik geschreeuw. Ik keek op en zag Luke en Gorial die op me af kwamen hollen, gevolgd door een massa andere jongens.

– Ga dan! schreeuwden ze. – Ga dan naar het bord!

Het zag ernaar uit dat ze me van de sokken zouden lopen als ik bleef staan. Ik draaide me dus om en begon weer te rennen, met de jongens op mijn hielen. We renden allemaal en de jongens huppelden en sprongen lachend naast me mee. Gop Chol kwam net terug van de kraan en zag ons de weg af rennen.

– Waar gaan jullie heen? riep hij.

Zijn gezicht bracht me weer bij zinnen. Moest ik hem vertellen wat de jongens zeiden, waarom ik zo rende?

Ik lachte en rende door. Ik rende met een overgave die ik niet meer had gekend sinds ik heel klein was.

– Hij staat op het bord! riep Gorial hem toe. – Dominic staat op het bord!

– Nee! hijgde Gop. – Nee!

Hij liet zijn jerrycan vallen en begon mee te rennen. Nu holden we daar met ons vijftienen.

– Geloof je echt dat je erop staat? hijgde hij naast me.

– Hij staat erop, hij staat erop! gilde Luke. – Ik kan toch lezen!

We renden door en de tranen stroomden over ons gezicht omdat we lachten en misschien ook huilden en misschien gewoon door het dolle heen waren. Eindelijk kwamen we bij het bord, bij de informatiekiosk van de Lutherse Wereldfederatie, waar kunstnijverheidsproducten van vluchtelingen tentoongesteld lagen.

Ik liet mijn ogen over de rij namen glijden. Gop stond dubbelgeklapt en hield zijn zij vast. Er stonden zoveel namen, en het licht was te fel en de inkt was zo vaag.

– Daar sta jij! gilde Gorial. Zijn vinger priemde op het bord, zodat ik het niet kon lezen. Ik duwde zijn vingertje opzij en las mijn naam.

DOMINIC AROU. 9 SEPTEMBER. ATLANTA.
Nu las Gop met me mee.
9 september? zei hij. – Dat is zondag. Over vier dagen.
– O God, zei ik.
– Vier dagen! zei hij.
De jongens maakten er meteen een liedje van. – Vier dagen! Vier dagen! Dominic gaat over vier dagen!
Ik omhelsde Gop en hij zei dat hij het aan de familie ging vertellen. Hij rende weg en ik rende terug naar de bus. – Ik ga! zei ik tegen George.
– Nee! zei hij.
Ik vertelde het aan de jongens.
– Waar ga je heen? Mogen wij mee?
– Nee, nee. Ik ga naar Amerika. Mijn naam staat op het bord!
– Nee! riepen ze allemaal. – Nee, dat kan niet!
– Ga je echt weg? vroeg George.
– Ik denk het wel, zei ik. Ik kon het nog niet helemaal geloven.
– Nee! Je blijft hier je hele leven! plaagden de jongens.
Maar eindelijk drong het tot me door. Ik zou die dag niet meegaan en waarschijnlijk zou ik ze nooit meer zien. Sommige jongens leken gekwetst, maar ze slaagden er toch in om blij voor me te zijn. George schudde me de hand en de jongens sprongen over de banken en dromden om me heen en klopten op mijn rug en op mijn hoofd en sloegen hun dunne armpjes om mijn middel en mijn benen en pakten me met hun kleine benige handjes vast. Ik wist niet of ik ze nog zou zien voordat ik wegging. Ik omhelsde alle jongens die ik te pakken kon krijgen en we lachten en huilden samen omdat het allemaal zo krankzinnig was.

Het was woensdagavond en ik ging zondag weg. Ik moest nog van alles doen voordat mijn vliegtuig naar Nairobi vertrok. In mijn hoofd nam ik de hele lijst nog eens door. Ik kwam tijd tekort. Ik wist wel wat er allemaal moest gebeuren, want ik had al mijn vrienden al zien vertrekken. Ik moest twee van de komende drie dagen naar culturele oriëntatie, dus ik had nergens meer tijd voor. Ik zou zaterdag afscheid nemen van mijn familie en mijn vrienden in Kakuma, maar tot die tijd was het een gekkenhuis.

Die avond ging ik weer naar het bord om mijn naam nog een keer te zien. Het was echt mijn naam. Dit kon geen vergissing meer zijn. Ze konden mijn naam niet meer van die lijst halen. Dat wil zeggen, ik wist dat dat wél kon – ze konden van alles en dat deden ze ook vaak – maar ik had nu tenminste het gevoel dat ik het op goede gronden kon aanvechten als ze op hun belofte probeerden terug te komen. Terwijl ik die avond naar het bord stond te kijken, zag ik mijn naam ook op de lijst voor de INS-brieven. Ze hadden de brief niet verstuurd; ik hoefde hem alleen maar op te halen en het allerlaatste stukje van mijn vrijlating was rond. Alles gebeurde tegelijk. Ik begreep niets van de logica van de VN, maar het maakte niet uit. Ik ging over drie dagen weg, en al snel wist iedereen het.

Ik vertelde het aan iedereen die ik zag, en zij vertelden het allemaal weer aan tien, twintig anderen. Iedereen was blij, maar er was ook bezorgdheid. Gops gezin en veel van mijn vrienden zeiden in mijn gezicht dat ze blij voor me waren, maar achter mijn rug maakten ze zich zorgen; wat betekende dit, dat ik zo snel na het ongeluk op reis ging? Dat kon niet goed zijn, dachten ze. Dat was het lot tarten, zo kort na die bijna-doodervaring. Maar ze zeiden niets tegen mijzelf. Ik was te blij en zorgeloos en ze wilden geen domper op mijn vreugde zetten. Maar ze baden voor me. Ik bad ook. Iedereen bad. En tussen alles door dacht ik: Dit is niet goed. Ik heb net gehoord dat mijn ouders nog leven. Hoe kan ik nu naar het andere eind van de wereld gaan? Moet ik niet ten minste in Kakuma blijven tot het in Soedan weer veilig is? Ik had vijftien jaar gewacht tot ik ze weer kon zien en nu ging ik uit eigen vrije wil nog verder bij ze weg. Maar toch, het was Gods plan. Dat moest ik wel geloven. God had me deze kans geboden, dat wist ik zeker, en ik raakte helemaal overtuigd van

Zijn aanwezigheid in deze fase van mijn leven toen ik van de mogelijkheden hoorde die Mr CB te bieden had.

Er was in die tijd iets heel nieuws in Kakuma: een handige Somalische ondernemer maakte het voor degenen die het konden betalen mogelijk contact op te nemen met hun familie in de door oorlog verscheurde gebieden in Oost-Afrika. De Somaliër, die onder de Engelssprekende vluchtelingen bekendstond als Mr CB, kon hulporganisaties in de hele regio bereiken, en via hen kon hij soms regelen dat mensen die daar in de buurt woonden, werden opgehaald om via de radio met hun familie in Kakuma te praten. Om iemand in Zuid-Soedan te bereiken, konden we bij Mr CB voor 250 shilling – een heel bedrag voor de meeste vluchtelingen – terecht voor vier minuten radiocontact. Hij zocht dan uit hoe de persoon in kwestie het beste te bereiken was. Als er een radiopost van de SPLA in de streek was, kon hij daar beginnen. Als er een hulporganisatie in de buurt zat, kon hij daarmee onderhandelen. Dat was moeilijker, want de hulporganisaties mochten hun radio altijd maar beperkt voor persoonlijke doeleinden gebruiken. Maar als alle horden waren genomen, zei Mr CB of een van zijn assistenten (want hij had voor alle nationaliteiten in Kakuma wel iemand in dienst): We zoeken die-en-die, kunt u die naar de radio laten komen? En dan werd er aan de andere kant iemand naar het dorp of kamp in kwestie gestuurd om hem of haar te zoeken. Soms ging het om honderd meter, soms om honderd kilometer.

Ik had het geld voor een verbinding met Marial Bai, waar een hulpverlener van het International Rescue Committee bleek te zitten die wel wilde meewerken. Ik moest mijn vader zien te bereiken, nu meer dan ooit, om hem te vertellen over de nieuwe ontwikkelingen in mijn leven, dat ik was uitgekozen om naar Amerika te gaan. Dus kort nadat Mr CB met zijn bedrijfje van start was gegaan, stapte ik met 250 shilling in mijn hand op hem af.

Het kantoortje van Mr CB, een rechthoekig vertrek met lemen

muren en een strooien dak, zat altijd vol. Vrouwen probeerden hun man te bereiken, kinderen zochten hun ouders. Het grootste deel van het klantenbestand van de Somaliër bestond uit Dinka, maar toen ik er die dag was, zat er een Rwandees pubermeisje dat haar tante zocht, de enige familie die ze nog had, en een Bantu-vrouw op zoek naar haar man en kinderen. Ik zat tussen twee andere Lost Boys, allebei jonger dan ik, die alleen kwamen kijken hoe alles in zijn werk ging en of het wel betrouwbaar was voordat ze het geld bij elkaar schraapten om zelf iemand op te laten roepen.

We zaten allemaal op houten banken langs de muren van het langwerpige vertrek, en voorin zat Mr CB op een stoel met de radio op een ruwhouten tafel voor zich en aan weerskanten een assistent, een Dinka en een Ethiopiër, om te tolken als dat nodig was.

Na twee uur teleurstellend statisch geknetter was ik aan de beurt en had ik inmiddels mijn hoop naar een realistisch niveau bijgesteld. Terwijl ik daar zat had nog niemand verbinding kunnen krijgen, dus ik verwachtte er niet veel van. Ik ging tegenover Mr CB aan de tafel zitten en luisterde hoe Mr CB en zijn assistenten contact met de radiotelefonist van het IRC maakten. Zeer tot ieders verrassing werd de verbinding binnen een paar minuten tot stand gebracht. De Lost Boys achter me hielden hun adem in toen ze een Dinka-stem aan de andere kant hoorden. Maar het ging veel te snel. Ik was er nog niet op voorbereid.

Mr CB legde in het vereenvoudigd Arabisch uit dat hij mijn vader zocht, Deng Nyibek Arou. De Dinka-assistent vertaalde en ik hoorde de hulpverlener zeggen dat hij mijn vader net die dag nog op het vliegveld had gezien. Er was die ochtend een vliegtuig van de voedselhulp gekomen en bijna het hele dorp was uitgelopen om te kijken waar de lading uit bestond. Mr CB vroeg of mijn vader, Deng Nyibek Arou, naar de radio kon worden geroepen en zei dat hij over een uur weer contact opnam. De man in Marial Bai zei dat dat goed was. Ik ging weer op de houten bank zitten en de Lost Boys feliciteerden me, vol opgewonden spanning. Ik was helemaal verdoofd. Ik wist zeker dat ik geen woord zou kunnen uitbrengen. Het leek me volstrekt onmogelijk dat ik over een uur met mijn vader zou kunnen spreken. Ik had nog niet eens bedacht wat ik wilde zeggen. Zou hij nog wel weten wie ik was? Hij had inmiddels zoveel kinderen, dat wist ik, en hij werd al een dagje ouder... Het werd een verschrikkelijk uur dat voorbijkroop in die pijpenla terwijl die Somaliër in zijn radio zat te blaffen.

Er was een echtpaar uit Burundi voor me dat probeerde een oom te bereiken die misschien geld kon sturen, maar ze hadden pech. En al snel kwam ik weer aan de beurt. Mr CB nam mijn geld met een zekere bravoure aan, want hij had tenminste één verbinding tot stand weten te brengen, voor mij, en maakte weer contact met de operator in Marial Bai.

– Hallo? zei hij. – Is hij daar? Oké.

Ik kreeg de microfoon. Ik staarde ernaar. Hij was zo dood als een pier.

– Zeg dan wat, joh! drong de Dinka-assistent aan.

Ik bracht de microfoon naar mijn mond.

– Vader?

– Achak! zei een stem. Hij klonk helemaal niet bekend.

– Vader?

– Achak! Waar zit je in vredesnaam?

De stem barstte in een luid, bassend gelach uit. Het was mijn vader. Ik hoorde mijn vader mijn naam zeggen! Ik moest wel geloven dat hij het was. Ik wist dat hij het was. En net toen ik het zeker wist, viel de verbinding uit. De Somaliër probeerde het opnieuw, want nu was zijn eer in het geding. Een paar minuten later galmde de stem van mijn vader weer uit de doos.

– Achak! blafte hij. – Zeg iets als je kunt! Zo vlug als een haas!

– Vader, ze willen me naar Amerika sturen.

– Ja, zei hij. – Ik heb gehoord dat ze daar jongens heen sturen. Hoe is het daar?

De verbinding viel weer uit. Toen Mr CB Marial Bai weer aan de lijn had, ging ik verder waar ik was gebleven.
– Ik ben nog niet in Amerika. Ik ben in Kakuma. Ik wil u vragen wat ik moet doen. Ik wil u zien. Ik weet niet of ik wel zo ver weg moet gaan nu ik weet dat u en moeder in leven zijn. Ik wil naar huis.

De radio hield er weer mee op. Dit keer deed de Somaliër er twintig minuten over voordat hij de operator van het IRC weer te pakken had en de verbinding was nu veel slechter.

Toen mijn vader en ik elkaar weer konden verstaan, was hij nog aan het praten alsof hij nooit onderbroken was. Hij sprak me nu streng toe, verre van geamuseerd en tamelijk luid.

– Jij gaat daar gewoon heen, jongen. Ben je soms gek geworden? Het dorp is nog niet eens bijgekomen van de vorige aanval. Jij komt hier niet naartoe. Dat verbied ik je. Ga naar Amerika. Morgen.

– Maar als ik u nou nooit meer zie? vroeg ik.

– Wat? Natuurlijk zie je ons weer. Maar dat kan alleen als je naar Amerika gaat. Kom als een succesvol man terug.

– Maar vader, wat...

– Ja, de Wat. Precies. Zorg dat je dat krijgt. Ga. Ik ben je vader en ik verbied je hier te komen...

En toen viel de verbinding helemaal weg. De Somaliër kon geen contact meer krijgen.

Dus daar moest ik het mee doen.

De laatste paar dagen voor mijn vertrek rende ik van hot naar haar. De volgende dag begon de oriëntatie en het was ook mijn laatste dag bij het Wakachiai Project. Ik rende naar de cursus en ging daar tussen vijftig anderen zitten, voornamelijk jongere jongens die ik niet kende; iedereen van mijn leeftijd was al weg. Er waren twee leraren, een Amerikaan en een Ethiopiër, en de Amerikaan viel zowat flauw van de hitte. Het lokaal, het mooiste van heel Kakuma, was binnen, in het centrum van de

International Organization of Migration. Het had een echt dak en een echte vloer en we zaten op stoelen. We luisterden, maar we waren veel te opgewonden om goed op te letten en de informatie behoorlijk te verwerken.

Ze hadden het over het leven in de vs. Hoe je daar aan werk kwam, hoe je kon sparen, dat je op tijd op je werk hoorde te zijn. Ze hadden het over huisvesting, over eten kopen en huur betalen. Ze hielpen ons met het rekenwerk – de meesten, zeiden ze, zouden vijf à zes dollar per uur verdienen. Dat klonk als een heleboel geld. Toen legden ze uit hoe je daar eten koopt en huur betaalt voor een flat. Ze lieten ons sommetjes maken en we begrepen dat we van die vijf à zes dollar per uur niet konden leven. Er werd geen echte oplossing aangedragen, maar we waren te doorgedraaid om bij zulke details stil te staan. We probeerden naar alle woorden te luisteren, maar we waren zo opgewonden. Cijfers en feiten onthouden was op zo'n dag net zo moeilijk als vleermuizen vangen die een grot uit vliegen. Ze wisten onze aandacht even vast te houden toen de Amerikaan een koeler pakte en een groot ijsblok liet rondgaan. Ik had weleens een ijsblokje gezien, maar dan veel kleiner; de andere jongens hadden nog nooit ijs gezien en ze lachten, piepten en gaven het aan elkaar door alsof er iets onherstelbaars zou gebeuren als ze het te lang vasthielden.

Op het werk probeerde ik alles wat ik wist aan George over te dragen, want hij zou het hele project nu in zijn eentje draaiende moeten houden. Hij lette heel goed op, maar we wisten allebei dat mijn overhaaste vertrek problemen zou opleveren. Het project was in één maand twee leidinggevenden kwijtgeraakt.

– Misschien sturen ze weer een Japanner, zei George.

– Ik hoop het niet, zei ik.

Ik wilde dat er niemand meer naar Kakuma zou komen tenzij hij echt geen keus had. Ik wilde dat we voor onszelf zorgden en onze eigen boontjes dopten, dat we geen onschuldige mensen meer dit gat in sleurden dat we zelf gegraven hadden. Dat leek verstandig, althans op dat moment, en toen we die middag het kantoor afsloten, had ik het voldane gevoel dat ik weer een van mijn zaken in het kamp had afgehandeld.

Toen ik naar huis liep en de middag nog in een hard licht baadde, zag ik mijn pleegzusje Adeng snel op me af komen.
– Kom vlug, zei ze.
Ze pakte mijn hand. Dat had ze nog nooit gedaan.
– Hoezo? Wat is er dan? vroeg ik.
– Een auto, zei ze. – Voor ons huis. Voor jou.
Er was nog maar één keer een auto voor ons huis gestopt, toen Abuk aankwam.
We liepen snel naar huis.
– Zie je? zei ze.
Voor het huis stonden vier auto's van de VN, zwart en schoon, met allemaal stof eromheen. Ik bleef bij Adeng staan. De portieren gingen open en er stapten wel twaalf mensen tegelijk uit. Er waren twee witte mensen en twee Kenianen bij. De rest van het gezelschap bestond uit Japanners, allemaal deftig gekleed – jasje en das, schoon wit overhemd. Een jonge Japanner, een lange man in een beige pak, kwam naar voren en stelde zich voor als de tolk. En toen begreep ik het.
– Dit zijn de ouders van Noriyaki Takamura, zei de man met een breed armgebaar naar een echtpaar van middelbare leeftijd.
– Dit is Noriyaki's zuster. Ze zijn uit Japan overgekomen om kennis met u te maken.

Mijn benen begaven het bijna. Wat was dit een moeilijke wereld.

Zijn ouders begroetten me en namen mijn hand tussen de hunne. Ze leken heel erg op Noriyaki. Zijn zusje pakte ook mijn hand. Ze had wel zijn tweelingzusje kunnen zijn.
– Ze zeggen dat het ze spijt, zei de tolk, – maar Wakana, Noriyaki's verloofde, voelt zich niet lekker. Ze wilde graag kennis met u maken, maar dit valt haar allemaal heel zwaar. Ze ligt in

bed, in de compound van de VN. Ze laat u haar hartelijke groeten overbrengen.

Noriyaki's vader zei iets tegen me en de man in het beige pak vertaalde.

– Ze zeggen dat het ze heel erg spijt van de pijn in uw leven. Ze hebben veel over u gehoord en ze weten dat u hebt geleden.

– Zeg maar tegen ze dat het hun schuld niet is, zei ik.

De tolk vertaalde mijn woorden voor de Japanners. Ze gaven antwoord.

– Ze zeggen dat ze het vreselijk vinden dat uw leven hierdoor nog moeilijker is geworden.

Noriyaki's moeder huilde en het duurde niet lang of ik begon ook.

– Ik vind het zo erg dat u Noriyaki moet missen, zei ik. – Hij was zo'n goede vriend. Iedereen in het kamp hield van hem. Ik smeek u, huil niet om mij.

Nu huilden we allemaal. Noriyaki's vader was op de grond gaan zitten, met zijn handen voor zijn gezicht. De man met het beige pak vertaalde niet meer. Noriyaki's vader en moeder huilden en ik huilde, daar voor mijn huis in de hitte en het licht van Kakuma.

Ik had nog twee dagen voordat ik naar Nairobi zou gaan, en daarna naar Amsterdam, en dan naar Atlanta. Ik sliep die nacht onrustig en werd vroeg wakker, uren voordat de tweede oriëntatiedag begon. In het inktblauwe licht voor zonsopgang liep ik door het kamp en wist zeker dat ik het nooit meer zou zien. Ik had Soedan nooit meer gezien, na onze vlucht had ik Ethiopië nooit meer gezien. Mijn hele leven was alles tot dan toe altijd in één richting gegaan. Ik had altijd moeten vluchten.

Die laatste achtenveertig uur was er te veel te doen. Ik wist dat ik maar een paar dingen goed zou kunnen doen. De oriëntatiecursus was om twee uur afgelopen en in de resterende uren dat het nog licht was, moest ik mijn rantsoenkaart inleveren, pakken en afscheid nemen van honderden mensen die ik nooit meer zou zien.

Ik wist al dat ik de meeste van mijn spullen zou weggeven, want als je uit het kamp weggaat, stroomt iedereen toe; je bent opeens enorm populair. Het gebruik eist dat je al je bezittingen onder de achterblijvenden in het kamp verdeelt. Maar eerst moet alles worden besproken; de naasten van de vertrekkende vluchteling geven dan te kennen wat ze graag willen hebben.

Binnen een dag nadat mijn vertrek bekend was geworden, waren al mijn bezittingen besproken. Mijn matras zou naar Deng Luol gaan. Mijn bed was voor Mabior Abuk. Mijn fiets ging naar Cornelius, het buurjongetje. Mijn horloge was door Achiek Ngeth gereserveerd, een oudere vriend die al vaak had gezegd dat hij het zo mooi vond. Ik besteedde een deel van mijn spaargeld aan nieuwe kleren, een broek met steekzakken, licht en stijlvol.

Ik racete die avond en de volgende ochtend op mijn fiets overal heen, en de mensen die me zagen konden niet geloven dat ik echt wegging.

– Ga je echt weg? vroegen ze.

– Dat hoop ik wel! zei ik. Ik wist werkelijk niet meer of dit allemaal echt gebeurde.

Het was zaterdag en de volgende middag zou ik vertrekken. Ik kon het nog steeds niet helemaal geloven, want een valse start was geen zeldzaamheid en het was altijd wreed. Bovendien, als ik erover nadacht had ik in Amerika helemaal niets te zoeken; het sloeg allemaal nergens op. Het zou veel logischer zijn als de hele onderneming werd afgeblazen. Maar toen ik door het kamp scheurde en iedereen die ik kende een hand gaf, begon het steeds minder onwerkelijk te lijken dat ik wegging – het leek zelfs waarschijnlijk. Bij iedereen die van mijn vertrek wist en me het beste wenste, begon ik er meer vertrouwen in te krijgen. Zoveel mensen kon je toch niet voor de gek houden.

Toen ik thuiskwam voor mijn laatste nacht in Kakuma volgde er een heel trieste en vreugdevolle maaltijd met Gop en het gezin dat ik als het mijne had aangenomen. Ayen en de meisjes huilden omdat ik wegging. Mijn pleegzusjes, die stuk voor stuk evenveel waard waren als ik, huilden ook omdat zijzelf geen kans maakten om weg te komen, tenzij ze aan een rijke man in Soedan werden uitgehuwelijkt. Zij kwamen niet in aanmerking om door de VN te worden uitgezonden omdat zij in een gezin opgroeiden en dus geen gevaar liepen. Niet één van de landen die vluchtelingen opnamen wilde gezinnen toelaten, leek het, en Gop en zijn vrouw en dochters wonen nu nog steeds in Kakuma.

Na het eten ging ik de paar spullen inpakken die ik meenam: de nieuwe broek die ik had gekocht en alle documenten die ik had bewaard – mijn schoolrapporten, mijn scheidsrechtersdiploma, mijn EHBO-diploma, mijn lidmaatschapskaart van de toneelgroep – twaalf documenten. Ik vond twee stukken karton die precies de goede maat hadden en daar stopte ik ze tussen; ik deed er plakband omheen zodat ze onderweg niet beschadigd konden raken. Toen gebeurde er iets vreemds. Maria kwam mijn kamer in. Ik had morgen afscheid van haar willen nemen, maar nu stond ze hier.

Ik weet niet hoe ze het voor elkaar had gekregen om 's avonds de deur uit te kunnen. Ik weet niet wat ze tegen Gop en zijn vrouw had gezegd, dat ze naar mijn kamer mocht. Maar nu stond ze aarzelend in de deuropening met haar armen over elkaar.

– Ik vind dat je niet moet gaan.

Ik zei dat ik het ook jammer vond dat ik afscheid van haar moest nemen en dat ik haar ook zou missen.

– Het is niet dat ik je zal missen. Ik bedoel, natuurlijk zal ik je missen, Slaper. Maar ik geloof dat God iets in zijn schild voert. Hij heeft Noriyaki weggenomen en ik geloof dat hij met jou ook iets van plan is. Ik heb een voorgevoel.

Ik pakte haar hand en zei dat ik het lief vond dat ze zo bezorgd om me was.

– Het klinkt krankzinnig, dat besef ik wel, zei ze. Toen schudde ze haar hoofd alsof ze haar angsten wilde afschudden, net zoals ze ook haar eigen ideeën en verwachtingen altijd wegwuifde. Maar daarna werd haar gezicht weer hard en ze keek met een heel nieuw soort felheid recht in mijn ogen.

– Ga niet, morgen, zei ze.

– Ik zie je morgen nog wel, zei ik. – Dan kom ik bij je langs en als je dan nog steeds vindt dat ik niet moet gaan, bedenken we een ander plan.

Dat vond ze goed, al geloofde ze me maar half. Ze glipte weg en ik heb haar nooit meer gezien. Ik zei niet dat ik dezelfde zorgen had, dat mijn eigen angsten nog veel heviger en levendiger waren dan de hare. Dat zei ik tegen niemand, maar ik wist vrijwel zeker dat er op deze reis iets mis zou gaan. Maar in dat kamp kon ik niet meer blijven. Ik had bijna tien jaar in Kakuma gewoond en ik ging daar niet mijn leven uitzitten. Ieder risico, vond ik, was aanvaardbaar.

Na acht uur 's morgens is het doodstil in de lobby van de Century Club. De leden zijn achter het glas aan het trainen, ze steppen, rennen op de loopband en heffen gewichten, en ik kijk naar ze en bedenk hoe ikzelf mijn programma zou willen aanpassen. Sinds twee maanden train ik af en toe na mijn dienst. De manager, een klein, gespierd vrouwtje dat Tracy heet, zei dat ik vijftig procent korting op een half lidmaatschap kon krijgen, en daar heb ik gebruik van gemaakt. In die twee maanden ben ik twee kilo aangekomen en ik geloof dat mijn borstkas en mijn biceps forser zijn geworden. Die sprinkhaan van vroeger wil ik nooit meer in de spiegel zien.

Er komt een nieuwe vrouw binnen die ik nog nooit heb gezien. Ze is blank, heel fors maar ongelooflijk elegant. Ze lijkt te schrikken als ze me ziet.

'Hallo,' zegt ze. 'Jou heb ik nog nooit gezien. Wat een prachtige lach heb je.'

Ik probeer te fronsen en hard te lijken.

'Ik ben Sidra,' zegt ze en ze steekt me haar hand toe. 'Ik ben hier nieuw. Ik ben nog maar twee keer geweest. Ik eh, ben mezelf maar eens gaan aanpakken.' Ze werpt een verlegen blik op haar omvang en ik krijg meteen het gevoel dat ik iets moet zeggen. Ik wil haar opvrolijken, haar het gevoel geven dat ze gezegend is, dat ze weet dat er zegen op haar rust. Omdat ze nu hier is, omdat ze leeft, omdat ze altijd in dit land heeft gewoond. Sidra, je bent gezegend.

Ze geeft me haar pasje en ik haal het door de lezer. Haar foto verschijnt, haar verdrietige, scheve glimlach, en ze gaat naar binnen.

Die laatste ochtend, Sidra, stond ik om vier uur op om de rijen bij de kraan voor te zijn. Er stond inderdaad geen rij en dat leek me een goed voorteken. Ik haalde water en nam een douche. Toen ik het douchehokje uitkwam, stond Deng Luol, die mijn bed voor zichzelf had gereserveerd, al in de deuropening.

– Het is nog niet eens licht, zei ik.

– Ik heb nog nooit een matras gehad, zei hij. – Mijn vrouw zal er heel blij mee zijn. Straks ben ik haar held.

Hij wenste me goede reis en vertrok met de matras op zijn hoofd.

Ik trok mijn frisse nieuwe kleren aan en stopte mijn bezittingen in een plastic tasje. Ik had alleen mijn toiletspullen, een stel schone kleren en mijn documenten. Verder niets.

Iedereen in huis begon wakker te worden en ze huilden allemaal.

– Zorg dat de Soedanezen trots op je kunnen zijn, zei Gop.

– Dat zal ik doen, zei ik. En op dat moment geloofde ik ook dat ik dat kon.

Ik nam afscheid van al mijn kampzusjes en van Ayen, die al die jaren in het kamp mijn moeder was geweest. Het was een snel vaarwel; ik vond het te verwarrend om nog langer te blijven.

Ik ging zo haastig weg dat ik een van mijn nieuwe shirts en mijn nieuwe schoenen vergat. Later merkte ik het, maar ik wilde niet meer terug.

Toen ik naar buiten kwam, zag ik mijn buurjongetje Cornelius, die mijn fiets had besproken. Het was een goede fiets, een Chinese met tien versnellingen; hij stond op de standaard en Cornelius zat al op het schone vinyl zadel te oefenen en de trappers naar voren en naar achteren te bewegen.

– Klaar? vroeg Cornelius.

– Oké, daar gaan we.

De lucht zou de hele dag strakblauw blijven. Ik wilde best naar de compound lopen – daar zou ik op de bus naar het vliegveld stappen – maar Cornelius stond erop me met zijn nieuwe fiets te brengen. Ik ging dus op de smalle bagagedrager zitten met mijn tas op schoot.

Het duurde even voordat hij behoorlijk kon sturen met mij achterop.

– Trappen, joh, trappen! zei ik.

Al snel had hij de slag te pakken en we kwamen op de hoofdweg naar de compound. Toen we daar waren, zagen we de anderen. Honderden. Duizenden. Het leek wel alsof heel Kakuma was uitgelopen om de zesenveertig jongens uit te zwaaien die die dag vertrokken. Voor iedereen die wegging waren er honderden vrienden die hem wegbrachten. Je kon niet zien wie er weggingen en wie de uitzwaaiers waren. Het was één grote processie, de vrouwen waren allemaal verdrietig en hun kleurige jurken bloeiden als bloemen op de gebarsten oranje weg naar het vliegveld.

Cornelius reed nu heel hard overal tussendoor. Hij belde voortdurend om de mensenmassa te waarschuwen dat hij eraan kwam.

– Kijk uit! riep hij. – Opzij! Opzij!

Degenen die weggingen vonden het zielig voor degenen die

achterbleven en de achterblijvers vonden het zielig voor zichzelf dat ze achterbleven. Maar ik kon de grijns niet van mijn gezicht af krijgen. Mijn hoofdpijn klaarde tijdens het ritje even op en toen we door het kamp kwamen, ik achter op mijn eigen fiets, gingen de mensen opzij en riepen van alles tegen me.
 – Wie gaat er weg? vroegen ze.
 – Ik, zei ik. – Ik! Valentino!
 Cornelius ging steeds harder rijden. De duizenden mensen die ik in Kakuma kende waren nu een veelkleurig waas. Ze kwamen hun huis uit en renden achter me aan om me onder al mijn namen hun beste wensen toe te roepen.
 – Wie gaat er weg? Ongelooflijk! riepen ze. – Ben jij het? Achak?
 – Ja! riep ik lachend. – Ik ga weg! Achak gaat weg!
 Ze zwaaiden en lachten.
 – Veel geluk! We zullen je missen, Achak!
 – Goede reis, Dominic!
 – Kom maar nooit meer terug naar dit smerige gat, Valentino!
 En in het voorbijgaan keek ik vanaf de bagagedrager van mijn hobbelende fiets met tien versnellingen naar de gezichten en hoopte dat al die mensen uit het kamp zouden wegkomen, al wist ik dat dat maar een enkeling zou lukken. De zon werd al heet toen we bij de compound aankwamen. Cornelius minderde vaart en ik sprong van de fiets. Hij was omgekeerd en begon al naar huis te rijden toen hij bedacht dat hij me nog gedag moest zeggen. Hij gaf me een hand en weg was hij. Zo'n kleine jongen met zo'n fiets? Dat hadden ze in dat kamp nog nooit gezien.

Ik ging de poort door. In de compound hadden de andere jongens die weggingen zich al verzameld in de brede schaduw van de grootste boom van Kakuma. Het vliegtuig zou om twee uur vertrekken, maar wij waren in gedachten eigenlijk al weg, we maakten plannetjes en waren al uit Kakuma, uit Kenia, uit heel Afrika vertrokken. We dachten aan het soort werk dat we in Amerika zouden gaan doen. We dachten aan de scholen daar en velen van ons stelden zich voor dat ze binnen een paar weken in Amerika zouden studeren. Een van de jongens had een brochure van een kleine universiteit en liet die rondgaan, en we bewonderden allemaal de prachtige campus en de studenten uit alle landen die onder de bomen en langs de natuurstenen gebouwen wandelden.

– Ik dacht dat Jeremiah Dut ook meeging, zei een van de jongens.

– Nee, die is afgewezen. Ze zijn erachter gekomen dat hij soldaat is geweest.

Daar praatten de jongens nog een tijdje zacht over door en we vergeleken de leugens die we hadden verteld. Veel jongens hadden gezegd dat hun ouders dood waren, terwijl maar een paar dat, of juist het tegendeel, zeker wisten. Toen we een uur in de schaduw zaten, kwam er een vliegtuig over de heuvels aanvliegen; het leek heel klein en teer.

– Is dat ons vliegtuig? vroeg iemand.

– Nee, zei ik.

Op dat moment, toen het steeds dichterbij kwam cirkelen en ten slotte landde, wist ik heel zeker dat dit het vliegtuig was dat mijn dood zou worden.

We gingen aan boord van het vliegtuig; de Franse piloot was niet groter dan een pubermeisje. We waren met ons zesenveertigen, allemaal jongens die ongeveer dezelfde route hadden gelopen. Ik kende niemand echt goed; al mijn vrienden waren allang weg. Zodra de motoren werden gestart, braakte een jongen over mijn schoenen heen. De jongen voor me rook de lucht van het braaksel en gooide zijn ontbijt eruit op de bekleding van de stoel. Toen het vliegtuig vooruit schoot, begonnen er nog drie jongens over te geven, van wie er twee de luchtziektezakjes op tijd wisten te vinden. Afgezien van het gekokhals was iedereen doodstil. Degenen die bij een raampje zaten, wisten niet wat ze zagen.

– Moet je dat gebouw zien! Kijk, een brug!

– Nee, dat is een huis!
En wat was het licht fel in dat vliegtuig. We moesten de zonnekleppen omlaag doen om onze ogen te beschermen.

Die zondag laat landden we. We waren geen van allen ooit op Kinyatta International Airport geweest en iedereen keek zijn ogen uit. Wat was het allemaal groot. Het was zoveel groter dan het vliegveld van Kakuma, groter dan de dorpen die we kenden, er leek geen eind aan te komen.

Toen het avond werd, wachtten we op de luchthaven op de bus die ons naar Nairobi zouden brengen, naar Goal, het vluchtelingencentrum van de International Organization of Migration. Daar zouden we tot de volgende dag op onze vlucht wachten, naar Amsterdam en verder.

Het was nu donker op de luchthaven en jongens zoals wij konden onmogelijk begrijpen wat we allemaal zagen. Wat waren dat voor lichtjes? Hingen die zomaar in de lucht of zaten ze aan een gebouw vast? In Kakuma is het 's avonds bijna helemaal donker, want er is daar nauwelijks elektriciteit. Maar hier op Kinyatta was iedereen nog wakker. Niemand sliep.

– En die auto's!
In heel Kakuma waren er altijd maar een paar.
– Man, wat is het hier groot, zei een van de jongens.

Iedereen lachte, want dat dachten we allemaal. Terwijl we Nairobi binnenreden, raakte iedereen nog meer onder de indruk. Behalve ik was niemand ooit in een stad geweest.

– Die gebouwen! zei een van de jongens. – Daar zou ik niet graag onder lopen.

Niet één van de jongens had ooit een gebouw van meer dan twee verdiepingen gezien en ze hadden er weinig vertrouwen in dat de flatgebouwen die hun schaduw over de weg wierpen wel overeind zouden blijven.

In Goal werden we ingecheckt, we kregen de dienstregeling van onze vlucht en een buffet met bonen, maïs en marague, een mengsel van maïs, bonen en kool. We werden naar onze kamer gebracht, waar we met vijf anderen drie stapelbedden deelden.

– Ooo, moet je kijken!

De meeste jongens hadden nog nooit in een bed met schone witte lakens geslapen. Een zekere Charles liet zich op zijn bed vallen en deed alsof hij zwom. De anderen volgden zijn voorbeeld, ook ik. We zwommen allemaal over de witte lakens en lachten tot het pijn deed.

Die nacht sliep ik onrustig en luisterde naar mijn kamergenoten, die aan één stuk door lagen te kletsen.

– Waar ging jij ook alweer naartoe?

– Naar Chicago.

– O ja, Chicago. De Bulls!

Iedereen lachte weer.

– Is het koud in San José?

– Nee, nee. Heel warm, geloof ik.

– Pech voor jou dan, Chicago!

Weer gelach.

De volgende ochtend, een heldere, vochtige maandagmorgen, kregen we ontbijt en daarna hadden we niets te doen. We mochten het hotel niet uit. Er stond een hek omheen en het werd door Keniaanse soldaten bewaakt. We begrepen niet goed waarom.

Die nacht deed weer niemand een oog dicht. Het was donker in de kamer, maar we vertelden elkaar moppen en stelden elkaar dezelfde vragen als de vorige avond.

– Wie ging er ook weer naar Chicago?

– Ik. De Bull.

Het is moeilijk uit te leggen waarom dat zo grappig was, maar op dat moment moesten we erom lachen. De andere grap ging over San José. Daar gingen drie jongens naartoe, maar niemand wist hoe je het uitsprak.

– We gaan naar Sint Joos! zeiden ze.

– Ja, San Joe, daar is het geweldig.

De volgende dag gingen we eindelijk weer naar de luchthaven om op het echte vliegtuig te stappen, dat ons naar Amsterdam en dan naar New York zou brengen. Van New York zouden we naar twaalf steden worden gestuurd: Seattle, Atlanta, Omaha, Fargo, Jacksonville, zoveel steden.

In de bus sloeg eindelijk de uitputting toe. Het was dinsdag, we hadden zesendertig uur in Goal gezeten en niemand had meer dan een paar minuten geslapen. Eindelijk gingen we naar de luchthaven, allemaal in identieke T-shirts van de IOM, en tegen alle raampjes van de bus rustte een hoofd. Vlak voor de ingang van Kinyatta schrok iedereen wakker doordat we door een kuil reden, en weer werd er gelachen. Ik probeerde stil te zitten en me rustig te houden, want mijn hoofd was zo zwaar, de pijn was zo hevig dat ik me afvroeg of ik echt niet iets ernstigs had. Even overwoog ik iets tegen onze Keniaanse begeleider te zeggen, te vragen of hij niet iets tegen de pijn had, maar ik besloot het niet te doen. Het was niet verstandig om in zo'n situatie de aandacht te trekken. Eén kik en je kansen zijn verkeken. Wie klaagt krijgt niets.

Er waren die dag duizenden mensen op de luchthaven, een verbijsterende mengeling van Kenianen en lichter gekleurde Afrikanen, en een stuk of honderd witte mensen, de meesten tot een rauw roze verbrand door de zon. We zagen een groep blanken, een stuk of vijftig – meer witte mensen dan we ooit bij elkaar hadden gezien – die allemaal bij elkaar stonden met een heleboel bagage; ze zochten allemaal hun paspoort. Ik wilde ze aanspreken om mijn Engels te oefenen en te vertellen dat ik binnenkort ook bij hun wereld hoorde. Ik had geen idee waar ze vandaan kwamen, maar ik had het idee dat ik uit de ene wereld in de andere stapte, dat de Amerikaanse wereld wit was en dat alle witte mensen, zelfs die in Nairobi, daarbij hoorden.

We wachtten bij de gate en deden ons best om geen aandacht

te trekken. Iedereen was een beetje bang dat we direct naar het kamp zouden worden teruggebracht als de politie of de bewakingsdienst ons zag. Iedereen bleef dus op zijn plaats zitten. Niemand durfde naar de wc. We wachtten een uur, met onze handen in onze schoot, en toen was het tijd. We stapten op een vliegtuig dat vijf keer zo groot was als het toestel waarmee we naar Nairobi waren gekomen en veel luxueuzer. We maakten onze veiligheidsgordel vast. We wachtten. De pijn in mijn hoofd werd met de minuut erger.

Zo zaten we totdat iedereen aan boord was, en toen nog een halfuur. We zaten allemaal op een kluitje in het midden van het vliegtuig en hielden ons muisstil. Er ging een uur voorbij. We zeiden niets, want we hadden geen idee hoe lang het duurde voordat een vliegtuig vertrok dat naar Amsterdam en dan naar New York ging. Maar de andere mensen aan boord, witte mensen en Kenianen, begonnen vragen te stellen en er klonk een reeks geruststellende mededelingen uit de luidsprekers.
– We wachten op een signaal van de verkeerstoren. – We zijn gereed om te vertrekken en wachten op instructies. – Nog een ogenblikje geduld alstublieft. Dank u wel. Wilt u blijven zitten, met uw veiligheidsgordel vast?

Er verstreek nog een halfuur. De intercom kwam weer tot leven.

– Er heeft in New York een incident plaatsgevonden. Het vliegverkeer op New York is stilgelegd.

Nog een paar minuten stilte.

– Wij verzoeken u het toestel rustig en ordelijk te verlaten. Er vertrekken momenteel geen vluchten uit Nairobi. Wilt u zich naar uw gate begeven en daar op nadere informatie wachten?

Onze bus was de tweede die bij het hotel aankwam, en in de lobby stonden wel honderd mensen bij de tv, de Soedanese en Keniaanse medewerkers, zelfs de koks en het onderhoudspersoneel; iedereen stond naar de torens te kijken die brandden als schoorstenen en toen instortten. De beelden van het Pentagon. Wij Soedanezen hadden nooit gebombardeerde gebouwen gezien, maar we begrepen dat er in de vs een oorlog was uitgebroken en dat we er niet heen gingen.

– Wie is de vijand? vroeg ik aan een Keniaanse kruier. Hij haalde zijn schouders op. Niemand wist wie hierachter zat.

We gingen eten en slapen, voor zover dat lukte; we zaten in Goal vast totdat de wereld had besloten wat er moest gebeuren. Zoals ik had voorvoeld, zoals Maria had voorvoeld, probeerde God me iets duidelijk te maken. Ik hoorde niet in dat vliegtuig, ik had niets in een vliegtuig te zoeken.

We verwachtten dat we nu wel meteen naar Kakuma teruggestuurd zouden worden, maar die eerste dag werden we niet naar Kakuma teruggestuurd. De volgende dag werden we ook niet naar Kakuma teruggestuurd. We hadden geen idee hoe we ervoor stonden en welke plannen ze voor ons hadden, maar naarmate de dagen verstreken raakten we steeds meer gerustgesteld over ons lot. Misschien werden we wel in Nairobi ondergebracht. Een jongen had het idee dat we misschien in Goal in het hotel konden gaan werken, of tenminste degenen die iets konden wat ze daar nodig hadden. Zelf was hij een heel goede kok, beweerde hij.

Sommigen wilden helemaal niet meer naar Amerika. Soedan leek hun nu veiliger dan New York. Het zou alleen nog maar erger worden, dachten ze, want hier zou vergelding op volgen en dan liep het conflict helemaal uit de hand. We waren het er allemaal over eens dat een oorlog waar Amerika bij betrokken was wel de grootste moest worden die de wereld ooit had gekend. Ik dacht aan alle explosies die ik in films had gezien en probeerde daar iets uit af te leiden. Zo zou de oorlog eruitzien die ons te wachten stond, vuur dat de hele hemel en de hele aarde vulde. Of misschien zouden de gebouwen, alle gebouwen van Amerika, nu wel gewoon allemaal instorten, net zoals in New York. Eerst smeulen en dan instorten.

Die woensdag, donderdag en vrijdag hoorden we niets van de IOM of van wie dan ook, en die zaterdag gebeurde er iets vervelends: er kwamen nog meer vluchtelingen uit Kakuma aan. Er was weer een vliegtuig uit het kamp in Nairobi aangekomen en nu zaten er nóg zesenveertig Soedanese jongens in het hotel. Die avond volgde er weer een groep. En die zondag voerden twee vliegtuigen nog honderd passagiers aan. Dat waren de gewone vluchten, waar wij ook mee waren gekomen, en die waren niet verzet. Al snel zaten er driehonderd vluchtelingen in Goal, waar maar plaats was voor honderd mensen. We moesten met zijn tweeën in één bed. Er werden matrassen uit dumpzaken en ziekenhuizen naar het hotel gebracht en al snel waren er alleen nog smalle paadjes tussen de bedden waar je kon lopen. De rest van de vloer lag vol lakens en dekens, en daar sliepen we op de gekste tijden, wanneer het maar kon.

Van een van de nieuwkomers hoorde ik het van Maria. Niet lang nadat ik haar die avond had gesproken, toen ze me had gesmeekt niet weg te gaan, had ze geprobeerd een eind aan haar leven te maken. Ze had een mengsel van schoonmaakmiddel en aspirine ingenomen en zou vast dood zijn gegaan als haar voogd haar niet in haar bed had gevonden met een sliertje witte vloeistof uit haar mond. Ze was naar Lopiding gebracht en haar toestand was nu stabiel. Ik was er kapot van, maar, Sidra, het loopt goddank goed af. In het ziekenhuis ontmoette ze een Oegandese dokter, een vrouw die naar haar luisterde en besloot er persoonlijk voor te zorgen dat Maria niet terug hoefde naar die man, die alleen maar de beste bruidsprijs voor haar wilde hebben. Die dokter trok zich haar lot aan en zorgde dat ze in Kampala naar school kon, een school met pennen, potloden, muren en schooluniformen. Maria studeert nu in Londen. We mailen en sms'en, en nu kan ik haar ook Slaapster noemen, want ze wilde voorgoed inslapen, maar nu lijkt ze het best prettig te vinden om wakker te zijn.

Op onze tweede dag in Goal begon het in Nairobi te stortregenen, een warme regen, waardoor het in het hotel al snel begon te stinken. De wc's en badkamers werden smerig. Er was niet genoeg eten. Van het geld dat we bij ons hadden – velen hadden hun spaargeld meegenomen – wilden we eten kopen, maar de bewaking was nog strenger dan eerst. Niemand mocht het terrein op of af. De voedselschaarste haalde het slechtste in de mensen boven. De doodenkele keer dat er vlees was, werd daar verbitterd om geruzied en maar een klein deel van de vluchtelingen kreeg de kans ervan te proeven.

We hadden niets te doen. 's Morgens en 's avonds werd er gebeden, maar ik voelde me hulpeloos en duizelig. Ik voelde me mijn hele leven al machteloos, maar nooit zo erg als nu. Sommige jongens gaven de buschauffeur de schuld: hij had te langzaam gereden. Als hij sneller was geweest, zeiden ze, waren we eerder bij het vliegtuig geweest en dan hadden we al weg kunnen zijn voordat alle vluchten werden afgelast. Zo denken radeloze mensen. Maar er waren er niet veel meer die nog geloofden dat we naar Amerika zouden gaan. Misschien naar Australië, of naar Canada – maar niet naar dat land dat aangevallen werd. We waren ons ervan bewust dat de vs niet bepaald hadden staan te trappelen om ons toe te laten, we vonden niets vanzelfsprekend en begrepen dat ze heel snel van gedachten konden veranderen, en terecht. Wat moest een belaagd land ook met mensen zoals wij? Wij betekenden alleen maar meer ellende voor een land dat het toch al moeilijk genoeg had.

In de middag van de achtste dag hield het op met regenen en Nairobi droogde onder de heldere hemel snel op. Ik zat op het bed dat ik met weer een andere Daniel deelde en staarde naar de muur en naar het plafond.

– Ik wou dat ik nooit van Amerika had gehoord, zei een jongen op het bed onder me.

Ik vroeg me af of ik ook zo dacht. Ik herinner me niet dat ik die dag iets heb gedaan. Ik geloof dat ik me helemaal niet verroerd heb.

De driehonderd vluchtelingen wachtten. We hoorden dat de vluchten van de Lost Boys die vlak voor ons waren vertrokken, waren omgeleid naar Canada en naar Noorwegen. Overal ter wereld waren reizigers gestrand. – De wereld is tot stilstand gekomen, zei een van de Kenianen. Iedereen knikte.

De vluchten uit Kakuma hielden al snel op, maar toch kwamen er nog steeds vluchtelingen in Goal aan. Er arriveerde een groep van zeventig Somaliërs uit het andere Keniaanse kamp, Dadaab, en de directie moest wel goedvinden dat iedereen meer tijd buiten doorbracht. We gingen om beurten naar de binnenplaats om te luchten.

Samen met alle andere jonge mannen in Goal keek ik naar het nieuws in de hoop dat de Amerikaanse president iets over de oorlog zou zeggen, dat hij zou vertellen wie de vijand was. We werden wel iets geruster toen er de volgende dagen geen nieuwe aanslagen kwamen. Maar het leek ons onmogelijk dat er alleen één dag aanslagen werden gepleegd en daarna niet meer. Dat was niet het soort oorlog dat we kenden. We bleven in de buurt van de tv en verwachtten alleen slecht nieuws.

– Soedanezen, willen jullie naar Amerika?

Een Somaliër aan de andere kant van de kamer, de oudste Somaliër die ik ooit had gezien, sprak ons aan. Hij stond te kijken hoe wij het nieuws volgden. Niemand wist iets over hem, maar iemand beweerde dat hij hem weleens in Kakuma had gezien.

– Waar willen jullie naartoe? Het is daar oorlog! zei de Somaliër.

Ik had weleens van die man gehoord. De anderen in Goal noemden hem de Lost Man. Ik werd heel snel heel kwaad op de Lost Man.

– Dachten jullie dat het daar beter was? schreeuwde hij toen de televisie weer nieuwe beelden liet zien van de vliegtuigen die zich in de gebouwen boorden.

Niemand zei iets terug.

– Het is daar niks beter! ging hij door. – Dachten jullie dat je daar geen problemen meer zou hebben? Alleen een ander soort problemen, sukkels!

Ik luisterde niet naar hem. Ik begreep dat hij kapot was en dat hij zich vergiste. Ik wist dat we in Amerika, zelfs met dit soort aanslagen, talloze nieuwe mogelijkheden zouden vinden, en rust. Daar twijfelde ik niet aan. We waren bereid om alle obstakels te overwinnen. We waren er klaar voor. Ik was er klaar voor. In Kakuma had ik het gemaakt en ik zou ook wel een manier vinden om het in Amerika te maken, of het daar nu oorlog of vrede was. Zodra ik aankwam zou ik me meteen voor een opleiding inschrijven. Ik zou 's nachts werken en overdag studeren. Ik zou niet slapen totdat ik naar de universiteit kon, en ik wist zeker dat ik binnen de kortste keren afgestudeerd zou zijn, en dan zou ik een topstudie gaan volgen, internationale studies, en dan ging ik in Washington werken. Daar zou ik een Soedanees meisje leren kennen en zij zou ook in Amerika studeren, en we zouden verkering krijgen en trouwen en een gezin stichten, een eenvoudig gezin met drie kinderen en onvoorwaardelijke liefde. Amerika zou op zijn manier ons thuis worden: glas, watervallen, schone tafels met schalen fel oranje sinaasappels erop.

De Lost Man stond nog steeds te tieren en een van de jongens met wie ik in het vliegtuig uit Kakuma had gezeten, kon het niet meer aanhoren.

– Jij gaat er toch ook naartoe, idioot! riep hij.

Dat was het vreemde aan de Lost Man: hij ging ook naar Amerika.

We wisten van de aanslagen op de ambassades in Tanzania en Nairobi, en het werd steeds duidelijker dat ze allemaal het werk van één man waren. Toen de dagen voorbijgingen zonder dat er nieuwe aanslagen volgden, begrepen we dat het in Amerika geen oorlog was, dat we er betrekkelijk veilig naartoe konden. We besloten dat we er nu helemaal graag heen wilden, meer dan ooit tevoren.

Na negen dagen stelde ik een delegatie samen van vier jongens, Soedanezen en Somaliërs, die om vrijlating ging vragen. Ik vroeg een gesprek aan met de vertegenwoordiger van de IOM die ik elke paar dagen Goal in en weer uit had zien komen. En wonder boven wonder werd het verzoek ingewilligd.

Hij was een Zuid-Afrikaanse halfbloed. Toen hij binnenkwam stak ik meteen van wal, voordat hij iets kon zeggen. We zullen vechten! zei ik. We zullen alles doen wat ons gevraagd wordt, maar stuur ons alstublieft naar Amerika, zei ik. We wachten nu al zo lang! We wachten al twintig jaar tot er iets goeds gebeurt! Kunt u zich dat voorstellen? Pak ons dit niet af. Doe dat niet. We zullen alles doen wat u maar wilt, zei ik. De anderen keken me wantrouwig aan en ik begon bang te worden dat ik meer kwaad dan goed deed. Ik was oververmoeid en kwam misschien radeloos over.

De man liep de kamer uit, zonder iets te zeggen. Hij liet een vel papier achter met een bekendmaking van de IOM: zodra de luchthavens in de VS weer werden geopend, zouden de vluchten worden hervat. In de mythologie van Goal werd mijn toespraak de doorslaggevende factor voor het hervatten van de vluchten. Dagenlang was ik de held, hoe vaak ik ook zei dat ik er niet verantwoordelijk voor was.

Vanaf 19 september werden er weer namen opgehangen. Elke dag werd er een lijst van twintig namen op het raam bij de tv geplakt, en die vluchtelingen zouden diezelfde middag nog worden opgehaald en naar de luchthaven gebracht. De eerste dag gingen degenen die op de lijst stonden ongelovig hun spullen pakken en stapten om half drie op de bus. De bus reed weg en dat was dat. De anderen konden niet bevatten hoe snel en eenvoudig het opeens ging. Toen de eerste drie groepen niet terugkwamen, waren we er betrekkelijk zeker van dat we voorgoed uit Goal weggingen als we 's middags op de bus stapten.

Ik was nog nooit zo blij geweest om Soedanezen te zien

verdwijnen. Elke dag waren er minder mensen in Goal – eerst driehonderd, toen tweehonderdzestig, toen tweehonderdtwintig. De vierde dag kreeg ik een nieuwe kamer, een klein kamertje met één raam, een hoog raampje met tralies ervoor. Ik had een bed voor mezelf, maar moest de kamer wel met veertien anderen delen. Elke nacht dat ik wist dat ik de volgende dag niet zou vertrekken sliep ik goed; ik hoorde de vliegtuigen boven Nairobi opstijgen.

De vijfde dag stond mijn naam op het papier op het raam. Ik zou de volgende middag met de bus meegaan. Die nacht lag ik in bed naar de andere jonge mannen in de kamer te staren, allemaal schaduwen, waarvan er maar een paar sliepen. De helft ging de volgende dag weg, net als ik, en degenen die weggingen konden niet slapen. De stemming was nu heel anders dan acht dagen geleden. De Soedanezen waren nu voor zover we wisten over de hele wereld verspreid, gestrand, omgeleid, wie naar het ene land had moeten gaan zat nu voor onbepaalde tijd in een heel ander land. Maar voor ons begon dat de volgende dag pas. We wisten geen van allen zeker dat we de aarde ooit weer zouden zien. Uit Afrika wegvliegen, over de oceaan, in een vliegtuig op weg naar een stad waar vliegtuigen gebouwen in vlogen? Het ging niet alleen om een land in oorlog. We lieten alles achter wat we kenden of meenden te kennen, we hadden alleen maar een klein tasje met spullen en helemaal geen geld, en waar we heen gingen wachtte ons geen familie. Deze reis was een daad van blind vertrouwen.

Het was donker in ons kamertje en de ventilator hing roerloos aan het plafond. De jongste van ons gezelschap, een jongen die Benjamin heette, lag met zijn gezicht naar de muur klaarwakker te trillen.

– Niet bang zijn, zei ik tegen hem.

Ik was de oudste van de groep en vond dat het mijn taak was hem gerust te stellen.

– Ben jij dat, Valentino? vroeg hij.

– Ja. Wees niet bang vannacht. Of morgen.

De mannen in de kamer mompelden instemmend. Ik glipte uit bed en liep naar Benjamin. Van dichtbij leek hij niet ouder dan twaalf.

– We hebben nu al meer meegemaakt dan de meeste van onze voorouders. Zelfs als we onderweg verdwijnen, Benjamin, dan nog moeten we dankbaar zijn. Weet je nog, dat vliegtuig naar Nairobi? We moesten de kleppen voor de raampjes omlaag doen omdat het licht zo fel was. We hebben de aarde vanuit de lucht gezien, we hebben de lichtjes van Nairobi gezien en alle mensen van de wereld die door de straten lopen. Daar hadden onze voorouders niet eens van kunnen dromen.

Benjamins ademhaling ging al langzamer en de mannen in de kamer zeiden dat dat waar was. Daardoor aangemoedigd bleef ik tegen Benjamin en de silhouetten van de anderen praten. Ik zei dat de fouten van de Dinka voor ons uit verlegenheid voortkwamen, dat we hadden gekozen wat voor onze neus stond in plaats van wat we misschien konden krijgen. Ons volk, zei ik, was eeuwenlang voor zijn fouten gestraft, maar nu kregen wij de kans om dat allemaal recht te zetten. We waren zwaarder op de proef gesteld dan wie ons ook waren voorgegaan. We waren het onbekende in gestuurd, één keer, en toen nog eens en nog eens. We waren alle kanten op geblazen als regen in een krankzinnige storm.

– Maar nu zijn we geen regen meer, zei ik. – We zijn geen zaad meer. We zijn mannen. Nu kunnen we op eigen benen staan en zelf beslissen. Dit is onze eerste kans om ons eigen onbekende te kiezen. Ik ben zo trots op alles wat we hebben gedaan, broeders, en als we het geluk hebben weg te vliegen en in een nieuw land aan te komen, dan moeten we daarmee doorgaan. Hoe onmogelijk het ook klinkt, we moeten blijven lopen. En ja, we hebben geleden, maar nu komt de genade. We hebben pijn gehad, maar nu krijgen we rust. Niemand is zo zwaar beproefd als wij, en nu komt onze beloning, of het nu de hemel is of iets minders.

Toen ik uitgesproken was, leek Benjamin tevreden en alle mannen in de kamer mompelden instemmend in het donker. Ik klom weer in mijn bed, maar ik had het gevoel dat ik erboven zweefde. Mijn hele lichaam leek onder stroom te staan. Mijn borst deed pijn en mijn hart bonkte van de grote, angstaanjagende, onbegrensde mogelijkheden van de volgende dag, en toen die aanbrak was de hemel witgewassen, alles was nieuw en ik had helemaal niet geslapen.

XXVI

Aan het eind van de ochtend, als mijn werk bij de Century Club erop zit, ga ik weg, en ik weet dat ik deze baan en Atlanta achter me laat. Ik loop naar buiten; het is een doodgewone dag. Ik weet dat ik de luchten boven deze stad niet zal missen. De hemel hier is een hamer voor me geweest en zodra ik kan, ga ik ergens heen waar het rustiger is. Ergens waar ik de tijd kan nemen om na te denken. Ik moet nieuwe plannen maken zonder dat die wolken steeds naar me kijken.

Mijn plannen zijn nog heel vaag, maar ik weet al wel een paar dingen die ik wel en niet ga doen. Ik ga nooit meer stalen stof opbergen. Ik ga geen televisies meer sjouwen of glitter opvegen in een kerstartikelenwinkel. Ik ga geen dieren slachten in Nebraska of in Kansas. Ik kijk niet op dat werk neer, het meeste heb ik zelf ook gedaan. Maar ik wil het niet meer. Ik ga hogerop. Ik ga proberen iets beters te krijgen. Ik wil geen blok aan het been zijn van degenen die al te veel voor me hebben gedaan. Ik zal altijd dankbaar blijven voor de fijne dingen die ik heb meegemaakt en die ik nog zal beleven. Ik zal mijn kansen grijpen als ze langskomen, maar ik zal niet meer zo goed van vertrouwen zijn. Ik zal eerst kijken wie er voor de deur staat voordat ik opendoe. Ik zal proberen wat weerbaarder te worden. Ik zal mijn mond opendoen als het nodig is. Ik zal bereid zijn te vechten. Ik zal niet meer automatisch iedereen toelachen die ik tegenkom. Ik zal leven als een goed kind van God en ik zal Hem altijd weer vergeven als Hij iemand wegneemt van wie ik hou. Ik zal Hem vergeven en proberen Zijn plannen met mij te begrijpen, en ik zal niet zwelgen in zelfmedelijden.

Aan het begin van deze doodgewone dag zal ik eerst naar huis rijden. Achor Achor en ik zullen mijn bloed op de grond afdekken met een plant, een lamp of een tafeltje en de dingen vervangen die gestolen zijn. Ik zal tegen Achor Achor zeggen dat ik wegga en dat zal hij begrijpen. Het zal hem weinig moeite kosten om een nieuwe huisgenoot te vinden. Onder mijn broeders in Atlanta zijn er genoeg die blij met die flat zullen zijn, en de volgende bewoner zal zich niet druk maken over wat daar is gebeurd.

Vandaag heb ik verschillende mogelijkheden. Een vriend van me heeft net een baby gekregen. Een van de Dominics; hij en zijn vrouw wonen in Macon. Misschien rijd ik daar wel heen, met groeten en een cadeautje. Ik zou naar Macon kunnen gaan, de pasgeborene even vasthouden en dan, als ik me sterk genoeg voel, zou ik Phil en Stacey en de tweeling in Florida kunnen opzoeken. De oceaan zal in deze tijd van het jaar wel koud zijn, maar misschien zou ik toch even kunnen zwemmen. Of zal ik de andere kant op rijden? Als ik een dag en een nacht doorrijd, ben ik bij Moses in Seattle, dan kan ik bij hem logeren en aan zijn voettocht meedoen. Ik wil zielsgraag weer met Moses lopen en dat ga ik doen, dat beloof ik, tenzij hij van plan is om het op blote voeten te doen. Zou hij zoiets doen, op blote voeten naar Arizona lopen om iets te bewijzen? In dat geval doe ik niet mee, dat zou gekkenwerk zijn.

Ik kijk over de daken van de auto's naar het land dat zich daarachter uitstrekt. Ik sluit mijn ogen tegen de witte lucht en het geel van de vallende zon. Ik zie haar nu duidelijk, ze komt snel over het pad naar me toe met haar lange, slungelige manier van lopen. Ik zou thuis moeten zijn. Het lijkt verkeerd dat ik niet thuis ben, bij haar. Ik zou deze moeizame strijd hier achter me kunnen laten en naar haar toe kunnen gaan, naar haar en mijn vader, terug naar de schoot van mijn grote familie in Marial Bai. Hier blijven en doorvechten, met een hoofd dat pijn doet van de stress, is misschien niet mijn lot. Jarenlang heb ik gezworen dat ik weer naar huis zou gaan, maar pas als ik afgestudeerd was. Ik zag mezelf al uit het vliegtuig stappen, in een pak, met een koffer waar mijn in leer ingelijste bul in zat, recht in de omarming van mijn dorp en mijn familie. Ik heb mijn vader van dat plan verteld en het stond hem wel aan, al zei hij wel dat ik moest wachten tot hij ook weer was opgekrabbeld. Hij wilde dat ik hem pas zou zien als hij zijn bedrijf weer had opgebouwd en onze compound er net zo bij lag als toen ik ter wereld kwam.

Ik geloof dat die dag ooit zal komen. Maar het duurt wel langer dan verwacht.

Maar wat ik ook ga doen, hoe ik ook kans zie verder te leven, deze verhalen ga ik vertellen. Ik heb tegen iedereen gesproken die ik de afgelopen moeilijke dagen ben tegengekomen en tegen iedereen die tijdens die gruwelijke uren vanmorgen de club in kwam, want het zou niet menselijk zijn geweest als ik dat niet had gedaan. Ik spreek tegen hen en ik spreek tegen jou, want ik kan niet anders. Het geeft me kracht, een haast ongelooflijke kracht, te weten dat jij er bent. Ik bereik je ogen, je oren, ik overbrug de inklapbare afstand die tussen ons ligt. Wat zijn we gezegend dat we elkaar hebben! Ik leef en jij leeft, dus we moeten de lucht met onze woorden vullen. Ik zal deze dag vullen, en de dag van morgen en alle dagen totdat God me tot zich roept. Ik zal verhalen vertellen aan mensen die willen luisteren en aan mensen die niet willen luisteren, aan mensen die naar me toe komen en aan degenen die hard weglopen. En al die tijd zal ik weten dat jij er bent. Hoe zou ik kunnen doen alsof jij niet bestaat? Dat is haast even onmogelijk als het voor jou zou zijn om te doen alsof ik niet besta.

Dankwoord

De auteur en Valentino Achak Deng willen de volgende personen en instellingen graag danken voor hun steun, hun bijdragen en hun aanmoediging, en de hieronder genoemde teksten voor de inspiratie en informatie: Lueth Mou Mou en Bol Deng Bol, Deng Nyibek Arou, Amiir Jiel Nyang, Adut Kuol, Achol Liai, Fatuma Osman, Atak Mayuol, Adeng Garang Ngong, Amath Dut, Aguil Apath, Amin Deng en Ayen R. Lonyo, alle Arous, Adims, Gurtungs, Achaks, Dengs, Piols, Agouds, Achols, Aduts, Jors, Nyijurs, Nyibeks, Ahoks en Mayens, Mary Williams, John Prendergast van de International Crisis Group, Simon Kuot, Malual Geng, Isaac Mabior, Tito Achak, Akoon Ariath, Kuek Mzee, William Kuol Bak, Deng Kur, Leek Akot, Manut Kon, Tong Achuil, Mabior Malek, Francis Piol Bol, Monynhial Dut, Ayuen en Lual Deng, Lual Dau Marach, Bol Deng, Lino Diadi, Luach Luach, James Alic Garang, William Kolong Pioth, Deng Colobus, Yai Malek, Boll Ajith, Garang Kenyang, James Dut Akot, Kenyang Duok, Santino Dut Akot, Joseph Deng Akon, Katherine Kuei, Manyangdit, Mador Majok, Madame Zero, Gatkier Machar, Sam Rout, Helena A. Madut, Akuol Nyuol, Ajok Geng, Matter Machar, Angok Agoth Atem, Achol Deng, Anne Ito, Lual Thoc, Dominic Dut Mathiang, Isaac Chol Achuil, Angelo Uguak Aru, Awak Kondok, Awak Ring, David Nyuol, William Machok, Sisimayo Faki Henry, Angelo Ukongo, Anthony Ubur, Ferew Demalesh, Faith Awino, George Chemkang Mabouch, Hannington Nyamori, Tutbang, Machien Luol, Abraham Telar, Mangor Andrew, Kumchieng, Kon Alier, Garang Dhel, Garang Aher, Garang Kuot, Aluel Akok, Yar Makuei, Adeng Maluk, Rebecca Ajuoi, iedereen op het bureau van de SPLM in Nairobi, Jason Mattis in Nairobi, Peter Moszynski in Nuba, Peter Dut Adim in Marial Bai, Daniel Garang Deng

(Marial Bai), Dierdre O'Toole en Joseph Kalalu van CONCERN, John Dut Piol, Aweng Aleu en Gisma Hamad, Geoffrey Beaton, William Anei Mayep, Joseph Deng Akoon, Simon Wol Mawein, Akaran Napakira, Veronica Mbugua, George Omandi, Maurice Onyango, Augustus Omalla, Jackson Karugu, Gillian Kiplagat, Thomas Agou Kur, Dominic Dut Mathiang, Khamus Philip Paulino, Cosmas Chanda (UNHCR) in Kakuma, Janie, Robert, Wes ley, Anne en Wes French, Harper, Colton, Stacey en Phil Mays, Billi, James, Teddy, Sofia, Deborah en wijlen Robert Newmyer, Barb Bersche, Eli Horowitz, Jordan Bass, Andrew Leland, Heidi Meredith, Angela Petrella, Mac Barnett en Jim Fingal en Jess Benjamin, Ayelet Waldman, Sarah Vowell, Brian McGinn, Marty Asher, Jennifer Jackson en iedereen van Vintage, Simon Prosser, John Makinson, Juliette Mitchell, Francesca Main en iedereen van Penguin Books, Guisseppe Strazzerri en iedereen van Mondadori, Andrew Wylie, Sally Willcox, Debby Klein, Devorah Lauter, Evany Thomas, Peter Ferry, Christopher Oram, Erika Lopez, Peter Orner, Lala, Sophia, Steven, Susan en Fred Sabsowitz, Jane Fonda, Dan Moss, Jane Bilthouse, Randy Grizzle, Gary Mann, Princess Swann, Peg James, Susan Black, Peggy Flanagan, Gerry, Bradford en Jessica Morris, John Jose, Noel en Daris McCullough, Jermaine Enoch, Kelly McGuire, Dough Calderwood, Andrew Collins, Mike Glassman, Justin en Linsey Springer, Luke Sandler, *War of Visions* door Francis Deng, *War and Slavery in Sudan* door Jok Madut Jok, Gayle Smith van het Center for American Progress, *Emma's War* door Deborah Scroggins, *Acts of Faith* door Philip Caputo, het International Rescue Committee, Save the Children, de International Crisis Group, het Rode Kruis, *A Problem from Hell* door Samantha Powers, Amnesty International, Human Rights Watch, Manute Bol, Ann Wheat, Andrew O'Hagan, Kevin Feeney, Nicholas Kristof, *They Poured Fire on Us from the Sky* door Benson Deng, Alephonsion Deng, Benjamin Ajak en Judy Bernstein, Thiep Angui, *Arab Studies Quarterly*, Martha Saavedra, het Department of African Studies van de universiteit van Californië, Berkeley, de *Sudan Mirror*, SPLM Today.com, *Sudan Monthly*, *Sudan Update*, *Al-Ahram Weekly*, Refugees International, *The Sudan: Contested National Identities* door Ann Mosely Lesch, AllAfrica.com, *Making Peace and Nurturing Life* door Julia Aker Duany, *The Root Causes of Sudan's Civil War* door Douglas H. Johnson, *Politics of Liberation in South Sudan: An Insider's View* door Peter Adwok Nyaba. En Vendela en Toph en Bill.

De opbrengst van dit boek gaat naar The Valentino Achak Deng Foundation, die fondsen verstrekt aan Soedanese vluchtelingen in Amerika, aan de wederopbouw van Zuid-Soedan, te beginnen met Marial Bai, en aan organisaties die zich inzetten voor vrede en humanitaire hulp in Darfur, en zal ook worden gebruikt voor het bekostigen van de studie van Valentino Achak Deng.

Ga voor meer informatie naar www.valentinoachakdeng.org